法学阶梯
INSTITUTIONES
普通高等教育法学规划教材
"十二五"普通高等教育本科国家级规划教材

证据法学

Evidence Law

第六版

主编 樊崇义

撰稿人 樊崇义 锁正杰
陈海光 毛立华

法律出版社
——北京——
始创于1954年

好书，同好老师和好学生分享

出版说明

法律出版社在其奋进发展的六十年光辉历程中，秉精诚之心，集全社之力，服务于我国法学教育事业，致力于法学教材出版。尤其在改革开放三十余年间，本社以“传播法律信息，推进法制进程，积累法律文化，弘扬法治精神”为宗旨，协同司法部法学教材编辑部，规划并组织出版了国家“八五”、“九五”期间的法学规划教材，为我国改革开放之初的法学教育和法治建设做出了开创性贡献；进入21世纪之后，法律出版社又根据教育部的部署和指导，相继规划并组织出版了“十五”、“十一五”和“十二五”法学规划教材，为我国法学教育事业的发展与改革付出了艰辛努力。

承蒙法学教育领域专家作者的信任，以及广大法律院校师生的支持，法律出版社经过三十年的发展与积累，相继出版各类法学教材达四百余种。在学科范围方面，完成以法学核心课程为重心，涉及法学诸学科的“全品种”横向结构；在培养层次方面，健全以本科教育为根本，兼顾职业教育和研究生教育的“多层次”纵向结构，进而打造“法律版”法学教科书体系，以期更好地为法学教育服务，为法治建设贡献绵薄之力。

近年来，法律出版社应因法学教育的发展变化，在教材编写体例及系列安排方面做出相应调整。在教材编写体例方面，结合当前教学实际与培养方案，将系统、全面的理论知识讲授与灵活、丰富的法律实践和能力训练相结合，倡导教材内容差异化，增加教材可读性，以期更好地培养法科学生的思维能力和法学素养。在教材系列安排方面，全力推进新品教材编写与注重既有教材修订相结合，根据教材风格与特色进行适当的套系整合，集中现有的国家级规划教材和在编的规划教材，形成以“普通高等教育法学规划教材”为名的全新教材系列。

本系列教材多为出版多年并广受好评的经典教科书。此次全新推出，既是向长期以来关心支持法学教育出版事业的专家作者的崇高致敬，也是法律出版社为中国当代法学教育事业发展拳拳努力之情的真诚表达。法律出版社将以高度的精品意识和质量标准，不断丰富、完善本系列教材的结构和内容；除教材文本之外，还将配有多层次、多形式的教辅材料，更好地为广大师生服务。

“好书，同好老师和好学生分享”，法律出版社愿与法律共同体诸同仁，分享好书，分享智识，分享法治进程中的点点滴滴！

法律出版社　谨识

2014年10月

作者简介

樊崇义　1940年生，河南省人。1965年毕业于北京政法学院法律系。现任中国政法大学诉讼法研究院名誉院长、教授、博士生导师，北京师范大学特聘教授，享受国务院颁发的突出贡献政府津贴；兼任中国法学会刑事诉讼法学会顾问、中国检察学研究会副会长、最高人民检察院专家咨询委员、公安部特邀执法监督员、北京市高级人民法院和北京市人民检察院专家咨询委员和执法监督委员、北京市诉讼法学会副会长；并于国家检察官学院、国家法官学院、国家行政学院等院校兼职教授。

代表作有：《刑事诉讼法实施的问题与对策研究》（主编）、《诉讼原理》（主编）、《迈向理性的刑事诉讼法学》（独著）、《论检察》（独著）、《刑事诉讼法哲理思维》（独著）、《侦查讯问程序改革实证研究》（主编）、《证据法学》（主编）、《刑事证据法原理与适用》（合著）、《刑事诉讼法学》（主编）、《刑事诉讼法学研究综述与评价》（主编）、《第一审程序论》（合著）、《中国刑事诉讼法》（主编）等三十多部，发表学术论文两百余篇，其中，《刑事诉讼法实施的问题与对策研究》、《刑事诉讼法哲理思维》、《刑事诉讼法再修改理性思考》分别获北京市哲学社会科学优秀成果一等奖与二等奖。其他科研成果有些作为重要文章列入"社会主义精神文明宝典"。

锁正杰　法学博士，河南省人。现任公安部法制局处长；兼任中国行为法学会侦查行为研究会常务理事，北京师范大学国际刑法研究所客座研究员，中国政法大学法律实证研究中心研究员，中国人民公安大学公安法制研究中心兼职研究员。

代表作有：《刑事程序的法哲学原理》（独著）、《法官开庭审判实务》（独著）、《刑事证据法原理与适用》（合著）、《证据学》（合著）等著作。在《中国法学》、《政法论坛》、《法制日报》等刊物上发表专业论文三十余篇。

陈海光　法学博士，吉林省人。现任最高人民法院政治部法官管理部部长。自1996年以来，在《人民司法》、《法律适用》、《研究生法学》、《河北法学》等刊物上发表论文、译著十余篇，出版学术著作近十部，共计一百余万字。其中论文《论司法独立》获全国法院系统研讨会二等奖；合著论文《中国刑事诉讼制度的进一步发展和完善》获得学院"海淀杯"征文一等奖；《论法官职业思维方式的养成》获得法律适用"金华杯"征文二等奖。

毛立华　法学博士，浙江省人。中国人民大学博士后，现任最高人民法院法官。著有《论证据与事实》一书，参著十多部著作；在《法学家》、《中国刑事司法杂志》等刊物发表论文三十余篇。

第六版说明

2012年《刑事诉讼法》、《民事诉讼法》和2014年《行政诉讼法》修改后，有关证据的章节均进行了修改和补充，人们称之为“我国证据制度的进步与发展”，尤其是最高人民法院、最高人民检察院和公安部等部门关于刑事、民事、行政诉讼程序的规定和司法解释出台后，有关证据的适用增补了大量内容。此外，国内外关于证据法学的最新研究成果也大量出现。鉴于此，第六版对上述内容作了增补和全面修订，以适应教学、科研和司法工作者的需要。

第六版对我国证据制度的进步与发展，如在司法改革过程中关于证据规则，尤其是非法证据排除规则等内容进行了重点介绍。此外，第六版还对有关证据概念、证据种类的变化的内容进行了吸纳，并对行政执法证据转化、证人作证制度、专家辅助人、证据收集中技术侦查手段等新增内容进行了论述，同时，也对尊重和保障人权、不得强迫自证其罪对我国证据制度，尤其是证据收集、审查判断模式产生的一系列重大影响进行了解释。所有这些问题，在本书中都有所反映。

第六版对我国证据制度近年来的新规定、新要求、新模式、新标准和新方法作了比较细致的阐释：不仅对我国证据法学理论研究中的一些重大、前沿问题，以及国外的一些先进成果进行了客观的评介，而且对司法实务部门运用证据认定案件事实面临的问题、挑战、经验法则等也进行了总结。本书既可以作为普通高等院校本科生、研究生的教材使用，也可以作为公、检、法办案人员培训和学习的教材使用。

另外，本次修订过程中，征求了不少读者的意见，突出了证据法学的应用性和实用价值，特地为教师提供了授课课件，各章增加了导读和案例。参考案例采用了二维码技术编入各章中，供读者适用。

本次撰稿、修订分工同第五版，四川大学万毅教授为本书提供了授课课件和部分案例，博士生李思远、徐歌旋协助本次修订。特此说明！

作　者

2017年4月

第五版说明

《证据法学》第五版根据2012年刑事诉讼法修正案及相关司法解释、2010年两高三部“两个证据规定”,以及2007年以来民事诉讼法关于证据制度改革的情况,对原有版本进行了重要的增补和修订。

第五版对我国证据制度的进步与发展,如在司法改革过程中关于证据规则,尤其是非法证据排除规则等内容进行了重点介绍。此外,第五版还对有关证据概念、证据种类的变化的内容进行了吸纳,并对行政执法证据转化、证人作证制度、专家证人、证据收集中技术侦查手段等新增内容进行了论述,同时,也对尊重和保障人权、不得强迫自证其罪对我国证据制度,尤其是证据收集、审查判断模式产生的一系列重大影响进行了解释。所有这些问题,在本书中都有所反映。

第五版对我国证据制度近年来的新规定、新要求、新模式、新标准和新方法都作了比较细致的阐释:不仅对我国证据法学理论研究中的一些重大、前沿问题,以及国外的一些先进成果进行了客观的评介,而且对司法实务部门运用证据认定案件事实面临的问题、挑战、经验法则等也进行了科学的总结。为了帮助广大读者对证据制度的理论与实践有更加深入的了解,第五版在每章前后分别增加了本章学习要点和思考题。本书既可以为普通高等院校的本科生、研究生作为教材使用,也可以为公检法办案人员作为培训和学习教材使用。

本书撰稿分工如下:

樊崇义:第七章、第八章第一至九节、第九章;

陈海光:第一章、第二章、第六章第一至七节、第十章第一、三节、第十五章、第十六章;

锁正杰:第三章、第四章、第十一章、第十二章、第十三章、第十四章;

毛立华:第五章、第六章第八节、第八章第十节、第十章第二节。

本书由樊崇义教授进行统改、定稿,毛立华协助修改;北京师范大学刑事法律科学研究院雷小政协助了部分校订工作。

我国证据制度的立法正在起步,许多制度还在贯彻当中。作者水平有限,书中难免有不足之处,请各位批评指正。

作　者

2013年1月

第四版说明

《证据法学》一书自初版以来，历经八载，凡三版十数次重印，受到广大读者的关爱和支持，我们对此表示最诚挚的感谢！

时代在发展，我国民主与法治建设的进程在加快。为适应这一发展进程，证据法学的研究也在不断深入。尤其是当前刑事诉讼法的再修改以及民事诉讼、行政诉讼办案活动中，对证据的运用提出的许多理论和实践问题，都要求我们的证据法学教科书在内容上作出相应的调整和增补。这些内容包括：证据法原理、证据原则、证据规则的内容和区分问题；以科学发展观为指导，如何科学地总结和运用有中国特色的证据规则问题；适应国内外人权斗争的潮流增补"不得强迫自证其罪"、"非法证据排除原则"等内容；为规范证据的收集在讯问程序中增设"录音、录像、律师在场"等三项制度；鉴定制度的改革，鉴定结论的应用；电子证据的产生；等等。第四版对全书内容进行了重新审定和增补、删减。此外，为适应公、检、法机关办案的需要，我们在理论讲述过程中尽量做到与实践相结合，适当增加办案实务及案例分析的内容，帮助大家对证据法学理论有更深入的理解。

本书撰稿分工如下：

樊崇义：第七章、第八章第一至九节、第九章；

陈海光：第一章、第二章、第六章第一至七节、第十章第一、三节、第十五章、第十六章；

锁正杰：第三章、第四章、第十一章、第十二章、第十三章、第十四章；

毛立华：第五章、第六章第八节、第八章第十节、第十章第二节。

本书由樊崇义教授进行统改、定稿，毛立华博士协助修改。修订过程中，水平所限，难免有不足之处，敬请读者批评指正！

作　者

2008 年 7 月 20 日

目　录

第一章　绪　　论

导　读

证据法学是研究证据和证明相关问题的学科，证据法学的研究对象主要包括证据及其证据力和证明力、证据规则、证据制度、证据运用的经验和规律等。本章学习的过程中应注意理解英美法系国家与大陆法系国家证据法学体系的异同。证据法学的研究方法很多，如融合研究的方法、系统研究的方法、比较研究的方法、实证研究的方法、分析研究的方法等方法，但唯物辩证法是证据法学的基本研究方法。

阅读案例
请扫一扫

第一节　证据法学的研究对象

作为法学体系中的一个重要部门法学，证据法学是一门既古老又现代的学科。其所涉及的问题繁简交错，理论与实务联系紧密，有的问题人们可以形成一致意见，有的问题人们无法达成共识。这也是其具有长久魅力的原因之一。和其他部门法学一样，证据法学也有自己特定的研究对象。科学研究的区分，就是根据科学对象所具有的特殊矛盾性。因此，对于某一现象的领域所特有的某一种矛盾的研究，就构成某一门科学的对象。早在 19 世纪，英国就形成了专门的证据法学体系，它是指专门研究如何运用诉讼证据和有关法律规范的学科。诉讼证据所要解决的问题，就是司法人员在办理案件时所依据的证据法规和证据的证明力的问题，以及如何依法收集、审查和使用证据，使主观判断符合客观实际的问题。具体而言，证据法学的研究对象包括以下主要内容：刑事、民事和行政诉讼中的运用证据经验；各种证据制度和理论；法律规范中关于证据的规定；古今中外关于证据的历史、理论和实践；研究司法、执法、仲裁、公证、监察等活动中运用证据证明案件事实或其他相关事实的规律、方法以及证据法律规范。

由于证据在各种诉讼活动中的运用最为广泛也最具代表性，并且各种证据规则大多产生于诉讼制度的发展进程之中，所以这一学科还经常被称为“诉讼证据学”或“诉讼证据法学”。众所周知，司法、执法、仲裁、公证、监察等活动都需要查明和证明一定的案件事实，都需要认定或确认与某种法律事务相关的事实。而要实现这些任务就必须依靠各种各样的证据，就必须遵循一定的证明规律。揭示这些证明规律并在此基础上建立相应的理论体系，是证据法学研究的基本任务之一。

在诉讼中,证据是法律事实,而且又是客观存在的事实。这个客观存在的事实,只有通过侦查、检察、审判人员的依法收集,以及公民个人、机关单位和人民团体的提供,然后由司法人员按法定程序进行审查判断,才能以特定的形式为司法机关所确认,做到内容和形式的统一,从而证实事实真相,客观地证明案情。例如,刑事诉讼中常见的被害人陈述、民事诉讼中规定了债权债务关系的合同、行政诉讼中由行政机关作出的处罚通知单,就是这种客观存在并为法律确认的事实。证据的形式、证据的收集和运用规则,都是由法律规定的。

证据法和证据制度还由于不同的历史沿革而有各自的发展、演变过程,它与当时的生产力水平、社会性质是紧密相连的,由于国度不同、法系不同、生产力发展水平以及社会具体的传统不同,因而其证据法和证据制度也不相同。如美国和德国,它们虽然同属于发达国家,但由于它们各自的文化传统、审判方式、诉讼观念和司法制度具有极大的不同,导致它们的证据法和证据制度也各具特色。德国由于是职业法官认定案件事实,故采用自由心证,证据规则较少;而美国由外行组成的陪审团审理事实,为了正确引导他们,则建立了复杂的证据规则。

证据法学所要解决的核心问题是证据的客观真实性、合法性和关联性,即如何借助司法机关司法人员的主观认识如实地反映和再现案件事实的发生过程。在如实反映这个意义上,可以说诉讼证据法学是运用马克思主义的认识论,去解决收集、审查、判断、运用证据来证明案件事实的学科,是认识论在证据法和证明过程中的具体化,是一门理论性和实践性都很强的学科。学科的界定和内容体系的设置,都必须以其特定的研究对象为基础。因此,把研究对象作为研习一门学科的起点,既符合逻辑,也便于研究的开展,证据法学也概莫能外。

以下具体论述证据法学研究的对象和内容。

一、证据法及其证据规则

没有规矩,不成方圆。在各种法律事务中运用证据证明案件事实或者其他相关事实,都必须遵守一定的规则。毫无规则的证明是根本不存在的。作为证据法学研究对象的证据规则可以分为两大类:一类是诉讼证据规则;另一类是非诉讼证据规则。前者包括刑事诉讼、民事诉讼、行政诉讼中运用证据的规则;后者包括各种行政执法、仲裁、公证、监察等活动中运用证据的规则。证据规则都要由法律以一定方式明确规定,因此在不同国家的法律制度中,证据规则的内容往往有所不同。一般来说,证据规则包括采用证据的规则、排除证据的规则、举证和质证的规则、运用证据价值的规则等。需要指出的是,上述规则的内容有时是相互兼容的。证据法学不仅要研究各种证据规则的内容和要求,也要研究其功能利弊与合理性;不仅要对现有的证据规则进行注释,也要为修改完善这些证据规则提供建议和理论依据。

我国证据规则的内容散见于《刑事诉讼法》、《民事诉讼法》、《行政诉讼法》、《仲裁法》、《行政处罚法》、《治安管理处罚法》、《海关行政处罚实施条例》、《税收征收管理法》等法律、法规,以及最高人民法院和最高人民检察院与证据有关的司法解释中。这种状况不能适应建立现代法治国家的需要,也在一定程度上造成了我国司法和执法实践中运用证据规则的混乱。为了适应新世纪对司法活动的要求,保障公正执法,我国有必要制定专门的证据法典,它可以先采用分类法典的形式,即根据三大诉讼法的性质,分别制定各自的证据法;待各方面条件成熟之后,再制定统一的证据法典。目前,2012 年刑事诉讼法就证据制度已经作出了重要修改,有关条文由原来的 8 条增加到 16 条;最高人民法院、最高人民检察院、公安部、国家安全部、司法部联合发布了《关于办理死刑案件审查判断证据若干问题的规定》、《关于办理刑事案件排除非法证据若干问题的规定》(以下简称“两高三部”的“两个规定”);最高人民法院则针对民事诉讼和行政诉讼的特点,制定了《关于民事诉讼证据的若干规定》、《关于行政诉讼证据若干问题的规定》、《关于适用〈中华人民共和国民事诉讼法〉的解释》和《关于适用〈中华人民共和国行政诉讼法〉若干问题的解释》,以满足审判实践的需要,这些无疑是完善我国证据立法的有益探索。例如,关于证据裁判原则、非法证据排除规则、庭审质证规则、程序法定原则、不得强迫自证其罪原则等,作了原则性的规定。但是,整个证据规则体系,立法尚存很大差距,有待进一步探索和研究。

二、证据及其证据力和证明力

证据和证据力、证明力是三个密切相关的概念。证据是可以用于证明案件事实的材料,它可以是口头的,也可以是书面的;可以是实物的,也可以是复制的。所谓证据力,是指证据材料进入诉讼,作为定案根据的资格和条件,特别是法律所规定的程序条件和形式条件。所以只有具备证据条件的证据,才能具有证据力,不是所有的证据材料都具有证据力。不过这些证据材料一旦经过查证属实,程序合法,即可作为定案根据的证据,它就具有证据力,能证明案件中的某一问题,即有关案件事实。因此,由证据材料到证据需要经过对证据材料的识别过程和对其证据力的把握过程。所谓证据的证明力,是指证据所具有的内在事实对案件事实的证明价值和证明作用,亦即人们通常说的可信性和可靠性。

研究证据法学,其核心就是要紧紧抓住证据的证据力和证明力这两个关键内容,学懂弄通之后,案件的事实真相就迎刃而解了。因为证据力是证据所必须具有的形式要件,证明力是证据所必须具有的内容和实质要件。所有的证据材料,只有形式合法,内容具有对案件事实的证明价值,具有可采性和关联性,才能被采纳为定案依据。

三、证据的内容和形式的统一关系

证据的内容是证据本身内在具有的证明能力,它具有客观实在性和关联性;证据的形式是证据在法律上所具有的外在表现方式和正当的获取手段。按照辩证唯物主义的观点,法律反映统治阶级的意志。我国是人民民主专政国家,法律应该反映人民的意志,法律上具有效力的证据应具有确凿可靠的内容,而且有证据力的证据应享有法律上的有效形式,二者具有对立统一的关系。它们的对立体现在各自表现的内容不同;它们的统一表现于具有共同的目标——查明案件的真实。二者的一致,这当然是最理想的现实要求,但在司法实践中常常难以统一,主要是因为理论与实际结合上存在两个难以解决的问题:

第一,证据材料内容真实,取证方式违法。违法获取的证据经查证具有真实性。对这样的证据,有三种不同观点:(1)一律排除;(2)证据可以采用;(3)具体问题具体分析,区别对待不同情况。上述三种意见对如何惩罚取证违法者各有理由,无法达成共识。但是第三种观点已经逐步具有主流地位。

第二,合法获取的证据,经实践证明有少数不具有真实性的内容,没有证据力,但以合法的证据形式进入诉讼程序。也就是说,经过法定程序的鉴别仍未能排除那些不具备证据资格的假证据进入证据范畴,并产生法律效力。由于人类认识存在局限性,在实践上没有办法根除这一现象的发生。

以上两个问题,分别从理论到实践上说明,我们的理论研究在法律程序上尚有缺陷,对于假证据和非法证据无法杜绝。正因如此,我们应面对现实,既要考虑保护人权,又要考虑维护秩序,从而力求做到司法公正。司法公正是核心,证据的内容和形式应为之服务。因此,在证据的内容与形式关系上应有的观点是:(1)坚持有真实内容的证据,原则上应使其具有合法的证据形式,这有利于查明案件事实真相,从而保证案件正确处理。为了惩治违法者,不能因噎废食,而使真实的证据不能使用。(2)重视对人权的保护,对于证据收集、采用过程中的违法行为,一律依法严处;坚持按法律程序办案,坚持惩治违法行为,以实现诉讼程序公正。(3)对严重违法收集的证据,基于可靠性程度差,必须限制采用。严格审查,尽可能不采用,如必须采用,必须有充足、合理的材料证实其可靠性,才得使用。

四、证据制度及其传统文化背景

证据法律制度是一个国家各种法律法规中与证据有关的规定和规则的总称,亦可简称为"证据制度"。证据制度是国家法律制度的重要组成部分,因此其内容和特征必然要受国家法律制度乃至政治制度的影响。证据属于历史范畴,证据是伴随着诉讼活动发展而来的。证据的发展不是孤立地独自形成,它不可避免地根植于特定国家的法律文化中,而法律文化与传统的文化背景也难以割舍。在人类历史的长河中,不同国家曾经建立了不同类型的证据制度。证据法学应该在法律制度的框架内研究各种证据制度形成、发展和变化的规律,研究各种证据制度的特点及其优劣。毋庸讳言,我国目前的证据制度还很不完善,司法人员和执法人员在收集证据和使用证据时还有很大的混乱性和盲目性。因此,认真研究外国的经验和教训,可以为改革与完善我国的证据制度提供理论参考和实践依据。

传统文化背景在证据背景的形成和运用中一直扮演着重要角色。就我国的文明史而言,法律为君主所控制;法官崇尚儒术,实行人治;民众信奉鬼神,少有反抗意识。两千年封建文化无时无刻不在影响着法律的内涵。封建社会的证据背景,虽然略有进步,但受制于惯有的文化背景,其本质没有实质的变化,由此造成证据背景的诸多特征。如重刑轻民、口供至上、重情轻法、主观擅断。民众对于诉讼及其相关制度的公正性的追求都只能停留在良好的愿望上。与我国显著不同的欧洲社会,构筑了与自身文化相融合的证据体系。其证据特点表现在:(1)西方推崇罪刑法定,这与中国传统文化思想中的人治理念是不相容的;(2)西方推崇严格的司法程序,而中国的传统是轻程序,重结果;(3)西方重视审判中的技巧和运用,轻证据理论的研究。我们从东西方的证据文化的区别中可以直接看到这种影响的存在。由此可见,证据法学理论是与证据有关的司法和执法实践经验的概括和总结,是人类司法证明和"准司法证明"的智慧结晶。人类的文化传统背景对证据制度的形成和发展起了至关重要的作用,因而它也是证据法学的研究对象。

自中国共产党的十一届三中全会以来,我国的证据法学理论研究取得了长足的进步和相当丰硕的成果。然而,从总体上看,我国在这一领域的理论研究还缺乏必要的突破和创新,还落后于司法和执法实践的需要,还落后于整个司法制度改革的步伐。因此,我国证据法学必须加强对理论的研究,特别要加强对那些证据法律比较发达的国家的证据法学理论的研究,要深入分析,客观评价,取其精华,去其糟粕,真正做到"古为今用"和"洋为中用"。从最终建立科学证据理论的目的来看,不同背景的证据的融合是历史的趋势。只要确立科学的认识论,注重学习,取长补短,我国证据理论和证据运用水平的提高是必然的发展趋势。

五、证据制度和经济制度、诉讼制度的关系

(一)证据制度和经济制度的关系

经济制度决定了一个国家的各个方面的发展方向。证据制度是诉讼制度的重要组成部分,它与经济制度的关系是密不可分的。证据制度需要建立在一个相应的经济基础之上,经济的发达程度,决定证据的获得能力、侦查水平和社会进步程度。奴隶制国家的经济制度与封建制国家的经济制度大相径庭,其诉讼制度也明显不同。即使同处在奴隶制社会,由于各自的经济发展水平和经济制度存在差别,所采取的证据制度也有所不同。纵观人类社会历史,经济制度的进步,必然会带来诉讼制度乃至证据制度的发展。目前,由于经济全球化的趋势加强,各国证据制度间的相互借鉴和学习交流也在强化,可以说,各国证据制度虽然仍旧保有各自的特性,但是共性和普适的内容也在不断增多。这是证据制度发展的一个必然规律。

(二)证据制度和诉讼制度的关系

诉讼是司法机关为了维护统治秩序和有利于统治阶级的生产关系,对各种纠纷和犯罪现象进行揭示、证实、处理(惩罚)的一种司法活动。诉讼法就是对这些诉讼活动的制度化、条文化和法律化。那么,什么是诉讼制度呢?法律对于诉讼活动的任务,活动的原则,活动的程序,原告、被告的权利和义务,司法机关的职能和任务,以及其他诉讼参与人的权利和义务都作了规定,这种规定的总称就是诉讼制度,也就是诉讼活动法律规范的总和。证据制度是诉讼制度的组成部分和重要内容之一,它与诉讼制度的关系是从属关系,即有什么样的诉讼制度就有什么样的证据制度,诉讼制度决定证据制度。当然证据制度并不是完全被动和消极的,它可以影响并反作用于诉讼制度。总之,二者密切联系,不能截然分开。

1. 控诉式诉讼制度与神示证据制度的关系

控诉式诉讼制度产生于奴隶制社会。当时,生产力水平低下,国家机构也没有现在这样复杂,分工不明确,因而行政与司法合一,民事案件实行私人告诉制,采用不告不理,告什么理什么的原则,当事人双方权利和义务对等,法官是被动的,起仲裁者的作用。

这种制度从历史渊源上讲,是对氏族社会调整社会成员间社会关系的习惯做法的保留,同时也是先前的习惯做法在新的历史条件下的发展和变化,因而带有不少旧的痕迹。在那个落后的、科学文化不发达的时代,与这种诉讼制度相适应的证据制度是神示证据制度产生的根源之一。当时,神权统治着人们,统治者是神的化身。因此,神示证据制度是与控诉式诉讼制度相适应的。但是这种适应,不是单纯地适应和附和,而是积极地影响和作用于控诉式诉讼制度。

生产力水平的低下是产生神示证据制度的根源。生产规模的狭小限制了人们的眼界,因此人们在自然力量面前感到恐惧。恐惧的结果便是相信假想的超自然的力量——神灵,产生对自然的崇拜,宗教迷信便盛行起来。宗教迷信和统治阶级意志相结合,把统治者的意志说成是神的启示,人们的日常生产、生活等,则是无事不卜,无日不卜。听讼断狱、定罪判刑,也要经过占卜后才作出决定。这就是神示证据制度。但在有些国家,神示证据制度也只是在案件事实认定出现疑难时才适用的。这种诉讼制度与证据制度之间的关联及其产生的原因,揭示了证据制度、诉讼制度的产生和发展都要受当时的生产力和文化状况的制约。

2. 纠问式诉讼制度与法定证据制度的关系

封建制度是对奴隶制度的否定和革命。作为上层建筑组成部分的诉讼制度,也就必然用

于与封建社会经济基础相适应的纠问式的诉讼制度,否定与奴隶社会经济基础相适应的控诉式的诉讼制度。纠问式的诉讼制度的特点是,司法隶属于行政,行政长官控制着司法权。皇帝是集立法、司法、行政三权于一体的最高权力者,实行个人独裁统治。诉讼方式上采用民事案件的自诉与刑事案件的公诉相结合的制度。在欧洲封建的诉讼制度中,出现了检察机关,废除了私人自诉制度。检察机关最早出现于法国,16 世纪末传入德国,它类似国王的代理人。在这种制度下,被告处于无任何诉讼权利的地位,只是接受处罚的对象。

在进行诉讼时,采取绝对的职权主义,对被告人实行有罪推定,被告人无任何诉讼权利。与此种诉讼制度相适应的证据制度是:第一,口供主义;第二,刑讯逼供。无论是中国还是外国,都把被告人的口供当作最好的证据,从而导致刑讯逼供成为重要的取证方法。口供至上,罪从供定。为了获取口供,刑讯实现了规范化,这一点在我国的唐朝法典中规定得非常明确。

这种不公平的诉讼制度,与封建社会最基本的生产资料、土地私人占有关系有关。地主占有土地,农民对封建地主是依附关系,国王或皇帝则是最大的土地所有者。一切臣民对帝王的依附关系决定了农民在地主面前没有独立的人格,庶民在官吏面前也没有独立的人格。因此,纠问式诉讼制度和法定证据制度是封建主义经济制度的必然产物,也是封建专制制度在诉讼制度上的一种表现形式。

概括地说,法定证据制度作为纠问式诉讼制度的组成部分,与纠问式诉讼制度在内容和形式上是相辅相成的。纠问式的诉讼制度促成和加速了法定证据制度或形式证据制度的产生,而法定证据制度又反作用于纠问式的诉讼制度。如口供主义提高了法官刑讯的积极性,强化了职权主义,使纠问式诉讼制度成为一种极其野蛮的诉讼制度。

3. 混合式诉讼制度与自由心证证据制度的关系

资产阶级民主革命后,对封建的司法制度进行了有条件的否定。资产阶级从维护自己的统治出发,继承和建立了检察制度、陪审制度、律师制度,提出了保障被告人人身权利和实行诉讼民主化的原则,实行三权分立,并在此基础上建立了新诉讼制度,即混合式的诉讼制度。混合式的诉讼制度与轻视人权的纠问式的诉讼制度截然相反,它是建立在主张人的个性解放的基础上的。因此,它实行的是诉讼双方权利对等的诉讼制度,按照天赋人权、自由、平等的原则,由法院、被告、控诉人三方共同进行诉讼活动。根据不同的历史渊源和不同国度的情况,按其法系之不同,各国的诉讼制度又有所区别,但一般分为当事人主义和职权主义两类。

当事人主义主要盛行于英美法系国家。其特点是:(1)当事人诉讼地位平等。他们认为,只有当事人双方地位平等,双方在法庭上互相抗衡,激烈辩论,才能揭露出事实的真相,达到诉讼公正的目的。(2)充分尊重嫌疑人即被告人的主体性,重视保护被告人的权利,不能对被告人进行歧视。被控诉的被告人在审理中作了有罪的陈述,只要其不是在威胁的情况下做出的,审理程序便告结束。(3)法官扮演着仲裁者角色,保持中立,处于被动地位,主动权操纵在当事人手里,因此,庭审不是必经程序。法官处在被告与控诉人两方面之间,没有收集调查证据的权力,控辩双方可以进行辩诉交易。

职权主义,又称审问主义,主要盛行于欧洲大陆的一些国家。在这些国家,法官有较大的权力,他们依照职权进行审判。其主要标志是:(1)国家赋予法官广泛的权力,法官处于较为主动的地位,不是简单的仲裁者,而是主动地向双方调查、讯问、出示证据。对证据的取舍、调查和判断都是法官的职责。(2)坚持法庭调查是刑事诉讼的定罪必经程序。事实的认定要有相应的证据,因而在审讯过程中,即使被告作了有罪的供述,也不能终止,必须取得证据,对事实进行调查和证实。(3)在举证责任问题上,当事人虽有举证责任,但法官亦可以积极调查,收集证据,以查清案件事实。

从上面的论述可以看出,不同法系之间在诉讼程序和适用证据方面是有区别的。但也有共同点,即被告人处于诉讼主体的地位,实行无罪推定和一事不再理原则。在诉讼证据上都采用自由心证原则,凭法官的良心、理性判断而采用证据。自由心证制度是一种批判地继承"法定证据制度"的产物,实质内容就是对于各种证据的真伪、证明力的强弱以及认定案件事实方式,法律概不作详尽的规定,全凭法官依据良心和理性的暗示自由地评判。这里的自由是指法官凭借良心和理性判断证据,但并不是主观随意,法官通过对证据的审查判断所形成的信念为"心证",当这种心证达到深信不疑或者排除任何合理怀疑的程度,便成为"确信"。这种内心确信,被认为是一种理性状态,是法官认定案件事实的依据。这种自由心证,即内心确信的证据制度的主要内容为:(1)要求当事人提供证据,自由举证,对等辩论,提供证据材料,以确保内心确信。(2)要求注重法官的积极性,法官凭借职权主动调查证据,审问被告人、询问证人和鉴定人。(3)要求保证被告人的辩护权与控诉方权利对等。这种自由心证原则是与混合式的诉讼方式相适应的,但其在职权主义审判方式中的作用更为重要。

4. 新中国社会主义类型的诉讼制度与证据制度的关系

新中国的诉讼制度和证据制度是在推翻了反动阶级统治的基础上,废除了旧的法制而逐步建立与完善的。我国的诉讼制度和证据制度是对旧中国诉讼制度和证据制度的否定,是人民民主专政制度的重要组成部分,其性质是社会主义的。

我国的诉讼制度是分权主义的诉讼制度,其分权主义,表现在司法机关方面,是公、检、法三机关的职责分权;表现在审判机关内部,是审判委员会、院长、庭长、审判员、合议庭的职责分权;表现在诉讼活动上,是控诉、辩论、审判三种诉讼职能的分权。但这种分权是在统一目标下的分权,其目的在于调动所有诉讼参与者的积极性和主动性,在集体领导下充分发扬民主。没有分权就没有制约,也就没有民主。因而诉讼民主化是实现不枉不纵的诉讼目的的保障,同时也是建设高度文明、高度民主的社会主义国家的一个重要内容。分权的另一面就是诉讼主体的各种诉讼权利、义务的结合。各种诉讼权利、义务结合成为一个统一的诉讼活动整体,围绕着一个共同的诉讼任务,各行各的诉讼权利,各尽各的诉讼义务。我国的刑事诉讼原则和制度以及具体的诉讼程序,其实质就在于实现惩罚犯罪和保护人权的有机结合。民事诉讼的原则和程序的设定宗旨也是确保案件的正确处理。这说明它的全部目的就在于实事求是地正确办案,保证案件的公正处理。

长期以来,我国证据制度坚持客观真实的原则,把客观真实、实事求是作为证据制度的基本原则。这种客观真实的证据制度,要求重证据、重调查研究、不轻信口供,要求查明案件事实真相,以便正确地据实处理。我国的证据制度又被称为实事求是的证据制度。案件对证据的具体要求,在质上就是要求确实可靠,在量上就是要求全面细致、充分。如果达到了这两个方面的统一,案件的真实性就可以保证。但是,随着依法治国和民主与法治的进程,不断凸显程序的功能和价值。随着程序法治原则的确立,在证据制度建设中,法律真实的观点越来越被人们所接受。不讲程序、不依法办事,只讲客观真实的弊端,已为人们所认识。尤其是刑讯导致的错案不断出现。大家意识到,证据制度中必须确立非法证据排除规则。

综上,诉讼制度和证据制度都是属于一定历史范畴的事物,是历史的产物。它们随着历史的演变而进化,呈现出不同的阶段性。它们在各个阶段上表现为不同的类型,各自具有不同的特征,但也有其连续性,不能截然分开。其终极原因是生产方式的变革,直接原因则是统治阶级的更替。它们是上层建筑的一个组成部分,但一般来说,证据制度又是诉讼制度的一个组成部分,是与诉讼制度相适应的,有什么样的诉讼制度,就有什么样的证据制度。然而证据制度并不是完全消极地适应诉讼制度,它对诉讼制度有反作用,具有相对的独立性。随着诉讼制度的进步与发展,我国证据制度的名称和内容必须做出相应的改革和调整。

六、收集、审查判断和运用证据证明案件的经验及其规律

收集、审查判断和运用证据证明案件是一个具有历史性因素的问题。完全否定历史上的这些方面的经验是不足取的。经验的运用是十分重要的,也是十分必要的。法律规定了收集、审查判断和运用证据证明案件的原则和方法,但作为具体实践的参与人,他们的经验就尤为重要。所以,总结出收集、审查判断和运用证据证明案件的规律,形成经验性认识,对于指导实践是十分有益的。

证明规律是多方面和多层次的。其中,既包括运用证据证明案件事实的一般规律,也包括司法、执法、仲裁、公证、监察等活动中证明相关事实的特殊规律;既包括收集证据、保管证据、审查证据和运用证据等专项工作的规律,也包括收集和使用人证、物证、书证等具体证据的规律等。古今中外的司法、执法人员在上述证明活动中积累了丰富的实践经验。证据法学应当在总结实践经验的基础上,研究这些证明活动的规律,并用研究成果来指导司法和执法等活动中的证明实践。证明必须采取一定的方法,而且方法的选择和运用在很大程度上决定着证明的成败。证据法学必须重点研究在司法、执法、仲裁、公证、监察等活动中运用证据证明案件事实或其他相关事实的方法。如证据调查的一般方法、法律推理的一般方法、司法认知与推定的一般方法;各种诉讼证明的方法、仲裁证明的方法、公证证明的方法;收集和使用物证的方法、收集和使用书证的方法、收集和使用人证的方法和诉讼过程中不同阶段的证明方法,如取证的方法、举证的方法、质证的方法、认证的方法。这些证明方法组成的有机整体就是证据法学体系的基本内容之一,也是证据法学研究的重要对象之一。

第二节　证据法学的体系

证据法学的体系就是将证据法学的研究对象具体化之后,按照一定的结构排列组合而成的科学系统。简言之,就是证据法学的组织结构。一门学科的内容体系是由其研究对象决定的,学科体系应该反映其研究对象的整体结构和内在逻辑联系。对于证据法学体系的建立与安排,学者们是有不同见解的。一般而言,主要有两种研究方式:一是从特殊到一般的研究方法;二是从一般到特殊的研究方法。我们认为,由于各国诉讼制度的不同,具体适用的诉讼理论各异,因此可以存在不同的证据法学体系安排。具体来说,各国证据法学中具有代表性的体系主要有以下几种。

一、英美法系国家证据法学体系示例

英美法系国家的证据法学具有注重实用性的特点。美国著名证据法学家华尔兹教授撰写的《刑事证据大全》一书的内容共分为十九章。

第一章是公开发表的法律渊源，包括法律渊源的内容，公布判决的方法，判例的检索，证据法的渊源等。第二章是审判程序和证据的种类，包括对抗式审判制度，审判法官的角色，律师的角色，法律问题和事实问题，有关证据的两个关键性问题。证据可采性问题，证据的基本类型，证据的三种基本形式，证据的分量和刑事审判的结构等。第三章是审判记录，包括审判记录的功能、内容和制作，对证人的盘问和交叉盘问，提出实物证据，文字材料，采用证据的异议和证明的提供等。第四章是再论相关性，包括证据的定义和检验，经常出现的相关性难题等。第五章是排除传闻的规则，包括传闻的定义和例外，有关心理状态的问题，程序直接证据等。第六章是排除传闻规则的例外，包括已经记录的证言，临终陈述，承认和认可，有损自己利益的陈述，心理状态，激奋言词，感觉印象的陈述，身体情况，审前辨认，过去记录的回忆，业务档案，公共档案及其他例外。第七章是证人可靠性的质疑，包括质疑的层次和方法，交叉盘问中的质疑，使用外部证据的质疑，以前曾提供相同陈述的证明等。第八章是反对强迫性自我归罪的宪法特免权，包括《宪法第五修正案》的规定和有关判例法律。第九章是用不恰当方法获得之辨认证据的排除，包括该排除规则的背景和产生，几个有关的判例，审前不恰当辨认后当庭辨认的可采性，指定审前辨认规则的努力等。第十章是无理搜查和证据扣押以及隐私权的证据保护，包括这一规则的宪法历史背景，可以起用排除规则的程序，有关规则的适用范围，搜查和扣押的含义与要求，阻留和搜身，无证搜查，电子监控，“毒树之果”原则，排除规则的松动，反对非法获得之证据的根据等。第十一章是供述，包括供述的定义，普通法和宪法背景，自愿性要求的产生，内在性强迫环境，间接性逼迫影响，有认罪倾向和暗含默认的供述，私人获取之供述，程序性保障措施等。第十二章是普通法和制定法的语言特免权，包括证言特免权的理由，律师和当事人之间、医生和病人之间、夫妻之间、神职人员和忏悔者之间、记者信息来源等的特免权，政治选举、军事和政府秘密、情报员的身份等问题，语言特免权的放弃和有关的推论等。第十三章是证明责任和推定。第十四章是司法认知，包括判决事实的司法认知，立法事实的司法认知，法律的司法认知等。第十五章是证人能力，包括证人能力的含义，能力的一般标准，能力降低的影响，有关程序等。第十六章是文字材料，包括最佳证据规则和文字材料的鉴定。第十七章是意见、专业知识和专家，包括意见规则，专家和专业知识等。第十八章是科学证据，包括精神病学和心理学证据，毒物学和化学证据，法医病理学证据，照片和录像，显微分析和中子活化分析，以及指纹、DNA、枪弹、声纹、可疑文书、测谎、车速检测等证据。第十九章是示意证据，包括历史背景和有关异议的根据等。

二、大陆法系国家证据法学体系示例

由于大陆法系国家一般都没有制定统一单立的证据法典，所以其证据法学的内容往往也包括在诉讼法等相关的法学体系之中，但是具有相对的独立性。

法国达鲁兹出版社于1999年出版的让·拉尔给耶编著的《刑事诉讼法》的第五编为“刑事诉讼中的证据”，内容分为两大部分。

第一部分是基本原则，下设两章。第一章是证明责任的原则，作者首先在无罪推定的原则下阐述了刑事诉讼被告人的权利,如被判无罪的被告人可以要求法庭公开宣布其无罪判决的权利,可以在新闻媒体上就指控事实公开答辩的权利,以及可以对新闻媒体缺乏依据的报道提出起诉的权利等;然后阐述了无罪推定的两个衍生规则。这两个"衍生规则"具体为:一是"谁主张,谁举证"的规则,即刑事诉讼的公诉人和附带民事诉讼的原告人负有证明所控犯罪存在和被告人参与了该犯罪的责任,当然被告人也有举证反驳的权利;二是"疑罪从无"的规则,即证据中存有疑点应作出有利于被告人之解释的规则。第二章是法官权力的原则,包括法官应该积极参与案件调查和收集证据的原则,以及法官在评断证据的证明力时享有自由裁量权的原则。在第二项原则下,作者首先阐述了"内心确信"的基本含义;然后介绍了"内心确信"原则的两个例外,其一是警方所作的正式口供笔录有绝对效力,只要没有可靠的相反证据法官就必须采用,其二是在确认某些民事关系时,合同等特定形式的文书具有法定证据的效力;最后论述了对法官"内心确信"原则的三项限制,一是法官在判决中必须写明判决的理由,二是法官采用的证据必须经合法手段取得,三是法官采用的证据必须经过双方的质证,即"对立审查原则"。

第二部分是各种证据手段,下设五章,分别阐述了被告人口供、证人证言、书面证据、专家证词、法律推定和司法推定五类证据的含义、特点及其有关的规则。被告人口供是刑事诉讼中法定的证据形式,但是它已不再具有"证据之王"的效力,法官可以在没有口供的情况下判定被告人有罪,也可以在被告人承认有罪的情况下判定其无罪。关于证人资格问题,法律规定证人应该是亲自感知案件事实的人,因而传闻证据应该排除;法律还规定,证人作证时必须年满16岁,证人不能有诈骗等犯罪前科,证人不能与本案有重要的利害关系等,不符合上述条件者提供的证言只能用作线索,不能在审判中被采用。根据法律规定,证人有出庭以口头方式作证和在陈述前宣誓的义务,誓词为:"我宣誓所说全部属实,除事实外无他。"书面证据包括合同等文书,在民事诉讼中常见,在刑事诉讼中使用较少。根据法律规定,诉讼双方一般都可以邀请自己的专家证人。在刑事诉讼中,法官也可以指定专家证人。专家证人不必在法庭上接受对方的质证,但是对方可以对专家证词提出疑问,法官也没有在判决中必须采纳专家证词的义务。法律推定是依据法律规定可以从一个事实推出的结论,分为可以推翻的和不可以推翻的两种,前者如无刑事责任能力的推定,后者如无罪推定。司法推定指法官可以根据犯罪现场的痕迹物证推出结论。在司法推定中,法官往往要听取有关专家的意见。[1]

三、新中国证据法学体系示例

由司法部法学教材编辑部组织编写,于1985年出版的高等学校法学试用教材《证据学》是我国恢复法制建设之后第一部影响广泛的证据法学著作。该书的体系由绪论和十七章组成:绪论阐述了证据学的对象、体系、学科关系、指导思想和研究方法;第一章介绍了外国九种主要的证据制度和证据理论;第二章介绍了旧中国的证据制度和理论;第三章介绍了新中国证据制度的确立和发展;第四章阐述了证据的概念和意义;第五章讨论了证据的任务、对象、责任,以及有罪推定和无罪推定;第六章讲述了证据的几种分类;第七章讨论了运用证据的指导原则;第八章讲述了收集证据的基本要求和证据保全;第九章讨论了审查判断证据的概念、意义和基本方法;第十章至第十七章则分别介绍了物证、书证、鉴定结论、勘验检查笔录、证人证言、刑事被害人陈述、刑事被告人供述和辩解、民事当事人陈述的概念、意义、收集或提取以及审查判断

---

〔1〕 转引自何家弘主编:《新编证据法学》,法律出版社1999年版,第10~12页。

等问题。该书的内容体系对我国后来的证据法学著作产生了很大的影响。

在证据法学学科体系中,必须解决五个基本问题:一是什么样的事实才能作为定案的根据,即证据概念的界定;二是法定的各种证据形式的证据力和证明力;三是证据规则的确定与建构;四是案件发生后如何收集证据,审查判断证据;五是诉讼证明问题,包括证明的主体、对象、责任、标准、程序和方法等。此乃诉讼证据法学的本体论。除此之外,还有证据法学的哲理基础、各类案件证据的收集、审查和应用(人称“应用证据学”)。还有,在网络时代,科学技术、电子证据等,均属于证据法学的研究对象。

第三节 证据法学的研究方法

正确的研究方法对任何一门学科来说都是非常重要的。证据法学的研究方法很多,但唯物辩证法是证据法学的基本研究方法。唯物辩证法是关于世界观的科学,它正确阐明了存在和意识的相互关系,揭示了人类认识的实质、来源和发展的辩证规律。但由于它是解决人们世界观的根本问题的科学,具有高度的抽象性和概括性,因此,我们在讨论证据法学的研究方法时,不能仅停留在唯物辩证法的高度上,而是应该以习近平法治思想为指导,以动态、发展的观点,引进系统论、控制论、信息论等科学手段,深入探讨证据学的具体研究方法。本节主要介绍五种研究方法:

一、融合研究的方法

所谓融合的研究方法,是指借用其他学科的研究成果来探讨证据法学中的问题。如借鉴心理学的研究成果研究被告的供述心理、证人的作证心理。被借用的学科是融合者,证据法学是被融合者。这种研究方法实际上是学科的相互渗透、融合问题。

目前,随着科技的日新月异,证据法学与其他学科的融合趋势越来越明显。当证据法学在一个问题上与其他学科相融合时,就会形成融合点;在许多问题上出现融合时,就会形成融合面。当证据法学中的某一类问题与其他学科完全融合时,新型的学科就会从证据法学中产生。如随着计算机技术的发展,计算机犯罪的增多以及其犯罪手段的高科技化,计算机证据法学已经脱颖而出;通过对参与审判的人们的心理研究,探讨证据对诉讼双方的心理影响,审判心理学也产生了。

二、系统研究的方法

系统研究方法是指将证据法学作为一个整体进行研究,而不是孤立地研究某项具体的证据原则、制度和程序。这种研究方法的好处是能够把握住证据法学的各项原则、制度和程序之间的相互内在联系;把握住证据立法、使用和司法实践之间的相互联系;把握住证据法学的本质问题之所在。这是因为孤立地研究个别的问题后所得出的结论,表面看来是有说服力的,但若把它放入整个证据法学体系之中,甚至置于整个法制体系之中时,该结论的片面性和不具可行性就会有所暴露。

因此,系统的研究方法要求从整体与部分的关系上去研究证据法学。证据制度是诉讼制度的组成部分,证据制度必须与诉讼制度相适应,并对之有反作用。无论是神示证据制度、法定证据制度、自由心证的证据制度,还是我国的实事求是的证据制度,都要符合这一规律。同时,证据制度是国家司法制度的组成部分,属于国家的上层建筑,是由经济基础最终决定的。因此,应把证据制度放入整个上层建筑中去考察,从司法制度整体的角度来研究。

三、比较研究的方法

比较研究的方法是指在两种和多种证据法制度之间进行比较,并从其中探寻诉讼证据的发展规律。比较研究的方法主要有两种:一是纵向比较,主要是进行不同时期的证据制度的比较;二是横向比较,主要是同一时期的证据制度的比较。比较的目的在于发现不同诉讼证据制度的相同点和不同点,并明确是什么原因导致了这种不同或相同。那种单纯为了比较而比较的研究方法是不可取的,是不得要领和缺乏深刻性的。只有通过比较,才能客观地发现一个国家或一个法系的证据制度特点,并有助于对其做出客观的评价,以决定本国证据制度的取舍。

在进行纵向比较研究时,应做到着重现在,兼顾过去,注重创新与继承的结合。现行的法规是我们研究的重点,但过去的各种证据理论和证据制度,也应在研究中占有一席之地。因为现行的证据制度是在继承了以前证据制度的基础上产生的。从某种意义上讲,只有了解一种制度的过去,才能更准确地了解其现在。

在进行横向比较研究时,应做到以我为主,适当借鉴外国证据制度、证据理论和诉讼实践。横向比较有两种含义:其一是不同国家的证据规则、证据制度和证据理论的比较研究;其二是我国不同法律法规中有关证据内容的比较研究。通过比较,我们可以发现不同证据制度的差异点和共同点,探讨各国在证据法学理论和司法实践中的不同,以及社会现实环境和历史传统对证据法的影响。可以说,通过比较研究,能够开拓我们的视野,了解外国的情况,了解不同诉讼活动中证据问题的不同特点。这对于完善我国的证据制度无疑是非常有利的。

四、实证研究的方法

实证研究的方法是指通过实际调查,对客观实际经验的具体分析,得出认识结论。它是通过具体的观察和实验,对各种实际数据和资料进行收集和处理的过程。这种研究方法是为了验证某种理论能否成立而进行的实验。实证研究方法主要是抽样调查、个案分析,取样的方法有问卷法和访问法等。这种研究方法注重的是知识的经验性和现实性,而且不排除带有偶然性、片面性和模糊性的认识。

实证的研究方法的宗旨是理论联系实际。它要求研究证据法的理论要与诉讼实践紧密结合。所有证据法律规范大多是在总结诉讼实践经验的基础上制定的。所以在研究诉讼证据理论时一定要注意结合司法实践,发现实践中的新问题、新情况,以便进行系统分析,并作出理论上的回答。这是完善我国证据法学研究的重要方式之一。

五、分析研究的方法

分析的研究方法是指把证据法学的整体分解为若干的部分进行研究,或者把证据法学的某一内容的个别特征、个别方面分解出来进行审查的方法。它是与系统方法完全对立的研究方法,注重的是部分、个体的功能。分析研究是一种广泛应用的科学研究方法,从一定意义上讲,分析是各种研究活动的基础和开始。

分析的研究方法很多,根据分析结论的精确程度的不同,分析方法可以分为定性分析和定量分析两种。定性分析的任务是确定事物的质的规定性;定量分析的任务是确认事物量的规定性。简言之,前者研究的是事物的性质,而后者研究的是其为何具有该性质。比如,对于非法证据排除规则的定性分析是该规则的好与坏;而对它的定量分析则要研究该规则的证明作用的相对值、利弊分析和成败概率,解决它为什么好或为什么坏的问题。由此可见,定量分析可以提高证据法学研究方法的科学性和准确性,对于增强证据理论成果的可操作性和说服力,都是具有重要作用的。因此,在今后的证据法学的研究中,在充分做到定性与定量分析相结合的基础上,有必要强调定量分析方法的功能和重要性。

思考题

1. 证据法学的研究对象包括哪些具体内容?
2. 什么是证据力和证明力?
3. 证据内容与证据形式的关系如何?
4. 证据制度与诉讼制度的关系如何?
5. 混合式诉讼与自由心证的关系如何?
6. 证据法学的具体研究方法是什么?

第二章 证据制度的历史沿革

导 读

证据制度是司法制度的重要部分，又与当时的社会、经济制度密不可分。在人类历史上，不仅不同类型的国家采用的证据制度有所不同，即使是同一类型的国家，其证据制度也各有特点。因此，不同类型的国家之间，其证据制度更是各有特色。本章所要介绍的各种类型国家所采用过的证据制度主要有：神示证据制度、法定证据制度、自由心证制度。

阅读案例
请扫一扫

证据制度是司法制度不可分割的重要组成部分，任何证据制度都是为维护一定的阶级统治服务的，所以，就阶级本质而言，有什么性质的社会，就有什么性质的证据制度。如果以阶级性为依据，可以将证据制度划分为奴隶制的、封建制的、资本主义的和社会主义的几种类型。但在不同的审判模式下，即使是阶级性相同的国家，其证据法律制度的发展方向和轨迹也会有所不同。这一点在欧洲大陆表现得非常突出。11 世纪以前，罗马法和教会法同样影响英国和欧洲大陆。但在神明裁判消亡的同时，欧洲大陆实行了所谓纠问式的诉讼制度；而英国采纳了以陪审制为中心的对抗式诉讼制度。二者开始分道扬镳。早在公元 10 世纪以前，陪审制就在欧洲大陆诺曼底出现，这一做法后来被诺曼底征服者带入英国。在英国，最先出现的是知情陪审团；为否定神明裁判，由了解案情的 12 名当地居民组成陪审团。由于他们既是证人又是裁判者，所以不需要任何证据规则对其进行制约。随着陪审制的发展，此类陪审团出现了知识不足的情况，因此被迫传唤其他证人。这就说明陪审员是否了解案情变得不那么重要了。于是在 15 世纪出现了不知情的陪审团，并一直发展至今。由于陪审团的成员不了解案情，又是法律的外行，但他们却是案件事实的裁决者，因此，为了防止陪审团在使用证据认定案件事实时出现混乱或偏差，各种证据规则就产生了。根据英国证据学家特文宁的论述，英国早在 16 世纪以前就出现了关于当事人印章文书的证明效力的证据规则；同期出现的还有关于证人资格或能力的证据规则；在 17 世纪反对自我归罪的特权规则确立；而传闻证据规则是在 16 世纪起源的。由此可见，英美法系的证据制度事实上是从神示证据制度直接过渡到了事实裁判者自由心证的证据制度，为保证裁判的准确，为之设立了大量的证据规则。

而欧洲的大陆法系却走了与之不同的道路，其发展脉络也相对清晰。在欧洲大陆的证据理论中，通常都是以审查判断证据的原则作为划分证据制度的依据。他们诉讼的直接目的在于查清案件事实，准确适用法律。查清案件事实是准确适用法律的前提，借以查清案件事实的依据则是证据。因此，收集、审查判断证据就成为诉讼中极为重要的问题。可以说，证据是诉讼的基础，因为如果没有证据，诉讼也就无从谈起。反言之，诉讼是围绕着证据问题展开的，而证据只有在运用中才能成为实际审判的基础。证据是否是真实的，是否具有证明力，是否足以证明案件情况，需要司法人员遵循一定的原则加以审查判断之后，才能得到确认。审查判断证据的原则所要解决的，正是根据什么来辨别证据的真伪，确认证据的证明力并据以认定案情的问题。

判断证据的原则的问题同诉讼本身一样具有悠久的历史，在诉讼中处于重要地位。判断证据的原则是有关证据的一个关键性问题。因此，在证据理论中，对每一种历史类型的证据制度，都将其作为该制度独特性的集中表现。审查判断证据的原则，也就成为证据理论中划分证据制度的依据。以审查判断证据的原则为依据，参照欧洲大陆证据制度的发展模式，对外国历史上出现过和现实中仍然存在的证据制度，可以划分为以下几种：神示证据制度、法定证据制度、自由心证证据制度。

第一节　神示证据制度

一、神示证据制度的概念

神示证据制度，也称神明裁判或神证，就是用一定形式邀请神灵帮助裁断案情，并且用一定方式把神灵的旨意表现出来，根据神意的启示来判断诉讼中的是非曲直的一种证据制度。“神证”的方法通常包括“神誓法”和“神判法”。事实上，神示证据制度比神明裁判所含的内容要宽得多，神明裁判只是神示的内容之一，只是神示证据制度的最初形态。当然，神示证据制度在不同的国家有所不同。有的国家的神示证据制度中仍然有神明裁判的存在；有的国家神明裁判则消失得较早。

二、神示证据制度产生的原因

人类社会的发展，始终以生产力发展水平为标志并受其制约。神示证据制度产生的原因，一是在政治上实行神权统治，二是因为全民族的科学文化落后，生产力水平低下，人们缺乏战胜自然的力量。

在奴隶制社会，受到低下的生产力发展水平的制约，人类的意识还不可能被科学之光照亮，人类的思维难以实现对事物本质的认识。由于面临严酷的自然环境和遇到当时社会难以解释的问题时，神被奉为万物的创造者，是自然界和人类社会的主宰者。在这种背景下，人们通常认为神是主宰一切的，是能察知一切的，因而是不可欺的。人们的邪恶行为能骗过人们的耳目，但不能欺骗神灵，人们言行的善恶，必然会为神明所洞悉。所以，诉讼中难以辨明的是非问题，自然就靠神灵来作出判断。在当时，掌握国家政权的统治者不但置自身为神的崇拜者，同时巧妙地利用人们的愚昧无知和宗教迷信，用这种证据制度来断狱诉讼，借以达到维护和巩固自己统治地位的目的，保护统治阶级的利益。

神判是依靠神的意志来决定事实，辨明是非，确定被告人是否有罪，或确定纠纷的主体的权利与义务。神示证据制度现在看来十分荒诞不经，但是在那个特定的历史时代有它存在的价值,对于断狱诉讼有一定的效用。因为人们都迷信神灵,出于对神灵的敬畏和压力,害怕对神欺骗后会遭致神灵的惩罚,所以不得不如实陈述。

三、神示证据制度的内容

由于各民族、各个国家的历史传统、风俗习惯的不同,神示证据制度的内容也各有不同。

(一)对神宣誓

对神宣誓,又称神誓法。所谓"神誓法",就是当诉讼双方的陈述相互矛盾、冲突时,裁判者便要求双方分别对神灵发誓,以证明其陈述的真实性。如果哪一方不敢对神发誓,或者在发誓过程中精神恍惚、神态慌乱或显示出某种神灵报应的迹象,裁判者就可以认定他的陈述是虚伪的并判其败诉。由于对神宣誓的作用在于确认宣誓者陈述的真实性,所以,它又称为证实宣誓。中国古代也曾经把"神誓法"作为证明案件事实的一种手段。《周礼》中记载,"有狱讼者,则使盟诅"。这说明当时打官司的人也要通过宣誓来证明自己陈述的真实性,但是没有充分的史料能够证明"神誓法"是中国古代司法证明的主要方式。

在有些案件中,特别是那些涉及严重罪行的案件中,如果诉讼双方都敢于信誓旦旦,而且结论不甚明了。那么神的"旨意"就不能仅由当事人宣誓来证明,还要有其他人的辅助宣誓。这些人被称为"旁证人"或"助誓人"。他们要宣誓保证当事人品质纯正,不会犯被控罪行或证明当事人的誓言是真实的。如果一方的"助誓人"也能顺利通过宣誓,裁判者就可判该当事人胜诉。案件情况不同,法律对"助誓人"的人数要求也有所不同。

有必要指出,近现代西方国家也有证前宣誓制度,即证人出庭作证时,应当首先对上帝宣誓,他将如实陈述。但这同神示证据制度中宣誓的法律意义有原则的区别。近现代的证前宣誓是证人出庭作证的一项法律程序,其目的在于以宗教信仰的力量来保证证人如实陈述。证人证言的真伪及其证明力要由法官根据自由心证原则来判定;而神示证据制度中的宣誓,则是法官确认当事人陈述和证人陈述真实性的根据。

(二)水审

水审是指通过一定的方式使当事人接受水的考验,显示神意,借以判定当事人对案情的陈述是否真实、刑事被告人是否有罪。水审又分为冷水审和沸水审两种。冷水审一般是将被告人投入河水,看其是否沉没或浮起,以此作为检验其陈述的真伪和他是否有罪的判断标准。沸水审一般是让被告人用手从沸水锅中捞出某种物品,接着包扎好其烫伤手臂,同时向神祈祷,过一段时间后再根据其烫伤是否日渐愈合来判定其陈述是否真实以及其是否有罪。如果手上的烫伤好转,法官则认为是神意所致,因而他便是诚实无罪的;如果伤口溃烂,就被认为是神对他的惩罚,由此就应断定他的陈述是虚假的,他是有罪的。

由于民族传统的不同,水审判定的标准也有一定区别。古代巴比伦人在审理案件的时候经常采用"水审法",以被告人是否沉没来作为定罪的标准;而古日耳曼地区的水审则以被告人是否浮出水面为定罪的依据。

(三)火审

火审就是通过一定的方式要被告人接受火或者烧红的铁的检验,显示神意,借以判定当事人的陈述是否真实以及刑事被告人是否有罪。这种折磨或考验通常都伴随着由牧师或神父等神职人员主持的弥撒或祈祷等宗教仪式。比如,9 世纪时法兰克人的《麦玛威》法中规定:“凡犯盗窃罪,必须交付审判。如在审判中为火所灼伤,即认为不能经受火的考验,处以死刑;反之,如果不为火所灼伤,则可允许其主人代付罚金,免处死刑。”

在这种火审裁判中,司法证明的天平显然不利于接受考验的一方,因为一般情况下人都会受到热铁的灼伤,只有特殊情况下才能幸免。这显然与“神誓法”的结果不同,因为对神发誓之后,只要没有特殊情况出现,宣誓人就可以胜诉。因此,司法官员决定让某一方当事人接受神明考验,往往就在一定程度上决定了审判的结果。在司法实践中,如果司法官员怀疑某人说谎,就会要求他接受火审的考验,而不是简单地要求他对神宣誓,因为宣誓的结果概率对他有利,而考验的结果概率对他不利。

(四)决斗

决斗是盛行于欧洲中世纪的一种习俗,这种习俗也被用在诉讼中,借以确定当事人双方对案情的陈述的真伪,以及谁是犯罪人。“司法决斗法”在中世纪欧洲广为流行,成为另一种带有“神证”色彩的司法证明方法。一般在当事人双方对案情的陈述发生矛盾,而原告提出愿以生命证明自己的控告是真实的,被告一方又提不出证明自己无罪的证据时,法官便指令原、被告双方进行决斗。凡在决斗中获胜的一方,便被认为是神使他取得了胜利,因而他是真诚的、无罪的;而失败的一方则被认为是有罪的。如果被告人不敢决斗,就以败诉论处。决斗前,双方还须按规定的准则对神宣读誓词,如果有一方在宣誓时,神情恍惚,读错了誓词,则被认为是神显示了旨意,不必进行决斗,法官就可以根据神意确定他是有罪的。

此外,还有卜筮、十字形证明、天平测验、吞咽面包等神示裁判法。

四、对神示证据制度的评价

大约在 12 世纪末,“神明裁判”开始逐渐退出历史舞台。导致这一转变的因素主要有两个:其一,知识界的怀疑论。正如古希腊哲学家柏拉图早已指出的:“诚然,在这当今世界上,神秘方法已不盛行。人们对于神的信仰已经变化,于是法律也必须变化。”其二,社会环境的变迁。1215 年,“神明裁判”首先受到了欧洲天主教拉特兰大教会的致命打击。该教会明令禁止在审判中使用“神明裁判”。尔后在欧洲各国的司法实践中,“神明裁判”也相继遭遇了同样的命运。荷兰城市废除最早;然后是法国、罗马帝国和英国。

神示证据制度是当时整个司法制度的组成部分,是为维护当时剥削阶级的统治服务的。由于这种证据制度是以宗教迷信为基础,把神意的显示作为确认证据真伪的标准,当然难以对案件事实作出正确的结论,无法保障实体法的准确适用。然而,神示证据制度的出现和长久存在,却是符合当时的历史条件的。

首先,神示证据制度提高了人类司法判决的权威性,因而有助于维护社会秩序的稳定。它的基础是当时人们对神的无可争议的信仰和崇拜。这些早期的司法证明手段实际上比现代人所理解的更有效力。在当时的社会条件下,诉讼被视为私人之间的争斗,国家对司法活动的控制主要表现为防止当事人把法律握在个人手中作为复仇的工具。因此,权威性的判决显然比合理性的判决更为重要。

其次,神示证据制度在某些情况下也确实能够查明案件的真实情况。从概率论的角度看,相当一部分显示神意的方式(如决斗、卜筮、十字形证明)具有得到 50% 的准确结论的可能性。

当时广泛采用的对神宣誓的方式,在一个把神奉为最高主宰者的社会中,对于宣誓者的心理无疑有极大的强制作用。这种强制作用往往可以迫使宣誓者为了不受神的惩罚而不敢不讲出真实情况。这样,在特定的情况下不科学的方式对于确认证据的真实性,也就具有了实际意义。

再次,神示证据制度的作用不仅表现为对违法者和犯罪人的惩罚,而且表现为在适用过程中对社会上一般人行为的引导和规范能力。神意本身是一个虚构的抽象物,它必须通过人所确定的方式来实现,正如恩格斯所指出的:“一切宗教都不过是支配着人们日常生活的外部力量在人们头脑中的幻想的反映,在这种反映中,人间的力量采取了超人间力量的形式。”在把神意作为公正和正义的情况下,根据神意确认证据的证明力,并据以认定事实,适用法律,也就当然具有了被社会普遍接受的公正和正义性,尽管这种公正和正义是一个历史的范畴,并且具有相当的盲目性。

最后,神示证据制度有利于维护统治阶级的利益。统治者在相当程度上是自觉地利用人们对神的敬畏,按照自己的意志确定显示神意的方式,并以神意作为判断证据证明力的标准,这就有利于统治者依照维护统治的需要灵活地适用法律。

第二节 法定证据制度

一、法定证据制度的概念和产生的历史条件

(一)法定证据制度的概念

所谓法定证据制度,是法律根据证据的不同形式,预先规定了各种证据的证明力和判断证据的规则,法官必须据此作出判决的一种证据制度。在这种证据制度中,法官无权按照自己的见解自由地判断证据,而只能机械地适用法律有关证据证明力和判断规则的规定,并据此认定案情。

(二)法定证据制度产生的历史条件

欧洲的历史进入封建君主专制时期之后,一种新的适应当时政治需要的证据制度,即法定证据制度(又称形式证据制度)取代了神示证据制度。在16世纪至18世纪之间,法定证据制度发展到了全盛时期,其影响一直延续到19世纪中叶。当时,欧洲大陆法系各国的法典中,普遍规定了这种证据制度,其中具有代表性的法典有1532年的《加洛林纳法典》、1853年的《奥地利刑事诉讼法》以及1857年的《俄罗斯帝国法规全书》等。

法定证据制度是对神示证据制度的否定,是历史上的一大进步。它的出现是人类文化科学的发展对司法经验总结的结果;同时又是和当时的政治斗争形势联系在一起的,是中央集权君主制的产物。为了结束地方封建割据的分裂状态,加强中央集权的统治,封建君主实行这项法律制度,有利于把司法权掌握在自己手中,从而打击封建割据势力。

从欧洲的情况来看,封建地主阶级取得了统治地位后,在诉讼制度方面对控诉式的诉讼制度进行了改革,建立了纠问式的诉讼制度。因而在证据制度方面也有相应的变革,实行法定的证据制度。所以法定证据制度是与当时适用的纠问式的诉讼制度相适应的。在纠问式诉讼形

式下，无论是否有被害人控告，司法机关都有权主动追究犯罪，法官集起诉权和审判权于一身。例如，法国国王路易九世在1260年的敕令中宣布禁止司法决斗，把原来以宣誓为基础的担保人变成向法院提供证言的证人。随着纠问式诉讼制度的确立，出现了法定证据制度。这种证据制度，对每一种证据不需要考虑证据本身的情况如何，而是由法律事先规定它的可靠性和证明力。这种证明力完全是由立法者按照证据的外部特征加以规定的。它把证据分为完全的、不完全的、不太完全的、多一半完全的。几个不完全的相加，即可构成一个完全的证据。所谓完全的，就是可靠的意思；所谓不完全的，就是不完全可靠的意思。

二、法定证据制度的主要特点

1. 限制法官自由裁量权，实行有罪推定。法定证据制度一方面限制了法官在判断证据及其证明力问题上的专横武断；另一方面也限制了法官在采证问题上的专横武断。在这一方面它在历史上是一个进步，在运用证据上摆脱了宗教迷信，使之服从法律。但是，它是从有罪推定出发的，是对付和镇压农民的工具，因而往往把无罪者投入监狱。

2. 刑讯逼供是法定证据制度的基本证明方法，是获取证据的合法方式。口供是定罪的主要依据，为取得口供，对被告人、证人的刑讯就是题中应有之义了。刑讯使无罪的人认罪的可能性大增，因而它是一种极野蛮的制度。

3. 法定证据制度具有形式主义和等级性的特点，机械地、僵化地对证据的收集、使用及其证明力进行规定。证据根据其表现形式划分为完全证据和不完全证据。被告人自白被确认为完全证据。多个不完全证据的证明力才相当于一个完全证据。而证据的等级性主要体现为根据提供证据人的社会地位来确定所提供证据的效力，如显贵者的证言优于普通人的证言等。

三、对法定证据制度的评价

欧洲大陆各国的法定证据制度，是适应封建君主中央集权的政治需要而建立的。法定证据制度取代了神示证据制度的存在，剥夺法官的自由裁量权，迅速建立了全国统一的司法机关和诉讼制度，适应了社会发展潮流，客观上具有一定的进步意义。它的一些做法，如防止法官专断、强调法定规则意义、维护法制统一等制度，也具有相当的合理意义。

与具有浓厚宗教迷信色彩的神明裁判和司法决斗相比，法定证据制度虽然本身并不科学，但它毕竟更多地体现了人类的理性与智慧，是人类社会进步的结果。这种进步性主要体现在：法定证据制度要求法官必须按照法律对证据证明力、判断证据规则的预先规定来审理案件，有利于消除在运用证据中的混乱状态，从而有力地限制了法官的司法专横。而且，法定证据制度对神示证据制度的否定，是人类对客观世界认识能力发展的结果，是人们运用证据的经验在法律上的反映。法定证据制度的有些规定，如关于书证的原本、副本证明力的规定，在一定程度上反映了书证的某些特征和运用书证的经验。这与神示证据制度相比，在运用证据上摆脱了宗教迷信，使之服从法律，也是进步的表现。

但从本质上讲，法定证据制度是反科学的，是具有浓厚的封建性、残酷性和反动性的一种证据制度。因为法定证据制度建立于唯心主义和形而上学之上，其严格的等级观念严重背离了证明规律和诉讼机制。它把证据材料的外部特征视为内在的普遍性的规律，并且脱离案件的具体情况，忽视法官在审查判断证据中的主观能动性，使他们难以从客观实际出发，揭露和查明案件事实真相。同时，在法定证据制度的具体内容中，虽然也包含一些有价值的实践经验,然而法定证据制度却将这些具体的经验,无条件地、机械地奉为一般性准则,运用于一切案件,这就使真理在形而上学的思维方式中转化为谬论了。[1] 特别应当指出,为了维护封建主阶级的统治,打击危害统治阶级利益的犯罪行为,法定证据制度从有罪推定出发,将被告人的口供视为最好的证据,从而导致了刑讯逼供的盛行。资产阶级法学家尖锐地批判了法定证据制度,认为它毁灭了法官的理性,窒息了法官的良心。法定证据制度以具体经验代替一般规则,同野蛮的刑讯逼供相联系,并以严格的规定限制了法官的合理的自由裁量权。这就决定了它的落后性、封建性和非科学性。

第三节 自由心证证据制度

一、自由心证证据制度的概念和产生

自由心证证据制度是指证据的取舍和证明力的大小,以及案件事实的认定,均由法官根据自己的良心、理性自由判断,形成确信的一种证据制度,它是资产阶级国家司法制度的组成部分。

自由心证制度的形成有一个过程。众所周知,资本主义生产关系孕育于封建社会,历史发展到 18 世纪,欧洲发生了资产阶级民主革命,建立了资本主义社会。资本主义制度的确立,对社会精神生活、政治法律制度和物质生活制度等进行了变革。表现在司法制度方面,则是摧毁了封建领主法院,建立了陪审法院,废除了封建的纠问式的诉讼制度,确立了混合式的诉讼制度。为了与诉讼制度的变革相适应,1791 年法国宪法会议正式废除法定证据制度,建立了自由心证制度。这种上层建筑的变革,是资本主义经济关系发展的必然结果。

首先,资产阶级思想家崇尚人的理性和良心,指出"人生而自由"的观点。据此,资产阶级法学家认定法定证据制度要求法官机械地按照法律预先规定判断证据,是对人的理性的压抑,是违反人性的。首先由一名叫杜波尔的法国议员在 1790 年 12 月 26 日的宪法会议上提出革新证据制度的草案,他建议废除法定证据制度,把法官的内心确信作为诉讼证据制度。经过激烈辩论,杜波尔的革新建议在宪法会议上取得了胜利。1808 年通过的《法兰西刑事诉讼法典》在第 342 条对"自由心证"作了一个经典的表述:"法律不要求陪审法官报告他们建立确信的方法,法律也不给他们预定一些规则,要他们必须按照这些规则来决定证据是不是完全和充分。法律只是要求他们集中精神,在自己良心的深处探求对于所提出的不利于被告人的证据和被告人的辩护手段在自己的理性中产生了什么印象。法律不向他们说:'你们应当把多少证人所证明的每一件事实认为是真实的',法律也不向他们说:'你们不要把没有由某种笔录、某种文件、多少证人或多少罪证……所决定的证据,看做是充分证实的。'法律只向他们提出一个能够概括他们职务上的全部尺度的问题:'你们是否已经形成内心确信?'"这一段表述,一向被认为是关于"自由心证"的古典公式。[2] 这就是法官自由心证的古典公式。

---

[1] 卞建林主编:《证据法学》,中国政法大学出版社 2000 年版,第 23 页。

[2] 王以真主编:《外国刑事诉讼法学》,北京大学出版社 1990 年版,第 103 页。

其次,资产阶级法学家认为,按照法定证据制度来确认案情,只能达到形式真实,而不能达到"实质真实"。贝卡利亚在《论犯罪与刑罚》一书中曾经写道:"关于刑事案件,非学者的人们依照感觉所作出的判决比起法学者依照预定的规则所作出的判决,常是更正确的。"

最后,资产阶级思想家提出了人权和"法律面前人人平等"的思想,对法定证据制度中刑讯逼供的规定和封建等级观念提出了挑战。因此,许多资产阶级思想家和法学家针对刑讯逼供和充满了等级观念的封建法律意识也进行了极其尖锐的批判。这一思想意识领域内的深刻变革,使一直屈居在神权和封建统治权的绝对权威下的人类理性昂然地抬起头来,人不再是封建统治权和神权的奴隶。

总之,自由心证制度的核心内容,就是对于各种证据的真伪、证明力的大小以及案件事实如何认定,法律并不作具体规定,完全听凭法官根据理性和良心的指示,自由地判断。法官通过对证据的审查在思想中形成的信念,就叫作"心证","心证"达到无任何合理怀疑的程度,叫作"确信",法官通过自由判断证据所形成的"内心确信",这样一种理性状态,就是作出判决的依据。

二、自由心证证据制度的理论和立法

1791 年 9 月 29 日法国宪法会议发布训令正式宣布:法官有把自己的内心确信作为裁决的唯一依据的义务。1808 年,法国颁布了世界上第一部专门的《刑事诉讼法典》,这个法典的第 342 条就是上述自由心证原则的进一步发展。在此之后,欧洲大陆各国通过立法基本上都将自由心证原则确定下来,如 1877 年的《德国刑事诉讼法典》规定:"法院应根据从全部法庭审理中所得出的内心确信,来确定调查证据的结果。"1892 年俄国颁布的《刑事诉讼条例》规定:"治安法官应根据建立在综合考虑法庭审理时所揭露的情况的基础上的内心确信,来裁定受审人有无罪过的问题。"1808 年之后,《法国刑事诉讼法典》虽然几经修改,但是时至今日,自由心证的原则依然保留下来。

自由心证原则对亚洲国家也产生了深刻影响。日本自明治九年开始,就采用了自由心证制度。日本现行《刑事诉讼法》第 318 条明确规定:"证据的证明力由审判官自由判断。"

自由心证的证据制度是建立在一定的理论基础上的。自由心证的理论是作为法定证据理论的直接否定物出现的。为了冲破封建法制的压制,自由心证理论集中批判了法定证据理论的形式主义。然而,在冲破了法定证据理论的形式主义束缚之后,自由心证理论不能客观地给其所强调的理性找到一个正确的位置。有的推崇自由心证的学者甚至说,在判断证据证明力时,"除了理性的指示和良心的感悟之外,内心确信是不必知道有其他规律的"。显然,自由心证理论在批判了法定证据理论的形而上学的形式主义之后,又不得不以唯心主义观点虚构"人类共同理性",成为判断证据的依据。

自由心证理论的主要内容有两点:一是法官的理性和良心;二是心证达到确信的程度。从中我们可以看到,自由心证理论有两根支柱和一个中心。两根支柱,一是抽象的理性,二是抽象的良心。理性是判断证据的依据,良心则是真诚地按照理性的启示判断证据的道德保障。其中心则是"自由",即法官根据理性和良心自由地判断,在内心达到真诚确信的程度。当然,自由心证理论也明确指出,"确信"必须是产生于证据材料在理性中的印象。事实上,任何证据都会在人的意识中形成一定的印象,关键在于以什么为根据来确定这种印象的性质。"自由心证"理论的回答是,以"真诚的确信"这种理性状态为根据,来确定证据在意识中产生的印象的性质,即以某种精神因素,而不是以特定的客观实在性作为判断证据的标准。

在自由心证理论中,还有一种"盖然性"理论。这种理论认为,法官不可能完全准确地判定证据的证明力,因而不可能完全准确地查明案件事实。他们对此作出的决定,只能具有一定的盖然性。显然,这种理论是以"不可知论"为灵魂的。它认为绝对的自由证明是不存在的,为了避免从一个极端走向另一个极端,以防止法官主观擅断,许多国家在立法上设定了规范法官审判行为的规则,如自白规则、非法取证规则。英美法系国家尤其如此。因此,这里的自由心证是有限度的。

三、对自由心证证据制度的评价

在我国,受阶级斗争观念的影响,对自由心证制度一直存在误解和敌视。近年来,随着学术研究的深入,已经有越来越多的学者认识到:自由心证制度的核心在于证据的自由评价;而证据的自由评价,作为一种证据评价方式,不仅合乎科学,而且是无法逃避的现实。因此,对于自由心证问题,科学的态度不是武断地否认,而是承认它、规范它。在法学研究的推动下,最高人民法院的司法解释已经率先承认了自由心证制度的合理内核。最高人民法院《关于民事诉讼证据的若干规定》第 64 条规定:"审判人员应当依照法定程序,全面、客观地审核证据,依据法律的规定,遵循法官职业道德,运用逻辑推理和日常生活经验,对证据有无证明力和证明力大小独立进行判断,并公开判断的理由和结果。"因此,要对自由心证证据制度作出正确的公正的评价,就必须坚持历史唯物主义的观点,对它进行全面的分析。

(一)自由心证制度的历史进步意义

一方面,资产阶级的自由心证制度取代封建时期的法定证据制度具有一定的历史进步性。自由心证制度的建立,引起了诉讼结构的变革,否定了法定证据制度的形而上学的形式主义,抛弃了法定证据制度中的封建特权,废除了刑讯逼供的证明方法,确定了举证责任由控诉人员担任的原则,使被告人获得了辩护权。自由心证制度还实行双方当事人对等辩护的原则,能使法官根据当事人双方的举证辩论,形成其内心确信,然后对案件作出裁判。这是历史上的进步,对诉讼制度是一个重大的革新,它推动了诉讼制度的民主化进程。

另一方面,自由心证制度的建立,使法官摆脱了法定证据制度那些繁琐规则的束缚,有可能按照自己的经验和良心对证据和证据的证明力进行自由判断,从而为查明案情和正确处理案件提供了可能性。它推动了证据科学的发展和证据理论的进步。自由心证制度是确认有审判权者即有真理的原则,它为法官利用司法活动灵活地为政治服务提供了广阔的余地。这是自由心证制度能够产生并长期存在的一个关键因素。

同时,无论是在立法上,还是在理论上,自由心证制度对法官依良心、理性"自由"地判断证据也有一定的限制。比如,《日本刑事诉讼法》第 318 条规定:"证据的证明力由审判官自由判断。"但紧接着第 319 条又规定,当被告人的自白成为对他不利的唯一证据时,法官不得将其作为有罪的根据。上述这些法律上或理论上对法官自由判断权的限制,都体现了一些有价值的实际经验,从而使自由心证制度具有一定的合理性。

(二)自由心证制度的局限性

自由心证同法定证据制度一样,存在一定的局限性。因此,客观地评价自由心证制度,在了解其历史进步意义的同时,认识它的局限性是非常必要的。

由于自由心证的主体是法官，所以自由心证制度的核心，是以法官通过对证据事实的自由判断形成的“内心确信”，作为认定案件事实的根据。但是，法官是具体的人，是社会中的人而不是抽象的人，若对其执法行为不加约束，在把法官职位授予品质不佳之人的时候，是无法保证实现社会正义的。唯物辩证法认为，只有当法官的内心确信符合证据与案件事实之间的客观联系，法官对证据的判断才具有真理性。因此，当今凡奉行自由心证证据制度的国家，都出台许多证据规则，以制约法官的“心证”。可见，这种制度也是有其自身的弱点的。

第四节　我国证据制度的历史沿革

一、我国古代证据法律制度

（一）奴隶制时期的证据制度

中国是世界四大文明古国之一，是具有悠久历史和灿烂文化的国家。随着生产力的发展，私有制的产生，原始公社解体，产生了奴隶制国家。早在公元前21世纪，部落联盟领袖禹死后，其子启继位建立了中国历史上的第一个奴隶制国家——夏王朝。以后的商、周王朝，同样是奴隶制国家。

在奴隶制国家，占据统治地位的奴隶主阶级，为了维护其经济利益和政治特权，制定了作为阶级统治工具的法律。在依照一定程序处理犯罪事件和财产纠纷时，应当根据什么来“推理求情”，查清案件事实，分辨是非曲直，就需要有明确的规定。因而证据制度就成为奴隶制法律的一个重要组成部分。

根据我国古代文献的记载，夏“作禹刑”，商“作汤刑”。到周朝，周公制“礼”，吕侯制“吕刑”，进一步发展了奴隶制国家的法律。在这些法律中，都或多或少包含证据制度的内容。《周礼·秋官·小司寇》表明，司法官吏应当“以五声听狱讼，求民情”。“五听”也就是“五辞”，其具体内容为：“一曰辞听，二曰色听，三曰气听，四曰耳听，五曰目听。”实际上是要求司法官吏审理案件时，应当注意受审人讲的话是否有理，讲话时的神色是否从容，气息是否平和，精神是否清醒，眼睛是否有神，并据此推断其陈述是否真实。同时，应该注意审查双方当事人供词中的矛盾。当然，除此之外，还有其他证据的使用规则与方法。“五听”这一制度是我国古代司法经验的总结，在我国证据史上产生了深远影响。

我国古代奴隶制各个王朝的证据制度，主要是根据审判实践经验形成的，比较重视与案情有关的客观材料，要求法官据证推断。在周朝，进行刑事、民事诉讼，司法官吏要让当事人对神宣誓，但审判官不能根据宣誓时的情况和宣誓本身来决断，宣誓更多的在于其形式上的意义，这与风行于当时世界各国的神示证据制度明显不同。

（二）封建社会的证据制度

公元前475年，我国历史由春秋进入战国时代，封建制逐渐取代了奴隶制，从此历经了漫长的封建王朝时期。我国封建王朝的诉讼程序，同样是刑事诉讼与民事诉讼不分，具有纠问式诉讼的特点。在这种诉讼制度下，刑事被告人在诉讼中处于无权地位，只是一个被追究刑事责任的客体,一个被拷问的对象和供词的提供者。司法官吏审判案件,根据封建王朝的法律规定,除个别特殊情形外,必须取得被告人的口供;如果被告人不招供,就可以进行拷讯,逼其招认。所以有关讯囚和刑讯的规定,构成了封建王朝证据制度的主要内容。虽然封建王朝的法律中,也有几项形式主义的证据规则,如"断狱必取服辩",被告人不合拷讯时"据众证定罪",但明确规定证据效力和应据此定罪的,终究是个别情形,因此,不能认为我国封建王朝时期同欧洲封建国家一样,也是实行法定证据制度。应该讲,其更具有纠问式诉讼的明显特征。

中国古代的诉讼制度具有纠问式的特征,因此证据制度也与大陆法系国家有许多相似之处。纵观中国两千多年的封建时期,它的证据制度主要有以下七个基本特点:

1. 坚持"断罪必取输服供词"的原则。如前所述,根据封建王朝的法律,"断罪必取输服供词"。换言之,必须取得被告人的"服辩"(即认罪的供词),才能对其定罪处刑。关于"断罪必取输服供词"的理由,据《资治通鉴》解释为:封建统治者认为,狱囚在受审时亲口供述的犯罪事实,都是真实可信的。因此,必须"罪从供定"。这一论断从来都不符合实际情况,因为受审人供述犯罪,有各种各样的动机,并不都是真实的,因受刑被迫"诬服"的情况更是常见。事实上,虽然法律规定"断罪必取输服供词",而无供即定案的也有,如汉代的腹诽罪,是完全忽视证据的作用的;南宋的岳飞父子被以"莫须有"的罪名杀害,也没有口供,仅由司法官定案了事。

2. 审讯时可以依法刑讯。刑讯的程度,违法刑讯应否负刑事责任和负什么刑事责任,历代封建王朝的法律则有不同的规定。刑讯是获取被告人口供的法定手段,法律对刑讯的条件、方法、用具和程度往往有明确规定。如按《汉律》规定,对犯重罪的被告人,如果有充分的证据足以证明,而他不服狡辩的,即可拷打,但应把已予查证清楚和抵隐的情况在汇报材料中注明。有关刑讯的规定中,最重要的一个发展是拷讯违律者应负刑事责任;违律的情况和所造成的后果不同,应负的刑事责任亦异。唐律对于刑讯的条件、方法、适用对象和拷讯违律者的责任,均有明确规定,比如包括可以采用刑讯的方法和适用条件;规定了用刑的限度;违制刑讯应负的责任;若刑讯逼不出供词,告发人就有诬告之嫌,同样应对其刑讯;明确了免拷的对象;妇女怀孕缓拷;证人也可拷打等。法律把刑讯制度化,是封建时代证据制度的重大特点。

3. 诬告者反坐,伪证者受罚。证人证言,是司法官吏断案的重要依据。封建王朝的证据制度,明文禁止诬告、作伪证。如根据考古发现的秦简《睡虎地秦墓竹简》记载,进行诉讼时应当如何审讯,审讯时可否拷打受审人,法律中就已有规定。同时,秦律已有诬告罪的规定,实行"诬告反坐"制度。封建王朝的证据制度,明文禁止诬告、伪证。使诬告、伪证者承担相应的罪责,有利于减少诬告、伪证,不仅能够使人们免遭诬告之害,还可以排除对司法工作的干扰,维护封建统治秩序,具有一定的积极作用。《唐律》对于证人已有某些人不得作证的规定,表明讯问证人时可以拷掠。同时还明确规定了证人伪证的责任,即凡是证人没有讲真实情况,以致根据证言定案,造成罪有出入的,按所出入之罪减二等处罚。汉朝法律同样实行诬告反坐,甚至把诬告作为一种严重的罪行追究。但是,当时的司法实践表明,诬告、伪证的情况仍然不断发生。

4. 继承了"以五声听狱讼,求民情"的审判方法。这种"以五声听狱讼"的主观唯心论的审判方法,一直为封建时代的官吏、法学者所推崇。我国封建王朝时期的法律,对于各种证据的效力和是否可采用为认定事实的根据,主要由司法官吏自由决断。虽然有"据众证定罪"和"断罪必取输服供词"等规定,但是司法官吏在评断证据时仍然有很大的自由裁量权。如果司法官吏对招供有怀疑,也可以不予采用,而再行调查。

5. 疑罪惟轻,有罪推定。部分封建统治者认为,与其有可能放过罪犯,倒不如从轻发落,如此会更有利于维护其统治。因此,虽然有"罪疑惟轻"和"疑罪从赎"等规定,但基本原则还是有罪推定。

6. 据众证定罪。唐律规定,对于某些官僚贵族和老幼废疾不得刑讯的人,可以依靠证人证言定案,规则为据众证定罪。所谓众证,必须是三人以上明证其罪,始告定罪。但如果三人证实,三人证虚,虚实之证等,只能视为疑案。明清也有类似的规定。

7. 重视勘验检查。汉唐以后,勘验制度得到重大发展,特别在宋代,勘验制度更趋完善。南宋孝宗发布《检验格目》,标志勘验制度的法规化,使检验的内容和程序更加规范。宋朝的宋慈,曾长期担任司法官吏,撰写了《洗冤集录》。该书的内容主要是关于法医学方面的知识。如关于暴力死与非暴力死,自杀与他杀,生前伤与死后伤,真伤与假伤,中毒、急死内辨识与论述,但其中也有不少关于如何检验、取证和审查证据的意见。

二、我国半殖民地半封建社会的证据法律制度

1840 年鸦片战争之后我国沦为半殖民地半封建社会。从清朝末年开始,西方国家的法律文化开始影响中国,并推动了中国对传统法律制度的改革。在证据法律制度方面,清朝末年由沈家本主持的刑事和民事诉讼法草案以及后来的中华民国时期的刑事诉讼法和民事诉讼法都吸取了西方国家证据法律制度中的先进之处,确立了无罪推定、自由心证、言词辩论、禁止刑讯逼供等原则,而且对证据种类和证明责任等问题作出了比较明确的规定。但是由于长期战乱和国民党政府实行的法西斯统治,中国近代立法上的证据制度与司法实践中的做法相去甚远。事实上,封建的法统没有什么变化,诸如无罪推定和禁止刑讯逼供等规定不过是一纸空文。北洋政府于 1921 年颁布了《刑事诉讼条例》。国民党统治时期,除了承袭北洋军阀时期的外,自 1928 年至 1932 年和 1945 年曾先后仿效德国,修正并颁布了刑事诉讼法律。在证据制度方面,引进了自由心证制度,如《刑事诉讼法典》第 269 条规定:"证据之证明力,由法官自由判断之。"但是又颁布了所谓"特别刑事案件"的诉讼法律,对于劳动人民、革命人士、共产党人采取极其野蛮的手段进行逼供。国民党统治时期的诉讼制度的理论基础是"宁肯错杀三千,不可放过一个"。因此,它是封建的、资本主义的、法西斯的混合型的诉讼制度。与此相应,在诉讼证据制度上则实行自由心证与口供主义相结合。在这种混合型的诉讼制度下,诉讼证据制度则是"有条(金条)有理,无法(法币)无天"。这就充分体现了刑事诉讼的封建性、法西斯性和虚伪性。所以,这时的诉讼制度具有封建的、资产阶级的和法西斯的混合型的特点。

这种混合型的证据制度吸取了历史上最野蛮的东西,而表面上却采用了资产阶级的民主形式。因此,概括起来,国民党统治时期的证据制度具有封建性、虚伪性、恐怖性的特点,它沿袭了封建的刑讯逼供的收集证据的方法,抄袭了资产阶级自由心证的条文,抹上了民主的色彩。它既采用了法官自由判断、辩论等原则;同时又采用法外镇压,实行法西斯专政的恐怖政策,颁布特别法令,镇压劳动人民。

三、新中国的证据法律制度

我国人民民主的诉讼制度的产生和形成,经过了一个长期的过程。从革命根据地的建立,到新中国的成立以及至今,已有近七十年的历史。在这个过程中,经过了曲折的道路,今后还有一个不断完善和发展的过程。

我国法律赋予司法人员具有独立自主地判断证据的权力,但也受到法律的一定约束,如刑事诉讼法关于证据一章的规定,就从若干条文上进行了限制。它不同于法定证据制度,也不同于自由心证。我们称之为客观真实的证据制度。我国客观真实证据制度的发展过程可分为四个阶段:

第一阶段是从1931年至1949年的创建期,属于新民主主义时期。在革命根据地的法律中,已经建立起了先进的证据原则和制度,如重调查研究,实事求是;严禁刑讯逼供,重证据,不轻信口供;证据必须确实充分,否则应判无罪;规定当事人的证据责任,提供证据的义务,并规定在民事诉讼中"谁主张,谁举证"。这些证据规则的建立,为我国客观真实的证据制度的发展指明了方向,是人民司法工作的里程碑。

第二阶段是从1949年至1966年的发展期。新中国成立之后,人民政府在废除国民党伪法统和总结革命根据地司法工作经验的基础上建立了新的证据法律制度。这一阶段是社会主义证据制度进一步发展的阶段,以《中华人民共和国宪法》、《中华人民共和国人民法院组织法》、《中华人民共和国人民检察院组织法》的颁布为标志。20世纪50年代前期颁布的一系列法律法规确立了实事求是、重视调查研究、重证据不轻信口供、严禁刑讯逼供、明确了举证责任和要求证据必须确实充分等司法证明活动的原则。但是,1958年以后,我国的司法制度受到了"左"的干扰,司法工作中已经确立的实事求是的原则、重证据重调查研究的原则,也受到了冲击。在执法环境不好的情况下,有的司法人员也滋长了主观臆断、先入为主的习气,这是不利于证据制度的进一步发展和完善的。

第三阶段是从1966年到1976年的瘫痪期。这是社会主义民主和法制遭到践踏的十年。在"十年浩劫"中,林彪、"四人帮"利用手中掌握的权力,为了达到篡党夺权的目的,砸烂了公、检、法,实行封建法西斯手段,复活了旧中国的"文字狱"和"言论狱",并私设公堂,搞刑讯逼供。公然鼓吹办案要着眼于先定性质,再找材料。迷信棍棒底下出材料,滥施刑罚,伪造证言,给我国的证据制度造成了重大损害,使其处于瘫痪状态。

第四阶段是从1976年到现在的完善期。中国共产党的十一届三中全会以后,我国进入社会主义的新的历史阶段。在立法方面进行了一系列工作,我国的法制建设不断完善。1979年的《刑事诉讼法》、1982年的《民事诉讼法(试行)》和1989年的《行政诉讼法》都有关于证据制度的规定。我国的证据法律制度又逐步得到恢复、发展和完善。以1996年《刑事诉讼法》、1991年《民事诉讼法》和1989年《行政诉讼法》等为依据的我国现行证据法律制度具有坚持无罪推定、严禁刑讯逼供、追求客观真实等特点。就司法证明模式而言,我国现行的证据法律制度基本上属于自由证明的范畴,司法人员在运用证据认定案件事实时享有很大的自由裁量权。

1996年《刑事诉讼法》第五章、《民事诉讼法》第六章都设了证据专章,对证据作了专门规定。不仅给证据下了科学的定义,还规定了收集、审查判断、适用证据的规则。规定"证明案件真实情况的一切事实,都是证据"。证据"必须经过查证属实,才能作为定案的根据"。很明显,证据有三个特点,即证据的客观性、关联性和合法性。证据的三个特点任何一点都不能缺少,否则,就不能成为证据。

我国法律除了给证据下了科学的定义外,还对证据的收集、审查判断和运用,作了如下规定:

1. 严禁用刑讯逼供及其他非法方法收集证据。以刑讯逼供的方法获得的被告人供述,以威胁引诱等方法获得的证人证言和被害人陈述不得作为定案依据。

2. 规定吸收无罪推定精神的原则。未经人民法院依法判决，对任何人不得确定为有罪。如果经法庭审理，认定证据不足的，法院应当作出指控罪名不能成立的无罪判决。

3. 重证据，重调查研究，不轻信口供。对于当事人或被告人拒绝陈述或不供认的，不影响人民法院根据证据确定对案件事实的认定。公安、检察、法院的司法文书，必须忠于事实真相，对故意隐瞒事实真相的，应当追究责任；还要依法在特定的时间或条件下，对有关证据进行保密。

4. 证明标准是案件事实清楚，证据确实充分。证据要在听取各方意见、经过查证属实后，才能作为定案的依据。一切作为定案根据的证据都必须经过法院质证后，才能认定。

2012 年 3 月 14 日，十一届全国人大通过了刑事诉讼法修正案。证据制度是刑事诉讼的基本制度，对于保证案件质量，正确定罪量刑具有关键作用。主要修改包括：

第一，完善了证据的概念和扩大了证据的形式或者范围。

第二，进一步明确了诉讼中的证明责任。

第三，细化了证明标准。

第四，确立了非法证据排除制度。为从制度上进一步遏制刑讯逼供和其他非法收集证据的行为，维护司法公正和刑事诉讼参与人的合法权利，有必要在法律中对非法证据的排除作出明确规定。据此，修正案在 1996 年刑事诉讼法规定严禁刑讯逼供的基础上，增加不得强迫任何人证实自己有罪的规定。同时，明确规定了非法证据排除的具体标准：采用刑讯逼供等非法方法收集的犯罪嫌疑人、被告人供述和采用暴力、威胁等非法方法收集的证人证言、被害人陈述，应当予以排除。违反法律规定收集物证、书证，可能严重影响司法公正的，应当予以补正或者作出合理解释；不能补正或者作出合理解释的，对该证据应当予以排除。还规定了人民法院、人民检察院和公安机关都有排除非法证据的义务，以及法庭审理过程中对非法证据排除的调查程序。

第五，完善了严禁刑讯逼供的预防机制。修正案增加规定了拘留、逮捕后及时送看守所羁押、侦查讯问的录音录像制度等。

第六，完善了证人作证机制，明确了证人出庭范围，加强了对证人的保护。证人出庭作证，对于核实证据、查明案情、正确判决具有重要意义。修正案规定：公诉人、当事人或者辩护人、诉讼代理人对证人证言有异议，且该证人证言对案件定罪量刑有重大影响，人民法院认为有必要的，证人应当出庭作证。并规定证人没有正当理由不出庭作证的，人民法院可以强制其到庭，对于情节严重的，可处以十日以下的拘留；同时，考虑到强制配偶、父母、子女在法庭上对被告人进行指证，不利于家庭关系的维系，规定被告人的配偶、父母、子女除外。

为进一步加强对证人以及鉴定人、被害人的保护，修正案增加规定：对于危害国家安全犯罪、恐怖活动犯罪、黑社会性质的组织犯罪、毒品犯罪等案件，证人、鉴定人、被害人因在诉讼中作证，本人或者其近亲属的人身安全面临危险的，人民法院、人民检察院和公安机关应当采取必要的保护措施。证人、鉴定人、被害人认为因作证面临危险的，可以请求予以保护。[3]

此外，修正案还引进了专家辅助人制度，新增加了技术侦查手段等。

由此可见，我国经过长期的发展过程，逐步地形成了具有中国特色的社会主义性质的科学证据体系和制度，但还须进一步完善。目前，证据学领域尚有以下理论和实务问题有待解决：

---

〔3〕 参见 2012 年 3 月 8 日全国人大王兆国副委员长关于刑事诉讼法修正案向十一届人大所作的说明。

一是证据制度的命名问题;二是律师的证据调查权;三是证据真实性的客观保障和证据规则的法典化问题;四是证据确实充分性如何认定,证据足与不足在实践中的标准很难掌握;五是证人、鉴定人和侦查人员出庭的问题;六是审判前的证据展示问题;七是如何吸收沉默权的合理内容的问题;八是无罪推定原则与疑罪从无处理方法的进一步落实的问题;九是证据的收集及非法证据排除问题,包括不得强迫任何人证实自己有罪和犯罪嫌疑人对侦查人员的提问应当如实回答的理解和适用问题,以技术侦查和秘密侦查为手段的证据收集问题;等等。对于这些问题,都有待司法工作者和法学界人士进一步研究解决,以健全我国的证据法学体制。随着这些问题的解决,我国的证据法学必将进入一个新境界。

注:全国人民代表大会关于修改《中华人民共和国刑事诉讼法》的决定——2012 年 3 月 14 日第十一届全国人民代表大会第五次会议通过。

思考题

1. 法定证据制度产生的历史条件是什么?
2. 自由心证证据制度产生的历史条件是什么?
3. 如何评价自由心证证据制度?
4. 2012 年刑事诉讼法修正案对证据制度作了哪些主要修改?

第三章　证据法与诉讼法

导　读

证据法是查明案件事实的重要保证，是调整诉讼主体之间法律关系的程序法，是实现实体公正的重要保障。我国没有单独的证据法，有关证据法的规定散见于宪法、法律、行政法规、司法解释以及部门规章。证据法是诉讼法的重要组成部分，不同的诉讼法就会有不同的证据法，其主要体现在诉讼结构上。无论是英美法系的对抗式诉讼，还是大陆法系的审问式诉讼，或是近半个世纪以来的混合式诉讼，都有着与之相适应的证据法。

阅读案例
请扫一扫

第一节　证　据　法

一、证据法的概念

证据法有广义与狭义之分。广义的证据法，是指进行证明活动的一切方法、规范。狭义的证据法，是指诉讼过程中运用证据证明案件事实的法律规范。本书研究的证据法，是狭义的证据法。证据法，有时又被称为证据制度、证据规则，但有细微差别。证据制度是证据法规定的法律制度，证据规则是证据法的基本内容。

理解证据法的概念，应当把握以下几点：

第一，证据法的形式是法律规范。法律规范由国家制定，体现国家意志，具有普遍效力和强制性。证据法的形式可以是法律、行政法规、司法解释和部门规章等任何形式的法律规范。有的国家有单独的证据法，有的国家（包括我国）没有单独的证据法，而是散见于各种法律中。但应当注意的是，目前我国的证据法学理论，除了要研究证据法律规范之外，还研究进行证明活动的一般规律和方法，如认识论、逻辑推理、经验规则等。

第二，证据法的基本内容是关于运用证据证明案件事实的法律规范。证据法一般都会对证据的条件以及由此形成的证据规则，证明制度等作出规定。

第三，证据法的调整对象是与运用证据证明案件事实有关的法律关系。法律规范都调整一定的社会关系，由此形成特定的法律关系。证据法规定了各诉讼主体运用证据和进行证明的权利、义务关系，如当事人质证的权利、控诉方的举证责任等，由此形成了特定的法律关系。

研究和适用证据法,应当抛弃单纯关注证据和证明活动本身的观点,而应当将其纳入法律关系的范畴进行研究。因此,研究证据法,不应单纯研究证据学,而应着重研究证据法学。

第四,证据法的基本属性是诉讼法。证据法是调整诉讼过程中围绕证据和证明形成的法律关系的法律规范,因此是诉讼法的有机组成部分。其调整的法律关系是诉讼法律关系,没有所谓的"证据法律关系"。证据法的表现形式往往就是有关的诉讼法,即使有单独的证据法,它同样也是诉讼法的渊源。司法实践中,与证据和证明有关的活动,也是诉讼活动的有机组成部分。因此,证据法是诉讼法的有机组成部分。

有人认为,证据法是实体法,因为证据法规范的是认识案件事实的活动,而案件事实是实体法方面的内容。也有人认为,证据法兼具实体法和程序法的双重特征。还有人认为,证据法是与实体法、程序法并列的法律门类。我们认为,实体法和程序法的主要不同之处,在于前者主要调整一般主体之间的法律关系,后者主要调整诉讼主体之间的法律关系。证据法调整的是诉讼主体之间的法律关系,因而在总体上属于程序法的范畴。

二、证据法的形式

证据法的形式,也就是证据法的渊源。我国没有单独的证据法,有关证据法的规定散见于各种法律、行政法规、司法解释和部门规章中。

(一)宪法

宪法是国家的根本大法。我国宪法规定了国家的基本制度和公民的基本权利,其中也规定了司法制度和公民的诉讼权利。这些规定,既是我国诉讼法的渊源,也是证据法的渊源。我国的证据法,应当符合宪法规定的精神。违反宪法进行的调查取证行为而取得的证据,应当没有法律效力,行为人也要承担相应的法律责任。

(二)法律

与证据法有密切关系的法律包括:《刑事诉讼法》、《民事诉讼法》、《行政诉讼法》、《行政处罚法》等。这些法律规定了基本的证据制度,包括证据的概念、证据的种类、取证和质证的程序和要求、证明责任和标准等。

(三)行政法规

国务院制定的《行政执法机关移送涉嫌犯罪案件的规定》等,规定了特定行政执法机关调查取证和运用证据的内容。

(四)司法解释

我国最高司法机关为保证法律的有效执行,制定了大量的司法解释,其中有很多关于证据法的内容。

1. 刑事证据法。含有刑事证据法内容的司法解释主要有:最高人民法院《关于适用〈中华人民共和国刑事诉讼法〉若干问题的解释》、最高人民检察院《人民检察院刑事诉讼规则》等。专门规定刑事证据法的司法解释主要有:最高人民法院、最高人民检察院、公安部、国家安全部、司法部联合发布的《关于办理死刑案件审查判断证据若干问题的规定》和《关于办理刑事案件排除非法证据若干问题的规定》等。

2. 民事证据法。含有民事证据法内容的司法解释主要有:最高人民法院《关于贯彻执行

〈中华人民共和国民法通则〉若干问题的意见（试行）》、《关于适用〈中华人民共和国民事诉讼法〉若干问题的意见》、《第一审经济纠纷案件适用普通程序开庭审理的若干规定》、《关于民事经济审判方式改革问题的若干规定》、《关于适用〈中华人民共和国民事诉讼法〉的解释》等。专门规定民事证据法的司法解释主要有最高人民法院《关于民事诉讼证据的若干规定》等。

3. 行政证据法。含有行政证据法内容的司法解释主要有：最高人民法院《关于执行〈中华人民共和国行政诉讼法〉若干问题的解释》、《关于适用〈中华人民共和国行政诉讼法〉若干问题的解释》等。专门规定行证据法的司法解释主要有《关于行政诉讼证据若干问题的规定》等。

（五）部门规章

含有刑事证据法的部门规章主要有公安部制定的《公安机关办理刑事案件程序规定》等。含有与行政证据法内容有关的部门规章主要有司法部制定的《公证程序规则》，监察部制定的《监察机关调查处理政纪案件办法》，公安部制定的《公安机关办理行政案件程序规定》、《公安机关办理行政复议案件程序规定》等。

三、证据法的内容

我国证据法的具体内容，本书有关章节将详细论述，这里仅列出我国证据法的基本内容。

（一）证据的概念和种类

法律规定，可以用于证明案件事实的材料，都是证据。我国法律规定的证据的特征一般认为包括客观性、关联性和合法性。

法律规定的证据的种类包括物证，书证，证人证言，当事人陈述，被害人陈述，犯罪嫌疑人、被告人供述和辩解，鉴定意见，勘验、检查、辨认和侦查实验笔录，视听资料，电子数据等。

（二）证据规则

法律和司法解释规定了证据在证据能力和证明能力方面的规则，主要有：

1. 非法证据排除规则。即通过非法方法取得的证据，不得采用。但是，排除的非法证据的范围，刑事诉讼与民事诉讼、行政诉讼不同。在刑事诉讼中，对非法取得的言词证据绝对排除，对非法取得的实物证据相对排除，即违反法定程序收集的物证、书证，可能严重影响司法公正，且不能补正或者作出合理解释的，才予以排除。在民事诉讼和行政诉讼中，排除的非法证据的范围则宽泛得多，原则上以侵害他人合法权益或者违反法律禁止性规定的方法取得的证据，不能作为认定案件事实的依据。

2. 原始证据规则。又称最佳证据规则，该规则主要针对实物证据（包括书证、视听资料等）而言，即原始证据的证明力高于复制品。例如，《关于办理死刑案件审查判断证据若干问题的规定》第 8 条规定："据以定案的物证应当是原物。只有在原物不便搬运、不易保存或者依法应当由有关部门保管、处理或者依法应当返还时，才可以拍摄或者制作足以反映原物外形或者内容的照片、录像或者复制品。""据以定案的书证应当是原件。只有在取得原件确有困难时，才可以使用副本或者复制件。"《关于民事诉讼证据的若干规定》和《关于行政诉讼证据若干问题的规定》作了相似规定。

3. 一定程度的自白任意性规则。该规则主要针对犯罪嫌疑人、被告人的供述而言，即犯罪嫌疑人、被告人供述应当出于自愿，否则不能作为证据使用。2012 年《刑事诉讼法》第 50 条规定:“严禁刑讯逼供和以威胁、引诱、欺骗以及其他非法的方法收集证据,不得强迫任何人证实自己有罪。”违反上述规定,应当作为非法证据予以排除。但其第118条同时规定:“犯罪嫌疑人对侦查人员的提问,应当如实回答。”该规定与上述规定的关系如何理解,有待于进一步研究。

4. 一定程度的传闻证据规则。该规则主要针对证人证言而言,类似于直接言词原则,即证人在法庭审判之外所作的陈述原则上属于传闻,不能作为证据使用。法律和司法解释都规定,证人原则上应当出庭作证,未经法庭质证的证人证言,不得作为认定案件事实的依据。

5. 一定程度的意见证据规则。该规则主要针对证人的意见而言,即普通证人的猜测性、评论性、推断性证言,不能作为证据使用,但鉴定人的意见可以作为证据使用。我国司法解释规定,证人的猜测性、评论性、推断性的证言,不能作为证据使用,但根据一般生活经验判断符合事实的除外。另外,法律明确规定鉴定意见可以作为证据。2012年刑事诉讼法还规定,在法庭审判过程中,可以通知有专门知识的人出庭,就鉴定人作出的鉴定意见提出意见。

6. 一定程度的作证豁免规则。豁免规则又称特权规则,主要针对作证与自己的合法权益相冲突的证人而言。2012年刑事诉讼法主要规定了两种证人可以豁免作证:一是律师执业豁免。第46条规定:“辩护律师对在执业活动中知悉的委托人的有关情况和信息,有权予以保密。但是,辩护律师在执业活动中知悉委托人或者其他人,准备或者正在实施危害国家安全、公共安全以及严重危害他人人身安全的犯罪的,应当及时告知司法机关。”二是近亲属豁免。第188条规定:“经人民法院通知,证人没有正当理由不出庭作证的,人民法院可以强制其到庭,但是被告人的配偶、父母、子女除外。”另外,第50条“不得强迫任何人证实自己有罪”的规定,可以看做赋予任何人拒绝自陷于罪的作证豁免。

7. 补强证据规则。对于某些证据的证明力,需要其他证据予以补强,否则不能据此认定有关案件事实。例如,2012年《刑事诉讼法》第53条规定:只有被告人供述,没有其他证据的,不得认定被告人有罪和处以刑罚。《关于民事诉讼证据的若干规定》第69条规定:“下列证据不能单独作为认定案件事实的依据:(一)未成年人所作的与其年龄和智力状况不相当的证言;(二)与一方当事人或者其代理人有利害关系的证人出具的证言;(三)存有疑点的视听资料;(四)无法与原件、原物核对的复印件、复制品;(五)无正当理由未出庭作证的证人证言。”《关于行政诉讼证据若干问题的规定》第71条也有类似规定。

(三)证据收集和调查程序

法律和司法解释都规定了证据的收集和调查程序。如2012年刑事诉讼法规定了不得强迫自证其罪、不得以非法的方法收集证据的原则和要求,规定了各种收集证据的侦查措施,法庭调查证据的基本程序和方法。

(四)证明制度

法律和司法解释规定了证明责任、证明对象和证明标准。

四、证据法的作用

证据法是诉讼法的有机组成部分,虽然不是一个独立的法律门类,但又具有相对的独立性,在法律体系中具有重要地位,对司法实践具有重要作用。

第一,保障正确认定事实和适用其他法律规定。所有法律规范调整社会关系的前提,必须基于一定的事实。没有事实,就没有法律适用。同样,没有事实真相,就没有法律的正确适用。证据法对认定事实的主体、程序、措施、标准等作了规定,成为正确认定事实的基本法律依据,也成为所有法律正确适用的基本前提。也就是说,离开证据法,就无法保障正确认定事实,无法保证正确适用法律。

第二,保障诉讼当事人合法权益和实现法律价值。证据法调整的是诉讼主体基于证据和证明活动形成的特定法律关系,因此,它赋予诉讼主体相应的权利义务,以平衡司法机关、公民之间的权益关系,特别是保障当事人的合法权益,从而实现法律的价值。如非法证据排除规则规定了当事人提出排除非法证据的诉讼权利,这是当事人合法权益受侵害的重要救济手段,对于及时制止侵害行为及其造成的后果,恢复当事人受侵害的权益,促使司法机关依法办案,具有重要意义。

第二节　证据法与诉讼结构

证据法是诉讼法的有机组成部分。不同的诉讼法,就会有不同的证据法。其中,诉讼结构对证据法有更为直接的影响,不同的诉讼结构,体现了不同的价值观念,制约着不同的证据法形式,也规定了不同的证据法体系和内容。

一、诉讼结构的基本分类

诉讼结构是对诉讼主体之间形成的法律关系的概括。在历史上,有弹劾式诉讼和纠问式诉讼之分;在现代社会,则有对抗式诉讼和审问式诉讼之分,并出现了兼具两种诉讼特点的混合式诉讼。

(一)对抗式诉讼

对抗式诉讼是英美法系国家形成和采用的诉讼结构。因为当事人在对抗式诉讼中发挥主导作用,所以又称为当事人主义的诉讼结构。传统的对抗式诉讼的基本特征主要表现在以下几个方面:

1. 法官保持消极仲裁者地位。在对抗式诉讼中,有两种"法官"共同负责进行审判:一种是专业法官,他负责法律问题,即保障诉讼双方在提出证据、进行质证和辩论时遵守包括证据法规则在内的程序法规则,但不参与证据的收集、出示和质证,也很少对证人和诉讼双方进行讯问,更不参与辩论。但对于证据的可采性问题要作出裁决,因为这是法律问题。另一种是陪审团,它负责认定案件的事实问题。在陪审团行使职能时,专业法官要对其进行法律指示,但事实的认定问题由陪审团独立作出,专业法官不得干涉。在没有陪审团的情况下,法官要分别扮演上述两种角色。

2. 诉讼双方的律师主导证据的提出和事实调查程序。双方当事人的地位平等,证据的提出和事实的调查是通过诉讼双方,一般是其律师,以攻击和防御的形式进行的,因而体现出强烈的对抗色彩。其中最能体现对抗式诉讼特点的,就是所谓的“交叉询问”规则。交叉询问规则是对抗式诉讼中诉讼双方对证人证言进行调查的一种方式。交叉询问主要由以下环节构成:(1)主询问,也称直接询问,即提出证人的一方首先对证人发问。(2)反询问,也就是交叉询问,由对方对该证人进行询问。(3)再询问,包括再主询问和再反询问,即提出证人的一方和对方可以在对方对证人询问后再次进行主询问和交叉询问。交叉询问规则有一定的要求。进行主询问的一般要求是:第一,不能提出诱导性问题;第二,己方证人的证言与先前的陈述不一致的,询问人不能提及先前的证言进行反驳,必须以证人在法庭上的回答为准。反询问一般与上述要求相反,即询问人可以提出诱导性问题,也可以提及先前曾经说过的任何前后不一致的陈述,并要求证人进行解释;但反询问的范围要限制在主询问范围内。

3. 当事人的诉讼权利和地位。对抗式诉讼中,当事人的权利较大。证据的提出和调查,主要是由当事人及其律师主导和完成的。在刑事诉讼中,被告方甚至可以与控诉方进行“辩诉交易”,即辩护方承认控诉方指控的犯罪成立,控诉方一般会建议对被告人处以较轻的刑罚;如果双方达成一致,经法官认可同意,即可不经审判,结束诉讼程序。此外,在对抗式诉讼中,当事人还具有证人的地位。当事人作为证人,一般只作为本方的证人。即当事人作证时,应当由本方的律师先进行主询问,再由对方的律师进行反询问。在刑事诉讼中,当事人享有沉默权,可以不作证。但如果其同意作证,则不再享有沉默权;如果其对某些问题保持沉默或者拒绝回答,可能产生对自己不利的影响。

(二)审问式诉讼

审问式诉讼是大陆法系国家形成和采用的诉讼结构。因为审问式诉讼主要是法官依职权进行的,所以又称为职权主义的诉讼结构。传统的审问式诉讼的基本特征主要表现在以下几个方面:

1. 法官主导诉讼过程,在证据的提出和事实调查程序中发挥积极的作用。在审问式诉讼中,法官不但负责控制诉讼整个过程依照法律的规定进行,而且要负责采取一切必要的手段来调查证据和认定案件事实。法国《刑事诉讼法典》第 310 条规定,法官应当采取自己认为有利于查明事实真相的一切措施。德国《刑事诉讼法典》第 244 条规定,为了调查事实真相,法院应当依职权调查一切对裁判有意义的事实和证据。在审理过程中,法官负责提出和调查各项证据,讯问被告人,出示物证,宣读书证,亲自询问证人、鉴定人。经过法官许可,诉讼双方才能够对对方当事人、证人、鉴定人发问。法官如果认为某一证据对于认定案件事实确有必要,而诉讼双方又没有提出,他有权自行提出和调查。大陆法系国家也实行陪审制,但陪审员和专业法官有同样的权力和责任对案件的事实问题和法律问题进行裁决。这种陪审制,也有人称为“参审制”,以从称呼上区别于英美法系的陪审制。

2. 诉讼双方在证据提出和事实调查程序中居于次要和辅助地位,作用有限。在审问式诉讼中,证据调查主要是通过法官的审问活动进行的。诉讼双方提出证据和对证据进行调查,只能在法官提出证据并发问之后,并经过其同意才能进行。诉讼双方没有向对方证人进行交叉询问的机会,他们对对方证人的询问,只能在法官询问之后,进行补充性的询问。

3. 当事人的诉讼权利和地位。与对抗式诉讼相比,当事人享有的诉讼权利较少。当事人一般很少能够获得与对方证人对质的机会。在刑事诉讼中,尽管有一些简易程序,但法律不允许被告人与控诉方进行辩诉交易。另外,被告人虽然也享有沉默权,但事实上很难行使。这是因为讯问被告人往往是法庭调查的第一项内容。被告人在法律上既不是控方证人，也不是辩方证人，但由于法官负有调查事实真相的责任，因而被告人在面对法官讯问时，往往要放弃沉默权为自己辩护。

（三）混合式诉讼

20 世纪中期以来，审问式诉讼和对抗式诉讼出现了互相吸收和融合的趋势，并出现了一种混合式诉讼结构。一般来讲，虽然对抗式诉讼也在吸收审问式诉讼的一些做法，但并没有发生原则性的变化。混合式诉讼在很大程度上是审问式诉讼吸收对抗式诉讼的一些因素发展起来的一种新的诉讼结构。这种诉讼结构以日本和意大利为代表。日本的混合式诉讼结构的基本特征是：

1. 法官在诉讼中保持一种适度积极或者适度消极的态度。法官除了控制审判过程符合法律规定之外，还在诉讼双方主导审理过程的基础上，保留了适度的主导性。日本的刑事诉讼法规定了两种调查证据的方式：第一种调查方式是由法官主导的调查方式，即由法官首先询问证人、鉴定人等，检察官、被告人、辩护人再依次询问。在此种情况下，对证人、鉴定人的调查，如果是出于检察官、被告人或者辩护人的请求时，应当由提出请求的一方首先询问。第二种调查方式是由检察官、被告人或辩护人主导的交叉询问程序。现在，实际上运用的是第二种调查方式。但在法律规定和理论上，法官仍然保留着一定的主导作用。在《裁判员法》通过后，参与法庭审理的裁判员也拥有询问证人、质询被告人等权限。

2. 诉讼双方发挥相对积极的作用，审理过程具有一定的对抗性。为了保证对抗性能够实现，日本刑事诉讼法规定了一系列配套规定。第一，实行起诉状一本主义，检察官在起诉时只应将起诉书移送给法官，而不得把任何可能使法官产生预断的文书、物件或其他证据移送给法官，也不得在起诉书中引用上述证据的内容。第二，证据调查的范围由诉讼双方决定。第三，证据调查的顺序或者方式也由诉讼双方决定。尽管日本规定了两种调查证据的方式，但由诉讼双方主导的交叉询问实际上已经固定下来。

3. 关于被告人的诉讼地位。日本刑事诉讼中的被告人地位比较灵活，一方面，被告人享有沉默权；另一方面，如果被告人自愿陈述，则审判长可以随时就必要的事项要求被告人供述，陪席法官、检察官、辩护人、共同被告人或者其辩护人，可以在告知审判长后，要求被告人供述。被告人的这种诉讼地位，既不同于审问式诉讼，即由法官首先对其讯问，也不同于对抗式诉讼，即作为辩方证人。但由于事实上采用英美法系的交叉询问程序，实践中被告人更多的是作为辩方证人出现的。

二、诉讼结构与证据法

（一）对抗式诉讼与证据法

对抗式诉讼在长期的发展演变过程中，形成了繁杂的证据规则。随着英美法系国家越来越多地采用成文法的立法形式，单独的证据法也开始出现。例如，英国制定了 1968 年和 1972 年《民事证据法》，美国制定了 1974 年《统一证据法》和 1975 年《联邦证据法》等。与大陆法系国家相比，英美法系国家证据法比较发达，这与其采用对抗式的诉讼结构有密切关系。我们以美国刑事诉讼程序为例，说明对抗式诉讼结构与证据法的内在联系。

1. 陪审团和法官的职责区分

在对抗式诉讼中,陪审团负责事实问题,法官负责法律问题。具体在证据问题上,证据的合法性是法律问题,证据的证明作用以及通过证据认定案件事实是事实问题。在没有陪审团审判时,法官同样要遵守这一原则进行审判。这种职责分工,对英美法系国家的证据立法产生了重大影响。这种影响体现在两个方面:第一,决定了证据的概念;第二,决定了证据规则的主要内容。

证据的概念实际上就是证据的条件。在英美法系的证据法中,证据的条件有二:一是具有相关性;二是具有可采性。相关性是指证据具有证明能力,解决证据的事实问题。可采性是指证据符合法律要求,解决证据的法律问题。因为相关性是可采性的条件,所以证据条件问题最终就表现为证据的可采性问题。这是法官要解决的问题,是法律问题,因此,相关的证据规则就以证据的可采性为核心发展起来了。

在英美法系的证据规则中,区分事实问题和法律问题非常重要。事实问题主要是认识论原则、逻辑规则和经验规则解决的问题,这种知识普通人都具备,因此可以由普通人组成的陪审团予以解决。法律问题是专业问题,因此应当由专业的法官予以解决。所以,运用证据规则决定证据资格就是法官适用法律的问题,但陪审团不需要遵守这些证据规则,它只需在法官认可的证据基础上,独立认定事实问题。

2. 对抗性的诉讼程序

英美法系的证据规则不但是其对抗式诉讼程序的产物,而且对这种诉讼程序起着保障作用。

a. 审判前程序

在美国的刑事审判前程序中,存在与预审程序不同的所谓"审前动议"程序。预审程序的作用是由法官判定是否有合理根据相信已有犯罪发生,而且被告人就是该犯罪人。如果两个问题的答案都是肯定的,则被告人将被决定接受审判,除非被告人做出"有罪答辩"或者"不争辩答辩"。审前动议是指辩护律师对指控或者审判提出程序性或者技术性建议或者问题。例如,辩护律师可以以指控存在技术性缺陷为由而要求撤销,要求变更审判地点。其中最重要和最常见的动议,则是申请证据展示和禁止证据。

美国《联邦刑事诉讼规则》第 16 条规定的证据展示制度的基本内容是:(1)控诉方向被告方透露其掌握的证据,但检察官制作的与案件的侦查、起诉有关的内部文件、本方的证人证言除外。(2)辩护方向控诉方透露证据,但辩护方制作的与调查和辩护有关的内部文件、被告人陈述、本方证人或者对方证人对辩护方所作的陈述,不属于透露范围。(3)法庭根据申请,对控辩双方的透露情况进行监督,并可以做出命令,比如命令当事人进行证据透露、同意延期透露、禁止未透露的证据在法庭上出示。证据展示制度对对抗式诉讼的作用是,通过双方互相透露证据,可以实现"平等武装",为法庭上的对抗做好准备,防止"突然袭击"。

美国《联邦证据规则》第 12 条规定的申请证据禁止的制度是:(1)在传讯被告人或者随后尽速可行的时间内,控诉方可以将准备在审判中使用的证据通知被告方,以便为被告方提供机会对证据提出异议。(2)如果控诉方不向被告方通知,则被告方在传讯时或者随后尽速可行的时间内,为能有机会申请禁止证据,可以要求控诉方通知其在审判中出示的主要证据,被告方可以在证据展示制度限定的范围内先行阅览。(3)如果被告方提出申请禁止证据,则法官应当举行听证。听证与审判时一样,采用言词方式进行。法官应当对申请进行裁决,表明是否对有意义的证据予以采纳。裁决应当在审判前作出，除非有适当理由，也可以命令推迟至对总的争议作审判或者陪审团作出裁决前再作裁决。

b. **审判程序**

美国普通的审判程序由以下阶段构成：(1)挑选陪审团。(2)开场陈述。公诉人和辩护律师对陪审团作开场陈述，概括说明本方准备证明的问题和有关的证据。(3)公诉人出示本方证据。一般是以询问本方证人为主，辅之以出示有关的实物证据。(4)进行直接询问和交叉询问、再询问。(5)辩护律师出示本方证据。在出示证据之前，辩护方也可以控诉方证据不足为由提出撤销指控的动议。(6)对辩护方证人进行交叉询问。(7)双方对陪审团作最后陈述。(8)法官对陪审团进行指示。(9)陪审团进行评议和裁决。(10)法官作出判决。

采用交叉询问的程序进行证据调查，对英美法系关于证据的分类产生了较大影响。英美法系的证据法一般将证据分为言词证据、实物证据和司法认知三种基本形式。这是因为，交叉询问一般是以询问证人为主，同时辅之以有关的实物证据，而不是先询问证人，再专门调查实物证据。

在法庭审理过程中，不仅可以通过交叉询问有效揭示证据对案件事实的证明作用，同时，如果发现证据有可采性问题，也可以通过特别的程序来解决。在法庭审理中，如果被告方以前没有申请禁止证据，这时仍然可以提出动议；法官先前裁决可以采纳的证据，也可以再次裁决不予采纳。具体程序是：申请禁止证据，可以由被告方直接提出，如果在此之前被告方已向控诉方表明对证据的可采性有异议，控诉方一般会主动请求法官在调查该证据之前首先确定其可采性。在申请提出后，法官会让陪审团退庭，但被告方也可以坚持让陪审团在场。之后，法官征求控辩双方的意见，进行言词审查，决定是否采纳该证据。如果裁决不采纳该证据，则该证据将不能在法庭上出示；如果已经出示或经过调查，则应删去与该证据有关的记录，不得作为陪审团评议的依据。

决定是否采纳证据的依据包括两个方面：一是有关的证据法规则和其他法律规定，如宪法修正案的规定；二是举证责任的规定。后者的一般原则是，谁提出排除证据的意见，谁负有举证责任。但是，这种证明不要求达到"排除一切合理怀疑"的程度，而只要达到"盖然性占优势"的程度即可。但是，对于非法搜查或者扣押获得的证据，其举证责任根据是否有令状而不同。如果搜查或者扣押是根据法官签发的令状实施的，则推定其有效，举证责任就落到了被告方身上，它要证明令状的签发没有合理根据，或者搜查超出了令状许可的范围等。如果搜查没有令状，则控诉方就有责任证明这样做是"合理的"，即搜查或者扣押取得了对方的同意，或者是附带逮捕实施的，或者是在紧急情形下实施的，或者出现了其他例外情形。这种合理性也仅需达到优势证明，不需要达到排除合理怀疑的程度。

申请禁止证据的制度或者证据采纳制度，对对抗式诉讼结构有着直接的影响，甚至可以说，这就是对抗式诉讼的最终保障。因为只有法官明确在评议之前决定采纳哪些证据，才可能限制裁判者在运用证据认定案件事实方面的权力，将认定案件事实的依据限定在诉讼双方的对抗结果之上。如果没有这一环节，裁判者在评议时才决定哪些证据可以采纳，那诉讼双方的对抗也就没有意义了。但应当注意的是，被法官采纳的证据最终能否成为定案根据，则是由陪审团决定的。

c. **评议程序**

法庭审理结束，法官对陪审团指示之后，陪审团将在专门的评议室决定指控的犯罪事实是否成立。有罪或者无罪的裁决要求一致同意。如果陪审团不能达成一致意见,则被称为"悬案陪审团",被告人一般会被重新审判。

在评议过程中,英美法系同样适用"自由心证"原则。但是,由于证据的可采性是法律问题,由法官负责决定,因此,陪审团只能在法官决定采纳的证据范围之内自由决定采纳哪些证据作为定案根据并据此认定案件事实。因此,英美法系同样实行自由心证制度,只不过受到了证据法规则的重要影响,与大陆法系国家的适用范围稍有不同。

3. 英美证据法的基本内容与理论基础

英美证据法学者认为,审判的结果取决于法律主张和事实问题。在大多数审判中,事实问题都对审判结果有最大的影响。证据规则决定事实认定者在解决这些事实问题时可以使用什么材料。

他们认为,在证据理论中,有两个关于证据的问题是必须回答的:第一,什么事实和材料应当被允许作为证据让陪审团评议?第二,陪审团如何使用被裁决能够采用的事实和材料?几乎所有的证据规则都与这两个问题中的第一个有关。也就是说,大多数证据规则都是关于什么应当被接受为证据的问题,即证据的可采性问题。第二个问题,也就是准许采用的证据的作用,也是很重要的,但目前还没有非常有效的手段来控制陪审团对待证据的方式。

因此,英美法系国家的证据法,基本上是关于证据的可采性的规定。如非法证据排除规则、传闻证据规则、自白规则等,都是关于证据可采性的规则。

英美法系的证据法理论之所以认为无法通过法律来约束陪审团的事实认定活动,是与他们的认识论有密切关系的。他们的认识论基础主要是经验主义,认为人们无法正确认识世界,所谓的真理,也仅是一些支离破碎的经验而已,没有必然的正确性。经验主义在美国演变为实用主义,主张有用即是真理。经验主义和实用主义,实际上都是主观主义。这与我们主张的辩证唯物主义有本质的不同。

另外,英美法系证据规则的发达,还与他们主张的正当法律程序理论有关。在美国,很多证据规则的产生就与宪法修正案规定的所谓"正当法律程序"有密切关系。比如,证人拒绝作证的特权,来自宪法规定的反对强迫自我归罪的原则规定;非法证据排除规则的确立,也是因为进行搜查、扣押、辨认、讯问时违反了宪法的规定或者侵害了当事人的诉讼权利。当然,英美法系证据规则的一些内容,也是关于证据的证明能力的经验规则的总结,如传闻证据规则和最佳证据规则,但仍然以可采性的形式予以规定。

(二)审问式诉讼与证据法

审问式诉讼是在纠问式诉讼的基础上改良而成的,与对抗式诉讼不同,大陆法系国家并没有发展出较多的证据规则。这与审问式诉讼有密切关系。

1. 审问式诉讼程序与证据法

审问式诉讼是以法官审问被告人为主设计的诉讼结构。在这种诉讼结构中,由于法官不需要区分事实问题和法律问题,也不需要对证据的采纳问题当庭进行裁决,所以不需要什么证据规则。我们以法国和德国的刑事审判程序为例说明。

这种程序的一般过程是:(1)宣读起诉书。在法国,由书记官宣读起诉裁定书。在德国,由公诉人宣读起诉书。(2)讯问被告人。讯问被告人由法官首先进行,然后,诉讼双方可以补充询问。(3)出示其他证据。出示这些证据,主要是为讯问被告人或者询问证人之用的。因此,调查这些证据，应当听取他们的意见。也应当由法官首先对证据进行调查，然后由诉讼双方补充发言。（4）辩论。（5）评议和判决。

在这种过程中，没有什么地方需要对证据的合法性问题进行裁决。因此，不存在对证据法的客观需要。或者说，证据法对审问式诉讼是没有意义的。

2. 审问式诉讼目的与证据法

审问式诉讼的目的是发现实质真实，这与对抗式诉讼的正当程序的诉讼目的不同。法国《刑事诉讼法典》第310条规定，法官应当采取自己认为有利于查明事实真相的一切措施。德国《刑事诉讼法典》第244条规定，为了调查事实真相，法院应当依职权调查一切对裁判有意义的事实和证据。审问式诉讼的结构，与这种诉讼目的紧密相关。因此，在这种诉讼目的指导下的诉讼结构，必然不需要繁杂的证据法规则。

另外，为了发现实质真实，大陆法系国家明确规定实行自由心证制度。自由心证制度的实质，就是抛弃法定证据制度强加的外在法律限制，由法官自由认定案件事实。因为自由心证制度不但在通过证据认定案件方面将法定证据制度的规定废除了，而且还规定在证据的取舍上也不受任何限制，因此，证据法在理论上失去了存在的基础。

大陆法系国家主张发现实质真实，与其主张的认识论也有密切关系。它们主张的认识论是一种被称为唯理论或者理性主义的认识论传统。这是与经验主义相对的一种认识论。这种理论只承认理性认识的可靠性，否认理性认识依赖于感性认识，真理的标准是观念本身的"清楚、明白"。这也是大陆法系国家在诉讼证明标准上主张"内心确信"的理论基础。实际上，唯理论也是一种唯心主义。这与我们主张的辩证唯物主义认识论也有本质的不同。

3. 大陆法系的证据法规则和理论

大陆法系的诉讼结构没有证据规则存在的空间，并不表示在实际上就没有证据法规则和理论。从法律规则上说，大陆法系国家有两个方面的证据规则。一是以人权保障为基础，规定了一些实际上的证据排除规则。例如，德国《刑事诉讼法典》第136条a规定禁止用虐待、疲劳战术、伤害身体、服用药物、折磨、欺诈或者催眠等方法侵犯被指控人决定和确认自己意志的自由，禁止使用有损被害人记忆力、理解力的措施；对违反这些禁令获得的陈述，即使被指控人同意，也不允许使用。第55条规定了证人拒绝作证权，这样规定是为了保护公民避免被强迫自证其罪的权利。二是诉讼法中规定的一些原则，可以起到证据规则的作用。例如，德国《刑事诉讼法典》第250条规定了询问本人的原则，也就是直接言词原则，明确规定询问不允许宣读以前的讯问笔录或者书面证言而代替。这与英美法系证据法中的传闻规则有相同的意义和作用。

（三）混合式诉讼与证据法

1. 证据规则

日本的混合式诉讼，主要是在审问式诉讼基础上，吸收对抗式诉讼，尤其是法庭审理阶段交叉询问规则基础上发展起来的。因此，日本的证据规则也表现出典型的混合式特征。一方面，日本没有专门的证据法，证据规则规定在诉讼法中，这是大陆法系的特点；另一方面，日本的证据规则更多的是一种关于证据能力的规定，这与英美法系关于证据的可采性规定在实质上是一致的。

日本的证据规则主要内容有：（1）规定了证据裁判原则和自由心证原则。日本《刑事诉讼法》第317条规定:认定事实,应当依据证据。第318条规定,证据的证明力,由法官自由判断。自由心证原则,实际上来自于大陆法系的“内心确信”;而实行法定的证据能力制度,则又受到了英美法证据规则的影响。因为日本的所谓证据能力,实际上也就是英美法系的证据的可采性。现在司法实践中,关于证明标准,也越来越多地倾向于使用“排除合理怀疑”的表述。(2)规定了传闻证据规则、自白任意性规则和非法证据排除法则等证据规则。这些法则,与英美法系证据规则中的传闻证据规则、自白排除规则和非法证据排除规则基本一致。

日本的证据规则与吸收对抗式诉讼之间有密切的联系。这种联系除了通过交叉询问的方式对证据进行调查之外,还同时吸收了对抗式诉讼中采纳证据的做法。日本《刑事诉讼法》第309条规定:“(一)检察官、被告人或辩护人关于调查证据可以声明异议。(二)检察官、被告人或辩护人,除了前项规定的情况外,对于由审判长所作的处分也可以声明异议。(三)法院应当对前二项的声明作出裁定。”根据日本学者的解释,这种“声明异议”,事关证据的采否,可见日本是要求当庭采纳证据的。

2. 证据理论

日本的证据法理论主要包括四项内容:(1)关于证据法的原则,主要包括证据裁判主义和自由心证主义;(2)关于证据的特性,发展出了证据能力和证明力的理论;(3)关于证据规则,主要是关于证据能力的证据法则;(4)关于证明的理论。其中,关于证据能力的规则,也就是所谓的“法定证据能力制度”,是日本证据规则的核心内容。

日本证据规则的理论基础,直接来源于英美法系的影响。由于日本战后的司法改革是在美国主导下进行的,因此直接吸收了美国的证据法理论和规定。现在,日本证据规则的理论基础,主要是来源于保障人权的思想。比如关于自白规则,日本的法学界一般是从人权保护或者抑制侦查过程的违法行为的角度来解释的。此外,关于是否有利于发现真实也是证据规则的另一重要理论基础。

三、我国证据法与审判方式改革

上述研究表明,证据法与诉讼结构有密切的关系。一定的诉讼结构,将产生一定的证据规则;一定的证据规则,也是相应的诉讼结构的重要保障。因此,在审判方式改革过程中,必须同时考虑证据法的问题。

我国之前的诉讼结构基本上是审问式,但从20世纪90年代初期开始审判方式改革,虽然取得了很大的进步,但没有取得令人满意的结果。其中一个重要的问题,就是没有相应的证据规则作为保障。进入2000年之后,随着《关于民事诉讼证据的若干规定》和《关于行政诉讼证据若干问题的规定》的颁布实施,民事和行政审判方式改革取得了明显进展。2010年年初,《关于办理死刑案件审查判断证据若干问题的规定》和《关于办理刑事案件排除非法证据若干问题的规定》发布实施,尤其是2012年修改《刑事诉讼法》和后续司法解释,确立了一些刑事证据规则,它对推动刑事审判方式改革发挥了一定作用。这里以刑事审判方式改革为例,说明证据法与审判方式改革的关系。

(一)我国审判方式改革的基本内容

1996年修改《刑事诉讼法》,对我国审判方式进行了以下改革:

1. 促使法官保持中立地位。我国原来的审判方式,带有明显的职权主义或者审问式特点,法官的主导作用非常明显，甚至有人将其称为“超职权主义”的审判方式。在法庭审理过程中，除了原告方宣读起诉书之外，其余所有的审理活动都由法官主导进行。法官可以决定调查证据的范围，甚至可以在审理过程中决定调取新的证据；所有的证据都由法官首先询问和调查，再由诉讼双方进行发问。在审理过程中，甚至会形成法官和被告人相互对立，原告方超然旁观的局面。1996年《刑事诉讼法》规定，法庭调查证据时，首先由诉讼双方对自己提出的证据进行询问和调查，引入了一定程度的交叉询问规则，诉讼双方调查之后，法官认为有必要的，再进行审问。法官的地位由主导趋向中立。

2. 增强诉讼双方的积极性。为了增强诉讼双方的积极性，将原来由法官主动出示和调查证据的做法，改为由诉讼双方出示和调查证据。在调查证据时，实行类似交叉询问的制度。

3. 提高当事人的诉讼地位。原来的当事人，尤其是刑事诉讼中的被告人，成为被审讯的对象。1996年《刑事诉讼法》对当事人的诉讼地位有所提高，比如明确提出保护其诉讼权利和其他合法权益，让其在诉讼中享有更多的诉讼权利，更多地参与法庭调查活动等。

（二）我国审判方式改革的难点

在之前的审判方式改革过程中，存在很多难题，使我国的审判方式改革异常艰难。其主要问题表现在以下几个方面：

1. 对抗式诉讼需要遵循的一些原则尚未建立，如直接审理原则、口头审理原则、不告不理原则、审判中立原则等。其中，最主要的问题是：(1)直接审理原则，即审理案件的法官必须一直参与审理，直至最终作出判决。而我国原来一直存在“审者不判，判者不审”的现象，即审理案件的法官在审判之后，还要向庭长、院长汇报，甚至经过审判委员会讨论，才能最终作出判决。(2)口头审理原则，即审判必须以口头方式进行。我国原来审判方式的最大缺陷，就是证人不出庭作证，使法庭审理变成了实际上的书面审理。(3)无罪推定原则，即在法庭判决有罪之前，被告人应当被视为无罪的人。这实际上是被告人与控诉方保持平等地位的重要保障。

2. 对抗式诉讼的一些相应的制度没有设立。在吸收对抗式诉讼过程中，有几项诉讼制度是非常重要的：(1)案卷移送制度，对抗式诉讼要求实行“起诉状一本主义”，这是法官保持中立的重要保证。而我国在实行一段时间之后，又回到了原来的全卷移送制度。(2)证据展示制度，我国也称为庭前证据交换制度，是保障诉讼双方平等对抗的前提条件。在民事诉讼和行政诉讼中，已经基本上建立了这一制度，但在刑事诉讼中，这一制度还没有完全建立起来。(3)当庭采纳证据的制度。我国虽然意识到当庭采证是对抗式诉讼的重要保障，也要求实现当庭采证，但由于当庭采证的要求太高，即不但要对证据的合法性作出裁决，还要对证据的真实性作出裁决，同时由于缺乏相应的证据规则，因而使得当庭采证在实际操作中变得不太可能。(4)证明责任制度。由于证明责任不明确，法官事实上承担了最终的证明责任，这往往导致由于案件事实没有查清，法官无法进行判决的结果。

3. 缺乏相应的证据规则。证据规则是对抗式诉讼的重要保证。只有将诉讼双方在法庭上的对抗结果落实为法官评议案件事实所依据的证据的范围，才能够实现约束法官的主导作用，强化诉讼双方的诉讼地位的目标。如果没有这一制度作保证，法官在事实上还可以在评议时参考其他证据，那么诉讼双方的对抗将没有任何意义。由于缺乏证据规则，当庭采证实现不了，法庭一般会要求控诉方或者诉讼双方在庭后移送所有的证据材料，这实际上又回到了原来的做法。这恰恰是我国当前审判方式改革最困难的地方。因此，我国将审判方式的重点放在

"完善诉讼的举证、质证、认证规则"方面，是非常必要的，也是完全正确的。

（三）我国审判方式改革的进一步发展

随着《关于办理死刑案件审查判断证据若干问题的规定》和《关于办理刑事案件排除非法证据若干问题的规定》的发布实施，尤其是2012年修订《刑事诉讼法》对证据和证明制度进行完善，为审判方式改革提供了进一步发展的契机。

1. 对抗式诉讼的一些原则逐步确立。其主要包括：（1）口头审理原则。修订后的2012年《刑事诉讼法》第187条规定："公诉人、当事人或者辩护人、诉讼代理人对证人证言有异议，且该证人证言对案件定罪量刑有重大影响，人民法院认为证人有必要出庭作证的，证人应当出庭作证。""人民警察就其执行职务时目击的犯罪情况作为证人出庭作证，适用前款规定。""公诉人、当事人或者辩护人、诉讼代理人对鉴定意见有异议，人民法院认为鉴定人有必要出庭的，鉴定人应当出庭作证。经人民法院通知，鉴定人拒不出庭作证的，鉴定意见不得作为定案的根据。"确保证人出庭作证，是增加诉讼对抗性的基础环节。（2）无罪推定原则。修改后的2012年《刑事诉讼法》在第50条明确规定了禁止强迫自证其罪原则。随着我国法治建设的不断发展进步，尤其是修改后的2012年《刑事诉讼法》明确规定了举证责任由控诉方承担、证明要达到排除合理怀疑的标准之后，1996年《刑事诉讼法》第12条规定的内容被广泛理解为无罪推定原则的合理体现。这两项原则为被告人与控诉方保持平等地位提供了重要保障。但遗憾的是，直接审理原则仍没有确立。

2. 对抗式诉讼的一些制度逐步设立。其主要包括：（1）庭前证据交换制度。修订后的2012年《刑事诉讼法》第182条第2款规定："在开庭以前，审判人员可以召集公诉人、当事人和辩护人、诉讼代理人，对回避、出庭证人名单、非法证据排除等与审判相关的问题，了解情况，听取意见。"该条规定对于"平等武装"诉讼双方有重要作用。（2）证明责任制度。2012年《刑事诉讼法》第49条规定："公诉案件中被告人有罪的举证责任由人民检察院承担，自诉案件中被告人有罪的举证责任由自诉人承担。"另外，其第53条规定的证明标准，在"案件事实清楚，证据确实、充分"的证明标准之外，同时从反面规定了"排除合理怀疑"的证明标准，都为增加诉讼的对抗性提供了制度保障。但是，对抗式诉讼中典型的起诉状一本主义却没有得到规定，相反，回到了卷宗移送书面审理的做法。

3. 确立了较为完整的证据规则。修订后的2012年《刑事诉讼法》和近年来发布的司法解释，确立了包括非法证据排除规则在内的一系列证据规则，增强了控辩双方在法庭上针对证据采纳和事实认定问题的对抗性，限制了法官在采纳证据和认定事实方面的主导作用。

思考题

1. 证据法的概念和特征是什么？
2. 我国证据法的渊源和基本内容是什么？其有哪些主要证据规则？
3. 证据法的性质是什么？现代诉讼结构与证据法存在哪些关系？
4. 为推进我国审判方式改革，需要如何完善证据法？

第四章 证据法的原理

导 读

证据法原理在证据法学体系中占有重要地位，能够提供证据法学研究的基本理论指导，能够对证据立法提供基本理论指导，同时也能够对适用证据法、解决司法实践中的问题提供理论指导。证据法原理通过研究证据法与哲学、法哲学和诉讼法理论的关系，揭示证据法的理论基础。诉讼法原理主要包括诉讼认识论、形式理性观念和程序正义理论。正确认识和理解证据法原理，对于证据法的研究和学习都有着较大的帮助。

阅读案例
请扫一扫

第一节 证据法原理概述

一、证据法原理的概念和意义

证据法原理，也就是证据法的理论基础，在证据法学体系中占有重要地位。证据法学既是一门独立的法律科学，也是诉讼法学的有机组成部分，还是法学的重要组成部分，需要法学基本理论或者法哲学理论作为指导，而法学基本理论或者法哲学又与当时的政治哲学和一般哲学有密切关系。因此，证据法学的原理，就是研究证据法学与哲学、法哲学和诉讼法学理论的关系，揭示证据法学的理论基础。

研究证据法原理，具有重要的意义：

第一，证据法原理对证据法学研究提供基本理论指导。证据法原理对证据法学研究的理论指导意义表现在以下几个方面：(1)为证据法学研究提供正确的研究方向，使其能够在正确的轨道上运行。(2)为证据法学研究提供正确的研究工具和方法，证据法原理确立的基本理论基础，包括基本的观念、论断和思维方法，是指导证据法学研究的正确方法。(3)统一、规范和繁荣证据法学研究。只有证据法学研究的基本观念、方法具有一致性，才能够在一种规范化的基础上开展学术研究，进行学术争鸣，从而推动证据法学研究的进步和发展。

第二，证据法原理对证据立法提供基本理论指导。证据立法既要从司法实践出发，解决司法实践中的具体问题，也要从基本的理论出发，具有一定的理论基础。证据法原理对证据立法的意义表现在以下几个方面：(1)可以确立正确的证据法律体系，一定的法律体系必然与一定的法学理论有密切关系,全面、正确的证据法学原理,有助于确定合理的证据法体系。(2)可以确定正确的证据法概念和规则,证据法中的概念和规则,必须通过有关理论进行阐明,才能够上升为立法中的概念和规则。(3)可以确定正确的证据法原则。证据法原理确立了一些证据法的原则,这些原则有些可以在立法中明确规定,有些则不明确规定。但无论是否在立法中明确规定,都对证据立法起着相当重要的指导作用。

第三,证据法原理对适用证据法,解决司法实践中的问题提供理论指导。证据法对司法实践的指导意义表现在以下几个方面:(1)为正确理解证据法提供理论指导。只有将立法和对立法的理解、认识建立在共同的理论基础上,才能够在司法实践中正确理解立法的原意和精神实质,正确适用证据法。(2)证据立法不可能对司法实践中千变万化的具体情况一一规定,证据法学原理则可以提供正确解决这些问题的思路和方法。(3)在司法实践中,往往大量存在立法不可能涉及的问题,尤其在证据法领域中,这种情况更为常见。这就需要司法人员正确运用自由裁量权,合理解决这些问题。证据法原理对司法人员正确运用自由裁量权有重要指导意义。例如,当代证据法不可能规定如何通过证据最终认定案件事实,因为这不是法律问题,而是事实问题,但证据法原理却可以在一定程度上揭示这种事实的推论过程,为司法人员提供正确的理论指导。这对于我国当前的司法实践尤其具有重要的理论意义。

二、证据法原理的基本体系

证据法原理通过研究证据法与哲学、法哲学和诉讼法理论的关系,揭示证据法的理论基础。因此,证据法的基本体系,包括如下几个基本层次:

(一)证据法与哲学的关系

这一层次的内容,主要是从哲学中的认识论角度出发,研究证据法的认识论基础。证据法基本的目的或者作用,在于指导司法人员正确认识案件事实,为司法裁决提供正确的事实基础。因此,如何正确发现证据,审查判断证据,认定案件事实,就需要哲学理论中的认识论作为指导。马克思主义哲学是指导我们开展各种研究和实践的科学指南,因此,辩证唯物主义认识论就是证据法的认识论基础。

(二)证据法与法哲学的关系

这一层次的内容,主要从法哲学或者法学基本理论的角度出发,研究证据法的法理学基础。首先,证据法本身作为一种法律制度的存在形式,就需要从一般法律理论的角度研究其理论基础。更重要的是,证据法的目的或者作用,不仅在于指导司法人员正确认识案件事实,同时还要为司法人员正确适用诉讼法甚至宪法提供正确的规范。比如,刑事诉讼法规定严禁刑讯逼供,但如何正确实施这种规定,就需要证据法予以规范。又如,宪法规定公民的人身权利受法律保护,但对于通过侵害公民人身权利取得的证据能否使用和如何使用,也需要证据法予以规范。也就是说,在诉讼过程中,通过证据认定案件事实的活动,不仅是一种单纯的认识活动,同时还是一种具有法律意义的司法实践活动。因此,从一般法律理论或者法哲学的角度研究证据法,揭示其理论基础,不仅是可行的,更是必要的。

(三)证据法与诉讼法的关系

这一层次的内容,主要从诉讼法学原理的角度出发,研究证据法的理论基础。证据法学既是一门独立的学科,同时又是诉讼法学的组成部分。因此,诉讼法学原理的内容,同样适用于证据法学。不同的诉讼法或者诉讼法原理,有着不同的证据法或者证据法原理。大陆法系国家的诉讼制度不同于英美法系,其证据制度也有很大的不同。自然,其诉讼理论和证据理论也有很大不同。

(四)证据法原理与证据法的关系

这一层次的内容,主要是从上述原理出发,研究证据法本身的理论和法律问题。这既是证据法原理的演绎和适用,也是证据法原理的有机组成部分。如对于证据概念、证据规则和证明理论的研究等,都是证据法原理的内容。

本章主要集中研究上述前两个部分的内容,即研究证据法的认识论基础和法理学基础。一般所说的证据法原理,也仅指前两个部分的内容。关于证据法与诉讼法的关系,已在本书上一章作了论述,关于证据和证明的研究,由于涉及具体问题较多,则分别单独成篇进行论述。

三、证据法原理的基本内容

证据法规范的主要是一种诉讼认识活动,这种认识活动不仅是一种单纯的认识活动,同时又是一种司法实践活动。因此,证据法原理集中体现在诉讼认识论中。

(一)诉讼认识论

诉讼认识论包括两个方面的内容:辩证唯物主义认识论和法律价值论,分别解决诉讼认识的真理性和正当性问题。

1. 辩证唯物主义认识论

辩证唯物主义认识论科学地解决了认识的本质,提出了能动的反映论,认为认识是主体对客体的能动反映;把实践引入认识论,认为必须从主体和客体、主观和客观的对立统一关系中去把握实践;提出了认识的辩证运动,认识不仅是从感性认识到理性认识的飞跃过程,也是从实践到认识,再由认识到实践的不断反复过程;揭示了真理的客观性,论述了真理的绝对性和相对性的关系,真理和价值的关系。

辩证唯物主义认识论是科学的认识论,因此,证据法规范的认识活动,必须以辩证唯物主义认识论为指导。只有如此,才能科学地认识诉讼认识过程,把握诉讼认识规律,正确地进行诉讼认识活动。在这个过程中,还应当以辩证唯物主义认识论为指导,克服各种错误的认识论和认识活动。

2. 法律价值论

法律价值论是研究法律价值的科学。在一般法哲学领域,价值论法学或者自然法学主要研究法律的价值问题,分析法学主要研究法律的逻辑结构问题,社会学法学主要研究法律与社会实践的关系问题,其他法学流派也有其主要研究对象。这些法学流派的研究结论和方法对研究证据法原理都有启发意义。但在当前的证据法学研究中,尤其要注意法律价值论的研究。因为这一问题是制约当前我国证据法学研究的主要问题。

法律价值论研究的传统问题是正义。习近平总书记在党的二十大报告中强调,要“努力让人民群众在每一个司法案件中感受到公平正义”。在法哲学领域,正义问题往往又与自由、平等、安全等价值联系起来。法律价值论主要研究各种法律价值及其实现和平衡问题。近年来,人权保障又成为研究的核心问题。人权不但是一个体现自然法中法律价值的概念,也是一个可以表示实在法中法律权利的概念。简单来说,人权就是法律规定的公民权利和公民应当享有的各种权利的总称。

在诉讼法学领域,体现法律价值论和人权保障理论的,是诉讼价值论。诉讼价值论主要研究诉讼程序的价值问题。一般认为,诉讼程序的价值,包括工具价值、独立价值和经济效益价值。诉讼程序的工具价值是指其实现实体法方面的效用,包括正确认识案件事实和适用实体法。因为它有外在的评价标准,因此又称为外在价值。诉讼程序的独立价值是指其本身符合正义的要求,因为它本身有内在的判断标准,因此又称为内在价值。诉讼程序的经济效益价值是指诉讼程序的设计和运作符合经济效益的要求。一般来说,程序正义论主要是关于诉讼程序独立价值的理论。这种理论,主要解决的是诉讼过程的正当性或者人权保障问题。

作为诉讼法组成部分的证据法的价值,实际上也有工具价值、独立价值和经济效益价值。其工具价值,主要解决的问题是如何保障司法人员正确认识案件事实,这实际上是辩证唯物主义认识论需要解决的问题。其独立价值,主要解决的是如何在保障人权的前提下,正当地、合法地认识案件事实,这实际上是诉讼程序的独立价值应当解决的问题,也就是程序正义论需要解决的问题。因此,诉讼认识论的内容,也可以认为包括辩证唯物主义认识论和程序正义论两个主要方面。

3. 认识论和价值论的关系

辩证唯物主义认识论认为,追求真理和创造价值是人类认识和实践活动的两个基本原则。真理原则是指人类必须按照世界的本来面目去认识和改造世界,追求真理,服从真理。价值原则是指人类必须按照自己的尺度和需要去认识和改造世界,使世界适合人的生存和发展。这两个原则既矛盾又统一,前者揭示了人的客体尺度,后者揭示了人的主体尺度。真理是一元的,价值是多元的。真理原则是人的活动的条件性原则,尊重真理反映的规律,人的活动才能成功;价值原则是人的活动的目的性原则,人的活动以获得一定的价值为目的。两个原则的差别和对立,深刻体现了人类生活本身的矛盾性,这一矛盾不断出现又不断解决,伴随着人类实践和认识发展的历史。

在诉讼认识论中,认识论主要解决的就是诉讼认识的真理原则问题,法律价值论主要解决的就是诉讼认识的价值原则问题。因此,两者同样具有对立统一的矛盾关系。

在诉讼过程中,认识案件事实本身不是最终目的,其最终目的在于通过认识案件事实解决纠纷,实现法律具有的保护公民权利和维护社会秩序的价值。因此,法律价值的实现是认识案件事实的目的,相反,认识案件事实也是实现法律价值的条件。当然,有些案件或者纠纷在没有认识案件事实的情况下也可以解决,如民事纠纷中的和解。但这只是例外情况。

在有些情况下,认识案件事实与实现法律价值是有矛盾的。司法实践中经常遇到的非法证据问题,就鲜明体现了真理原则和价值原则的矛盾性。如果该证据是真实的,对案件事实有证明作用,则符合认识论的要求;但该证据是通过侵害当事人合法权益的方式取得的,违反了价值原则中保护人权的要求。那么,如何进行取舍呢?

我们认为,对诉讼认识中真理原则和价值原则的矛盾,只能通过对法律价值进行平衡而予以取舍,不能仅以其因为符合真理原则而予以认可。因为价值原则是人类认识活动的目的性原则,所以,根据认识目的来决定认识的方式和程度,才是符合辩证唯物主义认识论的要求的,才是理性的认识活动。如果只根据真理原则行事,则有滑向非理性或者暴政的危险。刑讯逼供之所以在人类历史上和当前司法实践中长期存在,与仅仅坚持真理原则有重要关系。

自由、平等、安全、秩序等都是法律价值。如果从保护社会秩序这一价值出发，则可以而且应当采纳真实的具有证明作用的非法证据，因为它有助于认识案件事实，作出正确的裁判，保护整个社会秩序不受侵害。如果从保护公民自由这一价值出发，则不应当采纳这种非法证据，因为它对诉讼当事人的权利造成损害，且容易导致司法权的滥用，从而对所有公民权利造成潜在危害。我国已经将建设社会主义法治国家作为治国方略，明确提出要尊重和保障人权，因此，如果采纳非法证据，则无法保障人权，司法权不受法律约束，也无法建设法治国家。所以，我们原则上倾向于不采纳非法证据。当然，由于非法证据问题非常复杂，这里仅仅是举例说明认识论和价值论的关系问题，对实践中的具体问题，还要具体分析。

（二）其他关于证据法原理的主张

当前我国关于证据法原理的主张，除了上述诉讼认识论之外，还有一些其他主张。研究证据法原理，有必要对这些主张进行了解和分析。这里仅对影响较大的两种主张进行介绍和分析。

1. 传统的认识论

这里所说的传统的认识论，是指传统证据法学教材中主张的辩证唯物主义认识论。这种认识论仅是一种简单化了的辩证唯物主义认识论。这种观点认为，案件事实是客观存在的事实，不以司法人员的意志为转移；证据也是客观存在的事实，并与案件事实存在某种联系，这种联系也是客观存在的；司法人员只有借助证据与案件事实之间的客观联系，才有可能认识案件事实。证据同案件事实同其他客观事物一样，是完全可以认识的。司法人员对案件事实的认定，主观如能符合客观，其认识即具有真理性。司法人员的认识是否正确，不是以其主观上觉得如何而定，而是依客观上的实践检验的结果而定，也就是要依据客观存在的证据事实的检验。因此，我国诉讼法要求，证据必须查证属实才能作为定案的根据，必须查明案件的客观真实。要做到这一点，既需要不断总结实践经验，完善证据立法，也需要司法人员发挥主观能动性。

这种观点认为，诉讼证据本身只是一种与案件具有客观联系的客观事实，不具有合法性或者法律性。证明标准必须是查明案件的客观真实，达到案件事实清楚，证据确实充分的要求。查明案件客观真实，是完全可能的，这是因为：(1)马克思主义认识论为查明客观真实提供了理论基础；(2)客观上发生的案件事实，必然在外界留下各种证据，为查明案件客观真实提供了事实根据；(3)我国司法机关有一批高素质的司法干部队伍，为查明客观真实提供了组织保证；(4)有关的诉讼法为查明客观真实提供了法律依据。因此，司法人员只要依法正确收集和审查判断证据，完全有可能对案件事实作出符合客观事实的认定。

现在，这种观点也有一些细微的变化，如承认证据的合法性，但仍然将发现案件的客观真实放在最主要的位置。

这种观点首先将辩证唯物主义认识论的许多观点简化了，如认识的主观性和客观性的关系问题，真理的相对性与绝对性关系问题，同时也忽视了发展了的辩证唯物主义认识论的重要内容，如真理与价值的关系问题。这种简单化，仅仅保留了辩证唯物主义认识论中认识的客观性的观点。如果仅仅坚持认识的客观性，则有可能滑向认识论中的符合论。我们知道，符合论是一种机械反映论，是辩证唯物主义早就扬弃的观点。

其次，这种观点仅是将辩证唯物主义认识论中的某些论断，生硬地套到诉讼认识过程中，没有根据诉讼认识的具体情况进行具体分析。这种观点仅是将诉讼认识等同为一般的认识活动,没有深刻揭示诉讼认识的特殊性。诉讼认识在认识主体、客体、认识过程和方法、认识结果和标准等方面存在一系列的特殊性,比如,其认识案件事实只能根据证据,这是一种归纳法方法,而不能使用演绎的方法,但在具体认识某一证据与案件事实的关系时,又必须使用演绎法,演绎的大前提,又只能是一种经验规则。最终达到的认识程度,既有法律的构成性规定,又需要主观上的判断,即主观判断证明是否达到法律规定的要求,但这种判断又需要客观的证据予以支持。

最后,这种观点忽视了诉讼认识作为司法实践活动的一面,忽视了这种认识活动的法律价值。认为诉讼认识的唯一或者最主要的目的,就是发现案件的客观真实,不承认法律价值的存在。类似的观点即使承认某些法律价值的存在,也只是将这种价值作为实现发现案件事实的工具而已。我们知道,仅仅认识案件事实并不是诉讼认识的唯一目的,它在认识过程中和结果上,还需要进行一系列的价值选择、判断和平衡。因此,这种观点,是抛弃了诉讼价值的观点,它将发现案件真实作为最重要诉讼认识目的,从根本上颠倒了辩证唯物主义认识论中关于真理原则和价值原则的关系的论断。

这种主张对司法实践的影响有两个方面:一方面,增加了司法人员发现案件客观真实的自觉性和能动性,从某种程度上可以说强化了案件事实的真实程度;另一方面,因为将发现案件客观真实放在最重要的位置,直接导致的后果就是法律程序不被遵守。在这种情况下,司法权就可能遭到滥用,不但当事人的权利受到损害,所有公民权利也都受到潜在的损害,这样反倒又会影响案件客观真实的发现。在建设社会主义法治国家的进程中,如果这种观点仍然存在,则只能对法治建设产生消极影响。

2. 形式理性观念和程序正义理论

近几年来,一些学者主张将形式理性观念和程序正义理论作为证据法的理论基础,证据法基础理论应当从认识论转变到价值论。这种主张认为:(1)诉讼证明活动是以解决利益争端和纠纷为目的的法律实施活动,其中尽管包含着认识过程,但绝不仅仅等同于认识活动。(2)诉讼证明是在程序法严格限制和规范下进行的活动,遵循一系列特殊的原则,如不告不理原则,裁判者必须保持消极性,裁判的事实范围也只能限制在控诉方请求的范围之内。(3)诉讼涉及对有关论题的证明活动,而证明活动并不等同于一般意义上的认识活动,因为这里存在控辩双方和作为第三方的仲裁者。这种"向裁判者证明"甚至"证明给人看"的活动,与那种以纯粹探求未知事物和知识的认识活动相比,有着明显的区别。这些既会涉及认识问题,但更多的则是法律规则的适用和法律价值的选择问题。(4)诉讼包含着一系列法律价值的实践和选择过程。对于价值实现和选择问题,无论什么样的认识论学说,都不再具有有效的指导意义。

这种主张认为,将辩证唯物主义认识论作为证据制度的唯一理论基础,对证据规则的价值评价只能从其工具价值方面来进行,而不论这些证据规则本身有什么独立的内在价值。以这一观念为基础构建证据制度,必然会走向为达目的不择手段、为实现结果不考虑任何代价的境地。这对证据规则体系的建立带来了极为明显的消极影响,导致证据规则在立法和司法两个层面上出现混乱。表现在:(1)就证据的特征来说,虽然传统的观点主张证据具有客观性、关联性和合法性,但根据1996年《刑事诉讼法》规定,证明案件真实情况的一切事实,都是证据;证据只要查证属实,即可作为定案的根据。因此,证据的合法性在实际上并没有得到应有的强调,这对司法实践中带来很多消极影响,如应当出庭作证的证人不出庭作证,非法收集证据。(2)中国证据法对证人的法律资格几乎没有任何明确的限制和规范。(3)无罪推定原则无法得到真正确立。(4)否认“沉默权”的正当性。(5)非法证据排除规则难以确立和实施。(6)尽管中国诉讼模式已经吸收了对抗式的做法,但与此有关的一系列证据规则却难以得到确立和实施。(7)诉讼中的证明活动缺少具有可操作性的证明标准。因此,完全站在认识论的立场上看待证据规则,极容易在价值观上掉入程序工具主义的陷阱,使得所谓的“客观真实”或者认识论意义上的理想结果受到强调和重视,而诉讼过程则受到不应有的忽视。这必然会使大量的证据规则难以在中国证据法中得到真正确立,也会使一些在法律上得到确立的证据规则在实践中无法真正得到实施。

这种主张认为,重新确立证据法学的理论基础,应当首先完成从“证据学”到“证据法学”的理论转型。原有的证据学尽管涉及证据的法律资格、证据的收集和审查程序以及司法证明机制问题,但主要涉及的是大量的逻辑、经验和认识规律的混合知识,而很少关于证据的法律规则的分析和归纳。证据法学应当以法律程序的视角观察、研究证据问题,使证据规则成为程序法的一部分,其研究的课题应当包括:证据的法律资格,证据的法定形式,各种证据的收集规则,各种证据的审查规则,司法证明的基本规则等。证据法所要考虑的首要问题不应仅仅是案件事实真相能够得到准确揭示,而更重要的应当是事实真相应通过什么样的途径和手段得到揭示,也就是发现事实真相所采用的手段和方式如何具备正当性、合理性、人道性和公正性问题。由此,可以为证据法学确立两个方面的理论基础:一为形式理性观念,二为程序正义理论。

这种主张认为,中国古代甚至现在的法律实践是一种“反形式主义”的制度,人们往往愿意寻求实际的公道,而不是形式的法律。现代证据法学的建立,以及证据规则体系的完善,都必须建立在形式理性观念的基础上。根据形式理性观念,所有法律原则、规则或制度一旦建立并具有实际的效力,就必须得到遵守;所有对这些原则、规则或制度的违反,不论处于什么样的动机和意图,都必须承受消极的法律后果,或者受到相应的法律制裁。具体到证据法,所有旨在规范证据资格、证据收集、证据审查和司法证明活动的法律程序规范,都必须得到遵守和实施,而不论这种遵守和实施会带来什么样的后果。另外,必须对诉讼中的事实做出重新认识。“事实”在法律程序中有双重含义:一为社会和经验层面上的事实,二为法律层面上的事实。在严格的法律形式主义限制下,裁判者所认定的事实显然不等于社会或经验层面上的所谓“客观事实”,而只能是法律上的事实。

证据法作为法律程序的一部分,与一般意义上的法律程序一样,也应具有其独立的内在价值:它本身必须具有内在的优秀品质和公正标准。因此,将程序正义理论奉为证据法学的理论基础,能够为一系列证据规则的确立提供新的理论解释。程序正义理论所证明的主要是发现案件事实真相的手段和方法如何以及为什么要公正、合理的问题,这恰恰是一系列证据规则建立的理论基础问题。

评价将形式理性观念和程序正义理论作为证据法学的理论基础的主张,也包括合理和不合理两个方面。合理的方面是:(1)这种主张对传统的仅将辩证唯物主义认识论作为证据法学理论基础的主张进行了深刻的剖析,应当说,这种剖析总体上是正确的。(2)这种主张在证据法的调整范围和价值理论上是完全正确的。因为它看到,传统证据学领域涉及的问题实际上不是证据法涉及的问题,如果要解决证据法的问题,就必须树立程序正义理论。(3)将程序正义论作为证据法的理论基础,也是完全正确的。

其不合理的地方,首先是认为诉讼证明活动不是一种认识活动。在我们看来,诉讼证明活动就是一种认识活动。只不过,这是一种特殊的认识活动。因此,对诉讼证明原理的研究,必须寻找认识论方面的支持。证据法固然主要解决法律价值问题,但只有解决了其中的认识论问题,才有可能在立法、司法实践中处理好证据法的有关问题。因此,其关于任何一种认识论包括辩证唯物主义认识论对证据法没有指导意义的说法,值得商榷。其次,尽管证据法不直接关心认识论问题,但是制约当前立法、司法实践向前发展的,恰恰是有关的认识论问题还没有解释清楚,人们对如何认定案件事实的机制还不清楚,在这种情况下,直接建立证据法的一些规则和制度,是不可能的事情。另外,证据法尽管不可能将涉及经验和逻辑领域的认识机制予以规定,但证据法理论却要涉及这一问题,它仍然是证据法理论的有机组成部分。最后,将程序正义理论作为证据法理论基础之一,是完全正确的,但是,将形式理性观念直接移入中国司法实践中,则显得格格不入。形式理性观念与法治传统有密切关系,但在中国,没有长期的法治建设经验积累,形式理性观念就根本没有生存之处。

总的来说,这种主张强调了将程序正义理论作为诉讼认识论基础的一面,是合理、正确的;但抛弃了将辩证唯物主义作为诉讼认识论基础的另一面,是不合理也是不正确的。

第二节　诉讼认识论:辩证唯物主义认识论

本节主要从辩证唯物主义认识论的角度研究诉讼认识,包括诉讼认识的要素、过程、方法和结果,从而揭示诉讼认识的一般性与特殊性。应当注意的是,这些研究的范畴,与证据法理论中的很多范畴具有对应关系。这也是诉讼认识的特殊性所在。比如,关于诉讼认识主体的研究,对应于证明理论中的证明责任问题;对诉讼认识客体的研究,对应于证据和证明对象问题;对诉讼认识过程的研究,则涉及证据审查判断问题;对诉讼认识结果的研究,涉及证明标准问题。这基本上涵盖了当前我国证据法学理论的全部问题。由于对这些问题还要专章进行研究,这里仅从诉讼认识论的角度进行论述。其他章节没有涉及的问题,则详细论述,如证据裁判原则、经验规则、证据的评价机制等。

一、诉讼认识的要素

诉讼认识的要素包括认识主体和认识客体。认识主体是诉讼主体,认识客体是证据和案件事实。正确认识诉讼主体和认识客体,是研究诉讼认识论和证据法理论的重要环节。诉讼认识的本质则是法律规范下的特殊认识活动,需要遵循特殊的方法和要求。

(一)诉讼认识的主体

从认识论的意义上讲,诉讼认识的主体是人,即处于一定社会关系中,从事一定实践活动的人。其存在形式有三种,即个人主体、集团主体和社会主体。人具有三方面的特征,即自然性、社会性和意识性。当前,从认识论的角度研究诉讼认识主体或者诉讼主体,必须注意从人的主体性的角度看待诉讼认识。也就是说,对案件事实的认识只有进入主体领域,才谈得上认识,才对诉讼活动有意义。应当反对脱离主体谈论认识的先验论倾向。我们以往的证据法理论往往对这一问题忽略不计,好像客观存在的案件事实天然地就能够而且必须以其作为裁判的事实依据。这是一种错误的观点。另外,还应当研究如何发挥认识主体的主观能动性,抑制其主观随意性的问题。最后,在司法实践中,则存在如何提高司法人员素质的问题,因为司法人员的主观因素对案件事实的认识起着非常重要的作用。

从证据法理论上讲,诉讼认识主体就是诉讼主体。一般认为,诉讼主体是参加诉讼的司法机关和当事人,也就是诉讼中的控、辩、审三方。在刑事诉讼中,还包括侦查机关,但可以认为其属于控诉一方。尽管这三种主体的诉讼地位相同,但由于承担的诉讼职能不同,在诉讼认识中承担的认识任务也各不相同。比如在刑事诉讼中,控诉方主要承担控诉职能,其应当向裁判者提出诉讼证明的主张,并提出相应证据予以证明,即承担证明或者举证责任。辩护方主要承担辩护职能,它可以反驳控诉方的主张,可以提出被告人罪轻或者无罪的辩解,也可以提出相应的证据,但其一般不承担证明或者举证责任。裁判者根据控诉方提出的证明主张,并在全面了解控辩双方意见和证据的基础上,居中裁判,但也不承担证明责任。可见,从证据理论的角度研究诉讼认识主体,就涉及证明理论中的证明责任问题。本书在以后的章节将会详细研究这一问题。

(二)诉讼认识的客体

从认识论的意义上讲,认识的客体是进入主体活动范围并与主体发生联系的客观事物,包括自然客体和社会客体。它具有三个特征,即客观实在性、对象性、社会历史性。在当前的证据法理论研究中,诉讼认识的客体,也就是案件事实和证据具有客观实在性,人们比较容易理解,也强调得比较多。但是,对于对象性和社会历史性,则往往被人们忽视。所谓认识客体的对象性,是指任何事物成为认识的客体,不仅由于它的客观存在,还由于它成为主体活动的对象。因此,在研究诉讼中的案件事实时,必须与人的认识活动联系起来,也就是反对将所有客观上发生的与案件有关事实都作为案件事实予以研究。显然,将所有发生的与案件有关的客观事实作为案件事实,也是一种先验论的观点。所谓认识的社会历史性,即客体都是社会地、历史地形成的。在研究诉讼客体时,应当注意其与其他事物的辩证联系和发展,避免孤立地、静止地看问题,反对形而上学地研究诉讼客体的观点。现在有一种倾向,认为诉讼认识的目的就是要发现客观案件事实的绝对真实性,恢复其本来面貌,主观完全符合客观。这实际上是一种机械反映论的观点,是形而上学,不是辩证唯物主义认识论的观点。

从证据法理论上讲,诉讼认识的客体实际上就是案件事实,当然也包括证据在内。在证明理论中,案件事实又称为证明对象。证据事实能否成为证明对象,人们还有争议。但其成为诉讼认识的客体,应当是没有争议的。证据与案件事实或者证明对象是一种手段和目的的关系。即证据是证明手段,案件事实是证明对象。或者说,证据是诉讼证明的依据,证明结果应当从证据推论出来。

(三)诉讼认识主体和客体的关系

从认识论的意义上讲,认识主体和客体的关系是相互依存和相互作用的,这种关系表现在四个方面,即实践关系、认识关系、价值关系和审美关系。实践关系,是主客体之间的改造与被改造的关系。认识关系,是在实践基础上形成的反映与被反映的关系。价值关系,是在实践和认识两种关系基础上产生的主体对客体的需要和客体满足主体需要之间的关系。审美关系,是主体在改造和反映客体中所引起的精神上的愉悦或美感。

诉讼认识作为认识活动的特殊情形,同样在主客体之间存在上述四种关系。但我们以往对诉讼认识的研究,很少关心主客体之间的关系。即使有所涉及,也仅限于其中的反映关系。

实践关系、价值关系和审美关系更没有涉及。实际上,这种主客体之间的关系非常有研究的必要。认识到诉讼主体和客体之间存在实践关系,可以认识到它们之间的反映关系并非是一种机械反映论的关系,而是在实践关系基础上的反映关系。也就是说,司法人员对证据和案件事实的认识活动不是单向的,而是双向的,它们之间存在辩证关系。认识的价值关系,实际上涉及诉讼认识的价值原则。也就是说,我们的诉讼认识活动是为了满足主体特定的需要而进行的,不仅仅是为了认识案件事实本身而进行的,而诉讼认识主体的需要是多种多样的,应当从主体需要的角度来对认识的反映关系予以调整。也就是说,诉讼价值不但是诉讼认识的有机组成部分,而且对诉讼认识本身有重要影响。

从证据法理论上讲,诉讼认识主体和客体之间的关系主要表现在三个方面。就实践关系来说,诉讼主客体之间的关系表现在收集和审查判断证据并认定案件事实这种实践之中,没有这种实践活动,不可能有诉讼认识。诉讼认识遵循证据裁判原则和一系列诉讼原则和规则,只有通过具体的司法实践活动,才能达到对案件事实的正确认识。没有实践活动,仅仅靠凭空想象和推理、臆测,既不可能形成诉讼认识活动,也不可能实现诉讼认识的目的。诉讼认识主体和客体之间的反映关系,是指诉讼主体对案件事实的反映。但是,这种反映关系必须结合价值关系才能正确认识。在诉讼认识中,司法人员认识案件事实的价值关系与当事人有很大的不同,前者必须如实地反映案件事实,这体现了法律的公正价值;后者则不然,诉讼法一般对其没有这方面的要求,实践中,当事人往往从满足自己最大利益出发,来反映案件事实。这种情况,从辩证唯物主义认识论的视角看,是正常的,也是合理的。因此,控辩双方的攻击和防御活动,尤其是辩护方的防御活动,就有了合理的认识论基础。在证据法立法和司法实践中,应当尊重和理解当事人保护自己权益的内在需求。

二、诉讼认识的内在过程

诉讼认识的机制包括内在过程和外在过程两个方面。内在过程,是指一般认识论意义上的认识过程,辩证唯物主义认识论称为认识的辩证运动。外在过程,是指诉讼程序和证据法意义上的认识过程,也就是依照法定程序发现和审查判断证据并认定案件事实的法律行为。诉讼认识首先应当具有科学的内在过程,才能保证认识的真理性。同时,诉讼认识还应当具有合法的外在过程,才能保证认识的正当性。诉讼认识的外在过程实际上是程序正义论要解决的问题,这将在下一节进行阐述。这里说明诉讼认识的内在过程。

辩证唯物主义认识论认为,认识的辩证过程首先表现为从感性认识向理性认识的飞跃,然后由理性认识向实践飞跃。人们对复杂事物的认识,往往经历由实践到认识,再由认识到实践的多次反复才能完成。诉讼认识过程既符合这种一般的认识运动过程,又具有自身的特殊性。

(一)从感性认识到理性认识

诉讼认识作为一种认识活动,同样遵循从感性认识到理性认识的飞跃的辩证运动。从认识论的意义上讲,感性认识是认识的低级阶段,是对事物外部形态的直接的、具体的反映,它包括感觉、知觉、表象。感觉是对事物的个别特性的反映,是认识的起点;知觉是各种感觉集合起来而形成的事物的整体形象,是对事物的多种特性的反映;表象是以往感知过的事物形象在记忆中的再现,是对知觉的综合和概括。这三种形式的共同特点是直接性和具体性。感性认识的局限性是只反映了事物的现象、各个片面的外部联系。感性认识虽然是认识的低级阶段,但却是形成理性认识的必由之路,在认识过程中有着重要作用。

在以往的证据法原理中,人们很少关注感性认识。似乎司法人员认识案件事实,完全是一种理性认识活动。这种观点,不但违背诉讼认识的客观实际,而且违背诉讼认识的辩证运动过程,是唯理论的观点,应当坚决予以反对。实际上,感性认识在诉讼认识过程中具有非常重要的作用,它不但存在于诉讼认识过程的开端,而且存在于整个诉讼认识过程之中。

实践中,诉讼认识的一般过程是,发现有诉讼纠纷或者案件,司法人员首先会根据已有的部分证据提出假设,然后收集更多的证据,证明或者排除假设。这种过程一直持续下去,最后达到对案件事实的正确认识。感性认识在这个过程起着非常重要的作用。首先,提出假设需要感性认识,实际上感性认识在提出假设的过程中起着最为重要的作用。其次,感性认识对发现证据也起着非常重要的作用。最后,感性认识对得出最终的认识结论也有重要作用。在实践中,很多司法人员"凭经验"或者"凭感觉"就能够正确发现证据和认识案件事实,就是感性认识在起作用。所以,在实践中,一定要充分认识感性认识的作用,开拓认识视野,尽最大可能认识案件事实。但是,必须注意的是,最终形成的作为裁判依据的案件事实,却不能仅停留在感性认识的水平,而应当形成理性认识。

理性认识是认识的高级阶段,是对事物内部联系,事物的本质的认识,它的特点是具有间接性和抽象性。它包括概念、判断和推理。概念是同类事物共有的、一般的特点或本质的反映。判断是运用概念对事物的性质和事物之间联系作肯定或否定的断定。推理是用已知的判断为前提,遵循逻辑规则,引出新的判断。因此,对作为最终裁判依据的案件事实,必须达到概念准确、判断鲜明、推理符合逻辑规则。仅仅强调感性认识而不将其上升为理性认识,是经验论的观点,也应当坚决予以反对。

(二)从理性认识到实践

认识论认为,形成理性认识并不是认识的目的,它的目的是向实践飞跃,从而改造世界。就诉讼认识来说,形成理性认识结果的案件事实,必须被司法裁判承认,赋予法律效果,从而实现调整社会关系的目的。调整后的社会关系或者形成的新的事实,与原来发生的客观事实相比,已经发生了质的变化。

(三)判决理由制度

在诉讼认识过程中,最终形成的案件事实的认识结果,必须是一种理性认识。如果最终形不成理性认识,则应当作出否定性判决,即否定指控或者起诉请求的判决。但是,从制作裁判的角度来说,裁判者对这种认识状况的认识,则同样必须是理性的。

为了保证对作为裁判基础的案件事实的认识是理性认识,一些国家的诉讼法规定了判决理由制度。所谓判决理由制度,是指对于判决认定的案件事实和适用的有关法律,必须说明理由。其中对于事实认定而言,应当说明证据的采纳和通过证据认定案件事实的推理过程。

判决理由制度在大陆法系国家和英美法系国家有明显不同。《德国刑事诉讼法》第 267 条[判决理由]第(1)款对有关事实部分的规定是:"被告人被有罪判决的时候,判决理由必须写明已经查明的、具有犯罪行为法定特征的事实。如果证据是根据其他事实推断出来的时候,也要写明这些事实。写明时,对于细节,可以提示见存放案卷中的相片。"《法国刑事诉讼法典》第 485 条至第 593 条也要求对判决说明理由,没有说明理由的裁判决定,或者说明理由不充分的裁判决定,或者包含有相互矛盾之理由的裁判决定,均将受到最高法院的审查。

《日本刑事诉讼法》也规定了判决理由制度。但是,由于英美法系国家采用陪审团审判的制度,案件事实由陪审团认定,判决书由法官制作,因此法律并不要求法官在判决书中写明如何认定案件事实;但陪审团必须对案件事实的认定达到“排除合理怀疑”的程度。证据采纳与否,是法官的责任,因此,法官需要对采纳证据的有关问题进行说明。

我国在进行的审判方式改革过程中,要求增加裁判文书的说理性,实际上就是要求确立判决理由制度。最高人民法院《关于民事诉讼证据的若干规定》第 64 条规定:“审判人员应当依照法定程序,全面、客观地审核证据,依据法律的规定,遵循法官职业道德,运用逻辑推理和日常生活经验,对证据有无证明力和证明力大小独立进行判断,并公开判断的理由和结果。”第 79 条规定:“人民法院应当在裁判文书中阐明证据是否采纳的理由。对当事人无争议的证据,是否采纳的理由可以不在裁判文书中表述。”我们认为,判决理由制度应当包括如下内容:(1)说明判决依据的案件事实;(2)说明认定案件事实所依据的证据;(3)说明证据与案件事实之间的关系;(4)说明采纳或不采纳特定证据的理由。

三、逻辑推理和经验规则

理性认识必须有科学的思维方法。辩证唯物主义认识论提出的辩证思维的基本原则和方法包括:观察的客观性、归纳和演绎、分析和综合、由抽象上升到具体、逻辑和历史的统一。这里着重研究逻辑方法。

在诉讼认识活动中,诉讼认识的发展历史必须用逻辑的方法进行概括,才能够得到正确的认识。前面论述诉讼认识的内在过程的时候,提出实践中诉讼认识的一般过程是,发现有诉讼纠纷或者案件,司法人员首先会根据已有的部分证据提出假设,然后收集更多的证据,证明或者排除假设。这种过程一直持续下去,最后达到对案件事实的正确认识。这种提出假设然后求证的过程,不但适用于侦查过程,也适用于审判过程。在审判开始的时候,诉讼请求就是一种假设,审判的过程,就是原告方证明假设,被告方推翻假设,审判方裁决假设是否得到证明的过程。这种求证假设的过程,实际上就是一种逻辑思维过程。

(一)逻辑推理

在求证假设的过程中,假设在逻辑上被称为命题,求证在逻辑上称为证明。证明的方法则有演绎和归纳两种,但最常用的是演绎方法,也就是三段论的推理方法。下面首先举例说明演绎方法的运用。

在刑事审判中,控诉方指控被告人故意将被害人杀死,构成故意杀人罪。这是一个命题。证明的过程简述如下:

(1)大前提:刑法规定,故意杀人的,构成故意杀人罪。

小前提:张某故意杀人。

结　论:张某构成故意杀人罪。

(2)大前提:根据犯罪构成要件,犯罪主体主观上有杀人故意,客观上有杀人行为,将人杀死的,是故意杀人。

小前提:张某有杀人故意,并将被害人杀死。

结　论:张某是故意杀人。

(3)大前提:有仇恨的行为或者言论,或者有杀人计划的,即可认为有杀人故意。

小前提:张某曾向李某说过,被害人曾得罪过他,有机会一定杀了他。

结　论:张某有杀人故意。

……

这种推理过程一直进行下去,直至有关的证据也被证明是真实的,则这种证明活动就完成了。

在侦查过程中,这种逻辑推理过程可能会更复杂一些。因为,它首先是根据一些证据提出各种可能性较大的假设,然后寻找证据推翻或者证明这种假设。因此,它的命题结构和推理过程相对要复杂一些。

应当注意的是,在逻辑推理过程中,并不仅仅熟知推理方法即可进行正确的推理。除了逻辑推理过程科学之外,还应当做到概念准确、分类穷尽、大前提真实等等。这些内容,就需要逻辑学解决了,本书不再论述。

(二)经验规则

演绎推理是诉讼证明最常用的方法。在演绎推理过程中,作为大前提的命题,应当是真实的命题。但是,在社会生活和司法实践中,作为大前提的命题却往往并不具有绝对的真实性。比如,上面推理过程中作为大前提的"有仇恨的行为或者言论,或者有杀人计划的,即可认为有杀人故意"这个命题,在多数情况下,这个命题是真实的,但并不排除在某些情况下它是虚假的。但为什么会认为这个命题在多数情况下是真实的呢?因为是经验告诉我们的。所以,这种作为推理大前提的命题,就被称为"经验规则"。

经验规则就是在诉讼证明活动中,作为推理大前提的人们经验上总结的公认正确的判断或者命题。经验规则具有以下特征:

第一,在内容上,经验规则来自人们大量生活经验的积累,是对生活经验的归纳和抽象。它涉及人类生活和知识的方方面面,在数量上是无穷的。

第二,在形式上,经验规则不是个别人所特有的特殊经验,而是表现为一般人或者一定范围内的人所共有的知识。

第三,在真实程度上,经验规则一般具有人们公认的真实性,但并不具有绝对的真实性,因此,它是一种盖然性判断,不是必然性判断,这与其通过社会经验和归纳的方法得来有着天然的联系。

第四,在性质上,经验规则只是一种社会经验规则,不是法律规则,但却在诉讼认识活动中发挥着非常重要的作用,即它是作为诉讼认识中逻辑推理的大前提而存在的。所以,如果某一推理环节的大前提是虚假的,则整个推理结论就可能也是虚假的。因此,在推理过程中,选取真实性或者真实性较高的经验规则,就具有了非常重要的意义。

经验规则具有盖然性,与其是通过归纳法得来的有直接关系。归纳法是从个别事实走向一般概念、结论的思维方法。但归纳推理有着逻辑上不可克服的矛盾,即通过有限的经验,归纳出适用于无限情况的结论。所以,逻辑学认为盖然性是归纳推理的最根本的特征。这实际上也是归纳法的最大缺陷。但是,由于经验和常识告诉我们归纳法和通过归纳法得出的经验规则往往是有效的和真实的,归纳法和经验规则也就成了人们认识事物的工具和出发点。在科学论上,由于归纳法得出的结论是通过实验得来的,并且还可以通过实验进行验证,因而被认为是科学的。近代科学的基本观念和成就主要就建立在实验和归纳基础上。从辩证唯物主义认识论关于真理的论断来看,经验规则是一种具有相对真理性的认识,其中蕴含着绝对性。

在诉讼认识过程中,运用经验规则应当注意:(1)作为推理大前提的经验规则,应当具有高度的真实性或者高度的盖然性,或者是公认正确的。这也是一些国家将证明标准规定为"高度盖然性"的逻辑学基础。(2)得出的结论如果不能肯定具有高度盖然性,还需要通过其他推理予以补强。比如,李某证明张某说过其与被害人有仇,不足以证明张某就有杀人故意,如果还能发现其书写的杀人方案,或者其具体交代杀人的动机和目的,才能最终认定其有杀人故意。(3)经验规则应当与逻辑规则统一使用。经验规则具有实质内容,是大前提的具体内容,逻辑规则是科学的推理形式,只有将两者结合在一起使用,才能得出正确的推理结论。

上述诉讼认识的原则和方法,只是对诉讼认识的一般情况所作的原则性描述,实际过程中会非常复杂,应当根据实际情况灵活运用。

四、诉讼认识的结果

作为诉讼认识的结果,应当是一种理性的认识。在辩证唯物主义认识论看来,衡量理性认识的标准,就是看其是否发现了真理,即主观同客观是否相符合,是否正确反映了客观事物及其规律。辩证唯物主义认识论认为,真理具有客观性、绝对性和相对性,并且还是具体的,即有条件和历史的;此外,真理同价值还具有对立统一的矛盾关系。

与一般的认识活动不同,诉讼认识是法律规范下的特殊认识活动,它的诉讼结果的标准是二元的,即它不但要符合一般的真理标准,而且还要符合法律规定的标准。

(一)真理标准

1. 诉讼认识结果的客观性

辩证唯物主义认识论认为,凡是真理都是客观的。真理的客观性,主要指在真理性的认识中包含着不以任何人的意志为转移的客观内容,检验认识真理性的标准——实践也是客观的。

诉讼认识的结果必须达到客观的真理性认识。要达到这种认识,就必须按照科学的方法收集和审查判断证据,运用正确的推理方法,准确地认识案件事实。但应当注意,诉讼认识的客观性,是指主观的认识符合客观情形,而不是客观的事实先验地就能够进入诉讼领域,因此,它还要靠司法人员发挥主观能动性,去认识案件事实。在发挥主观能动性的同时,要反对主观臆断,曲解证据,篡改事实。更要反对主观真理论,把主观擅断当做案件事实。

充分认识主客观相符合的标准,对正确认识诉讼结果有重要作用。诉讼中的认识结果,只能靠证据来进行证明和验证,其他任何事物都不能来检验诉讼认识的真理性。这与一般认识结果的检验不同。一般认识结果可以靠事后的实践来检验,即进行从认识到实践再从实践到认识不断反复的过程。在科学研究过程中,对认识结果可以靠反复的实验来检验。诉讼认识则无法根据事后的实践或者反复的实验来检验。在具体的案件中,对案件事实的认识必须在法定程序内完成,而法律程序是有时间限制的。因此,诉讼认识的结果的检验标准只能靠自身特殊的认识规律来创设。我们知道,任何诉讼活动都实行证据裁判原则,因此,证据是否充足和可靠,被证明的案件事实是否清楚明白,就是检验诉讼认识结果的唯一标准。即使认定的案件事实后来证明是错误的,也只能靠新的证据并在程序法的限制之下重新认识和纠正。

2. 诉讼认识的绝对性和相对性

辩证唯物主义认识论认为,真理既具有绝对性,也具有相对性。真理的绝对性,是指任何真理都是对客观事物及其规律的正确认识,都有不能被推翻的客观内容,这是无条件的、绝对的;同时,人类有可能认识无限发展着的物质世界,每一个真理都是向着无限发展着的物质世界的接近,这也是无条件的、绝对的。真理的相对性,是指人们在一定条件下所认识的真理是有限度的、近似正确的。相对性表现为:一方面,任何真理都是对整个世界某一领域、某一过程的正确反映,因而是有条件的、相对的;另一方面,任何真理都是对特定事物一定程度、一定层次的近似正确的反映,因而是相对的。真理的绝对性和相对性是辩证统一的关系。

诉讼认识的正确结果是一种真理性的认识。但是,作为一种具体的、有条件的认识活动,诉讼认识的正确结果只能在具体存在形式上表现为一种相对性。当然,这种相对性中包含着绝对性,但不等于绝对性。这一判断,对确立诉讼认识结果的标准有重大影响。一方面,我们从理论、逻辑和经验上可以发现,完全认识案件事实的客观真实状况是不可能的,司法人员对案件事实的认识只能达到一种近似正确的反映。另一方面,我们不能说这种近似正确的反映是错误的,它包含着绝对正确的成分。因此,司法实践中要求认识案件事实的绝对真实的观点,是不可能实现的。同样,主张发现案件事实达到一种相对真实的程度,也并不违反辩证唯物主义认识论的要求。实际上,评价诉讼认识结果的法律标准,本身就是一种相对性的标准。在这种标准中,法律并不要求认识客观上发生的案件事实的所有方面。

认识到诉讼认识结果具有相对性,具有重大的法律意义。一般来说,绝对的真理就具有绝对的权威性,因此,相对性的真理,其权威性就差一点。但作为具有相对性的诉讼认识结果来说,如何具有应当的权威性呢?一方面,这种具有相对性的诉讼认识结果中蕴含着绝对性,是其具有权威性的重要条件,但并不是充分条件;通过正当程序合法地确定这种诉讼结果,是这种诉讼认识结果具有权威性的另一重要条件。

(二)法律标准

1. 实体法标准

诉讼认识结果的实体法标准,是指实体法规定的诉讼认识的案件事实的构成要件。这种构成要件,一般在实体法中明确规定,或者体现在法律规定的精神之中。比如,刑法规定的犯罪构成要件,就规定了对刑事案件事实的认识标准。这种标准,对诉讼认识结果规定了四个主要方面:犯罪主体、主观方面、客观方面和犯罪客体。只要将这四个方面的事实认识了,也就完成了诉讼认识过程。民事法律规定的民事行为构成要件,规定了对民事案件事实的认识标准,如对侵权行为规定,具有侵权故意和侵权行为并有损害结果发生,侵权行为和损害结果之间有因果关系的,就构成侵权行为。因此,对侵权案件的诉讼认识,只要查清行为人是否有主观侵权故意,是否实施了侵害行为,有没有损害结果发生,侵权行为和损害结果之间是否存在因果关系,就达到了诉讼认识的结果了。各种案件的实体法标准,是各种实体法应当解决的问题。本书不具体论述。

实体法之所以规定了比案件客观事实简单的认识标准,有多方面的原因:(1)对案件事实的认识达到法律规定的程度,对于解决纠纷已经足够,没有必要认识案件事实的所有细节;(2)基于诉讼条件的限制和诉讼经济效益价值的考虑,司法实践不允许将这种认识活动无限期持续下去;(3)从立法技术上考虑,实体法如果对社会秩序进行规范,必须对多种多样的社会事实进行抽象,以便使这种抽象化的法律规定能够适用于丰富多彩的社会实际。

当然,在实际的司法实践中,具体的诉讼认识结果的内涵可能比法律规定的要丰富得多。

这是因为,诉讼认识活动实行证据裁判原则,所以还必须运用证据证明这种认识结果。这样一来,具体案件的诉讼认识就必须丰满和详细。

2. 程序法标准

诉讼认识的程序法标准,是指诉讼法规定的关于诉讼认识结果的标准。程序法标准与实体法标准不同,实体法仅规定抽象的案件事实构成标准,实际上是证明对象的内容;程序法标准则规定如何证明诉讼认识达到了实体法标准,实际上是证明标准的内容。具体来说,这种标准既要求有证据作为证明依据,又要求被证明的案件事实达到一定的确定程度;在没有达到这种程度时,设定了如何认定案件事实的机制。

这种判断认识结果的标准与一般的判断标准不同。首先,程序法标准中已经涵盖了认识论意义上的真理标准。对于法律规定的标准,我们不需要,也不应当从它之外再寻找额外的证明标准。也就是说,诉讼法或者证据法规定的证明标准,是一种独立的证明标准。我们判断诉讼认识的案件事实与客观上发生的案件事实是否一致,只能依据这种证明标准来判断,不能有其他的判断标准。其次,这种认识标准的检验机制不是一般认识论意义上的无穷和反复的实践,而是一种内在的检验机制,即通过证据来检验认识是否正确。最后,这种判断标准是自我完结的,它对案件的认识结果设定了特殊的认识机制。如果这种认识结果能够达到法律规定的标准,则认识过程即告终结,可以据此制作判决;如果达不到法律规定的标准,但如果法律规定的时间期限已到,则认识过程也告终结,也应当据此制作判决。这是一种特殊的认识机制,即根据证明责任和证明标准,决定事实认识的结果。这与一般的经过无穷认识过程达到最终的正确认识结果也不同。这是程序正义对认识案件事实产生影响的表现之一。所以,我们说,在社会生活中,存在认识论意义上的“疑案”;但在诉讼中,不存在法律意义上的“疑案”。

第三节　诉讼认识论:程序正义论

一、诉讼认识的外在过程

上一节论述了诉讼认识的内在过程,揭示了诉讼认识作为认识活动所具有的特殊性。但是,诉讼认识是一种法律规范下的认识活动,因此,诉讼认识活动的外在过程,就是其需要遵守的诉讼程序。需要说明的是,无论是诉讼认识的内在过程还是外在过程,诉讼认识的主体和客体是一致的,其结果评价标准也是一致的。因此,本节就不再论述诉讼认识的主体、客体和结果。

诉讼程序是诉讼认识的外在过程,这种外在过程的意义是:(1)规定了诉讼认识活动的特殊性,使其与一般的或者其他的认识活动区别开来。诉讼法规范下的认识活动,其认识主体、客体、认识方法和对认识结果的评价与一般认识活动均有重大的不同。最能体现诉讼认识的外在过程的特殊性的,就是诉讼证明的机制和方法。它在证明主体、对象、责任、标准和方法上都有特别的规定。(2)规定了诉讼认识活动是体现法律价值的活动。也就是说,这种认识活动的过程,同时也是一种实施或者适用法律的过程,这种认识活动的结果,将具有法律强制性。(3)规定了诉讼认识的合法性要求,也就是说,这种认识过程中的认识行为,不管是司法机关还是当事人的行为,必须是一种合法行为。因为只有合法的认识行为,才能体现法律的价值,取得正面的法律意义和效果。

对案件事实的认识是诉讼过程的重要内容和环节。从诉讼过程的角度来说,这种诉讼认识的外在过程是由不同的诉讼阶段构成的。在刑事诉讼中,是由侦查、起诉、审判等阶段构成的;在民事和行政诉讼中,是由起诉和审判阶段构成的。在每一种诉讼的审判阶段,又要经过法庭调查、辩论和评议阶段。从对案件事实的认识过程来说,这种诉讼认识的外在过程又可以分为取证、举证、质证和认证等环节。

诉讼认识的外在过程和内在过程一样,需要遵循一定的原则和方法。这种原则和方法,也就是诉讼法规定的原则和规则。这种原则和规则,是程序正义论研究的内容。由于程序正义论主要是诉讼法学的研究对象,这里为研究证据法方便,只进行简单的介绍。

二、程序正义论

(一)程序正义论的概念

程序正义论是诉讼价值论的重要内容。我们已经知道,诉讼程序的价值,包括工具价值、独立价值和经济效益价值。作为诉讼法组成部分的证据法的价值,实际上也有工具价值、独立价值和经济效益价值。其工具价值,主要解决的问题是如何保障司法人员正确认识案件事实,这实际上是辩证唯物主义认识论需要解决的问题。其独立价值,主要解决的是如何在保障人权的前提下,正当地、合法地认识案件事实,这实际上是程序正义论需要解决的问题。当然,诉讼程序的独立价值和工具价值之间存在对立统一的矛盾关系。在确定程序正义的内容和要求时,应当考虑对认识案件事实的影响,程序正义对认识案件事实既有有利的一面,也有不利的一面,必须根据对法律价值的权衡进行选择。在建设法治国家进程中,应当以保护人权,规范和限制司法权力为基本要求,因此,不得实施侵犯人权的认识活动。另外,程序正义的内容和要求既经法律确定,就必须在其规范之下进行诉讼认识活动,超越程序正义的要求的认识活动和结果不具有法律效力。这也是法治的基本要求。

程序正义论是研究诉讼程序如何体现正义的原则和方法的理论。从证据法的角度说,程序正义论就是研究诉讼认识的过程如何体现正义的原则和方法的理论。

程序正义的含义与一般正义的含义相同。但是,关于它们的内容,历史上和现实中有不同的认识和争论,但不外乎自由、平等、公平、安全等基本法律价值。现在体现正义或者法律价值的概念是人权。所以,现在的程序正义,基本上就是以人权保障为核心内容的。

程序正义的理论,有英国的自然公平原则,美国的正当法律程序理论,国际法准则中的最低限度程序公正标准等。英国在18世纪发展出了自然公平原则,它的第一个原则是,任何人都不得在与自己有关的案件中担任法官;第二个原则是,必须给予诉讼当事人各方充分的机会来陈述本方的理由。美国将正当程序分为实质性正当程序和程序性正当程序。实质性正当程序在于防止政府出现专横和不合理的行为,并保证其制定的法律符合正义的要求。程序性正当程序的核心意思是权利受到损害的当事人有权得到审理,并在审理过程中享有各种诉讼权利。美国学者一般把联邦宪法修正案第1条至第10条规定的程序保障视为正当程序的具体内容。最低限度程序公正标准集中体现在《联合国公民权利和政治权利国际公约》第14条中,该条第三项规定了刑事被告人在审判中所应享有的“最低限度程序保障”:(1)获知被控的罪名及案由;(2)获有充分的时间与便利准备辩护并与辩护人联络;(3)获得迅速审判;(4)有权委托辩护人,并获得公设辩护人的协助;(5)有权与对方证人对质,并申请法院传唤他所提出的证人出庭作证;(6)有权获得翻译帮助;(7)不得强迫被告人自证其罪。这些标准虽然针对刑事案件,但其精神适用于所有性质的案件。

(二)程序正义的标准和原则

关于程序正义的原则,有很多不同的归纳方法。美国学者戈尔丁认为,程序公正的标准有九项内容:(1)与自身有关的人不应该是法官;(2)结果中不应含纠纷解决者个人利益;(3)纠纷解决者不应有支持或反对某一方的偏见;(4)对各方当事人的诉讼都应给予公平的注意;(5)纠纷解决者应听取双方的论据和证据;(6)纠纷解决者应只在另一方在场的情况下听取一方意见;(7)各方当事人都应得到公平机会来对另一方提出的论据和证据作出反响;(8)解决的诸条件应以理性推演为依据;(9)推理应论及所提出的论据和证据。

我国有学者认为,正当司法程序的原则至少有以下五项:(1)合法性原则;(2)平等对待(公平审判)原则;(3)公开听证(审判)原则;(4)中立性原则;(5)上诉原则。

也有学者认为,诉讼程序的最低限度公正标准主要有以下六项:(1)程序参与原则,受裁判直接影响的人应充分而富有意义地参与裁判制作过程;(2)中立原则,裁判者应在控辩双方之间保持中立;(3)对等原则,诉讼双方应受到平等对待;(4)理性原则,审判程序的运作应符合理性的要求;(5)程序自治原则,法官的裁判应从法庭审判过程中形成;(6)程序及时和终结原则,程序应当及时地产生裁判结果,并使案件得到最终的解决。

我们认为,诉讼程序是诉讼主体围绕诉讼客体进行诉讼行为遵守的程序规范,因此,关于诉讼程序正义的原则,可以分为关于诉讼主体的原则、关于诉讼行为的原则和关于诉讼客体的原则。

关于诉讼主体的原则主要有:(1)司法独立原则和裁判中立原则,即司法机关要保持独立和中立的地位;(2)不告不理原则,即诉讼必须以有人告诉才能开始,诉讼的范围应当在告诉的范围之内;(3)对等原则,即诉讼双方的法律地位平等;(4)救济原则,即当事人对司法裁决,可以寻求上级司法机关的救济。

关于诉讼行为的原则主要有:(1)直接言词原则,即诉讼应当以口头的方式进行,并且裁判者必须直接审理案件;(2)公开原则,诉讼过程和结果应当公开;(3)及时原则和集中原则,诉讼应当及时进行和终结,诉讼过程应当不间断进行。

关于诉讼客体的原则主要有:(1)"谁主张,谁举证"原则,即提出诉讼主张的人应当提出证据证明其主张成立;(2)证据裁判原则,即司法机关认定案件事实应当依据证据;(3)自由心证原则,即对于证据的证明力和通过证据认定案件事实,应当由司法人员自由判断,不设置外在的法律限制。

第四节 诉讼认识论与证据法

诉讼认识论是证据法的理论基础,研究诉讼认识论,可以认识证据法的价值,明确证据法的目的和调整范围,为证据法的研究、立法和司法实践提供正确的理论指南。

一、辩证唯物主义认识论与程序正义论的关系

辩证唯物主义认识论和程序正义论是诉讼认识论的两大理论基础,两者各有不同的作用范围,但又存在密切的对立统一关系。

(一)辩证唯物主义认识论与程序正义论的作用不同

辩证唯物主义认识论主要为诉讼认识的内在过程提供正确的观念、原则和方法,主要解决的是诉讼认识作为认识活动所具有的特点和规律,它的目的和作用在于保障诉讼认识具有真理性。程序正义论主要为诉讼认识的外在过程提供正确的观念、原则和方法,主要解决的是诉讼认识作为一种司法活动具有的特点和规律,它的目的和作用在于保障诉讼认识具有正当性,体现一定的价值原则。因此,只有遵循辩证唯物主义认识论的原则和方法,才能够保证诉讼认识本身的真理性;遵循程序正义论的原则和要求,才能够保证诉讼认识的正当性。诉讼认识必须同时满足辩证唯物主义认识论和正义论的要求,才能保证诉讼认识正确、合法、有效,不能只偏重一方面而忽视另一方面。

(二)辩证唯物主义认识论与程序正义论的相互作用

在诉讼认识过程中,辩证唯物主义认识论和程序正义论具有一系列复杂的辩证关系。这种关系,是认识论中真理原则和价值原则在诉讼认识领域的特殊表现形式。

一方面,辩证唯物主义认识论是设计程序正义论的前提和条件。辩证唯物主义认识论揭示的一些认识原则和方法,是制约程序正义论的重要因素。比如,证据裁判原则,判决理由制度,都是保证诉讼认识具有客观性和理性的认识论原则的要求。相反,如果程序正义论想要成功地对司法实践产生影响,就必须使其规范的认识活动符合辩证唯物主义认识论的原则和要求。当然,这种符合并非生硬照搬,而是根据诉讼认识活动的本质特点,灵活运用这些原则和要求。

另一方面,程序正义论是辩证唯物主义认识论具体适用于诉讼认识活动的保障。正是由于程序正义论,才使得诉讼认识活动与一般的认识活动有本质的不同,从而实现诉讼的目的和价值。程序正义论由于主要体现一定的法律价值,因此会对认识的真理性产生影响,但这种影响是符合诉讼认识活动的特殊性的,因此,它与一般认识论既矛盾又统一。

程序正义论为认识活动提供价值原则,是诉讼认识的目的性原则。程序正义论对诉讼认识的影响表现在两个方面:第一,它为诉讼认识规定了特殊性。这种特殊性体现了诉讼认识的内在规律,保障诉讼认识的科学性。第二,它对诉讼认识的真理性,有两个方面的影响。一是因为程序正义论的一些原则要体现辩证唯物主义的要求,因此会对诉讼认识的真理性产生积极影响;二是程序正义论更多地体现了法律价值,也就是人的主体性的要求,因此,不可避免地会对诉讼认识的真理性产生消极影响。比如,证据法中的非法证据排除规则,如果被排除的非法证据是真实的,就会对正确认定案件事实产生消极影响。又如,在民事诉讼中,当事人通过和解即可解决案件纠纷,这时候就不需要对案件事实本身进行认识。再如,当诉讼期限已到,但对案件事实的证明达不到法定标准时,则应当根据证明责任和证明标准的机制,对案件事实作出认定。

(三)法治要求下的辩证唯物主义认识论与程序正义论的关系

人的活动都是有目的的,诉讼认识活动同样如此。在诉讼认识中,认识案件事实本身并不是最终目的,其最终目的是解决争端和纠纷,实现法律的价值,也就是维护当事人的合法权益和社会秩序。因此,在处理辩证唯物主义认识论和程序正义论的关系上,同样应当遵循这一原则。

我们认为,对诉讼认识中真理原则和价值原则的矛盾,只能通过对法律价值进行平衡而予以取舍。因为价值原则是人类认识活动的目的性原则,所以,根据认识目的来决定认识的方式和程度,才是符合辩证唯物主义认识论的要求的,才是理性的认识活动。如果只根据真理原则行事,则有滑向非理性的危险。刑讯逼供之所以在人类历史上和当前司法实践中长期存在,与仅仅坚持真理原则有重要关系。

这种取舍的原则,应当符合我国建设社会主义法治国家的要求。法治在法律价值的选择上,最主要的就是尊重和保护公民权利,规范和限制国家权力;在实施法律过程中,要求必须尊重法律。因此,根据法律价值决定诉讼认识的方式和程度,是符合法治建设的要求的。同时,在法律价值的平衡上,法治原则首先要求尊重和保护公民权利,这实际上是人权保障的要求,也是程序正义论的要求。

因此,从法治建设的角度出发,无论是在设计程序正义的原则还是在司法实践中,程序正义论与辩证唯物主义认识论发生冲突时,应当优先适用程序正义的原则和要求。也就是说,法治建设要求的诉讼认识,应当是在充分保障人权的前提下实现认识的真理性,或者说在符合程序正义的前提下认识案件事实。

二、诉讼认识论与证据法

诉讼认识论作为证据法的理论基础,最直接的作用是为研究和评价证据法提供了理论依据。它为评价证据法提供了两个方面的标准:一是认识论意义上的评价标准,即证据法在正确认识案件事实方面的能力和作用;二是价值论意义上的评价标准,即证据法在尊重和保障人权方面的能力和作用。从上述评价标准出发,可以对证据法的一系列问题进行分析。本章仅对证据法的价值、目的和任务进行简要论述,具体问题在本书其他章节论述。

(一)证据法的价值

证据法的价值,就是证据法体现的法律价值。从上述分析可以发现,证据法的价值,就是其所体现的程序正义。也就是说,程序正义论的基本内容,就是证据法价值的基本内容。具体内容参见本章关于程序正义论部分。

当然,由于程序正义在一定程度上还要根据认识论的要求,对正确认定案件事实起到一定的保障作用,这一方面的作用,也可以称为证据法的工具价值。因此,从这个意义上说,证据法的价值也包括其工具价值。

另外,证据法也应当体现一般诉讼程序价值中的经济效益价值。但限于这种价值仅对上述两种价值起约束和保障作用,本书没有对这种价值进行具体分析,但在进行证据立法时,应当对这种价值予以考虑。

因此,证据法的价值与诉讼程序的价值是一致的,都包括独立价值、工具价值和经济效益价值。其中,独立价值居于核心地位。证据法的独立价值与工具价值之间的关系,见上文关于辩证唯物主义认识论与程序正义论关系的分析。

(二)证据法的目的、任务和内容

证据法的目的,就是保障诉讼认识的正当性或者合法性。通过上文分析可以发现,诉讼认识的真理性问题,是辩证唯物主义认识论、逻辑规则和经验规则所要解决的问题,不是诉讼法和证据法所要解决的问题。诉讼法和证据法主要解决诉讼认识的正当性问题。因此,证据法的目的,就是保障诉讼认识的正当性或者合法性。所谓保障其正当性,即诉讼认识或过程应当符合保障人权的要求;所谓保障其合法性,即诉讼认识过程应当符合程序法和其他法律规定的要求,如宪法规定的公民权利的要求,刑事诉讼法关于严禁刑讯逼供的要求等。当然,合法性要求归根结底也是一种正当性要求。

证据法的任务,就是具体规定保障诉讼认识正当性或者合法性的法律规则。我们通过分析其他国家的证据法可以发现,其中规定的证据规则,主要就是关于证据和运用证据过程中的合法性问题的规定,很少涉及证据的真实性或者如何通过证据认定案件事实的问题。因为后者是认识论、逻辑规则和经验规则涉及的问题。证据法历史上,法定证据制度曾经试图对这种问题进行规定,其实质就是通过诉讼认识的外在过程替代诉讼认识的内在过程,混淆和颠倒了认识论和价值论的作用范围,因而注定要被历史淘汰。但应当注意的是,在我国当前的法律研究和司法实践中,将认识论范围内的事项通过证据法规定,即规定认定案件事实的规则的呼声很高,这是一种不正确的看法。

因此,证据法的主要内容,应当包括两个方面:一是对证据的法定条件或者资格进行规定,这种规定,称为证据能力或者证据的可采性;二是对证明的法律机制进行规定,包括证明责任的主体、对象和证明标准。当然,其中的很多内容,也是诉讼法的调整对象。

我国传统的证据法教材中,认识论方面的内容占有较大篇幅,集中体现在对各种证据的证明力和审查判断证据的方法的详细论述上。这反映了我们过于重视诉讼认识的内在过程而忽视诉讼认识的外在过程的倾向,也就是“重实体、轻程序”的倾向。这种现象的出现有其客观原因。鉴于这方面的内容是对诉讼认识的经验总结,属于经验规则的内容,对司法实践有重要作用,本书也将其作为重要内容进行论述。但是,应当明确的是,这只是证据理论的内容,不是证据法的内容。

(三)证据法的适用

诉讼认识论是指导正确适用证据法的理论基础。根据诉讼认识的双重属性原理,适用证据法时,应当依据辩证唯物主义认识论和程序正义论的要求,同时解决证据和证明的真实性和合法性问题。真实性问题不是证据法能够规定的问题,证据法只能对此提出一些外在的要求,如通过证据的来源、保存条件、与其他证据相印证等审查证据的真实性,通过证明标准审查案件事实的真实性,但最终如何认定其真实性,只能靠司法人员的经验和理性。如何运用经验和理性,确保诉讼认识的真理性,就是辩证唯物主义认识论所要解决的问题。合法性问题是证据法能够规定的问题,当然不排除一些能够保障真实性的经验规则,也上升为法律规范,如传闻证据规则等。如何正确适用证据和证明规则,确保诉讼认识的正当性,就是程序正义论所要解决的问题。因此,《关于民事诉讼证据的若干规定》第 64 条规定:“审判人员应当依照法定程序,全面、客观地审核证据,依据法律的规定,遵循法官职业道德,运用逻辑推理和日常生活经验,对证据有无证明力和证明力大小独立进行判断,并公开判断的理由和结果。”《关于办理死刑案件审查判断证据若干问题的规定》第5条第2款第5项规定:“根据证据认定案件事实的过程符合逻辑和经验规则,由证据得出的结论为唯一结论。”上述规定,深刻揭示了如何运用证据法的基本要求。因此,在适用证据法时,应当明确两条基本的要求:一是对于证据和案件事实的真实性问题,应当按照辩证唯物主义认识论的原则和方法,包括证据法中关于理性和经验的原则性要求,进行审查判断;二是对于证据和证明的合法性问题,应当按照程序正义论的原则和方法,也就是证据法的具体规定,进行审查判断。这两条基本要求,实际上就是本章关于证据法原理的所有内容。

思考题

1. 如何理解诉讼认识的双重属性?
2. 诉讼认识论与证据法的价值、目的、内容及适用存在什么关系?
3. 简述证据法原理的基本内容和作用。
4. 简述逻辑推理和经验规则的基本原理。
5. 简述诉讼认识论与证据法的关系。

第五章　证据法的原则

导　读

证据在运用的过程中应当遵循基本准则，证据法原则是介于原则和规则之间的概念，是证据运行机制的指导思想，在证据法律规范和证据法学中都具有重要地位。证据法原则的功能在于将证据法的保障认识的真理性和正当性这一基本作用进一步细化，是认识的真理性和正当性在原则层面上的基本要求。本章所介绍的证据法原则主要包括证据裁判原则、直接言词原则和无罪推定原则。

阅读案例
请扫一扫

证据法的原则是指在运用证据的过程中应当遵循的基本的准则。它不同于证据法的原理，证据法的原理研究的是证据法学与哲学、法哲学和诉讼法学的关系，揭示证据法学的理论基础；而证据法的原则是位于证据法的原理的下位概念，是对原理的具体化，介于原理和规则之间的概念。这些原则的功能在于将证据法的保障认识的真理性和正当性这一基本作用进一步细化，是认识的真理性和正当性在原则层面上的基本要求。简单地说，证据法的基本原则主要包括：证据裁判原则、无罪推定原则、直接言词原则和自由心证原则。证据裁判原则是指对于案件事实的认定，必须有相应的证据予以证明。直接言词原则是指对于证据的调查必须由裁判者直接进行，而且必须以口头的方式进行。自由心证原则是指运用证据认定案件事实，由裁判者根据自己的内心信念进行合理的判断，法律对此不预先加以规定。证据裁判原则和自由心证原则是根据证据认定案件事实时应当遵循的原则，而直接言词原则是对证据进行调查时应当遵循的原则。由于在前文已经论述了自由心证原则，因此此处仅对证据裁判原则和直接言词原则进行介绍。

第一节　证据裁判原则

证据裁判原则是现代诉讼制度、证据制度的基础性原则。在刑事诉讼中，证据裁判原则更是备受重视和强调。“刑事裁判，应凭证据，即采所谓证据裁判主义，已成近代刑事诉讼之一定则。"[1]

在我国,1910 年《刑事诉讼律(草案)》已经明确规定证据裁判的内容。该草案第 326 条第 1 款规定:"认定事实应依证据。"第 321 条规定:"为判决资料之证据,以审判衙门所直接调查者为限,但有特别规定者不在此限。"我国台湾地区"刑事诉讼法"继承了上述立法传统。我国 1996 年《刑事诉讼法》没有明确规定证据裁判原则。但是,"以事实为根据"的司法政策,以及 2012 年《刑事诉讼法》第 48 条关于"证据必须经过查证属实,才能作为定案的依据"的规定,第 53 条关于证据确实、充分的条件中规定"定罪量刑的事实都有证据证明",已经包含了"没有证据不得认定犯罪事实"的立法精神和要求。

一、证据裁判的历史

人类社会的存续离不开化解纠纷的机制。在化解纠纷这种特殊人类活动的逻辑结构中,有一个不可或缺的环节就是案件事实的证明。在人类历史的长河中,对案件事实的证明大致经历了两种方式:一是非理性的司法证明方式,如神示裁判方式、决斗裁判方式、宣誓裁判方式等;二是理性的司法证明方式,这就是指证据裁判方式。到如今,理性的证据裁判原则已经成为规范各种诉讼的一项基本原则,而依据证据对纠纷事实问题进行裁判也已成为一种司空见惯的法律现象。然而,与其他诉讼制度一样,证据裁判原则在证据法中的确立也经历了一个长期的过程。

西方国家早期证据法的理念与今日司法证明活动中法官角色的观念是大相径庭的。现代法官的职责是查明案件事实并在此基础上适用法律。但是,早期社会中的司法人员并不具有这种职能。在那时,法庭不是为查明案件事实设立的机构,而是为获得"神灵指示"设置的场所,司法人员也只是神意的代言人。司法裁决被认为是神的旨意,是一种被告知的"真理",不是被人们发现的"真理"。与这样一种司法理念相对应,古代西方国家广泛使用的一种司法证明方法是"神明裁判",即通过让当事人接受某种肉体折磨或考验来查明案件事实。一般来说,接受折磨或考验的人都是被指控者,而这种折磨或考验通常都伴随着由牧师或神父等神职人员主持的弥撒或祈祷等宗教仪式。在神判制度下,裁判是根据那些被普遍视为体现了神明意旨的事实或现象做出的,其间的推理方式不是理性,而是对神明的信仰和崇拜。如前所述的"水审"、"火审"、"司法决斗"等都是神明裁判的典型方式。

这种神明裁判司法证明方式的基础是当时人们对神的无可争议的信仰和崇拜。在当时,由于人类社会生产能力低下,认识水平不高,因而对于神秘的自然界以及超自然的力量充满了恐惧与崇拜。对于事实的认识和主张,人们总是寄希望于超自然的神明力量的支持,因此,在诉讼中当事人不是用证据去说服法官或陪审员接受他的主张,而是求助于超自然的力量或神明的"示意"来证明其主张。用现代人的眼光看,神明裁判是荒诞的,不科学的,非理性的,是对人类认识的否定。但是,历史地分析,这种非理性的司法证明方法在当时特定的历史阶段也确有其存在合理性,也的确能够在一定程度上起着化解纠纷、实现正义的作用,是人类社会由私力救济转向公力救济的一个重大进步。我们认为,在神判制度下,体现了神明意旨的事实或现象就是当时的"证据",遵循的也是一种依"证据"裁判的原则。但这是一种以人类理性臣服于外在物理力量、自然力量或超自然力量以求证案件事实的司法证明途径,其间的推理方式不是

[1] 陈朴生:《刑事证据法》,三民书局 1979 年版,第 13 页。

理性,而是对神明的信仰和崇拜。人的理性在神明裁判中未能获得显现,因而是“非理性”的司法证明方式。

随着社会的进化和历史的进步,人类的理性逐步丰富和发展,非理性的司法证明方式在人类理性的严格审视下,日益显示出它的固有的弊端,人们开始寻求一种更具理性的证明方式。在英国,人们用陪审团审判的方式逐渐将神明裁判逐出历史舞台;在欧洲大陆,则是由从教会法传播而来的法定证据制度取代了神明裁判。在英国早期,“知情陪审团”审判中,证据对于裁判是可有可无的,裁判所依据的不是其他人提交的证据,而是陪审团成员自己的亲身经历或道听途说的事实。随着向“不知情陪审团”的演变,陪审团依靠证人证言进行裁判也变得越来越普遍,并最终导致了必须据证裁判的强制性要求。大约在 1600 年以后,陪审员已经不得在其陪审案件的审判法院外收集证据资料,而仅以陪审案件法庭上表现的证据为限进行裁判。需要注意的是,英国在陪审团审判制度下形成了“定性分析”的证据制度,虽然将很多种类的证据排除在审判之外,但是每一种被采用的证据的证明价值却不是固定的,而要根据具体案件的情况留待陪审团评断。

欧洲大陆国家在“纠问式”诉讼制度下形成了“定量分析”的证据制度,即法定证据制度。在这种制度下,任何东西都可以被采用为证据,法律分门别类地预先规定出了每种证据的证明价值和证明的规则,审判法官运用证据的基本职责只是“加减证据”。由于法律规定口供是良好的半个证明,而且法律不问获取口供的方法和途径,所以刑讯逼供法就在欧洲大陆盛行起来。17 世纪和 18 世纪,法国的理性主义者和人道主义者对以刑讯逼供为特征的“纠问式”诉讼制度发起了猛烈的攻击,其结果就是产生了一种新的司法证明方式。在这种证明方式中,法律要求证人在法庭上向陪审团口头陈述证据,然后由陪审团(或法官)对证据的证明价值进行评断。就裁判者在诉讼中的任务而言,法律并不对他们说:“你们应当把多少证人所证明的每一个事实认定为真实的。”法律也不对他们说:“你们不要把那些未经某种口头证言、某种文件、某些证人或其他证据支持的证据视为充分的证明。”法律只是向他们提出一个能够包括他们全部义务的问题:“你们是内心确信了吗?”这就是在近代大陆法系国家的证据制度中居核心地位的“自由心证”。自由心证制度尽管否定了法定证据的机械性,法定证据制度下的证据裁判却作为司法传统的一部分被继承了下来。

由此可见,随着司法证明的方式由神明裁判发展为法定证据制度和自由心证制度,证据裁判也经历了一个从非必要到必要,从非理性到理性的过程。时至今日,证据裁判原则已经成为证据法上最基本的原则,并贯穿于诉讼当中。

二、证据裁判原则的基本内容

证据裁判原则,又称证据裁判主义,其基本含义是指对于诉讼中事实的认定,应依据有关的证据作出;没有证据,不得认定事实。发现案件的实体真实,实际上是一个对历史性事件作回溯证明的过程,经验表明,这种回溯证明是相当艰难的。由于时间的不可逆性,任何已经发生的事实实际上都难以完全恢复其原始面目。在司法裁判中,“事实审理者没有重新见到过去发生的事的能力”,[2]作为裁判者的法官永远无法亲历案发过程,他只能通过案发现场的遗留痕迹——证据,来重建现场、推断案发的真实情形,这就决定了人们实际上是难以真正确切地

〔2〕 沈达明编著:《英美证据法》,中信出版社 1996 年版,第 3 页。

认识案件事实的。正如学者 Radin 所指出的,“事件是独一无二的,想象的或模拟的重建都不可能确切地重现过去”,[3]确定的事实是法律遇到的永恒难题之一。同时,由于作为裁判者的法官并不能亲眼目睹案件的真实过程,他只能借助证据的演示来推断案情经过,因此,证据成为法官与案件事实之间的唯一媒介,也是法官查明案情的唯一凭据。但是,证据的收集和保存本身却面临着诸多困难,因为作为案情记录的证据本身具有易灭失的特性,随着时间的流逝,有的痕迹物证可能灭失,证人对案情的记忆也可能淡化。这就使负责审理案件的法官总是在一种条件不充分的状态下,根据有限的证据资料来对案情做出判断。

审判实际上就是审判者在事实和法律基础上对证据的审查与取舍,对双方当事人所主张的内容进行认可或否定的活动。可以说,裁判书中所认定的事实,是审判者对证据审查后所形成的心证,是一种基于客观事实的主观判断,因而审判者的业务素质、道德修养、司法经验等对于案件真实的回复和实体公正的达成有着重要的影响和决定性作用。对于同一个证据的审查、判断,不同的法官可能会形成不同的心证,并据此得出不同的结论。这就使案件事实的查明带有较强的主观色彩。不认真的事实审理者,由于他的经验有限以及受社团的看法所派生出来的偏见,可能就可靠的证据作出错误的假设,从而得出完全不正确的结论。因此,案件事实是可塑的,深受法官个人因素的影响。人们通过诉讼机制所能查明的实际上只能是一种法律事实,即经过法官主观评价的事实,而非客观事实。随着诉讼理论的发展,证据裁判原则的内容不断地发展与充实。在现代诉讼制度下,证据裁判原则至少包含以下几个方面的含义:

1. 对事实问题的裁判必须依靠证据,没有证据不得认定事实

证据裁判的基本含义是在诉讼证明中,事实问题的裁判应当依据证据。在此,事实问题是指要证事实,即有证明必要的事实。因此,证据裁判原则更准确的表述应当是:对于要证事实,没有证据就等于没有该项事实。我国 2012 年《刑事诉讼法》第 53 条规定:“对一切案件的判处都要重证据,重调查研究,不轻信口供。只有被告人供述,没有其他证据的,不能认定被告人有罪和处以刑罚;没有被告人供述,证据确实、充分的,可以认定被告人有罪和处以刑罚。”最高人民法院《关于民事诉讼证据的若干规定》第 63 条规定:“人民法院应当以证据能够证明的案件事实为依据依法作出裁判。”最高人民法院《关于行政诉讼证据若干问题的规定》第 53 条规定:“人民法院裁判行政案件,应当以证据证明的案件事实为依据。”这些规定鲜明地体现了证据裁判原则的“裁判以证据为依据”的要求。

“对事实问题的裁判必须依靠证据”的逆反命题是:如果没有证据,不能对要证事实予以认定。可见,证据裁判原则强调了证据对于裁判的必要性,这在刑事诉讼中更为明显。与历史上曾经存在的裁判制度不同,现代诉讼中证据是裁判的必要手段,而不是可有可无的工具。需要指出的是,现代诉讼制度中没有证据既包括没有任何证据,也包括证据不充分的各种情形。没有证据固然不能认定案件事实,即使仅有一部分证据,或者有证据但没有达到法定程度,亦不能对事实进行认定。也就是说,不能仅凭一些证据对全部案件事实作出推测。2012 年《刑事诉讼法》第 195 条第 3 款规定:“证据不足,不能认定被告人有罪的,应当作出证据不足、指控的犯罪不能成立的无罪判决。”这一条充分说明,在刑事诉讼中,证据不充分的情形与没有证据的效果是一样的,都不能认定要证事实,都必须做出无罪判决。我国台湾地区,对“无证据之裁判”也作了详尽的规定,它不仅包括没有证据而推定犯罪事实或仅凭法官理想推测之词作为裁判

[3]　沈达明编著:《英美证据法》,中信出版社 1996 年版,第 3 页。

基础的情形,还包括以下情形:(1)不依证据而为裁判者,即裁判理由内漏记、未记载其认定事实所凭之证据;(2)裁判书中叙明其认定事实所凭之证据与认定事实不相适合;(3)卷宗内无可查考之证据。这表明,"没有证据"不仅是指在实体上缺乏相应的、充分的证据,而且,还指代那些在证据记载等程序性事项上或者说形式上未满足法律要求的情形,体现出程序法治的要求。

2. 裁判所依据的证明,必须是具有证据资格的证据

在不同历史时期,接受法庭调查的"证据"也具有不同的样态。如前所述,从神示证据制度到法定证据制度,再到自由心证制度,何者可以作为证据差别很大。但任何时代的证据都必然具有这样一个共同特征:当时的人们普遍承认该项材料具有作为证据的合理性。神示证据是与特定的不容置疑的神学信念密不可分的;法定证据则与普遍存在的对权威的遵从直接有关。

在现代法律制度下,一项材料是否可以作为证据接受法庭调查,首先经过了裁判者的价值选择。显而易见的是,没有关联性的证据材料因与案件事实没有紧密联系而被排除,但如果仅具有关联性,而不具有法律上的可采性,这样的证据材料同样不能作为定案的依据,即不但要求法庭调查的证据必须具有事实上的关联性,而且还必须同时具备法律上的可采性。所以,最终作为裁判依据的证据,必须是具有证据资格的证据。

3. 裁判所依据的证据,必须是经过法庭调查和质证的证据

证据裁判原则的核心是裁判者对事实的认识必须以证据为根据。在诉讼以"法庭审判"为中心的现代诉讼理论中,裁判者的裁判行为也必须以法庭为活动空间,通过在法庭中的一系列活动,认定案件事实,作出正确裁判。因此,证据裁判原则所要求的证据必须在法庭上出示、辩论、质证。没有经过法庭调查的证据不得作为裁判的依据,即使该项证据确实具有证明价值。

将裁判所依据的证据限定为必须经过法庭调查和质证的证据,使我们具有了评判法官认识活动的可能性,更容易让人们(当事人以及其他案外人)相信法官的认识来自证据而不是其他途径,有利于增强整个社会对司法活动的认同感。最高人民法院《关于民事诉讼证据的若干规定》第47条规定:"证据应当在法庭上出示,由当事人质证。未经质证的证据,不能作为认定案件事实的依据。"这就从司法和立法上认同了"裁判所依据的证据必须是经过法庭调查和质证的证据"的观点。

有的学者认为,从证据裁判原则的角度来看,"裁判"一词是指认定事实、适用法律,就此而言,在刑事诉讼的不同阶段,均存在"裁判",只不过裁判的主体、内容、方式和具体的程序各异。裁判并非专指狭义上的审判。证据裁判原则的内在精神要求,在诉讼不同阶段进行的各类裁判均必须依靠证据而进行。由于不同阶段进行的"裁判"其性质也各不相同,因此,作为裁判依据的"证据"也必然具有多样性,换言之,审前阶段的证据与用作定案的证据在应当具备的条件方面不可能完全相同。我们认为,按照程序法治原则,证据之裁判应当是被裁决双方平等参与由中立的第三方主持下的诉讼行为,在此意义上法庭审理才是严格意义上的裁判行为,而此时作为裁判依据的证据必然只能是经过法庭调查和质证的证据。

三、证据裁判原则的适用

在现代证据制度中,证据裁判原则是所有证据法和诉讼法制度的核心原则,适用于所有的诉讼认识活动。首先,整个诉讼制度就是围绕如何正当地利用证据认定案件事实而设置的。离开这一点,诉讼制度将不会存在。其次,证据裁判原则与其他诉讼法和证据法原则相比,具有优先性。自由心证原则必须在优先适用证据裁判原则的前提下才能适用,就是一个例子。

最后,直接言词原则、裁判中立原则、控辩对等原则、无罪推定原则等都不能削弱证据裁判原则的作用,甚至有些原则对证据裁判原则还有强化作用。比如,要贯彻无罪推定原则,就必须在有证据证明被告人有罪的情况下,才能对被告人定罪量刑,而在有罪推定原则中,对公民定罪量刑,就不一定要求有明确的证据了。正是基于证据裁判原则的特殊地位,证据裁判原则在三大诉讼中具有不可替代的作用,决定了案件事实的认定和裁判的作出。

关于证据裁判原则的适用,在我国迫在眉睫的,是解决办案人员的观念问题、认识问题。一些办案人员凭感觉、凭经验,不能正确地区分事实上有罪与法律上定罪这两个不同的概念,那种"重感觉轻证据"、"重经验轻证据"的做法,在办案实践中时有发生,要么形成打击不力,要么造成错案。因此,适用证据裁判原则,首先要解决"两重两轻"的问题,真正从观念形态上认识到证据的重要性,认识到一切案件事实的认定,只能靠证据说话。这就是证据观念与证据意识问题,更是"法律上定罪"、"依法裁判"的核心问题。

由于证据裁判原则是针对要证事实而言的,所以在三大诉讼中,证据裁判原则的适用范围有所不同。在刑事诉讼中,基于刑罚适用的慎重性,尽管对于证明对象的枝节性内容会存在毋庸证明的可能,证明对象的骨干性构成要件一般却必须由证据予以证明。刑事诉讼法明确要求适用证据裁判原则,所有案件事实的认定,必须根据证据作出。强调实质真实的大陆法系国家如此,实行对抗制的英美法系国家亦是如此。在英美法系国家,由于实行起诉认否程序,被告人作有罪答辩后,如果法官接受了该项答辩,即可以此作为径行定罪的根据。但是,法庭在考虑是否接受一项有罪答辩时,有权审查被告人的答辩是否基于"明知、明智且自愿"以及是否具备事实上的基础。也就是说,在刑事诉讼中,即使是被告人作出有罪答辩,承认自己犯罪,这种承认也只有在被告是"明知、明智且自愿"的情况下,法院才可以依据被告人的承认定罪。在我国,2003 年 3 月 14 日,最高人民法院、最高人民检察院、司法部联合发布的《关于适用简易程序审理公诉案件的若干意见》第 7 条第 4 项规定:"被告人自愿认罪,并对起诉书所指控的犯罪事实无异议的,法庭可以直接作出有罪判决。"这也体现了证据裁判原则在刑事诉讼中的例外性规定。

与刑事诉讼相比,民事诉讼和行政诉讼则有所不同,证据裁判原则的例外情形较为明显。在民事诉讼中,不仅基于当事人的实体处分权而设置有自认的规定,而且,基于辩论原则,对于当事人没有明确争论的事实还实行拟制自认制度。如最高人民法院《关于民事诉讼证据的若干规定》第 63 条规定:"人民法院应当以证据能够证明的案件事实为依据依法作出裁判。"但第 8 条规定:"诉讼过程中,一方当事人对另一方当事人陈述的案件事实明确表示承认的,另一方当事人无需举证,但涉及身份关系的案件除外。"可见,民事诉讼中,如果一方当事人对对方当事人陈述的案件事实依法表示承认,人民法院可以不依据证据而直接依据当事人有效的自认对案件事实进行认定作出裁判。第 9 条还规定了当事人无需举证证明的事实:(1)众所周知的事实;(2)自然规律及定理;(3)根据法律规定或者已知事实和日常生活经验法则,能推定出的另一事实;(4)已为人民法院发生法律效力的裁判所确认的事实;(5)已为仲裁机构的生效裁决所确认的事实;(6)已为有效公证文书所证明的事实。上述(1)、(3)、(4)、(5)、(6)项,当事人有相反证据足以推翻的除外。另外,民事证明中,还存在大量的推定。最高人民法院《关于民事诉讼证据的若干规定》第 75 条规定:"有证据证明一方当事人持有证据无正当理由拒不提供,如果对方当事人主张该证据的内容不利于证据持有人,可以推定该主张成立。"因此,对于法律推定的事实,人民法院无需当事人举证,可以直接依据推定规则认定事实。又由于自认与推定在民事诉讼中较为常见,因而民事诉讼中具体证明对象的多数内容往往因存在其他证明方法而不具有以证据证明的必要性,从而削弱了证据裁判原则对事实认定的决定性作用。而这些恰恰体现了证据裁判原则在民事诉讼中适用的例外。我国行政诉讼法也规定了证据裁判原则,最高人民法院《关于行政诉讼证据若干问题的规定》第53条规定:"人民法院裁判行政案件,应当以证据证明的案件事实为依据。"但同样,第68条也有与民事诉讼证据规定相类似的不需要证据证明的事实的规定。

第二节　直接言词原则

一、直接言词原则的含义

一般而言,直接言词原则是诉讼法的一个原则。但我们认为,直接言词原则作为证据法上的原则具有重要的理论和现实意义。因为诉讼活动的中心是"法庭审判",而审判活动最终作出何种裁决依据的是证据,因而证据的调查收集和判断采纳就成为证据法规范的主要内容。直接言词原则恰好对证据的调查收集和判断采纳问题,乃至对案件事实的真理性和正当性认识都具有重大影响。同时,又由于我国在立法上对直接言词原则规定得并不完善,实践中贯彻得并不理想,因而在事实上对证据的调查、事实的认定造成了消极的影响。所以,我们认为有必要将直接言词原则作为证据法的原则加以分析。

直接言词原则基本的含义是指要求一切证据材料都必须在法庭上以直接、口头的方式进行陈述、讯问、审查和辩论的诉讼原则,由直接原则与言词原则合并而来。

(一)直接原则

直接原则又称直接审查原则,指法官、陪审官必须亲自接触案件的所有材料。在审判庭上审查证据,检查物证,让当事人、证人、鉴定人出庭并亲自听取他们的口头陈述,听取法庭辩论,然后据以对案件的实质问题作出裁判。此外,法官认定案件只能以原始证据为依据,传来证据只有在法律规定的情况下才可以采纳作为定案依据。直接原则既包含有程序方面的要求(在场原则),也包含有证据方面的要求(直接采证原则)。根据该项原则,负责裁判的法官,必须亲自接触证据,以便能够直接获得关于证据的鲜活印象。为了确保裁判者的事实认定建立在法庭证据调查之上,各国法律均要求,负责裁判的法官不得中途退庭,否则,必须更新审判程序。如《日本刑事诉讼法》第315条规定:"在开庭后更易审判官时,应当更新公审程序。"在直接原则约束下,审理权与裁判权合二为一,成为一项完整的权力。然而,在我国司法实践中,"审者不判、判者不审"的现象仍然相当普遍。这种"判者不审"的做法,类似于"不看病而开药方",既不利于查清事实真相,也为司法腐败提供了更多机会。因此,配合"还合议庭独立裁判"的立法精神,本法典在完善审判程序、审级监督的同时,根据直接原则、在场原则的要求,明确规定,只有全程参与法庭审理的审判人员,才能参与本案裁判;否则,裁判不具有法律效力。

(二)言词原则

言词原则又称言词审判原则,是指法院审理案件,特别是当事人及其他诉讼参与人对诉讼材料的提出和进行辩论,要在法官前以言词及口语形式进行,这样取得的材料,才能作为法院裁判的依据。该条是言词辩论原则的基本要求。“所谓言词辩论原则乃谓审理程序之进行,原则上应采言词陈述方式。当事人之攻击与防御应以言词辩论之方式行之,唯有当事人在法庭以言词陈述所提供之诉讼资料,方能作为判决之依据,一切诉讼中的程序,即刑事被告的讯问、证据的采集、当事人的攻击与防御以及判决的审判等必须以言词陈述之方式实现之。所有未在法院审理中以言词方式提出者,视同未曾发生,或不存在,而不可作为判决之基础。”〔4〕

根据言词辩论的精神,法庭调查证据应当遵循以下要求:(1)法庭调查证据原则上应当以言词方式进行。法庭调查证据以言词方式进行,既是对书面审理方式的否定,同时也为社会公众了解、监督法庭审理活动提供了现实可能性。因此,在现代诉讼理论中,一般认为,言词辩论原则与直接审理原则相互配合,构成了审判公开原则的基础。但是,考虑到诉讼成本以及言词辩论是否确有必要,各地法律在确认言词辩论原则的同时,往往也规定了必要的例外。例如,在我国台湾地区,对于言词辩论的例外情形主要包括:有关免诉、不受理、管辖错误的判决;第三审法院的判决;为业已死亡的受判决人之利益而进行再审的案件;非常上诉之判决。(2)法庭调查证据时,法庭应当听取控辩双方的意见和辩论。在现代诉讼中,法庭审理活动尽管由法庭主持,却并不因此而否认控辩双方的积极作用;相反,从各国立法发展来看,强化控辩双方对法庭调查、辩论的主导地位,已经成为一种基本发展趋势。(3)法庭调查证据时,法庭应当保障控辩双方享有平等的辩论机会。为了保证控辩双方享有平等辩论的机会,在法院证据调查中,法庭应当在控辩双方之间保持中立,并给予处于弱势的辩护方必要的帮助。

(三)直接言词原则

直接原则与言词原则有着密切的关系,但两者的侧重点又不一样,直接原则强调法庭直接审理和直接采证,言词原则则强调法庭审理和法庭采证应以言词形式进行。直接审理在通常的情况下,都会以言词形式进行;言词审理通常也要求法官直接审理和听取证人的言词证言,两者相互贯通、相互兼容。直接原则是言词原则的基础,言词原则是直接原则的补充,只有将两者结合起来才能发挥作用。又由于两原则均要求诉讼各方亲自到庭出席审判,法官的裁决须建立在法庭调查和辩论的基础上,而严禁以控诉方提交的书面卷宗材料作为法庭裁判的依据,故两原则有其共同的含义和功能,在理论上将它们综合在一起,称为“直接言词原则”。

直接言词原则是现代法制国家普遍遵循的诉讼原则。在大陆法系国家,直接言词原则是现代资产阶级革命的产物,是经过中世纪纠问式制度的改革和扬弃而确立下来的。在19世纪,根据一种被称为“革新的纠问式诉讼”制度,审讯作为法院判决的唯一基础,一般要按照公开、口头和直接的方式进行。使得只有口头叙述才能定案,从而直接言词原则取代书面审理主义和间接审理主义在大陆法系各国得以确立。英美法系国家,虽然没有表述为直接言词原则,却设有与之相关的“传闻证据规则”。根据这一规则,某一证人(原证人)在法庭外就案件事实所作的陈述内容被他人以书面方式提交给法庭,或者被另一证人(出庭证人,其证言来源于原证人)向法庭转述或复述出来,这种书面证言和“转述”均为“传闻证据”。这种传闻证据既不能在法庭上提出,也不能成为法庭据以对被告人定罪的依据。根据美国联邦和绝大多数州的证据规则,在庭审过程中所有证人都通过问答方式提供证言,只有经过控辩双方律师的直接询

〔4〕 林山田:《论刑事程序原则》,载《台大法学论丛》第28卷第2期。

问和交叉询问,该证人证言才具有法律效力。由此可见,直接言词原则与传闻规则均不承认证人在法庭之外就案件事实所作的言词证言具有证据能力,无论这种证言是书面形式还是以他人转述的方式在法庭上提出。两原则具有相似的要求和功能。

根据各国立法和司法实践,我们认为,直接言词原则应当具有如下内容:(1)法庭审判应贯彻"在场原则"。即在刑事诉讼中,法庭审判必须有控辩审三方亲自在场;在民事诉讼和行政诉讼中,法庭审判必须有原被告双方当事人和裁判者亲自在场方可进行。(2)在法庭审理中,所有提供言词证据的证人、鉴定人、被害人、被告人必须出庭作证。(3)法官对证据的调查和采纳必须亲自进行,即案件的裁判者必须是同一案件的审理者,不允许出现"审者不判,判者不审"的现象。(4)法官采纳的证据,一般应当是原始证据,传来证据只有在法律有明文规定的情况下才可采用。(5)审判应当持续而集中地进行,一般不得中断。

二、直接言词原则在我国的适用

我国法律虽然没有明文规定直接言词原则,但是在我国法律和司法解释中却规定了直接言词原则的内容。

这一原则在我国的刑事诉讼法中体现在以下几个方面:

1. 2012 年《刑事诉讼法》第 59 条明确规定:"证人证言必须在法庭上经过公诉人、被害人和被告人、辩护人双方讯问、质证、听取各方面证人的证言并且经过查实以后,才能作为定案的根据。"由此可见,我国对直接言词原则在立法上是予以肯定的,它要求证人必须出庭作证,法官必须直接调查取证。但是,我国 2012 年《刑事诉讼法》第 190 条又规定:"公诉人、辩护人应当向法庭出示物证,让当事人辨认,对未到庭的证人的证言笔录、鉴定人的鉴定意见、勘验笔录和其他作为证据的文书,应当当庭宣读。审判人员应当听取公诉人、当事人和辩护人、诉讼代理人的意见。"这一规定表明,在我国刑事诉讼中,立法在肯定直接言词原则的前提下,同时也允许部分证人不到庭,而出示其证言笔录。第 59 条与第 190 条这一冲突性的规定,缘于我国当前的实际情况,证人全部出庭一无必要,二不可能,只有在坚持直接言词原则的前提下,允许有例外情形,处理这一问题。一要考虑个案之不同,二要从我国国情出发。但是,出庭率低下,这也是必须要解决的问题。否则案件审理的质量就很难得到保障。

2. 2012 年《刑事诉讼法》第 180 条明确规定:"合议庭开庭审理并且评议后,应当作出判决。"依此,作出裁判的法官必须是参加庭审的法官。这就改变了以前作出裁判的法官不直接亲自参加法庭审理的弊端,改变了"审者不判、判者不审"的局面。

3. 2012 年《刑事诉讼法》第 181 条明确规定:"人民法院对提起公诉的案件进行审查后,对于起诉书中有明确的指控犯罪事实的,应当决定开庭审判。"可见,凡是定罪量刑的刑事案件,均要经过庭审程序,按照直接言词原则开庭审理后才能作出裁判。

这一原则在我国的民事诉讼法中体现在最高人民法院《关于民事诉讼证据的若干规定》上,具体有以下几个方面:

1. 该规定第 47 条规定:"证据应当在法庭上出示,由当事人质证。未经质证的证据,不能作为认定案件事实的依据。"可见,在诉讼过程中,当事人应当按照证明责任分配规则的要求,就其向法庭提供的证据向有关当事人出示,以便对该证据在当事人之间进行质证。法庭的裁判应当以从法庭上直接获取的证据材料为基础,对证据的调查应以言词的方式进行,未经庭审中以言词方式调查的证据材料,一般不得作为定案的依据。

2. 该规定第55条规定:“证人应当出庭作证,接受当事人的质询。证人在人民法院组织双方当事人交换证据时出席陈述证言的,可视为出庭作证。”第59条第1款规定:“鉴定人应当出庭接受当事人质询。”可见,法律上要求证人、鉴定人应当出庭接受当事人的质询,这是在法庭上由当事人对证人证言和鉴定结论进行辩论所应坚持正当程序的必然要求。也是直接言词原则的应有之义。

3. 该规定也列举了直接言词原则的例外情形。第56条规定:“《民事诉讼法》第七十条规定的‘证人确有困难不能出庭’,是指有下列情形:(一)年迈体弱或者行动不便无法出庭的;(二)特殊岗位确实无法离开的;(三)路途特别遥远,交通不便难以出庭的;(四)因自然灾害等不可抗力的原因无法出庭的;(五)其他无法出庭的特殊情况。前款情形,经人民法院许可,证人可以提交书面证言或者视听资料或者通过双向视听传输技术手段作证。”第59条第2款规定:“鉴定人确因特殊原因无法出庭的,经人民法院准许,可以书面答复当事人的质询。”我们认为,为贯彻直接言词原则,这些例外情形应当严格按照法律规定执行,不得擅自扩大其适用范围。

最高人民法院《关于行政诉讼证据若干问题的规定》也有与民事证据相似的规定。

三、直接言词原则的意义

直接言词原则蕴含了民主与进步,已经成为近现代各法治国家的主要刑事诉讼原则,就证据法而言,我们认为直接言词原则确立的意义在于:

第一,符合了程序公正价值,体现了对案件事实认识的正当性。诉讼公正是诉讼得以生存与发展的源泉所在,诉讼公正的直接体现之一程序公正,直接言词原则的贯彻体现了公正的要求。首先,直接言词原则要求双方当事人在法官面前充分陈述自己的主张、观点并进行言词辩论,法官的审理活动在双方当事人在场的情况下进行,这有助于实现法官的中立。其次,直接言词原则的确立使双方当事人在平等的基础上均有在法官面前充分陈述意见、辩论以及提出攻击防御方法的机会,而且有均等的机会,从而使程序的平等性得到较为充分的体现,有助于保障程序的平等性。最后,直接言词原则要求只有听审的法官才能作出判决,未参加庭审的法官不能裁判,因此保护了当事人的诉权。此外,直接言词原则也体现了程序的公开性,证人、鉴定人都必须到庭作言词陈述,接受当事人的质询,证据的内容、证明力、疑点均公开在法庭上。这样就改变了书面间接审理中,证人、鉴定人不出庭,当事人无法对其质询以解除心中的疑惑的局面,使得裁判者对案件事实的认识建立在一个公开、公正的程序基础上。因此,直接言词原则的确立有利于实现程序公正,体现了对案件事实认识的正当性要求。

第二,吻合了实体公正的要求,体现了对案件事实认识的真理性。直接言词原则的确立与贯彻,有助于法院查清案件事实,实现对案件事实真理性的认识。判决要合乎正义,判决要合乎正义必须要让作出裁判的法官最大限度地接近案件的事实。首先,直接言词原则要求法官自始至终参与庭审,亲自听取诉讼参与人的当庭陈述、证人证言、当事人言词辩论和对证人的询问等,这有利于全面揭示案件的真实,帮助法官形成正确的内心确信,最终作出合乎公平正义的裁判。其次,直接言词原则要求在庭审过程中所有诉讼主体的诉讼行为都以言词方式进行,尤其是证人亲自到庭陈述其证言,这有利于法院全面了解当事人陈述的内容,正确分析判断证人证言的真伪,从而确定证据的可靠性和证明力,由此发现案件真实。最后,直接言词原则要求作出判决的法官直接参加庭审活动,听取陈述,并且要求法官以在法庭上听取、调查的证据作为裁判的依据。这就排斥了预断,也排斥了非庭审人员通过听取汇报、查阅案卷等办法对案件作出裁判,使得法官在排除外界干扰的情况下,在全面了解案件真实情况的基础上作出正确裁判。因此,直接言词原则的确立有利于实现实体公正,体现了对案件事实认识的真理性要求。

第三节　无罪推定原则

一、无罪推定原则的确立和发展

"无罪推定原则"是刑事诉讼法学,尤其是证据法学的一项基本原则和上位理念。在漫长的历史过程中,无罪推定原则的内涵和范畴也在不断地演进与发展,并一再引起法学界的广泛争论与思考。

一般认为,无罪推定原则起源于古罗马时期的"有疑,当有利于被告人利益的原则"。[5]但系统阐述这一观点的则是19世纪中叶的意大利刑法学家贝卡利亚,他在其名著《论犯罪与刑罚》中首先提出了"无罪推定"的原则,指出:"在没有做出有罪判决以前,任何人都不能被称为罪犯";"在法官判决之前,一个人是不能被称为罪犯的。只要还不能断定他已经侵犯了给予他公共保护的契约,社会就不能取消对他的公共保护";"如果犯罪是不肯定的,就不应折磨一个无辜者,因为,在法律看来,他的罪行并没有得到证实"。[6] 此后,这一主张逐渐为众人所接受,成为资产阶级质疑封建司法乃至封建政权本身合法性的重要武器。随着资产阶级政权的建立,无罪推定原则逐渐得到世界各国的普遍承认。1789年法国《人权宣言》正式将这一原则用法典的形式固定下来,其第9条规定:"任何人在其未被宣告为犯罪以前应被推定为无罪。"1958年10月的法国宪法中庄严重申了这一宣言的各项原则。其他国家的立法也相继确立了这一原则。鉴于无罪推定原则对于保障公民权益的重要性,各国往往将其作为宪法性原则而加以规定。随着刑事诉讼国际标准的建立,无罪推定原则也逐渐成为一项重要的刑事诉讼国际标准,1948年12月,联合国大会通过的《世界人权宣言》第11条规定:"凡受刑事控告者,在未经获得辩护上所需的一切保证的公开审判而依法证实之前,有权被视为无罪。"1950年签署的《欧洲保护人权与基本自由公约》规定:"任何受指控犯罪的人,在未依法确定其有罪之前,推定其无罪。"联合国大会1966年12月16日通过、1976年3月23日生效的《公民权利和政治权利国际公约》第14条第2款也规定:凡受刑事控告者,在未依法证实有罪之前,应有权被视为无罪。可见,无罪推定原则已经成为国际刑事司法的最低准则。

二、无罪推定原则的含义和内容

无罪推定原则的基本含义是指在刑事诉讼中,任何受到刑事追诉的人在未经司法程序最终判决为有罪之前,都应被推定为无罪之人。可见,无罪推定实质上是一种对被告人在刑事诉

---

[5] 我国《尚书·大禹谟》有相类似的记载:"与其杀无辜,宁失不经。"

[6] [意]贝卡利亚:《论犯罪与刑罚》,黄风译,中国大百科全书出版社1993年版,第31页。

讼中地位的保护性假定,它通过赋予被告人在法律上处于无罪公民的身份和地位,确保其享有一系列的特殊权利和保障,使其拥有足以与国家公诉一方相抗衡的能力。根据有关国际组织的解释,被告人在审判前所享有的保障,诸如不受与其被控告的罪行不相适应的强制措施,在被采取搜查、扣押乃至羁押等限制其隐私权或人身自由的措施时应有机会受到独立的司法机构的审查,在受到追诉时应被告知控告的罪名和理由等,都是从无罪推定中派生出来的。不仅如此,为保护被告人获得公正审判而赋予他的各种权利保障也是无罪推定的基本要求。无罪推定尽管从法律上而不是从事实上假定被告人处于无罪公民的地位,但它并不排除国家追诉机构为查明事实真相依照法律而对其采取限制人身自由或其他合法权益的强制措施或者专门性调查措施,而是禁止这些机构对被追诉者采取不必要或者过于严厉的措施,从而将对其人身自由等权益的限制或损害降低到最低的程度。英国学者戴维·M.沃克据此认为:“如果无证据提出,被告人有权得到释放;举证责任在起诉人一方,他必须反驳无罪推定,以无疑义的充足证据确认被告人犯有被指控的罪行。被告人没有解释其行为的责任,也没有为自己申辩无罪的责任,除非他以不在犯罪现场、当时神志不清或自卫等为主要辩护理由,在这种情况下,被告人必须提出支持他的申辩的事实证据。但是,在某些情况下,法律规定某些特定行为可由一定事实(如占有毒品)推定有罪,并赋予被告人申辩无罪的义务。”〔7〕

根据联合国人权委员会以及其他国际组织的解释,无罪推定包含以下基本要求:

1. 控方承担证明被告人有罪的责任。在任何刑事案件的审判中,证明被告人有罪的责任始终由控诉一方承担,这一责任是不可转移的。从逻辑上说,既然被告人已经被推定为无罪之人,那么他在诉讼中的法律地位就已经确定,他也就没有必要再提出证据来证明自己的无罪。相反,提出控告就应当确认已经实施了某种犯罪,既然控诉方对被告人提出了指控,质疑其无罪的地位,那么控诉方就应当提供相应的证据来对其指控的事实加以证实,在这个意义上,提出证据的责任或者说行为意义上的证明责任首先应当由控诉方承担。据此,在诉讼中,原则上应当由控诉方提供证据来证明其所指控的犯罪事实成立,被告人在诉讼中不承担证明自己无罪的责任,既然如此,被告人也就没有义务在针对其进行的查找证据的活动中予以合作,他可以在诉讼过程中保持沉默,也可以明确表示拒绝陈述,也就是说,被告人在诉讼中享有反对强迫自证其罪的特权或者说沉默权,不能强迫被告人陈述与案情有关的事实,不能因为被告人保持沉默或拒绝陈述就认定其有罪或得出对其不利的结论。而控方要证明被告人有罪必须证明到确实存在的程度,或者达到排除一切合理怀疑的程度。

2. 贯彻有利被告的原则。被告人在刑事诉讼中不承担任何有关证明自己有罪或者无罪的责任,裁判者在对被告人是否有罪存有怀疑的情况下,应作出对被告人有利的解释。被告人在诉讼中的无罪地位是一种法律拟定,它是可以通过控诉方的反证活动来加以推翻的。如果控诉方的反证能够证明被告人是有罪的,那么,这种法律拟定就将被推翻,无罪将转化为有罪。但是,如果控诉方不能证实指控事实的真实性,事实真相真伪不明时,就无法推翻这种法律上的拟定,那么这种法律上的拟定就将转化为事实上的认定,承担裁判职能的法官就应当做出对被告人有利的判决,即“疑问有利于被告人”。疑问有利于被告,是控诉方承担结果责任的直接体现。根据疑问有利于被告人的原则,当法官对于被告人是否实施了指控的犯罪行为出现疑问时,就应当直接宣告被告人无罪,此即“疑罪从无”。但在某些情况下,法官虽然不能肯定被

---

〔7〕［英］戴维·M.沃克:《牛津法律大辞典》,光明日报出版社1988年版,第714页。

告人实施的是何种犯罪行为,但是法官相信,被告人实施了数个可能的犯罪行为中的一种,例如,在被告人处发现一被从物主处盗窃的首饰。该受盗窃罪指控的被告人辩解说,首饰是他从一陌生人处低价买来的,据此可知,购买时他明知该首饰是赃物;购买赃物符合窝赃罪的犯罪构成要件。不可能对犯罪事实作出其他解释。被告人要么实施了盗窃行为,要么实施了窝赃行为。在这种情形下,如果适用“疑罪从无”,那么被告人既不得因盗窃,也不得因窝赃而受到裁判,而是应当宣告其无罪,因为就盗窃和窝赃这两个行为本身而言,没有哪一个行为得到证实。但是,这样一来又明显违背了有罪必罚的公正原则,因为不管怎么说,已经得到证实的是,被告人一定实施了上述两个犯罪行为之一。在此等情况下,为了避免不正确的无罪宣告,在特定条件下适用较轻之法律,这就是择一认定。所谓择一认定,是指法官虽然可以肯定被告人实施了某个犯罪行为,但法官不能肯定在数个犯罪行为中被告人究竟实施的是哪一个犯罪行为,因此,法官只能从中选择较轻的罪名作出判决。择一认定并不违背“疑问有利于被告人”原则,反而倒是对该原则的贯彻和遵循,因为“疑问有利于被告人”不仅意味着“疑罪从无”,在一定意义上也包含“疑罪从轻”的要求。在择一认定的情形中,被告人有罪是确凿无疑的,只是对于究竟应该定何罪,法官还心存疑虑,于是,法官对被告人选择适用较轻的罪名,它排除了被告人因严重罪行而被判刑的可能性。这仍然体现了有疑问时应当作出有利于被告人判决原则的精神。据此,“有利于被告人”,不仅意味着在出现罪与非罪时,应当判决被告人无罪,即“疑罪从无”;也包含在出现此罪与彼罪之间的疑问、需要进行“择一认定”时,判决被告人轻罪的要求,即“疑罪从轻”。

3. 无罪推定适用于诉讼的始终。无罪推定既适用于审判阶段,也适用于审判前阶段,它始终赋予所有国家司法机构一种基本的义务或责任:在诉讼过程中不得对审判的最终结果作出先入为主的预先判断。

4. 无罪推定原则要求保障被告人的合法权益,尤其是被告人在审判前的地位及应享有的权利。

无罪推定的意义还在于,它将定罪权统一赋予了法院,除了法院以外,其他任何机关、社会团体和个人都无权确定被告人有罪。定罪权由法院统一行使,是审判权的应有之义,因为审判权的重要内容就是通过审理认定被告人是否应当承担刑事责任以及在何种程度上承担刑事责任。

三、无罪推定原则与我国刑事司法

我国2012年《刑事诉讼法》第12条规定:“未经人民法院依法判决,对任何人都不得确定有罪。”该规定在一定程度上体现了无罪推定原则精神。该规定有两层含义:

1. 定罪权只能由人民法院统一行使,除人民法院以外,其他任何机关、社会团体和个人都无权确定被告人有罪。定罪权由法院统一行使,是审判权的应有之义,因为审判权的重要内容就是通过审理认定被告人是否应当承担刑事责任以及在何种程度上承担刑事责任,前者是定罪问题,后者是量刑的问题。定罪权只能由人民法院行使,意味着承担侦查职能的公安机关和承担控诉职能的人民检察院,均不能行使定罪权,他们在刑事诉讼中只能对刑事案件作出程序性处理决定,案件的实体处理决定只能由人民法院进行。例如,公安机关在侦查阶段作出的撤销案件或移送起诉决定,以及人民检察院在审查起诉阶段作出的提起公诉或不起诉决定都是一种程序性处理而非实体性处理。我国1996年刑事诉讼法在修改之前,检察机关可以对被告人作出免予起诉的决定,这种免诉决定是以有罪认定为前提的,违背了定罪权由法院统一行使的要求,因此,在1996年刑事诉讼法修改时,取消了检察机关的免予起诉权。

2. 未经人民法院依法判决,对任何人都不得确定有罪。这是要求在人民法院作出最终判决前,不得将嫌疑人、被告人视为有罪之人,将其作为有罪之人对待。为此,首先,应当区分"犯罪嫌疑人"与"被告人",公诉案件在人民检察院提起公诉前,称为"犯罪嫌疑人",提起公诉后才称为"被告人",以防止在起诉前对嫌疑人产生有罪推定。其次,应当由控诉方承担举证责任。证明被告人有罪的责任应当由控诉方承担,被告人不负提供证据证明自己无罪的责任,不能因为被告人无法提供证据证明自己无罪,就推定被告人有罪。最后,疑罪从无。当控诉方因为不能提供证据证明被告人有罪或者提供的证据不足,不能认定被告人有罪时,应当作出无罪认定。在审查起诉阶段,经过两次补充侦查的案件,检察机关仍然认为证据不足的,应当作不起诉处理;在审判阶段,对于证据不足、不能认定被告人有罪的,人民法院应当作出证据不足、指控罪名不能成立的无罪判决。

当然,我国《刑事诉讼法》第12条的内容与无罪推定原则之间还存在不小的差距。如没有彻底地否定非法证据的效力。虽然2012年刑事诉讼法规定,非法收集的证据无效,但也只是明确排除了以刑讯的方法收集的言词证据以及不能补正或者作出合理解释的非法收集的物证、书证不能作为指控犯罪的依据,对于以违反法定程序收集的物证、书证,即使可能严重影响司法公正,但只要能够补正或者作出合理解释,也可以被采纳为定案的证据。此外,在疑罪从无原则的贯彻实施方面,近几年来,陆续按照疑罪从无的原则纠正了一些刑事错案,但从根本上讲,我国还没有形成一种诉讼文化,甚至在一些人中尚未达成共识。因此,"疑罪从有"、"疑罪从轻"、"疑罪从挂"、"留有余地"等做法,在司法实践工作中时有发生。

思考题

1. 如何在三大诉讼程序中贯彻证据裁判原则?
2. 直接言词原则在我国刑事诉讼中体现为哪几个方面?
3. 我国的刑事司法中是否确立了无罪推定原则? 理由如何?

第六章　证 据 规 则

导　读

证据规则就是指导和约束证据证明活动的规则。研究证据规则不仅有利于完善我国立法,还有利于改变我国证据学重理论、轻实践的研究倾向,同时确立明确的证据规则,也可以加强对人权及其他重大社会利益的保护。本章主要探讨了非法证据排除规则、相关证据规则、传闻证据排除规则、自白和补强证据规则、不得强迫自证其罪规则等。我国的证据规则仍处于不健全的阶段,2012 年刑事诉讼法修改以及随后颁行的司法解释,使得我国的证据规则尤其是非法证据排除规则、不得强迫自证其罪规则等更加完善。

阅读案例
请扫一扫

第一节　证据规则的概念和功能

一、证据规则的概念

十八届四中全会通过的《中共中央关于全面推进依法治国若干重大问题的决定》明确提出要“推进以审判为中心的诉讼制度改革,确保侦查、起诉的案件事实证据经得起法律的检验”,“以审判为中心”的实质就是“以庭审为中心”。以审判为中心的诉讼制度改革,必须强化庭审的地位和作用,审判如果脱离了庭审,必然会使它在发现事实真相和保障人权的价值上大打折扣,因为庭审是审判的核心。最高人民法院在 2013 年 10 月召开的第六次全国刑事审判工作会议中明确提出,审判案件应当以庭审为中心,事实证据调查在法庭,定罪量刑辩论在法庭,裁判结果形成于法庭,要求落实直接言词原则、严格执行非法证据排除制度。以庭审为中心的提出,显然是要克服“书面审理”或“卷宗中心主义”的局限,解决审判实践中长期存在的庭审虚化、质证流于形式的问题,通过落实直接言词原则、交叉询问规则、质证规则,使庭审活动真正成为一个查明犯罪事实、发现案件真相的场所。证据规则是指导庭审有效进行的重要工具,是科学准确认定案件事实和定罪量刑的理论指引。由此,如何建立完善、规范、严谨的证据规则,是当前刑事司法改革所必须重视和认真研究的问题。

在英文中,证据规则是“rules of evidence”,我国台湾地区称之为“证据法则”。在英美法系国家,证据规则是在长期的司法实践中逐步积累起来的,许多证据规则表现为习惯、案例或者司法解释,证据规则是普通法的组成部分。但是,自从英美法系国家推行法典化运动以来,证据规则亦逐步法典化,《美国联邦证据规则》是这方面的代表。有的证据法学教材在讲到英美法系的自由心证的证据制度时,认为"英国的证据法……着重规定了一系列关于采用证据和判断证据的规则,以利于正确地运用证据裁判案件"。"英国的证据制度是由各种基本规则和一系列的例外规定以及附带条件等组成的。"并认为,这些基本规则主要有关于证明责任的规则、关于证据关联性的规则以及关于传闻证据的规则等。

我国台湾地区学者陈朴生在《刑事证据法》一书中写道:"何种资料,可为证据,如何收集及如何利用,此与认定之事实是否真实,及适用之法律能否正确,极其重要。为使依证据认定之事实真实,适用之法律正确,不能无一定之法则,以资准绳。称此法则,为证据法则。"由此可见,我国台湾地区学者认为证据法则主要是关于什么可以作为证据使用,如何收集和利用的法律规定。观其法律规定,具体包括推定、证据能力、自白、司法认知、传闻证据规则、意见证据规则、举证责任、证据力之辩论、法庭上对证人之询问和诘问等内容。

樊崇义教授主编的《刑事诉讼法学研究综述与评价》一书在关于证据制度的完善建议中指出:"完善我国证据制度的方向在于,将一些经过司法实践检验,在运用证据方面行之有效的带有规律性的重要经验,上升为证据规则,用来规范刑事诉讼中的证明活动。"该书建议制定的证据规则,包括证据的法定形式和条件、保障证据客观性和关联性的规则、非法证据排除规则、证人拒绝出庭作证的法律责任、证明责任、疑罪从无等,可以说是我国诉讼法学界研究确立我国证据规则的开端。还有的学者提出了详尽的建立我国证据规则的建议,认为我国应当制定的证据规则应包括关于证据能力方面的规则、关于证据证明价值方面的规则、关于拒绝作证特权方面的规则、关于举证、质证等程序方面的规则以及排除非法证据的规则。

我们认为,证据规则是指确认证据的范围、调整和约束证明行为的法律规范的总称,是证据法的集中体现。证据规则首先是确认证据范围的法律规范。所谓证据范围,是指什么样的事实材料是证据,什么样的事实材料不是证据或者不能作为证据使用,以及有关的划分标准是什么。由于证据是证据规则调整的客体,明确什么是证据就成为证据规则的首要问题。证据规则还包括调整证明行为的法律规范。所谓证明行为,是指形成、发现、展示、质辩、采纳或者排除证据以证明特定案件事实的专门活动,也就是制作证据、调查收集证据、审查判断证据、履行举证责任是证明行为的四项主要内容。证据规则约束的对象包括一切与证据或者证明行为有关的单位或者个人,包括执法机关、执法人员、律师、犯罪嫌疑人和刑事被告人、被害人、证人、鉴定人、勘验人等。

证据规则是程序法中的一个相对独立的组成部分。证据规则的许多内容规定在程序法之中,本身就是程序法的规范。但是,作为程序法的一个特殊的部件,证据规则又具有自己的特殊性,是一个相对独立的规范体系。证据规则以证据和证明行为为规范和调整的对象,具有自己特殊的规律,实际上证据规则正是这种特殊规律的法律化。

二、证据规则的法律属性

证据规则是证据原则的下位概念,是证据原则的具体体现。证据原则具有抽象性和概括性,作为确立具体证据规则的前提和基础,对具体证据规则的规定和阐释具有重要的指导意

义。[1] 证据规则具有以下的法律属性:

第一,具有强制的效力。证据规则是执法机关、律师和当事人证明案件事实的行为规范。证据规则具有约束力,执法机关和执法人员、律师和诉讼当事人、参与人应当遵守,否则,其行为构成违法行为,不能产生预期的法律效果,因此所收集的证据无效,所作出的裁判可能被撤销。如在著名的米兰达案件中,由于警察没有事先向米兰达声明其享有的诉讼权利,即导致了警察所取得证据的无效。

第二,具有明确的指导性。证据规则都是具体的操作规程,执法人员、律师、当事人和参与人可以直接从证据规则中得出自己应当做什么,可以做什么和不能做什么的答案。毫无疑问,证据规则中蕴含着更高层次的、抽象的原理原则,但是,其本身不是原则,而只是具体的行为规范。例如,传闻证据排除规则中蕴含着直接原则、言词原则和辩论原则,非法证据排除规则中蕴含着法治原则和公正原则,但是,他们对于具体的司法人员和诉讼当事人而言,仅意味着取证和采证时的注意事项。

第三,具有明显的程序性。证据规则总体上属于程序法的范畴,是程序法中的一个相对独立的组成部分。证据规则与实体法之间存在密切的联系。一方面,证据规则是执行实体法的手段之一,其着眼点在于案件事实的证明过程,主要任务是为适用实体法而提供必要的事实要件。另一方面,实体法规定是形成或者确立证据规则的根据之一,在证明对象和举证责任的分配等方面,实体法的规定起决定性的作用,许多证据规则甚至规定在实体法中。但是,证据规则本质上是程序法,是当事人之间进行公平"竞赛"的规则。

三、证据规则的功能

(一)查明案件事实真相的功能

不论古今中外,大多数证据规则是为了查明案件事实真相而设计或规定的。比如,相关性规则是查明案件事实的最基本的规则。只有运用具有相关性的证据,才能形成证明的锁链,以排除矛盾,形成确实、唯一的结论;传闻证据规则之所以要排除传闻证据的适用,就是因为传闻证据是间接性认识,可靠性较差,不利于案件客观真实的实现;最佳证据规则要求出示书证、物证的原件,而不是复印件,也是基于感性认识的可靠性原理,保证诉讼证据的真实性;交叉询问规则符合辩证法中矛盾论的要求,通过控、辩双方的对抗,以发现案件真实;补强规则也具有查明事实的特征,即由于口供或证人证言的可变性,该规则要求不能仅凭言词证据定案,必须辅之以其他证据,从而保证判决的真实性。其实,在美国的证据法学理论中,证据规则的设立理由之一就是其有利于准确发现案件真实,并能强制法庭和有关当事人谨慎地认定证据。据说,该理由甚至比基于对陪审团的不信任而制定证据规则的理由更为重要,因为所谓对陪审团的不信任,就是害怕他们被传闻证据所误导,不能准确地认定证据和发现事实。[2] 由此看来,查明事实真相,惩罚犯罪,保护无辜,是最理想的保护人权的状态,同样也是证据规则追求的目标。在这一点上,认识论与证据规则有惊人的一致性。

---

〔1〕 何家弘、刘品新:《证据法学》,法律出版社2004年版,第348页。

〔2〕 参见美国西东大学(Seton Hall University)Felman教授为笔者提供的Evidence Law And The System一文第2页及注释。

(二)侧重保护其他社会价值的功能

诉讼证明并不是以查明事实真相为唯一目的,其具有多目的性,各诉讼目的之实现是一个综合价值平衡的结果。确立此类证据规则,是因为在客观真实与保护人权、诉讼文明、限制政府权力以及其他更为重大的社会价值的权衡中,在某些情况下,其他社会价值与客观真实的目标相比,更应当加以确认和保护。这并不是说诉讼不应当要求查明案件的客观真实,只是在特定的场合下出于法治、人权的整体考虑,要限制客观真实这一目标,以维护人权或者限制政府滥用权力。立法确立这些规则,是从整个社会的利益包括社会的稳定这一价值目标考虑的。例如,对于证人特权规则,美国法学家萨尔斯堡解释说:美国人很珍视特权,因为我们除了审判外,还有生活中的其他价值。我们不是为了作证而是为了生活来到美国的。我们保护有特权的社会关系,是因为它们对于社会生活至关重要。[3] 夫妻之间的免证特权就是此类规则的一个典型例子,其设定的目的就是保护婚姻的稳定、维护婚姻秘密和防止出现公众不愿看到的配偶在法庭上互相指责的可悲场面。[4] 又如为了保护被告人的权利,防止冤枉无辜,法律赋予被告人一系列权利以与国家一方对抗,设立了疑罪从无规则。它要求有罪证明责任由控诉方承担,在出现疑罪时应做有利于被告方的解释,以实现司法公正。因此,在法律上规定被告人不得被强迫自证其罪、特定的人享有拒绝作证权等证据规则,在某种程度上是与客观真实的要求存在矛盾,但应当视为属于客观真实的例外,是对其他社会价值进行有效保护的需要。

(三)发现真实和保护人权的功能

一个有趣的例子是沉默权规则,亦即自白规则。表面看来它是保护被告人的诉讼权利的,是不利于发现案件真实的。但美国专家作出以下解释:沉默权并不会降低被告人的陈述率,世界上90%的被告人都在陈述。并且美国警察也喜欢沉默权。因为被告人在有沉默权的情况下仍愿意陈述,表明其陈述是自愿的,法官将会无异议地采纳这一证据,从而有利于指控犯罪的成功。[5] 因为从总体上讲,自愿作出的陈述要比被强迫的陈述更具有可靠性、更有利于发现客观真实。同样,即使是非法证据排除规则也有保证判决真实准确的意义和作用。因为引诱、欺骗、刑讯等非法行为不但其行为本身就侵犯了人权,实施了未经审判的事实惩罚,并且其获得证据的虚假的可能性是非常大的,很容易导致错案的出现。这一规则在大陆法系国家也得到很好的遵守,因为其对于禁止酷刑具有重要意义。可以说,通过非法证据排除的设立,在使有罪认定更为准确的同时,增加了定罪的难度;在个案上存在放纵犯罪的可能,而在整体上则有利于提高司法人员的素质和加快侦查技术的进步。因此,这类证据规则是通过程序公正保证了实体真实的实现,具有双重的诉讼作用。

(四)追求诉讼效率的功能

制定证据规则的另一重要目的是注重实效,即控制审判的范围和时间,因为诉讼案件都有诉讼期限,国家司法资源也是有限的,必须以合理的迅速方式解决。达到一个最终的结果本身就是有价值的,即使其并不完美。为实现这个目的,《美国联邦证据规则》授权法官有权规范和组织法庭上纠纷审理的进行,如该规则第403条允许法官排除那些本来具有可采性的证据,只

---

〔3〕 中国政法大学刑事法律中心编:《中美证据法研讨会纪要》,2000年5月,第四部分。

〔4〕 参见美国西东大学(Seton Hall University)Felman教授为笔者提供的Evidence Law And The System一文,第2页。

〔5〕 参见中国政法大学刑事法律中心:《中美证据法研讨会纪要》,2000年5月,第三部分。

是因为该证据的采用会花费过多的时间或可能误导陪审团。在该规则第611条,授权法官有权控制证明的次序和询问证人的方式。[6] 同时,证据规则中的推定和司法认知也都具有有利于迅速结案的特性。法院通过对事实直接予以认定的方式,减轻当事人的举证责任,明确案件的争议要点,从而达到提高诉讼效率、迅速结案的目的。

四、完善证据规则研究的必要性和可行性

(一)研究证据规则的必要性

首先,研究证据规则是进一步完善我国诉讼立法的需要。为了解决司法实践中取证、查证没有具体的操作准则的问题,有必要把取证规则、采证规则、查证规则、认定案件事实规则明确化。因此,学术界应当先从理论上进行研究,草拟具体的证据规则立法草案,再经过实践中试用,逐步加以完善,待条件成熟后吸收到诉讼法中来。

其次,研究证据规则也是为了改变过去证据学偏重理论研究,缺乏对司法实践的指导的传统。学术界研究证据,大多是从证据的概念、特征、种类、分类、证明责任、证明对象、证明要求等角度进行,在理论上已经取得了相当大的成绩,理论框架已经定型。但是,应当承认,传统的证据学研究偏重于证据的基本理论的探讨,从实践或者程序的角度研究不够,研究的成果中明确的可操作性的规则比较少。相比较而言,英美法系国家以及受英美法影响较大的日本、我国台湾地区的刑事证据研究,主要是研究证据的可采性问题,而我国对这个问题却很少触及。

最后,确立明确的取证规则,可以加强对人权以及其他重大社会利益的保护。如非法取得的被告人口供、非法取得的证据的排除规则,对制止警察滥用权力,保护公民的权利不受国家权力的非法侵犯具有重大意义。1998年中国政府签署了《公民权利和政治权利国际公约》。按照公约的规定,缔约国有义务在刑事审判中排除非法取得的被告人口供。再如,赋予某些证人拒绝作证的特权,有利于保护职业秘密、公务秘密等其他社会利益。从以上几个方面可以看出,研究证据规则是十分必要的问题,而且是十分迫切的问题。

(二)研究证据规则的可行性

第一,诉讼证明需要证据规则。根据证据规则的历史发展,可以看出人类历史在诉讼证明领域,经历了完全无规则的神示证据制度、完全依赖规则的法定证据制度、排斥规则的自由心证证据制度、相对有规则限制的英美法系证据制度和基于自由心证主义而又规定相应规则的证据制度。英美法系的证据制度认为,诉讼的证明应当是自由的,这是首先应当遵守的原则;但是为了某种特定的需要,也可以对证明进行一定限度的规制。在英美法系的证据制度中,证据的证明力的判断仍然由陪审团自由进行,但对于证据能力则由法律加以严格规定,以便于诉讼能够遵循一定的规则,使讼争的事实能够有所限制,防止不可靠的证据材料进入诉讼,威慑和制止警察的非法取证活动,等等。当然,对特殊的情况也有对证据证明力的限制,但这只是自由证明的例外,自由证明仍然是应遵守的原则。大陆法系职权主义的证据制度可以说是以自由心证为其根本内容,是反映自由证明思想的一个极端。从一方面来看,自由心证证据制度确实摆脱了法定证据制度关于证据证明力规定的限制,赋予了法官更大的决定证据的权力,使案件查明到实质真实的程度成为了可能,而不再是法定证据制度中要求的形式的真实。但是,

---

〔6〕 参见美国西东大学(Seton Hall University)Felman教授为笔者提供的Evidence Law And The System一文,第2页。

从另一方面来看,完全的自由心证会导致诉讼进行无规则可循,证据的证据能力不能得到限制,不仅可能会导致与查明实质真实的目的相反,而且为法官擅断打开了方便之门。正因为自由心证证据制度存在如此的缺陷,日本诉讼法和我国台湾地区的“诉讼法”才参照英美证据制度引进了一些主要的证据规则。我们认为,诉讼的证明应当是自由的,即审判者有权对证据的证明力加以自由判断;但是,为了保护更为重要的一些价值或者利益,这种自由应当得到一定的限制。简言之,在证明的问题上,自由是原则,规制是例外。至于每个国家是否要确定证据规则,以及应当确立哪些证据规则来对证明进行规制,应当由这个国家的诉讼法主要保护的利益决定。

第二,实行由司法官进行完全的自由证明缺陷。自由心证的判断如果是司法官根据所谓“理性与良心”作内心求证,势必陷入主观臆断。完全的自由心证证据制度,授予司法机关以主观妄断之权,它不是一种科学的证据制度,既不能防止法官的专横,也不能保证查明案件的真实情况。即便是日本、我国台湾地区这种实行自由心证历史较长的国家和地区也已经认识到不受限制的自由证明是不利于案件的查明和诉讼价值的实现的,从而对其证据制度进行改革。

第三,明确规定证据规则是我国刑事诉讼制度吸收英美法系当事人主义的必然结果。1979年刑事诉讼法偏重于职权主义,强调法官在诉讼中的主导地位,法官可以依职权查明案件事实,证明的范围、举证的次序都是由法官决定的,控辩双方都是在法官的指挥下提出证据,在诉讼中处于被动地位,控辩双方的举证活动是法官调查证据活动的补充。在这种情况下,不规定证据规则,由法官来决定可以作为证据提出的资料的范围、证据的可采性、证明力的强弱,问题并不是很突出。正如我国台湾地区学者陈朴生论述的那样:“英美法采彻底的当事人主义,重在证据能力,即证据之许容性,凡未经赋予当事人反对发问机会之资料,不得采为认定犯罪事实之证据;与大陆法职权主义,重在调查程序,未经判决法院调查之证据,不得采用……”也就是说,英美法系当事人主义重视证据的可采性问题,而大陆法系重视法院的调查程序,因此在大陆法系国家的刑事诉讼法中传统上并不规定证据可采性规则,证据的可采性问题和证明力问题都交给法官自由判断。

第四,明确规定证据规则是排除可能不真实的证据的需要。英美法的证据规则中有很多是关于保证证据的真实可靠性的。以传闻证据规则为例,排除传闻证据最主要的理由是,传闻证据不真实的可能性比证人在法庭上的陈述要大。所谓传闻证据,是指不是证人在审理或听证时所作的陈述,将它作为证据来证明主张事项的真相。排除传闻证据的第一个原因是,在口头陈述的情况下,证人复述他所听到的话时存在不准确报告的危险。第二个原因是,对方当事人被剥夺了向原始陈述者交叉询问的机会,因为该原始陈述者没有在证人席上作证。由于这两个原因,英美法规定传闻证据原则上不可采,除非符合法律规定的例外。可见,传闻证据规则的主要价值就在于排除有可能不真实的证据,确保证据的真实性。

第五,确立某些证据规则是保证诉讼公正,加强刑事诉讼中的人权保障的需要。除了关于证据关联性、可采性的规则以外,还有一种证据规则应当加以确立,这就是关于被告人权利保障的规则。英美法中的另外一些证据规则主要是基于确保程序公正的价值。其中突出代表是非法证据排除规则。非法证据排除规则包括非法搜查和扣押的排除规则和米兰达规则等内容。

五、完善证据规则的意义

首先,确立证据规则,对于树立正确的诉讼观念具有重大作用。长期以来,我国偏重于社会整体利益的保护而忽视个人权利的保护的诉讼观念一直占据主要地位。目前,单一注重国家利益、集体利益保护的观念已经得到突破,很多学者认为个人权利必须得到承认和尊重,个人权利与集体利益至少应当是并重的。由于国家相对于个人而言权力过于强大,在刑事诉讼中应更加注意个人权利的保护,以防止个人权利受到非法侵害。疑罪从无原则的确立就是这种诉讼价值观念转变的立法反映。

其次,确定证据规则,有助于审判方式改革的实现。十八届四中全会提出要推进以审判为中心的诉讼制度改革,实行以庭审为中心,即定案的所有证据只能来自在公开的法庭上提出的证据材料,那么我们就应当制定证据规则,以规范证据能力、提证程序等问题。庭审方式改革的目的之一就是真正发挥庭审的作用,防止庭审流于形式。要达到这个目的,就应当在观念上突破裁判中心主义,即不能将注重裁判的正确性作为忽视取证、提证、查证程序的理由,而应当将法院认定案件事实的活动仅仅集中在庭审,使庭审真正成为诉讼活动的中心,控辩双方当庭对证据进行调查核实的权利真正予以保障。

再次,证据规则能够规范执法行为,对执法机关及其工作人员进行有效的监督。为了保证执法人员准确认定案件事实,一方面,需要执法人员充分发挥其主观能动性,需要赋予其相应的裁量权;另一方面,一些经实践反复证明和检验了的经验和教训,应当以法律规范的形式及时肯定下来,使执法人员及时采取科学的做法,不再重复同样的错误,而证据规则正是执法经验和教训的规范化。在我国,裁量权过大是执法中存在的一个严重的问题,而证据规则有利于从事实方面控制裁量权。通过明确证据的范围、调查收集和审查判断证据的程序和方法以及举证质证规则,可以使执法人员的取证行为和采证行为置于法律的约束和当事人监督之下,具有可预测性。

最后,确立证据规则,有利于保护公民的合法权益。诉讼是当事人在法庭内进行的争斗和竞赛,为了确保这场竞赛顺利、公平地进行下去,必须事先确立明确并且公平的竞赛规则,证据规则是其中之一。证据规则是当事人公平竞赛的保障,是他们监督执法机关及其工作人员,以及相互之间进行监督的法律依据。

注:2014 年 10 月 23 日,中国共产党第十八届中央委员会第四次全体会议审议通过了《中共中央关于全面推进依法治国若干重大问题的决定》,明确提出了要"推进以审判为中心的诉讼制度改革"。

第二节　我国证据规则的现状和发展

我国法律对证据制度的规定可以说是十分简单的,目前在刑事诉讼法中仅有十六个条文,行政诉讼法中的条文更少,对于证据证明力的判断应当由谁来进行、是否由判断者自由判断、何种证据具有证据能力等都没有进行明确的规定。应当说,我国既不同于英美法系的证据制度,也不同于大陆法系的自由心证的证据制度。其不同于英美法系证据制度之处在于,我国没有规定极其详细的证据规则,对证据能力(证据的可采性)缺乏严格限制;其不同于自由心证证据制度之处在于,法律并没有明确赋予证据的判断者自由判断证据证明力的权力。在学理上一般认为我国并不实行自由心证的证据制度,认为自由心证制度是以主观唯心主义为其思想基础,以“内心确信”这种理性状态作为判断证据的依据,这是违背客观规律的,因而具有反科学性。虽然我国证据制度的理论基础与自由心证证据制度不同,但同属于自由证明的范畴,即对证据证明力的判断是由判断者自由进行的。理由是,我国诉讼法并没有就证据的证明力如何判断作出具体的规定。究其原因,大概是与我国传统上受大陆法系影响比较深,职权主义色彩比较浓厚等因素有关,与我国古代法律甚少规定证据证据能力和证明力的传统,由法官主观决断的诉讼方式也有一定的继承关系。在赋予判断者自由判断证据的权力的同时,我国刑事诉讼法和有关司法解释中也规定了一些有关证据能力和证明力的规则。经过近几年的发展,特别是以刑事诉讼法修订和2010年“两高三部”联合下发的《关于办理刑事案件排除非法证据若干问题的规定》(下称《非法证据排除规定》)和《办理死刑案件审查判断证据若干问题的规定》(下称《办理死刑案件证据规定》)的“两个证据规定”为标志,总结了我国刑事司法的经验以及实务工作的客观所需,初步建构了刑事证据规则体系,使我国证据规则规范化、系统化建设也取得了长足的进展。

一、关于证据规则的原则性规定

1. 证据裁判原则

《办理死刑案件证据规定》第2条规定:“认定案件事实,必须以证据为根据。”证据裁判原则是现代证据制度的基础性原则,其核心在于强化证据意识,强化证据对于认定事实的基础地位。证据裁判原则是在“以事实为根据,以法律为准绳”原则基础上提出的。刑事诉讼关涉公民人身自由甚至生命的限制或剥夺,为了防止主观擅断,确保案件办理质量,公安司法人员应当强化证据裁判意识,努力做到以下三点:一是认定案件事实,必须以证据为根据。证据是证明案件事实的唯一手段,也是正确处理刑事案件的质量保障。现代诉讼彻底将“神判”丢弃,证据裁判原则成了证据规则的“帝王条款”,支配所有犯罪事实的认定。要防止法官恣意擅断,就要从源头上严把证据关和事实关,没有证据,就没有事实,更不能认定被告人有罪。二是认定事实的证据必须是合法有效且经法定程序查证属实的证据。采取非法手段取得的证据,不仅侵犯了犯罪嫌疑人、被告人的合法权利,也影响对案件事实的准确认定。对此,修改后的2012年刑事诉讼法确立了不得强迫任何人证实自己有罪的原则,并完善了非法证据排除规则,维护了司法的纯洁性。此外,修改后的2012年刑事诉讼法还完善了证人、鉴定人出庭作证制度和专家辅助人制度,为证据质证提供了制度保障。三是认定案件事实的证据必须达到法律规定的证明标准。证明标准是检验刑事案件质量的试金石,它既是衡量控方是否适当履行其举证责任的尺度,也是检验法官认定案件事实是否达到法律要求的标准。修改后的2012年《刑事诉讼法》第5条把证明标准解释为“排除合理怀疑”,按照比较权威的解释,指对于事实的认定,已没有符合常理的、有根据的怀疑,实际上达到确信的程度。刑事证明是相对的,没有证据固然不能认定案件事实,但有了证据也不一定就能认定有罪,如若证据不足,不能排除合理怀疑,按照疑罪从无的原则,应当推定被告人无罪。

2. 程序法定原则

《办理死刑案件证据规定》第3条规定:“侦查人员、检察人员、审判人员应当严格遵守法定程序,全面、客观地收集、审查、核实和认定证据。”程序法定原则是对“人民法院、人民检察院和公安机关进行刑事诉讼,必须严格遵守本法和其他法律的有关规定”的进一步升华,因为程序法定原则,不仅包含“严格遵守法律问题”,更重要的是要充分地认识到“证据问题也是程序问题”,以及证据的收集、保管、保全、移送、返还、出示、质证、认定等各个环节都是一个严格的行为规范和法定程序问题,这一原则的确立把诉讼证据的立法、守法、执法全部囊括其中,是正当法律程序原理在证据法中的具体运用和体现。

二、关于证据能力的规则

1. 非法证据排除规则

2010 年“两高三部”联合下发的《关于办理刑事案件排除非法证据若干问题的规定》第 1 条明确规定,采用刑讯逼供等非法手段取得的犯罪嫌疑人、被告人供述和采用暴力、威胁等非法手段取得的证人证言、被害人陈述,属于非法言词证据。2012 年《刑事诉讼法》第 54 条规定,采用刑讯逼供等非法方法收集的犯罪嫌疑人、被告人供述和采用暴力、威胁等非法方法收集的证人证言、被害人陈述,应当予以排除。收集物证、书证不符合法定程序,可能严重影响司法公正的,应当予以补正或者作出合理解释;不能补正或者作出合理解释的,对该证据应当予以排除。在侦查、审查起诉、审判时发现有应当排除的证据的,应当依法予以排除,不得作为起诉意见、起诉决定和判决的依据。同时,法律还对非法证据排出的证明责任、审理程序、排除的决定的作出等问题予以明确规定。可见,在我国刑事诉讼中,已经确立了非法证据排除规则,其内容包括适用范围、手段禁止、证据禁止、举证责任、启动程序、个人责任等重要组成部分。应当看到,我国刑事诉讼中非法证据排除规则的确立,是我国刑事司法的重大进步,对于实现刑事诉讼法惩罚犯罪和保护人权的诉讼目的具有重大意义。关于我国非法证据排除规则的具体内容,将在下面章节中详细介绍。

在民事诉讼中,一方当事人没有强制另一方当事人的权力,所以,收集证据的合法性主要表现为:一方当事人对另一方当事人合法权利的尊重。1995 年最高人民法院作出了在民事诉讼中排除非法证据的规定。最高人民法院《关于未经对方当事人同意,私自录制其谈话取得的资料不能作为证据使用的批复》规定:“未经对方当事人同意私自录制其谈话,系不合法行为,以这种手段取得的录音资料,不能作为证据使用。”但是,2001 年最高人民法院《关于民事诉讼证据的若干规定》第 68 条则将其修改为:以侵害他人合法权益或者违反法律禁止性规定的方法取得的证据,不能作为认定案件事实的依据。也就是说,只要没有以侵害他人合法权益或者违反法律禁止性规定的方法取得的证据,不再视为非法证据。

根据先取证后处理的行政法原则,行政诉讼法对被告方取证的时间作了限制性规定。因而,合法性在行政诉讼中主要表现为收集证据的时间必须合法。我国 2014 年《行政诉讼法》第 35 条规定:“在诉讼过程中,被告及其诉讼代理人不得自行向原告、第三人和证人收集证据。”最高人民法院《关于执行〈中华人民共和国行政诉讼法〉若干问题的解释》第 30 条规定,被告及其诉讼代理人在作出具体行政行为后自行收集的证据,不能作为认定被诉具体行政行为合法的依据。最高人民法院《关于行政诉讼证据若干问题的规定》第 57 条规定,下列证据材料不能作为定案依据:(1)严重违反法定程序收集的证据材料;(2)以偷拍、偷录、窃听等手段获取侵害他人合法权益的证据材料;(3)以利诱、欺诈、胁迫、暴力等不正当手段获取的证据材料;(4)当事人无正当事由超出举证期限提供的证据材料;(5)在中华人民共和国领域以外或者在中华人民共和国香港特别行政区、澳门特别行政区和台湾地区形成的未办理法定证明手续的证据材料;(6)当事人无正当理由拒不提供原件、原物,又无其他证据印证,且对方当事人不予认可的证据的复制件或者复制品;(7)被当事人或者他人进行技术处理而无法辨明真伪的证据材料;(8)不能正确表达意志的证人提供的证言;(9)不具备合法性和真实性的其他证据材料。该规定第58条也指出,以违反法律禁止性规定或者侵犯他人合法权益的方法取得的证据,不能作为认定案件事实的依据。

2. 关联性证据规则

如《办理死刑案件证据规定》第6条第4款要求对物证书证着重审查"物证、书证与案件事实有无关联。对现场遗留与犯罪有关的具备检验鉴定条件的血迹、指纹、毛发、体液等生物物证、痕迹、物品,是否通过DNA鉴定、指纹鉴定等鉴定方式与被害人的相应生物检材、生物特征、物品等作同一认定"。第23条第8款规定,"鉴定意见与案件待证事实有无关联",第27条规定关于视听资料的审查判断时,对于"内容与案件事实无关联性的"不能作为定案的证据等,都充分明确地体现了证据关联性规则。

3. 意见证据排除规则

《办理死刑案件证据规定》第12条第3款规定:"证人的猜测性、评论性、推断性的证言,不能作为证据使用,但根据一般生活经验判断符合事实的除外。"我国现行刑事诉讼法没有关于意见证据的规定。这次增加这一规定,有利于规范证人如实提供他们所感知的案件事实,以避免将自己主观的推断、评论、猜测、估计、假设、想象作为证言使用,从而对案件事实作出错误的判断。

三、关于证明力的规则

1. 补强证据规则

1996年《刑事诉讼法》第46条规定:"只有被告人供述,没有其他证据的,不能认定被告人有罪和处以刑罚。"2012年刑事诉讼法修改时重申了这一规定。最高人民法院《关于民事诉讼证据的若干规定》第69条也规定,下列证据不能单独作为认定案件事实的依据:(1)未成年人所作的与其年龄和智力状况不相当的证言;(2)与一方当事人或者其代理人有利害关系的证人出具的证言;(3)存有疑点的视听资料;(4)无法与原件、原物核对的复印件、复制品;(5)无正当理由未出庭作证的证人证言。补强证据规则。《办理死刑案件证据规定》第22条规定:"对被告人供述和辩解的审查,应当结合控辩双方提供的所有证据以及被告人本人的全部的供述和辩解进行。""被告人庭前供述一致,庭审中翻供,但被告人不能合理说明翻供理由或者其辩解与全案证据相矛盾,而庭前供述与其他证据能够互相印证的,可以采信被告人庭前供述。""被告人庭前供述和辩解出现反复,但庭审中供认的,且庭审中的供述与其他证据能够互相印证的,可以采信被告人庭审中供述;被告人庭前供述和辩解出现反复,庭审中不供认,且无其他证据与庭前供述印证的,不能采信庭前供述。"这些规定明确地按照补强证据的要求,不能只靠口供定案,所有的口供必须与其他证据相印证,用其他证据加以补充和强化,才能认定案件事实。

2. 原始证据优先规则

收集、调取的书证应当是原件。只有在取得原件确有困难时,才可以是副本或者复制件。收集、调取的物证应当是原物。只有在原物不便搬运、不易保存或者依法应当返还被害人时,才可以拍摄足以反映原物外形或者内容的照片、录像。《办理死刑案件证据规定》第8条规定,

“据以定案的物证应当是原物。……原物的照片、录像或者复制品，不能反映原物外形和特征的，不能作为定案的依据。”还规定：“据以定案的书证应当是原件。只有在取得原件确有困难时，才可以使用副本或者复制件。书证的副本、复制件，经与原件核实无误或者经鉴定证明为真实的，或者以其他方式确能证明其真实的，可以作为定案的根据。书证有更改或者更改迹象不能作出合理解释的，书证的副本、复制件不能反映书证原件及其内容的，不能作为定案的根据。”第9条规定：“不能证明物证、书证来源的，不能作为定案的根据。”把原始证据优先规则引入刑事诉讼，其目的在于促使侦查机关更加努力地收集具有真实性的原始证据，从而更准确、及时地查明案件事实，实现实体正义。

我国2012年《民事诉讼法》第70条规定：“书证应当提交原件。物证应当提交原物。提交原件或者原物确有困难的，可以提交复制品、照片、副本、节录本。”据此，在诉讼活动中，当事人应当以提交原件或原物为原则，提交复制品为例外。最高人民法院《关于民事诉讼证据的若干规定》第20条规定，调查人员调查收集的书证可以是原件，也可以是经核对无误的副本或者复制件。是副本或者复制件的，应当在调查笔录中说明来源和取证情况。第21条指出，调查人员调查收集的物证应当是原物。被调查人提供原物确有困难的，可以提供复制品或者照片。提供复制品或者照片的，应当在调查笔录中说明取证情况。第22条明确规定调查人员调查收集计算机数据或者录音、录像等视听资料的，应当要求被调查人提供有关资料的原始载体。提供原始载体确有困难的，可以提供复制件。提供复制件的，调查人员应当在调查笔录中说明其来源和制作经过。

3. 直接言词证据规则

“两个证据规定”确立了有限的直接言词证据规则，规定了证人应当出庭作证的情形。《办理死刑案件证据规定》第15条规定：“具有下列情形的证人，人民法院应当通知出庭作证；经依法通知不出庭作证证人的书面证言经质证无法确认的，不能作为定案的根据：（一）人民检察院、被告人及其辩护人对证人证言有异议，该证人证言对定罪量刑有重大影响的；（二）人民法院认为其他应当出庭作证的。证人在法庭上的证言与其庭前证言相互矛盾，如果证人当庭能够对其翻证作出合理解释，并有相关证据印证的，应当采信庭审证言。对未出庭作证证人的书面证言，应当听取出庭检察人员、被告人及其辩护人的意见，并结合其他证据综合判断。未出庭作证证人的书面证言出现矛盾，不能排除矛盾且无证据印证的，不能作为定案的根据。”这一规定针对我国证人出庭难、质证难的现状与问题，而确立了有限的直接言词证据规则，即控辩双方有异议的和对定罪量刑有重大影响的证人应当出庭接受质证。这一规定完全符合我国当前的实际情况，也解决了实际问题。从实体上说有利于保障正确认定案件事实，从程序上说更有利于保障当事人的质证权。

4. 证据的证明力确定规则

最高人民法院《关于行政诉讼证据若干问题的规定》第63条规定，证明同一事实的数个证据，其证明效力一般可以按照下列情形分别认定：（1）国家机关以及其他职能部门依职权制作的公文文书优于其他书证；（2）鉴定结论、现场笔录、勘验笔录、档案材料以及经过公证或者登记的书证优于其他书证、视听资料和证人证言；（3）原件、原物优于复制件、复制品；（4）法定鉴定部门的鉴定结论优于其他鉴定部门的鉴定结论；（5）法庭主持勘验所制作的勘验笔录优于其他部门主持勘验所制作的勘验笔录；（6）原始证据优于传来证据；（7）其他证人证言优于与当事人有亲属关系或者其他密切关系的证人提供的对该当事人有利的证言；（8）出庭作证的证人证言优于未出庭作证的证人证言;(9)数个种类不同、内容一致的证据优于一个孤立的证据。第64条以有形载体固定或者显示的电子数据交换、电子邮件以及其他数据资料,其制作情况和真实性经对方当事人确认,或者以公证等其他有效方式予以证明的,与原件具有同等的证明效力。同样,最高人民法院《关于民事诉讼证据的若干规定》第77条也规定,人民法院就数个证据对同一事实的证明力可以依照下列原则认定:(1)国家机关、社会团体依职权制作的公文书证的证明力一般大于其他书证;(2)物证、档案、鉴定结论、勘验笔录或者经过公证、登记的书证其证明力一般大于其他书证、视听资料和证人证言;(3)原始证据的证明力一般大于传来证据;(4)直接证据的证明力一般大于间接证据;(5)证人提供的对与其有亲属或者其他密切关系的当事人有利的证言其证明力一般小于其他证人证言。

四、关于举证的规则

1. 举证的主体

2012年《刑事诉讼法》第50条规定,审判人员、检察人员、侦查人员必须依照法定程序,收集能够证实犯罪嫌疑人、被告人有罪或者无罪、犯罪情节轻重的各种证据。最高人民法院《关于民事诉讼证据的若干规定》在当事人举证部分第1条规定,原告向人民法院起诉或者被告提出反诉,应当附有符合起诉条件的相应的证据材料。第2条规定,当事人对自己提出的诉讼请求所依据的事实或者反驳对方诉讼请求所依据的事实有责任提供证据加以证明。没有证据或者证据不足以证明当事人的事实主张的由负有举证责任的当事人承担不利后果。第3条规定,人民法院应当向当事人说明举证的要求及法律后果,促使当事人在合理期限内积极、全面、正确、诚实地完成举证。当事人因客观原因不能自行收集的证据,可申请人民法院调查收集。第4条规定,下列侵权诉讼,按规定承担举证责任:(1)因新产品制造方法发明专利引起的专利侵权诉讼,由制造同样产品的单位或者个人对其产品制造方法不同于专利方法承担举证责任;(2)高度危险作业致人损害的侵权诉讼,由加害人就受害人故意造成损害的事实承担举证责任;(3)因环境污染引起的损害赔偿诉讼,由加害人就法律规定的免责事由及其行为与损害结果之间不存在因果关系承担举证责任;(4)建筑物或者其他设施以及建筑物上的搁置物、悬挂物发生倒塌、脱落、坠落致人损害的侵权诉讼,由所有人或者管理人对其无过错承担举证责任;(5)饲养动物致人损害的侵权诉讼,由动物饲养人或者管理人就受害人有过错或者第三人有过错承担举证责任;(6)因缺陷产品致人损害的侵权诉讼,由产品的生产者就法律规定的免责事由承担举证责任;(7)因共同危险行为致人损害的侵权诉讼,由实施危险行为的人就其行为与损害结果之间不存在因果关系承担举证责任;(8)因医疗行为引起的侵权诉讼,由医疗机构就医疗行为与损害结果之间不存在因果关系及不存在医疗过错承担举证责任。有关法律对侵权诉讼的举证责任有特殊规定的,从其规定。根据2014《行政诉讼法》第34条的规定,被告行政机关对作出的行政行为负有举证责任。

2. 举证的期限

最高人民法院《关于民事诉讼证据的若干规定》第33条规定,人民法院应当在送达案件受理通知书和应诉通知书的同时向当事人送达举证通知书。举证通知书应当载明举证责任的分配原则与要求、可以向人民法院申请调查取证的情形、人民法院根据案件情况指定的举证期限以及逾期提供证据的法律后果。举证期限可以由当事人协商一致,并经人民法院认可。由人民法院指定举证期限的,指定的期限不得少于30日,自当事人收到案件受理通知书和应诉通知书的次日起计算。第 34 条规定,当事人应当在举证期限内向人民法院提交证据材料,当事人在举证期限内不提交的,视为放弃举证权利。对于当事人逾期提交的证据材料,人民法院审理时不组织质证;但对方当事人同意质证的除外。当事人增加、变更诉讼请求或者提起反诉的,应当在举证期限届满前提出。第 35 条规定,当事人变更诉讼请求的,人民法院应当重新指定举证期限。第 36 条规定,当事人在举证期限内提交证据材料确有困难的,应当在举证期限内向人民法院申请延期举证,经人民法院准许,可以适当延长举证期限。当事人在延长的举证期限内提交证据材料仍有困难的,可以再次提出延期申请,是否准许由人民法院决定。另外,最高人民法院《关于行政诉讼证据若干问题的规定》第 1 条规定,被告对作出的具体行政行为负有举证责任,应当在收到起诉状副本之日起 10 日内,提供据以作出被诉具体行政行为的全部证据和所依据的规范性文件。被告不提供或者无正当理由逾期提供证据的,视为被诉具体行政行为没有相应的证据。被告因不可抗力或者客观上不能控制的其他正当事由,不能在前款规定的期限内提供证据的,应当在收到起诉状副本之日起 10 日内向人民法院提出延期提供证据的书面申请。人民法院准许延期提供的,被告应当在正当事由消除后 10 日内提供证据。逾期提供的,视为被诉具体行政行为没有相应的证据。

五、关于质证的规则

在刑事诉讼中,1996 年《刑事诉讼法》第 47 条规定:"证人证言必须在法庭上经过公诉人、被害人和被告人、辩护人双方讯问、质证,听取各方证人的证言并且经过查实以后,才能作为定案的根据。"也就是说,证据应当在法庭上出示,由当事人质证。未经质证的证据,不能作为认定案件事实的依据。《办理死刑案件证据规定》第 4 条规定:"经过当庭出示、辨认、质证等法庭调查程序查证属实的证据,才能作为定罪量刑的根据。"质证规则强调了庭审交叉询问的操作程序,突出规定了证据的出示、辨认、质证等环节,并明确规定只有经过法庭调查程序查证属实的证据,才能作为定罪量刑的根据。质证规则的确立,对证人出庭、律师辩护提出了更高的要求。2012 年《刑事诉讼法》第 59 条规定,证人证言必须在法庭上经过公诉人、被害人和被告人、辩护人双方质证并且查实以后,才能作为定案的根据。法庭查明证人有意作伪证或者隐匿罪证的时候,应当依法处理。但是,2012 年《刑事诉讼法》第 190 条又规定,对未到庭的证人的证言笔录,应当当庭宣读,审判人员应当听取公诉人、当事人和辩护人、诉讼代理人的意见。这就说明,当前我国审判实践中,由于各方面条件的限制,证人出庭问题采用证人出庭接受质证与书面审理相结合的方法。随着民主与法制建设进程的发展,书面审理的范围应逐步缩小,逐步确立传闻证据排除规则。

在民事诉讼中,最高人民法院《关于民事诉讼证据的若干规定》明确规定,当事人在证据交换过程中认可并记录在卷的证据,经审判人员在庭审中说明后,可以作为认定案件事实的依据。质证时,当事人应当围绕证据的真实性、关联性、合法性,针对证据证明力有无以及证明力大小,进行质疑、说明与辩驳。涉及国家秘密、商业秘密和个人隐私或者法律规定的其他应当保密的证据,不得在开庭时公开质证。其中第 49 条规定在对书证、物证、视听资料进行质证时,当事人有权要求出示证据的原件或者原物。但有下列情况之一的除外:其一,出示原件或者原物确有困难并经人民法院准许出示复制件或者复制品的;其二,原件或者原物已不存在,但有证据证明复制件、复制品与原件或原物一致的。一般来说,民事质证按下列顺序进行:(1)原告出示证据,被告、第三人与原告进行质证;(2)被告出示证据,原告、第三人与被告进行质证;(3)第三人出示证据,原告、被告与第三人进行质证。人民法院依照当事人申请调查收集的证据,作为提出申请的一方当事人提供的证据。

在行政诉讼中,证据应当在法庭上出示,并经庭审质证。未经庭审质证的证据,不能作为定案的依据。根据司法解释,在行政诉讼中,凡是知道案件事实的人,都有出庭作证的义务。有下列情形之一的,经人民法院准许,当事人可以提交书面证言:(1)当事人在行政程序或者庭前证据交换中对证人证言无异议的;(2)证人因年迈体弱或者行动不便无法出庭的;(3)证人因路途遥远、交通不便无法出庭的;(4)证人因自然灾害等不可抗力或者其他意外事件无法出庭的;(5)证人因其他特殊原因确实无法出庭的。当事人在庭前证据交换过程中没有争议并记录在卷的证据,经审判人员在庭审中说明后,可以作为认定案件事实的依据。

第三节　外国证据规则简介

一、证据规则的历史发展

在人类社会的早期,由于人类认识能力的局限,判断证据主要使用神明裁判的方法。神明裁判实际上还是由人主持的审判,折磨性考验的结果是为了使法官的结论得到神的证明。只要证明制度所寻求的不仅是对纠纷的解决,而且要按照事实真相来解决纠纷,神明裁判的不合理性是很容易暴露出来的。在这个阶段,审判并不需要盘问证人、逼取口供或者提取物证,唯一判明事实的方法就是神的启示,所以这时的证明制度是不存在现代意义上证据规则的限制的。

在法定证据制度时代,则完全依靠证据规则来定案。法定证据制度,是指法律根据证据的不同形式,预先规定了各种证据的证明力和判断证据的规则,法官必须据此作出判决的一种证据制度。法定证据制度的主要特点是法律预先规定了各种证据的证明力和判断证据的规则,而法律对证据证明力和判断证据规则的规定是审查判断证据绝对性的依据。法定证据制度实际上是剥夺了法官审查判断证据的自由权。

英国证据制度重要特点是,为了适应陪审审判的要求,就证据能力,即证据的可采性问题加以严格限制。在长期的历史发展中,英美法系形成了一整套繁琐、复杂的证据规则。为了适应陪审审判的要求,避免陪审员的偏见、预断,并为了保护被告人的权利,对证据的可采性(admissibility)早已经开始重视。直至17世纪,证据规则才在民事法庭第一次出现,接着又出现于刑事法庭,并随之比在民事法庭具有了更重要的意义。基于18世纪和19世纪判例法发展的结果,对证据的可采性和判断证据证明力的具体规定更加详细,其作用在于防止无用或者不适当的证据出现在法庭上,致使陪审员对事实的判断出现偏差。这些规则,是为了决定证据能否提供法庭调查而设立的,并不是单纯的证明理论,也不是为了评价证据证明力而设立的规则。

法国革命胜利后,建立了新的刑事诉讼制度。1808年《法国刑事诉讼法》就吸收了英国法中对抗制的因素(与其革命前的诉讼制度相比),规定控辩双方在诉讼中地位相等,法院应当根据双方当事人的辩论作出裁判。但是审判程序分为预审和审判两个阶段,在预审阶段由预审法官调查证据,仍然采用纠问方式,并不公开,在预审程序所做成的笔录,在审判中可以用作证据;并且基于职权主义,允许法院依职权自行调查证据,并且实行自由心证主义,证据的价值通过自由心证进行判断,以避免因繁琐的证据规则而导致查明实体真实方面的困难,使裁判流于形式。日本属于职权主义的诉讼形式,而且也实行自由心证制度,所以其刑事证据规则的简略程度与法国差不多。但是第二次世界大战以后,因为受英美诉讼模式的影响,非常重视对人权的保障,首先在宪法中明确规定:“绝对禁止公务员实行拷问及残酷刑罚。”(日本《宪法》第36条)“对于一切刑事案件,被告人均有接受公正的法院迅速公开审判的权利。刑事被告人享有询问所有证人的充分机会,并享有使用公费依强制程序为自己寻求证人的权利。”(日本《宪法》第37条)“不得强制任何人作不利于本人的陈述。以强迫、拷问或威胁所得的口供,或经不正当的长期拘留或拘禁后的口供,均不得作为证据。任何人如对其不利的唯一证据为本人口供时,不得定罪或科以刑罚。”(日本《宪法》第38条)日本“战后”的刑事诉讼法致力于职权主义与当事人主义的调和,一方面仍维持其职权主义的诉讼结构,另一方面对当事人主义通行的程序和证据规则尽量采用。

目前,许多证据规则已成为国际条约的内容,成为一种诉讼程序公正的国际标准,比如在联合国所公布的《公民权利和政治权利国际公约》第14条的规定之中,与证据规则相关的有:凡受刑事控告者,在未依法证实有罪之前,应有权被视为无罪;控、辩双方的证人出庭作证并接受询问和质证;对受审人不被强迫作不利于自己的证言或强迫承认犯罪;等等。我国已经于1998年10月签署了联合国《公民权利和政治权利国际公约》,待全国人大批准之后,该公约中规定的证据规则即适用于我国。对于那些中国已经参加或承认的国际公约中确立的公正审判标准对中国政府确实具有法律约束力。因为根据国际法的基本原则,一国参加或批准的国际公约在该国具有高于其他法律的效力,所有与该国际公约相冲突的法律或规定均属无效。换言之,我国证据法应当补充规定该公约中载明的规则,这不再是一个学理上应当争论的问题,而是履行国际义务的问题。在我国,刑事诉讼法和民事诉讼法对证据规则作了一些分散的规定。比如,2012年《刑事诉讼法》第53条规定:“对一切案件的判处都要重证据,重调查研究,不轻信口供。只有被告人供述,没有其他证据的,不能认定被告人有罪和处以刑罚。”又如,2012年《民事诉讼法》第71条规定:“人民法院对视听资料,应当辨别真伪,并结合本案的其他证据,审查确定能否作为认定事实的根据。”第75条规定:“人民法院对当事人的陈述,应当结合本案的其他证据,审查确定能否作为认定事实的根据。当事人拒绝陈述的,不影响人民法院根据证据认定案件事实。”

二、证据规则的种类

证据规则的分类有助于进一步认识证据规则的含义和范围。根据不同的标准,可以对证据作如下分类:

1. 英美法系证据制度的证据规则和职权主义的证据规则

英美法系证据制度的证据规则内容虽然十分复杂,但依照其目的,可以分为三大类:第一类是为了限制论辩的范围和方法,以保证诉讼的顺利进行;第二类是为了保证证据的真实性,防止认定事实发生错误;第三类是为了禁止非法取证,保证诉讼的公正性。职权主义的诉讼程序以自由心证为基本原则,由此形成的证据规则非常简化,与英美法系证据制度形成极端对比。自由心证的证据制度是法国大革命时期为了反对法定证据制度而产生的,其基本观念为,何种证明方法及资料可以作为证据,以及其证明力如何,应当一律由审判者自由裁量,法律不加任何约束,以便能够灵活运用,查明事实真相,其注意的只是审判者对事实和情理的衡量,所以足以妨碍其心证自由的一切固定的规则,都不予采用。具体而言,两大法系证据规则的差别主要表现在以下几个方面:(1)在规范调整的对象上,英美法系证据规则着重于规范当事人双方的举证活动,而大陆法系证据规则则着重于调整法官的"心证"形成过程;(2)就证据规则的内容而言,英美法系侧重于规定所调查证据的容许性条件,即证据能力问题,而大陆法系则侧重于规定调查证据应遵从的程序性条件,未经法定程序调查的证据不得作为定案的依据;(3)在适用证据规则的时间上,英美法系的证据规则主要适用于证据提交裁判者审查判断之前;其目的是防止裁判者接触不适当的证据材料,可大陆法系的证据规则适用于裁判者评价、判断证据的心证形成过程,其目的是防止裁判者在评判过程中将未经法庭公开查证属实的证据作为认定事实的根据。

两大法系证据规则存在重大区别的根本原因不在于其是否实行陪审团制度,而是与其诉讼模式有一定的关联。英美法系采当事人主义,提出证据并揭示其证明价值是当事人的责任,裁判者只能依据当事人提出的证据来认定事实,所以,当事人的举证活动对诉讼结果有着决定性意义。大陆法系采职权主义,调查证据是法官的职责之一,当事人的举证活动并不直接决定裁判的结果,真正对诉讼结局起决定作用的是法官的证明活动。正是基于此种原因,两大法系在证据规则构建上,分别选取了不同的调整对象和规制模式,但其目的都是抑制评判证据过程中不正当的心证的形成,以保证诉讼结果的公正。

2. 证据能力规则和证明行为规则

这是以客体为标准所作的分类。证据能力规则是确认和调整证据的范围和资格的行为规则,其中心内容是什么样的事实材料可以作为证据被采纳。在英美法系国家,证据能力规则表现为一系列有关证据的可采性的规则,如非法证据排除规则、传闻证据排除规则、相关性规则、最佳证据规则。证明行为规则是指有关证据的制作、调查收集、审查判断和举证、质证的行为规范。证明行为规则实际上是执法机关和当事人进行诉讼行为的规范,主要规定在诉讼法之中。通常所说的证明标准、证明对象、举证责任及其分配等规范即属于证明行为规则的范畴。

3. 成文法证据规则、判例法证据规则和习惯法证据规则

这是以证据规则的表现形式为标准所作的分类。成文法规则是以制定法为表现形式的证据规则,如诉讼法中有关证据的种类、调查收集和质证的规定。判例法证据规则是指在司法判例中发生和发展起来的证据规则,从英美法系国家的情况来看,判例法是证据规则法典化以前的主要渊源。习惯法证据规则是指在长期的司法实践中逐步发展起来的证据规则。我国只存在成文法证据规则,主要是法律和司法解释。

4. 通用的证据规则和特殊的证据规则

这是以证据规则在民事、刑事和行政诉讼中的不同适用而划分的。三大诉讼通用的证据规则有最佳证据规则、一般举证规则、品格证据规则、质证规则和相似证据规则等;而特殊规则表现在民事诉讼中的优势证据规则、行政诉讼中的被告举证原则和刑事诉讼中的排除合理怀疑原则及补强证据规则等。

5. 示范证据规则和法定证据规则

示范证据规则是指有关的国家机关或者社会组织拟定或者推荐的证据规则,例如1953年美国统一州法委员会和美国律师协会批准的《统一证据规则》,以此为基础,统一州法委员会全

国大会于 1974 年通过了《统一证据规则》,1942 年美国法律学会拟定了《模范证据法典》,这些都是社会组织自行拟定的示范证据规则,没有法律的约束力。法定证据规则是指立法机关通过立法程序制定、公布的证据规则,例如美国国会于 1975 年通过的《联邦证据规则》,是正式的法律,具有法律约束力。

6. 取证规则、采证规则、查证规则和定案规则

按诉讼的进行阶段划分,可分为以下几种:一为取证规则。包括有罪证据由控方收集;辩护方有权调查取证;不被强迫自证其罪,包括严禁刑讯逼供和沉默权问题;证人必须履行作证义务等。二为采证规则。是指确定证据是否具有可采性的证据规则,也就是证据能否被作为证据在法庭上提出。这类规则主要是指以下内容:传闻证据规则、最佳证据规则、非法证据排除规则和相关性规则。三为查证规则。包括控辩双方提出证据须经申请、交叉询问规则、法庭当庭认证的规则、推定和司法认知的规则。四为定案规则。这类规则应当包括:证据证明力的判断规则;起诉的证明标准与审判时定罪的证明标准是否相同;有罪判决的证明标准;补强证据规则;疑罪从无规则,即对证据不足的案件,应当作无罪处理。

7. 证据本身的规则与运用证据的规则

这是以证据规则的设立目的为标准划分的。关于证据本身的规则,是指关于证据的证据能力和证明力的规则。关于证据证明力的规则,包括相关性规则、传闻证据规则、最佳证据规则、意见证据规则、非法证据排除规则、仅凭口供不能定案的规则和补强证据规则等。关于运用证据的规则,是指诉讼各方在运用证据时必须遵守的规则,是一种动态的规则。具体包括:控方负举证责任、疑罪从无、证明有罪必须达到法定标准、证人的拒绝作证权、令状主义、不得强迫自证其罪、证人证言必须当庭质证、司法认知、推定等。[7]

三、证据规则的主要内容

由于本书在其他章节对推定、司法认知、传闻证据、非法证据和相关性证据规则进行探讨,故此部分仅对其他主要证据规则进行简单介绍。

1. 交叉询问(Cross – examination)

交叉询问是英美法系庭审时对证人的一种询问方法,即首先由提出证据的一方对本方证人进行"主询问",然后由对方进行"反询问",其目的在于揭示证人的偏见和不可信性。此规则要求证人必须出庭作证并应进行宣誓。[8] 当事人主义诉讼程序对被告人的合法权利特别重视,注重其辩护权的实现,因此一切证据的调查,都彻底地遵循言词辩论的方式。其特点是:(1)不得强迫被告人作不利于己的陈述,在诉讼进行中,被告可以拒绝陈述,即保持沉默。法院在讯问前应当将这项保持沉默的权利告知被告。(2)主张被告有罪的证据,由追诉一方在法庭面前提出,应当使被告有充分辩解的机会,尤其是言词证据的提出,必须经交叉询问程序,而事实的审理者(法官或陪审员)原则上只居中聆听,并不直接进行发问。交叉询问实际上是当事人主义辩论式(对抗制)诉讼程序的主要结构,无论是控方还是辩方,都必须按照这种程序提出言词证据。具体来说,诉讼的任何一方提出证人到庭作证的,都需要由提出证人的一方当事人当庭对证人就待证事实进行连续的提问,由证人逐一回答,其回答只限于问题所涉及的内容,

---

〔7〕 樊崇义主编:《证据法学》,法律出版社 2001 年版,第 230 ~ 232 页。

〔8〕 See Arther Best, Evidence: Examples And Explanations, Little Brown and Company, 1994, pp. 131 – 132.

而不能连续不断地陈述,要等到发问者问到下一个事实时才能作关于下一个事实的陈述,这样可以使对方当事人充分考虑本方当事人的询问是否违反证据规则,而有随时提出反对的机会。提出证人的一方当事人的询问称为"主询问"(examination in chief)。之后,由对方当事人进行"反询问"(cross - examination),目的是就证人陈述的事实及有关问题作驳斥性的反问,借以发现证言有矛盾或不可信的情况。之后,提出证人的一方又可以进行"再询问"(re - examination),目的是阐明该证人原先陈述的内容并对反询问中受质疑的内容作可能的补充解释,以增强证言的可信性。但所询问的范围只限于反询问中涉及的事项,对没有涉及的不能再作询问。

2. 最佳证据规则(Best Evidence Rules)

当事人主义的另一重要原则,就是为了保证被告人获得公平的审判,防止错误认定案件事实,所有证据资料不但要具有相关性,而且力求确实,"最佳证据规则"就是为了实现这一目的而产生的。最佳证据规则以适用于文书内容的证明为主,即文书的内容成为证明犯罪的关键时,应当直接提出文书为证(即原始证据 primary evidence)。其他次级证据(secondary evidence),甚至证人证言,都在排除之列。它的例外规定是在有合理的理由无法提供原件时,可以采用第二手资料。[9]

英美法系国家的最佳证据规则适用范围宽泛,包括书面证据材料,包括信件、电传、录音、照片、底片和X光片,甚至包括徽章、墓碑、刻字的戒指和带有序号的发动机等,只要具有思想内容,均属于文字材料的范畴。最佳证据规则限制过严,有时不免会发生困难,于是又有可以适用次级证据的例外:(1)原件显然已经毁损灭失的,则曾经见过该文书的人可以作为证人进行陈述。(2)文书的载体不能移动或不容易移动的,如碑文等,可以以其他方法证明。(3)文书被对方当事人持有,经要求其提出而被拒绝的,或者文书被第三人持有,而该第三人依法有权拒绝提出的。(4)依照次级证据所表明的文书原件的内容,已经被对方当事人所承认的。(5)所需要提出的文书是公文书或者其他特殊文书,已经依法提出抄件的。以上各种情形,为了避免不必要的麻烦,或者为了顾及现实的困难,不再要求必须使用原始证据。原始证据的优先适用,只限于证明文书内容时才是必要的,因为原件最为明确,而且最便于调查。如果不是关于文书内容的争议,则原始证据与次级证据居于同等地位,并没有绝对优先的性质。

3. 意见证据规则(Opinion Evidence)

英美法系国家的意见证据规则,是指证人只能陈述自己亲身感受和经历的事实,而不得陈述对该事实的意见或者结论。设立意见证据规则的理由有两个:一是一般的证人没有专业知识,缺乏基本的技能和训练,没有能力对所见所闻的事实作出评价;二是对证人陈述的事实如何评价属于执法机关的职权,证人对所见所闻的事实作出评价实际上侵犯了执法机关的职权。

意见证据规则有两个例外。一个例外是不可能以其他方式表达的例外,如涉及听觉和嗅觉的问题、个人的感情问题、车辆的速度、声音的认定、证人自己的意图、笔迹的认定、对不正常行动的反映等,证人可以陈述自己的评价和意见。另一个例外是专家证言。所谓专家是指具有专业知识、特长或者相关技能的人,专家不限于通常所说的专业人士,还包括具有特长或者某一个方面的技能的人。

4. 特权规则(Privilege of Witness)

特权规则又称为拒绝作证权,是指为保护特定的关系和公、私利益,英美法律规定个人、法

---

[9] 刘善春等:《诉讼证据规则》,中国法制出版社2000年版,第158~159页。

人、组织和政府在诉讼中享有特权。特权的享有者可以免除出庭作证和就特权事项提供证明,可以制止他人揭示特权范围内的情况。[10] 此项特权也存在许多例外。特权规则主要适用于以下情况:一是配偶的特权,它包括两个方面,即拒绝提供不利于对方的证明权和夫妻间谈话的守密权。二是当事人与律师谈话的守密特权。三是患者与医生间的谈话保密特权,但以合法目的为限。四是忏悔者与牧师间的谈话保密特权。五是公民享有不得自证其罪的特权。六是政府官员享有公务特权,有权拒绝提供可能泄露国家机密或官方情报危险的证据。

5. 品格证据规则(character evidence)

品格证据制度是英美证据法中的一项颇有特色的制度。一开始此项制度很受重视,如果一个人犯过叛国罪、重罪或者关于不诚实或者错误陈述的不良行为,或者妨碍司法等有罪判决,他的证人品格就会被一概否定。[11] 19 世纪初,英美法又禁止采用类似的品格证据,也没有一概拒绝采纳品格证据;事实上,在英美国家的刑事诉讼中,"在交叉盘问时攻击证人的诚信度时,品格证据就是一个决定性因素"。[12]"品格"包括声誉、行为倾向、以前发生的特定事件。声誉是指一个人在其所生活的社区环境中,人们对其品行的普遍评价。一个人的行为倾向是指他经常实施的行为或者某个特定行为所表现出来的稳定特点。采用证明某人行为倾向的证据,其目的在于,试图从其以往经常实施的行为或特定行为经常表现出来的特点,推论出某人极有可能实施被指控的犯罪行为;或者,试图根据行为倾向的特点来认定犯罪人的身份等。在英美证据法中,除了一个人的声誉、行为倾向可以成为品格证据,一个人以前所发生的特定事件也可以成为品格证据。这实际上相当于我国所说的"前科"。因此,英美证据法中所谓的品格证据,并非仅仅指证明道德品质的证据。而且,品格证据也并非专门适用于被告,对被害人(强奸案件的被害人除外)、证人也可以适用;不但证明一个人不良品格的证据可以采用,而且证明其良好品格的证据也可以采用。

英美证据法的品格证据规则原则上不采用品格证据,但是在例外的情形下可以采用,其原因是品格证据可能引起陪审团的偏见,或者浪费时间。而我国的庭审制度并非陪审制,判断品格证据的关联性对有多年审判经验的法官来说,不会把品格证据作为定案的唯一证据,也不大可能引起他们的偏见。事实上,在庭审中,我国的法官都或多或少地采纳过品格证据,但并没有因为品格证据导致重大错误。因此,在我国的司法实践中,并没有对品格证据一概予以排除,而是以"谨慎"为条件,在未成年人犯罪案件、量刑程序等情形中都会时有采用。

第四节 非法证据排除规则

一、非法证据排除规则的含义

非法证据排除规则(Exclusionary Rule of Illegally Obtained Evidence),是指在刑事诉讼中,

---

〔10〕 王以真主编:《外国刑事诉讼法学》,北京大学出版社 1990 年版,第 166 页。

〔11〕 [美]约翰·W. 斯特龙:《麦考密克论证据》,汤维建等译,中国政法大学出版社 2004 年版。

〔12〕 Walton, D., Character Evidence: An Abductive Theory, Springer, 2006.

对非法取得的供述与非法搜查和扣押取得的证据予以排除,不得作为证据采纳的统称。也就是说,非法证据排除规则是指除非法律另有规定,执法机关不得采纳非法证据,将其作为定案的证据。对于这一规则,各国的态度是不一样的:英国采用法官权衡原则,法国、德国一般采取对非法取得的口供和实物区别对待的原则,美国的态度最为严厉,规定一般予以排除,但对于"毒树之果"又规定了善意的例外、最终必将发现的例外和无损害失误的例外等。[13]

与非法证据排除规则有关的问题首先是如何界定非法证据,然后才能探讨在什么情况下产生非法证据以及如何处理。尽管各国非法证据排除的范围或方式有所不同,但有一点是相同的,即非法证据排除规则中的非法证据指国家机关及其工作人员,通常指负责侦查工作的警察,在收集证据的过程中违反法律、侵犯当事人的权利而取得的证据。这与证据法理论中的证据的合法性是不同的。证据的合法性,讲的是证据的合法形式,以及收集、运用证据的主体、程序、来源等方面的问题。"非法证据"仅指在收集该证据的过程中违反了法律规定、侵犯了犯罪嫌疑人、被告人合法权利的证据。非法证据的范围可能有宽窄,并可以分为广义的和狭义的非法证据,但非法证据的最根本的属性,即取证的非法性不宜与证据形成的合法性相混淆。因为关于"非法证据"的规定、论述、建议等,都是从违法取证、侵害公民权利角度出发的。至于"非法"或"违法"这个词,并不限于"违反诉讼程序",更重要的是违反了宪法或宪法性规定,侵犯了当事人的宪法性权利。

关于"非法手段",一般是指暴力取证,采用精神折磨、不人道的方法收集证据,还有使用麻醉药品收集证据等。我国习惯使用的"刑讯逼供、骗供、诱供、指名问供"等用语,同正当的侦查手段和方法有时难以区分。因此,应当把非法手段界定为上述几种。

二、非法证据排除规则的有关法律依据

1966 年,联合国制定了《公民权利和政治权利国际公约》(以下简称公约),其精神与《世界人权宣言》完全符合。公约中与非法证据排除规则有关的规定有第 7 条:"任何人均不得加以酷刑或施以残忍的、不人道的或侮辱性的待遇或处罚……"第 9 条:"人人有权享有人身自由和安全。任何人不得加以任意逮捕或拘禁。除非依照法律所确定的根据和程序,任何人不得被剥夺自由。"第 14 条:"不被强迫作不利于他自己的证言或强迫承认犯罪。"第 17 条:"任何人的私生活、家庭、住宅或通信不得加以任意或非法干涉,他的荣誉和名誉不得加以非法攻击。人人有权享受法律保护,以免受这种干涉和攻击。"但这些只是比较原则的规定,对违反这些规定的处理主要还要依靠国内法。

排除非法取得的言词证据这一规则在两大法系的诉讼法或证据法中均有体现,在英美法系国家被称为非任意自白排除规则[14],是英美证据法上的一项传统证据规则。18 世纪末期,

---

[13] See Robert M. Bloom, Constitutional Criminal Procedure, Little Brown And Company 1992, pp. 161 - 202.

[14] 在美国,非法证据排除规则存在狭义和广义的概念,狭义的非法证据排除规则仅指违反了宪法第 4 修正案有关不得进行不合理的搜查和扣押之规定所取得的证据(通常是物证)不能在刑事司法中使用;广义的非法证据不仅限于对"物"的排除,还包括对非法取得的口供和其他陈述的排除。其中,对于非法取得口供的排除在很多国家一般被称为非任意自白排除规则,或称自白任意规则、自白规则,其含义是指,在刑事诉讼中,只有基于被追诉人自由意志而做出的自白(即承认有罪的供述),才具有证据能力;缺乏任意性或具有非任意性怀疑的口供,不论其原因是什么,均不具有可采性。

英国判例法在世界上首次确立了供述排除规则。[15] 此时,排除非任意性自白更多的是基于证明力的考虑,主要考虑这些供认是否值得相信。《1984 年警察与刑事证据法》的颁布,使这一传统理念开始发生变化,明确了对包括刑讯、非人道或者有损尊严的对待以及使用暴力或者以暴力相威胁等非法取得的被告人的供述自动排除的规则。

美国非任意自白排除规则的确立,其依据是联邦宪法第 5 修正案中规定的反对强迫自证其罪原则。美国宪法第 5 修正案规定:"任何人在刑事案件中,都不得被迫成为不利于己的证人。"根据该原则,证明公民有罪的证据必须由控诉方承担,作为控诉方的追诉机关不得强迫公民自证其罪,否则供述必须予以排除。被告人自愿供述不利于己的事实,此项供述可以作为证据采用;被告人被迫自证其罪,则应将其自证有罪的证据予以排除,不得采用。20 世纪 40 年代,自白证据排除的根据发生了变化,由"供述的非自愿性"发展为"程序的违法性",即无论自白是否具有自愿性,只要证明警察在收集自白证据的时候有违反正当法律程序的行为,此项自白即排除不用。

大陆法系国家虽然不实行自白规则,但也严厉禁止以非法的手段逼取被追诉人的口供以保障口供的自愿性。

德国是大陆法系有代表性的国家,德国刑事诉讼法对非法取得的言词证据的排除,主要规定在《刑事诉讼法典》第 136 条 a[禁止的讯问方法]中[16]:"(一)对被指控人决定和确认自己意志的自由,不允许用虐待、疲劳战术、伤害身体、服用药物、折磨、欺诈或者催眠等方法予以侵犯。只允许在刑事诉讼法准许的范围内实施强制。禁止以刑事诉讼法的不准许的措施相威胁,禁止以法律没有规定的利益相许诺。(二)有损被指控人记忆力、理解力的措施,禁止使用。(三)第一、二款的禁止规定,不顾及被指控人承诺,必须适用。对违反这些禁令所获得的陈述,即使被指控人同意,也不允许使用。"

日本《宪法》第 38 条第 2 款规定,以强制、拷问或威胁所得的口供,或经过不正当的长期拘留或拘禁后的口供,均不得作为证据。日本《刑事诉讼法》第 319 条则进一步规定,采用强制、拷问或胁迫获得的自白、因长期不当羁押拘留后作出的自白以及其他非自愿的自白,不能作为证据。可以看出,日本立法供述排除法则的核心是"并非处于自由意志的供述"。同时,根据日本最高法院判例,通过其他方法取得的,怀疑不是基于被追诉人自由意志所作的自白,包括没有告知沉默权而获得的自白,通宵讯问而获得的自白,戴手铐讯问而获得的自白,限制辩护人会见时间而得的自白,诱供、骗供等,均不具有可采性。[17]

综观两大法系的证据制度,有可能导致口供被排除的因素大致可以归纳为两类:一是取证程序;二是取证手段。前者是指因违反讯问的程序性规定而导致口供不能采纳,后者是指以刑讯、威胁等方式取得的口供应予排除。

三、非法证据的可采性

可采性是指执法机关是否可以将非法证据作为证据使用。对此,学理上存在采纳说、排除

---

〔15〕 1775 年,英国法官曼斯菲尔德爵士阐明了不适当的自白应当予以排除。在 1783 年英国诉沃利克沙尔案件中,法院更为清晰地阐明了自白排除规则:"通过抱有某种希望的奉承或者使人产生恐惧的刑讯从被告人处强行取得的自白,当其被作为有罪证据加以考虑时是如此值得疑问,以至于不应当给予其任何信任,因此它应被排除。"

〔16〕 《德国刑事诉讼法典》,李昌珂译,中国政法大学出版社 1995 年版,第 62~63 页。

〔17〕 樊崇义:《迈向理性刑事诉讼法学》,中国人民公安大学出版社 2006 年版,第 563 页。

说、衡量采证说和例外说。采纳说认为，应当将调查收集的方法与证据本身区别开来，非法证据如果具有真实性和相关性，对案件事实具有证明作用，应当采纳。理由是在个别案件中非法证据往往是唯一可以用来定案的证据，如果排除，可能放纵违法犯罪分子，从而使公共利益和当事人的合法权益遭受重大的损失。排除说认为，从保护公民、法人或者其他组织的合法权益，监督执法机关严肃执法的角度出发，非法证据应当一律排除，不能作为证据使用。衡量采证说认为，执法人员可以根据案件的实际情况确定是否采纳非法证据，才能保证执法的社会效果。裁量的主要标准是调查取证行为违法的程度、案件的社会影响以及采纳非法证据的成本等。例外说认为，首先应当肯定非法证据排除规则的普遍适用性，在此基础之上方可确定一些例外。我们认为，非法证据的可采性应从以下三个方面进行介绍，才能体现其复杂性和权衡性。

1. 非法取得的言词证据的可采性

英国证据法上的被告人供述是指被告人就其被指控的犯罪所作的对自己不利的供认和陈述。由于实行有罪答辩制度，被告人在法庭审判之前的答辩程序中一旦作出有罪的答辩，也就是承认自己有罪，法庭一般直接对其作出有罪裁断，而不再对案件的事实问题进行法庭审判。但是这种供述必须是可以信赖的，而保证供述可信性的关键在于确保被告人自由、自愿地供述自己的罪行。如果警察采用强制或者压迫的手段，供述的自愿性就会大受影响，司法程序的公正性就会受到损害。因此从 18 世纪开始，将以刑讯、强迫等方式获取的证据予以排除就被英国法官作为保障被告人权利的重要手段。目前，规范这一领域的法律主要是 1984 年《警察与刑事证据法》以及根据这一法律制定的《实践法典》(Codes of Practice)。它实际上确定了有关对非法取得的被告人供述的自动排除(automatic exclusion)原则。也就是说，法庭遇有上述规定的任一情况，都必须无条件地将被告人供述予以排除，而不享有任何自由裁量权。

对于被告人供述的可采性问题，除了自动排除的原则以外，在英国普通法中还存在一种原则，即所谓的“自由裁量的排除”(judicial discretion to exclusion)。这通常是指被告人供述的取得方式违背了 1984 年《警察与刑事证据法》以及《实践法典》的其他规定，导致供述的取得方式对于诉讼的公正性产生了不利影响，因而法庭可以运用自由裁量权，对供述加以排除。

美国对被告人供述的可采性问题的规定可以说是十分复杂的。对被告人的讯问一般可以分为两个阶段：

a. **向法院正式起诉之前。** 在美国，众所周知的米兰达警告必须在“羁押性讯问”之前告知给每一个犯罪嫌疑人。那些警告不需要以一种特定的形式告知，只要警察以合理的方式告知嫌疑人他享有的权利。这些权利包括：保持沉默的权利，他所说的每一句话都可能被用作不利于他的证据，他有权聘请律师，并且如果他无法负担聘请律师的费用，将为他指定一名律师。但其一项公共安全的例外是，武器和其他破坏性装置的案件，对米兰达警告不作要求。

b. **被告人被正式起诉之后。** 作为正式的“被告人”，并且宪法第 6 修正案中规定的他的“在所有的刑事起诉中”的律师帮助权已经发生效力。(在这以前，他的宪法保护，包括米兰达规则的要求，只是从宪法第 5 修正案中规定的反对自我归罪权引申出来的。)此时的被告人不需要主张他的律师帮助权，因为这项权利自动生效。最高法院已经表明，在讯问中没有告知被告人他有一名律师正在试图会见他将导致第 6 修正案，而不是第 5 修正案的权利放弃无效。强迫获得的口供完全不能使用，甚至也不能根据它进行引申，也不能在法庭上反驳被告人证言的真实性。与之相对比，违反米兰达以及相关的案例所规定的规则获得的口供或陈述也不能在政府的主诉中使用,但可以用作辅助的目的,因为“毒树之果”的限制并不适用于对米兰达规则的违反。法国、德国对于刑讯逼供和其他非法手段取得的言词证据,立法和判例均持否定态度。联合国的《禁止酷刑和其他残忍、不人道或有辱人格的待遇或处罚公约》第15条规定:“每一缔约国应确保在任何诉讼程序中,不得援引任何业经确定系以酷刑取得的口供为证据,但这类口供可用作被控施用酷刑者刑讯逼供的证据。”这一规定是对有关国家禁止违法取证和排除违法所获证据的肯定,也为各缔约国提供了处理这一问题应遵守的规则。需要注意的是,该公约将证据排除的范围限于言词证据,并未包括违法搜查、扣押获得的物证、书证。

2. 非法搜查、扣押获得的物证的可采性

英国在对待非法搜查、扣押取得的证据问题上,将是否排除证据的决定权交给主持审判的法官,由他来自由裁量。法官在行使这种自由裁量权方面所要把握的基本尺度是:保证被告人获得公正的审判,并排除所有严重妨碍被告人获得公正审判的证据。

美国对违法搜查、扣押所获得证据采取的是强制排除的态度。美国宪法第4修正案禁止无理搜查。事实上,最高法院已经把“搜查”定义为警方侵入某人有“预期合理的隐私”的一定范围的场所。构成合法搜查的状况有:一是获得搜查证。这是进行建筑物搜查的必备条件,其唯一的例外是紧急情况。二是无证搜查。它适用于紧急情况、室外的搜查和有逮捕证的情况。无证搜查需要提供可成立的理由。三是经同意的搜查。如果警方能够让嫌疑人同意搜查,包括同意对他的家的搜查,以上规则就都不适用了。然而,对“同意”有一个推定的限制:如果警方非法临时扣留或逮捕嫌疑人,任何同意都将是无效的。

对于非法搜查、扣押获得的物证的可采性,德国以权衡原则为标准予以处理,对侵犯人的尊严和人格自由所得的证据应予禁用,但对于重大犯罪,非法取得的物证具有可采性。

3. 对“毒树之果”的处理

“毒树之果”(fruits of the poisonous tree)一词中的“毒树”,指的是违法收集的刑事证据,毒树之果指的是从毒树中的线索获得的证据。这种证据与非法搜查、扣押取得的证据相比较,其不同点在于非法搜查、扣押取得的证据所排除的证据物,其收集程序本身是违法的,而毒树之果的收集程序本身是合法的,只是在发现该证据之前的程序有违法的情形。这种现象,在美国称为“毒树之果”,在德国称为“波及效”。英国在对待“毒树之果”的问题上,在普通法和成文法中都采取了“排除毒树”但“食用毒树之果”的原则,即对于从被排除的被告人供述中发现的任何证据和事实,只要具备相关性和其他条件,就可以采纳为定案的根据。

美国的证据排除规则不仅适用于违反证据规则而获得的实物证据或者言词证据,也适用于“毒树之果”。但存在一些例外:一是最终或必然发现的例外,是指即使不发生政府官员违反宪法的行为,证明被告人有罪的证据最终或必然是会被发现的;二是善意的例外是指政府官员合乎逻辑地依据一位公正的法官签发的、最终发现是无效的搜查证,进行搜查所取得的证据。

四、非法证据排除规则的作用

1. 督促执法机关守法,制止警察的非法取证行为。确立非法证据排除规则,使执法人员在实施违法行为之前就想到其后果。非法证据的排除,是对执法机关调查取证工作的最终的否定和谴责。非法证据排除规则也有利于公民、法人或者其他组织监督执法机关,在执法机关采取非法手段调查收集证据时,公民、法人或者其他组织有权拒绝,并且有权在以后的诉讼程序中要求排除。

2. 非法证据排除规则有利于彻底纠正违法行为,防止或减少冤假错案。非法证据排除规则可能放纵罪犯,但其最大的优点是能够保证有罪判决的准确性。这对于我们准确适用法律是有重要意义的。目前,非法取证的手段主要是刑讯逼供,古人云:“棰楚之下,何求不得。”刑讯逼供造成的冤假错案是大量存在的。而非法证据排除规则的设立,就是要保证言词证据的自愿性,从而达到定罪处刑准确性的目的。

3. 非法证据排除规则有利于切实保障诉讼参与人的权利,能够促进公安司法机关及其工作人员法制观念的转变。非法证据排除规则是否在刑事诉讼法中确立,存在一个价值权衡的问题。如果允许将非法取得的证据作为定案根据,对查明案件的真实情况、实现国家的刑罚权是有益的,但这样做是以破坏国家法律所确立的秩序和侵犯宪法保障的公民基本权利为代价的。反过来,如果对非法证据予以排除,又会阻碍对犯罪的查明和惩治。因此,一个国家是否确立非法证据排除规则,以及在多大程度上排除非法取得的证据,与该国的刑事诉讼的目的、主导价值观念、对公民个人权利的重视程度等因素都是相关的。非法证据排除规则的确立,是一国文明水平的标志,它体现了司法机关及其工作人员法制观念的转变,即从注重惩罚犯罪到注重保护人权的诉讼观念的进步。

五、关于我国非法证据排除规则的构建

非法证据排除规则通常指执法机关及其工作人员使用非泆行为取得的证据不得在刑事审判中采纳的规则。[18] 由于不同的国家规定的非法证据排除规则的范围和条件不一致,因此,各国对这个规则的表述也可能不一致。联合国《禁止酷刑和其他残忍、不人道或有辱人格的待遇或处罚公约》第 15 条规定:“每一缔约国应确保在任何诉讼程序中,不得援引任何业经确定系以酷刑取得的口供为证据,但这类口供可用作被控施用酷刑者刑讯逼供的证据。”我国于 1986 年签署了该公约,1988 年公约对我国生效。从这个意义上来说,联合国制定的非法证据排除规则也是适用于我国的。但是,我国 1979 年刑事诉讼法和 1996 年修改的刑事诉讼法都没有明确规定非法证据排除规则。但是在新刑事诉讼法颁布之前,基于司法实践的需求和呼声,有关法律依据和规定的内容已经非常丰富。

我国《宪法》第 13 条规定:“公民的合法的私有财产不受侵犯。国家依照法律规定保护公民的私有财产权和继承权。”第 37 条第 3 款规定:“禁止非法拘禁和以其他方法非法剥夺或者限制公民的人身自由,禁止非法搜查公民的身体。”第 39 条规定:“中华人民共和国公民的住宅不受侵犯。禁止非法搜查或者非法侵入公民的住宅。”第 40 条规定:“中华人民共和国公民的通信自由和通信秘密受法律的保护。除因国家安全或者追查刑事犯罪的需要,由公安机关或者检察机关依照法律规定的程序对通信进行检查外,任何组织或者个人不得以任何理由侵犯公民的通信自由和通信秘密。”这是构建非法证据排除规的宪法基础和根据。

1996 年《刑事诉讼法》第 43 条规定:“审判人员、检察人员、侦查人员必须依照法定程序,收集能够证实犯罪嫌疑人、被告人有罪或者无罪、犯罪情节轻重的各种证据。严禁刑讯逼供和以威胁、引诱、欺骗以及其他非法的方法收集证据。”

---

〔18〕 参见《刑事司法百科全书》(Encyclopedia of Crime and Justice),Free Press,1983 年版,第 715 页。原文是英文:“An exclusionary rule is a rule that generally operates to exclude from admission at a criminal trial evidence obtained as a result of unlawful activity by law enforcement officers or their agents.”

1998年,我国最高人民法院制定了《关于执行〈中华人民共和国刑事诉讼法〉若干问题的解释》,其中第61条明确规定:“严禁以非法的方法收集证据。凡经查证确实属于采用刑讯逼供或者威胁、引诱、欺骗等非法方法取得的证人证言、被害人陈述、被告人供述,不能作为定案的根据。”最高人民法院的这条规定弥补了我国有关法律中没有非法证据排除规则的空白。

最高人民检察院在1999年修订的《人民检察院刑事诉讼规则》第140条中也明确规定:“严禁刑讯逼供和以威胁、引诱、欺骗以及其他非法的方法获取供述。”第160条规定:“不得采用羁押、刑讯、威胁、引诱、欺骗以及其他非法方法获取证言。”第265条规定:“严禁以非法的方法收集证据。以刑讯逼供或者威胁、引诱、欺骗等非法的方法收集的犯罪嫌疑人供述、被害人陈述、证人证言,不能作为指控犯罪的证据。”另外,鉴于刑讯逼供的严重性,最高人民检察院在2001年1月2日向全国各省、市、自治区的检察院发出通知,要求:“各级人民检察院要严格贯彻执行有关法律关于严禁刑讯逼供的规定,明确非法证据排除规则……发现犯罪嫌疑人供述、被害人陈述、证人证言是侦查人员以非法方法收集的,应当坚决予以排除,不能给刑讯逼供等非法取证行为留下余地。”[19]

按照以上规定,当时主流学术观点认为中国已经确立了非法证据排除规则。但在这个领域还存在另一项空白,既没有相应的关于非法证据排除规则的操作程序,也缺乏必要的理论研究。在实践中,非法取证现象仍屡禁不止。尤其是对何为非法证据,非法证据排除的范围,非法证据排除程序和方法,非法证据的证明责任等,都需要从立法到理论,再从理论到实践,加以阐释和规定。

这一局面在2012年刑事诉讼法修订中取得了突破性进展。2012年刑事诉讼法总结了我国公安司法机关长期以来严禁刑讯逼供,排除非法证据的经验,吸收了“两高三部”于2010年6月13日颁行的《关于办理刑事案件排除非法证据若干问题的规定》的主要内容,共用五条八款比较完整地确立了中国的“非法证据排除规则”。何谓“刑讯逼供等非法方法”,最高人民法院司法解释为:使用肉刑或者变相肉刑,或者采用其他使被告人在肉体上或者精神上遭受剧烈疼痛或者痛苦的方法,迫使被告人违背意愿供述的。我们认为,任何一个法治国家,在刑事诉讼法中确立非法证据排除规则,均势在必行。就我国民主与法治的进程而言,确立非法证据排除规则,其历史意义和现实意义更为明显。人民群众关心的刑讯逼供问题屡禁不止,导致冤假错案也时有发生。从云南的杜培武案到河南的赵作海案,以及湖北的佘祥林案,近十年来出现的这些错案,一个根本的原因就是侦查讯问时的刑讯逼供引起的。非法证据排除规则,在我国实行严禁刑讯逼供的机制中,起着重要的作用,它不仅告知办案人员如何收集和运用证据,还是对非法取证行为的一种法律制裁和救济,其历史意义不可低估。可以说,非法证据排除规则的确立,标志着民主与法治的进程与进步,更是诉讼民主、诉讼文明的必然要求。

我国的非法证据排除规则主要内容和特色如下:

1. 科学界定了非法言词证据排除的内涵和范围

非法证据包括非法的言词证据和非法的实物证据。我国关于非法言词证据的界定方式也主要是针对取证手段而言的,修改后的2012年《刑事诉讼法》第54条规定:“采用刑讯逼供等非法方法收集的犯罪嫌疑人、被告人供述和采用暴力、威胁等非法方法收集的证人证言、被害

---

〔19〕 最高人民检察院《关于严禁将刑讯逼供获取的犯罪嫌疑人供述作为定案依据的通知》(2001年1月2日,高检发诉字[2001]2号)。

人陈述,应当予以排除。”何谓“刑讯逼供等非法方法”,最高人民法院司法解释为:使用肉刑或者变相肉刑,或者采用其他使被告人在肉体上或者精神上遭受剧烈疼痛或者痛苦的方法,迫使被告人违背意愿供述的。可见,非法言词证据概念的核心问题是如何界定“非法”问题,“非法”有轻有重,有一般违法和严重违法,所取得的证据有非法证据与瑕疵证据。是否侵犯了被讯(询)问人的宪法所规定的基本权利,是非法证据与瑕疵证据区分的重要判断尺度,不能把一般的程序违法的证据统统称为非法证据加以排除。如果取证主体、证据形式或取证程序违反了法律规定,可以参照《关于办理死刑案件审查判断证据若干问题的规定》(以下简称《办理死刑案件证据规定》)进行处理,严重的也要予以排除不能作为定案的根据。因此,分析非法言词证据的内涵,必须从界定非法取证手段的范围入手。例如,“两高三部”关于《办理死刑案件证据的规定》第 14 条规定的“证人证言的收集程序和方式有下列瑕疵,通过有关办案人员的补正或者作出合理解释的,可以采信:(一)没有填写询问人、记录人、法定代理人姓名或者询问的起止时间、地点的;(二)询问证人的地点不符合规定的;(三)询问笔录没有记录告知证人应当如实提供证言和有意作伪证或者隐匿罪证要负法律责任内容的;(四)笔录反映出在同一时间段内,同一询问人员询问不同证人的。”另外,关于“非法方法”的内涵和表述问题,也是界定非法证据概念的一个关键问题。在司法实践中,公安司法机关对“非法方法”的内涵有自己的理解和体会。《最高人民检察院关于渎职侵权犯罪案件立案标准的规定》规定,刑讯逼供罪是指司法工作人员对犯罪嫌疑人、被告人使用肉刑或者变相肉刑逼取口供的行为。涉嫌下列情形之一的,应予立案:(1)以殴打、捆绑、违法使用械具等恶劣手段逼取口供的;(2)以较长时间冻、饿、晒、烤等手段逼取口供,严重损害犯罪嫌疑人、被告人身体健康的;(3)刑讯逼供造成犯罪嫌疑人、被告人轻伤、重伤、死亡的;(4)刑讯逼供,情节严重,导致犯罪嫌疑人、被告人自杀、自残造成重伤、死亡,或者精神失常的;(5)刑讯逼供,造成错案的;(6)刑讯逼供 3 人次以上的;(7)纵容、授意、指使、强迫他人刑讯逼供,具有上述情形之一的;(8)其他刑讯逼供应予追究刑事责任的情形。在司法实践中,检察机关要对侦查人员的刑讯逼供行为提起公诉,通常需要以情节严重、造成严重后果为前提,在这种情况下获取的被告人供述应当然予以排除。但是,确立非法言词证据规则的主要功能在于维护司法尊严,保障基本人权,因此,即使刑讯逼供行为没有达到情节严重的程度,没有构成犯罪,但如果其侵害了公民的宪法性权利,影响了被告人供述的真实性和自愿性,也应当予以排除。可见,我们习惯于把“非法”界定为“刑讯逼供”和威胁、引诱、欺骗以及其他非法方法。其实这种界定与我国参加并批准实施的一些国际条约对非法所规定的内容相比,仍不够明确。综合一些国际条约关于非法的界定,一般包括:(1)暴力取证;(2)精神折磨的方法取证;(3)用不人道的方法所获取的证据;(4)使用药品取证;等等。这样规定会更加完备、科学。

2. 明确规定了排除非法证据的诉讼阶段

从理论上讲,证据的可采性问题解决的是某一项证据是否能够被法庭采纳的问题,在域外一些国家,关于非法证据排除的职能主体问题也主要是针对法院而言的。但是,为了进一步严格规范侦查机关的取证行为,规范检察机关提起公诉的行为,维护国家法律的统一正确实施,修改后的 2012 年《刑事诉讼法》第 54 条第 2 款规定:“在侦查、审查起诉、审判时发现有应当排除的证据的,应当依法予以排除,不得作为起诉意见、起诉决定和判决的依据。”这是我国非法证据排除的一个重要的特征,就是在整个诉讼的过程中,侦查、起诉、审判的各个阶段均可以排除非法证据。

3. 系统确定了排除非法证据的范围

修改后的2012年《刑事诉讼法》第54条规定:"采用刑讯逼供等非法方法收集的犯罪嫌疑人、被告人供述和采用暴力、威胁等非法方法收集的证人证言、被害人陈述,应当予以排除。收集物证、书证不符合法定程序,可能严重影响司法公正的,应当予以补正或者作出合理解释;不能补正或者作出合理解释的,对该证据应当予以排除。"何谓"可能严重影响司法公正",最高人民法院解释为:应当综合考虑收集物证、书证违反法定程序以及所造成后果的严重程度等情况作出认定。为了保证这一规定在司法实践中真正得到贯彻执行,从根本上杜绝违法取证行为,必须规定相应的制裁措施,明确规定违法取证的消极后果,这种消极后果就是"经依法确认的非法言词证据,应当予以排除,不能作为定案的根据"。也即对于非法言词证据,包括犯罪嫌疑人、被告人的陈述、证人证言、被害人的陈述,适用绝对排除的原则。这是因为,公安司法机关人员的取证行为是代表国家行使公共权力,以国家强制力为后盾的诉讼行为,相对而言,被追诉人则处于弱势地位,因此必须通过设置一定的程序规则对公权力予以制约,并对其违反法律取得的证据采取消极评价,从而防止为达到定罪结局而不择手段的司法行为,保证控辩双方在理性基础上的平等对抗。之所以要依法排除非法取得的言词证据,不仅是因为其客观真实性受到影响,更为主要的是因为非法的取证方法侵犯了公民最基本的人权,直接违反了刑事诉讼法的规定,破坏了法制的尊严。另外,对于非法实物证据,适用相对排除,即附条件排除的原则,即物证、书证的取得方法违反法律规定,致使严重影响司法公正的必须补正或作出合理解释。否则,对该实物证据应当予以排除。2012年《最高人民法院关于适用〈中华人民共和国刑事诉讼法〉的解释》第73条规定,"在勘验、检查、搜查过程中提取、扣押的物证、书证,未附笔录或者清单,不能证明物证、书证来源的,不得作为定案的根据。物证、书证的收集程序、方式有下列瑕疵,经补正或者作出合理解释的,可以采用:(一)勘验、检查、搜查、提取笔录或者扣押清单上没有侦查人员、物品持有人、见证人签名,或者对物品的名称、特征、数量、质量等注明不详的;(二)物证的照片、录像、复制品,书证的副本、复制件未注明与原件核对无异,无复制时间,或者无被收集、调取人签名、盖章的;(三)物证的照片、录像、复制品,书证的副本、复制件没有制作人关于制作过程和原物、原件存放地点的说明,或者说明中无签名的;(四)有其他瑕疵的。对物证、书证的来源、收集程序有疑问,不能作出合理解释的,该物证、书证不得作为定案的根据。"以是否严重影响公正和补正与合理解释为条件,这样规定是由于实物证据不同于言词证据,当前我国取得实物证据的手段、条件尚不完备,因为我国刑事侦查的科学技术手段和秘密侦查手段,无论是从立法还是科学技术的发展程度,还远远落后于同刑事犯罪斗争的实际需要,落后于刑事犯罪智能化水平。所以,我们对非法证据排除的范围还不能全部实行绝对排除,对非法实物证据只能实行有限、附条件地排除。这也是打击犯罪和保护人权原则的具体体现。

4. 具体设计了排除非法证据的程序

对如何排除非法证据,刑事诉讼法规定了具体的操作规程:(1)程序的启动。在开庭审理前或庭审过程中,被告人及其辩护人有权提出其审判前供述是非法取得的意见,并提供相关线索和证据。修改后的2012年《刑事诉讼法》第56条第2款规定:"当事人及其辩护人、诉讼代理人有权申请人民法院对以非法方法收集的证据依法予以排除。申请排除以非法方法收集的证据的,应当提供相关线索或者材料。"这一规定表明:启动的主体包括当事人及其辩护人、诉讼代理人;启动的形式可以是书面申请,也可以是口头申请;启动的时间,可以在开庭前也可以在开庭中,根据其第182条的规定,在开庭以前,审判人员可以召集控辩双方,对"非法证据排除等与审判相关的问题,了解情况,听取意见"。据此规定,申请人有权在开庭前提出;启动的内容"应当是提供相关的线索或者证据。"即涉嫌非法取证的人员、时间、地点、方式、内容等相关线索或者证据。对于由辩方启动并提供相关线索或者证据,笔者认为这是当事人行使辩护权的一项重要的诉讼权利,不能混同为举证责任,更不能随意认为是"证明责任倒置"。(2)法庭审查并进行法庭调查。程序启动后,法庭应当进行审查,合议庭对被告人审判前供述取得的合法性没有疑问的,则对起诉指控的犯罪事实进行调查;对供述取得的合法性有疑问的,则由公诉人对取证的合法性举证。修改后的2012年《刑事诉讼法》第56条规定:"法庭审理过程中,审判人员认为可能存在本法第五十四条规定的以非法方法收集证据情形的,应当对证据收集的合法性进行法庭调查。"(3)控方举证和证明的方法。公诉人应当提供必要的证据对被告人供述取得的合法性予以证明,包括向法庭提供讯问笔录、原始的讯问过程录音录像或者其他证据,提请法庭通知讯问时其他在场人员或者其他证人出庭作证,仍不能排除刑讯逼供嫌疑的,提请法庭通知讯问人员出庭作证。公诉人举证后,控辩双方可以就被告人审判前供述的取得是否合法的问题进行质证、辩论。修改后的2012年《刑事诉讼法》第57条规定:"在对证据收集的合法性进行法庭调查的过程中,人民检察院应当对证据收集的合法性加以证明。"这一规定把排除非法证据的证明责任,明确由控方承担,而且在该条第2款还规定证明的方法,即"现有证据材料不能证明证据收集的合法性的,人民检察院可以提请人民法院通知有关侦查人员或者其他人员出庭说明情况;人民法院可以通知有关侦查人员或者其他人员出庭说明情况。有关侦查人员或者其他人员也可以要求出庭说明情况。经人民法院通知,有关人员应当出庭"。司法实践中,根据我国法律规定法庭对于控辩双方提供的证据有疑问的,可以对证据进行调查核实,但这并不意味着法院实际上承担了一部分证明责任。法院的责任就在于裁断控诉方是否已完成其证明责任从而作出裁判,在事实出现真伪不明时,法官所要做的就是根据证明责任分配原理,作出有利于被告人的认定。可见,法院并不会承担举证不能的不利后果和风险,其依法所作的调查活动只是为了最大限度地查明案件真相,从而保证控辩双方的平等对抗。(4)法庭经过审理的处理程序。修改后的2012年《刑事诉讼法》第58条规定:"对于经过法庭审理,确认或者不能排除存在本法第五十四条规定的以非法方法收集证据情形的,对有关证据应当予以排除。"根据这一规定,对于经过庭审,即当事人等的申请、法庭调查、控方举证、质证和辩论,如果法庭能够确认为非法证据的,应当予以排除;不能排除存在以非法方法收集证据情形的,即该证据的合法性控方不能提供证据加以证明,或者已提供的证据不够确实、充分的,该证据也不能作为定案的根据,亦应当依法予以排除。我们认为,在刑事诉讼中,公诉机关承担提供证据指控被告人犯罪的职责,对于被告人及其辩护人所提被告人庭前供述系非法取得的线索和证据,理应同样承担证明被告人庭前供述系合法取得的证明责任。在公诉机关不举证,或者已提供的证据不够确实、充分的情况下,就应承担不能以该证据证明指控的犯罪事实的法律后果。

对于非法证据排除的程序,2012年《最高人民法院关于适用〈中华人民共和国刑事诉讼法〉的解释》第96条至第102条进行了规定:当事人及其辩护人、诉讼代理人申请人民法院排除以非法方法收集的证据的,应当提供涉嫌非法取证的人员、时间、地点、方式、内容等相关线索或者材料。人民法院向被告人及其辩护人送达起诉书副本时,应当告知其申请排除非法证据的,应当在开庭审理前提出,但在庭审期间才发现相关线索或者材料的除外。开庭审理前,当事人及其辩护人、诉讼代理人申请人民法院排除非法证据的，人民法院应当在开庭前及时将申请书或者申请笔录及相关线索、材料的复制件送交人民检察院。开庭审理前，当事人及其辩护人、诉讼代理人申请排除非法证据，人民法院经审查，对证据收集的合法性有疑问的，应当依照《刑事诉讼法》第182条第2款的规定召开庭前会议，就非法证据排除等问题了解情况，听取意见。人民检察院可以通过出示有关证据材料等方式，对证据收集的合法性加以说明。法庭审理过程中，当事人及其辩护人、诉讼代理人申请排除非法证据的，法庭应当进行审查。经审查，对证据收集的合法性有疑问的，应当进行调查；没有疑问的，应当当庭说明情况和理由，继续法庭审理。当事人及其辩护人、诉讼代理人以相同理由再次申请排除非法证据的，法庭不再进行审查。对证据收集合法性的调查，根据具体情况，可以在当事人及其辩护人、诉讼代理人提出排除非法证据的申请后进行，也可以在法庭调查结束前一并进行。法庭审理过程中，当事人及其辩护人、诉讼代理人申请排除非法证据，人民法院经审查，不符合本解释第97条规定的，应当在法庭调查结束前一并进行审查，并决定是否进行证据收集合法性的调查。法庭决定对证据收集的合法性进行调查的，可以由公诉人通过出示、宣读讯问笔录或者其他证据，有针对性地播放讯问过程的录音录像，提请法庭通知有关侦查人员或者其他人员出庭说明情况等方式，证明证据收集的合法性。

第五节 相关证据规则

一、相关证据规则的概念

相关证据规则又称关联证据规则，是指只有与本案有关的事实材料才能作为证据使用。在美国，所谓相关性（relevancy），或者说关联性，是指证据必须与案件的待证事实有关，从而具有能够证明案件的待证事实的属性。美国《联邦证据规则》第401条对相关证据的定义是："相关证据"指证据具有某种倾向，使决定某项在诉讼中待确认的争议事实的存在比没有该证据时更有可能或更无可能。[20] 相关性是证据被采纳的首要条件，相关性规则也是英美法系的一项基础性证据规则，没有相关性的证据是不具有可采性的。但它也存在品格证据、类似证据和不公正偏见证据的例外。

检验证据是否有相关性，有以下几个标准：(1)所提的证据是用来证明什么的？(2)这是本案的实质性问题吗？(3)所提的证据对该问题有证明性吗？因为证据的相关性从本质上说取决于证据事实由案件事实所反映、所产生，与案件事实存在内在的、实质的联系，从而才可能产生不同程度的证明力。因此，判断证据是否具有关联性，往往需要逻辑推理，需要有丰富的实践经验。

二、外国有关相关证据规则的规定

英美法系证据法对证据的关联性极为重视，即凡对自己的主张提出证据的，所提的资料须

---

〔20〕 See Arther, Best Evidence: Examples And Explanations, Little Brown and Company, 1994, p. 2.

与其主张及争议事实有关联性,以此来限制辩论的范围。英美法理论认为,作为证据,必须既有关联性,又具有可采性。有相关性的证据能否采纳,首先看它是否被传闻证据规则、意见证据规则、最佳证据规则和特权规则等排除规则予以排除,如果被这些证据规则排除了的话,当然就不可采。即使是没有被上述规则排除,相关证据也有可能不被采纳,这就是美国《联邦证据规则》第403条规定的因偏见、混淆或浪费时间而排除相关证据。该条规定,证据虽然具有相关性,但可能导致不公正的偏见、混淆争议或误导陪审团的危险大于该证据可能具有的价值时,或者考虑到过分拖延、浪费时间或无需出示重复证据时,也可以不采纳。英美法之所以要求证据必须具有关联性才可以被采纳,其主要理由有两个方面:(1)因英美法实行陪审团审判的制度,由陪审团来认定案件事实,为了防止当事人将没有关联性的证据提供陪审团考虑导致陪审团错误地认定案件事实,所以要有关联性规则,以免陪审团受当事人提出的无关联性证据的误导。(2)要求证据必须具有关联性是为了限定调查证据的范围。英美法实行当事人主义,证据的提出是当事人的责任,提出何种证据完全由当事人决定,如果不加以限制,会导致案件证据的调查没有终结,导致审判旷日持久,影响诉讼的顺利进行。

品格证据是最常见的相关性难题之一。一般的规则是,一个人的品格或者一种特定品格(如暴力倾向)的证据在证明这个人于特定环境下实施了与此品格相一致的行为上不具有相关性。"一次做贼,永远是贼"的说法不是得到承认的法律原则。由此推论,被告人过去一般的不良品格都不得提出来证明现在的犯罪事实。

当然,与其他证据规则一样,排除使用品格证据的规则也有一些重要的例外。它们包括:

1. 被告人自己提出其品格良好的证据的,或曾攻击控告人的品格的,以及曾指证他人或共同被告是犯罪人的,则被攻击的一方或原告可以质问被告人过去的品行,并提出关于其品格不良的证据,在这种情况下,可以视为被告人实施犯罪行为的佐证,或者用来证明被告自行作证的证言是不可信的。被告人定罪之后,法院在判刑之前,可以查询和采纳有关其前科和品格的证据。

2. 被害人的品格。在美国,有关提出强奸指控之被害人以前的具体性行为的证据一般也不能采用,除非该证据属于下列情形:(1)宪法规定应予采用的;(2)发现该被告人不是该精液来源的证据或者该被告人并没有造成控告人所受伤害的证据;(3)表明被告人自己过去与该控告人的性关系的证据。

3. 关于其他犯罪、错误或行为的证据。美国《联邦证据规则》第404条(b)规定:"关于其他犯罪、错误或行为的证据不能用来证明某人的品格以说明其行为的一贯性。但是,如果出于其他目的,如证明动机、机会、意图、预备、计划、知识、身份,或缺乏过失,或意外事件等,可以采纳。"

三、我国对证据关联性的规定

虽然我国诉讼法没有就证据的关联性问题作出明确规定,但对于证据只有对案件事实有证明作用才能够用来证明案件事实这一点,却是法学界的共识。证据必须具有关联性,是证据的基本特征之一。有学者认为,诉讼证据的关联性,是指诉讼证据和案件之间有客观的联系,为证明案件待证事实所必需,并且在现有条件下,能为人们所认识利用。在我国的法律中,存在有关相关性的分散的规定。例如,2012年《刑事诉讼法》第118条规定:"侦查人员在讯问犯罪嫌疑人的时候,应当首先讯问犯罪嫌疑人是否有犯罪行为,让他陈述有罪的情节或者无罪的辩解,然后向他提出问题。犯罪嫌疑人对侦查人员的提问,应当如实回答。但是对与本案无关的问题,有拒绝回答的权利。侦查人员在讯问犯罪嫌疑人的时候,应当告知犯罪嫌疑人如实供述自己罪行可以从宽处理的法律规定。”该条从犯罪嫌疑人权利的角度确立了犯罪嫌疑人陈述的相关性,同时也要求侦查人员只能讯问与本案有关的问题。又如,该法第138条规定:“在侦查活动中发现的可用以证明犯罪嫌疑人有罪或者无罪的各种财物和文件,应当查封、扣押;与案件无关的财物、文件,不得查封、扣押。”由此可见,我国已经确立了相关性规则,没有相关性的证据是没有可采性的。

第六节　传闻证据排除规则

一、传闻证据规则的概念

当事人主义的诉讼常因为考虑证据的真实性而排除不可靠的证据资料,使其根本不能成为证据,其中最为重要的就是排除传闻证据。所谓传闻证据,是指用以证明法庭之外的陈述,包括口头陈述、书面陈述以及有意或无意地带有某种意思表示的行为。由于传闻证据的间接性和不准确性,其一般应予排除;但在被害人的临终陈述、以治疗为目的的陈述、先前的有罪判决、第三方做出的不利自身利益的陈述和陈述人的可信度很高等情况下,传闻证据也可以采用。[21] 由此可见,传闻证据通常是指证人的陈述,不是陈述其亲身经历的事实,而只是转述传闻的内容,也就是将其他人的陈述在法庭上提出,作为自己作证的证言。英国证据法学者麦克米克认为,“传闻证据是指在法院之外作出、在法院之内作为证据使用的陈述,或者是口头的,或者是书面的,用于证明该陈述本身所声明的事件的真实性”。传闻证据规则一方面要求证人就某一事实作证,必须陈述自己耳闻目睹的该事实的情况,如果陈述者是由他人就该事实的感知而转告给他的,就属于传闻,不能作为证据。另一方面传闻证据规则的要求是,证人必须出庭,他人的陈述即使以书面的形式存在,也不能由他人在法庭上代为陈述。

二、排除传闻证据的理由

排除传闻证据的理由主要有:(1)其没有经过原供述人的宣誓,缺乏确实性或可信性,所以不承认其可采性。(2)这是实行直接审理的结果。因为对传闻证据不能进行交叉询问。(3)传闻证据具有很大的误传的危险性,不足以采信。因此,对传闻证据一般是予以排除。传闻证据排除规则在我国刑事诉讼法中的规定主要是:“证人证言必须在法庭上经过公诉人、被害人和被告人、辩护人双方讯问、质证,听取各方证人的证言并且经过查实以后,才能作为定案的根据。”这一条可以理解为在法律上,证人不出庭以书面陈述代替出庭作证,是不具有证据能力的。但刑事诉讼法随后关于可以当庭宣读不出庭证人证言的规定,无疑极大地削弱了此规定的作用。

---

〔21〕 卞建林主编:《证据法学》,中国政法大学出版社2000年版,第478页。

三、传闻证据排除规则的例外

传闻证据排除规则的例外在某些情况下,如果复述或者间接提出他人的言语举动而不妨碍其确实性的,传闻证据也是可以接受的。因此,这一规则又存在大量的例外情况。在法定例外情况下,执法机关可以采纳传闻证据。下面对传闻证据排除规则的例外作概括性的介绍。根据《美国联邦证据规则》,传闻证据规则主要有两种例外:一为陈述者可否作证无关紧要;二为陈述者不能到庭作证。

在此,我们主要介绍以下几种传闻证据排除规则的例外:

1. 先前的证词

在前一诉讼程序中被提出并被证明的证人证言是传闻,但可在后一程序中适用。此例外的适用条件是:(1)先前证词必须是前一诉讼程序中经宣誓提出或经正式确认;(2)该证言必须经过当事人双方的直接询问和交叉询问;(3)不同审判程序所涉及的争议点必须是相同的;(4)后一程序中存在证人不能出庭作证的情况。

2. 死者生前所作的陈述

它来源于刑事诉讼中的临终陈述。在刑事诉讼中,临终陈述的例外只是用于谋杀案中庭外陈述者说出凶手的名字或极为详细的描述凶手的特征。随后扩大到民事案件,且在刑事诉讼中也不限于谋杀案件,受害者也不再要求必须死亡,但必须具有不能作证的情况。在民事诉讼中,死者生前在法庭之外所作的陈述是传闻证据,但是在下述三种情况下可以采纳:(1)对公众关心的事务所作的陈述。为了证明传统的或习惯上的权利、公共权利,出身(家谱、血统等)和其他类似的事实,死者生前的陈述可以采纳。(2)死者生前所作的不利于自己的声明可以采纳,但必须在作出的当时对声明者本人不利,而且陈述者当时对所声明的对自己的不利事实是了解的。(3)死者在履行义务或者职责过程中的声明。如果死者负有记录其行为的义务,而且记录的行为事实上是由死者本人作出,死者对该行为的声明可以采纳为证据。

3. 对己不利的陈述

这条例外的理论根据是,人们不会说出可能于己不利的话,除非他们说的是事实。对己不利的例外也需要有几个成立的要件:(1)该陈述不利于陈述者的所有权或重大的其他利益;(2)陈述人已经认识到这种不利;(3)陈述是依据事实所作的表达,而不是推测和意见;(4)陈述人没有说谎的动机;(5)在审判时陈述人无法出庭。

4. 公共文件

公共文件中记载的陈述属于传闻证据,但可以作为初步证据采纳,条件是:(1)制作和保存公共文件的目的在于公共使用,其内容必须是有关公共利益的事务;(2)必须对公众开放,以接受监督;(3)必须是在事件发生之后立即制作的;(4)记录必须是由专司其责的人制作,而且制作人对记录内容的真实性充满确信。

5. 视听资料

这是英国制定法规定的例外。1968 年的《英国民事证据法》第 5 条规定:"如果关于某项事实的口头陈述可以作为证据采纳,计算机对该事实所作的陈述(记录)就可以作为证据采纳。"1984 年《英国刑事司法法》第 69 条、第 71 条进一步作出详细的规定,将视听资料的适用扩大到刑事诉讼。第 69 条规定:"在任何诉讼过程中,计算机制作的文件当中所记载的陈述,作为证明该陈述所反映事实的证据是不能采纳的,除非:(一)没有合理的来源确信因计算机的不正确使用致使该陈述不准确的;(二)在所有的相关时间之内,计算机都在正确地运行,或者运行不正确、不能运行对文件的制作及其内容的准确性没有任何影响的。”第 71 条规定:“在任何诉讼过程中,文件内容的可靠性(无论该文件是否存在)都可以通过展示该文件的一部分或者全部、微缩胶卷的放大件等为法院所许可的方式予以证明。”

6. 心理状态的例外

此例外的理论依据是,传闻证据的不可靠的风险在此证据中并不存在。关于陈述人当时的心理状态的陈述,既不存在感知力的问题,也不存在记忆力的问题。当其心理状态成为争论的焦点时,除了其本人的陈述外,没有更好的方法去证明它。该类庭外陈述可以作为证据的条件是:(1)其证明对象是该人在特定时间的心理状态;(2)该陈述是在其诚实得到证明的情况下作出的。

四、传闻证据规则的价值

经过数百年的发展,传闻证据排除规则已经成为一个庞大复杂的证据规则体系。但实际上,传闻证据规则的适用范围却越来越小,法院一方面通过缩小传闻证据本身的范围限制传闻证据规则的作用,另一方面又通过设定例外情况限制传闻证据规则的适用。对此,英国证据法学者墨菲所作的解释是:“例外情形的产生原因有两个:一是如果不对某些传闻证据设立例外规定,有些事实就难以证明,或者不可能证明,审判因此无法进行下去;二是即使没有设立例外,也可以设置各种限制。”由于例外和限制众多,传闻证据排除规则实际上已经处于名不副实的境地。但不可否认的是,传闻证据排除规则具有深厚的价值内涵。

第一,传闻证据排除规则是对抗式审判制度得以实现的重要手段。传闻证据规则要求证人应当尽可能在法庭作证,以便法官或者当事人观察其诚实信用性、记忆力、表达能力、观察能力等,从而对证人证言的可靠性作出切实的判断。对抗式审判制度是当事人主导程序的一种诉讼模式,具有明显的对抗性,直接言词原则正是保证这种竞赛顺利进行的必不可少的规范之一,当庭对质(Confrontation)和质辩(Cross - Examination)由此成为当事人基本的诉讼权利。一切证据都必须在公开的法庭上,以口头的方式作出,一切证人都必须接受当事人的询问和反询问,陪审团和法官只能根据在法庭上了解到的事实作出裁判。传闻证据不能满足上述要求,与直接言词原则冲突。传闻证据排除规则却能做到这一点,它有利于确保法官和当事人直接与提供陈述的证人接触,尽可能地与证据的来源接触,通过亲身的观察和感受,审查判断证据。

第二,传闻证据排除规则有利于案件裁判的准确性。排除传闻证据的适用是一种司法价值的选择。传闻证据本身具有的先天性弱点限制了它的证据价值。一方面,传闻证据是证人对他人的陈述的转述,由于人的可靠性、表达能力、记忆能力各不相同,转述的次数越多,陈述的内容越复杂,出现错误的可能性就越大,误判的风险也就越大。另一方面,做出传闻陈述的人实际上不可能受到询问和反询问。因此,有关他的可靠性、表达能力和记忆能力等情况,陪审团、法官和当事人都无从得知,对有关的陈述可信性也无法进行有效的鉴别。原则上排除传闻证据的适用,有利于案件的准确处理,从而达到公正处理案件的目的。

第三,传闻证据排除规则有利于诉讼公开、诉讼平等和诉讼民主等价值的实现。传闻证据排除规则能够使法庭审判更具有平等性和民主性。传闻证据排除规则为当事人的对抗和竞赛提供公平的条件,使案件事实在当事人的对抗过程中逐步被显示出来。如果一方当事人提供证人证言,而另一方当事人不能与该证人接触,特别是与证人对质,这对另一方当事人是不公平的,因为另一方当事人无法知道什么样的人在何种条件下提供了证人证言。法庭的对抗有助于揭示矛盾,有利于法官全面掌握案件事实,从而最终有利于解决矛盾。同时,传闻证据排除规则能够增加法庭审判的公开性,确保当事人的知情权。传闻证据排除规则的目的之一是使任何一方当事人都可以及时了解另一方当事人的行为,使双方的对抗置于法庭指挥和监督之下,成为公开的竞争。同时,法官也置于当事人的监督之下,如果法官的行为违反了证据规则,当事人可以及时提出异议,并且可以提请上诉程序纠正。因此,传闻证据排除规则对于民主、公正等诉讼价值的实现具有重要的意义。

五、传闻证据规则在我国的适用

(一)我国理论界对引入传闻规则的期望

普通法系国家的诉讼证明以证人出庭为主要证据方法,通过当事人及其律师对证人的询问和交叉询问展开案情论证,庭审过程生动活跃、唇枪舌剑,事实裁判者在当事人法庭质证的基础上得出事实结论。

我国目前刑事庭审改革的目标是超越职权主义的束缚,赋予当事人更多的参与权和尊重,在证据调查方面尤其是询问证人的方式上,希望由原来的法官主导式询问变成控辩双方主导式询问。但是,证人出庭率极低,使被告人的对质权无法实质化,辩护权能也几近失效,控辩双方平等对抗的愿望无法实现。在保障和改善被告人权利地位、促进事实发现、提高效率等方面,现阶段的法庭诉讼制度和实践现状与改革理想之间还有很大差距。

首先,保证证人出庭的法律制度尚未完善。审判中,证人不出庭、采用书面证言是普遍现象,严重侵蚀着当事人尤其被告人的质证权;法庭质证规则也因此难以真正落实和发展。

其次,当事人主义对被告人的法律辅助人——律师的帮助权有很高的要求。只有在律师帮助权能够普遍化并实质化的情况下,真正的对抗才可能实现,并保障被告人的合法利益以及人们对司法公正期待的实现。而我国现阶段还没能建立起完善的律师帮助制度。一是律师的数量还不充足;二是律师帮助权(尤其在侦查阶段)受到较大限制、调查权也很有限;三是律师身份、地位和意见的分量还比较低。这些原因导致律师尚不能有效地辅助被告人。

再次,刑事审前程序未能建立健全、案件分流体系还不成熟,法庭实质审理的案件数量巨大,造成诉讼资源紧张、耗费,诉讼效率较低。

最后,对控诉方的证明责任要求较低,证明标准掌握比较宽松,定案质量不高。实践中,高度依赖控诉证据、被告人在庭审活动中的作用微弱、法院对公诉机关起诉的刑事案件定罪率极高,判决说理言辞模糊或者根本不说理。

近年来,很多学者对以美国法为代表的传闻证据规则进行研究和介绍,期待未来将其纳入中国证据法,以解决证人不出庭问题、减少书面审理的范围。应该说,这种想法是符合当前审判方式改革的需求的,因为我们审判方式改革的目标之一是尊重和实现被告人的对质权,加之为了发现事实必然强调证据的可靠性,确立传闻证据规则的确能够抑制书面证言的泛滥,引起法庭对当事人质证权的重视。但是,我们如果全盘照搬普通法系的传闻证据规则,法律职业者恐怕还难以完全理解和适应,而且传闻规则的某些理念和要求也会与我国的法律传统和文化有所冲突,使我们所移植的制度失去生命力和适应性。因此,我们的引进必须朝着审判方式改革的目标方向,本着尊重法律文化的历史继承性和地域发展性的原则,将传闻证据规则的确立与相关制度的改革一并结合起来,综合考量公正与效率的需求,有侧重并稳步、持续地进行。

（二）引进传闻证据规则的基本思路

1. 明确规定反传闻证据的基本原则

该基本原则的确立有两种方案：第一种方案是立法规定什么是“传闻”，并确立传闻不可采纳的一般原则。规定“传闻，是指陈述人在庭审外作出的用以证明所主张事项之真实性的陈述。法庭不得采纳传闻作为认定事实的证据，法律另有规定的除外”。但笔者担心这种表述可能会给读者的理解带来一些困难；此外，如果采用“传闻”的概念，势必要将传闻规则的体系完整加以规定，而这样做既耗费资源也不可行。

第二种方案是不援引“传闻”定义，只是在现有法律规定的基础上加以改良就可以确立反对传闻的原则。我国有类似于传闻规则的法律规定，只是这些法律条文之间存在矛盾、缺乏严密逻辑；1996 年《刑事诉讼法》第 47 条规定证人证言必须在法庭上经过控辩双方讯问、质证并查证属实后才能作为定案根据。这与禁止传闻的机理是一致的，无非是为了保证当事人的质证权和证据的可靠性。第 48 条还规定“知道案件情况的人，都有作证的义务”，这是对证人提出的出庭作证的法律要求。但第 157 条却无条件地允许当庭宣读未到庭证人的证言笔录、鉴定结论、勘验笔录等作为证据的文书。后来出台的最高人民法院《关于执行〈中华人民共和国刑事诉讼法〉若干问题的解释》第 141 条关于证人不出庭理由的规定很宽泛（未成年人，身患重病或行动极为不便，其证言对案件的审判不起直接作用，有其他原因），且未能实际执行。法律一方面规定了证人出庭义务；另一方面却广泛地允许证人不出庭，允许阅读庭外陈述。既然书面证言具备证据资格，自然就可能成为定案根据。1996 年《刑事诉讼法》第 157 条和上述司法解释第 58 条的规定使《刑事诉讼法》第 47 条成了摆设，而法院采纳这类传闻证据既损害了当事人的程序权利，又增加了事实认定的错误危险性。因此，2012 年《刑事诉讼法》试图改善这一状况，在第 187 条中规定：“公诉人、当事人或者辩护人、诉讼代理人对证人证言有异议，且该证人证言对案件定罪量刑有重大影响，人民法院认为证人有必要出庭作证的，证人应当出庭作证。”同时，法律要求人民警察就其执行职务时目击的犯罪情况作为证人出庭作证，也适用前款规定。如果公诉人、当事人或者辩护人、诉讼代理人对鉴定意见有异议，人民法院认为鉴定人有必要出庭的，鉴定人应当出庭作证。经人民法院通知，鉴定人拒不出庭作证的，鉴定意见不得作为定案的根据。另外，2012 年刑事诉讼法还规定了出庭作证的例外情况和不出庭作证的后果和责任。其第 188 条规定，经人民法院通知，证人没有正当理由不出庭作证的，人民法院可以强制其到庭，但是被告人的配偶、父母、子女除外。证人没有正当理由拒绝出庭或者出庭后拒绝作证的，予以训诫，情节严重的，经院长批准，处以十日以下的拘留。被处罚人对拘留决定不服的，可以向上一级人民法院申请复议。复议期间不停止执行。通过这些规定，努力减少不出庭作证人员的范围，加大证人出庭的保证力度，对于落实直接言辞原则具有积极意义，也是传闻证据规则的有效弥补。这是刑事诉讼法修订的另一项积极成果。

2. 规定一些必要的例外情形

a. **一般情形。** 证人（或被害人，下同）因以下原因不能到庭作证的，可以向法庭提供书面证言：（1）证人已经死亡；（2）证人下落不明的；（3）证人患有重病、行动不便，不能到庭的；（4）证人不在中国境内，无法到庭的；（5）因路途遥远，交通不便，无法到庭的；（6）因自然灾害等客观原因无法到庭的；（7）证人有遭到威胁或报复危险的。如果证言是关键证据（即关于案件事实的实质性、关键性、唯一或主要的证据），法庭应当尽可能通过视听传输系统进行询问或者在审前程序为当事人提供询问机会。关键证人没有到庭并且没有赋予被告人其他质证机会的,一般不得作为定案的决定性根据。

b. **特殊主体制作的陈述笔录。** 日本《刑事诉讼法》确立传闻规则时,遵循本国法律文化和司法传统,给法官和检察官制作的笔录以特殊处理,赋予额外的证据资格(第321条)。我国可以借鉴这种做法,规定:(1)审判外在法官面前所作的陈述,可以作为证据;(2)审判外在检察官面前所作的陈述,如果原陈述人确有正当理由无法到庭并且具有可信性的,可以作为证据使用。

c. **如果控辩双方都同意,法庭可以许可证人到庭转述原陈述人的陈述。** 这是关于传闻证人(道听途说的证人)的规定。因为我国的证据理论和制度一向认可传来证据的证据资格,并对其在实践中的运用总结出了一些合理可行的应用规则。所以可以继续采用,但是应当规定严格的条件,即控辩双方都同意。当事人在主询问终了之前以及反询问中都没有提出异议的,可以视为默示同意。

d. **具有高度可信性的文书,可以作为证据:** (1)公务员对其职务上能够证明的事实而制作的文书,如户籍副本和公证书副本;(2)在正常业务过程中制作的文书,如商业账本和航海日志;(3)与上述文书具有同等可信程度的文书,如被广泛使用的名册、年表、数据表等。

最后,必须指出,以上所列书面陈述虽然可以作为证据,但是其证明价值如何还需要法官据情综合判断。此外,需要说明的是,被告人的庭外供述除了用来质疑其庭审上陈述的可信性之外,不可以直接作为认定案件事实的根据。

3. 赋予法官一定的裁量权

审理法官根据证人证言的关联性大小、要求原陈述者出庭作证是否将造成不适当的花费或拖延,以及衡量司法公正的利益,可以决定是否许可书面证言或传闻证人。

第七节　自白和补强证据规则

一、自白和补强证据规则的概念

(一)被告人的自白(Confession)

自白有狭义和广义之分,狭义的自白是指被告人在法庭审判中对犯罪事实的自认,而广义的自白则还包括被告人在法庭审判外所作的关于犯罪的承认。在当事人主义的诉讼中,只有广义的自白才在证据法上有意义。因为被告如果在法庭开始审判时(Arraignment)自认犯罪,则基于当事人可以处分其利益的原则,应视为被告对争议事实已经自认(admission),从而法院可以据以定案,不必再调查证据。这一点与职权主义诉讼有显著差别。只有法庭审判外的自白,在审判中又被被告人否认的,对方当事人如果要将之作为证据,才发生是否有证据能力的问题。英国证据法对这种自白,仅在严格的限制下承认其有证据能力,即自白必须不是追诉机关强迫所获得,必须纯粹出于自愿陈述才可以成为合法的证据。这就是所谓的任意性自白规则,即不得强迫自证其罪规则,是指在刑事诉讼中,只有基于被追诉人自由意志而做出的自白

(有罪供述),才具有证据能力。[22] 它与沉默权紧密相关,是英美法系的一项传统证据法则,不具有任意性的自白将被法庭自动排除。这是因为当事人主义对自白的可信程度不作过高估计,而且认为被告应有权保持沉默,原告应与被告立于对等地位,基于辩论寻求证据,以查明事实真相。

在我国,根据刑事诉讼法的规定,我国基本上没有采纳沉默权原则。虽然我国2012年《刑事诉讼法》第50条规定:"严禁刑讯逼供和以威胁、引诱、欺骗以及其他非法的方法收集证据,不得强迫任何人证实自己有罪。"但是,其第118条同时规定侦查人员在讯问犯罪嫌疑人的时候,应当首先讯问犯罪嫌疑人是否有犯罪行为,让他陈述有罪的情节或者无罪的辩解,然后向他提出问题。犯罪嫌疑人对侦查人员的提问,应当如实回答。但对与本案无关的问题,有拒绝回答的权利。可见,在我国刑事诉讼中,犯罪嫌疑人和被告人是无沉默权和拒绝供述权的,虽然2012年《刑事诉讼法》修改后增加了非法证据排除规则,提出对非法取得的部分言词证据应当予以排除,对非法取得的部分实物证据经补正或作出合理解释的,仍然可以使用。这在一定程度上都说明,我国刑事诉讼法对沉默权的忽略,这也是司法实践中存在久治不愈的刑讯逼供之顽症的重要原因之一。我国刑事诉讼法关于保护犯罪嫌疑人和被告人供述自愿性改革,仍是任重而道远。

(二)补强证据规则(Corroborative Evidence)

补强证据规则是指为了保护被告人的权利,防止对案件事实的误认,对于被告人自白或自白以外的其他供述证据要求有其他证据予以证实,才能作为定案依据的规则。[23] 英美法、日本和我国台湾地区都有补强证据的规定。现代当事人主义的证据规则对于何种资料可以作为证据,即何种资料有证据能力,设有详细的规定,而对于各种证据的证明力如何,则很少硬性规定。英美法比较注重证据的个别衡量,其判断证据的一般原则是:证明犯罪事实须使审判者的确信达到排除合理怀疑的程度(beyond reasonable doubt)。至于何种证据可以导致这样强烈的内心确信,则没有什么限制。这一原则一直到现代都没有什么变化,只是为了保障被告利益,就特殊重大的案件,以及某些证明力显然薄弱的证据,仍要求有法定证据或者补强证据。

在我国,已经存在一些关于补强证据的规定。例如,2012年《刑事诉讼法》第53条规定:"对一切案件的判处都要重证据,重调查研究,不轻信口供。只有被告人供述,没有其他证据的,不能认定被告人有罪和处以刑罚;没有被告人供述,证据确实、充分的,可以认定被告人有罪和处以刑罚。"犯罪嫌疑人、被告人是被追诉的对象,其供述虚假的可能性很大,所以,法律规定只有被告人供述,没有其他证据的,不能认定被告人有罪。也就是说,在运用被告人供述认定案情时,必须有其他证据予以补强,方得作为认定案件事实的依据。此外,最高人民法院《关于行政诉讼证据若干问题的规定》第71条也规定,下列证据不能单独作为定案依据:(1)未成年人所作的与其年龄和智力状况不相适应的证言;(2)与一方当事人有亲属关系或者其他密切关系的证人所作的对该当事人有利的证言,或者与一方当事人有不利关系的证人所作的对该当事人不利的证言;(3)应当出庭作证而无正当理由不出庭作证的证人证言;(4)难以识别是否经过修改的视听资料;(5)无法与原件、原物核对的复制件或者复制品;(6)经一方当事人或者他人改动,对方当事人不予认可的证据材料;(7)其他不能单独作为定案依据的证据材料。另

〔22〕 郑旭:《刑事证据规则》,中国政法大学2000年博士学位论文,第49页。
〔23〕 郑旭:《刑事证据规则》,中国政法大学2000年博士学位论文,第206页。

外,最高人民法院《关于民事诉讼证据的若干规定》第69条规定,下列证据不能单独作为认定案件事实的依据:(1)未成年人所作的与其年龄和智力状况不相当的证言;(2)与一方当事人或者其代理人有利害关系的证人出具的证言;(3)存有疑点的视听资料;(4)无法与原件、原物核对的复印件、复制品;(5)无正当理由未出庭作证的证人证言。

虽然存在一些关于补强证据的规定,但是我国补强证据规则尚处于萌芽阶段。因为我们仅仅规定了应予补强的证据类型,至于作为补强证据的证据应当符合什么条件,补强证据的特点,以及补强应达到的证明程度等,尚缺少必要的规定。

二、关于被告人自白规则

(一)关于被告人自白规则的历史渊源

鉴于被告人自白在刑事诉讼中的重要作用,其在各种证据制度中都占有重要地位,特别是历史上的法定证据制度。16世纪至18世纪,法定证据制度发展到了全盛时期,其影响一直延续到19世纪中叶。当时,欧洲大陆法系各国的法典中,普遍规定了这种证据制度,其中具有代表性的法典有1532年的《加洛林纳法典》、1853年的《奥地利刑事诉讼法》以及1857年的《俄罗斯帝国法规全书》等。法定证据制度具有形式主义和等级性的特点。机械地、僵死地对证据的收集、使用及其证明性进行规定。证据根据其表现形式被划分为完全证据和不完全证据。被告人自白被确认为完全证据。多个不完全证据的证明力才相当于一个完全证据。而证据的等级性主要体现为根据提供证据人的社会地位来确定所提供证据的效力,如显贵者的证言优于普通人的证言等。按照当时的法律规定,口供是定罪的主要依据,刑讯逼供是法定证据制度的基本证明方法,是获取证据的合法方式。为取得口供,对被告人、证人的刑讯就是题中应有之义了。刑讯使无罪的人认罪的可能性大增,因而它是一种极野蛮的制度。

自近代以来,其他国家和地区关于被告人自白的法律规定主要侧重于保证犯罪嫌疑人、被告人供述时的自愿性,认为非法取得的犯罪嫌疑人和被告人供述和辩解是没有证据能力的,并注重在这一前提下所得到的供述和辩解在诉讼中所发挥的作用。这就必然要涉及关于沉默权的发展历史。沉默权最早可追溯至14世纪,当时还未被称为"强迫自我归罪的特权"。那时候英格兰有一种星座法院,仅仅根据谣传就可把人传唤到法院,而不需要任何可成立的理由,也没有充足的证据。法官会问他:你犯了什么罪?如果他不控诉自己有罪,他会遭到刑讯,直到他作出有罪供述为止。这实际上建立在任何一个被传唤来讯问的被告人都犯有罪行的假定的基础上。1693年英国王室法院星座法庭在审理指控约翰·李尔本印刷出版煽动性书刊的案件中,曾强迫李尔本宣誓作证,遭到李尔本拒绝。李尔本在法庭上说:"任何人都不得发誓折磨自己的良心,来回答那些将使自己陷入刑事追诉的提问,哪怕装模作样也不行。"星座法庭便对其施予鞭刑和枷刑。后来,李尔本释放后,在英国国会大声疾呼要通过法律,确立反对强迫性自我归罪的原则。英国国会终于通过此一法律,拒绝自我归罪的特权开始在讯问中确立下来了。但是只限于这样一种意义上的沉默权:除非我知道指控的罪名,否则我不回答你提出的问题。几个世纪过去了,英格兰法发展起来,各种法院传唤来的公民开始主张"任何人无控告自己的义务"的权利,这时候就是现代意义上的反对自我归罪特权。

按照这个原则,假如一个人在回答政府机构的提问会使自己暴露于真实的和可估计的犯罪危险之中,该人则有权拒绝回答这样的提问。绝大多数情况下,在审前讯问中这种权利就被要求了,原因是一旦被告人供述,就不需要进行审判,也不再传唤证人,仅仅是根据供述就可以定罪。当美国联邦宪法吸收了这个原则之后,沉默权的发展历史就非常清楚了。在美国,所有的人都享有这项特权,但更为重要的是如何保障宪法上的这项特权的实现。历史清楚地表明一点:七个世纪过去了,从英格兰到美国,他们反对对犯罪嫌疑人、被告人进行秘密的讯问,认为这种讯问可能会导致不可靠的认罪供述。

联合国大会于1985年11月29日通过的《联合国少年司法最低限度标准规则》(北京规则)也宣告,根据正当法律程序,保持沉默的权利是公平合理审判所应包括的基本保障之一。1969年11月22日通过的《美洲人权公约》第8条也将被告人"有权不得被迫作不利于自己的证明或被迫服罪",列为最低限度的司法保障。现在除英美法国家外,大陆法国家如德国、意大利、日本等也都规定了反对自证其罪规则。

(二)关于保护被告人供述自愿性的重要规则

现代各国一般认为,非法取得的犯罪嫌疑人和被告人供述和辩解是没有证据能力的。经过长期的发展,英美等国家法律确立的保护犯罪嫌疑人和被告人供述自愿性为目的的原则包含以下内容:

1. 沉默权

作为任何人不受强迫自证其罪原则的延伸和具体保障措施之一,许多国家在刑事程序中均确认了犯罪嫌疑人、被告人的沉默权。沉默权规则的含义是:犯罪嫌疑人、被告人依法可以对有关官员的提问保持沉默或拒绝回答,不会因此而受到强迫,也不能因此而受到不利后果的推论;有关官员则有义务在提问之前告知犯罪嫌疑人、被告人享有此项权利。该项权利只意味着犯罪嫌疑人、被告人不得被强迫提供揭发控告材料,但犯罪嫌疑人、被告人仍可能被强迫接受对他的人身或者衣物的合理检查。沉默权是反对强迫性自我归罪原则中的核心内容,如果保持沉默会导致不利的诉讼后果,则从根本上违背了反对强迫性自我归罪原则。从适用的主体上看,该原则适用于作为犯罪嫌疑人、被告人和证人等自然人,而不包括法人和非法人团体。一般认为,在刑事诉讼中,犯罪嫌疑人、被告人可以绝对地保持沉默,而证人则必须陈述理由后才能保持沉默。从适用的事实范围来看,该原则适用的事实是指可能导致刑罚或者更重刑罚的事实,既包括直接证明犯罪的事实和间接证明犯罪的事实,在有的国家还包括能够发现犯罪事实的线索事实。从后果来看,被讯问者不会因为保持沉默,或拒绝供述,或拒绝提供其他证据,而承受不利的诉讼后果。

2. 拒绝供述权

反对强迫自我归罪是联合国《公民权利和政治权利国际公约》第14条第3款所规定的一项刑事诉讼中的基本原则,该原则确认"不被强迫作不利于他自己的证言或强迫承认犯罪"是人人完全有资格享有的最低限度的保证。这就是说,在刑事诉讼中任何被指控犯罪的人,都有反对自我归罪的权利或者特权。通俗地说,任何人都不得强迫他人承认犯罪,否则就违反了联合国所确立的对于被告人人权的最低限度的保障条款。与沉默权这种消极反对自我归罪的形式不同,拒绝供述权则是以积极的方式明确表示反对自我归罪,其基础和归属仍然是沉默权。可见,它和沉默权是殊途同归的概念,二者并无实质性区别。

3. 自白任意性规则和证据排除规则

这一规则要求,凡是承认自己犯罪的自白都必须出于自愿,否则不得采纳为定罪的根据,换言之,凡是出于暴力、胁迫、引诱、违法羁押或者其他不正当的方法获得的口供,一律不得作为证据使用。从证据排除规则适用的证据范围来看,该原则适用的证据既包括口头陈述,也包括实物证据。但提取被讯问者的指纹、足迹、血样、笔迹、声音、摄取被讯问者的照片、测量和检查被讯问者的身体等,不受该原则的限制。可见,自白任意性规则要求有证据排除规则相配合。它是反对自我归罪的保障性规则,是反对强迫性自我归罪原则的必然要求,二者相辅相成,缺一不可。

4. 反对刑讯逼供

从适用的行为范围来看,该原则所禁止的是以暴力、胁迫等方法强行违背被讯问者的自由意志,以获取有罪口供或其他证据的行为。在这些行为中,尤以酷刑为最。联合国《禁止酷刑和其他残忍、不人道或有辱人格的待遇或处罚公约》对此作了界定:为了取得供状而实施的蓄意使某人在肉体上或精神上遭受剧烈疼痛或痛苦的行为。该公约指出,任何施加酷刑的行为或其他残忍、不人道或有辱人格的待遇或处罚,都是对人的尊严的侵犯,应视为对联合国宪章宗旨的否定,并侵犯于世界人权宣言所宣布的人权和基本自由,应加以谴责。承认了反对自我归罪的原则,就必然要承认和落实反对刑讯逼供的原则。因为,反对自我归罪实际上是淡化口供的意义。口供的意义既然不受强调,刑讯逼供的现象自然可以避免或减少;反过来看也一样,如果刑讯逼供盛行,则必然重视口供作用,甚至过分地依赖口供定案。这两者之间是成正比的。

(三)各国关于被告人自白的主要法律规定

现代各国一般认为,非法取得的口供没有证据能力。因此,在许多国家的刑事程序中,都确认了任何人不受强迫自证其罪的原则,即任何人都没有协助证明自己实施了犯罪行为的义务,控诉、侦查机关不得强迫任何人担负此义务。该原则在对人的效力上是针对一般意义上的“任何人”讲的,但由于犯罪嫌疑人、被告人在刑事诉讼中处于被追诉的特殊地位,所以,该原则对犯罪嫌疑人、被告人便具有特别重要的保障意义。这一原则已被联合国接受,成为一项刑事诉讼的国际准则,比如联合国《公民权利和政治权利国际公约》第14条(3)(g)规定,受刑事追诉的人不得被强迫作不利于自己的证言,或者强迫承认犯罪。《联合国少年司法最低限度标准规则》(北京规则)第7条规定:“在诉讼的各个阶段,应保证基本程序方面的保障措施,诸如假定无罪、指控罪状通知本人的权利、保持缄默的权利、请律师的权利、要求父母或监护人在场的权利,与证人对质和盘诘证人的权利及向上级机关上诉的权利。”

在英美法系国家,《英国法官规则》第2条和第3条规定讯问和提讯犯罪嫌疑人之前,应当告知:“除非你自己愿意,否则,你可以不必作任何陈述。但是,你一旦有所陈述,便将被记录供证据之用。”反对强迫性自我归罪原则在英国首先确立。1789年美国宪法第5修正案吸收这一原则,使其上升到宪法性规范的高度。最初,这一原则仅仅适用于审判阶段,至20世纪30年代,美国联邦最高法院通过确立排除规则的方式,使之扩展适用于侦查阶段,1966年,美国联邦最高法院又通过著名的“米兰达诉亚利桑那州”一案,设定了著名的“米兰达规则”,为该原则适用于侦查阶段进一步提供了保障。该规则要求警察在询问犯罪嫌疑人之前必须告知:(1)你有权保持沉默;(2)你的任何陈述都可能用来反对你;(3)你有权在接受讯问时要求律师在场,如果无钱请律师,将为你指定一名律师。警察机关依此而制作的“米兰达忠告卡片”列举了六项讯问忠告,讯问犯罪嫌疑人之前必须向被讯问人宣读。现在,该原则已被扩大解释,要求任何政府机构都不得强迫任何人自我归罪。加拿大警方制作的警察告知义务卡规定,警察在讯问犯罪嫌疑人之前，应当逐项告知其所享有的权利，其中内容之一就是告知犯罪嫌疑人：“你没有义务必须陈述，除非你愿意这样做，但是，你所陈述的任何一项内容，都将作为证据使用。”之后，警察还必须进行二次警示：“如果你已经向任一警察或享有此权力的官员陈述，或者任何这样的官员已经就该案件与你交谈，我希望你能清楚地认识到，我不想因此影响你是否陈述。”

关于被告人自白的证明力问题，在英美证据法中，如果被告人在法庭上自愿性的有罪供述，即作出有罪的自白，就不再进行调查其他证据的审判程序。只要该供述是在“明知且理智”的状态下自愿作出，则构成有罪答辩。在此情形下，对案件不再进行开庭审理，即直接进入量刑阶段。同时，被告人如果放弃沉默权而作有利于己的陈述时，其诉讼地位是辩护方的一名证人，其陈述应当在法庭上接受交叉讯问，以查明其陈述的真实性。此时，被告人负有不得作伪证的义务。

在大陆法系国家通过任何形式的暴力或暴力威胁所取得的口供及其他非任意性口供，不得作为证据使用。对于刑讯逼供和其他非法手段取得口供，法国的立法和判例均持否定态度，当然也不能作为定案的依据。德国《刑事诉讼法典》规定，若违背《刑事诉讼法》第136条a第1款、第2款的规定，对被告人使用非法折磨、疲劳战术、伤害身体、服用药品、拷问、诈欺或催眠方法、威胁、许诺以及使用损害被告人记忆力和理解力的方法所得到的陈述，即使被告人同意，也不可以采用。该法典第136条第1款也规定，初次讯问开始时，要告诉被指控人所被指控行为和可能适用的处罚规定。接着应告诉他，依法他享有就指控进行陈述或者对案件不陈述的权利，并有权随时地，包括在拘押、讯问之前，与由他自己选任的辩护人商议。在日本，依照法律规定，出于强制、拷问或胁迫的自白，在经过不适当的长期扣留或拘禁后的自白，或者其他可以怀疑为并非出于自由意志的自白，都不得作为证据。〔24〕

关于被告人自白的证明力问题，在大陆法系国家，刑事诉讼被视为旨在确定国家刑罚权的活动，犯罪嫌疑人、被告人不利于己的陈述，甚至是对被指控犯罪的全盘承认，其法律效力也只是证据的一种。例如，在法国，被告人的供述如同其他证据材料一样，应当由法官自由评判。同时，根据德国刑事诉讼理论，被告人不仅可以保持沉默，而且可以说谎，通过否认、歪曲事实真相以试图避免自证其罪或逃避受到定罪的后果，并且，这样做时，被告人不会被指控有伪证罪而受到处罚。因为在大陆法系国家，一般认为犯罪嫌疑人、被告人和证人处于两种不同的且不可兼容的诉讼地位，当犯罪嫌疑人、被告人作有利于己的陈述时，他是在行使辩护权，其诉讼地位仍是一方当事人，是行使辩护职能的诉讼主体。另外，在日本刑事诉讼中，规定了对被告人供认的证明力的限制，即不问是否被告人在公审庭上的自白，当该自白是对被告人不利的唯一证据时，不得认定被告人有罪。要认定其有罪，还须有本人供述（自白）以外的补强证据。

三、关于补强证据规则

在英美法系国家的刑事诉讼中，依照制定法或惯例，补强证据规则主要有：

1. 关于叛国案件，须有法定证据。例如，美国《宪法》第3条第3项规定，叛国罪的成立需要有2名证人证实其叛国行为，或者经过被告在公开的法庭上自白所犯的罪行。

2. 被告在法庭审判外的自白，经他人提出法庭作证者，须另有补强证据，才可以作为可以考虑的证据。

---

〔24〕 卞建林主编：《证据法学》，中国政法大学出版社2000年版，第182页。

3. 关于伪证案件,仅凭一名证人的指证,不足以定案,因为如果这样做就是认为一个人的宣誓证言可以推翻另一个人的宣誓证言。例如,英国《1911 年伪证罪法》规定,任何其他同类罪行的起诉中,如果只有一个证人证明某人做了伪证,不能依此证言判处某人犯伪证罪,因为不能用誓言去反对誓言。在对每个证据的虚假性加以证明时,进行这种证明的证人证言必须有其他证据予以补强。

4. 对妇女儿童犯风化罪,如强奸等性犯罪中,仅凭一名证人的证言是不足以定罪的,因为这样的指证只是出于被害人之口,没有其他佐证,不能增强其证明力。除非该证言在某些实质的细节上有其他控诉证据补强其证明力,才能认定被告人犯有这种罪行。即使在那些法律未要求必须有补强证据的性犯罪案件中,依照惯例,法官也应当提醒陪审团在接受那些未经补强证据证明的证据时要慎重。如果法官没有做出该提醒,该有罪裁决就会可能在上诉时被撤销。

5. 幼年人作为证人时提供的不经宣誓的证言,其证言的可信性也有限制。例如,英国《1983 年青少年法》虽然允许不了解宣誓意义的幼年人作证,但其证言需要另有补强证据。

6. 共犯的证言。根据某一共犯的证言对另一个共犯定罪时,如果没有补强证据,依照惯例,英国法院认为法官应当告知陪审员,注意考虑共犯的证言有没有充分的证明力,必要时需要参考补强证据。这里的补强证据不是要证实证人陈述中的任何实质性细节,而是要证明与被告人有直接联系的某些特定细节。如果法官没有告知,即构成撤销陪审团裁决的理由。

7. 根据《1960 年道路交通法》进行的证明。英国《1960 年道路交通法》规定,某些车辆在公路上超速行驶会构成犯罪。但是,不得仅依据一位证人认为司机超速行驶的证言而判处被告人有罪。如果证人所讲述的不是自己的看法,而是他通过记秒表和测量的距离确定出来的事实,则无须补强证据。

在被告人自白是对被告人唯一不利的证据时,能否认定被告人有罪?是否需要补强证据?英美法系和大陆法系的做法是有差异的。在英美证据法中,如果被告人在法庭上自愿性的有罪供述,即作出有罪的自白,就不再进行调查其他证据的审判程序。只要该供述是在“明知且理智”的状态下自愿作出,则构成有罪答辩。在此情形下,对案件不再进行开庭审理,即直接进入量刑阶段。在大陆法系国家,刑事诉讼被视为旨在确定国家刑罚权的活动,犯罪嫌疑人、被告人不利于己的陈述,甚至是对被指控犯罪的全盘承认,其法律效力也只是证据的一种。比如,在日本,依据补强法则,不问是否被告人在公审庭上的自白,当该自白是对被告人不利的唯一证据时,不得认定被告人有罪。要认定其有罪,在自白之外,还须有其他证据。确立补强法则,一是为了防止误判,二是为了防止偏重自白。成为自白的补强证据的,必须是有证据能力的证据,且必须是本人供述(自白)以外的证据。但是,对于本人记载的日记、笔记、备忘录等,如果并非是预料到侦查、公审而记载的,则可以成为本人自白的补强证据。

在我国台湾地区,除了与日本有类似的规定外,还要求自白之补强证据,乃用于证明自白符合事实,因此补强证据必须为自白以外之证据,故不能以被告前后两次之自白中之一次作为补强证据,即使两次之自白略有出入,但不能以其一作为自白证据,另一作为补强证据。此对于共同被告之自白而言,其情形亦有不同,盖共犯一罪之共同被告,其所犯之罪即只有一个,故各个共同被告莫不针对同一罪而为自白,果如此,无论各共同被告之自白有无出入,实不得以各共同被告之自白而为互相补强,亦即仍应当以自白证据以外之证据作为补强证据。同时,各种证据均可充当补强证据,唯被告自白提出时之自白书或记载被告自白之询问笔录,抑或对于被告予以录音或录影之录音带或录影带,其内容即自白本身,故不得作为自白之补强证据。然而被告过去之日记、备忘录或信件，如涉及其所自白犯罪之记载，仍不失为被告自白以外的证据，自得另外作为补强证据。[25] 我国台湾地区“刑事诉讼法”还对补强证据的证据能力问题作出了规定，即没有证据能力的证据，是不能作为补强证据的。

第八节 不得强迫自证其罪规则

一、不得强迫自证其罪的含义

不得强迫自证其罪又称“任何人不受强迫自证其罪”或者“反对自证其罪的特权”。所谓自证其罪，是指“在审判中作为证言或者在审判程序中一个人以此表明自己构成犯罪的行为和声明”；反对强迫自证其罪则是指“要求政府在没有被告人作为反对自己的证人的情况下证明其犯罪，尽管该特权仅仅保护言词证据而不是诸如笔迹和指纹等物证。任何违背其意愿被传唤到证人席的证人都可以求助于这一权利，无论是在审判程序、大陪审团听证程序中，还是在调查前的程序中，但当证人自愿作证时该特权放弃”。[26]

根据西方学者的解释，不得强迫自证其罪包含有以下含义：一是被告人没有义务为追诉方向法庭提出任何可能使自己陷入不利境地的陈述和其他证据，追诉方不得采取任何非人道或有损被告人人格尊严的方法强迫其就某一案件事实作出供述或提供证据；二是被告人有权拒绝回答追诉官员或法官的讯问，有权在讯问中始终保持沉默，司法人员应及时告知犯罪嫌疑人、被告人享有该项权利，裁判官也不得因被告人沉默而使其处于不利的境地或作出对其不利的裁判；三是犯罪嫌疑人、被告人有权就案件事实作出有利或不利于自己的陈述，但这种陈述是有前提的，即须出于真实的意愿，并在意识到其行为后果的情况下作出，法院不得把非出于自愿而是迫于外部强制或压力所作出的陈述作为定案根据。从权利内容来看，不得强迫自证其罪的重要权利保障就是犯罪嫌疑人、被告人的沉默权，换句话说，在某种意义上，不得强迫自证其罪就是沉默权。

从适用主体上看，不自证其罪原则不仅适用于犯罪嫌疑人、被告人，也适用于证人。对于犯罪嫌疑人、被告人而言，通常只要其自愿作证或回答问题就意味着他放弃了这个权利。这又分两种情况：其一是在审前的讯问中，犯罪嫌疑人放弃权利进行陈述后，但在陈述过程中，他可以随时表明不再陈述，则不可以强迫其继续陈述，但已经陈述的部分作为合法证据是可以采纳的。其二是在法庭审理过程中，一旦被告人开始回答问题，即意味着他放弃了不强迫自证其罪的权利，而且在随后的审理中不得再主张不自证其罪的权利。即一旦开始就不能放弃，被告人在法庭上只要开始回答问题，就必须回答随后所有的问题，作证的中间不能引用不强迫自证其罪权拒绝回答其中的一些问题。对于证人而言，如果其证言可能导致他自己有罪，那么该证人可以引用不强迫自证其罪的权利保护自己，拒绝透露有关事实。

从适用阶段来看，不自证其罪原则不仅适用于审判阶段，也适用于审前阶段。通常从犯罪

---

〔25〕 蔡墩铭主编：《两岸比较刑事诉讼法》，五南图书出版公司1996年版，第63页。

〔26〕 《布莱克法律大辞典》（第5版），西方出版公司1979年版，第1078页、第1220页。

嫌疑人被限制人身自由时开始,包括在侦查和起诉阶段都不得强迫犯罪嫌疑人或被告人向司法人员作出不利于自己的陈述;如果陈述人不是在法庭上或其人身自由没有处于执法人员的控制之下,则不适用这条规则。

联合国有关文件解释了何谓“强迫”。强迫是指使用各种直接的或间接的身体或心理压力的形式,包括刑讯逼供、敲诈、威胁以及以强加司法制裁等方式,迫使人招供。与此相联系的,《公民权利和政治权利国际公约》第 7 条规定:“任何人均不得加以酷刑或施以残忍的、不人道的或侮辱性的待遇或刑罚,特别是对任何人均不得未经其自由同意而施以医药或科学实验。”该《公约》第 10 条第 1 款规定,“所有被剥夺自由的人应给予人道及尊重其固有的人格尊严的待遇”,这意味着对被剥夺自由者以不人道待遇得到的口供也可能构成强迫自证其罪。可见,以强迫的方式自证其罪的形式是多样的,常见的主要有:(1)酷刑。酷刑是指为了向某人或第三者取得情报或供状,为了他或第三者所作或涉嫌的行为对他加以处罚,或为了恐吓或威胁他或第三者,或为了基于任何一种歧视的任何理由,蓄意使某人在肉体或精神遭受剧烈疼痛或痛苦的任何行为,而这种疼痛或痛苦是由公职人员或官方身份行使职权的其他人所造成或在其唆使、同意或默许下造成的。因法庭制裁而引起或法律制裁所固有或附带的疼痛或痛苦不包括在内。[27] (2)其他残忍、不人道或有辱人格的待遇或处罚。一般而言,对犯罪嫌疑人、被告人和囚犯施加不符合最低国际标准的待遇则可能被认为是其他残忍、不人道或有辱人格的待遇或处罚。(3)医药或科学试验。医约或科学试验与不强迫自证其罪的关系比较小,以医药或科学试验的方式获取被试验者的口供才构成强迫自证其罪。《公民权利和政治权利国际公约》第 7 条禁止对任何人未经其自由同意而施以医药或科学试验。这与《世界人权宣言》第 5 条、《欧洲人权公约》第 3 条是相同的。(4)其他强迫自证其罪的方式。

不自证其罪原则的实现与沉默权、自白规则以及非法证据排除规则等是联系在一起的。简言之,裁判者得到因被告人行使沉默权而作出对他不利的判决和处理,被告人的有罪供述应当是在自愿、明知和明智的情况下作出的,否则有关人员应当承担由此而引发的不利益。

违反不自证其罪原则的后果主要是对于违法取得的证据,尤其是通过任何形式的刑讯或强迫行为获取的任何供认有罪的陈述应予以排除,不得作为定案的依据。可见,不受强迫自证其罪原则仅保护具有言词性或语言交流性的证据,而不保护诸如指纹、笔迹之类的实物证据,对一个人的身体构成则不在此限。[28]

二、不得强迫自证其罪的立法例

不得强迫自证其罪原则的确立最早可以溯及英国 17 世纪的利尔伯恩案件。在 17 世纪的英国,在星座法庭上,被告人作无罪宣誓是必须的,否则法庭就可以直接裁判被告人有罪。1639 年星座法庭指控利尔伯恩贩运煽动性书籍,利尔伯恩否认犯罪并拒绝回答可能导致其自我归罪的讯问,他声称:我完全理解,这一誓言与高等委员会的誓言完全一致,我知道这一誓言既违反神法又违反英格兰本地法;所以,尽管我也许会因为拒绝宣誓而判处死刑,但是我仍然敢于拒绝进行这样的宣誓。星座法庭以拒绝宣誓为由判处利尔伯恩藐视法庭罪,将其监禁并施以肉刑。在执行鞭笞的过程中,利尔伯恩向周围人群痛斥审判的不公,赢得民众的同情和支

〔27〕 参见《禁止酷刑和其他残忍、不人道或有辱人格待遇或处罚公约》第 1 条。

〔28〕 [美]乔恩·R. 华尔兹:《刑事证据大全》,何家弘等译,中国人民公安大学出版社 1993 年版,第 170 页。

持,使舆论倒向议会一方。不到两年的时间,议会掌握了政权。1641 年,议会宣布利尔伯恩一案的判决不合法,废除了星座法庭和高等委员会,并且禁止在刑事案件中使用“依职权宣誓”。随后通过一系列的案件,在英国确立了反对强迫自证其罪的原则。如英国法官规则规定,警察在讯问犯罪嫌疑人时,必须告知其享有沉默权。法官在审判时不应对嫌疑人的沉默发表反对的看法,而是应当提醒陪审团嫌疑人的沉默不等于有罪,而且每个嫌疑人都有保持沉默的权利。1984 年英国议会通过的《警察与刑事证据法》再次重申了嫌疑人同普通公民一样享有沉默权。

如今,各国都相继将不自证其罪作为刑事司法的重要原则,如美国联邦宪法第 5 修正案规定了任何人不得被迫自证其罪的原则,在刑事程序中,公民享有反对自我归罪的特权。此外,法国《刑事诉讼法典》、德国《刑事诉讼法典》、意大利《刑事诉讼法典》、日本《刑事诉讼法典》、俄罗斯《刑事诉讼法典》等,也都有相关的规定。任何人不受强迫自证其罪原则,不仅为各国立法所规定,而且其精神也为联合国有关文献及其他国际性文献所确认。《联合国少年司法最低限度标准规则》(《北京规则》)第 7 条、世界刑法学协会第 15 届代表大会《关于刑事诉讼法中的人权问题的决议》第 17 条,都有关于任何人不受强迫自证其罪原则的规定。《公民权利和政治权利国际公约》第 14 条第 3 款(庚)项也规定:(被告人有权)不被强迫作不利于他自己的证言或强迫承认犯罪。这表明,任何人不受强迫自证其罪原则已成为国际社会的一种共识。

三、不得强迫自证其罪与我国刑事司法

我国 1996 年《刑事诉讼法》第 43 条规定:“审判人员、检察人员、侦查人员必须依照法定程序,收集能够证实犯罪嫌疑人、被告人有罪或者无罪、犯罪情节轻重的各种证据。严禁刑讯逼供和以威胁、引诱、欺骗以及其他非法的方法收集证据。必须保证一切与案件有关或者了解案情的公民,有客观地充分地提供证据的条件。除特殊情况外,并且可以吸收他们协助调查。”在刑事诉讼法再修改中,许多学者和实务工作者主张在本条后面增加规定:“任何人不得强迫承认有罪”。这一呼声得到立法承认,2012 年《刑事诉讼法》第 50 条明确提出,不得强迫任何人证实自己有罪。必须保证一切与案件有关或者了解案情的公民,有客观地充分地提供证据的条件,除特殊情况外,可以吸收他们协助调查。它将与此前的一些司法解释相结合共同构成我国法律体系中关于不得强迫自证其罪的证据规则。我国《刑法》还将国家司法工作人员通过刑讯逼供等暴力方式逼取证据的行为规定为犯罪,这充分说明了我国对强迫公民自证其罪行为的严厉否定态度。

对于我国不得强迫自证其罪原则的准确理解,要把握以下四点内容:(1)“强迫”的内涵是采用羁押、刑讯、威胁、引诱、欺骗以及其他非法方法获取证言,也就是一般所说的司法工作人员通过刑讯逼供等暴力方式逼取证据。(2)该原则适用于刑事诉讼的侦查、起诉、审判等诉讼阶段,审判人员、检察人员、侦查人员作为职能人员,在办理刑事案件过程中均不得强迫公民自证其罪。(3)该原则适用的对象是“任何人”,也就是说,在刑事诉讼中,既包括被告人和犯罪嫌疑人,也要包括证人。不过,需要指出的是,不得强迫自证其罪原则仅适用于自然人,不适用于法人。如果法人犯罪或者单位犯罪,作为犯罪嫌疑人或被告人的法人、单位有义务向司法机关如实提供相关证据。2012 年《刑事诉讼法》第 52 条第 1 款规定:“人民法院、人民检察院和公安机关有权向有关单位和个人收集、调取证据。有关单位和个人应当如实提供证据。”并明确行政机关在行政执法和查办案件过程中收集的物证、书证、视听资料、电子数据等证据材料,在刑

事诉讼中可以作为证据使用。(4)强迫的目的是"证实自己有罪",也就是证明自己有罪。这与联合国《公民权利与政治权利公约》的有关规定不同,公约既反对强迫任何人作不利于自己的证言,又反对强迫任何人承认自己有罪。而我国新刑事诉讼法反对核心内容是"被迫承认犯罪",并不包括作不利于自己的证言的内容。这是因为我国并没有采纳任何人享有近亲属拒绝作证的特权,而是在刑事诉讼中规定法院不得强制被告人的配偶、父母、子女出庭作证,但并未赋予犯罪嫌疑人、被告人有广泛的近亲属拒绝作证的特权。

可以说,不得强迫自证其罪原则在我国刑事诉讼法中的确立,是我国刑事诉讼法发展史上的一件具有划时代意义的大事,是我国刑事程序法与国际社会接轨的重要标志,必然对我国的刑事诉讼法的发展产生深远的影响。当然,在我国的刑事诉讼法中彻底地贯彻不得强迫自证其罪还是有障碍的。例如,在1996年《刑事诉讼法》第93条的基础上,我国修改后的2012年《刑事诉讼法》第118条规定,侦查人员在讯问犯罪嫌疑人的时候,应当首先讯问犯罪嫌疑人是否有犯罪行为,让他陈述有罪的情节或者无罪的辩解,然后向他提出问题。犯罪嫌疑人对侦查人员的提问,应当如实回答。但是对与本案无关的问题,有拒绝回答的权利。侦查人员在讯问犯罪嫌疑人的时候,应当告知犯罪嫌疑人如实供述自己罪行可以从宽处理。这一规定确立犯罪嫌疑人的"如实回答义务"。尽管有学者声称这是一个"口号"性义务,因为犯罪嫌疑人如实供述自己罪行可以从宽处理。但毕竟这个规定与犯罪嫌疑人、被告人的沉默权是格格不入的,而是刑讯逼供在法律上的借口之一。因此,为了与不得强迫自证其罪原则相适应,犯罪嫌疑人、被告人"如实回答义务"应当废除。

思考题

1. 证据规则的法律属性有哪些?
2. 我国刑事诉讼法和有关的司法解释中有关证据能力和证明力的证据规则分别有哪些?
3. 证据规则的意义是什么?
4. 证据规则的种类有哪些?
5. 什么是交叉询问规则、最佳证据规则、意见证据规则、特权规则、补强证据规则?
6. 传闻证据的概念与特征是什么?
7. 排除传闻证据的理由是什么?哪些情况下可以不排除?
8. 传闻证据规则有哪些价值?
9. 简述非法证据排除规则的含义。
10. 非法证据排除规则的作用有哪些?我国非法证据排除规则有哪些规定?
11. 什么是相关证据规则?

第七章　证据的概念和意义

导　读

证据的概念是整个证据制度的基础。2012年刑事诉讼法将证据的定义由"事实说"修改为"材料说",使证据的概念更加符合司法规律与认识原理。证据具有三个基本特征,即客观性、关联性和合法性。证据在诉讼中具有重要的意义,证据是在刑事诉讼中揭露犯罪、证实犯罪的重要手段,是迫使犯罪分子认罪服法、接受改造的有力武器,也是司法人员在侦查、起诉和审理阶段查明和认定案件事实的基础。同时,在民事诉讼和行政诉讼中,证据是双方当事人权利、义务关系发生争议时,解决发生争议的案件事实的基础。

阅读案例
请扫一扫

第一节　证据的概念

一、证据与诉讼证据

在日常生活、工作和科学研究当中,人们经常广泛地运用着证据,常常要举出自己知道的事实,来证明另一些事实的存在。所以,一般意义上的证据,顾名思义,就是指证明的凭证,用已知的事实,来证明未知的事实。但是,仅仅用一般证据的概念来理解诉讼证据还是很不够的,因为诉讼的特殊性决定着诉讼证据有其特殊的本质和特征。

诉讼证据,是审判人员、检察人员、侦查人员等依照法定的程序收集并审查核实,能够证明案件真实情况的材料,即理论界所主张的"材料说"。其法律根据,如2012年《刑事诉讼法》的规定有二:一是《刑事诉讼法》第48条规定:"可以用于证明案件事实的材料,都是证据。证据包括:(一)物证;(二)书证;(三)证人证言;(四)被害人陈述;(五)犯罪嫌疑人、被告人供述和辩解;(六)鉴定意见;(七)勘验、检查、辨认、侦查实验等笔录;(八)视听资料、电子数据。证据必须经过查证属实,才能作为定案的根据。"二是2012年《刑事诉讼法》第50条规定:"审判人员、检察人员、侦查人员必须依照法定程序,收集能够证实犯罪嫌疑人、被告人有罪或者无罪、犯罪情节轻重的各种证据。"

根据上述规定,对诉讼证据概念应作如下理解:(1)从证据所反映的内容方面看,证据是客观存在的材料;(2)从证明关系看,证据是证明案件事实的凭据,是用来认定案情的手段;(3)从表现形式看,证据必须符合法律规定的表现形式,诉讼证据是客观事实内容与表现形式的统一;(4)从属性来看,证据成了反映案件事实的载体,而非案件事实本身;(5)从证据的种类看,法条采用的开放式的立法模式,在列举了八类证据的同时,使用的是“证据包括”的表达,为新的材料被认定为证据确立了法律依据。

2012 年刑事诉讼法采用了“材料说”来定义证据的概念,标志着对实质证据观的扬弃,对形式证据观的确立,这是人们对证据本质属性理解和认识的重大转折。

二、与证据概念相关的几个基本概念

1. 证据材料

在理解证据的概念时,对我国 2012 年《刑事诉讼法》第 48 条所使用的“证据”、“证据材料”,“证据必须经过查证属实,才能作为定案的根据”等用语和表述,要严格加以区分。我们所说的证据,应该同定案的证据是同一个概念,凡是未经查证属实的物证、书证、证人证言等各种证据形式,统统称为证据资料,或曰证据材料,这些材料,在未经查证属实之前,也可能是不真实的,当然不能直接作为定案的根据。

2. 证据方法

所谓证据方法,是指诉讼中可以作为调查对象的有形物,如物证、书证,各种人证等。其实,按照辩证唯物主义的世界观和方法论,证据就是客观存在的实实在在之物,不宜把证据问题概括为证据方法。

3. 证据力(或曰证据能力)

证据力是指证据在法律上可作为定案根据的资格和条件。例如,证人证言的资格条件,各种证据来源的程序和运用的主体是否合法等。

4. 证明力

证据的证明力是指证据对案件事实的证明的价值和功能,亦即证据的可靠性、可信性和可采性。

5. 证据原因

证据原因是法官对于当事人主张的事实是否属实形成的心证的原因。证据原因来自办案人员对证据证明力(或曰证明价值)的判断。

第二节 诉讼证据的基本特征

诉讼证据与一般意义的证据不同,作为定案根据的证据与证据材料也不相同。其本质特征表现在以下几个方面:

一、证据的客观性

传统意义上的证据界定中客观性是证据的基本特征之一,是指证据事实必须是伴随着案件的发生、发展的过程,而遗留下来的,不以人们的主观意志为转移而存在的事实。证据客观

性的根据有二:一是由于案件本身的客观性决定的,任何一种行为都是在一定的时间和空间发生的,只要有行为的发生,就必然要留下各种痕迹和影像,即使行为诡秘,甚至毁灭证据,也还会留下毁灭证据的各种痕迹和影像。这是不以人们的意志为转移的客观存在。二是辩证唯物主义哲学观告诉我们,对证据的认识,同对任何事物的认识一样,必须坚持物质存在第一、认识第二的基本路线和方法,按照这一基本理论的要求,从证据的来源考察,其客观性是必然存在的。没有客观存在为依据的任何一种陈述,是理所当然的谎言,不能作为定案的证据使用,从这种意义上讲,客观性就是审查判断证据的一条基本标准。总之,证据反映的是客观存在的事实,对于客观存在的事实任何人都是无法改变的,在这个意义上,客观性是证据最基本的因素和特征。[1]

不可否认的是,作为案件事实载体的证据其形成、认识和运用离不开人的主观意识,司法实践中,诉讼各方向法庭提交的证明材料,也并非都是纯客观的真实材料,一些虚假的陈述、证人证言以及伪造的书面材料等,均屡见不鲜。换句话说,真实的形式可能包含了虚假的内容,但不能因此否定证据的客观性,因为,这属于证据的审查判断和采纳与否的范畴。

承认和认识证据的客观性,在办案实践中的作用和意义有三:一是办案人员不能把个人主观的判断,或人们的想象、假设、推理、臆断、虚构等作为定案的证据使用。二是在查办经济犯罪案件中,不能把"算大账",即某人或某单位收入多少、支出多少,加减得出的差数,作为证据使用,因为算大账还不真正具备客观性。查办经济犯罪案件从算大账开始入手是可以的,经过算账得出的差数,只能作为我们进一步查证的线索。就经济犯罪案件的认定而言,客观性标准要求办案人员必须是一笔一笔地从时间、地点、手段、结果等各个环节,一一查清才算真正具备了客观性。三是按照客观性的要求,证据必须要有正确的来源,对于没有正确来源的,如匿名信、小道消息、马路新闻、道听途说等,由于无法进行查证,不具备客观真实性,当然不能作为证据使用。

二、证据的关联性

证据的关联性,指证据必须同案件事实存在某种联系,并因此对证明案情具有实际意义。证据对于案件事实有无证明力,以及证明力之大小,取决于证据与案件事实有无联系,以及联系的紧密、强弱程度。这就是说,证据不仅是客观存在的事实,而且必须是与案件事实存在某种联系的事实。

证据的关联性的根据有二:一是由于证据是伴随着刑事案件的发生过程形成的,所以,它和案件事实之间应当具有必然的客观联系。正如作案的工具,在作案后必然要遗留下与工具相吻合的痕迹一样,这是伴随着案件的发生必然要形成的后果,行为的工具和痕迹,就是本案的重要物证。二是按照辩证唯物主义的世界观和方法论来认识证据关联性,就是在世界上的万事万物,因果联系是普遍的。"自然界和社会中的一切现象,不管如何错综复杂,千奇百怪,它们之间都有着严格的不依人的主观意志为转移的因果联系。客观世界的任何现象都有产生的原因,任何原因也都必然产生一定的后果。即使有些现象的原因暂时还没有被人们发现,这

---

[1] 学界亦有部分学者认为,虽然证据的载体形式是客观实在的,但证据所包含的思想内容却不一定都是客观真实的。因为连生效裁判中认定案件事实的证据都未必符合客观真实,所以客观性只能是一种理想主义,不构成证据的基本特征。

并不是说这些现象的出现是没有原因的。事实上出现这些现象的原因是客观存在的,只是我们现在还没有认识而已。随着科学技术的发展和人们认识能力的提高,总有一天是会被人们所发现的。"[2]在收集、判断证据和查明案件事实真相的过程中,必须紧紧把握住证据的关联性,才能使案情真相大白。

2012年刑事诉讼法强调"可以用于证明案件事实的材料,都是证据"。其中的"可以用于"意味着证据与案件事实存在形式上的证明关系,至于证据实质上能否证明案件事实,只有经过审查判断以后才能确定。换言之,某些材料在形式上与案件事实毫不相关,就不可以用于证明案件事实,也不具有相关性,因此,相关性是证据的本质属性,只不过在新的定义中更强调形式意义。

在办案过程中,正确认识和理解证据的关联性时,须注意以下几点:

1. 证据事实与案件事实之间的关联性是客观存在的,其联系是不依人们的主观意志为转移的,办案人员分析认识这种联系时,既不能主观臆造,又不能牵强附会,更不能强加,否则就会导致冤、假、错案。

2. 证据的关联性是完全可以认识的,根据辩证唯物主义认识论关于普遍联系的理论,关于世界的可知性原理,那种不可知论,以及在一个复杂疑难的案件面前,退却、畏难,无所作为的情绪和论调,是站不住脚的。其关键在于必须承认,案发以后所遗留下来的证据事实以及证据事实与案件事实之间的关联性是客观存在的,有了这个信念以后,就在于工夫下得如何。当然,我们也承认,科学技术的发展水平,办案人员的认识能力是有限的。但是,这只是一个时间问题,随着科学的不断发展,认识能力的不断提高,证据事实与案件事实的关联性最终是会被发现、会被认识的。

3. 证据事实与案件事实之间关联的形式、途径和方法是多种多样的。在联系的范围上,有时间和空间之分;在联系的途径上,有直接关联和间接关联之分;在联系的规律上,有的是因果关系的必然关联,个别情形下偶然的巧合而形成偶然关联;在联系的功能和作用上,有肯定关联和否定关联,还有重合关联之说,即证据既表现为证据事实,又表现为案件事实,二者是完全重合的。例如,一张被改动的票据,它既反映了行为人作案的时间、方法及后果,又是一份证明行为人作案的有力的书证。

4. 确定证据的关联性是一个非常重要又极为复杂的问题,因为有的事实比较明显,容易判明;有的事实比较复杂,不大容易判明;有的事实需要经过仔细的检查、辨认、检验和鉴定才能确定;有些言词证据,每个作证主体的背景不同,同本案的关系不同,所提供的证据的关联性的确定,要经过对比、分析、推理、实物验证等,才能确定下来。因此,发现和确定证据的关联性,是办案人员的一个基本功,它直接反映着办案人员的业务能力和认识水平。同时,确定证据的关联性是办案必经和办案必须正确解决的问题,只有正确地解决证据的关联性,在侦查阶段才能明确调查和收集证据的方向和范围,保证及时收集各种证据,查明案件真相;在起诉和审判阶段,才能防止错案,保证起诉和判决的质量。

三、证据的合法性

证据的合法性,也称证据的许可性。证据是查明案件事实的根据,所以,证据本身必须真

〔2〕《马克思主义哲学》,四川人民出版社1984年版,第234页。

实可靠。合法性是指证据只能由审判人员、检察人员、侦查人员依照法律规定的诉讼程序，进行收集、固定、保全和审查认定。即运用证据的主体要合法，每个证据来源的程序要合法，证据必须具有合法形式，证据必须经法定程序查证属实。证据的合法性，是证据客观性和相关性的重要保证，也是证据具有法律效力的重要条件。

为了确保证据的合法性，三大诉讼法对于收集证据，固定和保全证据，审查和判断证据，查证核实证据等，都规定了严格的程序和制度。法律规定只有司法人员才有权收集证据，审查和运用证据。就是司法人员也必须依照法律规定的诉讼程序，去收集、固定、保全和审查运用证据，并且经过查证属实以后，才能作为逮捕、起诉和判决的根据。因此，我国立法规定严格禁止司法人员以刑讯逼供和威胁、引诱、欺骗以及其他非法的方法收集证据，并确立了不得强迫自证其罪的原则。2012 年《刑事诉讼法》第 50 条明确规定："审判人员、检察人员、侦查人员必须依照法定程序，收集能够证实犯罪嫌疑人、被告人有罪或者无罪、犯罪情节轻重的各种证据。严禁刑讯逼供和以威胁、引诱、欺骗以及其他非法方法收集证据，不得强迫任何人证实自己有罪。"一切用违法的方法收取的材料，原则上都不能作为定案的证据。司法人员只有依照法定程序来收集证据，审查和运用证据，才能具有法律效力。第 56 条规定："法庭审理过程中，审判人员认为可能存在本法第五十四条规定的以非法方法收集证据情形的，应当对证据收集的合法性进行法庭调查。当事人及其辩护人、诉讼代理人有权申请人民法院对以非法方法收集的证据依法予以排除。申请排除以非法方法收集的证据的，应当提供相关线索或者材料。"第 57 条规定："在对证据收集的合法性进行法庭调查的过程中，人民检察院应当对证据收集的合法性加以证明。现有证据材料不能证明证据收集的合法性的，人民检察院可以提请人民法院通知有关侦查人员或者其他人员出庭说明情况；人民法院可以通知有关侦查人员或者其他人员出庭说明情况。有关侦查人员或者其他人员也可以要求出庭说明情况。经人民法院通知，有关人员应当出庭。"第 58 条规定："对于经过法庭审理，确认或者不能排除存在本法第五十四条规定的以非法方法收集证据情形的，对有关证据应当予以排除。"

民事诉讼中，司法部门对证据合法性的看法有一个发展的过程，这种变化主要体现在对待音像资料的态度上。1995 年 3 月 6 日最高人民法院在《关于未经对方当事人同意私自录音取得的资料能否作为证据使用问题的批复》中指出，"证据的取得首先要合法，只有经过合法途径取得的证据才能作为定案的根据。未经对方当事人同意私自录制其谈话，系不合法行为，以这种手段取得的录音资料，不能作为证据使用"。这一批复就将证据的合法性规定得比较严格。然而，实践中为了更好地保护当事人的合法权益，体现公平公正的原则，对证据合法性的范围作了扩张性的规定。最高人民法院在 2001 年 12 月 6 日通过的《关于民事诉讼证据的若干规定》第 68 条规定："以侵害他人合法权益或者违反法律禁止性规定的方法取得的证据，不能作为认定案件事实的依据。"换句话说，除了以侵害他人合法权益和违反法律禁止性规定的方法取得的证据以外，以其他方法取得的证据都具有合法性。

行政诉讼中，证据的合法规定与民事诉讼证据的规定相同。最高人民法院《关于行政诉讼证据若干问题的规定》第 58 条规定："以违反法律禁止性规定或者侵犯他人合法权益的方法取得的证据，不能作为认定案件事实的依据。"

关于非法证据可采性，世界各国的做法也不一致，例如英美法系各国，特别是美国严禁采用非法证据作为定案的根据，美国宪法修正案第 4 条规定，采用非法搜查、扣押得来的证据，不允许采纳。大陆法系一些国家，一方面立法规定禁止采信非法证据，另一方面规定，在有必要采信时,必须经过合法的转化,把非法证据转化为合法证据之后,方可采用。同时,对非法收集证据的侦查人员,还要根据违法程度依法处理。

证据的合法性关系到证据力(或曰证据能力)问题,更关系到证据的证明力,即证据的证明作用和价值,它是证据的客观性和关联性的法律保障。因此,作为诉讼证据,必须具有合法性。但是我国有些诉讼法学者不承认诉讼证据的合法性。他们认为承认证据的合法性,就会妨碍甚至否定证据的客观性。这种意见是没有法律根据的。因为诉讼中的证据,是由诉讼法来规定和调整的。诉讼法规定了证据的来源、收集证据和审查证据的程序,以保证诉讼证据的事实性,并使它具有法律上的稳定性。离开法律的有关规定去收集和审查的一切材料,都不能作为诉讼中的证据。所以说,合法性是诉讼证据的一个重要特征。

综上所述,诉讼证据的特征是由证据的客观性、关联性和合法性三个基本因素构成的。这三个因素是互相联系、缺一不可的。客观性和关联性是证据的内容,合法性是证据的形式。证据的内容需要通过诉讼程序加以审查、检验和鉴定来确定。合法性是证据真实性和相关性的法律保证。客观性、关联性和合法性正确说明了证据的基本要素,表明了证据内容和形式的统一。只有这样来理解证据的概念,才能明确什么样的事实可以作为证据,哪些人有权收集证据、审查和运用证据,应当怎样去收集和审查证据。正确认识和理解证据的概念,就为正确地运用证据查明案件事实,指明了方向和途径。证据的三个基本特征,实际上就是我们收集、审查和判断每个证据的基本标准,掌握了这三项标准,判明整个案件事实真相就有了可靠的基础。否则,就会一错百错,就会发生冤、假、错案。

第三节　证据的意义

一、证据是诉讼的基础和核心

证据是整个诉讼活动的基础和核心,也是诉讼实务中最实际的问题,因为证据同诉讼任务的落实紧密联系在一起。例如,在刑事诉讼中,要实现刑事诉讼法的任务,做到准确惩罚犯罪,保障无罪的人不受刑事追究,不放纵犯罪,不冤枉好人,正确地执行刑事法律,首先就要正确地运用证据,查明案件事实真相。所以,证据是正确进行刑事诉讼活动的事实根据,从立案、侦查、起诉到审判,每一个诉讼阶段和诉讼程序,都离不开运用证据。如果在运用证据上出现差错那就不可能对案件作出正确的处理。在刑事诉讼中怎样才能使一切刑事案件都真相大白呢?怎样才能真正做到以事实为根据呢?这个问题经常尖锐地摆在司法人员的面前,它要求依靠、运用证据来加以正确解决。所以,在刑事诉讼过程中,证据问题总是从各个方面被一次又一次地提出来,反复地进行调查研究,查证核实,使司法人员所进行的活动具有客观依据。在刑事诉讼活动中,无论是实体问题还是程序问题,作出的一切决定都要建立在确实、充分的证据基础之上,如果不解决证据问题,没有证据作基础,或者是证据不确实、充分,刑事诉讼就无法进行。即使有办好案件的主观愿望,也难以查明案件事实,作出正确的结论。因为不论处理什么案件,要想查明案件事实,除了调查研究证据之外,再没有其他办法。由此可见,证据问题是司法人员进行办案活动的核心和基础。

证据在诉讼中具有重要的意义：

第一，证据是公安司法机关进行立案、侦查、起诉和审理，以及定罪判刑和正确认定事实的依据，是司法人员查明和认定案件事实的基础。不论处理什么样的案件，都要首先运用证据，查明和认定案件事实，以作为正确适用法律的基础。案件的主要事实没有查清，绝不能定案进行处理；就是案件的某些重要情节存在疑问，也不能勉强定案进行处理。这是因为对案件事实情节认定错了，在认定案件性质和适用法律上就不可能正确。只有查明案件全部事实情节，才能正确应用法律处理案件。

第二，证据是在刑事诉讼中揭露犯罪、证实犯罪的重要手段，是迫使犯罪分子认罪服法、接受改造的有力武器。在刑事诉讼中，一切犯罪分子在作案前后，总是要掩盖罪迹，千方百计地逃避侦查、起诉和审判。尽管犯罪分子诡计多端，行动狡猾，但是，既然他实施了犯罪行为，就必然要在客观外界留下痕迹和影像，即留下一系列的相应证据，这是不以犯罪分子的意志为转移的，这些证据也是我们用来揭露犯罪、证实犯罪的重要手段。有的犯罪分子在作案后企图破坏现场，毁灭、隐匿证据，但是，他所进行的破坏、毁灭和隐匿行为，又会留下新的证据。只要司法人员及时赶赴现场，进行勘验、搜查，深入细致地调查研究证据，做好艰苦的发动群众的思想工作，就可以揭露真相，有效地揭露犯罪，证实犯罪。有些犯罪分子自以为作案手段诡秘，司法人员没有掌握证据，因而存有侥幸心理，百般抵赖，拒不认罪。一旦把确实的证据摆在他们面前，他们就会感到铁证如山，难以继续抵赖下去，被迫交代自己的罪行，认罪服法，接受改造。由此可见，抓住适当的时机，正确运用证据，对于改变犯罪分子的态度，破除其侥幸心理，迫使其交代自己的罪行，认罪服法，接受改造是有重要作用的。

但是，查明案件事实是一项十分复杂而重要的任务。对于办案人员来说，任何案件事实都是已经发生而不再重现的事实，办案人员不可能亲自观察到案件的事实情况。尤其是当前对于经济犯罪案件、走私、骗汇、套汇、毒品等一系列新型犯罪案件，由于种种复杂的因素，给查明案件事实，收集证据带来更多更大的困难。因此，侦查人员一要有坚定的信心，二要有深入细致的作风，三要全心全意地依靠群众，四要善于运用先进的科学技术手段。只有这样才能拿到真凭实据，才能揭露事实真相，才能使犯罪分子认罪服法。同时，证据是保障无罪的人不受刑事追究，保护公民合法权益不受侵犯，防止冤假错案发生的重要保证。刑事诉讼法要保障无罪的人不受刑事追究，保护公民的合法权益不受侵犯，不允许无根据地对公民进行立案、侦查、逮捕、起诉和审判。全面地进行调查研究，掌握案件的真实凭据，使刑事诉讼活动自始至终都以客观证据为基础，以案件事实为根据，就可以有效地防止无根据地任意进行刑事诉讼。实践证明，在过去发生的冤假错案当中，很多是由于证据不够充分、确实，或者是在运用证据上发生差错造成的。所以，正确地运用证据，对于防止冤假错案，保护公民的合法权益，保障无罪的人不受刑事追究，都有重要的作用。

第三，证据是在民事诉讼和行政诉讼中，双方当事人权利、义务关系发生争议时，解决发生争议的案件事实的基础，人称“打官司就是打证据”，充分地说明了证据的地位和作用。对当事人来说，欲使法官相信其主张的真实，除了提供证据以外，别无出路。因此，证据既是当事人进行民事诉讼的必要条件，又是维护自己合法权益的有力武器；证据对法官而言，它是法官辨明争议事实真伪的凭据，所谓诉讼中“以事实为根据”的基本原则，就是以证据为依据，可见证据的重要性。

二、证据是对公众进行法制教育的工具

在刑事诉讼中,只要犯罪分子实施了犯罪行为,不管他是怎样地隐蔽和狡猾,终究会被司法人员运用证据揭露出来,受到应有的惩罚,从而增强公众同犯罪作斗争的积极性和主动性。通过运用各种犯罪材料对公众进行生动实际的法制教育,可以使公众了解犯罪行为给国家和人民利益造成的损害,了解犯罪分子的作案动机、手段和特点,教育公众提高警惕性,积极参加社会治安综合治理工作,增强法制观念,做好预防犯罪工作;在民事诉讼中,人民法院通过各种民事、经济案件的审判,以证据为根据,对各种争议的案件事实的公正裁判,公众就会从中得到教育,以此为戒,指导自己的民事法律行为和各种经济活动,以维护自己的合法权益;在行政诉讼中,通过诉讼活动中被告人的举证,教育各个行政机关依法行政,提高执法水平的作用,更是显而易见的。

思考题

1. 2012 年刑事诉讼法对证据的重新界定对司法有何意义?
2. 证据法的三大基本特征及其相互关系是什么?

第八章　证据的种类

导　读

证据的种类，即证据的法定形式，进入诉讼程序的证据材料只有符合目前立法规定的形式，才能作为证据使用。我国三大诉讼法都在法律条文中明确规定了证据的种类，并于2012年和2014年进行了修改和完善。物证、书证、证人证言、视听资料、电子数据鉴定意见和笔录是三大诉讼法所共有的证据种类，当事人陈述是《民事诉讼法》与《行政诉讼法》所共有的证据种类，而被害人陈述与犯罪嫌疑人、被告人供述和辩解则是《刑事诉讼法》所特有的证据种类。此外，行政执法证据即行政机关在行政执法和查办案件过程中收集的物证、书证、视听资料、电子数据等证据材料，也在本章探讨范围之内。

阅读案例
请扫一扫

第一节　物　　证

一、物证的概念和意义

（一）物证的概念

物证是指据以查明案件真实情况的一切物品和痕迹。这些物品和痕迹包括作案的工具、行为所侵害的客体物、行为过程中所遗留的痕迹与物品以及其他能够揭露和证明案件发生的物品和痕迹等。物证是以其存在的形状、质量、规格、特性等外部特征证明案件事实，这个证据种类在刑事诉讼法中开始单列。

在刑事诉讼中，常见的物证主要有：(1)犯罪使用的工具。例如犯罪人杀人时所使用的凶器、毒药，盗窃时使用的钳子、万能钥匙等。(2)犯罪遗留下来的物质痕迹，即犯罪人在作案过程中留在某种物体上的犯罪痕迹。例如，犯罪人留在犯罪现场上的指纹、脚印、血迹，强奸案件中的精斑，使用犯罪工具留下的破坏痕迹等。(3)犯罪行为侵犯的客体物。例如，被犯罪人所杀害的尸体，抢劫的财物，盗窃的赃款、赃物，窃取的机密文件等。(4)犯罪现场留下的物品。例如，犯罪人留在犯罪现场上的衣服、帽子、手绢、纽扣、烟头、火柴棒、票证、纸屑等。(5)其他可以用来发现犯罪行为和查获犯罪分子的存在物。例如，人体的特征，物体的位置、大小、颜色、气味等。

民事诉讼中的物证主要有:(1)有关所有权争议所指向的物品,如房屋、牲畜、林木等;(2)合同履行引起纠纷所指向的标的物,如生活生产用品、艺术作品等;(3)侵权行为遗留下来的客体物、物质痕迹,如打碎的玻璃制品、被破坏的小汽车等;(4)侵权用的工具等,如破坏他人菜地所用的锄头、犁等。

行政诉讼中的常见物证主要有:交通肇事后损坏的汽车、罚没的商品、被强制拆除的违章建筑物等。

随着科学技术的不断发展,可以作为证据使用的物品和痕迹也在逐步扩大。在司法实践中,勘验现场拍摄的现场照片,对某些难以移动或易于消失的物品、痕迹复制的模型或拍摄的照片,都是对物证的固定和保全。在运用时,作为物证发挥证明作用的,当然不是这些照片和模型本身,而是被拍摄的照片、复制的模型所固定和保全下来的原物品和痕迹。但是,这些照片和模型是在诉讼过程中制作出来的,能够正确地反映客观存在的事物,同样可以起到物证的作用。

(二)物证的意义

物证在整个证据体系或曰证据制度中的地位和作用,可谓举足轻重。由于其客观性、直观性的特点,同各种言词证据相比,特别是同可变性较大的嫌疑人、被告人的口供相比,同双方当事人的陈述相比,其证明力更强于各种言词证据。尤其是当今世界在证人、当事人多变的情况下,口供作为"证据之王"处于退出历史舞台的发展趋势中,我们要逐渐地确立物证是"证据之王"的观念。有了确实可靠的物证,不管双方当事人如何巧夺善辩,也不管证人如何见风使舵,更不管被告人真真假假,甚至翻供,都可以认定案件事实。因此,物证是制服翻证、翻供的有力武器。

物证是检验言词证据是否真实的依据。案件中的各种言词证据,各说各有理,甚至以假代真,虚实并存,真真假假,各执其言,千变万化,错综复杂。唯有物证的客观性较强,它可检验真假,衡量虚实,去伪存真。因此,许多学者近年来都纷纷指出,在证据的立法中,应把"实物验证"作为运用证据的一个规则加以规定。

物证是查明或证明案件事实的有效手段。任何违法犯罪行为,民事、行政行为,在实施的过程中,必然要在客观外界留下各种痕迹和映象,甚至留下各种物品。这些物品、痕迹是伴随着案件事实的发生而产生,它必然同案件事实产生一定的关联性,反过来它对于查明或者证明案件事实又起着重要的证明作用。例如,在民事诉讼中,根据对物证的辨认和分析,可以查明当事人的诉讼请求和答辩是否有理有据,以正确确定当事人的权利、义务关系。在行政诉讼中,根据一般违法行为所侵害的客体的轻重,可以认定行政处罚决定的正确性、合法性。在刑事诉讼中,根据现场勘验所扣押、提取的各种物品和痕迹,可以确定侦查方向,提供侦查线索,推断作案手段,判定作案性质,同其他证据相结合,可以查获罪犯,确定犯罪嫌疑人,甚至可以判决其有罪、无罪,或者罪行轻重。

物证是制服犯罪嫌疑人、被告人的有力武器,也是促使当事人如实陈述的有力根据。在刑事诉讼中,犯罪嫌疑人、被告人一般都是大事化小,小事化了,时时刻刻都在反调查、反侦查,对抗侦查、起诉和审判。但是,事实胜于雄辩,真理总会战胜邪恶,在铁的事实面前,在客观真实的物证面前,不仅能打消其侥幸心理,而且会从根本上制服犯罪分子,使其认罪服法,坦白交代。在民事、行政诉讼中,当事人出于各种原因,也会作虚伪的陈述,审判人员运用已经查证属实的物证,可以查明事实真相,可以揭露其陈述的虚假性,以促使其如实陈述。

另外,有了物证,在诉讼过程中,可以使公众了解作案的手段、方法、原因、结果,可以帮助公众充分认识双方当事人争议的关键所在,以充分发挥诉讼的宣传教育作用,增强公众的法制观念。

二、物证证明力的特点

物证同其他证据种类相比更直观,更容易把握;同言词证据相比,它更客观、真实性更大。言词证据的运用一般要靠实物证据来检验,言词证据同实物证据相结合,才能发挥其证明作用,物证则可以不依赖于言词证据而存在。在西方国家的历史上,曾把物证称为"哑巴证人",并将它作为最有证明力的证据来使用。

物证的证明力按照物证的不同形态,可分为两种情况说明:一种情况是,凡有一定固定形状的证物,是以其外部特征,同案件事实产生的关联性,而发挥证明作用的。所谓外部特征,是指本证物的外部形态、规格、大小、结构、商标、图案、出厂日期等特殊的标志。另一种情况是,凡没有一定的固定形状的证物,是以其所使用的物质材料的特殊属性同案件事实产生的关联性而发挥证明作用的,例如各种毒杀案件中所使用的毒品、毒气,就是通过技术鉴定所作的鉴定意见,而确定的属性的同一性,来认定案件事实。

三、物证的收集和保管

(一)物证的收集

物证的收集是指执法人员或者律师发现、提取、固定、保管和保全证物的专门活动。它是诉讼专门的重要环节。物证收集应当遵守客观、细致、及时、依靠群众和善于用科技手段的原则。

调查收集物证的方法多种多样,一是主体的多样性,不仅是公检法的司法人员,而且还包括律师;二是适用方法手段的多样性。但是,由于物证的收集、调查,多数关系到人身权利和物权的问题,其中物权不仅涉及该证物的所有权,还涉及使用权。因此,物证的收集、调查是一项十分严肃的诉讼活动,是一种法律行为,必须严格遵守法律规定的程序。根据我国三大诉讼法的规定,收集、调查物证的方法可归纳为以下几种:

1. 勘验、检查

勘验是司法人员在诉讼的过程中,对与案件有关的场所、物品等进行查看和检验,以发现、收集、核实证据的活动。我国2012年《刑事诉讼法》第126条至第133条规定了侦查人员勘验和检查的程序和方法;2012年《民事诉讼法》第80条规定:"勘验物证或者现场,勘验人必须出示人民法院的证件,并邀请当地基层组织或当事人所在单位派人参加。当事人或者当事人的成年家属应当到场,拒不到场的,不影响勘验的进行。有关单位和个人根据人民法院的通知,有义务保护现场,协助勘验工作。勘验人应当将勘验情况和结果制作笔录,由勘验人、当事人和被邀请参加人签名或者盖章。"最高人民法院《关于民事诉讼证据的若干规定》第30条规定:"人民法院勘验物证或者现场,应当制作笔录,记录勘验的时间、地点、勘验人、在场人、勘验的经过、结果,由勘验人、在场人签名或者盖章。对于绘制的现场图应当注明绘制的时间、方位、测绘人姓名、身份等内容。"2014年《行政诉讼法》第33条同样把勘验笔录、现场笔录规定为法定的七种证据记录。最高人民法院《关于行政诉讼证据若干问题的规定》第33、34条也作了与民事诉讼证据规定相同的规定。由此可见,由于刑事、民事案件的差异,我国三大诉讼法关于勘验的规定详略也有所不同。但是,勘验却是三大诉讼法中收集、调查物证的共同方法,而且勘验的基本程序,如现场保护,勘验人员不能少于两人,邀请见证人参加,出示勘验证件,勘验中对物证的扣押、提取,制作勘验笔录等,都是必须遵守的法律程序。

检查是执法人员检查人身或者在特定场所进行的专门调查活动。刑事诉讼中的检查仅指人身检查,即检查人身以确定被害人、犯罪嫌疑人的某些特征、伤害情况或者生理状态,目的是收集与犯罪有关的物证。检查必须依法定程序进行。如检查人员不能少于二人,检查妇女的身体,应当由女工作人员进行,检查必须出示证件,犯罪嫌疑人和刑事被告人拒绝检查的,侦查人员可以依法强制检查,检查要制作检查笔录,由参加检查的人员签名或盖章等。在行政诉讼和行政执法中,检查通常针对特定的场所和物品进行。但检查者有义务为被检查者保守技术秘密和业务秘密。

2. 搜查

根据2012年《刑事诉讼法》第134条的规定,为了收集犯罪证据、查获犯罪人,侦查人员可以对犯罪嫌疑人以及可能隐藏罪犯或者犯罪证据的人的身体、物品、住处和其他有关的地方进行搜查。2012年《民事诉讼法》第248条规定:“被执行人不履行法律文书确定的义务,并隐匿财产的,人民法院有权发出搜查令,对被执行人及其住所或者财产隐匿地进行搜查。”该条第2款还规定:“采取前款措施,由院长签发搜查令。”在行政诉讼中,搜查是行政监督检查的一种方法。例如,《工商行政管理机关检查处理投机倒把违章案件程序的规定(试行)》第10条规定,办案人员可以对当事人的财物进行检查。必须进行人身搜查时,应由公安机关进行,工商行政管理机关予以协助。从上述法律规定可以看出,搜查是收集调查物证的主要方法之一。

但是,由于搜查是一种极为严肃的法律行为,它关系到公民的人身权利和财产利益,特别是刑事诉讼中的搜查,涉及人权保障的问题。因此,一要严格控制适用,二要严格依照法律规定的程序进行,特别要严格批准程序,搜查时要依法制作笔录,搜查中的扣押要开列清单,等等。

3. 扣押、查封

扣押、查封通常是结合勘验、检查、搜查等同时进行,它是执法机关依法暂时扣留、封存与案件有关的财物的一种专门调查活动。2012年《刑事诉讼法》第139条规定:“在侦查活动中发现的可用以证明犯罪嫌疑人有罪或者无罪的各种财物、文件,应当查封、扣押;与案件无关的财物、文件,不得查封、扣押。”第140条还规定:“对查封、扣押的财物、文件,应当会同在场见证人和被查封、扣押财物、文件持有人查点清楚,当场开列清单一式二份,由侦查人员、见证人和持有人签名或者盖章,一份交给持有人,另一份附卷备查。”为了收集调查物证的扣押,主要适用于刑事诉讼。在民事、协助执法中,扣押通常只是一种执行措施。由于刑事诉讼中的扣押,关系到公民的物权问题,因此,必须按刑事诉讼法规定的程序进行,特别是对于扣押的各种物品,或者冻结的存款、汇款,一旦经查明与案件无关,2012年《刑事诉讼法》第143条明确规定,必须在3日以内解除扣押、冻结,退还原主。同时,该法第139条第2款还规定:“对查封、扣押的财物、文件,要妥善保管或者封存,不得使用、调换或者损毁。”这些规定,都说明扣押、查封是一种严肃的法律行为,必须严格依法进行。

4. 提供与调取

根据2012年《刑事诉讼法》第52条的规定,人民法院、人民检察院和公安机关有权向有关单位和个人收集、调取证据。有关单位和个人应当如实提供证据。凡是隐匿证据的，必须受法律追究。当事人向人民法院提供物证的，应当符合下列要求：(1)提供原物。提供原物确有困难的，可以提供与原物核对无误的复制件或者证明该物证的照片、录像等其他证据。(2)原物为数量较多的种类物的，提供其中的一部分。由于物证在案发前是掌握在有关的单位或者个人的手中，按照上述规定，不仅公安司法机关有权调取，而且有关单位和个人也有法定的义务向公安司法机关提供同本案有关的物证等证据。在民事诉讼和行政诉讼中，人民法院有权向有关单位和个人调取物证：一是涉及可能有损国家利益、社会利益或者他人合法权益的事实；二是涉及依职权追加当事人、中止诉讼、终结诉讼、回避等实体争议无关的程序事项。

(二)物证的保管

对于诉讼过程中收集到的各种物证，一定要妥善地保管，其目的是保证其对案件的证明作用，保证其证明力的发挥。否则证物变形、变态就会丧失其证明价值。物证的保管是指将用作证据的物品和痕迹固定后妥善加以保管和封存的活动。物证的种类不同，保管的具体方法也不同。其主要有：

1. 对于一般物证，如凶器、血衣、有精液的衣裤等，应当密封保管，并开列清单、贴上标签、年度和档案号等。

2. 对于缴获的赃款、赃物，严禁私分、变卖、调换和挪用，待案件处理完毕后退还失主、上缴国库或者销毁。

3. 对于体积大、笨重不易搬动的物证，应当拍制成照片，并注明实物存放的地点。

4. 对易损坏、消失、变质的物证，应当复制模型、照片、绘图、记录，并且迅速处理，如尸体尽快火化，伤痕及时治疗，贵重药材交有关部门销售等。

5. 对于易燃、易爆物品，将照片、鉴定意见等保存下来，将实物交有关部门处理。

6. 对于缴获的枪支、弹药、毒品等，将照片及鉴定意见等保管好，然后把原物交有关部门保存。

7. 黄色书刊、淫秽照片画片等，应当由专人保管，不准扩散，在法庭审判中，不得当庭出示，结案后应当在专人的监督之下销毁，并在原案卷中载明。

四、物证的审查判断

物证同各种言词证据相比，在证明力上所体现的客观性更强。但是，它是一种不会说话的证据，人称“哑巴证据”，容易被人们冒名顶替，特别是那些相似物、类似物，更易为人们所更换，此其一；其二，物证作为证明手段和证明方法，它不能直接用来证明案件事实，它同案件事实的关联性，还要通过办案人员审查、判断加以确定和认证。因此，对物证的审查、判断是运用证据证明案件事实的重要环节。关于审查判断物证的内容及方法，可归纳为以下几个方面。

(一)审查认定物证的来源是否合法

物证的来源主要是指物证的出处、由何人提供和收集而来，特别是来源的程序是否合法。例如，勘验、检查、搜查中扣押是否依法进行。由于物证是一种客观存在的实在物，因此，它既可能出现在室内现场，也可能来源于野外，既可能来自当事人一方的身上或住处，又可能来源于证人，或者为其他单位或个人所持有。从物证的来源上进行审查，即对物证分别是在何时、何地、何种情况下，由何人提供或收集，使用何种调查或侦查措施所查获，以此来认定物证在来源上是否合法。物证的来源如何是决定其是否具备证据能力的重要因素之一。在诉讼中,公安司法机关对物证的证据力进行认定之前必须彻底查清物证的来源,是否为经正当途径获取的,是否为出于栽赃陷害他人的目的而伪造、变造的,是否因疏忽而搞错的,是否为非法所得。以上这些因素或情形都直接影响到某一特定物证的证据能力。

(二)认真仔细地审查物证的外部特征,以确定其同案件事实的关联性

物证最重要的特征在于采用其本身所固定的外部特征、形状、品质、状态等来证明案件事实;但是,各种客观因素或环节,常常限制或阻碍了物证这一客观属性的映现程度,从而影响了其证明力的大小与强弱。因此,在审查认定物证的证据效力时应注意:一是要查明为待证事实所要求的物证的本质特征或内在属性在定案时是否已发生了实质性的变化,以及是否达到了足以影响其证明力的程度。二是要查明物证是否为原物。一般而言,物证具有不可替代性,在诉讼上如采用的是复制品或类似物、相似物将影响到物证的证明力。当然,基于法律上所规定的特殊情形,则可作为一种例外来对待。三是要确认物证是否经过伪造。凡伪造的物证除了影响物证的证据能力外,同时将导致该物证在客观属性上丧失证明力。伪造产生于以下两种情形:其一,犯罪分子或民事诉讼的当事人基于逃避法律的制裁或受利益所驱使而对物证加以伪造或变造;其二,基于诬告、陷害他人或实现某种利益而告发他人或使他人处于不利的境地而伪造或变造物证。例如,在民事诉讼中,当事人基于胜诉的欲望所驱使而故意改变原物形状、规格、品种,甚至用他物来冒充、替代原物。物证同案件事实的关联性,按其表现形式可划分为直接的方式和间接的方式。凡是物证以其存在足以影响发现案件事实的重要部分或其中一部分的,为具有直接的关联性;而凡是物证以其存在有助于查明案件事实,或构成发现案件事实线索的,则为具有间接的关联性。在间接方式下,物证只有与其他证据结合起来,相互印证,才可以达到认定案件事实的目的。通常而论,单一的物证不能起证明案件事实的作用,必须与包括其他物证在内的证据综合证明、互为依存条件、互为证明关系,才能体现某一物证的证明力。

(三)审查判断物证的方法,通常采用交付辨认、技术鉴定和比较印证等方法

1. 交付辨认

在诉讼中,辨认是指在公安司法机关的主持下,由有关诉讼法律主体对提供、收集到的物证材料进行识别、判断,辨明其真伪以及阐述与案件事实是否具有关联性的认识活动。这种认识活动是辨认人通过自己大脑中的印象判断与案件事实有关的物证材料是否为他所曾经感知过的。辨认的认识过程一般分为感知、记忆和辨识三个阶段。关于采用辨认作为辅助法官审查证据的必要手段,我国 2012 年《刑事诉讼法》第 190 条规定:"公诉人、辩护人应当向法庭出示物证,让当事人辨认,对未到庭的证人的证言笔录、鉴定人的鉴定意见、勘验笔录和其他作为证据的文书,应当当庭宣读。审判人员应当听取公诉人、当事人和辩护人、诉讼代理人的意见。"最高人民法院《第一审经济纠纷案件适用普通程序开庭审理的若干规定》第 24 条规定:"双方当事人就争议的事实所提供的书证、物证、视听资料,应经对方辨认,互相质证。"

2. 科学技术鉴定

所谓科学技术鉴定,是指鉴定人运用自己的专门技术知识、技能、工艺以及各种科学仪器、设备等,根据法庭的指派或聘请对在诉讼中出现的物证材料所涉及的专门性问题进行分析、鉴别后提供的结论性意见。关于采用鉴定手段作为辅助公安司法机关对物证审查手段,我国

2012年《刑事诉讼法》第144条规定:"为了查明案情,需要解决案件中某些专门性问题的时候,应当指派、聘请有专门知识的人进行鉴定。"我国2012年《民事诉讼法》第76条第2款规定:"当事人未申请鉴定,人民法院对专门性问题认为需要鉴定的,应当委托具备资格的鉴定人进行鉴定。"

3. 比较和印证

公安司法机关在审查物证过程中,当发现物证与其他证据以及证据与案件事实出现矛盾时,应当进行全面的、细致的分析。当物证作为直接证据时,应比较该物证与其他证据之间存在矛盾的根源所在,确认是其他证据缺乏真实可靠性,还是物证本身的问题。当物证作为间接证据时,需与包括物证在内的其他证据加以互相印证,形成一条具有内在必然性的逻辑性严密的证明锁链。当物证与其他证据发生冲突时,如何解决其证明力问题,我国最高人民法院有关司法解释认为:"物证、历史档案、鉴定意见、勘验笔录或者经过公证、登记的书证,其证明力一般高于其他书证、视听资料和证人证言。"但是这种前提条件是物证必须真实可靠。

第二节　书　　证

一、书证的概念和意义

书证是指能够根据其表达的思想和记载的内容查明案件真实情况的一切物品。这些物品大致可包括:用文字记载的内容来证明案情的书证,以符号表达的思想来证明案情的书证,以及用数字、图画、印章或其他方式表露的内容或意图证明案情的书证。

通常在诉讼中适用的书证有:(1)反映行为人主体身份的书证,如出生证、工作证、身份证、护照、户口本、营业执照、任职免职的文件等;(2)反映人们各种民事经济关系的书证,如行为人之间来往的账册、票据、小金库的各种白条、收据、经济合同、书面遗嘱等;(3)诬告、陷害案件的诬告信、大字报、小字报等;(4)反映人与人之间关系的车票、船票、飞机票、个人日记、工作日志等;(5)产品质量的认证书、检验文书,乃至各种文字广告等;(6)村规、民约、各种章程、管理制度等;(7)各种红头文件、公证文书、裁判文书等。

诉讼中的书证所具有的特征是:

第一,表现形式及制作方法的多样性,即外部特征。反映书证所记载内容的表现方式,既可以是文字、图形,也可以是符号;书证内容的载体,既可以是纸张,也可以是木头、石头、金属或其他材料;用以制作书证的工具,既可以是笔,也可以是刀、印刷机等;制作书证的方法,既可以是写,也可以是刻、雕或印刷等。因此,简单地把书证的外在表现形式限定为书面文字记载的材料是错误的,把日常生活中常见的以纸张为外在表现形式的书面材料等同于书证也是不正确的。

第二,书证所记载的内容和反映的思想必须同案件互相关联,能够证明案件事实的全部或一部。例如,当事人之间在发生借用关系时借用方所立的借据,该借据能证明双方发生过借用关系。再如,在侵权损害案件中,受害人向法院提供的诊断书,该诊断书能证明受害人受伤的轻重程度。上述事例中的借据、诊断书,都可列为书证。

第三,书证所记载的内容或表达的思想,是可供人们认知和了解的。在通常情况下,书证所记载的内容或表达的思想,以文字的方式呈现,如合同文书、遗嘱文书、信件、证明文书等;也有以符号、图形的方式呈现,如设计图、地图、路标等。应当注意的是,可供人们认识和理解的内容,不是仅指人们普遍熟知的文字或符号,在某些特定的情况下不被通常使用的密码、暗号、标记,也表达了制作者或使用者的思想,也应属于可供人们认识和理解的范围。但无论以何种方式表现,表达的内容或思想是否容易被人们认识或理解,其所表达的内容或思想,应当是可以被人们认识或理解的。如果书面记载的内容不表达任何思想或意思,就不能作为书证。

从书证的特征中可以看出,书证是以其所记载的内容和所表达的思想来证明待证事实的。书证的这一本质特征决定了书证在诉讼中具有十分重要的意义。

一方面,书证所记载的内容或表达的思想往往能直接证明有关的案件事实。因为书证的特征就是以其所记载的内容或所表达的思想来证明案件事实的。书证是伴随着案件事实的发生而产生的,书证所反映的思想和记载的内容,往往是案件事实的一部或全部,它同案件事实直接是一种重合关系。所以,对书证审查核实清楚了,案件事实也就真相大白了。由此可见,书证在诉讼证明中的证明作用之大。

另一方面,书证同其他证据相比,其证明力更强,证明作用发挥得更为充分。因为书证通常是以文字的形式来表现的,而书面文字相对于口语而言,具有意思更为清楚、明确,表现的思想更具有逻辑性的特点。就当事人而言,如果其行为或意思表示须以文字形式来表现时,通常会采取一种比较慎重的态度,尽量追求所形成的文字能切实反映自己行为或意思表示的效果。就此而言,书证往往能比较准确地反映出它所需证明的案件的有关事实,即书证反映待证事实的准确性比较强。另外,书证是以一定的物质材料作为载体,将一定的内容或思想固定下来。同时,书证的形成通常是在案件或纠纷发生之前,此时,当事人之间的利害关系并未直接发生冲突,对相关的事实并不存在争议。因此,在书证中所记载的内容或表达的思想,在通常情况下是符合当时的真实情况或当事人的思想状况的。而在案件或纠纷发生后,当事人之间往往有直接的利害冲突,基于趋利避害的心理,此时当事人主观上往往只承认案件中有利于自己的事实,而对案件中不利于自己的事实不予承认或是否认。基于上述原因,书证要较当事人的陈述更具有真实性。基于书证以一定形式将一定内容或思想固定下来的特性,能使这些内容或思想被真实地保存下来,即使记载内容或思想的物质材料有破损,只要未影响到反映内容或思想的文字、符号、图形等,其内容或思想就仍能得到真实的反映。而人证、物证等证据则有可能因主客观条件的变化,或随着时间推移而发生变化,其所证明的案件事实就有可能失真或失实。书证所反映的内容或思想长久不变的这一特性,使书证证明的可靠性大大加强。应该承认书证的证明力要高于各种言词证据和实物证据。

二、书证证明力的特点和分类

(一)书证证明力的特点

物证主要是以其外部特征发挥证明作用,书证则是以其内容来证明案情的。而且这种证明关系的表现形式,多数是属于重合关联,即书证所表达的思想和记载的内容,既是证据事实,也是案件事实,二者是重合的。主要表现在以下三个方面:(1)书证所表达的思想内容和意图同案件事实有联系;(2)书证所记载的内容可以被认知;(3)书证要有明确的制作者。

书证与物证既有联系又有区别。其相互联系的表现是,书证也是广义的物证,因为它也是实物证据。同时,有的书证还具备物证和书证的共同特征,既可作书证,又可作物证运用。其证明力的共同特点是客观真实性比言词证据强。书证同物证的区别主要表现为:书证是以其内容来证明案情的,物证则是以其外部特征、形状、性质及其存在的方式和状态来证明案情的。

(二)书证的分类

书证的分类是一个比较复杂的问题,世界各国的分类标准也不尽相同,依据不同的划分标准,可将书证划分为不同的类别,不同类别的书证,其运用规则或曰证明力有所不同。

1. 以书证的表达方式为划分标准,可将书证划分为文字书证、图形书证、符号书证等

文字书证,是指以文字记载的内容来证明案件有关事实的书证。这是一种最常见的书证,如传单、信件、合同、遗嘱、账册、票据等。

图形书证,是指以图形表现的内容来证明案件有关案件情况的书证。如刑事案件中的淫秽图画,犯罪嫌疑人为实施犯罪而绘制的地图;民事案件中,房屋建筑的设计图、机械产品的构造图,等等。

符号书证,是指以符号作为内容来证明案件有关情形的书证,如路标、标记、记号等。与文字书证、图形书证相比较,符号书证所表达的内容通常更不容易被人们所认识,对符号书证的认识和理解,往往需要结合其他证据来破译该符号书证所代表的真正含义,然后才能发挥其证明作用。

2. 以书证是否依国家职权制作作为划分标准,可以将书证划分为公文书证和私文书证

公文书证。国家机关、企事业单位、人民团体,在法定的权限范围内所制作的文书,以此文书作为证明案件有关情况的书证,即为公文书证。例如,民政部门颁发的结婚证书、离婚证书,法院制作的判决书、调解书,行政机关颁布的任免书、奖惩文书,行政管理部门作出的处罚决定书等。公文书证的特点,通常情况下产生一定的法律后果,如结婚证书的颁发,意味着当事人双方婚姻关系成立;法院制作的判决书生效后产生既判力等。从制作程序和形式上讲,一般也有较严格的制作程序,文书也具有一定的法定形式。按照最高人民法院《关于民事诉讼证据的若干规定》第 77 条第 1 项的规定,国家机关、社会团体依职权制作的公文书证的证明力一般大于其他书证。

私文书证,是指公文书证之外的书证。私人制作的或国家机关、企事业单位、社会团体不是基于职权而制作的文书,该文书作为书证时即为私文书证,如单位之间、个人之间签订的经济合同、个人开出的借款收据等。与公文书证相比较,私文书证的制作在程序上或形式上都不够严格,在有的情况下,具有一定的随意性。因此,在一般情况下,私文书证的证明力比公文书证弱。

3. 以书证的内容所体现的性质作为划分标准,可以将书证划分为处分性书证与报道性书证

处分性书证是书证中所记载或表述的内容,以发生一定的法律后果为目的的书证。例如,国家工商行政管理机关颁发的营业执照、许可证,人民法院制作的发生法律效力的判决书、调解书,公民个人之间签订的合同文书、公民个人所立的遗嘱文书等,均属于处分性书证。处分性书证的特点就在于,它所表述的内容,与一定的法律后果相联系,即会引起一定法律关系的产生、变更或消灭,产生相应的法律效力。

报道性书证是书证中所记载或表述的内容,反映的只是制作人的见闻、感想、体会等。例

如,日记、会议记录、诊断书等,均属于报道性书证。报道性书证的特点,主要在于它是制作者对客观事实认识所作的表述,它虽然不能直接反映出一定的法律关系状态如何,但对于认识一定的客观事实当时的状态是具有参考价值的。报道性书证作为一种证据与其他证据相印证,往往也能起到比较好的作用。

4. 以书证形成的方法为标准,可将书证划分为原本、正本、副本、节录本、影印本和译本等

原本,是指文书的制作人最初所制成的文书。例如,合同当事人签字盖章的书面合同,借款人亲笔书写表达借款意愿的借条等。原本是文书的初始状态,最客观地反映文书所记载的内容,因此,收集书证,应尽量收集原本。

正本,是指照原本全文抄录或印制并与原本具有同等法律效力的文件。正本出自原本,其效力也等同于原本,只是在日常生活中的使用有所不同:原本一般保留在制作者手中或存档备查,正本则发送给受件人。

副本,是照原本全文抄录或印制但效力不同于原本的文件。制作副本的目的是告知有关单位知晓原本文件内容,即副本一般是发送给主受件人以外的其他须知晓原本内容的有关单位或个人。

节录本,是指制作者以摘抄的方式,节录原本或正本文书内容的一部分而形成的文书。节录本只反映原本内容之一部分,就此而言,其证明作用与原本作用是有较大差异的。

影印本,是指运用影印技术,将原本、正本摄影或复印而形成的文书。

译本,是指运用其他国家或民族的文字将原本或正本翻译而形成的文书。

三、书证的提供、收集和审查判断

(一)书证的提供和收集

由于刑事、民事、行政三大诉讼性质和调整的对象、范围的差异,每种诉讼的举证责任、证明标准的要求不同,以及各诉讼活动的参加人之身份不同,书证的提供与收集在法律上的规定也不同。

1. 刑事诉讼中书证的提供和收集

2012年《刑事诉讼法》第49条规定:"公诉案件中被告人有罪的举证责任由人民检察院承担,自诉案件中被告人有罪的举证责任由自诉人承担。"第52条规定:"人民法院、人民检察院和公安机关有权向有关单位和个人收集、调取证据。有关单位和个人应当如实提供证据。"第135条规定:"任何单位和个人,有义务按照人民检察院和公安机关的要求,交出可以证明犯罪嫌疑人有罪或者无罪的物证、书证、视听资料等证据。"第139条规定:"在侦查活动中发现的可用以证明犯罪嫌疑人有罪或者无罪的各种财物、文件,应当查封、扣押;与案件无关的财物、文件,不得查封、扣押。"根据这些规定,刑事诉讼法中的公诉案件,证据的提供与收集主要就由有关的机关负责。即书证主要是由公安机关和司法机关通过搜查、勘验、扣押等方法来收集,此外,刑事诉讼法还要求有关的机关、团体、企事业单位和公民提供。刑事诉讼法除了对书证的提供与收集的方式作了规定外,还对采取这些方式提出了要求。第136条规定:"进行搜查,必须向被搜查人出示搜查证。"第139条第2款规定:"对于查封、扣押的物品、文件,要妥善保管或者封存,不得使用、调换或者损毁。"第140条规定:"对于查封、扣押的物品和文件,应当会同在场见证人和被查封、扣押物品持有人查点清楚,当场开列清单一式两份,由侦查人员、见证人和持有人签名或者盖章,一份交给持有人,另一份附卷备查。"第141条规定:"侦查人员认为需

要扣押犯罪嫌疑人的邮件、电报的时候,经公安机关或者人民检察院批准,即可通知邮电机关将有关的邮件、电报检交扣押。”“不需要继续扣押的时候,应即通知邮电机关。”第143条规定:“对查封、扣押的财物、文件、邮件、电报或者冻结的存款、汇款、债券、股票、基金份额等财产,经查明确定与案件无关的,应当在三日以内解除查封、扣押、冻结,予以退还。”我国2012年《刑事诉讼法》对书证的收集、提供作了如此严格的规定,其目的一是从程序上保证书证对案件事实的证据力和证明力;二是维护诉讼参与人的合法权利,以保障人权。

刑事诉讼中的自诉案件,根据诉讼中举证责任的原理,证明被告人有罪的书证原则上应当由自诉案件的原告人负责提供,必要时,公安机关和司法机关也可以收集。

2. 行政诉讼中书证的提供和收集

按照行政诉讼中举证责任的要求,法律明确规定,对行政机关作出的具体行政行为的事实根据所依据的证据,由作出该具体行政行为的行政机关(就是被诉的行政机关)负责提供,因此,在行政诉讼中,书证通常情况下由被告方提供。但是,原告为了支持自己的主张,也有权向人民法院提供自己可以提供的原告书证,人民法院在必要时也有权向有关行政机关及其他组织、公民收集书证。最高人民法院《关于行政诉讼证据若干问题的规定》第10条规定,当事人向人民法院提供书证的,应当符合下列要求:(1)提供书证的原件,原本、正本和副本均属于书证的原件。提供原件确有困难的,可以提供与原件核对无误的复印件、照片、节录本;(2)提供由有关部门保管的书证原件的复制件、影印件或者抄录件的,应当注明出处,经该部门核对无异后加盖其印章;(3)提供报表、图纸、会计账册、专业技术资料、科技文献等书证的,应当附有说明材料;(4)被告提供的被诉具体行政行为所依据的询问、陈述、谈话类笔录,应当有行政执法人员、被询问人、陈述人、谈话人签名或者盖章;(5)法律、法规、司法解释和规章对书证的制作形式另有规定的,从其规定。

3. 民事诉讼中书证的提供和收集

根据“谁主张,谁举证”的民事诉讼中的举证责任的原则,在我国民事诉讼中,书证的提供,原则上由主张相关事实的当事人负责。从司法实践中看,当事人、第三人对自己掌握的书证,均由其主动提供给人民法院。而对对方当事人持有或案外第三人所持有的书证应如何提供或收集,民事诉讼法则缺少具体规定。我们认为,在此种情况下,如果对方当事人能向法院主动提供,当然可以由对方当事人提供;如果对方当事人无正当理由拒不提供,而当事人又有主张对方当事人持有的书证内容不利于对方当事人的,可以推定该主张成立。案外第三人所持有的书证,如果有关的当事人或诉讼代理人可以向其收集得到,就由该文书持有人将有关书证提交给有关当事人或诉讼代理人,再由有关当事人或诉讼代理人将该文书提交给人民法院。若持有书证的案外第三人不愿将书证提交有关当事人或诉讼代理人的,或者当事人或诉讼代理人收集该文书确有困难的,则可以由当事人向人民法院提出申请,要求人民法院依法收集有关书证。当事人向人民法院申请收集案外第三人所持有书证的,应当向人民法院说明该书证为谁持有、该书证的名称、所记载的主要内容、可以证明案件的哪部分事实,当事人自行收集有何困难等,人民法院对当事人的申请应予以审查,如果认为当事人的申请言之有理、符合客观实际情况,即可向有关的案外第三人收集有关的书证。此外,人民法院在诉讼过程中,如果认为有必要,也可依职权向有关的案外第三人收集有关的书证。人民法院向第三人收集与案件有关的书证时,案外第三人不得拒绝。人民法院调查收集书证的,根据最高人民法院《关于民事诉讼证据的若干规定》第20条的规定,“调查人员调查收集的书证,可以是原件,也可以是经核对无误的副本或者复制件。是副本或者复制件的,应当在调查笔录中说明来源和取证情况”。

(二)书证的审查判断

关于书证的审查判断,我国2012年《刑事诉讼法》第190条和2012年《民事诉讼法》第138条、第141条均作了规定,强调在法庭审判的过程中,对于作为判决根据的书证,一要出示,二要经过双方质证和辩论。同时,我国2012年《民事诉讼法》对于书证的审查判断还作了一些专门的规定。例如,2012年《民事诉讼法》第67条第2款规定:“人民法院对有关单位和个人提出的证明文书,应当辨别真伪,审查确定其效力。”第69条规定:“经过法定程序公证证明的法律事实和文书,人民法院应当作为认定事实的根据,但有相反证据足以推翻公证证明的除外。”从这些规定中,我们可以看出:(1)我国法律对公文书和私文书的审查、判断的要求是一视同仁的,并无不同的标准;(2)除公证文书外,其他各类文书无论是形式上还是效率上都是相同的。比较而言,公证文书有较强的证明力,在通常情况下,应确认其证明力。

我国三大诉讼法对书证的审查判断未作详细规定,但是,总结实际工作中的经验和做法,对书证的审查判断一般应做到以下几点:

首先,应当查明书证的制作人是否具有制作该种书证的资格。书证的制作理应具有特定的目的,因此应调查该书证是否确系某人所制作,如果书证载明的制作人并未制作书证时,该种书证将失去其证明能力。如果书证系检举、揭发他人违法犯罪的匿名信时,则应对检举、揭发所涉及的内容认真加以研究,并结合其他证据加以审查后方再作出相应的结论。有的书证经审查和事后确定为某人所书写,但应审查和理解该书证的内容与制作人的身份是否相当、吻合,并且应注意是否存在暴力、威胁、利诱、欺骗的情形。如经审查确有以上这些违法情形时,则该书证失去证据能力。在查明制作人的主体身份是否合法以后,再审查制作书证的手续是否完备。例如,书证中的签名是否为本人亲自所为,有关书证是否按照其特有的格式进行制作等。审查有关单位和个人制作的书证上有无加盖公章和有关人员的签名、盖章以及签字笔迹、印章是否属实,是否存在私刻公章、私盖公章的情形。如需核对印章,鉴别笔迹时,应适用有关科学技术鉴定的规则,交由专门的鉴定人作出鉴定意见。书证是否为原件持有人、原始签名人、书写人所制作;当书证是由私人所制作时,应当向参与该制作的当事人或目击制作过程的证人进行了解、核查。如果书证为公文性书证,法院可向原制作单位进行核查,以查清这些书证所记载的是否属实。最高人民法院《关于民事诉讼证据的若干规定》第31条规定:“摘录有关单位制作的与案件事实相关的文件、材料,应当注明出处,并加盖制作单位或者保管单位的印章,摘录人和其他调查人员应当在摘录件上签名或者盖章。摘录文件、材料应当保持内容相应的完整性,不得断章取义。”这种形式要件上的欠缺将直接影响该书证的证据能力。

其次,审查书证的内容。一是明确该书证所记载的内容表述的含义为何。二是查明该书证的内容是否为有关人员的真实意思表示。该文书的审查,可以通过询问当事人、书证制作者来进行,若双方当事人对该书证所表述的内容有歧义,则可以要求双方当事人就书证所表述的内容进行说明,乃至进行辩论。该方面的审查,主要是要查明书证所反映的真实、确切的内容是什么,以便确定该书证对案件事实的证明价值和作用。三是审查书证与待证事实之间的关系,确认该书证同案件事实的关联性。通常情况下是要求书证提供者说明书证的全部或部分内容与待证事实之间有何内在的、本质的联系,即该书证可证明案件的哪一部分事实。该方面的审查,是法院确定是否要对书证进一步进行审查的基础。如果法院通过这部分审查,认为该书证与案件无关联，那么，就无需进一步对该书证进行审查；反之，则进一步进行审查。

最后，审查书证有无伪造、变造的痕迹。所谓伪造，就是模仿他人的笔迹或以其他手段制造假书证。所谓变造，就是以涂改、加字、减字、剪贴等手段以改变书证内容所表现的外部特征来达到篡改书证内容的目的。在刑事诉讼中，由于犯罪分子出于各种动机，有可能对书证加以伪造或对原有书证所涉及内容的关键部分加以篡改或者变造；因此，对载有犯罪事实的书证，如从事诈骗、威胁、收受贿赂的信件、收据或诬告他人的书面材料，应审查是否为犯罪人本人所书写，有无栽赃、陷害、嫁祸于他人的情形。在民事诉讼中，如果当事人提出对方伪造书证，则应负举证责任，提供充分、必要的证据来证明该书证确系伪造。对此类书证是否系伪造存在争议时，法院要认真审查。对国家机关、团体、企事业单位、其他组织所制作的书证，应向原制作单位核对，审查其内容是否符合实际情况和有关法律、法规的规定，还可借助该书证所记录的证明人进行核实、查询，并对书证的笔迹、印章进行核查、确认。如需委托鉴定的，则应适用有关鉴定制度的规定。如果经审查后认为有关书证确系伪造或者变造，应依法追究行为人的刑事法律责任。

第三节　证 人 证 言

一、证人证言的概念和意义

证人证言是指知道案件真实情况的人，向办案人员所做的有关案件部分或全部事实的陈述。

证人证言的内容包括对查清案件真相的一切事实，与案件无关的内容，或者是证人的估计、猜测、想象等，不能作为证言的内容。办案人员只能要求证人陈述案件事实，而不能要证人对这些事实作出判断。证人陈述的情况，可以是亲自听到的或看到的，也可以是别人听到或看到而转告的。但转告的情况，必须说明来源，说不出来源的，或者道听途说的消息，不能作为证人证言使用。

证人证言具有以下特点：

1. 证人证言必须是证人对案件事实所感知的情况，记忆的情况，向公安司法机关所作的陈述；至于证人对案件情况的分析、判断、评论等，均不能作为证人证言使用。

2. 证人证言具有不稳定性和多变性，即使一个最诚实的人，提供的证言也可能有失真的时候。其原因有三：一是言词证据本身所固有的特征，每个证言都要受到客观因素和主观因素的影响、干扰而导致其不稳定与多变；二是遇到各种不正之风的干扰；三是每份证言的形成过程，即对案件事实的感知、记忆表述，每个阶段都可能要出现误差。

3. 证人具有不可代替性，只有了解案件情况的人才能成为证人。证言的来源是多样的，既有自己亲自听到看到的，也有从他处获悉的，证人作证必须事先说明来源，否则，不能作为证言使用。另外，由于证人具有不可替代性，在诉讼活动中，必须坚持“证人优先”原则。

证人证言具有怎样的意义呢？证人证言同诉讼中其他证据相比，特别是同案件的其他言词证据比较,其客观性更强。因为证人不像案件中当事人那样,与案件结果的利害关系那样密切;证人证言同物证、书证等实物证据相比,更为生动、具体、形象,对案件事实真相揭露得更为深入。由此可见,证人证言在诉讼中的作用和意义独具特色。从其内容上看,它可能同案件的一部或全部相联系,往往能证明案件所涉法律关系的一部或全部,即使证明不了一部或全部,它还可以反映案件的有关线索,为公安、司法机关进一步调查收集证据提供帮助;就证据运用而言,它还可以与本案其他证据加以对照、比较,起到一个印证和核实的作用,为公安、司法机关提供审查判断证据的手段。因此,证人证言在诉讼中的作用、意义是不可忽视的。

二、证人的资格条件、权利和义务

(一)证人的资格条件

证人的资格条件,即哪些人能够作为证人,哪些人不能作为证人。我国2012年《刑事诉讼法》第60条规定:"凡是知道案件情况的人,都有作证的义务。生理上、精神上有缺陷或者年幼,不能辨别是非、不能正确表达的人,不能作证人。"最高人民法院《关于民事诉讼证据的若干规定》第53条规定:"不能正确表达意志的人,不能作为证人。待证事实与其年龄、智力状况或者精神健康状况相适应的无民事行为能力人和限制民事行为能力人,可以作为证人。"最高人民法院《关于行政诉讼证据若干问题的规定》第41条和第42条也规定,"凡是知道案件事实的人,都有出庭作证的义务","不能正确表达意志的人不能作证"。可见,证人是有义务把自己所了解的案件情况告诉司法机关的诉讼参与人。

要正确理解证人的资格,应当掌握以下几点:

1. 凡是知道案件情况并有作证能力的人,都可以作为证人。"知道案件情况",能够"辨别是非",能够"正确表达"的人,是取得证人资格的绝对条件。是否作为证人,既不受性别、年龄、民族、出身、成分、文化程度、财产状况、思想觉悟、表现好坏、社会地位等限制,也不受是否与犯罪嫌疑人、被告人、被害人有亲属关系或其他利害关系的影响,只要符合证人的条件,都可以作为证人。对案件的同一事实,如果有几个人同时知道,那么他们都可以作为证人,而不能互相代替。证人不分政治地位高低,即便是各级领导干部同样有作证的义务,没有拒绝作证的特权。

2. 生理上、精神上有缺陷或者年幼,不能辨别是非、不能正确表达的人,不能作证人。这是因为这些人由于感觉器官或者精神上的障碍,或者由于年龄关系,对于客观事物分不清是非,不能正确反映,不能正确表达思想,所以,不能提供对查明案件事实有意义的证言,不能作证人。如果在生理上或精神上虽然有某种缺陷,但是还能够辨别是非,能够正确表达的人,仍然可以作为证人。不能因为有些知情人在生理上、精神上有缺陷或者年幼,就一律取消他们作证的资格。这些人能不能作为证人,关键要看他们对客观事物能不能分清是非,能不能正确表达。根据这一标准,对具体人员的具体情况进行具体分析以后,才能够确定其能否作为证人。根据最高人民法院《关于行政诉讼证据若干问题的规定》第42条的规定,经当事人申请,人民法院可以就证人能否正确表达意志进行审查或者交由有关部门鉴定。必要时,人民法院也可以依职权交由有关部门鉴定。因此,"生理上、精神上有缺陷或者年幼"只是丧失作证资格的相对条件,而不是绝对条件。

3. 证人只能是当事人以外知道案件情况的人。只有知道案件情况的人,才能作为证人,但知道案件情况的人,并非都是证人。案件的当事人由于与案件有直接利害关系,不能作为证人。证人是与案件没有直接利害关系而知道某一案件或某些案件情况的第三人。证人是由其知道案件事实决定的,因此,证人永远都是特定的人,具有不可代替性,他既不能由司法机关自由选择和指定,也不能由别人来代替和更换。

4. 证人在刑事诉讼中占有优先地位。由于证人是以知道案件情况为特征的,具有不可代替性,因而决定了凡是在刑事诉讼开始以前知道案件情况的人,都应当优先地作为证人参加诉讼,而不应当作为本案的侦查人员、检察人员、审判人员、辩护人、鉴定人、翻译人员参加诉讼。因为这些人员都是可以自由选择和替换的。同时,这也符合刑事诉讼法关于证人具有作证义务和司法人员回避的有关规定。

5. 证人只能是公民个人。法人和非法人团体不具有证人资格。2012 年《民事诉讼法》第 72 条规定:"凡是知道案件情况的单位和个人,都有义务出庭作证。"据此,有的学者提出单位也可以作为证人。但我们坚持认为证人只能是公民个人,单位不具有证人资格。这是因为只有公民个人才能借感官感知案件事实,而法人和非法人团体本身并无这种感知能力。同时,由于了解案件情况而产生的作证义务,是公民个人的法定义务,故意作伪证、隐匿罪证,必须负伪证的法律责任,而法人和非法人团体则无法承担这种法律责任。因此,证人只能是公民个人,任何机关、团体、企事业单位等都不能作为证人。实践中,它们所提供的档案材料、证明文件和其他书面材料,属于书证的范围,而不能是证人证言。

6. 刑事诉讼中的见证人应视为"特殊的证人"。见证人,是指与案件无关,而仅在勘验、检查、搜查、扣押和侦查实验等诉讼活动中,被司法人员邀请在现场观察并为此作证的人。这种人被邀请到现场见证,是可以选择和代替的,这与证人具有差异。但是,一旦被邀请到现场见证之后,他就成为了解有关诉讼活动的特定人,具有不可代替性,这与证人又有相似之处。尤其是见证人与证人具有类似的诉讼权利和义务。因此,可将见证人视为一种"特殊的证人"。另外,我们认为,刑事案件的侦查人员和其他执法人员有义务就其执行职务时直接了解的案件情况以及就案件有关侦查过程和采取侦查措施的情况出庭作证。

(二)证人的权利

根据我国三大诉讼法和司法解释的规定,证人的合法权益依法应予保护,证人依法享有以下诉讼权利:

1. 司法人员到证人所在单位或者住处进行询问时,证人有权要求他们出示司法机关的证明文件。2012 年《刑事诉讼法》第 122 条规定:"侦查人员询问证人,可以在现场进行,也可以到证人所在单位、住处或者证人提出的地点进行,在必要的时候,可以通知证人到人民检察院或者公安机关提供证言。在现场询问证人,应当出示工作证件,到证人所在单位、住处或者证人提出的地点询问证人,应当出示人民检察院或者公安机关的证明文件。"人民法院对于应当出庭作证但由于各种法定原因无法按人民法院通知出庭作证的,可以另行确定时间通知证人出庭作证,实践中也有通过视频、音频等方式进行远程作证,或者到证人住处等其他地点听取证言的做法。到证人住处或者其他地点听取证言的,应当通知公诉人和辩护人到场。

2. 证人有权用本民族的语言、文字提供证言。2012 年《刑事诉讼法》第 9 条第 1 款规定:"各民族公民都有用本民族语言文字进行诉讼的权利。人民法院、人民检察院和公安机关对于不通晓当地通用的语言文字的诉讼参与人,应当为他们翻译。"2012《民事诉讼法》第 11 条和 2014 年《行政诉讼法》第 9 条对此也作了明确规定。对于聋哑证人,还允许用哑语、手势等作证,并要求通晓哑语、手势的人参加诉讼,为他们提供翻译。

3. 证人有权按照自己知道的案件情况提供证言,不受任何机关、单位和个人的干涉。2012年《刑事诉讼法》第50条规定:“审判人员、检察人员、侦查人员必须依照法定程序,收集能够证实犯罪嫌疑人、被告人有罪或者无罪、犯罪情节轻重的各种证据。严禁刑讯逼供和以威胁、引诱、欺骗以及其他非法方法收集证据,不得强迫任何人证实自己有罪。必须保证一切与案件有关或者了解案情的公民,有客观地充分地提供证据的条件,除特殊情况外,可以吸收他们协助调查。”证人在行使这一权利时,可以补充、修改对其陈述记录不实的部分,提交其持有的与案件有关的物证、书证。对其证言笔录,可以要求阅读或者请司法人员向其宣读,如果认为有遗漏或错误时,可以要求补充或修正。证人有权请求自己书写证言。

4. 证人有权要求对其个人情况予以保密。刑事诉讼中,证人在侦查期间,有权要求对自己的姓名保密和在整个诉讼阶段对自己报案、举报的行为保密。根据2012年《刑事诉讼法》第109条第3款的规定,在侦查期间,证人不愿公开自己姓名的,有权要求侦查机关为其保密。在整个刑事诉讼阶段,证人作为报案人、控告人、举报人,如果不愿公开自己的报案、控告、举报的行为,有权要求司法机关为其保密。司法机关必须为证人保密。这一规定既有利于鼓励和保护公民举报犯罪,防止被举报人打击报复,又有利于侦查机关调查核实举报的真实性,防止因举报的事实有出入而造成不良影响。但是,在审判阶段,证人没有要求为其姓名保密的权利。因为证人要到庭受控、辩双方的询问和质证,因故未到庭的证人,法庭要依法宣读其证言。此外,依据最高人民法院《关于行政诉讼证据若干问题的规定》第74条第2款的规定:“人民法院应当对证人、鉴定人的住址和联系方式予以保密。”

5. 证人对司法人员侵犯其诉讼权利和人身侮辱的行为,有权提出控告。2012年《刑事诉讼法》第14条第2款规定:“诉讼参与人对于审判人员、检察人员和侦查人员侵犯公民诉讼权利和人身侮辱的行为,有权提出控告。”

6. 证人有权要求司法机关保障自身及其近亲属的安全。对于人身安全和财产安全可能受到威胁的证人及其近亲属,应当根据情况,采取相应的保护措施,如不公开证人的住址和工作单位;对证人及其近亲属的人身和居所采取专门性的保护措施;经证人申请,可以在证人作证时采取不暴露该证人外貌、真实声音的措施;在证人作证后为证人变更姓名和居住地;以及其他保护证人及其亲属的措施。人民法院根据保障证人及其近亲属的人身和财产安全和保证证人出庭作证的需要,经申请或者依职权作出要求特定人员在一定期限内不得接触某证人及其近亲属的命令。对证人及其近亲属进行威胁、侮辱、殴打或打击报复的,证人有权要求对行为人予以制裁。《刑事诉讼法》对这方面的规定有了一个长足的进步和明确。2012年《刑事诉讼法》第61条规定:“人民法院、人民检察院和公安机关应当保障证人及其近亲属的安全。对证人及其近亲属进行威胁、侮辱、殴打或者打击报复,构成犯罪的,依法追究刑事责任;尚不够刑事处罚的,依法给予治安管理处罚。”第62条规定:“对于危害国家安全犯罪、恐怖活动犯罪、黑社会性质的组织犯罪、毒品犯罪等案件,证人、鉴定人、被害人因在诉讼中作证,本人或者其近亲属的人身安全面临危险的,人民法院、人民检察院和公安机关应当采取以下一项或者多项保护措施:(一)不公开真实姓名、住址和工作单位等个人信息;(二)采取不暴露外貌、真实声音等出庭作证措施;(三)禁止特定的人员接触证人、鉴定人、被害人及其近亲属;(四)对人身和住宅采取专门性保护措施;(五)其他必要的保护措施。证人、鉴定人、被害人认为因在诉讼中作证,本人或者其近亲属的人身安全面临危险的,可以向人民法院、人民检察院、公安机关请求予以保护。人民法院、人民检察院、公安机关依法采取保护措施，有关单位和个人应当配合。”这个条款被视为赋予证人“秘密”出庭的权利和申请司法保护的权利，这在立法上是一大突破。

7. 证人出庭作证的通知书至迟应在开庭3日以前送达。2012年《刑事诉讼法》第182条第3款规定，通知证人出庭的通知书至迟在开庭3日以前送达证人。

8. 证人有权向公安、司法机关要求补偿因到案作证所支出的费用，以及所减少的劳动收入。证人出庭作证的，其所在单位不得以任何理由进行阻挠，不得因为证人出庭作证而克扣或者变相克扣其工资、奖金及其他福利待遇。2012年《刑事诉讼法》第63条规定：“证人因履行作证义务而支出的交通、住宿、就餐等费用，应当给予补助。证人作证的补助列入司法机关业务经费，由同级政府财政予以保障。有工作单位的证人作证，所在单位不得克扣或者变相克扣其工资、奖金及其他福利待遇。”最高人民法院《关于民事诉讼证据的若干规定》第54条第3款还规定：“证人因出庭作证而交出的合理费用，由提供证人的一方当事人先行支付，由败诉一方当事人承担。”最高人民法院《关于行政诉讼证据若干问题的规定》第75条也作了相类似的规定。

（三）证人的义务

根据我国三大诉讼法的规定，证人应当履行的诉讼义务主要有：

1. 证人，包括因履行职务而作为证人的警察，有出庭作证的义务。2012年《刑事诉讼法》第60条规定：“凡是知道案件情况的人，都有作证的义务。”第187条规定：“公诉人、当事人或者辩护人、诉讼代理人对证人证言有异议，且该证人证言对案件定罪量刑有重大影响，人民法院认为证人有必要出庭作证的，证人应当出庭作证。人民警察就其执行职务时目击的犯罪情况作为证人出庭作证，适用前款规定。”其中，警察也要出庭作证是我国与世界各国协调一致的一项全新的规定。一般而言，警察出庭作证包括两种情况：一是警察在日常生活中碰巧看到了犯罪情况的发生，或者把犯罪嫌疑人抓住了，这种情况下要出庭作证；二是控辩双方对某项在讯问中得到的证据存在异议，如认为是刑讯逼供所得，此时侦查人员应根据相关规定出庭说明情况，如果侦查人员说不清楚，这个存在异议的证据会被视为“非法证据”，而不被采信。这个规定将极大地约束侦查人员的行为，对减少刑讯逼供产生积极的影响。最高人民法院《关于民事诉讼证据的若干规定》第55条规定：“证人应当出庭作证，接受当事人的质询。”如果证人确有困难不能出庭，经人民法院许可，证人可以提交书面证言或者视听资料或者通过双向视听传输技术手段作证。这里的“证人确有困难不能出庭”，是指下列情形：(1)年迈体弱或者行动不便难以出庭的；(2)特殊岗位确实无法离开的；(3)路途特别遥远、交通不便难以出庭的；(4)因自然灾害等不可抗力的原因无法出庭的；(5)其他无法出庭的特殊情况。[1] 证人在人民法院组织双方当事人交换证据时出席陈述证人证言的，可视为出庭作证。最高人民法院《关于行政诉讼证据若干问题的规定》第41条规定：“凡是知道案件事实的人，都有出庭作证的义务。”但同时，该条又规定，有下列情形之一的，经人民法院准许，当事人可以提交书面证言：(1)当事人在行政程序或者庭前证据交换中对证人证言无异议的；(2)证人因年迈体弱或者行动不便无法出庭的；(3)证人因路途遥远、交通不便无法出庭的；(4)证人因自然灾害等不可抗力或者其他意外事件无法出庭的；(5)证人因其他特殊原因确实无法出庭的。我们认为，符合以下情形之

---

〔1〕参见最高人民法院《关于民事诉讼证据的若干规定》第56条。

一的,经人民法院准许,证人也可以不出庭作证,向法庭提交证人的书面证言:(1)双方当事人一致同意该证人不出庭的;(2)不满14周岁的未成年人。对于曾经在庭前作证的证人,如果该证人死亡的,可以向法庭提供对该证人的询问笔录或者该证人的书面证言。证人出庭作证的,在其作证前,除依法写保证书外,还应当当庭宣誓。未成年人出庭作证的,可以不写保证书,也可以不宣誓。因为未成年证人的诉讼行为能力,受到了未成年因素的影响,在作证程序上要区别于成年人。当然,这种情况只能是针对一般证人,若重要证人不到庭,只念书面材料是不可取的。

2. 证人有向司法人员如实陈述和回答所提问题的义务,即证人有如实作证的义务。2012年《刑事诉讼法》第123条规定:"询问证人,应当告知他应当如实地提供证据、证言和有意作伪证或者隐匿罪证要负的法律责任。"根据这一规定,证人有义务向司法机关如实地陈述所知道的案件情况,实事求是地提供证据、证言。知道多少陈述多少,既不能扩大,也不能缩小。2012年《刑事诉讼法》第189条规定:"证人作证,审判人员应当告知他要如实地提供证言和有意作伪证或者隐匿罪证要负的法律责任。"证人在法庭上既要接受审判人员的询问,也要接受公诉人、当事人、辩护人、诉讼代理人的发问。证人应当如实回答他们提出的问题。证人不得作伪证,不得隐匿罪证,否则要负法律责任。根据《刑法》第304条的规定,在刑事诉讼中,证人对与案件有重要关系的情节,故意作虚假证明,意图陷害他人或者隐匿罪证的,处3年以下有期徒刑或者拘役;情节严重的,处3年以上7年以下有期徒刑。必须指出,证人构成伪证罪,必须是"故意作虚假证明",即"故意作伪证"。因此,证人只要主观上愿意如实陈述,即使有时由于对事物没有看清、听清或者由于记忆不清、表达不准确等,而提供了不完全准确甚至错误的证言,也不构成伪证罪。对此,我国2012年《刑事诉讼法》第109条第2款规定:"接受控告、举报的工作人员,应当向控告人、举报人说明诬告应负的法律责任。但是,只要不是捏造事实,伪造证据,即使控告、举报的事实有出入,甚至是错告的,也要和诬告严格加以区别。"这一规定有利于保证证人提供证言。在民事诉讼中,《关于民事诉讼证据的若干规定》第57条规定,证人应当客观陈述其亲身感知的事实,不得使用推测、推断或评论性的语言。在行政诉讼中,《关于行政诉讼证据若干问题的规定》第45条则规定:"证人出庭作证时,应当出示证明其身份的证件。法庭应当告知其诚实作证的法律义务和作伪证的法律责任。"可以看出,如实提供证言是证人的一项重要的法律义务。据此我们认为,《刑法》第304条规定的伪证罪不应局限于刑事诉讼中,而应扩大到行政诉讼与民事诉讼中。

3. 证人有义务保守司法机关向他询问的情况以及他所陈述内容的秘密,不得向无关人员泄露。证人与证人之间也不能互相串通,互相了解陈述的内容。其目的是防止证人将有关案件的情况泄露后造成不良的社会影响,干扰其他证人作证,影响被告人,妨碍司法机关侦查、起诉和审判工作的顺利进行。

4. 证人有遵守法庭秩序的义务。2012年《刑事诉讼法》第194条规定:"在法庭审判过程中,如果诉讼参与人或者旁听人员违反法庭秩序,审判长应当警告制止。对不听制止的,可以强行带出法庭;情节严重的,处以一千元以下的罚款或者十五日以下的拘留……"根据这一规定,作为诉讼参与人之一的证人,如果在法庭审理过程中违反法庭秩序,就将受警告、罚款或者拘留的处罚。所以,遵守法庭秩序,维护人民法院审判工作的顺利进行,是证人应尽的一项义务。

5. 证人有应到庭而不到庭的法律责任。2012年《刑事诉讼法》第188条规定:"经人民法院通知,证人没有正当理由不出庭作证的,人民法院可以强制其到庭,但是被告人的配偶、父母、子女除外。证人没有正当理由拒绝出庭或者出庭后拒绝作证的,予以训诫,情节严重的,经院长批准,处以十日以下的拘留。被处罚人对拘留决定不服的,可以向上一级人民法院申请复议。复议期间不停止执行。"可见,证人逃避作证义务可能被强制到庭、训诫或拘留。

(四)证人出庭作证与证人拒证权

我国三大诉讼法将证人界定为诉讼参与人,在法庭上享有一定的诉讼权利并承担一定的诉讼义务。然而,由于我国证人制度的不完善,引发了实践中的众多问题和矛盾,在这些问题中最突出的是证人出庭作证得不到切实履行和保障的问题。如前所述证人出庭作证是证人主要的作证义务之一,但实践中证人出庭率较低,以刑事案件为例,有一项统计认为,平均为5%。这种现象给我国诉讼法的贯彻和诉讼机制的良性运行带来了严重的后果。一方面,使得明文规定证人应当出庭作证的法律流于形式,导致有法不依的恶果;另一方面,破坏了诉讼的直接言词原则,控辩对抗的庭审无法落实,剥夺了双方当事人尤其是被告人与证人对质的权利。此外,证人不出庭作证还不利于法官查明案情,可能导致冤假错案。

产生证人不出庭作证的原因是多方面的,归纳起来主要有以下几点:

1. 立法上的前后矛盾。以刑事诉讼为例,2012年《刑事诉讼法》第59条规定:"证人证言必须在法庭上经过公诉人、被害人和被告人、辩护人双方质证并且查实以后,才能作为定案的根据。法庭查明证人有意作伪证或者隐匿罪证的时候,应当依法处理。"而2012年《刑事诉讼法》第190条规定:"……对未到庭的证人的证言笔录、鉴定人的鉴定意见、勘验笔录和其他作为证据的文书,应当当庭宣读。审判人员应当听取公诉人、当事人和辩护人、诉讼代理人的意见。"可见,立法上一方面规定证人的出庭义务;另一方面又规定证人不出庭的证言经当庭宣读后可以采纳,这种矛盾的立法是证人不出庭作证的立法根源。

2. 儒家"和为贵"、"以无讼为德行,以涉讼为耻辱"的观念根深蒂固。中国两千多年的封建传统尊崇的是"和为贵"的儒家思想,在这种思想影响下,人与人之间在感情和心理上有极强的相互依赖性,具有凝重的群体意识和浓厚的人情观念。尤其在中国这样一个熟人社会中,公民个人都遵循"多一事不如少一事"的处世哲学,导致公民不愿涉讼出庭作证,尤其是不愿出庭直接面对当事人双方提供对一方当事人不利的证言。

3. 立法和实践中对证人保护不足。虽然法律规定证人的人身和财产安全受到法律保护,但相应的具体保护制度和措施还有待进一步的细化和完善。实践中打击报复证人的情况严重,客观上使证人不敢出庭作证。

4. 证人出庭作证未能与当事人双方的举证责任实现有效联系,未能规定无正当理由不出庭作证的证人证言的排除性效力。

与证人出庭作证义务相对应的,我们认为,证人应当享有法定情况下的拒绝作证的特权。拒绝作证特权不同于无正当理由故意不作证的情况,其主要差别在于证人的主观方面是否恶意违反法定的作证义务。我们主张,不论是从诉讼的公正性、诉讼理论的完整性出发,还是从实践情况出发,都应当允许特定情况下,证人享有拒绝作证的权利。不能依照"凡是知道案件情况的单位和个人都有义务出庭作证"的规定,机械地要求所有的知情人出庭作证,对于有正当理由的证人可以拒绝作证。

对于证人拒绝作证的权利,在国外也是有规定的,他们称之为"证言特免权"或"拒绝作证权”。综合各国的立法和实践,证人拒证权主要适用于:(1)因亲情血缘关系而产生的拒证权;(2)因特定职业而产生的拒证权;(3)因个人原因而产生的拒证权。我国现行诉讼法对于证人拒绝作证的特权没有直接规定,只是在《律师法》中规定:“律师应当保守在执业活动中知悉的国家秘密、商业秘密,不得泄露当事人的隐私。”这主要是出于律师职业的特殊性而作的考虑。事实上,我国古代就有证人拒证特权的规定,儒家奉行的“亲亲相为隐”、“亲亲得相首匿”就要求直系三代血亲之间和夫妻之间,除犯谋反、大逆外,均可相隐匿犯罪行为,而且减免刑罚。自汉以来,孔子所主张的“父为子隐,子为父隐,直在其中矣”成为历代封建统治者的立法原则之一,充分体现了对儒家伦理道德的尊重。

我们认为,在现代法治社会,出于社会公德和民族的传统伦理,应当在诉讼法中规定特殊情况下,证人享有拒绝作证的特权。2012 年《刑事诉讼法》第 188 条第 1 款规定:“经人民法院通知,证人没有正当理由不出庭作证的,人民法院可以强制其到庭,但是被告人的配偶、父母、子女除外。”可见,出于对于亲情关系的稳定,家庭的和睦和传统的伦理道德的考虑,法律已经规定不得强制配偶、父母和子女出庭作证。我们认为,这是立法的进步,当然,这种不得强制还可以推广至祖孙、兄弟姐妹。此外,这些特殊情况应当包括以下几个方面:

1. 基于特殊职业而获取的秘密的拒证权。这主要包括:律师与当事人之间;医生与病人之间;神父与忏悔者之间。这些是出于保守职业秘密而需要的拒证权。

2. 事关公务秘密的拒证权。这是指证人有权基于保守有关公务秘密不泄露而拒绝作证的权利。这类人主要是国家党政机关的公务员、政协、工会、妇联和有关社会团体等机关中的工作人员,企事业单位的国家工作人员、单位、警察、国家安全、检察院、法院等机关从事公务的人员,这些人需经其主管机关领导批准,才能享有拒绝作证权。

三、证人的保护〔2〕

(一)证人保护的界定与立法例

狭义的证人保护是指司法机关对依法履行作证义务的证人及其近亲属的人身安全、财产安全等方面应当依法提供法律保护的制度。广义的证人保护还应该包括对证人作证费用的补偿,以及对报案人、举报人、控告人的保护和特定情形下的公民拒绝作证权等。在刑事诉讼中建立和完善证人保护制度具有重要的诉讼价值。此处的证人保护是从广义上界定的,涵盖了证人的补偿问题,只是侧重于狭义的保护进行阐述。

事实上,证人保护并不是一个新的话题,国际社会对这一问题早已有所认识。早在 1985 年的联合国大会就认识到“全世界千百万人民深受罪行和滥用权力行为之害,这些受害者的权利未得到适当承认”,并且“罪行受害者和滥用权力行为受害者,往往还有他们的家属、证人和帮助他们的其他人,不公道地遭到损失、损害或伤害,而且还可能在协助检举告发罪犯时遭受苦难”,〔3〕因此,联合国通过了《为罪行和滥用权利行为受害者取得公理的基本原则宣言》,该宣言第 6 条规定,应当“采取各种措施,尽可能减少对受害者的不便,必要时保护其隐私,并确保他们及其家属和为他们作证的人安全而不受威吓和报复”,以“便利司法和行政程序来满足受害者的需要”。联合国《有效防止和调查法外、任意和即决处决的原则》第 15 条规定:“应保

---

〔2〕 此处的保护涵盖了证人的经济补偿。

〔3〕 转引自王进喜:《刑事证人证言论》,中国人民公安大学出版社 2002 年版,第 220~221 页。

护原告、证人、进行调查的人及其家属不受暴力、以暴力相威胁或任何其他形式的恐吓。凡可能牵连到法外、任意或即决处决的人均应调离任何对原告、证人及其家属以及对进行调查的人直接或间接进行控制或拥有权限的职位。”联合国《禁止酷刑和其他残忍、不人道或有辱人格的待遇或处罚公约》第13条也规定：“每一缔约国应确保凡声称在其管辖的任何领土内遭到酷刑的个人有权向该国主管当局申诉，并由该国主管当局对其案件进行迅速而公正的审查。应采取步骤确保申诉人和证人不因提出申诉或提供证据而遭受任何虐待或恐吓。”此外，联合国《预防和控制有组织犯罪准则》第11条规定：“保护证人免遭暴力和恐吓的办法在刑事侦查和审讯过程中及打击有组织犯罪的执法工作中越来越重要。此办法包括为掩护证人身份以免被告及其律师获悉的方法、提供受保护人的住所的人身保护，转移住所和提供资金援助。”联合国《打击国际恐怖主义的措施》第25条规定：“各国应采取措施和政策，有效地保护恐怖主义行为的证人。”《联合国反腐败公约》第32条也规定：“各缔约国均应当根据本国法律制度并在其力所能及的范围内采取适当的措施，为就根据本公约确立的犯罪作证的证人和鉴定人并酌情为其亲属及其他与其关系密切者提供有效的保护，使其免遭可能的报复或者恐吓。”这些规定，都对刑事诉讼中证人的保护具有很大的借鉴意义。

除了联合国的有关文件以外，如何保护证人一直也是世界各国法律面临的重要问题。例如，英国早在1892年就制定了《证人保护法》，而1996年《刑事侦查与诉讼法》又专门对特殊人群的作证进行了规定。美国司法部则在1970年依据《有组织犯罪控制法案》第5条的规定确立了联邦证人保护程序，1984年又通过了《证人安全改革法案》，修正了联邦证人保护程序的诸多弊端。此后，菲律宾于1991年通过了《证人保护、安全和利益法》，澳大利亚在1993年颁布了《证人保护法》，加拿大在1996年实施了《证人保护项目法》，1998年专门的《证人保护法》在德国开始生效，同样在1998年，南非颁布了《证人保护法》以取代之前的《证人保护计划》，泰国的新《证人保护法》也于2003年12月18日生效，俄罗斯已制定了《国家保护被害人、证人和其他刑事诉讼参与人法草案》，对被保护对象规定了安全保护措施。此外，中国香港和台湾地区也于2000年和2001年分别颁布了《证人保护条例》和“证人保护法”。

总的来看，各国或地区不仅纷纷制定有关证人保护的法律，甚至开展联合保护证人的计划。在1996年14国首脑参加的加勒比海共同体会议上，为了更有效地对付日益猖獗的犯罪，就一致决定推行证人保护计划。

（二）证人保护的必要性

在司法实践中，证人出庭作证现实地存在受到恐吓和报复的现象。这种现象的存在与蔓延，客观上使得要解决证人出庭作证问题首先要解决证人的安全保证问题。而这种安全的需求在刑事诉讼中更为明显和迫切。这是因为，在各国的刑事司法实践中，普遍确立了传闻规则或者直接言辞原则，这就要求证人应当就他们的证言出庭接受当事人双方的质询、质证。证人出庭作证，其证言必然对一方当事人（刑事诉讼中往往是被告人）不利，从而可能导致因作证而遭受不利后果的可能，这些不利的后果既有人身安全方面的，又有经济安全方面的。而国家则对那些履行了法定作证义务的人员及其有密切关系的人员负有保护其安全的职责。如果对这一职责履行不力，那么证人在刑事诉讼中受到伤害的可能性也就越大，其对安全的渴求也就越大。因此，在证人安全问题解决之前，谈论对证人经济补偿、惩戒措施等问题，都是为时过早。

在刑事司法领域，尤其是因腐败行为引发的犯罪以及有组织犯罪中，证人作证的行为对于案件事实的查清具有积极的意义。[4] 证据是定罪量刑的依据,证人提供的物证、证言、书证以及其他证据,经过司法机关查证属实后,可作为定罪的依据。因此,证人在案件侦查、起诉和审理中和在确定犯罪嫌疑人是否有罪和罪行轻重时,将起重要作用。在腐败而引发的犯罪中,证人是否如实提供证据,对于准确打击这类犯罪异常重要。目前普遍存在证人不作证或不愿意作证的问题,其原因是多方面的,也是非常复杂的。但法律对证人保护不力却是其中一个重要的、关键的因素,证人面临着因作证而导致遭受恐吓、报复的危险。

应当说,当法律只规定权利,而不规定权利运用的具体制度时,权利人的权利还只能是空中楼阁。所以,法律必须先规定对证人作证保护的具体措施,以免证人因出庭作证遭受现实存在的证人恐吓和报复,从而为证人作证解决后顾之忧。

证人保护的直接目的是防止证人遭受恐吓和报复。所谓证人恐吓,是指为了达到阻止证人向执法机关或司法机关提供不利于已的有关案件情况信息的目的,而对证人及其近亲属以及其他有关人员所采取的暴力、威胁等行为。证人恐吓与报复的区别主要是行为的时间段的不同,恐吓发生在作证之前,而报复则是发生在作证之后。证人恐吓与证人报复都是法制社会的毒瘤,影响了刑事司法的正常运行,破坏了法律秩序。

被追诉者及其家属对证人的恐吓和报复在生活中的案例已为人所共知,但来自另一方面的对证人的恐吓也是有目共睹的。这就是来自司法界,尤其是追诉机关对证人的恐吓。

《南方周末》曾有这么一则报道,其中作者讲到两个真实的案例:“几年前,笔者在北京承办一起刑事案件……证人甲最初作为公诉方的证人,证明被告人确有寻衅滋事、强买强卖等行为。后来,证人甲表示愿出庭作证,推翻原来的证词来证明被告人没有寻衅滋事、强买强卖等。我把证人甲出庭的通知书送到法院,当天晚上公诉人给我打电话,说如果证人甲出庭改变原来的证词,他会马上报告检察长,要求休庭并把证人甲带回检察院……为证人安全考虑,我只得放弃让证人甲出庭……还有一次,在山东某地,被告人被指控犯有受贿罪、贪污罪,证人乙最初作为公诉方证人,证明被告人确实收了钱;后来证人乙在法庭上彻底推翻了原来的证词,证明被告人没有收钱。原来的证词是被侦查机关殴打、逼迫的结果。证人作完证,法庭让其当庭核对证言笔录并签字。这时,检察院、公安局的人一拥而上将证人乙推进早已准备好的警车里,在大庭广众之下,在证人乙亲属的叫骂哭喊声中将证人乙带走,并押了很长时间……”[5]

其实,这两个案例还是发生在审理阶段的证人恐吓,有的甚至是发生在法官面前,理由仅仅是因为证人改变了证言,作了或是准备作对追诉机关不利的陈述。当然,追诉机关堂而皇之的依据是:《刑法》第305条规定的“伪证罪”。在此,我们不论证人是否真正触犯了刑法规定的伪证罪,但是有一点是可以肯定的,那就是如果让具有职业倾向性的追诉机关越过中立的法官,成为证人是否作伪证的裁判者——因为事实就是一旦证人在法庭上改变证言或者作出对追诉机关不利的证言,就会以伪证罪直接被追诉机关当庭抓捕——那么,不论追诉机关的初衷

[4] 在反腐败案件中,对举报人的保护同样显得那样迫切和必要。在中纪委2003年度公布的程维高案件中,举报人郭光允曾因举报腐败被劳教过两年,受到了不公正的待遇,至今重病缠身。中纪委于2003年8月9日正式公布的开除程维高党籍、撤销其正省级职级待遇的决定当中还特意提到了郭光允,指出程维高对郭光允的打击迫害是违法的。但郭光允因反腐而受到影响的政治待遇、职称待遇等问题仍未得到解决。由于“举报人”与证人不同,不属于严格意义上的诉讼法中的概念,因此,本书对此不展开论述。但将举报人的保护纳入法制轨道,其重要性与证人保护是相同的。

[5] 许兰亭:《不敢作证》,载《南方周末》2000年10月26日,第5版。

如何,都难逃对证人实施恐吓的嫌疑了。而且无一例外地,那些原来曾向追诉机关证明被告人有罪而在法庭上推翻了原来的证词的证人,往往对此前所作的证言(有罪证言)不成立提出一个重要理由,即自己原来的证言是受到追诉机关威胁、利诱甚至刑讯逼供所致。不仅如此,由追诉机关产生的证人恐吓,还可能针对那些辩护方的证人发生,这些辩方证人往往会受到追诉机关的核实询问,在询问的过程中证人经常受到警察、检察官的威胁、恐吓甚至刑讯逼供。其结果大多就是迫使证人改变证言,或者放弃在法庭上为被告人作证的机会。

不可否认,证人恐吓的存在,是诉讼制度产生的副产品,不论是被告人对证人所作的恐吓,还是司法界的恐吓,都是人性"趋利避害"的利益选择。但在本质上,它又阻碍了诉讼的良性运行,因此,阻止证人恐吓成为现在社会必须解决的重要命题,设立证人保护制度就是人们所做出的努力之一。

(三)证人保护的价值

首先,证人保护吻合了人性趋利避害的本质,是对证人合法权利救济的必然要求,体现的是证人自身价值的保护和实现。证人保护制度可以有效防止出现"证人被害人化"[6]以及"被害人二次被害化"现象,确实保障证人等的合法权益,避免证人因履行法定义务而遭致不利的后果。

其次,证人保护是防止证人恐吓,实现刑事诉讼正当程序的必然要求。依据正当程序的要求,刑事审判的正当性就在于诉讼的对抗性,确保诉讼双方通过权利的充分行使对证据开展充分的辩论。证人保护制度的实施为这种对抗提供了配套保障,以"保护换取证人在法庭上的诚实",这样有助于案件以正当程序的方式得到公正处理。

再次,实施证人保护制度具有积极的社会价值。现实生活中,因为侵害证人事件层出不穷,从而导致证人不敢作证的恶局。产生这种现象的原因,在很大程度上是因为对证人的打击报复行为预防无方、惩治不力,而这种状况反过来会使潜在的证人产生恐惧,如此恶性循环必将使证人作证陷入窘境。这样整个社会就会出现社会公众不敢站出来指证犯罪,维护社会正义的情况,无法给社会的发展创造一个良性的氛围。在这个意义上,实施刑事证人保护制度,鼓励证人出庭作证,不仅对个案来说具有具体价值,而且还具有弘扬社会正气,鼓励社会公众同违法犯罪作斗争的社会价值。

最后,实行证人保护也是维护法律权威的一种手段。证人作证是证人履行对国家的义务,作证法律关系是证人和法院之间的关系,法律理应保护证人的安全。任何恐吓、威胁、伤害证人的行为不但是对证人本身的侵犯,也是对法律权威的挑衅。法律对证人保护无所作为,实际

---

[6] "证人被害人化"现象在我国有一个广为报道的经典案例:山东省日照市莒县东莞镇大池庄村民刘桂安,于1995年6月因强奸罪(未遂)被莒县人民法院判处有期徒刑3年,村民胡秀娟在该案中作为证人依法出具了证言,刘因此对胡怀恨在心。1998年1月,刘桂安被减刑释放回村后,就扬言报复胡秀娟:"不是你作证,我怎么会去坐牢!我早晚要收拾了你!"胡秀娟和丈夫分别找过村治保主任,找过村支部书记,找过村委会主任,还找过东莞镇派出所以寻求保护,但是,面对刘桂安的种种威胁,村干部和派出所并未采取任何切实的保护措施。1998年7月9日下午,刘桂安路经胡家门口时,见胡秀娟8岁的儿子刘绍星正与其他儿童一起玩耍,顿生报复杀人之恶念,遂用随身携带的镢头朝刘绍星头部猛砸数下,致刘颅骨粉碎性骨折、脑挫裂伤当场死亡。胡秀娟见状,急忙逃跑躲藏。刘追上后用镢头猛砸其头部,致其颅骨粉碎性骨折、脑挫裂伤当场死亡。这种"证人被害人化"的恶果就是:1998年9月23日,刘桂安报复杀害证人一案在莒县法庭开庭,法院事先给该案直接证人发了"出庭通知书"。他们都收到了,也按了手印,可开庭那天,四个证人一个也没到庭。莒县公安局刑警队多次寻找两个女证人取证,两人均拒绝作证,并将调查人员拒之门外。参见《羊城晚报》1998年10月29日报道。

上就宣告了法律的软弱无力、威严扫地;法律惩治报复证人行为的规定令行禁止,就昭示了法律神圣不可侵犯的权威。给予证人必要的安全保护,不仅意味着法律对证人的人身安全负责,而且表明法律在为证人作证提供一个强有力的后盾。

(四)证人保护的措施

联合国《反腐败公约》关于证人保护的规定是可以借鉴的。根据该公约的规定,"在不影响被告人权利包括正当程序权的情况下,可以对证人采取适当的保护措施"从而"使其免遭可能的报复或者恐吓"。该公约对证人的保护措施从两个方面进行了规范:

第一个方面的措施是,制定为这种人提供人身保护的程序。这种人身保护的程序主要是将证人、鉴定人的身份隐匿起来,其主要的方式为在必要和可行的情况下将证人、鉴定人、被害人转移,并在适当情况下允许不披露或者限制披露有关其身份和下落的资料。这种做法在世界各国的立法中都有所体现。美国专门的被害人及证人保护法规定,联邦政府在可能利用的财源范围内,在不损害被告人各种宪法权利的情况下,可以为证人提供人身保护、经济资助,包括为其提供新的生活空间,新的职业与工作,甚至为其改换身份等。

第二个方面的措施是,规定以确保证人和鉴定人安全方式作证的取证规则。这些取证规则打破了传统的面对面的取证方式,它借助现代的科学技术手段,如视频网络、闭路电视等视听技术,从而有力地确保了证人鉴定人的人身安全。英国1996年《刑事侦查与诉讼法》第62条规定,"儿童证人可以通过电视网络或录像提供证据……"[7]1998年12月1日,专门的证人保护法在德国开始生效实施,为证人的保护提供了较系统完善的法律依据。该法"首次明确规定可以对不出席法庭程序的证人进行录像询问。对于需要特别保护的证人,如儿童,使用录像询问的方法,可以免除他们亲自出庭作证的必要性"。[8] 我国台湾地区的"证人保护法"对证人的保密,除"笔录或文书不能记载有关证人身份之数据"外,更规定"于侦查或审事中为讯问时,应以蒙面、变声、变像、视讯传送或其它适当隔离方式为之。而于其依法接受对质或诘问时,亦同"。

当然,对证人保护的措施并不局限于上述两种,在各国或地区的司法实践中,还有诸如,针对特定案件设立专门的保护小组,在法庭审理过程中,给证人以特别的人身保护。[9] 再如,设立证人保护的常设性机构,如1995年4月28日,香港警务处宣告成立证人保护小组,负责为证人提供广泛的保护,具体包括提供一个紧急电话号码和提供一间24小时由警方特殊保护的安全居所等,以适应证人的需要和个别情况,防范任何形式的威胁。再如,南非《1998年证人保护法》就明确规定设立证人保护机关,由主任、副主任、证人保护官员和安全官员组成,专门负责证人和相关人员的保护。此外,各国在为证人提供必要的保护时还应当考虑开展国际合作,与其他国家订立有关本条人员的移管的协定或者安排。

---

[7] 丁辉:《论刑事审判中证人出庭作证的立法完善》,载《政法论丛》1966年第4期。

[8] 刘立宪、谢鹏程主编:《海外司法改革的走向》,中国方正出版社2000年版,第88页。

[9] 我国典型的设立专门的证人保护小组的案例发生在1998年11月,当时广东省广州市中级人民法院对由花都市人民检察院侦破,经广州市人民检察院起诉的一起涉嫌重大职务侵占案进行了开庭审理。人民法院要求该案的主要证人出庭作证。该案的主要证人是香港商人,他在接到出庭通知后要求检察机关对其人身安全进行保护。花都市检察院为此组成了证人保护小组,从证人进入罗湖口岸即对其进行保护。证人出庭作证完毕后,由保护小组护送证人顺利出关返回香港,保护任务即告结束。这是迄今为止,媒体报道的唯一一件我国的实施证人专门保护的案例。

需要注意的是，对证人的保护应当防止另外一种侵犯证人合法权益的情况的出现，那就是来自官方机构的侵害和恐吓，侵害的方式通常是发动拘留、逮捕、羁押、起诉等刑事追诉行为，而恐吓的行为往往表现为追诉机关在取证时的威胁、利诱甚至刑讯，其后果是使证人放弃辩护方证人的角色，甚或改变证言成为控方的证人。对于这一种证人恐吓，也应当予以防止，保护证人的自由、财产不受到政府机构任意的、非法的限制和剥夺，使其享有一个公民所应当享有的"法律安全"。

如前所述，我国《刑事诉讼法》对证人的保护和补偿已经作出规定，其效果拭目以待。最高人民法院《关于民事诉讼证据的若干规定》第54条规定："证人因出庭作证而支出的合理费用，由提供证人的一方当事人先行支付，由败诉一方当事人承担。"最高人民法院《关于行政诉讼证据若干问题的规定》第75条也有类似的规定。

四、收集证言的基本程序

收集证人证言就是对证人进行的询问。询问证人应按以下程序进行：

1. 对证人的询问应由指定的办案人员进行。为了保证证言的客观性，询问证人时不能少于两名办案人员。

2. 询问证人前应做好充分的准备工作，拟订询问提纲，认真分析案件，尤其是对询问的重点要明确，还要对证人与本案和本案当事人的关系，了解清楚，做到心中有数。

3. 询问证人要深入实际，深入群众，最好到证人所在的单位或在本人住所进行。询问时必须出示询问的证明文件；必要时，可通知证人到指定地点接受询问。

4. 询问证人必须个别进行，不许采用讨论会、座谈会的形式互相启发诱导进行询问。

5. 询问时，应当告知证人如实提供证据，实事求是作证是每个公民的义务。如果有意作伪证或隐匿罪证要负法律责任。

6. 询问时，还要查明证人的身份及基本情况，以及证人与本案的关系，不得启发、诱导、指名问证，要让其全面、客观地叙述他所了解的案件情况，然后，再根据询问提纲要解决的问题，向证人提问。

7. 询问证人要制作询问笔录，并交给证人核对或向他宣读，允许补充、改正。在承认无误后，由证人在笔录上签名或捺手印。

8. 询问未成年证人时，要有他的父母或监护人在场，要选择他们习惯的场所。询问的方法也要适应未成年人的特点，尽量消除他们不必要的顾虑。询问聋哑证人，应当有懂得聋哑手势的翻译，并且将这种情况记入笔录。

五、证人证言证明力的确定

证人证言属于言词证据，它同实物证据相比，其优点是生动形象、具体，但在证明力上客观性较差，特别是在社会风气不正的情况下，证人要受到各种客观因素的影响，同时，每个证人的情况不同，在对案件事实的感觉能力、记忆能力、表达能力等方面，都是千差万别的，即使一个最诚实的人提供的情况，也有失真的可能。因此，证人证言的证明力，反映在真与假的程度上，具有不确定性。办案的过程中，必须认真审查判断。2012年《最高人民法院关于适用〈中华人民共和国刑事诉讼法〉的解释》第74条规定，"对证人证言应当着重审查以下内容：（一）证言的内容是否为证人直接感知；（二）证人作证时的年龄，认知、记忆和表达能力，生理和精神状态是否影响作证;(三)证人与案件当事人、案件处理结果有无利害关系;(四)询问证人是否个别进行;(五)询问笔录的制作、修改是否符合法律、有关规定,是否注明询问的起止时间和地点,首次询问时是否告知证人有关作证的权利义务和法律责任,证人对询问笔录是否核对确认;(六)询问未成年证人时,是否通知其法定代理人或者有关人员到场,其法定代理人或者有关人员是否到场;(七)证人证言有无以暴力、威胁等非法方法收集的情形;(八)证言之间以及与其他证据之间能否相互印证,有无矛盾。"第75条规定,处于明显醉酒、中毒或者麻醉等状态,不能正常感知或者正确表达的证人所提供的证言,不得作为证据使用。证人的猜测性、评论性、推断性的证言,不得作为证据使用,但根据一般生活经验判断符合事实的除外。第76条规定,"证人证言具有下列情形之一的,不得作为定案的根据:(一)询问证人没有个别进行的;(二)书面证言没有经证人核对确认的;(三)询问聋、哑人,应当提供通晓聋、哑手势的人员而未提供的;(四)询问不通晓当地通用语言、文字的证人,应当提供翻译人员而未提供的。"

(一)按照证人证言形成的过程

按照证人证言形成的三个阶段即感受、记忆、陈述,判断证据力的大小与强弱。即使一个如实提供证言的人,其陈述的内容也有不符合客观事实的可能,这主要是因为,证言的形成过程是一个复杂的、主观能动地反映客观事物的感知、记忆和陈述过程。

在感知阶段,证人在生理、心理、神经、精力上是千差万别的。对事物的感知有的敏感,有的迟钝,有的准确,有的时常发生差错;有的对某一种事物特别敏感,见其所长,而对另一种事物尤感迟钝,见其所短。

在记忆阶段,即人通过大脑将感知到的客观事物记录保存下来。从生理学的角度,大脑的记忆力是因人而异的。一般而言,人的记忆力与遗传因素、年龄、职业、健康状况具有直接的关系。例如,健康的人往往比长期患病的人有更好的记忆能力,年轻人往往比老年人有更好的记忆能力。同时,从记忆的方式上而言,凡是采取积极、主动记忆的一般比被动、消极的记忆会有更为长久的记性和准确性。另外,当客观事物发生时,某人对此是否保持高度的注意力或者是否努力地进行细心的观察,也对记忆的长久性与准确性产生很大影响。并且,随着时间的推移,人对某一客观事物的记忆会逐渐淡忘或模糊,这也是属于不以人的意志为转移的客观规律。对此种因素也绝不能忽略。

在陈述阶段,它涉及人们之间通过语言交流思想的传递系统。因此,证人证言的证据力的大小与强弱也与此阶段具有很大关系,这主要取决于证人对发现的客观事物加以再现的表达能力。这种表达能力与证人的语言文字水平和逻辑思维模式具有密切关系,即凡语言文字水平高的证人就能够客观、准确地表达案件事实情况,凡逻辑思维能力高的证人便能够按照一定的逻辑程序,紧扣问题的实质部分,清晰地展现出案件事实的原貌,使其证言具有较高的证据价值。否则,证人在作证时语言表达能力差,用词不当,逻辑思维混乱,颠三倒四,导致证言内容的含糊不清,令人费解,将极大地削弱其证明力强度。

(二)审查判断证人证言的关联性

审查证人证言所表达的内容与案件事实有无关联性,有何种关联性;以及证人证言与其他证据之间有无矛盾之处,证人证言与被确认的案件事实之间是否相互吻合,有无矛盾之处。如果证人证言与案件事实本身并无关联,即使在内容上是符合客观事实的,也无证据价值。当证人证言与其他证据出现矛盾,或者与已发生的案件事实相抵触,应结合其他证据相互印证,必要时还可依法补充收集证据。例如,我国2012年《刑事诉讼法》第192条第1款规定:“法庭审理过程中,当事人和辩护人、诉讼代理人有权申请通知新的证人到庭,调取新的物证,申请重新鉴定或者勘验。”关于证人证言与其他证据相抵触时的证据力问题,最高人民法院《关于民事诉讼证据的若干规定》第77条规定:“物证、档案、鉴定结论、勘验笔录或者经过公证、登记的书证,其证明力一般大于其他书证、视听资料和证人证言。”最高人民法院《关于行政诉讼证据若干问题的规定》第63条也规定:“鉴定结论、现场笔录、勘验笔录、档案材料以及经过公证或者登记的书证优于其他书证、视听资料和证人证言。”可见,在立法上,我国已认识到,证人证言作为最为复杂的证据种类,证人对法庭所作陈述,主客观各方面的因素都会给这类证据的证明力造成影响,因此必须结合证人的各项因素加以综合分析。唯有如此,才能依据证据对案件作出正确判断。

(三)审查判断证人与案件当事人或案件本身是否具有利害关系

从广义上而言,这种利害关系包括亲属关系、朋友关系以及存有恩怨的对立关系等。如果存在这类关系,就有可能影响证人证言的客观真实性,以至于削弱证据力的程度。最高人民法院《关于民事诉讼证据的若干规定》第77条规定:“证人提供的对与其有亲属或者其他密切关系的当事人有利的证言,其证明力一般小于其他证人证言。”《关于行政诉讼证据若干问题的规定》第63条也规定:“其他证人证言优于与当事人有亲属关系或者其他密切关系的证人提供的对该当事人有利的证言。”

在各国的立法例中,有亲属关系的证人与当事人之间适用免于强迫出庭作证的特殊规则。这类证人在法律上具备证人资格,并不因为与当事人有亲属关系而被剥夺作证资格。

与案件有利害关系,尤其是亲属关系的,是否会影响证人资格或作证能力,这在理论界有不同的认识。苏联有学者认为利害关系将使某人丧失证人资格,因此将证人定义为在法律上同案件结果没有利害关系的、被传唤出庭陈述其直接了解或别人告知他的对案件有意义的事实材料的人。我国也有学者认为,诉讼中的原告、被告、第三人,由于与案件处理结果有利害关系,所以不得以证人身份作证。但我国台湾地区学者则认为,对于证人资格,不必加以何种限制,无论何人都具有证人资格。

我们主张,与案件有利害关系并不能否定作证能力,但对这类证据的真实性、可靠性应当结合其他证据予以综合判断,但就单个证据而言,这类证据的证明力一般要低一些,不能单独作为定案依据。在最高人民法院《关于行政诉讼证据若干问题的规定》中,第71条第2款规定,与一方当事人有亲属关系或者其他密切关系的证人所作的对该当事人有利的证言,或者与一方当事人有不利关系的证人所作的对该当事人不利的证言不能单独作为定案依据。

(四)审查认定证人的品格、操行对其证言是否产生影响

证人的证言从本意上应有助于客观地再现案件事实。但是,由于人的社会属性决定了人的这种表达能力往往会受到证人的品格、操行的影响。这种品格和操行是指人所享有的为社会所广泛认知的声誉和一贯的处事方式。总体而言,凡是品格、操行一贯优良的证人,其证言则具有更大的真实性、可靠性;反之,其证言的真实性、可靠性较弱,即证明力不强。但是,对此不能一概而论,针对具体情况还应具体分析、判断,不应以证人的身份、地位、荣誉作为认定其证言证明力的唯一标准。对此,最高人民法院《关于民事诉讼证据的若干规定》第78条规定,“人民法院认定证人证言,可以通过对证人的智力状况、品德、知识、经验、法律意识

和专业技能等的综合分析作出判断”。可见,在立法上,我国已认识到,证人证言作为最为复杂的证据种类,证人对法庭所作陈述,主客观各方面的因素都会给这类证据的证明力造成影响,因此必须对适合证人的各项因素加以综合分析。唯有如此,才能依据证据对案件作出正确判断。

(五)审查判断证人的作证能力

证人的作证能力与其民事行为能力基本上是相适应的。根据自然人生长发育的不同年龄阶段和智力状态如何,可判断某自然人是否具有作证能力即证人资格。与自然人即公民的民事行为能力不同的是,证人的实际作证能力主要取决于证人智力的发育程度或状态,而并非完全取决于证人的年龄。

我国诉讼法对证人的年龄没有作明确的限制性规定,而主要是从证人的智力状态来判断证人资格的,这与世界上大多数国家的做法是吻合的。我国2012年《民事诉讼法》第72条第2款规定:“不能正确表达意志的证人,不能作证。”显然,那些完全丧失正常理智,大脑神经功能已完全失调的精神病患者则不具有作证能力;而间歇性精神病人,在一定的范围内仍具有正常的思维、辨别能力,因此,其作证能力应与其智力状态相适应。另外,除了完全没有作证能力的人不具备证人资格外,凡有作证资格的人,还应当具有与他所提供证言相适应的作证能力。为此,我国最高人民法院《关于民事诉讼证据的若干规定》第69条及《关于行政诉讼证据若干问题的规定》第71条规定,未成年人所作的与其年龄和智力状况不相当的证言,不能单独作为认定案件事实的依据。

可见,对于证人作证能力的认证,应当根据案件的复杂程度、作证能力对证人智力发育的要求程度,并结合有关证人的生理、心理、性格、习惯、受教育的条件和程度,以及证言形成的当时客观环境因素,据情加以裁量。

(六)综合对比,实物验证

从根本上来说,证人对案件事实的认识和反映,由于种种因素的影响,其客观真实性会产生变化,尤其是社会各种不正之风的干扰;怎样才能实事求是地提取证言,已经成为社会关注的一个热点问题。在诉讼活动中证人作证有三“难”,即通知证人到案难,到案后说实话难,通知证人到法庭上接受质证就更难。即使提供了证言,翻证的也屡见不鲜。针对证人证言在证明力方面存在的缺点,即不稳定性和多变性,有人说它是法定证据种类中最危险的一种证据,只靠证言定案也是一种最冒险的做法。这种看法是有一定道理的。所以,对证人证言的审查判断必须做到全案证据综合对比,并贯彻实物检验的规则,任何一份证言都必须经得起实物验证,以达“确有此事,确有此款、确有此物”的标准,才能作为定案的根据,除此之外,别无他法。只有这样才能使案件的质量得以保证。

第四节 被害人的陈述

一、被害人陈述的概念和意义

被害人陈述,是指受犯罪行为直接侵害的人向公安机关、人民检察院或人民法院就其遭受犯罪行为侵害的事实和有关犯罪嫌疑人、被告人的情况所作的陈述。

根据我国刑事诉讼法的规定,被害人作为诉讼的主体,具有独立的当事人的地位,被害人的陈述是刑事诉讼中一种独立的诉讼证据。凡是有被害人的案件,如果被害人能够陈述案情,这一陈述便成为认定该案的根据。

被害人的特征有:

第一,被害人应当是遭受犯罪行为直接侵害的人。在刑事案件中,被害人包括刑事公诉案件中的被害人与自诉案件中的自诉人,被害人的父母、子女或配偶及其他亲友虽然也受到某种程度的损害,但这些人不属于刑事案件的被害人。

第二,被害人必须是其合法权益遭受到侵害的人,即法律所保护的生命、健康、荣誉、尊严、财产权利,根据刑事诉讼法的规定,包括其人身权利、民主权利、财产权利和其他合法权利。

第三,被害人既可以是自然人,也可以是法人。传统的刑事诉讼理论一直把自然人作为被害人。近年来,关于法人能否作为被害人,我国诉讼法学界有不同的认识,有些学者仍坚持传统的刑事诉讼理论,认为法人不能作为被害人。但是,我国 1987 年公布的《海关法》和此后公布的全国人大常委会有关决定或补充规定以及 1997 年 10 月 1 日生效的《刑法》都明确规定法人(单位)可以成为某些犯罪的主体,为法人能否成为犯罪主体的争论画上一个句号。我们认为,被害人中应包括法人,法人被害人可以而且应当有自己的陈述,这一陈述由其法定代表人作出,也可以委托并授权诉讼代理人参与诉讼,代理授权的诉讼行为。

第四,由于被害人的身份是犯罪行为造成的,因而被害人应当是特定的人,具有不可代替性。被害人的特定性决定了其陈述的专属性,即不能由其他人来代替被害人陈述案件事实和被害的经过。如果其他人感知了这一犯罪事实,也只能以证人身份来作证。即使是被害人的法定代理人或诉讼代理人有权代理被害人参加诉讼活动,提出具体的诉讼要求,也不能代替被害人陈述案情,提供被害人陈述这种诉讼证据。

由于被害人的诉讼地位的特殊性,即他是犯罪的直接受害者,又与犯罪嫌疑人和犯罪行为有过直接或间接的接触,因此,被害人的陈述可以为案件的侦破提供线索。协助侦破案件,确认犯罪人,证实犯罪事实,在诉讼证明中,可以鉴别真伪,排除矛盾,使案件的证据达到确实、充分的程度。同时,它对控诉犯罪,教育群众,具有更为生动、具体、深刻的作用。

二、被害人陈述证明力的特点

在刑事诉讼中,由于被害人的当事人的地位,他不仅是违法犯罪行为直接受害者,而且在诉讼法律关系上,他要直接参加诉讼,或者委托授权诉讼代理人参加诉讼;同时由于其身受其害,遭到了犯罪行为的侵害,案件的处理结果,与他也有着一定的关系。因此,这种证据,一般来说是比较客观真实的,而且具有直接、形象、具体、生动的特点,对犯罪行为作案的时间、地点、方法、过程、结果,揭露得比较深刻。特别是那些同犯罪分子有过直接接触,如抢劫、强奸、绑架、伤害等暴力犯罪案件;但是,在一些案件中,由于各种主客观因素的影响,被害人的陈述有可能是虚假的,不真实的。

其具体表现为:(1)由于身受犯罪行为的侵害,而产生了报复心理,情绪偏激,夸大事实情节,导致陈述的虚假性;(2)在一些案件中,由于被害人精神高度紧张,观察不细,记忆模糊,而导致陈述不清,甚至是主观推断的虚伪陈述;(3)个别被害人出于个人私利或其他不可告人的目的,无事生非,陷害他人,制造假陈述诬告陷害他人;(4)有的被害人出于个人的种种考虑,前途、名誉、家庭关系、子女利益等,有羞于口,不敢理直气壮地揭露犯罪,大事化小,小事化了;(5)有的被害人出于亲情或者请客送礼,或者金钱收买,或者外力干扰,威逼恐吓,而作虚假陈述等。

三、被害人陈述的收集和审查判断

(一)被害人陈述的收集

根据2012年《刑事诉讼法》第125条的规定,对被害人陈述的收集,主要是通过询问的方式,适用询问证人的程序,制作询问笔录或制作录音、录像带加以固定和保全。

1. 公安司法人员、律师询问被害人

2012年《刑事诉讼法》第50条规定:"审判人员、检察人员、侦查人员必须依照法定程序,收集能够证实犯罪嫌疑人、被告人有罪或者无罪、犯罪情节轻重的各种证据。严禁刑讯逼供和以威胁、引诱、欺骗以及其他非法方法收集证据,不得强迫任何人证实自己有罪。必须保证一切与案件有关或者了解案情的公民,有客观地充分地提供证据的条件,除特殊情况外,可以吸收他们协助调查。"据此,只有公安司法人员才有权询问被害人。需要说明的是,只有承办本案件的公安司法人员才能询问该案的被害人,非本案的办案人员即使是公安司法人员未经组织安排或指派也不能询问被害人。2012年《刑事诉讼法》第41条第2款规定:"辩护律师经人民检察院或者人民法院许可,并且经被害人或者其近亲属,被害人提供的证人同意,可以向他们收集与本案有关的材料。"这说明辩护律师经司法机关的许可并经被害人同意,可以向被害人收集与本案有关的材料。这种收集应当包括询问被害人。当然,如果被害人不同意,则这种询问无法进行,从这种意义上来说,辩护律师对被害人的询问是有限的,而且不具有法律上的强制作用。

2. 出示证明文件

根据2012年《刑事诉讼法》第125条和第122条的规定,如果公安司法机关将询问被害人的地点确定在被害人所在单位或者住处进行,则进行询问的公安司法人员必须向被害人及其所在单位出示证明文件,以便该单位安排被害人接受询问和被害人对有权调查案件的公安司法人员提供陈述。《人民检察院刑事诉讼规则》将所谓"证明文件"界定为"询问证人通知书和工作证"。我们认为,证明文件必须明确两个问题:一是公安司法机关对现已发生的刑事案件有调查权;二是参与询问的公安司法人员是受公安司法机关指派承担该案的调查任务。从这个意义上说,《人民检察院刑事诉讼规则》规定的证明文件的范围包括询问通知书和工作证是必要的。前者是公安司法机关承办该案件的证明,后者是该公安司法人员参与该案件调查的证明,只有两者一致才能起到证明作用。需要说明的是,询问通知书是直接发给被询问人的,如果询问需要经过被害人所在单位同意,则应当另行开具公安司法机关的介绍信,以便同被害人所在单位的有关部门取得联系。进行正式询问前,公安司法人员应当主动向被害人出示证明文件,被害人有权查阅、核对证明文件。

3. 确定询问的地点

根据2012年《刑事诉讼法》第125条和第122条的规定,询问被害人的地点主要有四个:一是被害人的所在单位;二是被害人的住处;三是被害人提出的地点;四是必要时公安机关、人民检察院的办公地点。由于实践中客观情况比较复杂,有的被害人是个体工商业主或者农民,无工作单位,或者到住处询问可能不方便,或者从有利于调查的角度考虑就只能到公安司法机关提供陈述。这就是《刑事诉讼法》所说的“必要时”。

总之,公安司法人员既要考虑办案的需要,在被害人有利于提供陈述的地点进行询问,也要充分考虑被害人的自身的特点,尽量选择便利被害人的地点进行询问。公、检、法机关询问被害人,应当是指公安司法机关的办公地点,而不是公安司法机关指定的其他地点。对此,1998 年 1 月 19 日,最高人民法院、最高人民检察院、公安部、国家安全部、司法部、全国人大常委会法制工作委员会联合制定的《关于刑事诉讼法实施中若干问题的规定》(以下简称六部门联合规定)第 17 条规定:“侦查人员询问证人,应当依照刑事诉讼法第九十七条的规定进行,不得另行指定其他地点。”此处的证人也应包括被害人,因为询问被害人适用询问证人的规定。六部门联合做出的上述规定,目的在于限制公安司法机关随意扩大自己的权力,防止违法乱纪的情况发生。如果被害人自己提出到某处接受询问,如何处理?六部门联合规定虽然禁止公安司法机关另行指定其他询问地点,如果被害人基于某种考虑提出前述三个地点以外的其他地点提供陈述的话,只要是出自被害人的真实意思表示并有正当理由,公安司法人员应当接受这种请求,以方便被害人陈述。

4. 告知权利、义务

根据 2012 年《刑事诉讼法》第 106 条第 2 项的规定,被害人是刑事诉讼中的当事人。因此,被害人有权依据第 28 条之规定,要求审判人员、检察人员、侦查人员及书记员、翻译人员回避。上述人员也有义务自行回避以确保被害人的回避权,可以消除被害人的不信任心理,积极提供陈述,也可以保证公安司法人员客观公正地查处案件。但是,第 30 条第 2 款也明确规定:“对侦查人员的回避作出决定前,侦查人员不能停止对案件的侦查。”公安司法人员应当在询问被害人之前明确告知被害人这一权利,并且应将这一告知内容和被害人的反应如实记录在询问被害人笔录之中,一般应在询问案件事实内容之前完成此项工作。第 125 条规定,询问被害人适用有关询问证人的规定。而第 123 条明确规定:“询问证人,应当告知他应当如实地提供证据、证言和有意作伪证或者隐匿罪证要负的法律责任。”可见,如实提供陈述不得作虚伪陈述或隐匿罪证是被害人的法定义务。公安司法人员必须告知讲明这一法定义务及其法律后果。关于告知这一法定义务的时间,法律没有明文规定。我们认为,应当在询问被害人之前告知比较妥当。这样可以使被害人对自己陈述的义务及其法律后果有清楚的了解,以便实事求是地陈述。

5. 个别询问

根据 2012 年《刑事诉讼法》第 122 条第 2 款和第 125 条的规定,询问被害人应当个别进行。所谓个别进行有两层含义:一是同一案件中有数个被害人的,应当是各个被害人依次进行询问,不能将两名以上的被害人同时通知到场,在同一时间、同一场所内进行询问,更不能以座谈会的方式来询问被害人;二是询问被害人时,与案件调查无关的人员不得在场,即除参加询问的公安司法人员和法律允许在场的情况以外,不应当有其他人员在场。个别询问的目的在于保证被害人能够排除外界干扰和互相影响,如实提供陈述,以保证证据的质量。

6. 通知法定代理人到场

根据 2012 年《刑事诉讼法》第 123 条第 2 款和第 125 条的规定,询问不满 18 岁的证人,可以通知其法定代理人到场。这样规定的目的是消除未成年证人、被害人的恐惧心理,以便如实提供证据。在司法实践中,对未成年被害人的询问,有通知其学校老师在场的情况。应当说法律并未这样规定,老师也无此项义务,公安司法人员应当根据案件情况选择具体处理的方法,不可强求对未成年被害人的询问一律要求其法定代理人或老师到场。所以,2012 年《刑事诉讼法》采用了“可以”这一任意性的规定。公安司法人员可根据案件的具体情况来决定是否通知其法定代理人到场。

7. 制作询问笔录

询问被害人的活动应当制成笔录,以便将被害人陈述的内容固定和保全下来。询问笔录要交给被害人核对,对于没有阅读能力的,应当向他宣读。允许他补充,允许他改正。在被害人认为没有错误时,应让他陈述意见并签名或盖章。如果被害人请求自行书写陈述的,应当准许。必要时,办案人员也可要求其亲笔书写陈述。根据案件的需要和实际情况,也可以辅以录音、录像,以便更好地固定和保全被害人陈述。

(二)被害人陈述的审查判断

根据被害人的诉讼地位及其陈述的证明力的特点,作为定案根据使用的被害人的陈述必须认真审查判断,以免将那些虚假的陈述作为定案的根据。

1. 审查被害人陈述的来源及其形成过程

对被害人的陈述一方面要查明被害人陈述的收集方式是否合法。具体来说,要查明是否由合法的询问主体依法定程序予以收集;如果是被害人自行书写的陈述,是否能够较为全面地说明被害经过及犯罪的事实,是否是被害人的亲笔书写,录音、录像有无篡改剪辑的情况。另一方面要查明被害人陈述的内容是被害人亲自感知的,还是由他人转告,或是自己想象、推测的。如果是被害人亲身直接感知的,当时的环境如何,即当时是白天还是夜晚,夜晚有无月光或灯光,能见度如何。被害人是面对犯罪嫌疑人还是背向犯罪嫌疑人,当时的距离如何,等等。被害人陈述是否可靠,通常与被害人距离感知的对象的远近或者在亲身感知时的能见度及自己的身体状况有关。

2. 审查被害人陈述的内容是否符合情理

所谓情理审查判断,就是看被害人的陈述是否合乎情理,以此来鉴别其陈述的真伪。任何事物的发生、发展及消灭都有其内在的规律性。犯罪案件的发生、发展也有其内在的规律。因此,我们对被害人陈述从情理方面进行审查判断,既简便易行,又可立见成效。如果查明被害人陈述的内容纯系主观想象、估计或无端推测,甚至是有意捏造,并无客观依据;那么这种证据即便与案件事实貌似具有关联性,也不得加以采纳。在确定被害人陈述同案件事实的关联性时,应当把案件事实的发生、发展的过程和结果,即何人、何事、何时、何地、何法、何因、何果,同被害人陈述的时间、地点、方法、手段、原因与结果对照起来,逐一比照,以确定二者的内在联系。在确定这种关联性时,既不能生拉硬扯,也不能牵强附会,一定要找出其内在的必然的关联,揭开其事实真相。

3. 审查被害人与犯罪嫌疑人、被告人的关系

一般而言,如果被害人与犯罪嫌疑人素不相识或关系正常,则作虚假陈述的可能性较小。如果被害人与犯罪嫌疑人素有仇隙,则可能作虚假的陈述,夸大犯罪事实,甚至捏造犯罪事实,以加重犯罪嫌疑人的罪责。如果被害人与犯罪嫌疑人关系密切,则可能在其告发后又出于对犯罪嫌疑人的怜悯,特别是在其他人劝说、引诱之下而隐瞒事实真相,把有说成无,为犯罪嫌疑人开脱罪责。对于后者,如果是自诉案件,司法机关应允许自行和解。如果是公诉案件则应当查清被害人与犯罪嫌疑人的关系,以判断被害人陈述是否受到影响,鉴别其真伪。

4. 审查被害人的作证能力与品格

生理上、精神上有缺陷或者年幼,不能辨别是非,不能正确表达的人,虽然可能成为被害人,但由于缺乏应有的作证能力,其陈述的可靠性应当认真分析判断。对生理上有缺陷的被害人的陈述的证明力应具体分析,只有不能辨别是非、不能正确表达的被害人所作的陈述,才不能作为证据。盲人被害人可就其听到的情况作陈述,聋哑人可就其所见进行陈述,由懂哑语手势的人进行翻译。在审查幼年被害人陈述时,应当查清幼年被害人是自动向家长、老师讲述的,还是在家长、老师发现异常情况下查问时讲述的;被害人陈述的词汇是否为同一年龄段的幼年人通常使用的;被害人陈述的内容与被害人的感知事物的能力、记忆、陈述表达的能力是否相称等,以便从中发现幼年被害人有无因受威吓、利诱、胁迫而作虚假陈述的情况。发现上述问题,应有针对性地做好幼年被害人的教育工作,使其在无干扰的条件下如实陈述。在审查幼年被害人陈述时,我们应当注意与其他证据结合起来进行分析,不能简单地主观臆断幼年被害人的陈述是真是假或有真有假。总之,应当注意被害人的作证能力的特点和可能影响其正确陈述的因素,同时注意结合其他证据有针对性地审查判断,查微析疑,及时收集到真实可靠的被害人的陈述。

被害人的品格,即被害人的品质与人格。品格如何也会影响被害人陈述的可靠性。公安司法人员在审查判断被害人陈述时也应注意这一点。当然不能因为认定被害人的人品有问题,就简单、武断地推断其陈述是虚假的,而应根据案件中的有关证据进行分析判断。发现其陈述自相矛盾或不合情理的时候,应当仔细询问,查清问题,排除矛盾。

5. 综合全案证据审查被害人陈述与其他证据有无矛盾

将被害人陈述与其他证据结合起来进行分析判断,看被害人陈述与其他证据是否相印证,如有矛盾应当分析矛盾产生的原因,以便分析研究作出取舍判断,或进一步收集证据,排除矛盾,从而对被害人陈述作出肯定或否定的评断。

第五节 犯罪嫌疑人、被告人的供述和辩解

一、犯罪嫌疑人、被告人供述和辩解的概念和意义

犯罪嫌疑人、被告人供述和辩解,是指犯罪嫌疑人、被告人就有关案件情况,向侦查人员、检察人员和审判人员所作的陈述,即通常所说的口供。口供主要包括以下三方面内容:

一是承认。承认即犯罪嫌疑人、被告人承认对他控告的犯罪事实,并向司法机关讲清他实施犯罪的全部事实和情节。供述表现为自首、坦白和承认。犯罪嫌疑人、被告人的供述应当是出于自愿的,完全没有外力强迫的。

二是辩解。辩解即犯罪嫌疑人、被告人否认自己有犯罪行为,或者虽然承认自己犯了罪,但有为依法不应追究刑事责任以及为从轻、减轻或者免除处罚等所作的申辩和解释。表现为否认、申辩、反驳、提供反证等。

三是攀供。犯罪嫌疑人、被告人可能在承认自己犯罪以后,揭发共犯或者举报他人有犯罪

行为;也可能是否认自己犯罪,而举报他人犯罪。犯罪嫌疑人、被告人揭发举报他人犯罪的动机是各种各样的。其中有的是经过政策法律教育之后,为了表示立功悔罪,有根有据地举报他人的犯罪行为;有的是为了推脱自己的罪责,毫无根据地举报他人有犯罪行为,目的是报复、陷害他人,利用举报嫁祸于人。关于揭发、检举他人犯罪行为的陈述,如果这种检举揭发的内容与检举揭发者自己的犯罪行为有一定联系,可以在本案中当证据使用,所以属于犯罪嫌疑人、被告人供述和辩解的组成部分。但是,如果是对非同案犯罪嫌疑人、被告人的检举揭发,或者是对同案犯罪嫌疑人、被告人与检举揭发者共同犯罪以外的罪行的检举揭发,因这种检举揭发的内容与本案事实无关,不能作为证明本案真实情况的证据使用,不属于犯罪嫌疑人、被告人供述和辩解的组成部分。当然这种检举揭发可以作为查破案件的线索,作为证据使用时应当让检举揭发者以证人身份提供证人证言。

由于犯罪嫌疑人、被告人在诉讼活动中是中心人物,他对犯罪行为是有是无、是轻是重最了解、最清楚。因此,按照法定的程序正确地讯问犯罪嫌疑人、被告人,收集其供述和辩解,对案件事实的认定有着重要的作用和意义。

第一,犯罪嫌疑人、被告人的供述有助于公安司法机关确定侦查范围。犯罪嫌疑人、被告人对自己所犯罪行的如实供述,有利于公安司法机关缩小侦查范围,收集必要的证据,提高办案效率,迅速查明案件事实。如犯罪嫌疑人、被告人供述藏匿赃款或作案工具,可以使公安司法人员在办案中少走弯路,及时查获证据。

第二,犯罪嫌疑人、被告人的辩护和辩解意见,可以起到兼听则明的作用。犯罪嫌疑人、被告人的辩解,可以使公安司法人员克服主观臆断,做到兼听则明,及时发现和纠正办案中的偏差,防止无罪的人受到错误的刑事追究或者有罪的人罚不当罪。

第三,犯罪嫌疑人、被告人的供述和辩解,对查明案件事实也有一定的作用。一是有利于审查、核实本案中的其他证据,更好地对其他证据作出正确判断,有利于发现和排除矛盾点,使本案中的证据相互认证,对案件作出正确处理决定;二是犯罪嫌疑人、被告人的供述和辩解,有利于公安司法机关衡量犯罪嫌疑人、被告人是否认罪、悔罪以及立功的表现情况,从而有利于区分不同的情况,对案件作出正确的处理。特别是被告人的认罪态度和悔罪或者立功表现是人民法院量刑酌定的法定情节。

第四,犯罪嫌疑人、被告人的检举揭发,有利于公安司法人员发现新的情况和证据线索,查破案件,使隐藏很深的犯罪分子受到应有的惩罚。

二、犯罪嫌疑人、被告人供述和辩解证明力的特点

由于犯罪嫌疑人、被告人是刑事诉讼中的中心人物,案件的结局如何,同他有着切身的利害关系,他所处的特殊诉讼地位,决定了犯罪嫌疑人、被告人供述和辩解这种证据具有以下主要特点:

1. 可能是真实的

犯罪嫌疑人、被告人是案件的当事人,他对自己是否犯罪,罪行的轻与重以及犯罪的具体过程和情节,比任何人都知道得更清楚。因此,他所作的有罪供述,会更直接、更全面地反映出其犯罪的动机、目的、手段、时间、地点、后果等事实情况;他所作的无罪或罪轻的辩解,也会提出一些具体的事实根据和申辩理由,使司法人员了解案件的全貌;他所作的揭发举报他人犯罪行为的陈述,可以反映其犯罪的形成、分工和具体实施犯罪的全过程,还可以反映其认罪态度

和思想状态。因此,只要办案人员收集这种证据的方法正确,程序合法,充分而正确地运用好审讯策略,犯罪嫌疑人、被告人的供述和辩解就有可能是真实的。

2. 虚假性较大

犯罪嫌疑人、被告人作为刑事诉讼中被追诉的对象,他深知案件的处理结果与他有极大的利害关系,他在诉讼中不论是供述还是辩解,以及如何供述和辩解,都直接影响到司法机关对他的处理,因此,一般的规律是犯罪嫌疑人、被告人为了逃避法律制裁,往往要隐瞒罪行、避重就轻,或者否认犯罪的事实,甚至编造谎言,进行狡辩。但在少数情况下,犯罪嫌疑人、被告人出于其他的目的和用意,或为了掩盖某种私利,把本来不是犯罪的行为供认为犯罪,或者为了给亲属开脱罪责,冒充犯罪人到司法机关投案自首,或者出于"哥们儿义气",把别人的犯罪行为包揽在自己身上。

从否认有罪或罪重的辩解方面来看,这又有两种情况:一种是犯罪嫌疑人、被告人确实是无罪或罪轻,而进行的辩解。这种情况下,我们不能简单地认为犯罪嫌疑人、被告人的辩解是狡辩,而要看它是否合情合理,符合事实。有的情况下,犯罪嫌疑人、被告人否认有罪或罪重,但又提不出证据,说不出理由,公安司法人员对此也不能轻易地得出否定的结论。另一种是犯罪嫌疑人、被告人确实犯了罪或犯了重罪而作无罪或罪轻的辩解。有的情况下,可能是犯罪嫌疑人、被告人由于认识错误而提出这样的辩解,这时公安司法人员应当进行必要的法制教育,使之对自己的行为有一个明确的认识。有的情况下,犯罪嫌疑人、被告人是为了掩盖罪行,逃避惩治,或为了减轻罪责而进行无罪或罪轻的辩解。例如,否认自己的主观犯意,把犯罪行为辩解成正当防卫或意外事件等。从检举他人犯罪的方面来看,有的犯罪嫌疑人、被告人为了推卸责任,佯装检举揭发犯罪而嫁祸于人;有的犯罪嫌疑人、被告人为拖人下水而故意虚构犯罪事实,陷害好人;有的犯罪嫌疑人、被告人为了得到从宽处理,争取立功而在检举他人违法犯罪时往往夸大犯罪事实。当然,也不排除有的犯罪嫌疑人、被告人在坦白从宽、抗拒从严、立功受奖的刑事政策感召下,如实地检举他人犯罪事实或提供查破案件的重要线索,从而查破有关案件。

总之,犯罪嫌疑人、被告人检举他人犯罪的动机不同,有真有假,公安司法人员必须慎重对待,不可轻信,也不可不信,正确的方法应当是认真查证,以免冤枉无辜或放纵犯罪。基于上述原因,口供虚假的可能性较大,或者真真假假,真假混杂。这是口供不同于其他证据的又一特点。

由于犯罪嫌疑人、被告人的供述和辩解具有上述特点,公安司法机关在诉讼中要正确对待这一诉讼证据,务必保持清醒的认识,既不能对其一概不信,也不能盲目轻信,一定要同其他证据互相对照、互相印证,经过查证属实,才能作为定案的根据。

三、对犯罪嫌疑人、被告人的讯问

(一)讯问的方法和程序

1. 讯问要由法定的主体进行

讯问犯罪嫌疑人、被告人是公安司法人员的职权行为,具有强制性,必须由法定的主体依法定的程序进行;否则会损害犯罪嫌疑人、被告人合法权益。根据 2012 年《刑事诉讼法》第 4 条、第 116 条、第 186 条第 3 款、第 240 条的规定,侦查人员、检察人员、审判人员有权讯问犯罪嫌疑人、被告人。这里的侦查人员、检察人员、审判人员是指承办本案的公安司法人员,非本案的办案人员未经本机关的领导安排或者指派不得讯问本案的犯罪嫌疑人、被告人。在侦查阶段,讯问犯罪嫌疑人的任务主要由侦查人员承担。在审查起诉阶段,讯问犯罪嫌疑人的任务主要由检察人员承担,根据2012年《刑事诉讼法》第170条规定,人民检察院审查案件,应当讯问犯罪嫌疑人,听取被害人或者犯罪嫌疑人、被害人委托的人的意见。在审判阶段,讯问被告人的任务主要由作为公诉人的检察人员来承担,这是庭审改革的重要内容,公诉人承担着当庭举证和法庭调查的重要任务,当然,审判人员在主持法庭审判的同时也参与法庭调查,也可以讯问被告人。需要说明的是,犯罪嫌疑人、被告人委托的辩护人虽然可以同犯罪嫌疑人、被告人会见,辩护人为了准备辩护意见可以同犯罪嫌疑人、被告人谈话并制作谈话笔录。

2. 选择讯问地点

2012年《刑事诉讼法》第117条规定,对于不需要逮捕、拘留的犯罪嫌疑人,可以传唤到犯罪嫌疑人所在的市、县内的指定地点或者到他的住处进行讯问。如果犯罪嫌疑人、被告人已经被羁押的,应当在看守所内讯问。这时公安司法人员应当开具公安司法机关的提押证,通过看守人员在审讯室内讯问犯罪嫌疑人、被告人;如果需要外提犯罪嫌疑人、被告人到公安司法机关进行讯问的,公安司法人员应当开具公安司法机关的提押证(外提证)将犯罪嫌疑人、被告人押解到公安司法机关进行讯问。如果犯罪嫌疑人没有被羁押,可以将犯罪嫌疑人、被告人传唤到其所在的市、县的指定地点或者到他的住处进行讯问。如何理解"指定地点"呢?我们认为,这里的指定主体是公安司法机关,具体地点由公安司法机关指定。通常为公安司法机关的办公地点,犯罪嫌疑人、被告人的所在单位或者其他适当的地点。它既可以是犯罪嫌疑人、被告人的居住地,也可以是他的居所地或者案发地。如果是未成年犯罪嫌疑人、被告人,可以在他的住处进行。

3. 讯问人员不得少于两人

2012年《刑事诉讼法》第116条明确规定,讯问犯罪嫌疑人、被告人的侦查人员、检察人员、审判人员一般不得少于两人。当然这种要求并不以讯问人都是检察人员或审判人员为前提,由检察人员一名、书记员一名或者审判员和书记员各一名进行讯问即可,但不能由一人进行讯问,也不宜由两名书记员进行讯问。坚持办案"二人行"的原则,主要有以下好处:(1)有利于防止发生意外。一人讯问时,自问自记,往往难以应付突发事件。实践中曾经发生过一人讯问时,被讯问人对讯问人行凶、逃跑的情况。(2)有利于就讯问中出现的问题互相商量解决,力求获得最佳的讯问效果。(3)有利于就讯问中有无刑讯逼供问题进行必要的证明。(4)有利于防止被讯问人腐蚀拉拢讯问人或者讯问人遭到被讯问人诬陷有不适当行为而说不清楚的情况发生。

4. 讯问应当个别进行

尽管刑事诉讼法关于讯问犯罪嫌疑人、被告人的规定没有像询问证人那样要求个别讯问,但为了防止同案犯罪嫌疑人、被告人之间的互相影响,形成串供给讯问工作带来困难,所以,除对质外,讯问犯罪嫌疑人、被告人应当个别进行。

5. 出示证明文件

2012年《刑事诉讼法》第117条明确规定,讯问犯罪嫌疑人,应当出示检察院或者公安机关的证明文件。如果是对没有拘留、逮捕的犯罪嫌疑人、被告人在其所在的市、县指定的地点或者他的住处进行讯问,公安司法人员应当出示公安司法机关的证明文件。

6. 先予告知申请回避权和聘请律师权

应当说,犯罪嫌疑人、被告人在刑事诉讼中享有的诉讼权利是比较广泛的,我们将回避权和聘请律师权单独提出来说明，并要求公安司法人员告知，是因为这两项权利既关系被讯问人权益的保护，也涉及诉讼行为的有效性与合法性；同时，一旦被讯问人得到了律师的帮助，则各项权利的告知与行使就有相当的保障，所以，对这两项较为重要的权利是应当先予告知的。

关于申请回避权，2012 年《刑事诉讼法》第 28 条明确规定，当事人及其法定代理人对于具有法定情形之一的公安司法人员有权要求他们回避。为了保证讯问犯罪嫌疑人、被告人的诉讼行为有效地进行，防止因当事人提出回避而导致已经完成的诉讼行为归于无效，讯问前，公安司法人员应当告知当事人有申请回避的权利。如果当事人对参加讯问的侦查人员提出回避并说明理由，而该讯问又必须立即进行，侦查人员在向侦查机关负责人报告此事的同时，可以依法进行讯问。因为 2012 年《刑事诉讼法》第 30 条第 2 款规定："对侦查人员的回避作出决定前，侦查人员不能停止对案件的侦查。"如果讯问不是必须立即进行的，侦查人员应当立即报告侦查机关的负责人来决定是否回避，并停止讯问。

关于聘请律师权，2012 年《刑事诉讼法》第 33 条规定："犯罪嫌疑人自被侦查机关第一次讯问或者采取强制措施之日起，有权委托辩护人；在侦查期间，只能委托律师作为辩护人。被告人有权随时委托辩护人。"因此，侦查人员在讯问时（通常是在讯问后）告知被讯问人享有此项权利。告知上述权利之后，公安司法人员应当做好记录，特别是犯罪嫌疑人提出聘请律师的，应当依法及时向其所委托的人员或者所在的律师事务所转达该项请求。犯罪嫌疑人仅有聘请律师的要求，但提不出具体对象的，也应当及时通知当地律师协会或者司法行政机关为其推荐律师。

诉讼法学界对于是否赋予犯罪嫌疑人、被告人另外一项主要权利——沉默权，一直是有争议的。目前，大多数学者主张应当根据我国司法实践情况，赋予犯罪嫌疑人、被告人沉默权。从各国立法司法实践和联合国国际刑事司法准则看，沉默权是犯罪嫌疑人、被告人应当享有的权利之一。在我国，立法虽然没有明确规定沉默权，但规定"严禁刑讯逼供和以威胁、引诱、欺骗以及其他非法的方法收集证据"；而且还规定"不得强迫任何人证实自己有罪"。我们认为，沉默权可以增强犯罪嫌疑人、被告人的防御力量，保障他们的基本人权，也有利于控诉方加强合法科学地侦查取证方面的努力，使刑事司法文明化。我国已签署尚待批准的联合国《公民权利和政治权利国际公约》，该公约第 14 条第 3 款（庚）项规定："不被强迫作不利于他自己的证言或强迫承认犯罪。"同时，2012 年《刑事诉讼法》第 50 条规定"不得强迫任何人证实自己有罪"，有利于保证犯罪嫌疑人、被告人陈述的自愿性，有利于增强陈述的真实性与合法性。

7. 讯问分三步进行

第一步先讯问自然情况（或者基本情况）；第二步就其犯罪情况，即是否有罪、犯罪的事实经过进行陈述或辩解；第三步就揭发、检举的问题提出问题，让其回答。犯罪嫌疑人、被告人的自然情况，通常是指被讯问人的姓名、年龄、职业、家庭住址和个人简历等自然情况，如实问明填写讯问笔录的有关事项。对于不讲真实姓名、住址的，可按其自报姓名填写并加注明。2012 年《刑事诉讼法》第 118 条规定："侦查人员在讯问犯罪嫌疑人的时候，应当首先讯问犯罪嫌疑人是否有犯罪行为，让他陈述有罪的情节或者无罪的辩解，然后向他提出问题。"提问针对被讯问人供述的情节不具体、不清楚而进行的。如果被讯问人否认犯罪事实，又不进行辩解的，就应当及时提问。如果被讯问人部分或全部否认犯罪事实进行辩解的，应当允许其辩解，并让其作完整陈述，然后针对其辩解与事实的矛盾点进行提问迫使其如实供述。

司法实践中，我国有一项重要的刑事政策叫"坦白从宽，抗拒从严"。我们认为，这一提法值得商榷。如前所述,被告人的沉默权是刑事司法文明进步的标志,被告人、犯罪嫌疑人有保持沉默以保护自己的权利。而且从诉讼证明责任理论来看,刑事诉讼中应由控方承担举证责任,因而如实供述不应是犯罪嫌疑人、被告人的义务。那么,在犯罪嫌疑人、被告人拒不如实回答时,就不应当讲"抗拒从严"。我们主张只将"坦白从宽"作为一项刑事政策,且立法应规定司法机关应明确告知犯罪嫌疑人、被告人如实回答的,可以从轻或减轻处罚,即确认坦白从宽的法定原则。2003 年 3 月 14 日,最高人民法院、最高人民检察院、司法部联合发布的《关于适用普通程序审理"被告人认罪案件"的若干意见(试行)》和《关于适用简易程序审理公诉案件的若干意见》就明文规定:"人民法院对自愿认罪的被告人,酌情予以从轻处罚。"这就以司法解释的形式确认了"坦白从宽"的原则。

8. 拘捕后必须在 24 小时内进行讯问

根据 2012 年《刑事诉讼法》第 84 条、第 92 条、第 164 条的规定,公安机关对于被拘留的人以及经人民检察院批准逮捕的人,必须在拘留、逮捕后的 24 小时以内进行讯问;人民检察院对于自行决定拘留、逮捕的人,必须在拘留、逮捕后的 24 小时以内进行讯问;人民法院自行决定逮捕的人,必须在逮捕后的 24 小时以内进行讯问。刑事诉讼法这样规定的目的在于防止错捕、错拘无辜。

9. 讯问聋、哑的犯罪嫌疑人、被告人

讯问聋、哑的犯罪嫌疑人、被告人,应当有通晓聋、哑手势的人参加,并且将这种情况记明笔录。此外,根据 2012 年《刑事诉讼法》第 270 条之规定,对于未成年人刑事案件,在讯问和审判的时候,应当通知未成年犯罪嫌疑人、被告人的法定代理人到场。

10. 传唤和讯问时间

侦查中传唤讯问的持续时间不得超过 12 小时,案情特别重大、复杂,需要采取拘留、逮捕措施的,传唤时间持续时间不得超过 24 小时。不得连续传唤变相拘禁犯罪嫌疑人。由于立法没有对传唤之间间隔多长时间作出明文规定,导致实践中侦查机关对传唤的适用有随意性,两次传唤之间间隔较短,事实上产生了变相连续长时间传唤的现象。对此,我们认为应当明确规定两次传唤之间的间隔时间至少不少于 12 小时,而且为体现保障人权和人文关怀的诉讼理念,应尽可能避免在夜间传唤和讯问。

11. 制作讯问笔录

按照 2012 年《刑事诉讼法》第 120 条的规定,制作的讯问笔录,应当交犯罪嫌疑人核对、阅读,对于没有阅读能力的,应当向他宣读,并允许其补充、改正。当其承认没有错误时,应当签名或盖章,侦查人员也应当在笔录上签名。还允许犯罪嫌疑人亲笔写出供词。讯问时,还可以运用视听技术制作录音、录像以便更客观、更全面、更准确地固定和保全口供材料,尤其对于可能判处无期徒刑以上刑罚的案件和其他有必要的案件,应当对讯问过程进行录音或者录像。录音、录像的制作,应当是在讯问过程中连续不间断地进行,制作完毕后,由讯问人员、犯罪嫌疑人或者被告人以及其他参加讯问的人员签字或盖章。

在讯问犯罪嫌疑人、被告人的过程中,除了严格遵守上述规定的诉讼程序以外,对犯罪嫌疑人、被告人诉讼中的权利必须给予保障,不得以任何借口加以剥夺。认真听取其辩解和辩护意见,严禁刑讯逼供,反对指名问供、诱供、骗供等,都涉及诉讼中的人权保障问题,更关系到案件证据的质量问题,必须予以高度重视。

（二）讯问中的“律师在场、录音、录像”三项制度

2002 年，中国政法大学诉讼法学研究中心在樊崇义教授的主持下与珠海市人民检察院合作率先展开侦查讯问时“律师在场、录音、录像”三项制度的试点工作。随后，又分别在北京、河南、甘肃三地选取公安机关继续进行试点。经过试点，我们发现建立“三项制度”确实有利于公安机关严格、公正、文明执法。

一是充分保证了犯罪嫌疑人的合法权利，杜绝了指供、诱供、刑讯逼供现象的发生。与公安机关相比，犯罪嫌疑人无疑处于弱势，在公安机关对其讯问时，犯罪嫌疑人的心理压力是十分巨大的。通过建立“三项制度”，使公安机关的整个审讯过程处在一种监督之下，可以消除犯罪嫌疑人的恐慌心理，杜绝公安机关刑讯逼供，有利于保护犯罪嫌疑人的合法权利。

二是有效防止犯罪嫌疑人翻供，有利于提高公安机关的办案质量。从第一次讯问犯罪嫌疑人开始，建立“律师在场、录音、录像”三项制度，等于是将公安机关侦查讯问的全过程用更直观的方式全面、客观地记录下来，这有效避免了犯罪嫌疑人在审查起诉阶段和审判阶段为逃避打击而诬告办案人员或者翻供。例如，此次试验中，某一起介绍、容留妇女卖淫案，犯罪嫌疑人郭某在公安机关的多次讯问中均如实供述其犯罪事实，而此案移送至检察机关后，犯罪嫌疑人立即翻供，理由是公安机关刑讯逼供，检察机关为此要将本案退回补充侦查。办案侦查员将试验中讯问郭某的视听资料送至检察机关，证明整个讯问过程没有刑讯逼供现象后，检察院决定不再退补，并依法提起公诉。

三是有利于规范执法行为，提高侦查员的办案水平。“三项制度”试验前，侦查人员讯问犯罪嫌疑人时，讯问方式、方法随意性较强，有吸烟、打电话等与讯问活动无关的行为。通过“三项制度”试验，侦查员的整体素质显著增强，而且每次讯问之前，侦查员都事先熟悉案情，准备好详细的讯问提纲，为审讯工作做充分准备，遇到疑难案件时，侦查员集体议案，制定审讯计划，保证了讯问的效果。

创建侦查讯问中的“三项制度”，其重大意义是在制度这个层面上解决刑讯逼供问题。从而使证据制度产生一场变革，引导办案人员逐渐淡化口供的应用，引导大家不断消除口供主义的影响，把收集证据的精力转移到现实生活中去，转移到经济活动的每一个流程、每一个环节中去，最终从“口供本位”转向“物证本位”。同时，讯问中“律师到场”还会使现在封闭式的侦查模式转向公开性的侦查模式。因此，我们对“三项制度”实施的意义不可低估。

可喜的是，2012 年刑事诉讼法部分地采纳了“三项制度”的相关做法，即建立了讯问时录音录像制度。其第 121 条规定：“侦查人员在讯问犯罪嫌疑人的时候，可以对讯问过程进行录音或者录像；对于可能判处无期徒刑、死刑的案件或者其他重大犯罪案件，应当对讯问过程进行录音或者录像。录音或者录像应当全程进行，保持完整性。”

四、犯罪嫌疑人、被告人供述和辩解的审查判断

1. 严格遵守“重证据，重调查研究，不轻信口供”的原则

2012 年《刑事诉讼法》第 53 条规定：“对一切案件的判处都要重证据，重调查研究，不轻信口供。”由于刑事诉讼是围绕犯罪嫌疑人、被告人的刑事责任而展开的，作为刑事诉讼中被追诉的对象，案件的处理结果与其有着直接的利害关系，因此，犯罪嫌疑人、被告人口供的虚伪性极大。同时，犯罪嫌疑人、被告人的口供也是证据的一种形式，查证属实的，也可以作为定案根

据,特别是司法实践中,由于封建社会司法制度中"无供不录案"、"罪从供定"思想的影响,有的公安司法人员总认为有口供定案才踏实,为求口供而导致刑讯逼供等违法犯罪行为的发生,这又使口供的真实性受到影响。为了消除口供主义的影响,2012 年《刑事诉讼法》第 53 条还规定,只有被告人供述,没有其他证据的,不能认定被告人有罪和处以刑罚;没有被告人供述,证据充分确实的,可以认定被告人有罪和处以刑罚。这一规定,是我们在办案实践中确定口供材料证明力的主要指导原则。2012 年《最高人民法院关于适用〈中华人民共和国刑事诉讼法〉的解释》第 80 条规定,"对被告人供述和辩解应当着重审查以下内容:(一)讯问的时间、地点,讯问人的身份、人数以及讯问方式等是否符合法律、有关规定;(二)讯问笔录的制作、修改是否符合法律、有关规定,是否注明讯问的具体起止时间和地点,首次讯问时是否告知被告人相关权利和法律规定,被告人是否核对确认;(三)讯问未成年被告人时,是否通知其法定代理人或者有关人员到场,其法定代理人或者有关人员是否到场;(四)被告人的供述有无以刑讯逼供等非法方法收集的情形;(五)被告人的供述是否前后一致,有无反复以及出现反复的原因;被告人的所有供述和辩解是否均已随案移送;(六)被告人的辩解内容是否符合案情和常理,有无矛盾;(七)被告人的供述和辩解与同案被告人的供述和辩解以及其他证据能否相互印证,有无矛盾。必要时,可以调取讯问过程的录音录像、被告人进出看守所的健康检查记录、笔录,并结合录音录像、记录、笔录对上述内容进行审查"。第 81 条规定,"被告人供述具有下列情形之一的,不得作为定案的根据:(一)讯问笔录没有经被告人核对确认的;(二)讯问聋、哑人,应当提供通晓聋、哑手势的人员而未提供的;(三)讯问不通晓当地通用语言、文字的被告人,应当提供翻译人员而未提供的"。

2. 从口供材料的来源上,审查其讯问的程序是否合法

审查口供在什么情况下提供的,是哪一次审讯时讲的,供认的动机目的,有无攻守同盟、有无串供的情况;有无刑讯逼供、诱供、骗供、指名问供的情况;有无翻供,翻供的原因,等等。《关于办理死刑案件审查判断若干问题的规定》第 19 条规定:"采用刑讯逼供等非法手段取得的被告人供述,不能作为定案的根据。"

3. 要进行情理推断,审查其供述与辩解是否合情合理

在当时、当地的情况下是否会出现被告人供述或辩解的情况;对于口供的时间、地点、手段、过程、动机、目的、后果等,要结合被告人的身份及其与被害人的关系,分析这些情节有没有可能发生和存在,是否符合情理;口供前后是否矛盾等。

4. 共同被告人口供的审查

审查判断几个共同被告人的口供时,既要考虑到他们有共同的利害关系,又要考虑到他们每个人在共同行为中的地位和作用的不同而有矛盾。如果他们供述一致,要严防他们串供或有攻守同盟;如果供述有矛盾,则应注意他们是否有互相推卸责任、嫁祸于人的情况。当然也有个别人大包大揽、一人承担、包庇他人的情况,也应引起注意。在司法实践中,同案犯罪嫌疑人、被告人互相检举揭发他人犯罪的情况很普遍,对此学界主要有三种意见:第一种意见认为,犯罪嫌疑人、被告人在交代自己罪行的同时,检举揭发同案其他人的犯罪事实的,应当作为口供对待。第二种意见认为,同案犯之间的攀供,其内容是犯罪嫌疑人、被告人就其了解的案件事实所作的陈述,因此应当作为证人证言使用。第三种意见认为,从原则上来说,同案犯罪嫌疑人、被告人之间的攀供,仍然是同案犯口供的一部分,但在一定的情况下,可以作为证人证言使用,其标准是:如果口供的内容与自己的犯罪有关,则属于犯罪嫌疑人、被告人供述;如果口

供的内容与自己的犯罪没有牵连,则应当作为证人证言使用。

5. 审查被告人的品质

被告人的品质及其一贯表现如何,是他对案件事实能否作如实陈述的主观因素之一。

6. 审查犯罪嫌疑人、被告人的口供与其他证据有无矛盾

审查判断证据常用而有效的方法是结合全案证据进行综合审查判断,看证据之间有无矛盾。用这种方式审查口供时,应当注意两点:其一,审查犯罪嫌疑人、被告人的口供与同案其他犯罪嫌疑人、被告人的口供有无矛盾。如有矛盾,要看矛盾的具体表现和产生的原因,即是因为推诿罪责而产生的矛盾,还是因为参与犯罪的程序不同,了解情况的差异而产生的矛盾。对于这些矛盾应当结合本案中的其他口供和其他证据进行分析判断。必要时须进一步收集证据,排除矛盾。其二,审查犯罪嫌疑人、被告人的口供与其他证据有无矛盾。如有矛盾,应当认真分析矛盾的具体表现形式及其产生的原因,必要时须进一步收集证据,排除矛盾。如果口供与其他证据相互一致,要分析这种一致性是表面的联系,还是客观联系,是本质上的一致,还是表象上的一致。

7. 翻供的审查

在确定口供的证明力时,如何对待和正确处理翻供问题,是值得我们思考和研究的问题。一方面,要正确认识犯罪嫌疑人、被告人翻供的两重性。尽管犯罪嫌疑人、被告人翻供的情况较为复杂,但一般来说大都具有两重性,即有的翻供具有对抗性,是为了逃避或减轻罪责而狡辩,干扰诉讼的正常进行;有的翻供具有抗辩性,是行使辩护权的具体表现,如纠正原先陈述中某些虚假的内容。翻供可能延缓案件的审理,增加了办案的难度,但是如果前供为虚,后翻为实,则翻供对正确认定和处理案件具有积极意义。我们应本着"有错必纠"的原则,先供为虚则应坚决纠正。另一方面要保持清醒的头脑,搞清翻供的真实原因,翻供现象是我们违法办案造成的,还是嫌疑人、被告人的反调查、反侦查,对抗诉讼所造成的,针对原因,区别真假,确定口供的证明价值。不过,要从根本上解决这一问题,必须消除历史遗留给我们的口供主义,即从将口供作为"证据之王"转变到物证是"证据之王"上来,改变传统的侦查模式和取供方法,转变观念,加大投入,强化科技取证手段,从根本上消除"无供不定案"的做法。

2012 年《最高人民法院关于适用〈中华人民共和国刑事诉讼法〉的解释》第 82 条规定:"讯问笔录有下列瑕疵,经补正或者作出合理解释的,可以采用;不能补正或者作出合理解释的,不得作为定案的根据:(一)讯问笔录填写的讯问时间、讯问人、记录人、法定代理人等有误或者存在矛盾的;(二)讯问人没有签名的;(三)首次讯问笔录没有记录告知被讯问人相关权利和法律规定的。"《关于办理死刑案件审查判断证据若干问题的规定》第 22 条规定:"对被告人供述和辩解的审查,应当结合控辩双方提供的所有证据以及被告人本人的全部供述和辩解进行。被告人庭前供述一致,庭审中翻供,但被告人不能合理说明翻供理由或者其辩解与全案证据相矛盾,而庭前供述与其他证据能够相互印证的,可以采信被告人庭前供述。被告人庭前供述和辩解出现反复,但庭审中供认的,且庭审中的供述与其他证据能够印证的,可以采信庭审中的供述;被告人庭前供述和辩解出现反复,庭审中不供认,且无其他证据与庭前供述印证的,不能采信庭前供述。"

第六节 当事人的陈述

一、当事人陈述的概念和意义

(一)当事人陈述的概念

当事人陈述,是指当事人就有关案件的事实情况向人民法院所作的说明,它包括当事人自己说明案件事实和对案件事实的承认。

1. 当事人陈述的法定形式

当事人陈述是证据的种类或法定表现形式之一,这在2012年《民事诉讼法》第63条第1款第(一)项和2014年《行政诉讼法》第33条第1款第(六)项均有明文规定。刑事诉讼有自身的特点,而不宜对当事人陈述作出笼统的规定。故2012年《刑事诉讼法》第48条第2款第(四)项和第(五)项就“被害人陈述”和“犯罪嫌疑人、被告人供述和辩解”分别作了规定,视之为两种独立的证据种类。所以,本章所说的当事人陈述,仅指民事诉讼、行政诉讼中的以该术语径直表达的证据种类,而不包括刑事诉讼中的“被害人陈述”和“犯罪嫌疑人、被告人供述和辩解”。

需要指出的是,当事人的陈述不仅包括当事人所发表的对案件真实的认识,还包括当事人所发表的对案件处理的意见。前者起证据作用,可以独立地或者与其他证据相结合,成为法院认定案件事实的根据;后者则不能直接转化为证据,法院不能以此作为认定案件的根据。当事人陈述的主体,既包括民事诉讼中的当事人陈述,也包括行政诉讼中的当事人陈述。而且,这里所讲的当事人,是指广义上的当事人,即除诉讼中的原告和被告以外,还包括有独立诉讼请求权的第三人和无独立诉讼请求权的第三人以及共同诉讼人。我国《民事诉讼法》和《行政诉讼法》所规定的证据种类,都将当事人的陈述作为一种独立的证据种类。这是因为:(1)诉讼中的当事人也是发生争执的实体法律关系的主体。当事人是实体法律关系的参加人,是案件事实的导演和扮演者,实体法律关系之所以产生、变化和终止,大多是因为当事人本人实施了某种行为(作为或不作为),有关的情况大多是他们亲历过的,并且往往直接掌握着涉及这些事实的证据。(2)当事人是发生争议的法律关系的参加人,虽然与案件结局有着切身的利害关系,往往妨害他们在陈述中实事求是地说明案件事实;但是,当事人涉讼以后,大多希望能得到法院公正、正确和合法的判决,从这个角度出发,一般能够做到实事求是地对有关事实进行陈述,以协助法院迅速查清案情。应当看到当事人陈述的二重性,防止它的消极一面,同时通过教育启发他们的觉悟,发展其积极的一面,使他们对案件事实作出实事求是的陈述。所以,当事人陈述是具有证据属性的,其证明作用是显而易见的,作为一种证据使用有利而无害。

2. 当事人陈述的内容

当事人陈述的内容包括:(1)关于案件事实的陈述;(2)关于诉讼请求的说明和案件处理方式的意见;(3)对证据的分析和应否采用的意见;(4)对争议事实的法律评断和适用法律的意见等。

当事人陈述中所包含的上述各种不同的内容,都有一定的目的,希望在诉讼中起到不同的作用或影响。但是,能起证明作用,可以作为证据使用的,只有上述第一项的内容,即关于案件事实的陈述,包括涉及实体法律关系的各种事实,民事纠纷或行政纠纷的发展经过,以及其他对正确处理案件有意义的事实的陈述。除此以外的其他各项,如诉讼请求、对证据的分析、对事实的法律评断或对法律适用的意思表示,均不能作为证明案件事实的根据。因此,不能笼统地认为当事人的陈述都是证据。

3. 当事人陈述的分类

根据不同的划分标准,可以把当事人的陈述分为以下几类:

一是根据当事人陈述的内容,可以分为有关案件事实情况的陈述和案件事实以外的其他陈述。作这种划分的目的,在于明确诉讼中,只有涉及事实情况的当事人陈述,才能作为证据使用。本章前后所论述的当事人陈述,都是指当事人就有关案件的特定事实所作的陈述,而不是泛指所有的陈述。

二是以当事人陈述的形式为标准,可以分为书面陈述与口头陈述。书面陈述是当事人将有关案件的事实情况,用书面的形式记载下来,递交法院,如诉状中和答辩状中有关事实情况的叙述以及递交的补充书面陈述。口头陈述是当事人对有关的案件事实情况,采用言词形式(即口语)所进行的陈述。审判人员就地找当事人调查,或者在开庭时当事人到庭参加审理,说明有关的案件事实,就是采用言词方式。口头陈述常常是通过一问一答的方式进行。书面陈述与口头陈述可以交互使用。在诉讼的进行中,借鉴各国的经验,要贯彻直接原则和言词原则,以加强证据的证明力,所以,对比起来,口头陈述更为实际。这就是法律规定法庭开庭审理时要通知当事人到庭,并且要求其亲自陈述和接受询问的道理。

三是以当事人陈述的性质为标准,可以分为确认性陈述、否定性陈述与承认性陈述。确认性陈述是当事人举出一定事实作根据,说明争议的实体法律关系存在的陈述。基于这种陈述,一般都是请求法院作出保护自己合法权益的判决。否定性陈述,是指当事人在诉讼中列举事实否认争议的某种法律关系根本存在的陈述,如关于否认有收养关系的陈述。承认性的陈述,是指一方当事人对他方当事人所提出的事实或诉讼请求,明确表示予以承认的陈述。有的国家对承认的法律后果有专门的法律规定,它对诉讼的结局影响很大。

(二)当事人陈述的意义

由于民事诉讼和行政诉讼的当事人既是诉讼主体,又是发生争议、法院正在审理中的案件的实体法律关系的当事人,他们对案件的事实情况,一般都亲身经历过,掌握着一定的证据材料,因而比别人更了解案件事实的真相。他们在争论中为了能获得有利于自己的判决,常常主动地向法院陈述案件事实的来龙去脉,并积极提供有关的证据材料。所以,当事人陈述在诉讼中的证据意义和证明作用是十分明显的。

首先,当事人陈述是最容易收集的一种证据。这就为法院调查了解有关的案件事实提供了线索和便利。原告人向法院起诉时,在提出诉讼请求的同时,必然要提出有关的事实情况作根据。被告人进行答辩时,也将具体地提出答辩所根据的事实和理由。第三人申请参加诉讼,应当提出自己对当时正在争议的诉讼标的具有独立请求权的事实,或者说明与案件处理结果有法律上利害关系的根据等。上述当事人在起诉、应诉或参加诉讼时所提出的诉讼请求和有关的事实,不仅为法院明确了证明对象,而且便于法院把这些对案件事实的系统陈述加以互相印证,借以了解案件的事实真相。这对于法院迅速查明案情,无疑有很大的作用。

其次,当事人陈述可以提供收集证据的信息。当事人不仅掌握一定的证据材料,而且了解一些与案件有关的证据。通过当事人的陈述,依法对当事人进行讯问,当事人不但能就案件的事实情况作出实事求是的陈述,提供有关的证据,而且还可以提供有关的证据线索。这样,就有利于审判人员发现和收集应予收集的证据,为查明案情取得充分的证据。

最后,当事人在陈述中有关承认的内容,有利于迅速结束诉讼。当一方当事人所主张的事实在诉讼中为另一方当事人所承认,经审查,如果认定这种承认既不是在欺骗、引诱、威胁的情况下作出的,也不存在双方串通意图侵害国家利益以及案件其他人合法权益的情况,而且与案内其他证据所证明的事实相一致,人民法院就可以接受,并用作定案的根据。这就更有利于纠纷的及时解决。

二、当事人承认

(一)当事人承认的概念和构成要素

当事人承认即当事人作出的承认性陈述,是指一方当事人对他方当事人所提出的事实或诉讼请求,明确表示予以承认的陈述。当事人承认具有免除对方当事人举证责任并对法院行使审判权产生拘束力的效果,因而它的成立必须同时具备一些条件,此即当事人承认的构成要素。

当事人的承认仅指诉讼上的承认,而不包括诉讼外的承认。所谓诉讼上的承认,是指当事人在诉讼过程中向审判人员作出的认同对方当事人事实主张的意思表示。

当事人作出承认的时间,必须在诉讼程序的延续过程之中。在诉讼程序开始前或结束后所作出的承认,均不构成这里的"当事人承认"。至于在诉讼程序中的何一阶段作出承认的表示,则在所不问。具体来说,当事人既可以在起诉阶段或开庭审理前的准备阶段表示承认,例如,原告在起诉状中表示承认,被告在答辩状中表示承认等,也可以在开庭审理的过程中表示承认。最高人民法院《关于民事诉讼证据的若干规定》第 8 条第 1 款规定:"诉讼过程中,一方当事人对另一方当事人陈述的案件事实明确表示承认的,另一方当事人无需举证。"最高人民法院《关于行政诉讼证据若干问题的规定》第 65 条则强调,"在庭审中一方当事人或者其代理人在代理权范围内对另一方当事人陈述的案件事实明确表示认可的,人民法院可以对该事实予以认可"。当然,当事人的承认一般应在最后一次法庭辩论结束前作出;否则,在法院作出判决时或者作出判决后作出,就失去了承认的意义。

当事人只有向审理该案的审判人员作出承认,才能构成诉讼上的承认,才能产生应有的法律效果。当事人虽然在诉讼过程中作出了承认的意思表示,但如果该意思表示不是向审理该案的审判人员作出的,而是向其他的审判人员或者向对方当事人作出的,也不构成诉讼上的承认。这种承认与不在诉讼过程中作出的承认一样,同属诉讼外的承认。

当事人承认必须有明确的意思表示,表达的方式和态度是积极的,不是消极的,即当事人的承认是当着对方当事人的面直接向法院表示的,因而必须以语言或书面形式积极地作出,一般不能依据消极沉默行为加以推测。但最高人民法院《关于民事诉讼证据的若干规定》第 8 条第 2 款规定:"对一方当事人陈述的事实,另一方当事人既未表示承认也未否认,经审判人员充分说明并询问后,其仍不明确表示肯定或者否定的,视为对该项事实的承认。"可见,在此种情况下的沉默行为可视为承认,但仅限于法律有明文规定的情形。2012 年《民事诉讼法》第 75 条第2款规定:“当事人拒绝陈述的,不影响人民法院根据证据认定案件事实。”也就是说,尽管当事人对某个案件事实未加陈述或承认,法院也不得据此认定该案件事实为真。《关于民事诉讼证据的若干规定》第8条第1款解释得更加明确:“诉讼过程中,一方当事人对另一方当事人陈述的案件事实明确表示承认的,另一方当事人无需举证。”由此可见,明确表示应是构成当事人承认的要件之一。但是,对一方当事人陈述的事实,另一方当事人既未表示承认,也未否认,经审判人员充分说明并询问后,其仍不明确表示肯定或者否定的,则应视为对该项事实的承认,即默示的承认。

另外,当事人委托代理人参加诉讼的,代理人的承认视为当事人的承认。但未经特别授权的代理人对事实的承认直接导致承认对方诉讼请求的除外;当事人在场但对其代理人的承认不作否认表示的,视为当事人的承认。当事人的承认一经成立,法院便不得作出与之相反的事实认定,对方当事人也由此免除了相应的证明责任。

(二)当事人承认的分类

如果从以上对当事人承认概念的严格界定的角度来看,当事人的承认可以分为全部承认与部分承认、肯定性的承认与否定性的承认、当事人的承认与代理人的承认等种类;如果从广义上对当事人承认进行划分,那么,当事人的承认还包括案件事实的承认与诉讼请求的承认、明示的承认与默示的承认、诉讼上的承认与诉讼外的承认等类别。

(三)当事人承认的撤销

当事人承认一旦有效作出,当事人便不得再就所承认的事实进行争执,也不得任意撤销。这是由当事人该类诉讼行为的有效性所决定的,也是诉讼中禁止反言原则的体现。但是,为了兼顾诉讼的公平,在有的情况下,也允许作出承认的当事人主张承认无效或者申明撤销。例如,最高人民法院《关于民事诉讼证据的若干规定》第8条第3款规定:“当事人在法庭辩论终结前撤回承认并经对方当事人同意,或者有充分证据证明其承认行为是在受胁迫或者重大误解情况下作出且与事实不符的,不能免除对方当事人的举证责任。”最高人民法院《关于行政诉讼证据若干问题的规定》第67条也强调,对于一方当事人提供的证据,对方当事人明确表示认可须是在“不受外力影响”的情况下,才可以认定该证据的证明效力。对于明示的承认,有的国家的民事诉讼法也规定,有具备以下两个条件之一时便允许撤销:一是当事人能够证明,其承认是在受诈欺或者强暴胁迫之下而作出的,因而违反了意思自愿原则;二是当事人能够证明,所承认的事实与案件真相不符,因而作出这种承认是错误所致。此外,如果作出承认的当事人要求撤回承认,而又不符合上述二条件之一,但是却获得了对方当事人的同意,也应允许其撤销。

三、自认

(一)自认的概念与构成要件

自认是当事人陈述中的重要组成部分,属于当事人承认的范畴。所谓自认,是指一方当事人对不利于己的案件事实的承认,可分为诉讼上的自认和诉讼外的自认。构成诉讼意义上的自认仅是诉讼上的承认,是当事人在诉讼过程中向审判人员作出的认同对方当事人事实主张的意识表示。自认可以是全部的自认或部分的自认;也可以是有条件的自认或无条件的自认。自认一经作出就具有法律效力,因此自认必须符合法定条件。具体而言,有以下几个方面:

1. 自认必须在诉讼中作出

当事人作出承认的时间,必须在诉讼程序的延续过程中。在诉讼程序开始之前或结束之后所作出的承认,均不构成此处所讲的当事人的自认。至于当事人在诉讼何种阶段作出承认的表示,则在所不问。一般而言,当事人既可以在起诉阶段或开庭审理前的准备阶段表示承认,例如,原告在起诉中表示承认的,被告在答辩状中表示承认等;也可以在开庭审理的过程中表示承认。当然,当事人的自认应当在最后一次法庭辩论终结前作出;否则,在法院作出判决时或作出判决以后作出,就失去了自认的意义。最高人民法院《关于民事诉讼证据的若干规定》第8条第1款规定:"诉讼过程中,一方当事人对另一方当事人陈述的案件事实明确表示承认的,另一方当事人无需举证。但涉及身份关系的案件除外。"最高人民法院《关于行政诉讼证据若干问题的规定》第65条则强调:"在庭审中一方当事人或者其代理人在代理权限范围内对另一方当事人陈述的案件事实明确表示认可的,人民法院可以对该事实予以认定。"

2. 自认必须是向审判人员作出

当事人只有向审理该案的审判人员作出承认的,才构成自认,产生应有的法律效果当事人虽然是在诉讼中作出承认的意思表示,但如果该意思表示不是向审理该案件的审判人员作出的,而是向其他审判人员或者仅向对方当事人作出的,同样不属于诉讼上的自认。

3. 自认是就案件事实所作的承认

自认是对事实的承认,是对不利于自己的事实主张的承认,这是因为自认的法律效力是经自认的事实视为真实,而免除主张的举证责任。事实在大陆法系中被分为主要事实、间接事实和补助事实三类。主要事实又称为直接事实,是指对于权利发生、变更或消灭法律效果有直接作用的,并且是必要的那些事实;间接事实就是借助经验规则、理论原理能够推定主要事实存在与否的事实;补助事实是指能够明确其证据能力和证据力的事实。依诉讼法理,辩论主义只适用主要事实,而不适用间接事实和补助事实,其主要理由是,如果承认对间接事实自认的拘束效力将违背自由心证原则。因为如果承认间接事实的自认拘束力,就会因为间接事实的当然存在,迫使法官不得不相应地认定相关的主要事实的存在与否。

在自认的对象方面还涉及当事人对权利的承认。在诉讼理论上认为,对权利的承认又称为认诺,认诺成立以后的法律效果是承认者承担败诉的责任。我国民事诉讼法明确规定了对诉讼请求的自认,2012年《民事诉讼法》第51条规定:"原告可以放弃或者变更诉讼请求。被告可以承认或者反驳诉讼请求,有权提起反诉。"

4. 自认应当以积极的方式作出

由于自认是对于己不利的事实的承认,以对方当事人提出了一定的事实主张为前提条件,因此这种承认应当是以明确的意思表示,积极的表达方式和态度作出。我们认为,当事人的自认应当当着对方当事人的面以语言或书面形式直接向人民法院表示,一般不能依据消极的沉默行为加以推测。最高人民法院《关于民事诉讼证据的若干规定》第8条第1款明确提出承认应作出明确表示。可见,明确表示是构成当事人承认的要件之一。但该规定第8条第2款规定,"对一方当事人陈述的事实,另一方当事人既未表示承认也未否认,经审判人员充分说明并询问后,其仍不明确表示肯定或者否定的,视为对该项事实的承认"。因此,特定情况下当事人的沉默可以推定为自认,但仅限于法律有明确规定的情况。此外,司法解释还规定:当事人委托代理人参加诉讼的,代理人的承认视为当事人的承认。但未经特别授权的代理人对事实的承认直接导致承认对方诉讼请求的除外;当事人在场但对其代理人的承认不作否认表示的,视为当事人的承认。当事人的自认一经成立,法院便不得作出与之相反的认定,对方当事人的证明责任也相应免除。

（二）自认的效力

在具备了上述要件后,自认便当然产生法律上的效力。对于自认效力的属性,国内大多学者将其定位于证明效力。还有学者认为,自认的效力表现为举证责任的免除。对此,我们认为,自认的效力应包括以下内容:

一是对当事人的拘束力。一方面,作出自认者的相对方对自认的事实不再承担举证责任;另一方面,自认者在自认后不得随意撤回自认,也不得在同一诉讼中再就自认的事实进行争执或主张与自认事实相反之事实。最高人民法院《关于适用〈中华人民共和国民事诉讼法〉的解释》第92条规定:"一方当事人在法庭审理中,或者在起诉状、答辩状、代理词等书面材料中,对于不利的事实明确表示承认的,另一方当事人无需举证证明。"

二是对法院的拘束力。一旦当事人之间对事实作出自认,法院必须视自认事实为真实,以其作为裁判依据,而不得再动用职权对自认事实进行调查,更不得作出与自认事实相反的事实认定。这一效力内容是自认制度的核心之所在,也是对当事人拘束力的保障和基础。简言之,自认的效力就是指当事人和法院对自认的事实必须在同一诉讼中予以承认并不得违背的一种拘束力。此外,当事人拒绝陈述的,不影响人民法院对案件事实的认定,2012年《民事诉讼法》第75条第2款规定,"当事人拒绝陈述的,不影响人民法院根据证据认定案件事实",可见,即使当事人没有对案件事实自认的,人民法院也可以依据证据认定案件事实。

自认之所以具有并且必须具有上述效力,应该说与自认制度设立的目的密不可分。各国之所以设立自认制度,就是基于充分尊重当事人意思自治和处分权原则、减轻当事人和法院的负担和提高诉讼效率和效益等价值考虑。如果自认作出后,自认者可以不顾自认事实随意反悔,而法院也在当事人自认后仍对自认事实进行调查,那么就有违自认制度的设立的初衷了。

然而,自认的效力并不是绝对的。最高人民法院《关于民事诉讼证据的若干规定》第13条规定:"对双方当事人无争议但涉及国家利益、社会公共利益或者他人合法权益的事实,人民法院可以责令当事人提供有关证据。"从中可见,基于处分原则,当事人可以对案件事实进行自认,但是出于对社会整体利益的考虑。人民法院对当事人涉及国家利益、社会公共利益或他人合法权益的处分权进行必要的限制是合理的,但这种审查必须仅限于法定的情形。法院不得超越法律的规定随意审查,否则会动摇整个自认制度的基础。而且按照司法解释,在诉讼中,当事人为达成调解协议或者和解的目的作出妥协所涉及的对案件事实的认可,不得在其后的诉讼中作为对其不利的证据。

此外,并不是所有的事实都适用自认。在一定的情形下,不允许自认的适用。结合立法与司法实践,我们认为,在以下几种情形下禁止适用自认:

1. 身份关系的案件。主要包括婚姻关系案件和亲子关系案件。因为身份关系的案件,不但涉及当事人双方的私人利益,更涉及多数关系人的利益,甚至影响社会秩序和国家的利益。因此法院不受辩论原则和处分原则限制。但对于身份关系案件中与身份关系无关的事实则可适用自认规定,例如,离婚案件中当事人一方对另一方陈述的关于夫妻共同财产的自认,依法应予确认。

2. 属于法院主动依职权调查的事项。例如,对于属于诉讼成立要件的事实,诸如是否有管辖权、是否有当事人能力等;再如协议管辖,法律要求当事人必须以书面形式证明协议管辖的存在,当事人自认证明不能代替书面证明。法院主动依职权调查的事项多属于一些程序上的事项,是为保证诉讼有效进行和防止当事人滥用权利,而在程序上对当事人的处分权所作的一些必要的限制,自然不应受当事人辩论原则和处分原则的拘束。

3. 属于显著的事实或其他法院必须予以认定的事实。主要包括:众所周知的事实;自然规律及定理;已为人民法院发生法律效力的裁判所确认的事实;已为仲裁机构的生效裁决所确认的事实;已为有效公证文书所证明的事实。这些事实由于其公认的或法律上的效力,对法院和当事人都有着当然的约束力,法院必须接受这些事实而排斥与之相反的事实,当事人既不能对这些事实发生争议,更不得主张与之相反的事实,因此这些事实排斥自认的适用。

(三)自认的撤回

自认一经合法作出,当事人就不得对已经承认的事实进行争执,也不得随意撤回。这是出于程序安定和禁反言原则的要求。自认应是一种兼具诉讼行为性质和民事行为性质的法律行为。正因为自认首先是一种诉讼行为,其与后面的诉讼行为相互之间有因果关系和连续性,某一诉讼行为的无效和撤回,可能使后面发生的一连串诉讼行为均归于徒劳,因而对自认的撤回必须采取一种非常谨慎的态度,不得随意为之。同时,由于自认也兼具部分民事行为性质并出于不显失公平正义的需要,因此有必要规定自认的撤回。最高人民法院《关于民事诉讼证据的若干规定》第 8 条第 4 款规定:"当事人在法庭辩论终结前撤回承认并经对方当事人同意,或者有充分证据证明其承认行为是在受胁迫或者重大误解情况下作出且与事实不符的,不能免除对方当事人的举证责任。"第 74 条规定:"诉讼过程中,当事人在起诉状、答辩状、陈述及其委托代理人的代理词中承认的对己方不利的事实和认可的证据,人民法院应当予以确认,但当事人反悔并有相反证据足以推翻的除外。"可见,在民事诉讼中,自认的撤回应满足以下几个条件:(1)经对方当事人同意,在法庭辩论结束前提出;(2)自认人作出自认是因为被欺诈、胁迫或因他人实施刑事上应受惩罚的行为所致;(3)自认人能够证明自认不真实且因自认人发生重大误解所致。而且自认的撤回在程序上也应有相应明确的规定,因为自认行为被撤回后自始无效,因此如果自认在一审被撤回,必须对自认的事实及以之为基础认定的相关事实进行重新审理;自认在二审被撤回的,二审法院必须撤回原审裁判,发回原审法院对自认事实及相关事实进行重审。

而行政诉讼中则又不同。最高人民法院《关于行政诉讼证据若干问题的规定》第 67 条规定:"在不受外力影响的情况下,一方当事人提供的证据,对方当事人明确表示认可的,可以认定该证据的证明效力;对方当事人予以否认,但不能提供充分的证据进行反驳的,可以综合全案情况审查认定该证据的证明效力。"可见,在行政诉讼中自认撤回的条件是自认是在外力影响下作出的,在有充分证据反驳的情况下,自认可以撤回。

四、当事人陈述的证明力的特点

在民事诉讼和行政诉讼中,当事人既是实体法律关系的直接参与者,又是诉讼法律关系的主体。由于当事人诉讼地位的复杂性,当事人陈述的证明力具有双重性:

一方面,当事人是实体法律关系的直接参与者,对于它的产生、发展、演变及发生争议,较之任何其他诉讼参与者,如证人、鉴定人、勘验人等,都更加了解,不仅全面,而且深刻。因此,当事人陈述,从应然的意义上说,比任何其他证据形式都更加能够反映案件的真实情况,更加有助于客观真实的诉讼目标之实现。所以,当事人陈述作为证据的种类之一,不仅有充分的独立存在的理由,而且应当受到充分重视。

另一方面,由当事人陈述的证据主体所决定,当事人陈述的证据内容通常难以确保它的真实性、客观性和全面性,而往往在真实的陈述中掺入虚假的成分,并始终带着有利于陈述者的主观性和片面性。同其他的证据形式相比较,当事人陈述的这一特点是显而易见的。所以,对当事人的陈述,审判人员既应充分重视,又不能轻易置信,而需要同案件中所出现的其他证据相互佐证、去伪存真,从而辩证地发挥其证明案件事实真实情况的作用。

正是基于这一点,我国2012年《民事诉讼法》第75条第1款规定:“人民法院对当事人的陈述,应当结合本案的其他证据,审查确定能否作为认定事实的根据。”最高人民法院《关于民事诉讼证据的若干规定》第67条规定:“在诉讼中,当事人为达成调解协议或者和解的目的作出妥协所涉及的对案件事实的认可,不得在其后的诉讼中作为对其不利的证据。”在行政赔偿诉讼中也有相同的规定。此外,最高人民法院《关于民事诉讼证据的若干规定》第76条还规定:“当事人对自己的主张,只有本人陈述而不能提出其他相关证据的,其主张不予支持。但对方当事人认可的除外。”可见,最高人民法院的司法解释进一步确认,当事人的陈述必须结合其他证据,方可作为定案依据,仅有当事人陈述,其诉讼主张不能得到支持。

五、询问当事人及对当事人陈述的审查判断

(一)询问当事人

在民事诉讼和行政诉讼中,原告在自己的起诉书中阐述其诉讼请求所根据的事实和理由,被告在答辩状中所提出的事实根据和理由,就是诉讼当事人围绕诉讼标的所陈述的基本事实,构成了人民法院审理的范围。由于原告的诉讼请求和被告的答辩所依据的事实还没有得到证实,所以必须进一步调查、收集证据(其中也包括对当事人的询问),并通过开庭的方式,依照法定程序进行审理,以便查清事实,依法作出处理决定。我国《民事诉讼法》明确规定,法庭调查,应当询问当事人和听取当事人陈述。对案件的实体审理,就是从当事人的陈述开始。因此,审判人员应当给当事人以客观充分的陈述的条件;当事人也应当根据法院的传唤到庭陈述,以利于法院及时查明案情真相。

询问当事人的程序和应当注意的问题如下:

1. 庭审前,应当认真、细致地审阅全案材料,熟悉和掌握当事人在起诉状、答辩状中所提出的诉讼请求,具体的事实、理由和有关的证据,从中发现矛盾,找出争执的焦点,明确需要询问的问题,制订好询问提纲,以便做到心中有数,有步骤地、有的放矢地对当事人进行询问。

2. 询问时,要让双方当事人围绕案情,详细陈述有关的各种事实与情节。待他们陈述以后,审判人员即可提出问题,让他们回答,作补充陈述。提问要明确、具体,特别是对一些重要事实和关键性问题,即双方争议的焦点,更要注意问清楚,要求当事人作出切实的回答。在询问中如果发现当事人陈述的内容与本案无关,应及时加以引导;发现他们彼此间对事实的陈述不一致时,应即时进行询问,以便揭示出现矛盾的原因,判明孰真孰假。审判人员对于任何一方的陈述,都要认真地听取,审慎地分析,不能先入为主,偏听偏信;更不能感情用事,对不适合自己口味的陈述,随便加以制止。

3. 在询问过程中,审判人员应当根据当事人的认识等具体情况,及时进行思想工作,教育

他们采取正确的态度,实事求是地、全面地陈述有关的案件情况,既不要夸大,也不要缩小,更不能作虚伪的陈述,妨碍诉讼的顺利进行。发现当事人有抵触情绪,拒绝陈述时,要了解原因所在,通过思想工作加以消除。如果仍拒绝陈述,应当向他说明"这并不影响法院根据全案的证据认定案件事实"。在询问中出现当事人对有的事实不进行争执时,要注意分析出现这一情况的具体原因:是一方当事人对他方陈述的默认;还是由于疏忽,对本应争执的事实未进行争执;必要时,还应重复提问,要求被询问人作出明确的回答。

4. 询问当事人应当制作笔录,记明审判人员询问的情况和当事人陈述的内容。特别是对当事人陈述的内容,不管是有利于或不利于该当事人的,都应当尽可能地按照他的原话、原意记载清楚,客观地加以反映,不得断章取义。笔录应当向当事人宣读,或者交当事人亲自阅看。如果他们认为对自己的陈述记载有遗漏或差错,有权申请补正。如果他们认为记载无误(包括有错、漏已经作了纠正的),应当在笔录上签名或盖章。如果拒绝签名或盖章,应记明情况附卷。主持询问的审判人员和书记员也要在笔录上签名,并注明询问的年月日。

(二)当事人陈述的审查判断

我国2012年《民事诉讼法》第75条第1款要求:"人民法院对当事人的陈述,应当结合本案的其他证据,审查确定能否作为认定事实的根据。"这一规定,既说明了对民事当事人的陈述不能轻信,也指明了对这类证据进行审查的基本方法。对行政诉讼当事人的陈述,这一规定也是可以参照适用的。

审查判断当事人陈述(包括承认),必须从实际出发,实事求是,重证据,不轻信,认真查对。首先,审查当事人是在什么情况下陈述的,其陈述的动机与目的是什么。对于当事人在审理中所作出的承认,仍要审查。因为,尽管一方承认他方提出的对自己不利的事实或诉讼请求,在一般情况下较为可靠(也就是说,通常,当事人绝不会甘愿用说假话的办法来损害自己的权益),但是,在实践中也有这样的情况,当事人所作出的承认是由于误解,或者是在受他方的威胁、压制和欺诈的情况下作出的;有时还可能是双方通谋以侵害国家和他人的权益。故对此不能不认真审查。其次,从当事人陈述的具体内容上进行审查,核查其是否与案情相符,即是否符合本案实体法律关系的发生、发展、变化和消灭的来龙去脉,是否合情合理,有无可疑之处。最后,应结合本案的其他证据进行综合分析、审查,研究它们所反映的情况是否一致,有无矛盾。发现有矛盾时,应进一步收集证据,或通过查证的方法加以解决,以便正确确定其是否真实可靠。

第七节 鉴定意见

一、鉴定意见的概念和意义

(一)鉴定意见的概念

鉴定意见是指鉴定人根据公安司法机关的指派或者聘请,运用自己的专门知识和技能对案件中需要解决的专门性问题进行鉴定后所作出的判断。2012年《刑事诉讼法》将"鉴定结论”修正为“鉴定意见”是一大进步。众所周知,鉴定受鉴定人本身知识水平、经验程度等限制,受获得检材的时间、检材状况,以及外界诸多因素的影响,形成的鉴定结果完全有可能存在误差。在我国的司法实践中,常常出现一个问题存在多个相互矛盾的“鉴定结论”的情况。一个问题有多个鉴定结论,等于没有“结论”,也让人无所适从。而且,“结论”一词具有强烈的终局性和排他性,因此把鉴定人的判断作为具有终局性和排他性的“结论”,作为这种特殊证据的名称,是不妥当的,鉴于此,2005 年全国人大常委会《关于司法鉴定管理问题的决定》将之称为“鉴定意见”,先后于 2012 年修订的《刑事诉讼法》、《民事诉讼法》和 2014 年修订的《行政诉讼法》均采纳了这种说法,将“鉴定结论”统一为“鉴定意见”的表述。

鉴定意见是一种独立的证据种类。鉴定意见又称鉴定人意见,是一种独立的诉讼证据。鉴定意见和证人证言,虽然在证据分类上同属人证,但二者各有特点,其区别如下:

第一,鉴定意见是鉴定人对与案件事实有关的某些专门性问题进行鉴别、分析后所作出的判断。在鉴定过程中鉴定人要运用自己的专门知识和技能。因此,鉴定意见是一种具有科学根据的意见。而证人证言是证人就其所知道的案件事实情况所作的陈述,是对案件事实的如实反映,而不是对案件事实的评断。

第二,鉴定意见是司法机关为解决案件中的专门性问题指派或聘请鉴定人而作出的书面意见。鉴定人是司法机关有选择地指派或聘请的,具有可代替性,因而鉴定意见也具有可代替性。而证人证言因证人的不可代替性而具有不可代替性。

第三,鉴定意见的内容是鉴定人对案件中某些专门性问题所作的判断,而不是对有关事实作出法律评价,并且是在案件发生后形成的。而证人证言是证人对案件事实所作的陈述,是在案件发生过程中形成的。

(二)我国诉讼中经常使用的鉴定意见

根据刑事诉讼法规定,凡是为了查明案情需解决的专门问题,都应当进行鉴定。刑事诉讼中需要鉴定的专门问题很多。实践中经常遇到需要鉴定解决的专门性问题主要有以下几种:

1. 法医鉴定。主要用于确定死亡原因、伤害情况等。

2. 司法精神病鉴定。目的在于确定犯罪嫌疑人、被告人、被害人、证人的精神状态是否正常,以便确定被鉴定人有无行为能力和责任能力。

3. 痕迹鉴定。包括对指纹、脚印、工具、枪弹、轮胎等痕迹进行鉴定,确认是否同一。

4. 化学鉴定。目的在于确定毒物的化学性质和剂量,对人体的危害程度、伤害性质。

5. 会计鉴定。确定账目、表册是否真实,是否符合有关规定。

6. 文件书法鉴定。用于确定文件的书写、签名是否伪造或同一。

7. 其他鉴定。解决案件中的其他专门问题所进行的鉴定。比如建筑、交通运输、产品质量、物价、责任事故等方面的鉴定。

随着科学技术的不断发展,需要鉴定的专门性问题日益增多,鉴定的范围会不断扩大。

(三)鉴定意见的作用和意义

首先,鉴定意见是正确认识和处理案件的重要根据之一。在公安司法机关办案的过程中,无论是犯罪嫌疑人的确定,还是案件事实的认定,甚至是一些经济、民事案件中双方当事人之间争议的解决,最终真相大白,无不依赖于科学的技术鉴定,揭开事实真相,鉴定意见的作用是显而易见的。其具体表现,有时可为办案人员提供侦查、调查的线索,有时可以确定行为人是谁,有时可以查明作案的手段和方法,有时可以确定责任事故的原因,有时可以明确行为的危害结果,等等。它在查明整个案件事实情节中,都能起到其他证据不可代替的作用。

其次,鉴定意见是查明案件事实,确定案件性质,明确责任的重要根据。现实生活中发生的刑事案件,经济往来中出现的民事、经济纠纷以及行政管理中发生的行政争议及其引发的行政诉讼等,往往都会涉及查清有争议案件事实,认定案件性质,以便分清责任的问题。而这些问题的解决往往有赖于各种专门知识。而公安司法人员不可能通晓专门知识。当案件中某些专门性问题不能解决时,就需要有关专家运用专门知识和科技手段进行鉴定。司法人员就可以根据鉴定意见查明案件事实,分清案件的性质和责任。例如,刑事案件中的法医鉴定可以确定人身伤害的有无和轻重;民事、经济纠纷中的亲子鉴定、合同鉴定等,可以确定亲子关系、合同的有效性等。又如,对行为人的精神状态的鉴定,对确定其是否具有行为能力,应否承担其行为的法律后果具有重要作用。

最后,鉴定意见是审查判断其他证据的重要手段。由于鉴定意见是对案件中的专门性问题进行检测、分析、鉴别的结果,具有科学性的特点,因而成为审查案中其他证据真实性的重要手段。例如,物证或书证的真伪,有时需要鉴定手段来鉴别;刑事案件的被告人口供、被害人的陈述、民事和行政诉讼中当事人的陈述以及证人证言的真实性,通常要结合鉴定意见来分析判断作出取舍的决定。

二、鉴定人的资格条件、权利和义务

(一)鉴定人的资格条件

2012年《刑事诉讼法》第144条规定:“为了查明案情,需要解决案件中某些专门性问题的时候,应当指派、聘请有专门知识的人进行鉴定。”2012年《民事诉讼法》第76条第1款规定:“当事人未申请鉴定,人民法院对专门性问题认为需要鉴定的,应当委托具备资格的鉴定人进行鉴定。”最高人民法院《关于民事诉讼证据的若干规定》第26条则规定:“当事人申请鉴定经人民法院同意后,由双方当事人协商确定有鉴定资格的鉴定机构、鉴定人员,协商不成的,由人民法院指定。”《关于司法鉴定管理问题的决定》第3条、第4条、第5条作了比较明确的规定,司法鉴定是具有专门知识的人依照法定程序对专门性问题进行分析评断的活动,因此,要求鉴定人必须具有法定资格并依法登记、在一定的鉴定组织机构中从事鉴定业务的人员。在我国现行鉴定体制下,鉴定人有专职鉴定人和兼职鉴定人之分。专职鉴定人是指在公安司法机关系统内专门设置的从事科学技术鉴定的人员(如法医、痕检、文检、化验等人员),他们受到指派后即对案件中的专门性问题进行鉴定。兼职鉴定人是指临时受公安司法机关聘请就案件中有争议的专门性问题进行鉴定并写出鉴定意见后,仍然从事自己本职工作的人。例如,精神病鉴定,通常聘请精神病院的医生进行,在鉴定时,精神科的医生就是兼职鉴定人,鉴定后他仍然从事医疗工作。由此可以看出,我国诉讼中的鉴定人是指根据公安司法机关的指派或者聘请或当事人的委托,运用专门知识和科技手段,对案件中有争议并具有专门性的问题进行检测、分析、鉴别并写出鉴定意见的人。鉴定人应具备以下条件:

1. 鉴定人必须是被指派或者被聘请。2012年《刑事诉讼法》第144条规定:“为了查明案情,需要解决案件中某些专门性问题的时候,应当指派、聘请有专门知识的人进行鉴定。”对此,学界的一般理解是,凡是公安司法机关需要由本机关的鉴定人进行鉴定的,则“指派”本机关的鉴定人进行鉴定;凡是公安司法机关需要外单位的鉴定人进行鉴定的,则“聘请”鉴定人进行鉴定。我们认为,结合《关于司法鉴定管理问题的决定》所做出的“侦查机关根据侦查工作的需要设立的鉴定机构,不得面向社会接受委托从事鉴定业务”以及“人民法院和司法行政部门不得设立鉴定机构”的规定,不能以本单位和外单位来区分指派与聘请,因为只有侦查机关有权设立鉴定机构,而且除公安司法机关根据需要指派、聘请鉴定人外,法律也赋予了当事人委托鉴定人的权利。2012 年《刑事诉讼法》第 192 条规定“法庭审理过程中,当事人和辩护人、诉讼代理人有权申请通知新的证人到庭,调取新的物证,申请重新鉴定或者勘验”。在民事诉讼中,当事人申请鉴定经人民法院同意后,由双方当事人协商确定有鉴定资格的鉴定机构、鉴定人员,协商不成的,由人民法院指定。鉴定人必须具备鉴定所需要的专门知识,即鉴定人必须具备鉴定所需要的中级以上技术职称。

2. 鉴定人与鉴定的案件之间无依法应当回避的情形。为了保证鉴定人能够客观、公正地进行鉴定,确保鉴定意见的科学性和准确性,《刑事诉讼法》第三章、《民事诉讼法》第四章、《行政诉讼法》第 55 条都明确规定了鉴定人应当回避的情形,即鉴定人如果与鉴定的案件及其当事人有利害关系或者其他关系,可能影响客观公正鉴定的,鉴定人应当自行回避,有关的当事人也有权申请鉴定人回避。在有应当回避的情形下,鉴定人不能担当本案的鉴定工作。此外,鉴定人不得具有其他诉讼参与人的诉讼身份,不得同时担任本案的侦查、起诉或审判人员。

3. 鉴定人具有客观公正的工作态度和作风。鉴定过程中,鉴定人必须不为人情所动,不为权势所屈服,排除各种可能出现的干扰,客观公正地进行鉴定。鉴定人只有工作认真负责,一丝不苟,才能在复杂鉴定工作中精益求精,准益求准,作出准确、科学的鉴定意见。

(二)鉴定人的诉讼权利

鉴定人的权利是鉴定人圆满完成鉴定任务的必要保障,世界上许多国家都非常注意对鉴定人权利的保护。从国外的立法情况看,鉴定人通常享有独立鉴定权、了解案情权、参与诉讼权、人身受保护权及获得报酬权。从我国的立法及司法实践看,鉴定人主要有以下权利:

1. 鉴定人有权了解鉴定对象(如送鉴材料)的来源。必要时可以查阅勘验、检查等笔录和其他有关材料。

2. 鉴定人根据鉴定的需要,经公安司法人员许可,可以询问证人、当事人。

3. 鉴定人有权要求提供鉴定所必需的充足的材料。当送鉴的材料不足,难以进行鉴定时,鉴定人有权要求送鉴的单位提供充足的材料。

4. 鉴定人有发表独立见解的权利。当一个案件有几个鉴定人共同进行鉴定时,他们可以互相讨论,意见一致时,可以共同给出鉴定意见;意见不一致时,每个鉴定人都有权单独写出自己的鉴定意见。鉴定人应当独立进行鉴定,对鉴定意见负责并在鉴定书上签名或者盖章。多人参加的鉴定,对鉴定意见有不同意见,应当注明。

5. 鉴定人有权拒绝鉴定。鉴定人由于自身的原因,如工作繁忙、身体不适,专门知识有限,或因技术设备条件差难以进行鉴定,或要求鉴定的单位提供鉴定的材料不足,无法进行鉴定时,鉴定人有权拒绝鉴定。

6. 鉴定人有权获得必要的劳务报酬和费用补偿的权利。尽管有些鉴定人受指派进行鉴定,鉴定亦是其本职工作,但他也应当依法有权取得必要的费用补偿,如尸检鉴定费等。受公安司法机关聘请参加鉴定的人有权取得必要的劳务报酬。

7. 鉴定人人身财产安全不受侵犯的权利。由于鉴定意见对定案处理有着至关重要的作用,因而在司法实践中,如同对证人一样,对鉴定人的威胁、引诱及打击报复现象也时有发生,因此西方许多国家都为鉴定人制定了严密的人身保护制度。我国最高人民法院关于民事诉讼与行政诉讼证据的司法解释就明确规定对鉴定人的合法权益依法予以保护,这些合法权益包括了鉴定人的人身和财产安全。

(三)鉴定人的诉讼义务

鉴定人一旦接受委托就成为诉讼法律关系的主体,对诉讼价值目标的实现会产生重要的,甚至是关键性的影响。因此,设置明确的义务性机制对鉴定人的行为进行规范和制约是必要的。结合我国的立法和司法实践,鉴定人的诉讼义务包括以下几个方面:

1. 认真负责,实事求是,客观公正地鉴定。2012 年《刑事诉讼法》第 145 条第 2 款规定:"鉴定人故意作虚假鉴定的,应当承担法律责任。"

2. 依法按期作出鉴定意见,并签名、加盖单位印章。

3. 有碍于客观公正作出鉴定意见,符合法定情形的应当依法回避。

4. 依法按时出庭,接受各方的询问和发问。2012 年《刑事诉讼法》第 187 条第 3 款规定:"公诉人、当事人或者辩护人、诉讼代理人对鉴定意见有异议,人民法院认为鉴定人有必要出庭的,鉴定人应当出庭作证。经人民法院通知,鉴定人拒不出庭作证的,鉴定意见不得作为定案的根据。"

5. 合理使用妥善保管鉴定材料,不得丢失损毁或挪用。

6. 依法保密,对鉴定事项涉及国家秘密或商业秘密的,应当严格保密。

7. 不收受贿赂,不吃请受礼,不徇私情,不弄虚作假;否则,应当负法律责任,甚至承担伪证罪的刑事责任。

三、鉴定人与专家辅助人

在我国刑事诉讼和民事诉讼中,存在一种有别于鉴定人的,但又是以其专门知识为法庭提供帮助的人,我们称之为专家辅助人,具有诉讼辅助人员的性质。允许诉讼当事人聘请专家辅助人参与庭审中鉴定意见的质证,其目的在于保障鉴定意见质证质量与有效性。

2012 年《刑事诉讼法》第 192 条第 2 款规定"……公诉人、当事人和辩护人、诉讼代理人可以申请法庭通知有专门知识的人出庭,就鉴定人作出的鉴定意见提出意见。……第二款规定的有专门知识的人出庭,适用鉴定人的有关规定。"我国《关于民事诉讼证据的若干规定》第 61 条规定:"当事人可以向人民法院申请由一至二名具有专门知识的人员出庭就案件的专门性问题进行说明。人民法院准许其申请的,有关费用由提出申请的当事人负担。审判人员和当事人可以对出庭的具有专门知识的人员进行询问。经人民法院准许,可以由当事人各自申请的具有专门知识的人员就有关案件中的问题进行对质。具有专门知识的人员可以对鉴定人进行询问。"

这两个法律条款都提到了"专门知识的人",而且在立法技术上明显是与鉴定人作了区分的。这种具有专门知识的人员就是专家辅助人,是指在科学、技术以及其他专业知识方面具有特殊的专门知识或经验的人员,根据当事人的请托并经法院准许,出庭辅助当事人对讼争的案件事实所涉及的专门性问题进行说明或发表专业意见和评论的人。最高人民法院民事审判第一庭著的《民事诉讼证据司法解释的理解与适用》对其所下的定义,就是诉讼辅助人。

从专家辅助人应具有的专门知识和经验以及须接受法官和当事人的询问来看,相当于鉴定人的地位；但从其可以对鉴定人进行询问的规定来看，则其地位明显不同于鉴定人。但是专家辅助人又不同于证人，证人是因为知道案件情况而参加诉讼，而专家辅助人则是因为其专业知识而参加诉讼。

四、鉴定意见证明力的特点

鉴定意见的证明力具有以下特点：

第一，鉴定意见是鉴定人运用自己的专门知识和技能，凭借科学的设备和仪器，分析、检测、研究案内专门性问题所作的判断。因此在证明力上，具有客观性和科学性的特点。

第二，有的鉴定意见，由于受到送验材料、技术能力、设备条件、客观干扰、主观条件、业务水平等方面的限制，其科学性、准确性受到了影响。因此，在证明力上也存在一定缺陷，甚至虚假性，不能把鉴定意见作为唯一的定案根据，只是众多证据种类中的一种。

第三，鉴定意见是对案件中需要解决的专门性问题所作的结论，其证明力具有解决事实问题的专门性，而不是对法律适用问题提出处理意见。

五、鉴定意见的审查判断

根据鉴定意见证明力的特点，我们既要看到鉴定意见是具有专门知识的人提供的一种科学的判断，具有较强的证明力和可信性，也要看到鉴定意见可能存在的虚假性。特别是当前，我国鉴定体制多元化，鉴定人员的资格不规范，自鉴自审，多次鉴定，重复鉴定等，尤其是在社会风气不正的情况下，鉴定人作为社会中的一员必然与其他人发生各种联系。这种社会关系网也会对其鉴定活动产生影响，导致鉴定意见出现差错。同时，鉴定人的知识水平和鉴定采用的设备和方法的先进性和科学性都制约着鉴定意见的准确性。2012 年《最高人民法院关于适用〈中华人民共和国刑事诉讼法〉的解释》第 85 条规定，“鉴定意见具有下列情形之一的，不得作为定案的根据：（一）鉴定机构不具备法定资质，或者鉴定事项超出该鉴定机构业务范围、技术条件的；（二）鉴定人不具备法定资质，不具有相关专业技术或者职称，或者违反回避规定的；（三）送检材料、样本来源不明，或者因污染不具备鉴定条件的；（四）鉴定对象与送检材料、样本不一致的；（五）鉴定程序违反规定的；（六）鉴定过程和方法不符合相关专业的规范要求的；（七）鉴定文书缺少签名、盖章的；（八）鉴定意见与案件待证事实没有关联的；（九）违反有关规定的其他情形”。从最高人民法院《关于行政诉讼证据若干问题的规定》看，在行政诉讼中，对被告在行政程序中采纳的鉴定意见，原告或者第三人提出证据证明有下列情形之一的，人民法院不予采纳：（1）鉴定人不具备鉴定资格；（2）鉴定程序严重违法；（3）鉴定意见错误、不明确或者内容不完整。实践中出现的一案历经 9 次鉴定就充分说明鉴定意见必须进行审查判断。另外，根据孤证不能定案的法则，只有鉴定意见没有其他证据的，同样不能定案。因为鉴定意见仅仅解决案内涉及科学技术的某些具体问题，只能据以认定案件中的个别部分事实，而不是全部案件事实。坚持对鉴定意见进行审查判断，有利于促进公安司法机关对全案证据进行审查判断，查明事实真相，正确适用法律。

最高人民法院的司法解释对鉴定意见的审查判断作出了明确规定。最高人民法院《关于民事诉讼证据的若干规定》第 29 条规定：“审判人员对鉴定人出具的鉴定书，应当审查是否具有下列内容：（一）委托人姓名或者名称、委托鉴定的内容；（二）委托鉴定的材料；（三）鉴定的依据及使用的科学技术手段；（四）对鉴定过程的说明；（五）明确的鉴定结论；（六）对鉴定人鉴定资格的说明;(七)鉴定人员及鉴定机构签名盖章。”最高人民法院《关于行政诉讼证据若干问题的规定》第14条也作了类似规定:“被告向人民法院提供的在行政程序中采用的鉴定结论,应当载明委托人和委托鉴定的事项、向鉴定部门提交的相关材料、鉴定的依据和使用的科学技术手段、鉴定部门和鉴定人鉴定资格的说明,并应有鉴定人的签名和鉴定部门的盖章。通过分析获得的鉴定结论,应当说明分析过程。”据此,审查判断鉴定意见,应当重点在以下几方面进行:

1. 鉴定人的条件是否具备。鉴定人的鉴定活动应当以鉴定人具有资格符合条件为前提。如果鉴定人不具备法定的资格和条件、鉴定人不具有相关专业技术或者职称、鉴定人违反回避规定的,鉴定意见不能作为定案的根据。

2. 鉴定意见所依据的送鉴材料是否充分、真实。送鉴材料是鉴定的前提和对象,也是鉴定意见形成的基础。如果送鉴的材料不充分,则难以作出鉴定意见,或只能得出不准确的鉴定意见。如果送鉴的材料不真实,是假的,则只能得出错误的鉴定意见。

3. 鉴定的设备是否先进,鉴定的方法是否科学。有些鉴定意见必须出自较先进的技术设备,并非一般的设备所能完成。有些鉴定意见在一般设备上能够完成,但此项鉴定意见已有更为先进技术设备,有条件的单位是否采用,没有采用的原因何在。即使有了先进的技术设备,鉴定的方法是否科学也同样重要。因为方法不科学如违反操作规程,或减少必要的环节等都可能导致错误的鉴定意见。

4. 鉴定意见的依据是否科学。鉴定意见是以一定的科学成果为依据的。这就要求我们要注意审查目前的科技领域是否创造了鉴定意见所依据的科技成果,这种科技成果的稳定性和实用性如何。因为鉴定意见的准确率受制于鉴定所依据的科技成果的科学性。另外,就鉴定意见本身而言,我们还应当注意审查鉴定意见的论据与结论之间有无矛盾。依据现有的论据能否必然推导出现在的结论。防止将自相矛盾的鉴定意见作为诉讼证据使用。

5. 综合全案证据进行审查判断。对鉴定意见,应当由法庭根据对该鉴定意见的质证情况,并综合全案的其他证据进行认定。从形式上看,2012年《刑事诉讼法》第187条第3款明确规定了“公诉人、当事人或者辩护人、诉讼代理人对鉴定意见有异议,人民法院认为鉴定人有必要出庭的,鉴定人应当出庭作证。经人民法院通知,鉴定人拒不出庭作证的,鉴定意见不得作为定案的根据”。可见,审查判断存有异议的鉴定意见时,鉴定人是否出庭是一个关键;从实质上看,要判断证据与证据之间、证据与案件事实之间有无矛盾。这样有利于发现矛盾,排除矛盾,使案件得到正确处理。法庭在认定鉴定意见时,不应受鉴定人身份及其所在鉴定机构级别的影响。2012年《最高人民法院关于适用〈中华人民共和国刑事诉讼法〉的解释》第86条规定,经人民法院通知,鉴定人拒不出庭作证的,鉴定意见不得作为定案的根据。鉴定人由于不能抗拒的原因或者有其他正当理由无法出庭的,人民法院可以根据情况决定延期审理或者重新鉴定。对没有正当理由拒不出庭作证的鉴定人,人民法院应当通报司法行政机关或者有关部门。

我们认为,在诉讼中,当有两名以上的鉴定人作出鉴定意见而各自的鉴定意见又相互矛盾时,应如何认定。我国现行法律无明确规定,通常的做法是,法院在认定鉴定意见时,考虑鉴定人身份及其所在鉴定机构级别的影响,往往采纳级别高的鉴定机构所作的鉴定意见。这种鉴定机构级别影响在刑事诉讼法中最为明显,如刑事诉讼法规定,对人身和精神病鉴定由省级人民政府指定医院进行。我们认为这种规定虽然考虑到了鉴定人员技术能力问题,但带有明显的鉴定级别的限制,并不合理,应当在以后的刑事诉讼法的修改时予以删除,取消鉴定级别的限制。在审查判断鉴定意见时与其他证据结合进行是十分必要的,这样有利于发现鉴定意见本身的问题,以便及时补充鉴定或重新鉴定,对此,2012年《刑事诉讼法》第146条明确规定:“侦查机关应当将用作证据的鉴定意见告知犯罪嫌疑人、被害人。如果犯罪嫌疑人、被害人提出申请,可以补充鉴定或者重新鉴定。”最高人民法院《关于民事诉讼证据的若干规定》第27条也规定:“当事人对人民法院委托的鉴定部门作出的鉴定结论有异议申请重新鉴定,提出证据证明存在下列情形之一的,人民法院应予准许:(一)鉴定机构或者鉴定人员不具备相关的鉴定资格的;(二)鉴定程序严重违法的;(三)鉴定结论明显依据不足的;(四)经过质证认定不能作为证据使用的其他情形。对有缺陷的鉴定结论,可以通过补充鉴定、重新质证或者补充质证等方法解决的,不予重新鉴定。”该《规定》第28条还确认:“一方当事人自行委托有关部门作出的鉴定结论,另一方当事人有证据足以反驳并申请重新鉴定的,人民法院应予准许。”这说明,鉴定意见的审查要听取犯罪嫌疑人、被害人或当事人的意见,说到底是将鉴定意见与犯罪嫌疑人供述和辩解、被害人的陈述或当事人陈述进行对比分析。综合全案证据来审查判断鉴定意见的同时,也是对其他证据进行审查判断。因为经过综合分析、比对,案中证据的矛盾就会显现,从而有利于公安司法机关分析矛盾产生的原因,进一步收集证据,排除矛盾,查清案件事实,对案件做出客观公正的处理。

第八节 勘验、检查、辨认、侦查实验等笔录和现场笔录

一、勘验、检查、辨认、侦查实验笔录和现场笔录的概念和意义

(一)勘验、检查、辨认、侦查实验笔录的概念

勘验、检查、辨认、侦查实验笔录是指办案人员对与案件有关的场所、物品、人身进行勘验、检查、辨认或进行侦查实验时,所作的文字记载,并由勘验、检查人员、辨认人员、实验人员和在场见证人签名的一种书面文件。

现场笔录,是指国家行政机关及其工作人员对违反行政法律规范的行为当场作出处理而制作的文字记载材料。

我国刑事、民事、行政诉讼法关于勘验、检查等笔录的概念略有不同,包括勘验、检查等笔录和现场笔录两种规定。不过勘验、检查等笔录也好,现场笔录也好,就其实质而言,它是一种固定保全证据的方法和手段,其证据作用在于它固定和保全的内容同案件事实所产生的关联性。因此对这种证据的基本要求,就是要客观全面、准确地加以固定,不能有任何疏漏。

勘验、检查、辨认笔录,包括对勘验、检查和辨认等侦查行为或调查所作的记录。勘验,是指公安司法人员针对同案件有关的场所、物品、尸体等“死”的物体所进行观察、测量、检验、拍照、绘图等活动。其目的是直接了解案件的有关场所、物品、尸体,发现和收集证据材料。检查,是指公安司法人员针对与案件有关的“活”着的人所进行的观察、检验等活动。其目的在于确定犯罪嫌疑人、被害人的某些特征、伤害情况或者生理状态。辨认,是指在侦查中为了查明案情,必要时让被害人、证人以及犯罪嫌疑人对与犯罪有关的物品、文件、尸体、场所或者犯罪

嫌疑人进行辨认的一种侦查行为。对这些侦查或调查行为所作的书面记录,都归于勘验、检查、辨认笔录这种证据形式。此外,侦查实验是为验证在某种条件下某一事件或现象是否发生和后果如何,而实验性地重演该事件的侦查行为。由于其目的在于证实某种条件下案件事实能否发生和怎样发生,以及发生何种结果的一项侦查措施,而记载实验经过和结果的笔录就是侦查实验笔录。

勘验、检查等笔录是一种独立的诉讼证据,不能与物证、书证、鉴定意见相混淆。勘验、检查等笔录虽然与物证、书证和鉴定意见有着密切的联系,但是,它是一种独立的证据,与其他证据有明显的区别。勘验、检查等笔录不同于物证。勘验、检查等笔录虽然客观地记载有物证资料,但它只是反映物证和保全物证的一种方法。比如物证的特征、所处空间位置、物证之间的外部联系等,并且它是在案件发生后由司法人员制作的。而物证是在案件发生过程中使用的物品或形成的痕迹。因此,勘验、检查等笔录不是物证本身,与物证不同。勘验、检查等笔录也不同于书证。勘验、检查等笔录虽然是以其内容来证明案件事实的书面材料,这与书证有些相似。但是,它与书证又有着本质的区别。因为,书证形成于案件发生之前或发生过程中,一般是由证人、被害人、犯罪嫌疑人提供的。而勘验、检查等笔录是在案件发生之后,由司法人员通过勘验、检查客观地作出的一种“特殊的书面材料”。显然,二者是不同的。勘验、检查等笔录也与鉴定意见不同。勘验、检查等笔录与鉴定意见的对象,虽然在某种情况下是相同的,比如对人身的检查,但是,二者是有区别的:(1)二者制作的主体不同。勘验、检查等笔录制作的主体是司法人员;而鉴定意见制作的主体是鉴定人。(2)二者运用的方法不同。勘验、检查等笔录是司法人员运用自己的感官或器材直接观察和测量时所作的如实记录,不具有分析、判断的因素;而鉴定意见则是鉴定人运用其专门知识对某种特定事物进行检验、分析后所作的一种判断。

在刑事诉讼中,经常使用的勘验、检查等笔录有:(1)现场勘验笔录。对于客观准确地反映现场的实际情况,证明犯罪案件的事实情节具有重要意义。(2)尸体检验笔录。有助于查明死亡原因、死亡时间、致死方法和手段。(3)物证检验笔录。对于查明物证的性质、特征,证实犯罪,查明犯罪嫌疑人具有重要意义。(4)人身检查笔录。有助于查明被害人、犯罪嫌疑人的某些特征、伤害情况、生理状态等。(5)侦查实验笔录。有助于查明在一定条件下某一事件或现象是否发生以及后果如何。

(二)勘验、检查、辨认、侦查实验笔录和现场笔录的意义

在民事诉讼、行政诉讼中,常常会遇到与案件有关的物证或者现场,由于某种原因不便于或根本不可能提交法庭,为了弄清事实真相,就要求审判人员必须到现场勘验,如房屋纠纷、宅基地纠纷、相邻关系纠纷、土地山林纠纷、责任事故现场等。通过勘验以便对现场情况进行了解,并将现场情况制成笔录,使与案件有关的现场和物品得以再现。这对案件事实的认定和纠纷的解决,有着重要的意义。

二、勘验、检查、辨认、侦查实验笔录和现场笔录证明力的特点

勘验、检查等笔录是公安司法机关依照法定程序制作的,它又是现场物证、书证的固定和保全,因此,它的证明力相对比较客观,作为证据表现形式的笔录,具有很强的证明力。但是,由于笔录是对诉讼活动的记载,而诉讼活动的对象如物品、痕迹可能被人为地更换、损坏或伪造等,如果公安司法人员未发现这些情况,则诉讼活动是在假象下进行的,这样的笔录也难以

真实。再有公安司法人员的业务素质、工作责任心和采用的工作方法是否科学等都影响诉讼行为的质量,从而影响笔录的质量,因为这些都在笔录中得到记载和体现。另外,笔录制作者的工作责任心和业务水平也影响着笔录的质量。由此可知,这种证据在有些情形下,也可能具有虚假性的特点。

三、勘验、检查、辨认、侦查实验笔录和现场笔录的内容和制作

(一)勘验、检查等笔录和现场笔录的内容

勘验、检查等笔录的内容必须客观、全面、准确。

1. 现场勘验笔录

依最高人民法院《关于民事诉讼证据的若干规定》和《关于行政诉讼证据若干问题的规定》,人民法院勘验现场,应当制作笔录,记录勘验的时间、地点、勘验人、在场人、勘验的经过、结果,由勘验人、在场人签名或者盖章,对于绘制的现场图应当注明绘制的时间、方位、测绘人姓名、身份等内容。结合司法实践可以得出结论,即现场勘验笔录的内容,一般包括现场笔录、现场照相和现场绘图。具体内容分为前言、叙事、结尾三个部分,包括:(1)接到报案的时间,案件发生或者发现的时间、地点,报案人、被害人或当事人的姓名、职业、住址以及他们叙述的案件发生、发现的情况。(2)保护现场人员的姓名、职业,到达现场的时间和采取了何种保护措施以及保护过程中发现的情况。(3)现场勘验指挥人员和参加现场勘验人员的姓名、职务,见证人的姓名、职业和住址。(4)勘验工作开始和结束的时间,勘验的顺序以及当时的气候和光线条件。(5)现场所在地的位置及其周围环境。(6)现场中心及有关场所的情况,现场变动和变化的情况以及反常现象。(7)现场的遗留物和痕迹的情况。(8)提取物证(包括物品和痕迹)、书证的名称、数量。(9)现场拍照的内容、数量。(10)绘制现场图的时间、方位、种类和数量。现场图应写明名称、图例及说明事项,并由绘图人签名。

现代科学技术的飞速发展,用于现场勘验的科技手段也逐渐增多。如激光发现指纹、录音、录像技术的具体应用等。无论在现场勘验中使用何种科技手段,对勘验所见与案件有关的情况均应记录在卷。

2. 物证检验笔录

它是侦查、审查人员到物品所在地进行勘验所作的记录,其主要内容是记载勘验时所见到的物品的性质、形状、位置和其他特征等。对其拍照时应附照片。

3. 尸体检验笔录

它是验尸人员就检验尸体所见和提取何物而作的如实记录。在我国,验尸由侦查或审判人员组织进行,必须有法医参加。检验尸体的笔录,应由参加尸体检验的法医制作。勘查有尸体的现场时,尸体检验笔录应由法医单独制作。在尸体检验笔录中,除记明检验的时间、地点,参加检验的人员和见证人的姓名等事项外,主要应记载死者的衣着状况,尸体的外表现象,伤痕的形状、大小和位置,按印指纹、掌纹和提取血、尿、胃内容的情况。对于无名尸体,还应记载其相貌特征,生理、病理特征,携带物品等特征。尸体检验笔录有助于查明死者死因,致死工具、手段和方法,死亡时间,进而为判断死亡性质,揭露、证实犯罪提供依据。

4. 人身检查笔录

它一般应包括:检查的时间、地点,检查人员的姓名、职务,被检查人的姓名、职业、住址,检查的内容和检查所见等。在刑事被告人拒绝检查时,侦查或审判人员认为有必要,予以强制检

查的,此种情况也应在笔录中记明。

5. 侦查实验笔录

它是侦查机关为验证在一定条件下某一事件或现象能否发生及其后果而进行试验的如实记录。侦查实验笔录一般应包括:实验的时间、地点、环境、条件和工具,实验的目的,批准实验的机关,指挥和参加实验人的姓名、职务,实验过程和结果等。同时应附上通过照相、录像、录音、绘图及制作模型等方法加以固定的实验情况。

6. 现场笔录

它是为了防止行政机关在某些特殊情况下难以取证导致败诉的后果而设置的一种特殊证据,也是行政诉讼中特有的法定证据。在行政诉讼中被告人向人民法院提供的现场笔录,应当载明时间、地点和事件等内容,并由执法人员和当事人签名。当事人拒绝签名或者不能签名的,应当注明原因。有其他人在现场的,可由其他人签名。

(二)勘验、检查等笔录和现场笔录的制作程序

根据《刑事诉讼法》、《民事诉讼法》和《行政诉讼法》及相关司法解释的有关规定,制作勘验、检查等笔录和现场笔录的程序主要是:

1. 由侦查、审判人员主持制作。刑事诉讼中的勘验、检查,在侦查阶段是一种侦查行为,应由侦查人员进行。虽然在必要的时候,侦查机关可以指派或者聘请具有专门知识的人参加,但他们应在侦查人员的主持下进行勘验、检查。将勘验、检查的情况制作笔录,无论由何人书写,也应由侦查人员主持,以利于全面准确地记载各种情况。人民法院办理刑事案件,在必要的时候,也可以进行勘验、检查。人民法院办理民事、行政案件,有权依当事人申请或依职权勘验现场。需要进行勘验时,当然应由承办该案的审判人员主持,勘验笔录的制作,是勘验活动不可缺少的组成部分,自然也要在审判人员的主持下进行。在司法实践中,勘验、检查等笔录一般是由负责勘验、检查的侦查、检察、审判人员指定专人制作,并应与勘验、检查同步进行。勘验现场时,勘验人必须出示公安司法机关的证件。

2. 邀请见证人见证,通知民事、行政诉讼当事人或者其成年家属到场。为了确保客观、公正地进行勘验、检查和笔录的制作,应当邀请与案件无关的公民作见证人。2012 年《民事诉讼法》第 80 条第 1 款明确规定要"邀请当地基层组织或者当事人所在单位派人参加"。这些被邀参加人实际上就是以见证人身份到场。同时本条还规定:"当事人或者当事人的成年家属未到场的,不影响勘验的进行。"最高人民法院《关于行政诉讼证据若干问题的规定》第 33 条第 2 款也明确规定:"勘验现场时……并邀请当地基层组织或当事人所在单位派人参加。当事人或其成年亲属应当到场,拒不到场的,不影响勘验的进行,但应当在勘验笔录中说明情况。"既然当事人或其成年家属应当到场,司法机关就应事先通知他们于何时到何地参加勘验。通知他们参加,还可防止其以后对勘验笔录提出异议。《行政诉讼法》对此虽未作规定,以参照《民事诉讼法》的这一规定进行为宜。

3. 应由勘验人等签字或者盖章。为了确保勘验、检查等笔录的客观、准确,保证有关人员对勘验、检查等笔录负责和便于核查,根据 2012 年《刑事诉讼法》第 131 条的规定,参加勘验、检查人和见证人,都应当在勘验、检查等笔录上签名或者盖章。《民事诉讼法》及最高人民法院《关于民事诉讼证据的若干规定》、《关于行政诉讼证据若干问题的规定》也同样规定,勘验笔录应当由勘验人、当事人和被邀请参加人签名或者盖章。

（三）现场笔录的制作程序

根据《行政诉讼法》的有关规定，制作现场笔录的程序主要是：

1. 现场笔录由行政执法机关及其工作人员制作。现场笔录是行政执法机关及其工作人员为实施具体行政行为，在证据难以保全或者事后难以取证的情况下，或者不可能取得其他证据或者其他证据难以证明案件事实时制作的，它是行政执法机关实施具体行政行为和进行行政处罚的重要依据，自然要在行政执法机关工作人员的主持下制作。

2. 现场笔录是在现场制作的，而不能事后补作。现场笔录是具体行政行为的真实记载，它反映行政执法活动的事实根据和程序档案，它既包括被处理、处罚事件的客观真实情况，也包括处理或者处罚的具体行政程序，因此，应当当场制作现场笔录。

3. 现场笔录由行政执法人员和当事人签名。当事人拒绝签名或者不能签名的，应当注明原因。有其他人在场的，也可由其他人签名。没有当事人或者其他证人签名的现场笔录，不能起到证明作用。现场笔录以文字记录为主，必要时也可以附有拍照、画图等内容。

四、勘验、检查、辨认、侦查实验笔录和现场笔录的审查判断

根据勘验、检查等笔录和现场笔录在证明力上的特点和它的制作过程，可能出现的问题，作为定案的证据使用，必须要经过严格的审查判断。2012 年《最高人民法院关于适用〈中华人民共和国刑事诉讼法〉的解释》第 89 条、第 90 条规定，勘验、检查笔录存在明显不符合法律、有关规定的情形，不能作出合理解释或者说明的，不得作为定案的根据。“辨认笔录具有下列情形之一的，不得作为定案的根据：（一）辨认不是在侦查人员主持下进行的；（二）辨认前使辨认人见到辨认对象的；（三）辨认活动没有个别进行的；（四）辨认对象没有混杂在具有类似特征的其他对象中，或者供辨认的对象数量不符合规定的；（五）辨认中给辨认人明显暗示或者明显有指认嫌疑的；（六）违反有关规定、不能确定辨认笔录真实性的其他情形。”

1. 审查认定勘验、检查、辨认、侦查实验笔录和现场笔录在制作上是否符合法定程序。（1）勘验、检查、辨认、侦查实验笔录和现场笔录的制作主体是否符合法律规定，即所谓的主体是否合法。具体而言，应审查进行勘验、检查的行为人所从事的行为是否有法律依据，有无进行勘验、检查的权力，现场笔录是否为有权作出有关具体行政行为的国家工作人员制作的。对此，2012 年《刑事诉讼法》第 126 条规定：“侦查人员对于与犯罪有关的场所、物品、人身、尸体应当进行勘验或者检查。在必要的时候，可以指派或者聘请具有专门知识的人，在侦查人员的主持下进行勘验、检查。”第 128 条规定：“侦查人员执行勘验、检查，必须持有人民检察院或者公安机关的证明文件。”（2）审查当时有无见证人在场，是否通知民事、行政诉讼当事人或者其成年家属到场。这是决定勘验、检查、辨认、侦查实验笔录和现场笔录具有客观、公正性的必要保障。对此，2012 年《民事诉讼法》第 80 条规定：“勘验物证或者现场，勘验人必须出示人民法院的证件，并邀请当地基层组织或者当事人所在单位派人参加。当事人或者当事人的成年家属应当到场，拒不到场的，不影响勘验的进行。”（3）审查认定勘验人员和见证人是否在笔录上签名或者盖章，现场笔录是否经过当事人核实、确认并签名或者盖章，否则将影响这些笔录证据的证据能力。对此，2012 年《刑事诉讼法》第 131 条规定：“勘验、检查的情况应当写成笔录，由参加勘验、检查的人和见证人签名或者盖章。”2012 年《民事诉讼法》第 80 条第 3 款规定：“勘验人应当将勘验情况和结果制作笔录，由勘验人、当事人和被邀请参加人签名或者盖章。”

2. 审查现场的保护情况。笔录中所记载的现场情况、物品、痕迹等有无受到自然环境或人为的破坏,在人身特征或者生理状态上有无故意制造假象或者伪装的情形,笔录上有无篡改或者伪造现象的发生等。以上情形如发生,将直接影响有关笔录的证明能力。

3. 审查勘验、检查、辨认、侦查实验笔录和现场笔录所记载的内容是否具有客观性、完整性和准确性。例如,笔录上所记载的物证、痕迹、场地环境情况等与从现场收集到的实物证据是否吻合;采用文字记录以及绘图、现场录像、拍照等所反映案件事实的各个部分是否相互照应,有无相互抵触的情形;现场所记录的重要情况有无遗漏之处,所使用的文字表述是否确切,采用数字是否准确无误;笔录所表述的内容有无推测、臆断。对于行政机关提交的勘验笔录还应当审查是现场制作的还是事后补救制作的,凡对事后补救制作的勘验笔录,应当由提供者作出必要的解释,以便确定其真实性和可靠性。

4. 审查勘验及现场笔录的制作人的业务水平与工作态度如何。作为具体的勘验、检查、辨认、侦查实验笔录,是制作人员的工作态度、业务素质、专业技术水平等情况的综合反映。如果制作人的业务素质不高、技术能力不强,甚至工作粗枝大叶,勘验、检查不细,其反映案件事实的真实性、可靠性就会较低,在证明力上就会较弱。

第九节　视　听　资　料

一、视听资料的概念和意义

视听资料是采用现代技术手段,将可以重现案件原始声响、形象的录音录像资料和储存于电子计算机的有关资料及其他科技设备提供的信息,用来作为证明案件真实情况的资料。这是一种更接近于案件的真实情况的证据。

对视听资料是否为一种独立的证据,尚有争论。根据司法实践的需要和高精技术证据时代的来临,以及我国诉讼法学界对视听资料的研究成果,我国三大诉讼法已将视听资料确认为独立的证据,并在司法实践中把它作为独立的证据使用。其理由如下:

第一,随着科学技术的发展,以“控制论”、“系统论”、“信息论”为中心的新技术革命的来临,人们用录像、录音和电子计算机储存资料,或用其他科学技术手段提供信息,日益增多,这是一个客观存在的事实,它必然要反映到诉讼中来。

第二,视听资料不能划属为物证。视听资料虽然也是一种物体(磁带、录像带),但它在刑事诉讼中的证明作用并不是通过它的外部形态、质量、规格和特征来实现的,它能起证明作用的,是它的内容,即它的音、像、信息和存储的资料。因此,不能认为它是物证,它是独立于物证之外的一种证据。

第三,视听资料也不能划属于书证。因为书证是以文字、符号、图画所表示的内容和含义来证明案件事实的,视听资料则是以它的声调、图像、存储的资料、信息,来证明案件事实的。它具备“望之有形、听之有声、查之有据”的特殊性能,就其表现形式和证明作用来说,都是书证所无法比拟的。因而,视听资料不能划归为书证的范围。由此可见,把视听资料列为独立的一种证据,是理所当然的。

视听资料是一种重要的诉讼证据,在现代刑事诉讼中的地位和作用越来越明显。其具体表现是:(1)这种证据容量大,内容丰富,直观性强,可以接连不断地播放,具有高度的连续性。办案人员无论是侦查破案,还是定罪量刑,使用起来方便、快捷、可靠。(2)这种证据同其他证据相比,由于客观性强,其准确性和可靠性就大。(3)这种证据也便于保存和使用,由于它体积小,重量轻,同其他证据相比,更易于保存。(4)视听资料是法制宣传教育的有效手段。

二、视听资料的种类

根据当前的科技水平和视听资料的应用,按照表现的不同形式可以把视听资料划分为以下几种:

1. 录音资料

录音资料是运用声学、电学、机械学等方面的科学技术,把正在进行的演说、唱歌、爆炸、对话、自然声响、机械摩擦等声音如实地记录下来,然后经过播放,再现原来的声迹,以证明案件的真实情况的证据。

录音资料是原始声音的真迹再现,它能逼真地反映出讲话人的音质、音素、语言习惯、讲话时的心情以及当时当地各种因素的影响。当播放这些录音时,熟悉情况的人很快就能作出辨认,讲话人也不能随意加以否认。其证明力远远超过其他证据。因此,人们称之为"会说话的证据"。

2. 录像资料

录像资料是运用光电效应和电磁转换的原理,将事物运动、发展、变化的客观真实情况原原本本地录制下来,再经过播放,重新显示原始的形象,来证明案件真实情况的证据。

录像资料具有准确、完整、连贯再现原状的特点。因为它是运用摄像机、录像机、监视器等多方面的综合性技术方法录制的。它的内容广泛丰富,容量较大,有连续运动的人、物、形象,有变动着的背景作参照物,可以提供许多客观情况,供司法人员观察分析。由于录像资料可以直接收录,随时输出,同步观看,所以它在侦查破案、认定案情,甚至在监管改造罪犯中,都具有非常重要的意义。

3. 电子计算机存储资料

这类资料是运用电子计算机的存储功能,将与犯罪有关的资料,编制成一定的程序,输入存储器内,一旦需要从这些资料中检查出某些信息时,就可以操纵输出设备,在终端显示器上显现出图像和数据,或者打印出来,以证明案件的真实情况。

存储在电子计算机里的信息资料,主要是国家电脑档案中心和与之相联系的全国各分支系统,将与刑事犯罪有关的各种数据,大案、要案的现场,罪犯作案及逃窜情况,有前科和劣迹的人或重点控制对象的指纹、血型、体貌特征、籍贯等信息资料集中到大型存储器内,供办案时查找、比对和使用。

运用电子计算机存储的资料进行检索,以确定现场提取的指纹、鞋印、血迹、毛发等是否属于某人的过程与鉴定后得到的结论很相似。但是,这并不是鉴定和鉴定意见。因为这种资料是依靠现代化科学技术设备自行存储和从千百万份档案中自动检索得到的,这里面不反映任何专家或管理人员的主观意志。

4. 运用专门技术设备得到的信息资料

操纵专门设备检测被检对象,经过仪器的自身运动,显示出检测结果而得到的信息和数据,作为证明案件事实真相的科学依据。这种直接通过技术装置显示出来,作为认定案情的信息资料,是视听资料的一种新的表现形式。

现代科学技术的飞速发展,使犯罪手段也逐步趋向技术化,已经出现了运用电子计算机诈骗大量款项,利用放射性元素、激光、毒品制造医疗事故,使病人猝死的犯罪活动,而且在日趋增加。为了弄清被害人的死因和查获犯罪分子,就必须使证据现代化,就必须借助现代科学技术装置,进行检测和定量定性分析,提供准确的数据资料。例如,英国科学家运用中子活化分析的方法,将拿破仑的头发裁成一毫米长的小段,分别放入原子反应堆中,接受中子束照射,在经过仪器自动分析后,显示出头发中含砷量比正常人高达 40 倍,证明拿破仑是长期砷中毒死亡的。有的同志可能也认为这类证据应属于鉴定意见,其实这种检测过程并非某技术人员个人技术发挥的结果,完全是仪器自行运动分析后显示出的数据资料。对于这种资料根本不需要具体操作人承担法律上的责任。因此,它不属于鉴定意见。再如,人们在机场、海关所通过的安全检查,当犯罪分子携带走私物品、违禁物品,通过“安全门”时,检测装置就会发出报警和图像显示,以此为根据,即可查获和证实犯罪。这种信号和资料不能说是鉴定意见,而是视听资料的一种。

三、视听资料证明力的特点

由于视听资料是通过高精技术手段制作的,它除了具有证据的共同属性,即客观性、关联性、合法性之外,其证明力还有直接、形象、准确、科学和综合性的特点。

所谓直接,是指视听资料直接来源于案件事实,是案件事实的直接反映,而且可以作为证明案件主要事实的直接证据使用。直接性是视听资料与证人证言、被害人陈述和被告人供述的相同之处,与书证和物证的区别所在。

所谓形象,是指视听资料可以直观地、生动地反映和再现案件事实的发生过程。形象性是视听资料与当事人陈述、证人证言的类似之处,与书证和物证的区别所在。视听资料所表达的思想内容是以原声、原貌再现一定的法律行为或案件事实,通过人们对其作出的直接判断,借助于生动的感性认识,对案件作出准确的认定。

所谓准确,是指视听资料对案件事实的记录和反映细致入微,比较客观和可靠。视听资料是采用现代科技手段与设备记载的案件的原始材料,或使用高精技术设备制作的与案件有关的信息和资料。除非伪造或者操作失误,视听资料反映案件事实既不受执法办案人员的思想感情左右,也不受任何诉讼参与人的主观意志制约。只要操作符合技术规程,对象准确,设备仪器精良,最后得出的结论必然是准确可靠的。视听资料的这种准确性是书证、物证和言词证据无法比拟的。

所谓科学,是指视听资料的制作和使用都需要依赖现代科技设备,遵守科学技术规程。视听资料的产生和发展是现代科学技术发展在法律领域中的体现。无论是制作视听资料的设备,还是记载微电子信息的录音带、录像带、光盘等,都具有一定的科学原理,隐含着现代科学技术。运用电子计算机的网络系统所存储的资料和检索设备,可以在短暂的时间内查找存放于遥远地区与案件有关的信息资料。而安装和使用先进的侦查设备,进行现场监视、报警监视、监所监视、遥控跟踪卫星摄录、X 射线探测、红外线照相等,可以及时发现犯罪线索,掌握犯罪情况,并可准确地认定案件事实。

由于视听资料的上述特征,它对案件事实的证明的另一特征是证明过程简单,一看就明白，一放就清楚，无需经过一个推理的过程，或者逻辑演绎的过程。

四、视听资料的调查收集及其证明力的确定

（一）视听资料的调查收集

视听资料的调查收集是指执法人员或者律师按照法定程序和方法制作或者依法向有关单位或者个人调取视听资料的专门活动。

根据国家法律赋予执法机关的职权，在诉讼中，公安司法机关有权利、也有义务及时向有关的单位和个人调查收集视听资料。任何国家机关、社会团体、企业事业单位和公民个人，对于司法机关向其调取的有证据意义的视听资料，都有义务提供，不得拒绝。我国2012年《刑事诉讼法》第135条规定："任何单位和个人，有义务按照人民检察院和公安机关的要求，交出可以证明犯罪嫌疑人有罪或者无罪的物证、书证、视听资料等证据。"民事诉讼和行政诉讼中的当事人为了承担举证责任，应向人民法院提供有关的视听资料。按照我国《国家安全法》和《人民警察法》的规定，国家安全机关和公安机关，经过严格的批准手段，执法人员可以在采取监听或者监视措施过程中制作视听资料。律师在出示证件、争得对方同意的情况下，可以制作录音或者录像资料。

收集和制作视听资料必须遵守相应操作规程，并且不得侵犯他人的合法权益，视听资料的制作方法多种多样，因其种类和需要采用的技术设备而异。调取视听资料的方法与收集物证、书证一样，主要是勘验、搜查、扣押或者向有关的单位或者个人调取。不过鉴于我国目前有关这方面的立法尚不完善的状况，对视听资料的收集与调查必须注意根据案件的实际需要，坚持必要性原则，即只有通过其他调查、侦查手段尚不足以查明或者证明案件事实的情况下，方可经过严格的批准手续而采用这种手段。在采用这种手段时，还必须遵守合法性原则，即必须遵守法律规定的范围、程序和方法，不得侵害公民的合法权益，包括批准手续、制作笔录、详细登记、记明时间、地点和见证人，视听资料的调取要征得个人的同意，等等。

需要指出的是，这里所说的合法性原则针对的是执法人员和律师，而不是公民。对于公民个人秘密录制的视听资料，应当具体问题具体分析。公民自行录制他人谈话和行为的做法原则上应当严格禁止，但出于与犯罪作斗争和自我保护的需要而录制视听资料的，则其行为具有正当性，因此而制成的视听资料，经过查证属实并且对证明案件情况有实际意义的，可以作为证据使用。对公民录制的视听资料，一方面要看它的来源是否经过对方同意或事后认可，另一方面要经过合法的转化，才能作为定案的根据。

对于视听资料的调查收集，最高人民法院《关于民事诉讼证据的若干规定》第22条规定：调查人员调查收集计算机数据或者录音、录像等视听资料的，应当要求被调查人提供有关资料的原始载体。提供原始载体确有困难的，可以提供复制件。提供复制件的，调查人员应当在调查笔录中说明其来源和制作经过。最高人民法院《关于行政诉讼证据若干问题的规定》则在第12条明确规定，当事人向人民法院提供计算机数据或录音、录像等视听资料的，应当符合三项要求：(1)提供有关资料的原始载体。提供原始载体确有困难的，可以提供复制件；(2)注明制作方法、制作时间、制作人和证明对象等；(3)声音资料应当附有该声音内容的文字记录。

（二）视听资料证明力的确定

视听资料这种证据的优点是比较客观、准确、直接、形象、科学。但是，它的制作和形成有

合法和非法之分。同时,在制作形成的过程中,容易受到机器设备、制作技术、客观环境和条件的影响。即使形成的视听资料,也容易被人们剪辑、编纂,而失去其真实性。因此,视听资料的证明力,必须经过严格的审查判断,查证属实以后才能作为定案的根据。2012 年《最高人民法院关于适用〈中华人民共和国刑事诉讼法〉的解释》第 92 条规定,"对视听资料应当着重审查以下内容:(一)是否附有提取过程的说明,来源是否合法;(二)是否为原件,有无复制及复制份数;是复制件的,是否附有无法调取原件的原因、复制件制作过程和原件存放地点的说明,制作人、原视听资料持有人是否签名或者盖章;(三)制作过程中是否存在威胁、引诱当事人等违反法律、有关规定的情形;(四)是否写明制作人、持有人的身份,制作的时间、地点、条件和方法;(五)内容和制作过程是否真实,有无剪辑、增加、删改等情形;(六)内容与案件事实有无关联。对视听资料有疑问的,应当进行鉴定"。

关于视听资料的证明力的确定,首先,要审查制作该资料的机器设备是否完善、正常,技术水平是否先进,这些设备、技术水平是否直接影响到视听资料的准确性;其次,审查该视听资料形成的时间、地点及其周围的环境,因为周围的环境条件、地形、山脉、空气的干湿程度,环境的嘈杂程度等都会影响视听资料的准确性;再次,分析研究视听资料的内容,把视听资料的内容同案件的发生、发展的过程和结果对照起来,审查其是否被删节、剪接、编纂而失去了真实性;最后,审查视听资料的制作过程是否符合收集和调查的程序,对于那些非法的视听资料,未经合法的转化,不能作为定案的根据。最高人民法院《关于民事诉讼证据的若干规定》第 68 条确定了非法证据的判断标准和排除规则,即以侵害他人合法权益或者违反禁止性规定的方法取得的证据,不能作为认定案件事实的依据。这就改变了以往"未经对方当事人同意录制的录音不得作为证据使用"的做法,扩大了视听资料在诉讼中的作用。最高人民法院《关于行政诉讼证据若干问题的规定》第 58 条作了相同的规定,同时,该规定第 57 条更明确规定"以偷拍、偷录、窃听等手段获取侵害他人合法权益的证据材料",不能作为定案依据。

我们认为,结合这两个司法解释,对于未经对方当事人同意私自录制的视听资料,只要不侵害他人的合法权益,不违反法律的禁止性规定,就不能视为非法证据,从而具有证据能力和证明力,经过质证,可以作为定案依据。当然,对于存有疑点的视听资料,没有其他证据予以佐证,则不能单独作为认定案件事实的依据。

第十节 电子证据

一、电子证据的概念和意义

(一)电子证据的概念及其表现形式

20 世纪晚期以来,随着社会的发展和技术的进步,犯罪形态愈加多样化、复杂化、智能化,造就了一个高风险的社会,也开启了高精技术证据的时代。计算机及网络技术的迅猛发展和普及,在丰富与便捷人们生活的同时,也使网络犯罪有了一定的空间,于是电子证据以迅雷不及掩耳之势进入了刑事诉讼领域。但我国 1996 年《刑事诉讼法》第 42 条并未将电子证据列为法定证据种类之一,导致了电子证据的合法性危机。为了解决电子证据在司法实践中的现实需要,传统观点将其归入视听资料。目前,世界上将电子证据单独列为一项诉讼证据的国家不多,我国在2012年《民事诉讼法》、《刑事诉讼法》修改和2014年《行政诉讼法》修改中将其作为一项独立的证据纳入立法之后,不得不说是一项重大突破。

电子证据是指以电子形式存在的,可以用于证明案件事实的一切材料及其衍生物。“电子数据”即电子形式的数据信息,所强调的是记录数据的方式而非内容。以电子数据为基础的各种存在形式可以统称为电子证据。电子数据是各类电子证据的本质,是各种外在表现形式的内在属性和共同特征。电子证据在本质上是电子数据,其外在表现形式具有多样性和不确定性。具体而言,诸如BBS留言、网络聊天记录、EDI电子邮件、软件使用界面、手机短信、网页等,都属于电子证据的范畴。在类型上可以分为电子计算机存储资料和运用电子技术设备得到的信息资料。

从内涵而言,电子形式是指具有电子、数字、磁性、无线、光质、电磁或类似性能的科技形式;数据信息包括在本质上是以无纸化形式生成、存储、或通讯的所有类型的信息。从外延来看,电子证据应当具有开放性。电子证据是科技发展的产物,系属科技证据的下位概念,而科技证据本身就是一个开放性的概念,以证据形成过程和存在形式是否涉及高端科技为标准,其研究对象不具有恒定性,而应当时时更新,随着科技的发展吐旧纳新。电子证据的范围也随着电子技术的发展而不断扩充。

(二)电子证据的特点

电子证据除具备一般证据的客观性、关联性和合法性特征外,还具有非物质性、高科技性、脆弱性等特征。

1. 无形性。电子证据的本质是电子数据,即按编码规则处理成的0、1数字组合,它的产生和重现必须依赖于特定的电子介质,不能直接为人所认知,只有通过转换、复制而显示在显示屏或者打印到其他介质上才能被肉眼所见。

2. 高科技性。电子证据以电子设备为存储介质,许多电子设备都具有智能性,在进行设定后可以自动运行程序,并且自动生成电子证据。在整个过程中,只需要完成最初设定,全程都无需人工操作,在很大程度上弥补了人类在生理上的限制。例如,运用电子计算机的网络系统所存储的资料和检索设备,可以在短暂的时间内查找存放于遥远地区与案件有关的信息资料。而安装和使用先进的侦查设备,进行现场监视、报警监视、监所监视、遥控跟踪卫星摄录、X射线探测、红外线照相等,可以及时发现犯罪线索,掌握犯罪情况,并可准确地认定案件事实。

3. 脆弱性。传统证据,如书证,使用纸张为载体,不仅真实记录有签署人的笔迹和各种特征,而且可以长久保存,如有任何改动或添加,都会留下“蛛丝马迹”,通过专家或司法鉴定等手段均不难识别。但电子证据依托于电子介质而存在,容易因人为或环境因素而损毁、修改、灭失。以电子计算机证据为例,对其存储数据的修改简单而且不易留下痕迹,这就导致当有人利用非法手段入侵系统、盗用密码时,或者当操作人员出现差错或供电系统和网络发生故障、病毒等情况时,电子证据均有可能被轻易地盗取、修改甚至全盘毁灭,而不留下任何证据。在计算机和网络技术日益进步的今天,破坏数据变得更加容易,而事后追踪和复原变得愈发困难。

(三)电子证据的意义

电子证据是现代社会科技发展的产物,继人证、物证之后,电子证据已经成为一种重要的诉讼证据,在现代刑事诉讼中的地位和作用越来越明显。首先,电子证据容量大,内容丰富,为办案人员的侦查破案和定罪量刑等司法活动提供了必要信息。其次,电子证据的高度智能性在一定程度上实现了取证自动化,弥补了传统侦查取证活动的不足,增强了办案人员的侦查能力。最后,电子证据的表现形式具有较强的直观性,使用起来方便、快捷,有利于提高诉讼效率。

二、电子证据证明力的特点

电子证据具有多样性,可以体现为各种传统证据的电子形式,在证明机制上与传统证据并无本质区别。比如,电子邮件属于电子证据,但将邮件内容打印至纸面,在外形上与传统书证并无区别。更典型的例子是数码照片,使用数码相机拍摄的照片可以在相机上显示,也可以通过计算机显示,还可以通过打印机打印出来。不论是哪种形式的照片,如果根据其外部形态、特征发挥证明作用,则应属于物证;如果以其呈现的思想内容发挥证明作用,则应属于书证。

但使电子证据区别于传统证据的本质特征在于其文字、照片的外表可以还原成0、1数字组合的电子数据,而电子数据本身证据力的特点则体现在电子数据的认证作用。从其内容上看,电子数据可以分为内容数据信息和附属数据信息。内容数据信息记载一定社会活动内容,如电子邮件的正文、网上聊天记录等。附属数据信息是指记录电子证据的形成、处理、存储、传输、输出等与内容数据信息相关的环境和适用条件等附属信息,例如Word文档的文件大小、文件位置、修改时间,电子邮件的发送、传输路径、邮件的ID号、电子邮件的发送者、日期等电子邮件的信息等。[10] 内容数据信息通过转化为各种形式,可以体现为不同的传统证据类型,但均属传统证据类型的电子形式,因此可以统称为电子证据。附属数据信息则可以直接以电子数据的形式成为一种独立的证据类型。例如,附属数据信息包括"哈希值"(hash values)和"元数据"(metadata)。哈希值是一个以适用于数据组特点的标准数学算法为基础的专属数字识别码,可以分配给一个文件、一组文件或一个文件的一部分,是一种可以对电子文件进行同一认定的计算方法。而元数据是描述电子文件历史、踪迹或管理的信息,又被称为"关于数据的数据",即用于描述数据及其环境的数据,可以将之视为电子文件的"档案"。

因此,虽然电子证据的外在表现形式是多样的,但都可以还原为电子数据的本质,并以此为基础进行认证。例如,电子文档可以打印为书证,而两份生成时间、制作主体不同的电子文档,只要内容相同,那么在转化为书证后就已经无法体现出任何区别。此时,就需要通过电子数据,如哈希值、元数据等对电子证据进行认证。

三、电子证据的收集与保全

电子证据的收集与保全是指执法人员或者律师按照法定程序和方法发现、提取、制作,或者依法向有关单位或者个人调取电子证据,并对其进行固定、保存和保管的专门活动。

与传统证据相比,调查收集电子证据既具有调查收集证据行为的共性又具有其特殊性。共性在于调查收集电子证据的主体、程序、方法、手段等必须合法。特殊性在于电子证据具有高科技性,在调查收集电子证据的过程中应当考虑到取证对象的具体属性,借助特定技术,通过适当方法,甚至聘请或委托具有专门技术的人,保障调查收集电子证据的完整性、全面性、准

---

〔10〕 参见皮勇:《刑事诉讼中的电子证据规则研究》,中国人民公安大学出版社2005年版,第13页。

确性。虽然我国三大诉讼法并未直接针对电子证据规定取证措施,但根据相关条文的类推适用以及欧洲委员会《网络犯罪公约》中规定的电子证据取证手段,收集、调查电子证据的方法可以总结为勘验、检查、搜查、查封、扣押,以及提供与调取。按照主体不同,可以分为具有法定权限的人员自行收集调取电子证据和要求有关单位、个人提供电子证据。

具有法定权限的人员自行取证可以分为两种:一是在犯罪现场直接对电子设备进行勘验、检查、搜查,现场收集、现场输出;另一种是在犯罪现场查封、扣押涉案电子设备,或对电子设备存储内容进行全面复制,在查封期间或将相关设备带回办公地点后,再对电子设备或其存储内容进行后续搜查。由于电子设备通常具有海量存储能力,现场收集证据的时间往往有限,在现场难以进行全面细致的勘验、检查和搜查,而一旦有所遗漏就难免证据灭失之虞,电子证据的收集通常应当以"先固定后收集"的方式进行。

国际权威的计算机调查专家国际协会公布的《电子检验程序》特别强调"基于各种原因的制约,检验员要对介质上所有数据实施彻底检验常常得不到授权或者不可能、不必要、不可行。这时,检验员就只能进行有限制检验"。[11] 这实际上确立了扣押电子证据的"有限性"原则。其实各项强制性措施均有范围限制问题,只是在电子扣押中尤为明显,因为不仅涉及所要扣押的电子数据的范围,还涉及是否需要扣押存储介质这一物质载体,特别是在涉及计算机系统相联的情况下,电子设备可能不止一台。由此而导致的权利侵犯,不仅涉及隐私权,还涉及传统的财产权。例如,犯罪证据可能存储在网络服务提供商的电脑系统中,但是如果查封、扣押全部电脑系统,可能导致网络服务经营活动瘫痪。在此情况下,应当尽可能限定查封、扣押范围并及时解除不必要的查封、扣押。

2012 年《刑事诉讼法》第 52 条第 1 款规定:"人民法院、人民检察院和公安机关有权向有关单位和个人收集、调取证据。有关单位和个人应当如实提供证据。"第 135 条也规定:"任何单位和个人,有义务按照人民检察院和公安机关的要求,交出可以证明犯罪嫌疑人有罪或者无罪的物证、书证、视听资料等证据。"2012 年《民事诉讼法》第 67 条第 1 款也规定:"人民法院有权向有关单位和个人调查取证,有关单位和个人不得拒绝。"在收集调取电子证据的过程中,通常会由于涉案证据的存储位置而涉及第三方,如网络服务提供商。按照上述规定,不仅公安司法机关有权调取,而且有关单位和个人也有法定的义务向公安司法机关提供同本案有关的电子证据。在欧洲委员会制定的《网络犯罪公约》中就规定了存储数据快速保存和提交命令这两种针对电子证据的取证手段,我国也在多部法规、规章中规定了计算机数据的快速保护和命令提供措施,如国务院发布的《互联网信息服务管理办法》第 14 条;信息产业部、公安部、文化部、国家工商行政管理局联合发布的《互联网上网服务营业场所管理办法》第 10 条;信息产业部发布的《互联网电子公告服务管理规定》第 14 条、第 15 条等都规定,互联网信息服务提供者和互联网接入服务提供者、互联网上网服务营业场所经营者应当记录上网用户的上网时间、用户账号、互联网地址或者域名、主叫电话号码等信息,记录备份应当保存 60 日,并在国家有关机关依法查询时予以提供。[12] 应当注意的是,公安司法机关有权要求第三方予以协助,但是必须以该方现有技术所能达到的程度为限,不应向第三方提出超越其现有技术能力的要求,勉为其难。

---

〔11〕 刘品新主编:《电子取证的法律规制》,中国法制出版社 2010 年版,第 43 页。

〔12〕 皮勇:《〈网络犯罪公约〉中的犯罪模型与中国大陆网络犯罪立法比较》,载《月旦法学杂志》2002 年第 11 期。

2012年《刑事诉讼法》第234条对于查封、扣押、冻结的当事人财物及其孳息的保管和处理做出了一般性的规定:“公安机关、人民检察院和人民法院对查封、扣押、冻结的犯罪嫌疑人、被告人的财物及其孳息,应当妥善保管,以供核查,并制作清单,随案移送。任何单位和个人不得挪用或者自行处理。对被害人的合法财产,应当及时返还。对违禁品或者不宜长期保存的物品,应当依照国家有关规定处理。对作为证据使用的实物应当随案移送,对不宜移送的,应当将其清单、照片或者其他证明文件随案移送。人民法院作出的判决,应当对查封、扣押、冻结的财物及其孳息作出处理。人民法院作出的判决生效以后,有关机关应当根据判决对查封、扣押、冻结的财物及其孳息进行处理。对查封、扣押、冻结的赃款赃物及其孳息,除依法返还被害人的以外,一律上缴国库。司法工作人员贪污、挪用或者私自处理查封、扣押、冻结的财物及其孳息的,依法追究刑事责任;不构成犯罪的,给予处分。”但没有针对电子证据的特点做出特殊规定。实际上,电子证据自身的脆弱性对于保管条件、程序及环境都提出了更高的要求,应当针对其特性采取特殊的固定、封存措施,如设置密码或保存为只读文件等,以保证其证明力,避免由于载体和外在环境的变化导致电子证据的毁损、灭失。

四、电子证据的审查、判断

2012年《最高人民法院关于适用〈中华人民共和国刑事诉讼法〉的解释》第93条规定:“对电子邮件、电子数据交换、网上聊天记录、博客、微博客、手机短信、电子签名、域名等电子数据,应当着重审查以下内容:(一)是否随原始存储介质移送;在原始存储介质无法封存、不便移动或者依法应当由有关部门保管、处理、返还时,提取、复制电子数据是否由二人以上进行,是否足以保证电子数据的完整性,有无提取、复制过程及原始存储介质存放地点的文字说明和签名;(二)收集程序、方式是否符合法律及有关技术规范;经勘验、检查、搜查等侦查活动收集的电子数据,是否附有笔录、清单,并经侦查人员、电子数据持有人、见证人签名;没有持有人签名的,是否注明原因;远程调取境外或者异地的电子数据的,是否注明相关情况;对电子数据的规格、类别、文件格式等注明是否清楚;(三)电子数据内容是否真实,有无删除、修改、增加等情形;(四)电子数据与案件事实有无关联;(五)与案件事实有关联的电子数据是否全面收集。对电子数据有疑问的,应当进行鉴定或者检验。”最高人民检察院《人民检察电子证据鉴定程序规则(试行)》第4条规定:“电子证据鉴定范围:(一)电子证据内容一致性的认定;(二)对各类存储介质或设备存储数据内容的认定;(三)对各类存储介质或设备已删除数据内容的认定;(四)加密文件数据内容的认定;(五)计算机程序功能或系统状况的认定;(六)电子证据的真伪及形成过程的认定;(七)根据诉讼需要进行的关于电子证据的其他认定。”关于审查判断电子证据的内容及方法,可归纳为以下几个方面。

(一)审查判断电子证据的真实性

电子证据因人为或环境因素而易于损毁、修改、灭失,因此其真实性和可靠性成为审查、判断的重中之重。相对于传统证据形式,司法工作人员可能更需要关注电子证据的保管主体、存储环境、交接过程等,不是将眼光囿于电子证据本身,而是及于其外在环境和条件。对证据的认定应当建立在恢复完整证据链的基础上,即将证据从产生、发现、收集、保管、提交的全过程呈现在事实审理者面前,以保障其真实性和同一性。而电子证据的高速流转使得证据链更为复杂,司法工作人员对于证据链的建立和恢复更加困难。审查判断电子证据的证据链包括:电子证据的来源和出处，是来自于当事人一方的住所或持有物，还是来自于保管电子数据的第三方或其他证人；电子证据的收集、调取过程，即在何时、何地、何种情况下，由何人提供或收集，采取何种提取方式所查获；电子证据的固定、保管方式，即明确电子证据的存在形式，交接时间、地点、方式以及交接双方，存储环境等。

（二）审查判断电子证据的合法性

证据的合法性包括主体、程序、形式和内容等方面，其中程序合法是重中之重。电子证据的无形性及其信息的丰富性，导致了电子取证的范围大幅度扩大。因此，公安司法机关可能更易于突破程序的限制，造成违法取证。在电子取证中，应更着重审查取证程序的合法性、取证对象的具体性以及取证范围的有限性。在对取证主体和手段等进行审查时，应注意到电子证据的高科技性。如何证明某项电子技术的科学性、可靠性，如何证明依托于该技术的电子设备的稳定性、准确性，如何证明使用电子技术、操作电子设备的工作人员的专业性、客观性，也都需要仔细审查。

（三）审查判断收集调取电子证据的全面性

电子证据具有海量存储性，其所包含的海量信息也对证据的审查、判断构成了巨大挑战。以计算机为代表，电子证据在各种介质中的存储量与普通证据不可相提并论。与同样大小的纸张相比，电脉冲或磁性材料存储的数据量是纸张的数十万倍甚至数十亿倍。就传统证据而言，某个场所、某件物品或某份文件所包含的证据信息是有限的；但就电子证据而言，相同物理范围内所能获取的信息量发生了几何级膨胀。司法工作人员不仅需要承担工作量的增加，还要甄别各种信息的关联性，一方面要保障进入诉讼的证据的全面性、完整性，另一方面也要兼顾诉讼效率，明确案件争点，并根据电子证据的证明价值和与案件相关程度对其进行取舍。例如，司法人员应当考虑电子证据旨在证明案件的哪方面问题，是否能够证明，案件事实的争议问题是什么，电子证据对争议问题的解决是否具有实质性意义，等等。

第十一节 行政执法证据

一、行政执法证据的概念

行政执法证据，是指行政机关在执法过程中收集、形成的证据。一般来说，行政执法证据只在行政机关办理行政案件，或者进行行政处罚、实施行政强制等过程中运用。但是，由于行政案件在实践中会转化成刑事诉讼案件、民事诉讼案件，或者当事人不服提起行政诉讼，形成行政诉讼案件，行政执法证据就会进入刑事、民事、行政诉讼程序。

行政执法证据不是一种独立的证据种类。但由于这类证据在诉讼过程中经常使用，因此有必要进行研究。

我国行政机关承担大量的行政执法任务，比如公安部门在社会治安管理、工商行政部门在市场秩序管理、税务部门在税收秩序管理过程中，会进行大量行政调查、行政许可、行政处罚、行政强制等执法活动，因而产生了大量的行政执法证据。

行政执法证据产生有两种途径:一种是行政执法机关在执法过程中收集而来,如物证、书证、视听资料等;另一种是行政执法机关自行制作产生,如现场笔录、检查笔录、询问笔录、决定文书等。

行政执法证据进入诉讼程序有三种途径:第一种是行政机关举证,比如在行政诉讼中;第二种是行政机关移交,比如行政机关在查处违法行为过程中发现涉嫌犯罪,移交侦查机关处理的,一并移交有关证据;第三种是司法机关向行政机关调取,比如公安机关在侦查过程中,法院在审判过程中发现有关证据在行政机关的,可以依职权调取,有关行政机关应当提供。

对进入诉讼程序的证据如何使用,应当区分不同情形处理。对于行政诉讼来说,由于是对原来行政案件进行的司法审查,只需按照行政诉讼法关于证据的规定进行审查判断即可。对于民事诉讼来说,民事诉讼法和有关证据规则规定了公文书和一般证据的审查判断标准,也比较容易适用。对刑事诉讼来说,就比较复杂。由于刑事诉讼对证据的要求较高,一般情况下,除依职权从行政执法机关调取的证据外,对行政执法机关移送的证据,不直接作为证据使用,而仅作为线索参考,需要作为证据使用的,侦查机关会重新进行调查取证。但这样浪费国家资源,增加诉讼成本,降低诉讼效率。为此,2012年《刑事诉讼法》第52条第2款规定:"行政机关在行政执法和查办案件过程中收集的物证、书证、视听资料、电子数据等证据材料,在刑事诉讼中可以作为证据使用。"有效解决了行政执法证据在刑事诉讼中的运用问题。

可见,在诉讼过程中有效使用行政执法证据,有利于衔接行政执法程序和诉讼程序,发挥行政执法机关和司法机关的合力,降低诉讼成本,提高诉讼效率。

二、行政执法证据的特征

第一,证据收集的主体是行政执法机关。这与诉讼过程中证据收集的主体是诉讼主体明显不同。行政执法机关,是指承担行政执法任务,包括行政调查、行政许可、行政处罚、行政强制的行政机关,范围非常广。目前在我国,几乎所有的行政机关,以及法律、法规授权管理公共事务职能的组织,都是行政执法机关。

第二,证据收集的程序是行政执法程序。这与诉讼过程中证据收集的程序是诉讼程序明显不同。行政执法程序,是指我国《行政许可法》、《行政处罚法》、《行政强执法》、《治安管理处罚法》以及其他行政法规定的行政执法程序。

第三,证据的种类多种多样。行政执法证据不是诉讼法规定的一种独立的证据种类。行政执法证据的种类是由相应行政法规定的,比如《行政处罚法》规定了检查笔录、询问笔录等,《治安管理处罚法》规定了询问笔录、检查笔录、物证、鉴定意见等。从《行政诉讼法》的规定推理,行政执法证据主要包括书证、物证、视听资料、证人证言、当事人陈述、鉴定结论、勘验笔录、现场笔录。除此之外,还有电子数据、公文书等。

第四,证据的真实性各有不同。由于行政执法证据的收集主体、程序、种类多种多样,在实际工作中,其真实性也各有不同。因此,行政执法证据在诉讼过程中没有预设的真实性,对其真实性仍应进行审查判断。

第五,证据的合法性也有不同。在诉讼过程中,行政执法证据也没有预定的合法性,对其合法性仍应进行审查判断。

三、行政执法证据的审查判断

在诉讼过程中审查判断行政执法证据，主要解决审查判断的内容及其法律依据问题。

（一）审查证据的合法性

审查行政执法证据的合法性，主要包括两个方面：一是行政执法机关收集、形成证据是否合法。主要审查收集、制作证据的主体、程序以及证据的表现形式、构成要素是否合法，例如询问笔录是否由具有行政执法权限的执法人员制作，是否有当事人或者见证人签名等。对这方面的审查，主要依据有关行政法关于收集、制作证据的规定进行。二是行政执法证据进入诉讼程序的过程是否合法。主要审查证据是通过何种途径进入诉讼程序，有关的程序是否合法。比如对行政执法机关移送至侦查机关的证据，要依照国务院《关于行政执法机关移送涉嫌犯罪案件的规定》，审查有关的移送程序是否合法。对从行政机关调取的证据，要依照有关诉讼法的规定，审查调取程序是否合法。

（二）审查证据的真实性

审查行政执法证据的真实性，与审查其他诉讼证据的真实性并无相同，比如审查其来源是否清楚，收集、形成、保管、移送过程是否有差错，是否是原物、原件，复制件是否与原物、原件核实无误，证据是否具有内在的一致性，与其他证据是否矛盾、能否相互印证等。由于审查证据的真实性主要不是法律问题，而是运用逻辑推理和经验规则问题，因此，从理论上说，这方面的审查判断并不需要区分是依照有关行政法的规定，还是诉讼法的规定进行。当然，有关诉讼法对此有规定的，要依照有关规定进行。

（三）审查特殊证据

在审查判断行政执法证据合法性和真实性过程中，还须注意以下特殊情形：

1. 关于实物证据。审查实物证据的复制件，一般要求是应当与原件核对无误。但对行政执法机关已经核对无误的复制件，司法机关是否仍应核对无误？我们的答案是肯定的。因为司法机关进行司法活动，是独立进行的，行政执法机关所作的决定，对司法机关没有预设效力。行政执法机关对证据的审查判断结论，对司法机关也没有预设效力。因此，对实物证据的复制件，司法机关仍应与原件核对无误。这一点在行政诉讼中尤为突出。因为行政诉讼必须对行政机关据以作出行政决定的证据的真实性和合法性进行全面审查。非法取得的实物证据在诉讼中能否使用？答案是应当依照诉讼法的规定取舍。在刑事诉讼中，不符合法定程序，严重影响司法公正，且不能补正或者作出合理解释的证据，应当予以排除。在民事诉讼中，以侵害他人合法权益或者违反法律禁止性规定的方法取得的证据，不能作为定案依据。在行政诉讼中，严重违反法定程序，以偷拍、偷录、窃听等侵害他人合法权益的手段，以及以利诱、欺诈、胁迫、暴力等不正当手段获取的证据材料，不得作为定案根据。以上"法定程序"、"法律禁止性规定"、"他人合法权益"中的法，应作广义理解，既包括有关诉讼法，还包括其他有关程序法和实体法。

2. 关于言词证据。对行政执法过程中取得的言词证据，原则上应当重新收集。这是因为，诉讼法对收集言词证据规定了比行政法更为严格的标准，比如刑事诉讼法严格规定了讯问犯罪嫌疑人的主体、时间、地点等。而且，言词证据不同于实物证据，实物证据不可以重新收集，言词证据可以重新收集。另外需要注意,刑事和民事诉讼法对证人资格作了严格规定,但行政法却没有相应规定。因此,在刑事、民事诉讼过程中,对于证人证言,要特别注意审查证人是否具有证人资格。

3. 关于公文书。行政执法机关依职权制作的公文书,包括各种决定书,在诉讼过程中没有预定效力。一般来说,公文书的证明力大于其他书证,如果没有反证,原则上可以认定公文书认定的事实成立。但应当注意,在刑事诉讼和行政诉讼中,如果作为证明对象的事实与行政执法机关公文书中记载的据以作出行政决定的事实重合,该公文书不能作为直接认定案件事实的证据使用,有关案件事实应当通过其他证据认定。这是因为,在行政诉讼中,公民与行政执法机关争议的对象本身就是行政执法机关认定的事实,行政执法机关不能以其决定书中载明的争议事实证明该事实成立,而应根据其他证据证明该事实成立。在刑事诉讼中,对公民人身和财权权益的处理,也就是刑罚,要比行政处理和处罚严重得多,证明标准事实上也比行政执法机关进行执法活动的证明标准严格,因此,也不得用行政执法机关决定书中认定的事实作为证据证明该事实成立。

思考题

1. 各类证据是如何界定的?
2. 各类证据按照诉讼法的规定该如何收集?
3. 在诉讼中,如何审查判断各类证据?

第九章　证据的分类

|导　读|

证据的分类不同于证据的种类，证据的种类是指证据的法定形式，即前一章所介绍的我国三大诉讼法规定的证据；证据的分类则是在学理上按照各种标准对各种证据进行的划分，目前主要采用的是两分法。对证据进行分类研究，有助于掌握各类证据的运用规则和规律，可以使公安司法人员办案走向规范化、科学化，可以克服长期以来办案人员的传统观念和传统做法。根据不同的分类标准，证据可分为：原始证据和传来证据、言词证据和实物证据、有罪证据和无罪证据、直接证据和间接证据、本证和反证。

阅读案例
请扫一扫

第一节　证据分类的概念和意义

一、证据分类的概念

证据的分类，是指在理论研究上将刑事证据按照不同的标准划分为不同类别。其目的在于研究不同类别证据的特点及其运用规律，以指导办案工作。研究证据的分类，实质是研究运用证据的客观规律，以便提高运用证据查明事实真相的能力。

证据的分类有别于法定的证据种类。我国 2012 年《刑事诉讼法》第 48 条将刑事证据分为八种：物证；书证；证人证言；被害人陈述；犯罪嫌疑人、被告人供述和辩解；鉴定意见；勘验、检查等笔录；视听资料、电子数据。2012 年《民事诉讼法》第 63 条、2014 年《行政诉讼法》第 33 条分别将证据分为七种。法律规定的证据种类，也是对证据的一种分类，是立法者根据我国科学技术的发展水平以及证据的存在和表现形式对证据所作的法律上的划分；而证据的分类并非法律的规定，而是从理论上对证据进行的分类研究。证据的种类具有法律上的效力，不具备法定表现形式的证据不得作为定案的根据；而证据的分类仅仅是学理上的解释。证据的种类的区分标准是单一的；而证据的分类则是从多角度按照不同的标准，以两分法对证据进行分类研究。因此，证据的分类与法律上的证据种类的区别是明显的。同时两种划分又是交叉的，同是一种证据，由于分类的标准和角度不同，其类属也不完全相同，具有多重性。

在理论上对证据按照不同的标准加以区分，这是深入研究证据的一种方法，其目的在于研究不同类别证据在证明力和证据力上的特点,以及运用的规则,亦即研究运用各类证据的客观规律,最终保证案件的质量。

二、证据分类的意义

对证据进行分类研究,在理论和实践中,具有重要的意义。分类在各门学科中都是普遍使用的方法,它是人们认识和研究客观事物的一种重要的逻辑思维方法,只有按这种方法才能把各种事物区别开来,只有运用这种方法才能深入揭开各种事物的共同点和差异点,这是人类从盲目走向自觉的一种科学方法。运用分类的方法对证据进行深入的研究,不仅把证据理论研究不断引向深入,更重要的是对指导公安司法人员收集、审查、判断证据,认定案件事实有着直接的作用和意义,通过对刑事证据的分类和掌握其规则,使办案人员少走弯路,自觉地按照规律办案,使办案人员及时排除假证。因此,它对保证案件的质量有着重要的作用。

对证据进行分类研究,掌握各类证据的运用规则和规律,可以使公安司法人员办案走向规范化、科学化,可以克服长期以来办案人员的传统观念和传统做法。尤其是在当前,许多办案人员习惯于采用搞运动的方法,办专案的方法,而偏离了运用证据的客观规律,使许多案件,特别是一些大案要案,卡了壳,办不下去,人力、物力造成很大的浪费,却收效不大。深入研究证据的分类,可以克服这些缺点,提高办案效率,实现司法公正。

三、世界各国证据分类简介

关于证据的分类的理论,早在1827年,英国著名法学家边沁在《司法证据原理》一书中,就提出了证据分类的几种方法,如实物证据和人的证据,自愿证据和强制证据,言词证据和书证,直接证据和情况证据,原始证据和传来证据等。自19世纪以来,对于证据的分类,无论是英美法系国家还是大陆法系国家都比较重视。英美法系国家是把证据的种类和证据的分类混在一起,二者没有严格的界限。这是因为这些国家注重判例在审判中的作用,就一个判例而言,其证据的种类与分类不作严格的区分。所以证据的分类主要有原始证据和传闻证据;直接证据和情况证据;最佳证据和次要证据;口头证据、书证和实物证据等。大陆法系各国是以成文法为准则在审判中起主导作用,特别注重证据理论的研究。因此,关于证据的种类和分类一般分得比较清楚,甚至在法典上就明确规定了不同的分类,而且在理论上还展开了证据分类的研究。究竟证据如何分类,由于各国的国情和证据制度不同,分类的方法和标准也不一样,学说众多,分法各异。美国法学家格里菲斯主张两分法,即直接证据和情况证据两种;另一位美国法学家魏格莫尔主张三分法,除上述两种外,又增加了言词证据;我国台湾地区法学家陈朴生主张六分法,将证据分为六大类;《英国法律辞典》把证据分为十五种。我国从20世纪50年代开始研究证据的分类,多数学者主张四分法,即原始证据和传来证据;控诉证据和辩护证据;言词证据和实物证据;直接证据和间接证据。

第二节　原始证据和传来证据

一、原始证据和传来证据的概念

根据证据的来源不同,可以把证据分为原始证据和传来证据。

原始证据是指直接来源于案件事实或原始出处的证据。所谓直接来源于案件事实,是指证据是在案件事实的直接作用或影响下形成的;所谓直接来源于原始出处,是指证据直接来源于证据生成的原始环境。正是由于原始证据是直接来源于案件事实或原始出处,因而又被称为从第一来源获得的证据或原生证据。例如,刑事犯罪现场发现并提取的各种痕迹、物证,搜查中找到并扣押的作案工具、赃物;民事诉讼当事人提供的合同原本,购物的原始发票;行政诉讼中直接感知案件事实的证人证言、当事人陈述等。

传来证据是指不是直接来源于案件事实或原始出处,而是从间接的非第一来源获得的证据材料。经过复制、复印、传抄、转述等中间环节形成的证据,是从原始证据派生出来的证据,故又称为非第一来源的证据或派生证据。例如,对无法直接取得物证制作的模型,书证的复印件、影印件、照片,证人转述他人感知事实的证言等。

传来证据同传闻证据有别。在理解传来证据概念时,要注意把传来证据与传闻证据相区别。传闻证据是英美法系国家证据法所使用的一个概念。意指在审判或讯问时作证的证人以外的人对案件事实所作的陈述,包括证人转述他人的陈述,证人以书面陈述代替到庭口头陈述,以及证人在庭外陈述的笔录。传闻证据同我国证据分类中的传来证据有着较大的区别:传闻证据不仅在范围上仅限于人的陈述,不包括实物证据;而且以未经当庭宣誓和交叉盘问、对传闻的真实性难以检验为由,把证人当庭陈述以外的陈述都视为传闻,也与我国证据学上的传来证据的含义根本不同。此外,英美法系的传闻证据规则是一般性排除传闻证据,只在少数例外的情形下才可采信,与我国传来证据的运用规则也不相同。因此,不能简单地将传闻证据理解为证人证言中的传来证据。

证据的来源是原始证据和传来证据的划分标准。换言之,应以证据是否直接来源于案件事实或原始出处为标准划分,而不能以证据本身的表现形式是否为复制品为标准。如果划分标准不清,在书证、音像证据等证据是否是原始证据的划分上就会出现混乱。例如,在有的煽动颠覆国家政权案件中,犯罪人首先手写反动标语,然后复印成若干份广为散发,则无论是手写的原件还是复印的标语都属于原始证据。只有当侦查机关对传单再行拍照或复印,得来的复制件才是传来证据。又如,在制作、贩卖、传播淫秽物品案件中的淫秽录像带,其制作方式通常是先制成母带,用母带成批复制后销售牟利。在这样的案件中,不能认为母带是原始证据,复制带是传来证据,而应理解为所有的淫秽录像带都是原始证据。再如,在民事诉讼中,用复写纸复写的一式两份合同文本;商店用复写纸开具的收据的第二联,虽然制作方式是复写,但其都是原始证据。

二、划分原始证据和传来证据的意义

原始证据与传来证据的划分,揭示了不同类别证据的可靠性程度和证明力的强弱。原始证据与传来证据的不同来源,决定了原始证据较传来证据更为可靠,有着更强的证明力。最高人民法院《关于民事诉讼证据的若干规定》第77条第3项规定,"原始证据的证明力一般大于传来证据"。而最高人民法院《关于行政诉讼证据若干问题的规定》则在第63条规定:"原始证据优于传来证据。"证据是证明的根据,证据的可靠性取决于它是否真实,证据的证明力取决于它与案件事实的关联性的紧密程度。而证据的来源如何,就成为衡量证据可靠性与证明力的一个标准。对于大多数证据而言,证据事实是伴随着各类案件事实的发生而形成的,反过来用于证明与其同时发生的案件事实。而证据与案件事实的关系越直接,越接近时,它的可靠程度就越高,证明力也越强;而当它与案件事实的关系被一个复制、传抄、转述的中间环节所阻隔时,复制过程中可能发生的失误、信息损耗、变形就会使证据失真,不能如实地反映案件事实的原貌。所以,证据的可靠性程度与证明力的强弱,除了其他因素的影响之外,与案件事实距离的远近是一个重要的因素。

据此,原始证据与传来证据的划分,为司法和执行实践提供了衡量证据可靠性与证明力的一个尺度,告诫司法和执法人员在办案中应尽可能地获取原始证据,在不能取得原始证据的情况下,也应尽可能地获取最接近案件事实的传来证据。

三、原始证据和传来证据的运用规则

根据原始证据与传来证据的可靠性和证明力的特点,关于这两类证据的运用原则应从以下几个方面加以理解和运用。

1. 在证据的收集中,要努力寻找、发现并尽可能地获得原始证据。对于书证,应当收集调取原件,只有当取得原件有困难或者因保守国家秘密的需要时,才可以收集调取副本或复制件。对于物证,应当收集调取原物,原物不便搬运、保存的,才可以拍摄足以反映原物外形或者内容的照片、录像。对于证人证言,应当尽可能寻找到原始证人,从直接耳闻目睹案件事实发生的证人那里获取证言。对于当事人的陈述,也不能满足于书面的证词或供词,而应当面询问或讯问,亲自听取他们的陈述。总之,司法和执法人员应当积极主动地追根求源,尽最大努力去发现原物、原件,直接听取原始证人、当事人的口头陈述,以获得对案件事实的最深入的了解。即使在无法取得原始证据的情况下,也应尽可能地获取最接近案件事实的传来证据。

2. 传来证据的作用也不容忽视。对传来证据的运用,首先,要树立起传来证据也是证据的观念,不要对传来证据视而不见,不去主动收集,也不要未经查证而轻易舍弃。其次,要充分发挥传来证据的作用。传来证据是从原始证据派生而来的,收集到传来证据,往往可以寻根溯源,找到原始证据;传来证据还可以与原始证据相互印证、核实,增强原始证据的证明力;在难以收集到原始证据的情况下,可以用传来证据代替原始证据;传来证据经审查属实,也可用作定案的根据。但是,运用传来证据时,除遵守一般的证据规则外,还应遵守相应的特殊规则:(1)来源不明的材料,不能作为证据使用;(2)在运用传来证据时,应采取传闻、转抄、复制次数最少的材料;(3)只有传来证据时,定案必须持慎重态度,对案件事实不能轻易作出结论。

第三节 言词证据和实物证据

一、言词证据和实物证据的概念和区分标准

根据证据事实形成的方法、表现形式、存在状况、提供方式的不同,可以把证据分为言词证据和实物证据。

言词证据是指以人的陈述为存在和表现形式的证据,因而又称为人证。它包括以人的陈述形式表现出来的各种证据,如刑事被害人陈述、犯罪嫌疑人、被告人供述和辩解、民事当事人的陈述、行政诉讼当事人陈述、证人证言、鉴定意见等。

言词证据的内容,是陈述人直接或间接感知的与案件有关的事实,通过询问或讯问而取得的陈述,而陈述又往往固定于笔录(即记录材料)中,如对犯罪嫌疑人、被告人的讯问笔录,对证人的询问笔录;根据法律的规定,证人可以提供书面证词,犯罪嫌疑人也可以书写书面供词;但不论记载方式如何,记载的内容仍是陈述人陈述出来的案件事实,因此不能因记载方式表现为实物而影响言词证据与实物证据的分类。鉴定意见是一种较为特殊的言词证据。它与当事人的陈述、证人证言等言词证据有所不同,它的内容不是陈述人对案件事实的直接或间接的感知,而是鉴定人对司法和执法人员提交的与案件有关的专门性问题进行鉴定后出具的书面结论。但这并不影响鉴定意见属于言词证据的范畴。首先,鉴定意见是鉴定人以书面陈述的形式对案件中的专门性问题发表的意见或看法,实质上仍是一种人证。在英美法系国家中,鉴定意见就属于证人证言的范畴,称为“专家证言”或“专家意见”。其次,鉴定意见在一定场合也直接表现为人的陈述。在法庭审理中,鉴定人要出庭宣读鉴定意见,接受诉辩双方的质询,当庭阐述鉴定的过程和作出结论的依据。因此,鉴定意见应划入言词证据。

实物证据是指以实物形态为存在和表现形式的证据,又称为广义上的物证。它包括各种具有实物形态的证据:物证、书证、音像证据、勘验笔录等。物证、书证、音像证据都是以实物形态存在的,自然应归属于实物证据。勘验笔录是由司法和执法人员对案件有关的场所、物品、人身、尸体进行实地查看、检验、调查后所作的记录,通常表现为一定的书面材料、照片、绘图。而且就其内容而言,它是对有关场所、物品、人身、尸体情况的客观记载,而非司法和执法人员的意见或判断,因而也应归入实物证据。

言词证据与实物证据的划分标准是证据存在和表现的形式,划分中不要误以证据的证明方式为划分标准。证明方式是证据起证明作用的方式。在研究实物证据与言词证据时必然要涉及证明方式问题,但它不是划分标准。言词证据是以人的陈述为表现形式的证据。其证明方式是以人的陈述中所包含的内容来证明案件事实;实物证据的表现形式是各种实物,而证明方式则是以物的外部形态或物所记载的内容起证明作用。实物证据并不是都以物的外部形态起证明作用,除狭义上的物证是以物的外形、特性等物理属性证明案件事实外,其他实物证据如书证、音像证据、勘验笔录等,都是以物所记载的内容或反映的信息来证明案件事实的。在证明方式上,书证、音像证据、勘验笔录与言词证据有某些相同之处。如果不能把证据形式与

证据的证明方式相区分,划分标准不清,就会造成划分中的混乱。

二、言词证据和实物证据的特点和运用

(一)言词证据的特点

由于言词证据属人证的范畴,作为人的认识和反映,其优点是生动形象、具体,其缺点是客观性较差,因此言词证据的一个突出特点,是言词证据能够从动态上证明案件事实。它是当事人、证人等对其直接或间接感知的案件事实的复述,往往能够较为形象生动、详细具体地反映案件事实;尤其因为当事人是案件事实的亲历者,其陈述不仅可以把案件发生的过程及许多具体情节复述出来,而且往往还能把案件发生的前因后果、来龙去脉叙说清楚,反映得比较深入,司法和执法人员通过广泛听取和综合分析各种知情人的陈述,可以迅速地从总体上甚至在细节上把握案件的全貌,这是实物证据所无法比拟的。但是,言词证据容易受各种主客观因素的影响而出现虚假或失真。从主观因素的影响看,陈述人与案件的利害关系有可能使陈述人有意作虚假陈述。刑事诉讼中的被害人、犯罪嫌疑人、被告人,民事、行政诉讼中的当事人,都与诉讼的结果有利害关系,这种利害关系有可能导致他们作虚假陈述。证人虽然一般与案件没有直接的利害关系,但也会由于证人个人的品质,或受到威胁、利诱而不如实作证。鉴定人也存在同样的问题。从客观因素的影响看,言词证据的形成是一个相当复杂的过程,一般要经过感知、记忆、陈述三个阶段,在这三个阶段都可能会因各种客观因素的影响而出现失真,使言词证据与案件真实情况不符。

(二)实物证据的特点

与言词证据相比,实物证据最突出的特点是客观性、稳定性强,不易失真。实物证据都是客观存在的物,且往往是伴随着案件的发生而形成,一般难以伪造,不像言词证据那样易受人的主观因素的影响而出现虚假或失真;而且实物证据往往是经司法和执法人员勘验或搜查、扣押而到案的,一经收集保全后,就可以长期保持其原有形态,成为证明案件事实的有力证据。这是实物证据的突出优点。但是,实物证据人称"哑巴证据",很容易被人们毁灭、伪造、顶替等。实物证据是客观存在之物,其存在离不开一定的外界条件,一旦外界条件发生了变化,实物证据就可能灭失,再也无法收集;实物证据也会因人为的毁弃而灭失。这是实物证据在收集中的不利方面。针对这一特点,在实物证据的收集中必须强调迅速、及时,否则就可能因时过境迁而丧失收集证据的时机。同时,在收集和运用实物证据时,我们可以发现,实物证据的关联性不明显,并且只能从静态上证明案件事实。所谓关联性不明显,是指实物证据一般不能自己证明它与案件事实的联系,而需要另有证据揭示其证明意义。所谓只能从静态上证明案件事实,是指实物证据的证据意义被揭示出来后,一般也只能证明案件事实的一个片断、一个情节,而不能像言词证据那样能反映案件的全貌。因此,在对实物证据的运用中就要着力揭示实物证据与案件事实的关联,并注意把实物证据与言词证据结合起来使用。

(三)言词证据和实物证据的运用

言词证据和实物证据的运用,包括对其收集、保全和证明力的确定。

言词证据的收集方法主要是讯问或询问。对犯罪嫌疑人、刑事被告人的审问称为讯问;对刑事被害人,民事、行政诉讼当事人,证人等的问话称为询问。讯问和询问应当按照法律规定的程序进行,以保证陈述人能够如实陈述,保证证据收集的合法性。辨认也是一种收集言词证据的方法,是一种特殊的讯问或询问。虽然辨认是对与案件有关的人或物进行辨别、确认的活

动，但辨认的主体是人，在辨认过程中要对辨认人进行讯问或询问，辨认的过程及结果要以辨认笔录的形式记录下来，辨认笔录也是一种人的陈述。辨认必须按照辨认的规则进行，其结果方为有效。言词证据中的鉴定意见，一般是通过向鉴定机构或鉴定人委托鉴定的途径取得。鉴定必须按照鉴定的法定程序进行。

实物证据的收集，主要是通过勘验、搜查、扣押、查封、冻结、调取、当事人提供等方式进行的。采取上述措施收集实物证据，也必须依照法定的程序进行；对实物证据的取得，要履行必要的交接手续（如扣押物品清单、调取证据清单等）。收集实物证据，除针对实物证据容易灭失的特点，强调必须迅速及时收集证据外，还要强调深入细致地收集，以保证能够发现提取到各种细微的痕迹物证。

在证据的保全上，也要根据言词证据与实物证据的不同表现形式分别采用不同的方法。言词证据一般是以笔录的形式加以固定；证人、当事人也可以亲笔书写证词或供词，也可以录音、录像的方式加以记录。实物证据的固定保全，以不损毁、不变形、不丢失为原则，尤其是要注意分案分别保管，以防不同案件的证据相互混淆。对实物证据所拍摄的照片，也应注明证据的种类、拍摄的时间、地点、案别等。

言词证据和实物证据的审查判断。对言词证据，更着重于审查内容是否属实，例如，陈述人感知的事实是否准确，是否存在影响陈述人如实陈述的因素，陈述人是否如实陈述等。对实物证据的审查，则主要是查明与案件的关联性。例如，通过审查实物证据的来源，查明该物是否来源可靠、出处确切、确与本案有关；通过审查证据的保存情况，查明是否变形或被替换等；通过与其他证据相互印证，查明实物证据与本案有何种关联，能否证明案件事实，能证明案件事实的什么情节等。

言词证据与实物证据的运用，最佳途径和方法是把言词证据与实物证据结合起来使用，相互印证，相互补充，发挥各自的优势，避免各自的弱点。言词证据有动态证明的优点，能直接证明案件主要事实的证据可以成为直接证据，司法和执法人员据此可直接、迅速地认识案件的主要事实。但言词证据又容易出现虚假或失真，为避免在认定案情上出现差错，在运用言词证据时，就要把它与实物证据相互印证，运用实物证据客观性、稳定性强的优点，克服言词证据的弱点。在运用实物证据时，则要注意运用言词证据挖掘实物证据的证明力，例如，用鉴定、辨认的方式，揭示实物证据与案件事实的联系，用当事人的陈述说明现场的情况等。实物证据具有较强的客观性和稳定性，一旦其证明意义被揭示出来，便成为证明力很强的证据。总之，在证据的运用中，综合运用证据，充分发挥两种不同证据各自不同的优势，克服各自的弱点，而取得最佳的证明效果。

第四节　有罪证据和无罪证据

一、有罪证据和无罪证据的概念和区分

有罪证据，是指能够证明犯罪事实存在，犯罪嫌疑人、被告人有罪，或者是加重犯罪嫌疑人、被告人刑事责任的证据。由于它是肯定犯罪嫌疑人、被告人的证据，所以称为有罪证据。

有罪证据一般是由控诉人对犯罪嫌疑人、被告人进行指控时提出的,也是人民法院作出有罪判决和加重处罚的根据,所以也称控诉证据。

无罪证据,是指反驳控诉,能够证明犯罪事实不存在,或者是证明犯罪嫌疑人、被告人无罪,罪轻以及减轻他们刑事责任的证据。它是否定犯罪或者是减轻犯罪嫌疑人、被告人的刑事责任的证据,所以称为无罪证据。无罪证据一般是由犯罪嫌疑人、被告人在辩护时提出的,以及人民法院制作无罪判决和减轻处罚的根据,如正当防卫;或者证人证明他所看见的放火者不是被告人,这都是无罪证据。

应当指出,有罪证据和无罪证据的分类,是根据证据的内容和作用划分的,而不是根据由哪一方诉讼当事人提供来划分的。例如,犯罪人自首、被告人供认自己犯罪,经过查证属于有罪证据,而不是无罪证据。

把证据分为有罪证据和无罪证据的意义,是在于使办案人员全面客观地收集和运用证据,防止主观片面性。根据2012年《刑事诉讼法》第50条规定,侦查人员、检察人员、审判人员必须全面地收集能够证实犯罪嫌疑人、被告人有罪或无罪,加重或者减轻其罪责的各种证据。对于每个案件,既要查明犯罪嫌疑人、被告人有罪和加重罪责的情况,也要查明犯罪嫌疑人、被告人无罪和减轻罪责的情况;既要收集对犯罪嫌疑人、被告人不利的证据,又要收集对犯罪嫌疑人、被告人有利的证据。只有全面地收集和运用证据,才能查明案件的事实真相。

二、有罪证据和无罪证据的运用规则

犯罪嫌疑人、被告人是否有罪,或罪轻、罪重是刑事诉讼中的一个核心问题,解决这一核心问题的关键还是要靠证据,有罪证据和无罪证据截然不同的区分,为办案人员认定案件的性质和适用法律提供了一个坚实的基础。但是,运用有罪证据和无罪证据认定案件事实,必须遵守运用证据的规则。就无罪证据和有罪证据而言,在使用时要做到以下三点:一是在证据的收集时,要坚持客观、全面的原则,在指导思想和具体的侦查或调查工作中,克服先入为主,既要注意收集同本案有关联的有罪证据,又要注意收集无罪证据,在两类证据的比较和鉴别之中,分清是非、划清界限,准确地认定案件事实。二是在证明标准和要求上,要按照有罪证据和无罪证据所固有的特征,即两者是相互排斥的,不管是有罪,还是无罪,只有达到证明的要求和标准,即证据确实充分的时候,才能否定对方。具体来说,就是只有有罪证据达到了确实、充分的程度,才能排斥无罪证据的存在,反之,无罪证据使合理怀疑成立就能排斥有罪证据的存在。三是在证明的过程中,有罪证据与无罪证据势均力敌,定也定不了,否也否不掉时,尽了最大的努力仍不能收集新证据,这时只有按照“疑罪从无”的原则,宣告无罪。

第五节　直接证据和间接证据

一、直接证据和间接证据的概念

直接证据是指能单独直接证明案件主要事实的证据;间接证据是指不能单独直接证明,而

需要与其他证据结合才能证明案件主要事实的证据。

直接证据与间接证据的划分标准是依据一个证据与案件主要事实的证明关系。这里所说的证明关系,是指证据对案件主要事实是以直接证明还是间接证明的方式起证明作用。直接证据与案件主要事实的证明关系是直接的,单独一个直接证据可以不依赖于其他证据,以直接证明的方式对案件的主要事实起到证明作用。间接证据与案件主要事实的证明,必须与其他证据结合起来,以推论的方式即间接证明的方式起证明作用。单独一个间接证据不能直接证明案件的主要事实,它只能证明案件事实中的某一情节片断,同其他证据结合起来才能查明案件主要事实。所谓案件主要事实,是指当事人所争之主要事实或诉讼的主要标的。在不同的诉讼中,案件主要事实是不同的。刑事案件的主要事实是犯罪嫌疑人、被告人是否实施了指控的犯罪行为;民事案件的主要事实是民事当事人之间争议的民事法律关系发生、变更、消灭的事实;行政诉讼案件的主要事实是行政机关具体行政行为是否合法的事实。以上述标准划分,凡是能单独直接证明犯罪嫌疑人、被告人实施犯罪行为的证据,能单独直接证明民事法律关系发生、变更、消灭的事实的证据,能单独直接证明行政机关具体行政行为是否合法的证据是直接证据。反之,均为间接证据。

直接证据主要有:

1. 当事人的陈述。包括刑事被害人陈述,犯罪嫌疑人、被告人供述和辩解,民事诉讼当事人的陈述、行政诉讼当事人的陈述等不同的诉讼证据。需要注意的是,并不是所有当事人的陈述都可以成为直接证据,只有能单独直接证明案件主要事实的当事人的陈述,才是直接证据。例如,刑事被害人陈述,只有当其能指明是谁实施了犯罪行为时,才可以成为直接证据。当然,由于当事人是案件的亲历者,其陈述大多能直接证明案件主要事实,是最常见的直接证据。

2. 能证明案件主要事实的证人证言。例如,能指明是谁实施了犯罪行为或民事侵权行为的证言,能证明行政机关具体行政行为违法的证言等。

3. 能证明案件主要事实的书证。书证是以其记载的内容证明案件事实的,如果其记载的内容中能直接证明案件主要事实,就可以成为直接证据,如署名的反动标语,被害人记有遭受某人侵害的日记,共同犯罪分子之间互相通报犯罪准备或实施情况的信件,民事诉讼中的借据、合同书,行政诉讼中行政机关开具的超过法定标准的罚款单,等等。

4. 能证明案件主要事实的音像证据。例如,公共场所安装的监控录像,恰巧将某人行窃的过程录下,依据录像又可以将该人辨认出来,该录像便可以成为直接证据。直接证据的作用在于,一经查实,就可以作为认定案件事实的主要依据。

间接证据的范围是相当广泛的,难以分类概括。一般说来,只能证明时间、地点、工具、手段、结果、动机等单一的事实要素和案件情节的证据,都是间接证据。间接证据虽不能直接认定案件事实,但它也有重要作用,表现为:第一,间接证据是发现其他证据的先导。因为间接证据往往反映了事物的表象,直接证据反映事物的本质,通过对事物表象的分析,从而观察到事物的本质是认识事物的客观规律。第二,间接证据是印证直接证据的有效手段。第三,在无法收集到直接证据时,依靠若干间接证据形成证据锁链也能定案。

需要注意的是,直接证据与间接证据的划分同证据是否直接来源于案件事实并不相干,不能将直接证据、间接证据与原始证据、传来证据相混淆,不能认为直接证据就是原始证据,传来证据只能是间接证据。直接证据可以是原始证据,也可以是传来证据。

二、直接证据和间接证据证明力的特点

(一)直接证据证明力的特点

直接证据最显著的特点是它对案件主要事实的证明关系是直截了当的,无需借助于其他证据,就可以直接证明案件的主要事实。直接证据的这一特点使得直接证据运用起来比较便捷,一经查证属实便可用作认定案件事实的主要依据。对案件主要事实的直接证明性,是直接证据突出的优点。直接证据的缺点一方面是收集和审查判断较为困难。在证据的收集上,直接证据来源较窄,数量少,不易取得,在一些案件中甚至根本无法取得。例如,某些刑事案件没有目击证人,犯罪行为是谁实施的,是如何实施的,只有犯罪人本人最清楚,在犯罪嫌疑人、被告人拒不供述的情况下,就无法取得直接证据。另一方面,直接证据大多表现为言词证据,容易受主客观因素的影响而出现虚假或失真,其客观真实性较难确定,而且稳定性也较差,时翻时供,只靠直接证据定案,一旦翻供翻证,案件的质量就没法保证。因此,在证据的运用中,除了要充分发挥直接证据证明关系直接这一优点外,还必须充分认识到直接证据的弱点,只有经过认真的审查,审查属实的直接证据才可以用作定案的根据。最根本的办法是要把工夫下在表现为实物证据的间接证据的运用上。

(二)间接证据证明力的特点

间接证据是指这种证据不能独立地直接证明案件的主要事实,而只能证明案件事实的某种情况,证明和案件主要事实有关联的某一事实情节,必须与案内的其他证据结合起来,构成一个证据体系,才能共同证明案件的主要事实,对案件的主要事实作出肯定或否定的结论。间接证据多表现为实物,但也有言词。如在犯罪现场留下的物品或痕迹,实施犯罪的工具,被害人的伤情等。

间接证据的特点有四:一是间接证据的依赖性。间接证据具有互相依赖的特性,任何一个间接证据本身并没有单独的证明作用,它必须依赖其他证据,并且和其他证据结合起来才能具有证明作用。二是间接证据的关联性。任何一个间接证据的证明意义,都是由间接证据与案件事实之间的客观联系,以及与其他证据在证明过程中互相结合所决定的,这就叫间接证据的关联性。间接证据的作用,不仅要取决于间接证据本身的真实可靠,而且取决于它在其他证据中的地位,以及它和案件之间的客观联系。这说明,运用间接证据查明案情,不仅要审查间接证据本身是否真实可靠,而且要审查间接证据之间,以及各个间接证据与证明对象之间的客观联系。从它们之间的客观联系中确定其证明作用。三是间接证据与直接证据相比,其证明过程复杂,必须有一个判断和推理的过程。四是间接证据的排他性。各个间接证据所能证明的必须是互相一致的,不能是互相矛盾的,必须是排除了其他的可能性。如果不能排除其他可能性,就应当深入地进行调查研究,进一步查明情况,否则,就不能作出证明的结论。由于间接证据存在以上特点,因此决定了在运用证据时,必须经过复杂的过程,需要具体分析和综合分析。

虽然间接证据与某一具体案件中的待证事实缺乏直接证明关系,在证明程度上不如直接证据那样直接确切。而且最高人民法院《关于民事诉讼证据的若干规定》也认为就数个证据对同一事实的证明力而言,“直接证据的证明力一般大于间接证据”。但我们认为,由于间接证据的特殊作用和价值功能,对间接证据不能低估。实践中,往往几个间接证据结合起来的证明力,便能相当于甚至超过一个直接证据的证明力,因此在证明价值上,间接证据可以作为直接

证据的有力辅助方式和可靠佐证来源。

三、直接证据和间接证据的运用规则

（一）直接证据的运用

由于直接证据多数表现为言词证据，其真实性、可靠性、稳定性较差，因此，在运用时必须遵守以下规则：

1. 严禁刑讯逼供和以威胁、引诱、欺骗以及其他非法方法收集证据。刑讯逼供或暴力取证行为的主要目的是从被讯问人或被询问人口中套取直接证据，威胁、引诱、欺骗等非法收集证据的方法也往往是为了获取直接证据。然而，以上述非法手段获取的直接证据违背了陈述人的真实意愿，很难保证其陈述的真实性，且因其侵犯人权，为现代社会所不容，自然要受到法律的严禁。

2. 必须在法庭上经过抗辩双方的询问、质证，并经过查实以后，才能作为定案的根据。

3. 孤证不能定案。即只有一个直接证据，而没有间接证据印证的情况下，不能据以认定案件事实。根据2012年《刑事诉讼法》第53条规定，“只有被告人供述，没有其他证据的，不能认定被告人有罪和处以刑罚”。

4. 直接证据必须得到间接证据的印证，才能认定案件事实。为了保证直接证据的真实可靠，增强直接证据的证明力，达到证据确实、充分的证明要求，即使收集到了直接证据，也要尽可能地收集更多的间接证据，使直接证据与间接证据相互组合，相互印证，相互补充，形成完整、严密的证据体系，据以认定案件事实。

（二）间接证据的运用

从间接证据的特点可以看出，运用间接证据来认定案件事实要比运用直接证据困难、复杂，稍有不慎，就容易出现偏差和错误。因此，运用间接证据，必须遵守以下规则：

1. 必须审查每个间接证据是否真实可靠。如果间接证据本身不可靠，当然不可能作出正确的结论。这个规则对于审查各种证据都是普遍适用的。由于间接证据容易收集，所以，在办案中的间接证据数量较多，关系复杂，真假并存，这就需要对于每个间接证据反复查证，以确定其真实性。

2. 必须审查间接证据与案件事实有无客观的内在联系，防止将那些与案件毫无关系的材料，当做间接证据加以收集和使用。间接证据与案件事实的客观联系是多种多样的，以刑事诉讼为例，最常见的联系主要有：是引起犯罪的原因；是决定、制约犯罪的条件；是犯罪造成的后果；是伴随犯罪而发生的情况，等等。由于存在各种复杂的内在联系，所以仔细地分析它们之间是否具有客观的内在联系，有什么样的联系，要防止将表面上的联系当成客观的内在联系，而作为间接证据使用，延误诉讼时间，影响查明案件的真实情况。

3. 必须审查各间接证据之间是否互相衔接，互相协调一致，互相印证，形成一个完整的证据锁链。在这个证据锁链当中，证据必须有足够的数量，而且各个证据必须互相一致，不能互相矛盾，互相脱节。如果间接证据之间不相符合，互相脱节，就应当通过进一步调查研究，查证清楚以后，才能确定其证明效力。

4. 所有的间接证据结合起来，对案件只能作出一个正确的结论。就刑事诉讼而言，这种结论必须具有肯定性和真实性，并且排除了其他一切可能性。至于民事诉讼，则不要求排他性结论，只要既能从正面证实案件事实真相，又能从反面排除案件的虚假成分，得出排除合理怀疑的正确结论即可。

无论是直接证据还是间接证据,在诉讼中均具有重要作用。只有深入和正确地理解两类证据各自的特点和运用规则,才能在实践中自觉运用。特别是间接证据的运用,有其深刻的收集、审查、运用的规则,许多大案要案的查证说明,善于运用间接证据定案,意义重大,特别是那些“一对一”的疑案,即有罪证据和无罪证据相峙,定也定不了,否也否不了的疑难案件,多数都是靠间接证据揭露事实真相的。因为只有在大量的间接证据面前,犯罪嫌疑人、被告人才能认罪服法。否则,嫌疑人、被告人是不会轻易地承认犯罪事实的。所以,善于正确地运用间接证据,对司法实践具有十分重要的意义。

第六节　本证和反证

一、本证和反证的概念

本证和反证是民事诉讼和行政诉讼理论中的特有概念和分类。诉讼法学理论界对本证与反证的分类标准认识并不一致,大致有四种观点:一是认为应以证据“是否为负有举证责任的当事人所提出及其所能证明的事实是否为其所主张的事实”为划分标准,凡是负举证责任的当事人所提出,用以证明其主张的事实存在的证据,称为本证。凡是当事人一方为否定对方当事人所主张的事实而提出其他的事实,为证明该事实存在而提出的证据,称为反证。二是认为按照诉讼当事人应负举证责任来划分,本证是指能够证明当事人一方所主张事实的证据;反证则是能够证明当事人一方所主张事实的不存在的证据。三是认为以证据对原告有利还是对被告有利为标准,当证据对原告有利时为本证,当证据对被告有利时即为反证。四是认为以证据是否能够证明原告主张事实的一部或全部为标准,凡是能够证明原告主张事实的一部或全部的证据为本证,凡是不能证明原告所主张的事实的证据,即是否定原告所主张的事实就是反证。

我们认为,根据诉讼证据与当事人主张的事实的关系,可将诉讼证据分为本证与反证。所谓本证,是指能够证明当事人主张的事实存在的证据,即是能支持诉讼中一方的事实主张成立,证明其主张的事实存在的证据。所谓反证,则是指能够证明对方当事人主张的事实不存在的证据。反证对对方当事人的主张起否定性作用。由此可见,本证是用以肯定自己主张的事实存在的证据,反证则是用以否定对方主张的事实存在的证据。在诉讼中,原、被告都可以提出本证和反证。在民事诉讼中,双方当事人均可以提出支持各自诉讼主张的本证,也可以提出反驳对方事实主张的反证。在行政诉讼中,诉讼标的是行政机关具体行政行为是否合法,并实行举证责任倒置的原则。因此,凡是证明具体行政行为合法的证据为本证,证明具体行政行为违法的证据为反证。

划分本证与反证是以证据对当事人双方所主张的事实是否成立的证明作用来划分的。双方都可以提出支持己方主张的本证,也可以提出反驳对方主张的反证,区分本证与反证的关键在于提出的证据是用来支持己方所主张的事实,还是反驳对方所主张的事实,支持己方事实主张的证据为本证,反驳对方事实主张的证据为反证。

根据“谁主张,谁举证”的举证责任规则,凡是主张某项事实的一方,负举证责任,有义务提出证据证明己方的主张，提出的证据为本证；反驳对方事实主张的一方不负举证责任，但有权利提出反驳对方事实主张的证据，反驳对方主张的证据是反证。由此可见，本证与反证的划分同举证责任的分担基本一致，但却是两个不同范畴的问题，二者不能混淆。

本证与反证的划分同提出证据的人在诉讼中的地位虽有联系，但不能根据证据提出者的诉讼地位来划分本证与反证，即不能认为原告提出的证据都是本证，被告提出的证据都是反证。虽然在通常情况下，本证由控方提出，反证由辩方提出，但例外的情况也很多。例如，民事诉讼中的被告在未提出反诉的情况下，也可以提出自己的事实主张，第三人也可以提出自己的事实主张，他们同样可以提出本证。行政诉讼中的举证责任是倒置的，被告要负举证责任，要提出本证证明自己的行政行为是合法的。要以诉讼地位作为划分本证与反证的标准，就会出现划分上的混乱。

二、区分本证和反证的意义

本证与反证的划分，是从证据作用的角度对证据进行的分类研究，它揭示了证据对双方当事人事实主张的不同作用，对于落实我国的举证制度，指导人民法院运用证据解决矛盾与纠纷，具有重要的意义。

首先，把证据划分为本证与反证，有利于调动当事人双方举证的积极性，增强诉讼的抗辩性。根据举证规则，主张某项事实的一方负有举证责任，有义务对自己的事实主张提出证据加以支持，并应达到法律所要求的证明程度。如果不能提出足够的证据证明自己的主张，则要承担败诉的风险。反驳指控的一方，也有权利提出证据，其所提出的反证如经审查属实，可被采纳。如果双方提供证据的积极性被调动起来，势必增强诉讼的抗辩性，案件事实在争辩之间愈辩愈明，这对于保证诉讼的客观公正，有着重要的功能和作用。

其次，把证据划分为本证与反证，有利于审判人员迅速了解双方的事实主张，尽快查明案件的真实情况。当双方举证的积极性被调动起来后，证据的来源便大为拓宽，审判人员根据双方陈述的事实和提供的大量本证、反证，可以迅速了解双方的事实主张，并通过对双方证据的审查，及时查明案件的真实情况。这样，一方面可以做到兼听则明，防止偏听偏信；另一方面，也有利于快速结案，提高诉讼效率，节约诉讼成本。

最后，把证据划分为本证与反证，有利于审判人员审查证据。由于诉讼具有对抗性，双方在诉讼中提出的事实主张和诉讼主张都可能存在较大的分歧，即使是对同一事实主张也可能从不同角度提出内容不同甚至完全相反的证据。但在同一诉讼中，事实主张可以有两个或更多，而案件的真实情况却只能是客观的一个；反证作为与本证相对立的证据，也不可能与本证同时为真。因此，当对同一事实同时存在肯定或否定两种证据时，就应对双方提出的证据进行认真的审查，经审查本证成立的，反证应当推倒；如果反证成立，本证就应推倒。本证与反证之间的这种相互否定、相互对立的特性，是有利于证据审查的，更有利于辨明是非。

思考题

1. 证据分类对证据的运用有何意义？
2. 每种证据分类的标准及运用规则是什么？
3. 证据分类与证据种类有何区别？

第十章　证据的收集和保全

导　读

证据的收集，是诉讼程序必不可少的组成部分，是当事人维护自身合法权益的手段，也是司法机关认定案件事实的必经途径。证据的收集必须依照法律规定的程序和权限进行，必须要依靠群众，必须要及时、主动、全面、客观、深入、细致、高效，必须要充分运用现代科学技术，必须要抓住本质、分清主次。刑讯逼供是一种非法的证据收集手段，易产生刑事冤假错案，2012 年刑事诉讼法的修改，进一步完善了我国遏制刑讯逼供的诉讼机制。证据的保全是为了使证据完整真实，证据的保全和开示都应当遵循法律规定的程序。

阅读案例
请扫一扫

第一节　证据的收集

一、收集证据的概念和意义

收集证据是查明案件事实的前提，也是办案的必经阶段，是完成证明任务、实现证明过程的基础，只有确实发生了犯罪行为、民事纠纷或行政争议，司法机关才会立案查处。因此，侦查、检察、审判等人员在立案时必须对案件涉及的犯罪事实、民事纠纷及行政争议事实进行调查，收集与案件有关的各种证据。收集证据是正确办理刑事、民事和行政诉讼案件及非诉讼法律事务的首要工作。

（一）收集证据的概念

收集证据是指在诉讼或非诉讼法律事务中证明的主体（包括侦查、检察、审判人员、当事人及其诉讼代理人）运用法律许可的方法和手段，发现、采集、提取证据和固定与案件有关的各种证据材料的活动。这一概念包括以下内容：

1. 收集证据的主体是公安司法机关的工作人员、当事人及其诉讼代理人

在我国，收集证据是司法机关运用证据、认定案件事实的基础工作。在刑事诉讼中，公安机关、人民检察院、人民法院有责任收集证据、查明案情。根据 2012 年《刑事诉讼法》第 50 条规定，“审判人员、检察人员、侦查人员必须依照法定程序，收集能够证实犯罪嫌疑人、被告人有罪或者无罪、犯罪情节轻重的各种证据”。

而2012年《民事诉讼法》第64条规定:“当事人及其诉讼代理人因客观原因不能自行收集的证据,或者人民法院认为审理案件需要的证据,人民法院应当调查收集。”1998年6月19日,最高人民法院审判委员会通过的《关于民事经济审判方式改革问题的若干规定》“关于当事人举证和法院调查收集证据问题”中规定,人民法院可以制定各类案件举证须知,明确举证内容及其范围和要求。人民法院在送达受理案件通知书和应诉通知书时,应当告知当事人围绕自己的主张提供证据。下列证据由人民法院调查收集:(1)当事人及其诉讼代理人因客观原因不能自行收集并已提出调取证据的申请和该证据线索的;(2)应当由人民法院勘验或者委托鉴定的;(3)当事人双方提出的影响查明案件主要事实的证据材料相互矛盾,经过庭审质证无法认定其效力的;(4)人民法院认为需要自行调查收集的其他证据。上述证据经人民法院调查,未能收集到的,仍由负举证责任的当事人承担举证不能的后果。可见在民事诉讼中,全面收集、调查证据不再只是司法机关及司法人员的职责,只有在当事人及其代理人因客观上确实无法提供证据时,或者对当事人提供的证据存在疑问时,以及双方当事人所举证据相互矛盾需要进一步查实时,司法人员才主动调查、收集证据。

而在行政诉讼中,2014年《行政诉讼法》第34条规定,作为被告的行政机关有责任对争议的行政行为的合法性提出证据,举证不能,则承担败诉结果;并且,作为被告的行政机关在诉讼中不得自行向原告及证人收集证据。而人民法院只有在认为必要的情况下,才收集证据。2014年《行政诉讼法》第40条规定:“人民法院有权向有关行政机关以及其他组织、公民调查证据。”由此可见,收集证据是法律赋予司法机关的职权。

收集证据,又是法律赋予律师的权利。《律师法》第33至35条规定,律师参加诉讼活动,有权会见犯罪嫌疑人、被告人并了解有关案件情况;有权查阅、摘抄和复制与案件有关的诉讼文书及案卷材料;可以向有关单位或个人调查与承办法律事务有关的情况。此外,诉讼法也对律师收集证据的权利作出了规定。1996年《刑事诉讼法》第37条规定:“辩护律师经证人或者其他有关单位和个人同意,可以向他们收集与本案有关的材料,也可以申请人民检察院、人民法院收集、调取证据,或者申请人民法院通知证人出庭作证。辩护律师经人民检察院或者人民法院许可,并且经被害人或者其近亲属、被害人提供的证人同意,可以向他们收集与本案有关的材料。”2012年《刑事诉讼法》第41条也重复了这一表述。2012年《民事诉讼法》第61条规定:“代理诉讼的律师和其他诉讼代理人有权调查收集证据,可以查阅本案有关材料。查阅本案有关材料的范围和办法由最高人民法院规定。”2014年《行政诉讼法》第32条规定:“代理诉讼的律师,有权按照规定查阅、复制本案有关材料,有权向有关组织和公民调查,收集与本案有关的证据。”

这些法律及相关的司法解释为参与诉讼的律师享有收集证据的权利提供了法律依据和保障。律师收集证据与司法机关收集证据相比较,具有其明显的特征:(1)时间受限;(2)条件受限;(3)权利有限;(4)由于律师行使阅卷权始于案件移送审查起诉之日,因此律师收集证据必然会与分析、审查、判断和运用证据在短时间内穿插进行;(5)依照民事诉讼法的规定,律师作为代理人,在案件起诉前,应积极收集证据,促使法院及时立案,受理后应承担举证责任,支持委托人的主张;(6)我国民事、行政证据制度规定了当事人举证与人民法院调查取证相结合的制度,因此,密切注视法院的收集证据工作,随时阅卷,随时就证据的分析、判断和运用与审判员交换意见是律师工作的重点;(7)律师外出调查收集证据,应持律师调查介绍信、律师执照,并由两名律师人员进行,如一名律师单独进行调查,应有一名见证人在场见证并由他在有关笔录上签名。

关于当事人及其诉讼代理人收集证据的权利,2012 年《民事诉讼法》第 49 条和第 61 条作出了明确规定,以便于他们履行举证责任。同样,2012 年《刑事诉讼法》第 204 条规定了刑事自诉案件中自诉人负举证责任,因此,其有收集证据的权利。根据 2012 年《刑事诉讼法》第 50 条规定,"必须保证一切与案件有关或者了解案情的公民,有客观地充分地提供证据的条件,除特殊情况外,并且可以吸收他们协助调查"。这说明我国刑事诉讼法并不限制公民在同犯罪作斗争的过程中采取有效措施截获有关证据。

2. 收集证据的方法也有明确规定

刑事证据的收集可适用各种合法侦查和调查手段,民事、行政证据只能通过调查的方法取得。根据 2014 年《行政诉讼法》第 40 条的规定,"人民法院有权向有关行政机关以及其他组织、公民调取证据",有下列情形之一的,人民法院有权向有关行政机关以及其他组织、公民调取证据:(1)涉及国家利益、公共利益或者他人合法权益的事实认定的;(2)涉及依职权追加当事人、中止诉讼、终结诉讼、回避等程序性事项的。[1] 原告或者第三人不能自行收集,但能够提供确切线索的,可以申请人民法院调取下列证据材料:(1)由国家有关部门保存而须由人民法院调取的证据材料;(2)涉及国家秘密、商业秘密、个人隐私的证据材料;(3)确因客观原因不能自行收集的其他证据材料。人民法院不得为证明被诉具体行政行为的合法性,调取被告在作出具体行政行为时未收集的证据。[2]《民事诉讼法》第 64 条规定的"人民法院认为审理案件需要的证据",是指以下情形:(1)涉及可能有损国家利益、社会公共利益或者他人合法权益的事实;(2)涉及依职权追加当事人、中止诉讼、终结诉讼、回避等与实体争议无关的程序事项。[3] 除上述的情形外,人民法院调查收集证据,应当依当事人的申请进行。[4] 另外,在民事诉讼中,符合下列条件之一的,当事人及其诉讼代理人可以申请人民法院调查收集证据:(1)申请调查收集的证据属于国家有关部门保存并须人民法院依职权调取的档案材料;(2)涉及国家秘密、商业秘密、个人隐私的材料;(3)当事人及其诉讼代理人确因客观原因不能自行收集的其他材料。[5]

3. 通过收集获得的证据材料,尚不能称为证据,就是说还不能作为定案的根据

证据材料只有在经过了法庭查证,通过了审查判断,核实了真伪之后,才能作为定案的证据。2012 年《刑事诉讼法》第 59 条就规定,"证人证言必须在法庭上经过公诉人、被害人和被告人、辩护人双方质证并且查实以后,才能作为定案的根据"。

(二)收集证据的意义

第一,为正确适用法律提供可靠的事实基础。收集证据,对查明案件事实、正确处理案件,具有十分重要的意义。从法律规定的角度看,证明主体依照法律积极主动采取相应措施、运用各种方法,深入、细致地调查研究,以发现和取得与案件相关的各种证据,是正确处理案件的必经阶段和基本前提。只有这样才能查明案件,认定案件,使刑事、民事、行政案件依法得到公正处理,使犯罪分子受到应得的惩罚,让无罪的人不受刑事追究,使民事和行政诉讼当事人的合

〔1〕参见最高人民法院《关于行政诉讼证据若干问题的规定》第 22 条。
〔2〕参见最高人民法院《关于行政诉讼证据若干问题的规定》第 23 条。
〔3〕参见最高人民法院《关于民事诉讼证据的若干规定》第 15 条。
〔4〕参见最高人民法院《关于民事诉讼证据的若干规定》第 16 条。
〔5〕参见最高人民法院《关于民事诉讼证据的若干规定》第 17 条。

法权益得到切实保护,并有效地保障国家、集体和个人的利益,以维护社会主义秩序,保护社会主义市场经济的健康发展。同时,它也是一个国家法制健全与否的重要标志。从司法实践的角度来看,相当一部分冤假错案是由于没有依法正确、合理、全面收集证据造成的。由于收集证据不合法(如刑讯逼供、诱供等)、不充分、不确实,因此认定案件事实没有必要的根据,势必导致认定案件错误,以致酿成冤假错案。

第二,规范执法程序,制约和保障执法机关履行职责,保护公民合法权益。执法人员在获取证据时,需要公民、法人和其他经济组织的配合。但由于这种职责行为具有直接强制性,容易对公民、法人和其他经济组织的合法权益造成伤害。所以,加强这方面的调查、找出其中具有规律性的东西,有利于揭示调查取证的一般原理和方法,使之上升为法律,从而更有利于指导司法实践。

二、收集证据的范围和渠道

证据的收集范围因各个案件的情况和性质不同而有所区别。总的来说,凡是同案件事实存在联系、可以证明案情的客观事实都属于收集的范围,大致有以下几个方面:(1)有关能证明案件的证明对象的事实;(2)肯定案件事实方面的证据材料(有罪方面);(3)否定案件事实方面的证据材料(无罪方面);(4)和案件处理有关的一切证据材料。

收集证据的渠道也是多方面的,因刑事案件和民事案件的不同而有所区别。一般来说,有以下主要渠道:

1. 现场勘查或勘验。在刑事案件中,这是普遍收集证据的渠道,在民事案件中有时也采用此渠道。大部分物证或书证都通过此渠道而获得。

2. 搜查和侦查方法。搜查、扣押以及现代科学技术手段,是获得证据的重要渠道。随着现代科学技术在侦查中的广泛运用,这个渠道的威力越来越大,开辟了收集证据的广阔前景。但是,民事证据的收集一般不能采用侦查手段。

3. 深入群众调查。这是传统的、最广泛的取得证据的渠道。因为案件发生在特定的场合,必然为群众所了解,群众提供证据的事例几乎在每个案件的侦破过程中都有。

4. 审讯被告人或询问当事人。这也是取得证据的渠道之一。因为被告人或当事人大多是案件的亲身经历者,提取证据当然不能离开他们。

5. 单位或公民主动提供证据。这是常见的证据来源,是我们不可忽视的渠道。

三、收集证据的原则和要求

收集证据是一项重要的诉讼活动,是正确处理案件的前提。因此,收集证据必须遵循正确的原则和要求。

(一)收集证据的原则

1. 必须依照法律规定的程序和权限进行

我国刑事诉讼法、民事诉讼法、行政诉讼法对收集证据的法定程序作出了明确规定,甚至还就收集证据的具体行为规定了方式、方法等。这些规定都是为了确保与案件有关或了解案情的一切公民有客观、充分地提供证据的条件,防止可能出现的偏差和错误,使收集证据工作能够有效地进行。例如,根据2012年《刑事诉讼法》第二编第二章第二节、第三节的规定,在侦查阶段,讯问犯罪嫌疑人必须由人民检察院或者公安机关的侦查人员负责进行。讯问的时候,侦查人员不得少于2人;而侦查人员询问证人,可以到现场、证人的所在单位、住处或者证人提供的地点进行,但是必须出示人民检察院或者公安机关的证明文件。在必要的时候,也可以通知证人到人民检察院或者公安机关提供证言。询问证人应当个别进行,应当告知他应当如实地提供证据、证言和作伪证、隐匿罪证要负的法律责任等。又如,根据《民事诉讼法》第一编第六章规定,勘验物证或者现场,勘验人必须出示人民法院的证件,并邀请当地基层组织或者当事人所在单位派人参加。当事人或者当事人的成年家属应当到场,拒不到场的,不影响勘验的进行。有关单位和个人根据人民法院的通知,有义务保护现场,协助勘验工作。勘验人应当将勘验情况和结果制作笔录,由勘验人、当事人和被邀参加人签名或者盖章。另外,根据《行政诉讼法》第五章规定,被告对作出的具体行政行为负有举证责任,应当提供作出该具体行政行为的证据和所依据的规范性文件。在诉讼过程中,被告不得自行向原告和证人收集证据。而在诉讼过程中,人民法院认为对专门性问题需要鉴定的,应当交由法定鉴定部门鉴定;没有法定鉴定部门的,由人民法院指定的鉴定部门鉴定。

为确保收集证据工作有效进行,法律还对非法收集证据的行为规定了制裁措施。例如,2012年《刑事诉讼法》第50条规定:"审判人员、检察人员、侦查人员必须依照法定程序,收集能够证实犯罪嫌疑人、被告人有罪或者无罪、犯罪情节轻重的各种证据。严禁刑讯逼供和以威胁、引诱、欺骗以及其他非法方法收集证据……"而《刑法》第246条则规定了刑讯逼供罪和暴力取证罪:"司法工作人员对犯罪嫌疑人、被告人实行刑讯逼供或者使用暴力逼取证人证言的,处三年以下有期徒刑或者拘役。致人伤残、死亡的,依照本法第二百三十三条、第二百三十一条的规定定罪从重处罚。"司法人员若不依法收集证据,而采用非法甚至刑讯逼供的方法收集证据,不仅该司法人员应受到刑事制裁,而且非法收集的口供无效,不能作为证据使用。因此,只有依照法定程序收集证据,才能保证收集证据的诉讼活动客观、公正、有效。

2. 收集证据必须依靠群众

我国刑事诉讼法、民事诉讼法、行政诉讼法都有依靠群众的规定。例如,2012年《刑事诉讼法》第6条规定确立了"必须依靠群众"的基本原则,并在第50条规定,"必须保证一切与案件有关或者了解案情的公民,有客观地充分地提供证据的条件,除特殊情况外,并且可以吸收他们协助调查"。除此之外,2012年《刑事诉讼法》第52条、2012年《民事诉讼法》第7条、2014年《行政诉讼法》第40条均规定了人民法院(刑事诉讼中还包括人民检察院和公安机关)有权向有关的机关、团体、企业事业单位、公民个人调取证据。这些规定,一方面说明法律赋予了这些收集证据的主体一定的权力;另一方面也说明收集证据的活动只有依靠群众才能顺利进行。从刑事诉讼角度看,所查办的任何犯罪都发生在一定的时间、空间,人民群众最了解犯罪发生的有关情况。并且犯罪分子就隐藏在人民群众中,他们的犯罪给国家、集体、人民的利益造成的危害是人民群众所痛恨的。因此,人民群众最具有同犯罪作斗争的积极性,会将有关犯罪分子及其犯罪行为等有关情况揭发出来。依靠群众才会顺利收集证据、及时侦破、处理案件。从民事诉讼、行政诉讼角度看,民事纠纷发生于群众之中,行政行为引发的争议发生于作出行政行为的行政机关与公民、法人和其他组织之间。民事纠纷、行政争议均会在人民群众中产生一定的影响,有关群众十分关心这些诉讼的进行及处理结果。群众不仅了解案情,也能够提供有关纠纷、争议的具体情况的证据。只有依靠群众收集有关民事纠纷、行政争议的证据,才能正确认定、解决民事纠纷和行政争议,确保诉讼活动顺利进行。依靠群众收集证据,要求司法人员认真做到三点:其一,深入群众、虚心听取群众看法,取得群众的信任和支持。其二,不怕困难、知难而进。依靠群众,广泛调查访问,详尽地收集一切与案件有关的证据。这是一项基础性很强的工作。其三,广泛开展法制宣传,耐心细致地做好群众的思想工作,使广大群众提高认识,如实反映案件真实情况。

3. 司法人员收集证据和要求当事人履行举证责任相结合

这一原则在刑事诉讼、民事诉讼和行政诉讼中均有体现。在刑事诉讼中,进行侦查的公安机关和人民检察院,都应当收集证据。公诉案件中,人民检察院认为应当追究犯罪嫌疑人刑事责任的,向人民法院提起公诉时,应向人民法院提供充分的证据。自诉案件中,自诉人提起自诉时负有举证责任。在民事诉讼中,根据2012年《民事诉讼法》第64条的规定,当事人对自己提出的主张,有责任提供证据。当事人及其诉讼代理人因客观原因不能自行收集的证据,或者人民法院认为审理案件需要收集的证据,人民法院应当调查收集。这一规定就体现了审判人员收集证据和当事人举证相结合的收集证据原则。在行政诉讼中,被告对作出的行政行为负有举证责任,应当提供作出该行政行为的证据和所依据的规范性文件。而且,人民法院有权要求当事人提供或者补充证据。人民法院有权向有关行政机关以及其他组织、公民调取证据。

这一原则,既符合三种诉讼案件的特点,又能充分发挥当事人提供证据的积极作用和调动法院收集证据的主动性,以查明案件事实,保证办案质量,提高办案效率。

(二)收集证据的要求

收集证据是一项重要的诉讼活动。为了保证其顺利实施,除了必须遵守法律的有关规定外,还应符合以下基本要求:

1. 必须依照法律的要求收集证据,保证收集证据的合法性

证据由谁收集,收集证据要遵守什么程序等,法律都有明确规定。法律上作出具体规定的目的是保证证据的客观真实,为正确认定案件事实提供可靠的依据。

法律规定了收集证据的行为规范。2012年《刑事诉讼法》第122条规定:"询问证人应当个别进行。"这就是一种法定程序,必须遵守,不能采取集体座谈或者同时询问两个证人等非法方法。因为只有个别询问证人,才能保证证人按自己的意愿提供证言,不受他人影响,从而保证证言的客观性。

法律对证据除了程序上的要求,还有质量上的要求。2012年《民事诉讼法》第70条规定:"书证应当提交原件。物证应当提交原物。"这对保证证据的质量是有意义的。2012年《民事诉讼法》第67条还规定,对证据"应当辨别真伪,审查确定其效力"。这是为了保证证据的确实性而规定的,遵守该规定就能从法律上确保证据的真实性。

在收集证据时,法律对于公民人身权利、民主权利和其他权利给予充分的保障。1996年《刑事诉讼法》第43条规定,严禁刑讯逼供和以威胁、引诱、欺骗以及其他非法的方法收集证据。2012年《刑事诉讼法》第50条进一步规定,审判人员、检察人员、侦查人员必须依照法定程序,收集能够证实犯罪嫌疑人、被告人有罪或者无罪、犯罪情节轻重的各种证据。严禁刑讯逼供和以威胁、引诱、欺骗以及其他非法方法收集证据,不得强迫任何人证实自己有罪。必须保证一切与案件有关或者了解案情的公民,有客观地充分地提供证据的条件,除特殊情况外,可以吸收他们协助调查。可见,刑讯逼供的严重后果已为历史所证明。为了使案件得到正确处理,维护人的尊严和合法权益,严禁采用刑讯逼供等非法手段获取证据。司法人员应当自觉遵

守法律规定,认清采用非法手段收集证据的危害性。

2. 收集证据必须主动、及时

所谓主动、及时,就是指案件发生后,赶赴现场要快,立即着手收集证据,快速进行深入调查,以免失去收集证据的机会。

如前所述,证据的内容是会随着时间推移而发生变化甚至消失的,所以调查人员必须迅速及时地收集证据。刑事案件的犯罪分子,民事案件的当事人,为了逃避惩罚或承担民事责任,往往是千方百计毁坏、隐匿和伪造证据。同时因为自然因素和其他客观情况的变化,某些证据会自然灭失或变形,有些当事人的记忆也会因为时间的推移而失真。强调迅速、及时地收集证据有两方面的意义:其一,离案件发生的时间越近,与案件有关的痕迹、物品就越容易被发现和提取,了解案情的人也就越容易查找;其二,离案件发生的时间越近,证据内容的变化就越小,因而收集到的证据也就越可靠。

由此可见,迅速及时地收集证据既可以提高收集证据的容易程度,也可以提高收集证据的可靠程度。所以刑事案件发生后,司法人员主动、及时、行动迅速地收集证据,才能抓住有利时机。比如,犯罪现场还未遭到破坏;罪犯尚未来得及串供;犯罪分子遗留下来的各种痕迹还比较明显;知情人的印象、记忆还比较清楚。这样能够收集各种有价值的证据或线索,为迅速侦破案件提供有利条件。民事或行政案件也同样,司法人员及时地收集证据,证人才便于寻找,书证、物证、音像证据等才容易取得。否则,拖拖拉拉、时过境迁,由于自然条件变化、人为因素的影响或其他原因,有些证据可能灭失,或者难以寻找,势必对收集证据的工作带来困难,甚至有些关系到案件定性的重要证据根本无法再取得。所以不管刑事案件还是民事案件,收集证据都必须主动、及时。特别是对刑事证据,因为现场易遭受破坏,所以更要及时、主动地收集证据。及时地收集证据,就掌握了破案的主动权,案件的侦结就有较大的可能性。

及时收集证据,既包括从正面收集证据,也包括及时从反面、从排除其他可能性方面收集证据。刑事被告人翻供、变供、当事人改变陈述后,要及时查证。发现新证人还要及时询问、发现新物证还要及时收集。

3. 收集证据必须客观、全面

所谓客观地收集证据,就是要从客观实际情况出发去收集客观存在的证据材料,既不能用主观猜想去代替客观事实,也不能按主观需要去收集证据,更不能弄虚作假去伪造证据。所谓全面地收集证据,就是要从不同的角度去收集能证明所有案件事实要素的证据,既不能只收集支持某事实主张的证据而不收集否定该事实的证据,也不能只收集证明案件主要事实的证据而不收集证明案件次要事实的证据。也就是说,司法人员在收集证据时应注意收集的范围和内容两方面,对于能够反映案件真实情况的一切证据材料都应收集。要做到这一点就应注意:一是注意围绕证明对象、围绕基本事实全面收集证据,不要有遗漏。二是本证、反证都要收集,对证明有罪的证据要收集,对证明无罪的证据也要收集;对当事人有利的证据收集,对当事人不利的证据也要收集。三是要注意收集排除其他可能性方面的证据。这样司法人员才能从不同种类、正反方面、多种角度的证据上入手,综合判断,真正了解案件的真实情况,为进一步确定案件性质,正确处理案件奠定基础。

收集证据是为了查明和证明案件事实。无论调查人员在诉讼中处于何种地位,都应该采取实事求是的科学态度,客观全面地收集证据。无论刑事案件还是民事案件,无论经济纠纷还是行政诉讼案件,只有客观全面地收集证据才能正确认识案件事实,为正确处理案件奠定基础。为符合这一要求，司法人员必须从不同种类证据的收集入手，具体问题具体分析对待。对收集到的书证、物证、音像证据等，一定要保持原状；勘验笔录一定要忠实于现场实际；对刑事被害人的控诉，被告人、犯罪嫌疑人的供述和辩解，以及证人证言一定要如实记录等。司法人员不能只凭主观想象，先入为主，更不能弄虚作假，歪曲事实真相，这事关收集到的证据是否真实、准确的问题。

4. 收集证据必须深入、细致

收集证据本身是一项深入、细致的调查研究工作。与案件有关的痕迹物品隐存于大千世界，了解案情的证人混藏于芸芸众生，再加上某些当事人故意隐匿证据并制造假象，调查人员若不深入、细致地进行调查研究，恐怕很难完成收集证据的任务。在刑事案件中，大多数犯罪分子在犯罪后都要伪造、破坏现场或毁灭、转移罪证。有的刑事案件随着时间的推移、自然条件的变化或其他原因，现场可能出现复杂的情况，影响侦查和定性。在民事、行政案件中，也往往会由于自然条件变化、时间推移及人为破坏等原因，而给收集证据的工作带来很大困难。另外，证据的存在形式一般比较隐蔽。不论是物证还是书证，往往都是被隐藏、被覆盖的，有的甚至埋在地下。有的证据十分细小，肉眼看不见。即使是言词证据，证人也往往不肯轻易讲出来。要把这些不易发现而在证明案件中具有重要作用的证据收集起来，没有严密细致、不畏艰难的工作作风，不做深入、细致的思想工作是无法办到的。因此，要做到深入、细致必须注意：第一，凡是与案情有关的地方都要认真检查勘验，凡是与案情有关的物品和痕迹都要提取，凡是与案情有关的一切单位和个人都应调查、询问，不放过任何细微的情况和线索。第二，避免粗枝大叶、不求甚解。而应对每一个证据认真弄清来龙去脉，既要知道它的现在，又要了解它的过去；既要看清它的表象，又要认清它的本质，以做到既不遗漏证据，又不盲目收集。第三，收集证据深入、细致，不仅指实物证据的收集，而且包括言词证据的收集。收集言词证据时，问得要深，问到要害处、实质处；问得要细，具体到时间、地点、行为、对象、情节、后果等，尤其是关键情况更要过细。过深、过细包括正反两方面的证据，这样可以防止伪造证据。去伪存真，有利于证据的查证。反之则会导致收集证据不全面甚至错误，不利于查明案情甚至产生冤假错案。

5. 收集证据必须依靠群众

任何案件都是在一定的时空条件下发生的，必然会在一定的社会环境中留下痕迹、产生影响，这就为查明案件真相提供了客观可能性。而社会环境是由人组成的，没有人群的地方就不成社会，也就不会发生案件。因此必须到群众中去调查了解，依靠群众提供线索和证据。任何情况都不能完全瞒过群众的眼睛，依靠群众就可以收集证据。深入群众，依靠群众，进行调查研究，这是我国司法实践的一贯做法，是收集证据的优势。

6. 收集证据必须充分运用现代科学技术手段

现代科学技术的发展日新月异，这既使人类社会得以繁荣、发展，又带来了一些负面影响，违法和犯罪分子可以利用高科技手段违法、犯罪和逃避侦查。许多证据单靠传统的方法是无法收集的，必须将科学技术的最新成果运用到收集证据中来，用现代科学手段提取证据。例如，利用计算机网络犯罪，利用高科技手段逃避侦查、反侦查；间谍分子以及其他刑事犯罪分子采用窃听、缩微拍照、远距离摄影等技术窃取国家机密等。这些犯罪分子实施犯罪的证据，采用一般的方法就难以发现和收集，必须注意运用技术手段，例如，运用紫外线检验法判断被检查物的发光性能，恢复被掩盖或消退的文字和血迹，辨别伪造的钞票、证券、票证，鉴别肉眼看不清的印迹、被洗掉或刮掉的文字,辨别商品的真伪,纸张、墨水、胶水等的种类,还可以用紫外线摄影来收集固定这些证据;红外线检验法,是利用不可见的长光波的反射、吸收、透射、散透等特性,以显示被涂污、掩盖的字迹和模糊不清的印文、看不见的字迹,判别添写、改写的文字,暗色纺织品上的斑点等;利用红外线热成像法,还可以根据人留存的体热或某些物体留下的余温拍摄出已经移去的人或物的形象。诸如X射线拍照、激光拍照、缩微拍照、全息拍照等方法,对各种毒物、物品的检验方法,对血型、指纹、唇纹、声纹的同一性鉴定方法,利用DNA手段鉴定等,这些科学方法都有助于我们收集和识别证据,无论是在刑事证据还是在民事证据的收集上都具有极其广泛的作用。

7. 收集证据要抓住本质,分清主次,并要注意保密

证据虽然都能对案件起到一定的证明作用,但也有主次之分。我们要注重收集那些对案件有决定作用的关键证据。此外,在收集证据的过程中要注意保密,通常包括保守国家秘密和保守个人秘密。收集证据要保守国家秘密可分为两个方面:其一,所收集的证据本身是涉及保守国家秘密法规定的文件、事项、物品,司法人员必须遵守保守国家秘密法的规定,不得扩散。其二,按照《国家保密法》第8条规定,追查刑事犯罪中的秘密事项也属于保守国家秘密法中规定的国家秘密。办理刑事案件中,在收集证据时必须保守国家秘密,否则不利于侦破案件。另外,在办理民事、行政案件中,凡收集到涉及公民的个人隐私的证据材料,司法人员应注意保密。泄露证据不但会产生不良社会影响,更重要的是会影响案件的查明。

8. 收集证据的过程中要做到高效率

在收集证据时应讲求经济效益,提高工作效率并降低成本消耗,特别是在民事案件和经济纠纷案件中。调查人员在收集证据时应该努力去提高效率并降低消耗,尽量减少那些不太必要的支出,并要严守诉讼时效。在实行社会主义市场经济的今天,调查人员也应自觉地把高效低耗作为收集证据的一项基本要求。

四、收集证据的方法

虽然我们在理论上和实践中都有区分发现证据和提取证据的必要,但是二者在调查措施或方法上又是很难截然分开的。换言之,各种证据调查措施或方法往往同时具有发现证据的功能和收集证据的功能。因此,我们将其统称为收集证据的措施和方法。其常用者如下:

1. 询问

询问是任何案件中都经常使用的证据收集措施和方法。无论刑事案件还是民事案件,无论经济纠纷还是行政诉讼案件,收集证据的其他措施和方法都可以不用,唯独询问是必不可少的。因此,有人称询问是收集证据的“常规武器”,也有人称询问是调查人员的“基本功”。询问的对象一般为案件中的证人和当事人(刑事案件的被告人除外)。

2. 讯问

讯问是指执法机关要求违法行为人、犯罪嫌疑人或者刑事被告人如实交代案情的方法。讯问是刑事案件中必不可少的证据收集措施和方法,其对象只能是刑事案件中的犯罪嫌疑人或被告人。讯问所收集的证据,既包括犯罪嫌疑人或被告人的有罪供述,也包括他们的无罪辩解。

3. 辨认

辨认是要求当事人或者证人在若干类似的物品、场所或人中,挑选出自己曾经所见所闻的

部分。辨认是很多案件中都可以采用的证据收集措施和方法,因为辨认结论及其相关的证言和笔录都可以成为案件中的证据。辨认的主体可以是案件中的当事人和证人;辨认的对象可以是案件中的当事人或者与案件有某种关联的人,也可以是与案件有关的物品或场所。

4. 勘验

勘验是执法人员亲临现场,发现和提取证据的专门活动。勘验的主体仅限于执法机关,律师无权进行勘验。勘验也是很多案件中都可以采用的证据收集措施和方法。勘验的对象一般为与案件有关的场所、物品和尸体。从收集证据的角度来讲,勘验具有双重意义。一方面,勘验是发现和提取各种物证的重要途径;另一方面,勘验笔录本身也是一种形式的证据。

5. 检查

检查是指执法机关依法对与案件有关的人身进行检查的专门活动。检查是主要在与人体状况有关的案件中使用的证据收集措施和方法,如人身伤害案件和造成人体损伤的责任事故案件等。检查的对象一般为活人的身体,所以又称为人身检查。人身检查笔录是其主要的证据形式。

6. 搜查

搜查是指执法机关依法对与案件有关的场所或人身进行强制性的寻查、寻找和提取证据材料的专门活动。搜查是主要在刑事案件中使用的证据收集措施和方法。搜查的对象可以是场所,也可以是人身,还可以是车船等物体。搜查也具有双重的证据收集功能。一方面,搜查是发现和提取各种物证书证的重要途径;另一方面,搜查笔录本身也是一种形式的证据。

7. 侦查实验

侦查实验是执法机关模拟再现犯罪现场、犯罪过程或者案件发生过程的专门活动。实验多用于刑事案件的侦查过程中,所以又称为侦查实验。但是,在其他种类的案件中也可能需要用这种再现性实验方法来查明事故的原因或验证当事人或证人的陈述。实验笔录是其主要的证据形式。

8. 鉴定

鉴定是指专门的机构或者人员利用其专业技术知识和科学技术设备,对有关问题进行检测,并作出鉴定结论的活动。鉴定也是很多案件都可以采用的证据收集措施和方法。鉴定的对象多种多样,既可以是物证,也可以是书证;既可以是活人,也可以是尸体。鉴定的主体是各学科或专业领域内的专家。证据调查中常用的鉴定有物证技术鉴定、法医鉴定、司法精神鉴定、司法会计鉴定等。鉴定意见是其主要的证据形式。

9. 技术侦查

技术侦查是采取一定科学技术手段获取案件信息、证据和缉拿犯罪嫌疑人等侦查行为的总称。当前技术侦查措施主要指监听、窃听、秘密录像、秘密搜查、邮件检查等多种形式。各种侦查措施可以单独使用,也可以根据案情组合使用。2012 年《刑事诉讼法》第 148 条规定:"公安机关在立案后,对于危害国家安全犯罪、恐怖活动犯罪、黑社会性质的组织犯罪、重大毒品犯罪或者其他严重危害社会的犯罪案件,根据侦查犯罪的需要,经过严格的批准手续,可以采取技术侦查措施。人民检察院在立案后,对于重大的贪污、贿赂犯罪案件以及利用职权实施的严重侵犯公民人身权利的重大犯罪案件,根据侦查犯罪的需要,经过严格的批准手续,可以采取技术侦查措施,按照规定交有关机关执行。追捕被通缉或者批准、决定逮捕的在逃的犯罪嫌疑人、被告人,经过批准,可以采取追捕所必需的技术侦查措施。"同时,侦查权作为国家打击犯罪、实现刑罚权的一项重要公权力,其行使往往与公民享有的生命、财产和人身自由等私权利发生冲突,特别是特殊侦查措施常常成为刑事诉讼惩罚犯罪与保障人权冲突的焦点。侦查权进行法治化,则是缓解冲突、寻求平衡的有效途径。法律既要考虑特殊侦查措施在打击犯罪中的特殊作用而予以保护,又需要对特殊侦查措施加以适当规制,因此在侦查主体、对象、审批程序、有效期限、适用范围、保密规定、证据使用等方面都要有明确规定,防止技术侦查手段侵犯公民隐私权。比如,对特殊侦查措施进行授权刑事诉讼法规定,批准决定应当根据侦查犯罪的需要,确定采取技术侦查措施的种类和适用对象;批准决定自签发之日起3个月以内有效;采取技术侦查措施,必须严格按照批准的措施种类、适用对象和期限执行;侦查人员对采取技术侦查措施过程中知悉的国家秘密、商业秘密和个人隐私,应当保密;对采取技术侦查措施获取的与案件无关的材料,必须及时销毁;采取技术侦查措施获取的材料,只能用于对犯罪的侦查、起诉和审判,不得用于其他用途。

10. 秘密侦查

秘密侦查是指侦查机关基于侦查的必要性,经过侦查机关负责人批准,派出有关人员隐瞒身份进行的侦查活动。秘密侦查体现在身份保密,以虚构的身份骗取对方信任,或使对方产生误解,从而进行收集证据、了解案情、保护被害人、抓捕犯罪嫌疑人、控制犯罪活动等侦查行为。秘密侦查的方式主要有三种:一是化装侦查,诱使对方上钩;二是卧底侦查,虚构身份,打入犯罪团伙内部;三是诱惑侦查,设下圈套,诱使犯罪嫌疑人实施犯罪行为。对于这种侦查方式,理论和实践中一直存在争议。我国2012年《刑事诉讼法》第151条规定,为了查明案情,在必要的时候,经公安机关负责人决定,可以由有关人员隐匿其身份实施侦查。但是,不得诱使他人犯罪,不得采用可能危害公共安全或者发生重大人身危险的方法。对涉及给付毒品等违禁品或者财物的犯罪活动,公安机关根据侦查犯罪的需要,可以依照规定实施控制下交付。可见,为了规范秘密侦查行为,一方面要对侦查机关实施秘密侦查行为进行明确授权,另一方面需要对秘密侦查行为加以程序限制,即只有为了查明案情,在必要的时候,经公安机关负责人决定,可以由有关人员隐匿其身份实施侦查;同时,实施秘密侦查不得诱使他人犯罪,不得采用可能危害公共安全或者发生重大人身危险的方法。

上述措施和方法不仅可用来收集证据,还可用来查明案件事实和审查判断证据。从某种意义上讲,它们也可以说是证据调查的措施和方法。

不同的主体,收集证据的方法也是不同的。在刑事诉讼中,司法人员收集证据的方法主要是现场勘验、尸体检验、活体检验、询问证人、讯问犯罪嫌疑人、被告人、询问被害人、检查、搜查、扣押和鉴定。在民事和行政诉讼中,则主要是询问当事人和证人、调取书证、物证和音像证据、进行勘验和鉴定等。律师在诉讼中收集证据的基本方法是调查研究。调查应采取有效的手段。一般有以下几种:(1)通过会见、访问、座谈,进行谈话,制作记录。(2)复印、抄录资料。对可用作证据的书面材料,如文件、函电、账簿、图表等,律师虽无权调取、扣押,但可以在征得持有人同意的情况下加以复制。(3)拍照。它主要适用于书证、物证的收集。(4)录音、录像。音像证据比谈话记录更能真实地反映谈话内容,尤其能如实反映谈话的具体环境和全过程。(5)鉴定。对于应当鉴定但未予鉴定的问题,或者对卷中鉴定结论的正确性有疑问的,除了申请重新鉴定、补充鉴定外,还可以向有关专家进行咨询,请专家作出说明,这种说明制作成笔录可以作为证据提请法庭审查。

第二节 构建遏制刑讯逼供的诉讼机制

刑讯逼供作为一种证据收集手段,在世界各国普遍存在。刑讯逼供罪是指司法工作人员对犯罪嫌疑人、被告人使用肉刑或者变相肉刑逼取口供的行为。广义的刑讯,不仅包括以殴打、捆绑、违法使用械具等恶劣手段逼取口供的暴力行为和以较长时间冻、饿、晒、烤、困等手段逼取口供,严重损害犯罪嫌疑人、被告人身体健康的变相体罚措施等行为,而且包括威胁、引诱、欺骗等精神上的暴力。经历刑讯之后,被告人或者无法承受身体痛苦,或者基于精神压力或错误认识,从而按照侦查人员的指示或者暗示作出虚假的供述。我国《宪法》、《刑法》、《刑事诉讼法》等分别规定了保障公民的合法权益免遭不法侵害,严禁刑讯逼供等内容,但现实中这类现象却仍无法真正杜绝。从云南的杜培武案到河南的赵作海案,以及湖北的佘祥林案,近十年来出现的这些错案,往往笼罩着刑讯逼供的阴影。可见,刑事诉讼中的刑讯逼供问题已经形成一种顽症和痼疾,关系到公安司法机关的公信力。修订后的2012年《刑事诉讼法》针对这一"顽疾"增加了更有针对性、可操作性的规定,为铲除刑讯逼供滋生的温床提供了法律依据。本节将对刑讯逼供现象的存在原因、产生的危害及立法应对措施等方面作简要介绍。

一、刑讯逼供产生的原因

(一)我国传统刑讯合法化司法观念的影响

我国的刑讯制度可谓源远流长,早在西周时期就已经存在。据《礼记·月令》记载"仲春三月去桎梏,毋肆掠,止狱讼"。肆掠即刑讯,也就是说,一年之中除在春季为保证农业生产而限制使用刑讯拷打获取口供,在其他季节审理案件均可以刑讯当事人。到了秦朝,刑讯开始合法化。至唐以来,刑讯进一步系统化、制度化,对受刑对象、受刑部位、拷囚次数、拷囚工具、拷讯违律者的责任等都形成了制度性规定。可以说,刑讯几乎贯穿了我国几千年封建司法制度的全部历史,刑讯合法化、制度化是我国封建时代证据制度的重大特点。刑讯制度在清末的立法中被取消,到新中国制定刑事诉讼法时更是明文禁止。但是我国传统法中的刑讯合法化对现代司法活动、法制心理、法律意识的影响仍然不同程度地存在,导致在司法实践中刑讯逼供的现象也时有发生。

(二)有罪推定思想的消极产物

有罪推定是封建纠问式诉讼运作的指导思想和基本原则,其基本涵义是指:任何人一旦受到刑事指控,就被推定为有罪。在这种证据思想的指导下,由被告人承担证明责任;案件认定实行"疑罪从有"。在有罪推定下,如果被告人提不出证明自己无罪的证据,那他就是有罪的。既然是有罪的,就应该承担证明自己有罪的责任。当审讯中被告人不认罪,对其进行拷打逼供就是理所当然的了。可见,有罪推定与刑讯逼供之间存在逻辑上的必然联系。

(三)过度依赖口供定案的现实结果

我国传统的司法制度中一直信奉"罪从供定"、"断罪必取其输服供词",被告人的口供就是

"证据之王",具有完全的、最高的证明价值。由于裁判人员定罪依赖于口供,一旦被告人不供认有罪,便对其或者证人进行刑讯逼供,以获取据以定案的口供。当前,有罪推定和"罪从供定"原则虽被废除,但"口供中心主义"观念却对司法实践发挥着持续的影响。长期以来,我国侦查工作坚持口供本位,过于强调口供的作用,侦查思维往往"由供到证",即先从口供入手,然后再根据口供去找其他证据。许多司法人员还存在"口供情结",片面强调"口供"是证据之王的作用,少数司法人员不钻研侦查技术,不去主动将一些现代科学技术运用到侦查实践中去,将刑讯或变相刑讯当做侦破刑事案件的重要手段,正是由于这些因素的影响,使得刑讯逼供在司法实践中长期难以杜绝。

(四)刑事诉讼制度制约机制不健全

1996年《刑事诉讼法》第93条规定"犯罪嫌疑人对侦查人员的讯问,应当如实回答",但对"如实"的标准未作出明确界定;当犯罪嫌疑人不回答或回答的不符合侦查人员心目中的如实标准时,侦查人员就必然会想尽办法去获取口供,其中难免刑讯逼供。可以说如实供述旨在否定刑讯逼供,但事实上却起到了变相鼓励侦查人员重口供的作用,在某种意义上纵容了刑讯逼供的发生。另外,侦审合一的职权划分使刑讯逼供成为可能。我国1996年《刑事诉讼法》第3条规定:"对刑事案件的侦查、拘留、执行逮捕、预审,由公安机关负责。"这表明,刑事诉讼中的侦查、审讯、强制措施等重要职权集中在公安机关,侦审不分、侦审一体,一旦审讯中达不到侦查人员的目的,非法手段就可能发生。同时,刑讯逼供的发生又是侦查人员在合法的讯问程序中"运用"自己的"职权"进行的,致使受害者难以举出证据,受害者的权利得不到应有的保障,加大了刑讯逼供行为的证明难度。司法实践中经常碰到这种情形:犯罪嫌疑人、被告人声称自己被刑讯逼供,甚至在法庭上展示其累累伤痕,但法院依然不予采信,原因就在于犯罪嫌疑人无法充分举证自己的身体伤害系刑讯逼供所致。

(五)片面追求破案率的必然后果

查明案情、抓获犯罪人是一项艰巨的工作。破案需要的时间谁也无法预测,它往往取决于天时、地利、人和等诸多因素,事实上有些案件永远无法侦破。所以,我国刑事诉讼法没有规定侦查破案的期限,只是对犯罪嫌疑人已被羁押的案件的侦查期限作了规定,以限制长时间羁押嫌疑人。但是,现代各国都非常重视刑事诉讼效率,把及时原则引入刑事诉讼之中,并明确地规定了诉讼期限。但一般来说,效率需以效益为前提,体现正义和公正的价值取向,公安侦查机关片面追求效率极易导致忽视正义和公正的诉讼价值取向,从而导致刑讯逼供等违法取证行为的滋生。在司法实践中,运用技术手段收集证据、认定案情,往往劳神费力,而刑讯逼供,以口供定案则通常高效省力,于是"效率"的片面追求往往使广大司法人员产生功利思想,归根结底是政绩观的错位,这就给刑讯逼供的产生带来了更大的空间。

二、刑讯逼供的危害

(一)刑讯逼供容易造成冤假错案

这是刑讯逼供最直接的危害后果。刑讯一方面可以使一个意志薄弱的无辜者被判有罪,另一方面也可以使一个意志坚强的有罪者被判无罪。根据调查结果表明,被告人虚假口供是导致刑事错案的首要原因,而造成被告人虚假口供的主要原因是办案人员偏重口供和刑讯逼供。[6] 几乎每一起冤假错案的发生,都不同程度地有着刑讯逼供的潜在影响。这些通过"刑讯逼供、暴力、威胁"等非法手段所获取的言词证据,使拒不认罪的罪犯如实招供的虽然不少,但也经常被证明是虚假和不可靠的,将这些非法证据采用为定案的根据,很容易造成冤假错案。例如,杜培武"杀妻"案,案发前杜培武系云南省昆明市公安局戒毒所民警。1998 年,其妻与他人幽会时双双被杀,杜培武被列为首号犯罪嫌疑人,屈打成招,被判处死刑,缓期两年执行。所幸真凶落网,2000 年 7 月,杜培武洗清冤情,重获自由。同时,刑讯逼供还容易导致被告人在审判中翻供。司法实践中在一些主要以口供定案或以口供为线索获取其他证据的案件中,被告人一旦以自己的口供是刑讯逼供的结果而翻供,整个案件的证明活动就有失败的可能,使得检察官和法官陷入进退两难的尴尬境地。

(二)刑讯逼供损害了无罪推定原则

我国《刑事诉讼法》第 12 条规定,"未经人民法院依法判决,对任何人都不得确定有罪"。这是我国吸收无罪推定原则精神的重要体现。18 世纪意大利启蒙思想家贝卡利亚提出,"在作出有罪判决以前,任何人都不能被称为罪犯"。无罪推定作为一项立法原则,最早规定在 1789 年法国《人权宣言》中。在联合国关于法律人权的国际文件和文书中,无罪推定被充分肯定,迄今这一原则已经获得现代各国普遍的承认。[7] 这些条款都从根本上保护了犯罪嫌疑人的人身权和诉讼地位的独立性。这一原则要求在法院做出生效裁决之前,也就是整个刑事诉讼过程中,被告人应该被推定为法律上无罪的人,而国家追诉机构只有提出充分的证据证明被告人有罪能够在法律上成立,才能推翻这一推定,使被告人在法律上由无罪的人转化为有罪的人。而司法人员通过刑讯逼供获取口供,从实质上讲是否定了犯罪嫌疑人在诉讼中的意志自由,否定了其独立的诉讼地位,这与无罪推定原则的诉讼精神是背道而驰的。

(三)刑讯逼供侵犯了犯罪嫌疑人的人身合法权益

刑讯逼供是通过"肉刑或变相肉刑"逼取口供,严重地侵犯了犯罪嫌疑人、被告人的人身权利和民主权利,使其在肉体或精神上感到痛苦而被迫做出某种供述,以致造成被审讯对象重伤、死亡和冤假错案的发生。例如,在赵作海案中,既然没有杀害赵振晌,那为什么他还要认罪呢?答案只有四个字:刑讯逼供。根据赵作海回忆,"从抓走那天,他们就开始打我。你看我头上的伤,这是用枪头打的,留下了疤。他们用擀面杖一样的小棍敲我的脑袋,一直敲一直敲,敲的头发晕。他们还在我头上放鞭炮。我被铐在板凳腿上,头晕乎乎的时候,他们就把一个一个的鞭炮放在我头上,点着了,炸我的头。他们还用开水兑上啥药给我喝,一喝就不知道了。用脚踩我,我动不了,连站都站不起来,他们还把我铐在板凳上,那三十多天都不让你睡觉。当时打的我真是,活着不如死,我后来说,不要打了,你让我说啥我说啥"。[8]

(四)刑讯逼供损害了社会公平正义

公平正义是衡量一个国家或社会文明发展的标准,也是我国构建社会主义和谐社会的重要特征之一。现代意义的公平正义不仅要通过结果实现,更要通过诉讼本身实现,通过刑讯逼

---

〔6〕 何家弘、何然:《刑事错案中的证据问题——实证研究与经济分析》,载《政法论坛》2008 年第 2 期。

〔7〕 1966 年 12 月 16 日第 21 届联大通过的《公民权利和政治权利国际公约》第 14 条第 1 项规定:"凡受刑事控告的,在未依法证实有罪之前,应有权被视为无罪";第 14 条第 3 项规定,"不被强迫做不利于他们自己的证言或强迫承认犯罪"。

〔8〕 参见张军主编:《刑事证据规则理解与适用》,法律出版社 2010 年版,第 367 页。

供而获得的证据进而作出的裁判结果,即使结果符合客观真实,社会公众也会对社会公平正义产生质疑。那种认为轻微的刑讯逼供不仅不会造成误判,而且还会因为“拿下口供”而侦破大量案件,达到结果公正的认识,既是对公平正义的片面理解,也有悖于公平正义的价值取向,更不符合社会主义法治理念的本质要求。可见,刑讯逼供之所以必须加以摒弃的合理依据,并不在于它对案件的调查不能提供帮助,而在于它破坏了民主制度下政府权力行使的合法性基础,破坏了法制。用刑讯逼供的手段追诉犯罪,即使在某些案件的侦破方面卓有成效,然而与破坏法制的负效应比起来,恐怕只能算是“赢了猫儿赔了牛”。〔9〕 因此,刑讯逼供作为影响司法公正、践踏司法权威的弊端,对社会观念公平正义理念的影响不言而喻。

此外,刑讯逼供会导致司法人员对依法正确行使司法权的漠视,使司法机关的形象和权威严重受损。极易使普通百姓通过这个窗口而对整个社会的司法是否公正产生怀疑,失去信心,甚至会产生一些逆反心理。这与建设社会主义法治国家的要求也是背道而驰的。

三、构建遏制刑讯逼供的诉讼机制

刑讯逼供现象的存在,有着深刻的社会和法律原因。遏制刑讯逼供也是一项系统工程,需要从转变思想观念、增加司法投入,提高侦查人员素质、提高侦破技术和调整诉讼法律制度等各个方面协同进行。当前,以“两高三部”联合颁布的“两个规定”和2012年刑事诉讼法的修改为标志,我国在立法上已经形成了一个禁止刑讯逼供的完整机制。下面将简要介绍我国在遏制刑讯逼供这一方面所取得的重要进展。

(一)确立任何人不得强迫自证其罪原则

1996年《刑事诉讼法》明确规定,严禁刑讯逼供和以其他非法方法收集证据。2012年《刑事诉讼法》在此基础上又增加了“不得强迫任何人证实自己有罪”的规定。不能强迫包括犯罪嫌疑人在内的任何人违背意愿去证实自己有罪,更不能采用暴力、体罚、虐待等非法手段迫使他们承认自己有罪,这是国际人权规则的一个重要内容,它给遏制刑讯逼供提供了法律依据。要注意处理好“不得强迫任何人证实自己有罪”与现行刑事诉讼法关于“犯罪嫌疑人对侦查人员的提问,应当如实回答”规定的关系。要把这两条规定综合起来理解。前者规定了侦查人员的禁止性行为,即不能非法取证,后者虽规定了犯罪嫌疑人如实供述的义务,但并没有给侦查人员强迫取证的授权,并要依法从宽处理的规定。在这一原则的指引下,公检法机关应摒弃“口供为王”,树立“重证据、轻口供”的观念,让办案人员把更多精力放在犯罪现场勘查、勘验和司法鉴定等方面,在刑侦科技上下工夫,真正提高破案水平。

上述法律规定体现出以下三个层次的理念:其一,人权是宪法规定的基本权利。刑事诉讼中的犯罪嫌疑人、被告人的人权也应当得到尊重和保障。由于侦查人员迫于破案压力极有可能采用刑讯逼供等非法手段获取口供证据,故为保护犯罪嫌疑人、被告人的基本人权和诉讼权利,法律严禁刑讯逼供和以威胁、引诱、欺骗以及其他非法的方法收集证据,如果侦查人员违反法律规定采用刑讯逼供手段获取证据,还将承担相应的法律责任。其二,由于口供证据不稳定,极易存在虚假的情形,故应当对口供持审慎态度,不能过度依赖口供。其三,对于实践中违反法律规定,采用刑讯逼供等非法手段获取证据的情形,如果采用此类证据,只会放任和纵容

---

〔9〕 贺卫方:《刑讯逼供为哪般》,载《南方周末》1998年5月15日。

刑讯逼供等非法取证行为，进而导致恶性循环，很难有效预防冤假错案的再次发生。因此，对于经依法确认的采用刑讯逼供等非法手段获取的被告人供述，应当予以排除，不能作为定案的根据。通过排除采用刑讯逼供等非法手段获取的供述，有助于从根本上遏制刑讯逼供。

（二）规定非法证据排除的证据规则

由于人在遭受极度痛苦的情况下会为了减轻痛苦而说出任何事情，因此，通过此类手段获得的供述大多是不真实的。“刑讯必然造成这样一种奇怪的后果：无辜者处于比罪犯更坏的境地。尽管二者都受到折磨，前者却是进退维谷；他或者承认犯罪，接受惩罚，或者在屈受刑讯后，被宣告无罪。但罪犯的情况则对自己有利，当他强忍痛苦而最终被宣告无罪时，他就把较重的刑罚改变为较轻的刑罚。所以无辜者只有倒霉，罪犯则能占便宜。”〔10〕对于以刑讯逼供等非法手段取得的被告人供述，许多国家都确立了绝对的排除规则。之所以排除此种供述，“并不只是因为此种供述可能是不真实的；基本的公正理念也要求法院不得使用通过此种强迫的手段所获取的证据”。〔11〕刑讯逼供的最终目的是取得定案的证据，只有规定凡是以刑讯逼供这样的方式获得的口供不应作为定案的依据，才能从根本上切断刑讯逼供的动力源，是釜底抽薪的做法。由此可见，非法证据排除规则，在我国实行严禁刑讯逼供的机制中，起着重要的作用，它不仅告知办案人员如何收集和运用证据，还是对非法取证行为的一种法律制裁和救济。

2010 年 6 月，最高人民法院公布《非法证据排除规定》，强调经依法确认的非法言词证据，应当予以排除，不能作为定案的根据。2012 年刑事诉讼法修改吸收了这一重要成果：“采用刑讯逼供等非法方法收集的犯罪嫌疑人、被告人供述和采用暴力、威胁等非法方法收集的证人证言、被害人陈述，应当予以排除”，“在侦查、审查起诉、审判时发现有应当排除的证据的，应当依法予以排除，不得作为起诉意见、起诉决定和判决的依据。”这些规定体现了立法者希望通过公、检、法三家机关在侦查、审查起诉、审判各环节排除非法证据，共同遏制刑讯逼供的立法意图。同时，修改后的 2012 年《刑事诉讼法》第 57 条规定：“在对证据收集的合法性进行法庭调查的过程中，人民检察院应当对证据收集的合法性加以证明。”这就确立了刑讯逼供的举证责任倒置原则，让有能力承担举证责任的控诉机关对不存在刑讯逼供的事实负举证责任，符合司法实际，有利于防止刑讯逼供行为的发生。

（三）监督制约机制系统完善

2012 年《刑事诉讼法》对遏制刑讯逼供采取了整体性防范、系统规定的做法，通过检察机关的监督、证据的收集、拘留后送看守所羁押、讯问时录音录像等一系列的程序规定，把整个刑事诉讼程序串联起来，严密防范刑讯逼供的发生。

1. 控制犯罪嫌疑人人身的时间限制。2012 年《刑事诉讼法》第 83 条规定，拘留后，应当立即将被拘留人送看守所羁押，至迟不得超过 24 小时。除无法通知或者涉嫌危害国家安全犯罪、恐怖活动犯罪通知可能有碍侦查的情形以外，应当在拘留后 24 小时以内，通知被拘留人的家属。有碍侦查的情形消失以后，应当立即通知被拘留人的家属。该法第 117 条也规定，传唤、拘传持续的时间不得超过 12 小时；案情特别重大、复杂，需要采取拘留、逮捕措施的，传唤、拘传持续的时间不得超过 24 小时。不得以连续传唤、拘传的形式变相拘禁犯罪嫌疑人。传

---

〔10〕［意］贝卡利亚：《论犯罪与刑罚》，黄风译，中国大百科全书出版社 2005 年版，第 89 页。

〔11〕［美］诺曼·嘉兰等：《执法人员刑事证据教程》，但彦铮等译，中国检察出版社 2007 年版，第 229 页。

唤、拘传犯罪嫌疑人,应当保证犯罪嫌疑人的饮食和必要的休息时间。

2. 保障犯罪嫌疑人、被告人会见律师的权利。在羁押阶段,律师的重要作用之一是告知犯罪嫌疑人如何恰当地保护自己不受强迫的权利。2012年《刑事诉讼法》第33条规定,犯罪嫌疑人自被侦查机关第一次讯问或者采取强制措施之日起,有权委托辩护人;在侦查期间,只能委托律师作为辩护人。被告人有权随时委托辩护人。第37条规定,辩护律师可以同在押的犯罪嫌疑人、被告人会见和通信。其他辩护人经人民法院、人民检察院许可,也可以同在押的犯罪嫌疑人、被告人会见和通信。并规定辩护律师会见犯罪嫌疑人、被告人时不被监听。

3. 明确讯问的场所。在司法实践中,对于未被羁押的嫌疑人,在其住处进行讯问的很少,多是传唤到指定地点进行讯问,这个指定地点往往是侦查机关的工作场所或者其他相对封闭的地方。至于被羁押的嫌疑人,作为未决羁押场所的看守所,是主要的讯问场所,但是由于实行的不规范,其他场所充当讯问地点的情况屡见不鲜,而大部分的刑讯逼供现象,都发生在规定的讯问场所之外。因此,2012年《刑事诉讼法》第116条规定,犯罪嫌疑人被送交看守所羁押以后,侦查人员对其进行讯问,应当在看守所内进行。该法第117条规定,对不需要逮捕、拘留的犯罪嫌疑人,可以传唤到犯罪嫌疑人所在市、县内的指定地点或者到他的住处进行讯问,但是应当出示人民检察院或者公安机关的证明文件。

4. 强化检察机关的侦查监督权利。检察机关应经常介入侦查机关的侦查过程,派员参加某些强制侦查活动,检察院可以确认明显不当又无正当理由拒不接受检察监督建议的侦查行为无效,要求其更换人员补充侦查,必要时也可自行侦查,以警戒未来的侦查活动。例如,2012年《刑事诉讼法》第93条规定,犯罪嫌疑人、被告人被逮捕后,人民检察院仍应当对羁押的必要性进行审查。对不需要继续羁押的,应当建议予以释放或者变更强制措施。有关机关应当在十日以内将处理情况通知人民检察院。

5. 讯问全程录像的规定。采用录音、录像等现代科技手段对讯问过程进行监督与控制,是世界各国的通行做法。英国为例,依照法律,询问时,必须每24小时内有8小时的休息和活动时间,这8小时应尽可能安排在夜间。在对话过程中,不得使嫌疑人裸露身体。同时《录音实施法》规定,警察询问嫌疑人时,必须同时制作两盘录音、录像带(两盘录音带必须由同一个录音机同时录制,两盘录像带也必须由同一个录像机录制,而不允许拷贝),询问结束后将一盘封存,标明录音时间和地点,并由警察和嫌疑人签字,另一盘在诉讼中使用,如在法庭审理中,嫌疑人对此提出异议,则当众拆封播放。我国2012年《刑事诉讼法》第121条规定:"侦查人员在讯问犯罪嫌疑人的时候,可以对讯问过程进行录音或者录像;对于可能判处无期徒刑、死刑的案件或者其他重大犯罪案件,应当对讯问过程进行录音或者录像。录音或者录像应当全程进行,保持完整性。"这一制度能够大大制约警察的讯问行为,对刑讯逼供起到预防的作用,同时也是对取证行为合法性的有力证明。

由此可见,刑事诉讼法的修订从赋予犯罪嫌疑人不得自证其罪的权利,排除非法取得的证据适用,到对讯问过程的全程录像,说明刑事诉讼立法已经对遏制刑讯逼供构建了完整的制约机制。当然,由于刑讯逼供现象有着一定的历史渊源,具有多层次性、多方面的原因,要从根本上遏制刑讯逼供不可能一蹴而就。法律规定制定之后,还要有法制观念的培养、司法理念的培育、公民素质的提高、司法干警素质的提高等,这需要时间的积累。但是,随着我国遏制刑讯逼供法律机制的建立,随着公民民主法律意识的不断提高,实现这一目标的进程一定会不断加快。

第三节 证据开示和举证时限

一、刑事证据开示制度

(一)刑事证据开示制度的概念和意义

刑事证据开示,又称刑事证据展示,是指刑事诉讼中的控辩双方在审判人员主持下,依法相互展示与案件事实有关联的证据的活动。具体而言,是指“庭审前在双方当事人之间相互获取有关案件的信息,即在辩护方提出合理申请的情况下,法庭可以要求控诉方将其掌握的证据材料展示给辩护方,展示的具体方式是允许其阅读、复制;同时,在法定特殊环境下,法庭也可以要求辩护方将其准备在审判中提出的证据材料向控诉方公开”。

证据开示可分为正式的开示和非正式的开示。前者是制度化的、按法律要求所进行的开示,例如,庭审前在法官主持下诉讼双方进行的证据集中开示。后者则是非制度化的,由诉讼实施者在诉讼过程中对其掌握的有关信息和证据向对方所作的选择性介绍和透露。一般所指的证据开示指的是正式的开示。

证据开示制度设置的目的有三:一是确认对立当事人之间的争议点即诉讼的焦点;二是得到与案件有关且为诉讼准备所必要的证据信息;三是获取在正式审理中可能难以取得的相关信息。

证据开示制度的存在有以下意义:

第一,设立刑事证据展示制度有利于发现案件的客观真实,实现实体公正。在实行证据展示制度的情况下,控辩双方在庭审之前已充分了解案件的事实情况,进行了充分的准备,从而减少了阻碍法官在庭审过程中发现实体真实的主、客观因素,更有利于防止将法庭演变成与查明真相无关的司法竞技场,也只有这样,真正意义上的对抗制庭审才能得以顺利进行。

第二,设立刑事证据展示制度有利于实现控辩双方平等武装,实现程序公正。在刑事诉讼中,公平竞争原则是程序公正的基础。面对强大的国家权力,辩护一方在各方面,尤其在取证能力上,明显处于劣势。实行证据展示制度则能改变这种控辩双方的不平等状态。如果没有证据展示制度的设立,被告人的诉讼利益将得不到充分保障,诉讼平等成为一句空话。

第三,设立刑事证据展示制度,有利于节省诉讼资源,实现诉讼效率。证据展示制度不仅可以杜绝伏击审判现象,使控辩双方的辩论有极强的针对性和连贯性,而且可以使法庭审判不至于因为需要调查核实证据而经常休庭,保证了法庭审判不间断地进行。同时,因为案件的审理是建立在充分辩论的基础之上的,被告人服判的可能性增大,不必要的上诉和申诉将大大减少。

(二)国外刑事证据开示制度简介

1. 英美法系的证据开示制度

英国的刑事诉讼中的证据展示制度包括两部分:一是检察官向被告人的展示义务,二是辩护方向检察官的展示义务。就检察官的证据展示义务而言,检察官既要向辩护一方告知他将要在法庭上作为指控依据所要使用的全部证据,也称为预先提供信息的义务;也要向辩护一方展示不准备在庭审过程中使用的任何相关材料,即所谓对检察官无用的材料,这种义务称为展示的义务。而辩护方向检察官的展示义务在1996年前只有在出现法定的情况下才承担。在1996年英国通过制定刑事诉讼与侦查法改革了证据展示制度,在明确检察官向辩护方进行证据展示的规则的同时,也要求辩护方承担向控诉方展示其辩护内容和证据的义务,并规定了不承担这种义务的法律后果。

《美国联邦刑事诉讼规则》也规定了辩护方应向控诉方承担的证据展示义务,只是对条件做了规定,只有当辩护方提供的证据用来证明被告人不在犯罪现场,或当证据中包含有关被告人精神状况的专家证词及证明被告人代表政府行使公共权的证人的情况时,辩护方才有义务展示。

英美两国证据展示制度有以下不同点:(1)控诉方展示的证据材料的范围不同。英国通过设计初次展示和第二次展示的程序予以保障,以求尽可能地充分展示控诉方证据。在此过程中,法官拥有一定程度的自由裁量权,可将其认为涉及妨害公共利益的证据排斥在展示范围之外,在美国则只在举行案件预审的过程中,辩护方才有可能查阅控诉方准备采用的证据,而且由于证明标准和检察官的策略问题,辩护方很难看到控诉方的全部证据,所能弥补此不足的措施只能是在审前动议提出阶段由辩护方向法官提出就某些材料证据的查阅申请,并依赖于法官的裁定。(2)辩护方展示的证据材料的范围不同。除证明被告人不在犯罪现场或患有精神疾病的证据须展示外,在英国,辩护方还须展示包括一份记载其与控诉方主要分歧点及理由的辩护陈述。而在美国,辩护方不承担此义务。(3)违反证据展示义务的法律后果不同。在美国,法官可以依法完全排除控辩双方没有向对方展示的有关证据材料。但在英国,如果辩护方没有履行展示义务,不仅控诉方无须进行第二次证据展示,并且法官和陪审团可以从中做出对被告人不利的推论,但对检察官义务的履行却未规定任何法律后果。

2. 大陆法系的证据开示制度

在大陆法系国家中,实施证据展示制度最为典型的首推意大利和日本。

意大利现行的刑事诉讼法典是在保留大陆法系传统做法的基础上,大量吸收英美对抗式审判要素而创设的一种混合式审判制度。其在废除卷宗移送的起诉方式的基础之上确立了两方面的证据展示机制:一是在预审程序举行之前允许辩护方对检察官的书面卷宗进行全面查阅;二是在预审结束后和法庭审判开始前,允许辩护方到检察机关和法院特设的部门查阅卷宗材料。

"二战"前日本由于实行职权主义诉讼模式,检察官提起公诉时,须向法院提交全部侦查所得的证据。辩护律师因此可以查阅存于法院的案卷和证据。"二战"后,日本效仿英美法系国家的相关做法,确立了"起诉状一本主义"的模式,即要求控诉方公诉时只可提交一份起诉书,而不能附有任何有可能使法官对案件形成预断的证据和材料,从而避免法官审前的预断和偏见的产生。但辩护律师失去了原来职权主义模式下查阅卷宗材料的权利。控辩双方只要准备向法院提出本方证据,就负有向对方展示该证据的义务,不过应以对方提出请求为前提。

(三)建构刑事证据开示制度的原则

1. 法定性原则。国外相关的证据展示制度通常确定了法官在是否进行证据展示方面的司法审查权。根据美国法律,控辩双方若要求查看对方所掌握的某些证据或文件或者双方在证据展示的范围、方式上存有争议，即可向法官提出申请，法官可根据申请签发相关命令。在我国，法院与检察院是地位平等的司法机关，法院缺乏对检察院行为进行司法审查或司法控制的传统和现实机制。检察机关完全可以对法院的命令置若罔闻，出于部门利益将对辩护方不利的证据视为“秘密武器”，片面追求个人胜诉。因此，在我国，明确以立法形式规定检控方对辩护方的证据展示义务是唯一的途径。

2. 双方展示原则。该原则要求不仅检控方需要向辩护方展示证据，辩护方也需承担一定的证据展示义务。从国外证据展示制度的发展来看，证据展示正由单向展示向双向展示转变。若仅单向展示不仅影响诉讼效率，而且会妨碍检控方展示证据的积极性，反过来影响辩护方及时、有效地获得实质性的案件消息。因此，相互展示甚为必要。

3. 非对等展示原则。由于我国检察官权力较大，应更强调其在证据展示中的责任和主导地位。而辩护方对从事案件调查只有有效的资源、能力和愿望。在作案和罪行被确定之间有限的时间范围常常不允许律师进行充分的调查。因此，尽管双向的展示必不可少，但辩护方只需承担将准备用于庭审的证据展示的义务。

4. 公共利益豁免原则。如果有关证据材料涉及“公共利益”，检控方所负的证据展示义务便可免除。同时，这一规则在我国应有明确规定，如规定涉及国家秘密的证据可不予展示，以防止此原则被控诉方滥用，成为规避证据展示义务的借口。

5. 责任原则。建立举证时效制度，法律应对违反证据展示义务的有关人员规定一视同仁的制裁措施。对于在庭前已经获得而未展示，庭审中却采取突袭方式提起的证据，不论是控诉方的还是辩护方的，如没有正当理由，法庭均不予采信。控辩双方在证据展示后，开庭审理前获取新证据的，应当在开庭审理前提交合议庭并同时送交对方。否则，法庭也将不予采信。

（四）我国刑事证据开示制度的现状及完善

我国刑事诉讼法虽然也有一些类似于证据展示的规定，但与对抗制相配套的正规意义上的证据展示制度并没有真正建立。就我国目前立法而言，控辩双方的证据沟通主要在两个阶段。其一，侦查阶段。2012 年《刑事诉讼法》第 36 条规定：“辩护律师在侦查期间可以为犯罪嫌疑人提供法律帮助；代理申诉、控告；申请变更强制措施；向侦查机关了解犯罪嫌疑人涉嫌的罪名和案件有关情况，提出意见。”其二，起诉和审判阶段。2012 年《刑事诉讼法》第 38 条规定：“辩护律师自人民检察院对案件审查起诉之日起，可以查阅、摘抄、复制本案的案卷材料。其他辩护人经人民法院、人民检察院许可，也可以查阅、摘抄、复制上述材料。”由此可见，在某种程度上我国对证据展示已作了部分规定，但这些规定存在如下缺陷：

第一，证据展示的内容狭隘。对于检控方不准备在法庭审判采用却又对被告人有利的证据，法律没有纳入展示范围。这不利于辩护方在事先充分、全面地了解检控方所掌握的证据，做好应诉准备。

第二，证据展示的方向单一。法律仅规定了检控方向辩护方展示证据的部分内容，没有要求辩护方向检察院承担展示义务，这不仅有悖于各国证据展示制度的发展方向，而且其结果将大大挫伤控诉方展示的积极性，反过来无法落实对辩护方的单向展示。

第三，违背证据展示义务的制裁措施缺乏。由于缺乏对违背证据展示义务的制裁规定，控辩双方得不到应有的法律约束。控辩双方将应当在庭前展示的证据不予展示，在法庭上当庭突袭的现象时有发生。而且，在庭审中被告人及辩护律师“可以提出新的证人和新的证据”，在此情况下,控辩双方就更有理由隐匿证据而不受任何约束了。这样,证据展示制度将失去其存在所应有的意义。

我们认为,我国刑事证据展示制度的完善应从以下三个方面进行:

1. 证据的交换方式和结构。一般而言,证据交换存在三种方式:(1)法官主持下的控辩双方直接交换;(2)控辩双方自行交换;(3)由法官代为转交双方证据。尽管在第二种方式中最能避免法官的预断和偏见,但缺少了法官的主持,很难保证展示程序不陷入一种混乱状态,从而影响展示程序的顺利进行。因此,在我国的证据展示制度的设立中,建议采用第一种与第三种方式。同时,为有效防止法官因过早地接触案件而产生审前预断,应该建立类似于国外的预审制度,即通过一名专门的操作展示程序的法官来履行,而此法官不应再担任庭审中的法官或合议庭成员,而控诉也要实行"起诉状一本主义"。

2. 证据展示的内容。为了充分保障被告人的合法权益和庭审的顺利进行,控辩双方均有展示义务。但在承担展示义务上,与处于弱势的辩护方相比,代表国家行使强大的追诉权的控诉方应当承担更多的展示义务。其展示范围主要应涉及案件的物证、书证、证人的庭前证言、被害人的庭前陈述、鉴定结论、勘验、检察笔录和视听资料,既要包括其准备使用的证据,也要包括其不准备使用的证据。但应注意在证据涉及国家秘密、公共利益等重大的权益时,可不作展示,这种义务的免除由检察官提出申请,负责证据展示的法官裁定执行。

3. 违反证据展示义务的法律后果。作为一种保证庭审质量和效率的展示制度,必然需要设定相应的措施保障实施。为此,应作如下规定:一是强制违反展示义务或不适当履行义务的一方应继续履行;二是不认定需要展示却因一方不履行展示义务而没有被展示的证据;三是不履行义务的一方承担因证据不能认定而导致的不利后果。

二、民事证据开示制度

(一)民事证据开示制度的概念和意义

民事证据开示制度一般又被称为庭前证据交换制度,指的是法庭在庭审前的准备过程中,在法官的组织和主持下,案件当事人将各自的证据与证据线索进行交换、核查,并由法庭归纳无争议的证据和争议的焦点,拒不交换或迟延交换要承担证据失权的不利诉讼后果的一种庭前准备程序,它是庭前准备程序的关键。

庭前证据交换制度具有以下意义:

第一,有利于实现司法公正。证据交换制度的确立,使庭前准备程序真正与庭审程序分离,建立了一种使双方当事人能够了解对方的证据材料和其他信息资源的有效机制,使法官能全面、准确地掌握当事人的争执点,并摆脱了因事先调查取证而陷入的既是裁判员又是运动员的矛盾身份,真正以中立者的身份来审理案件,这在很大程度上保证了程序公正,从而使当事人追求到切实有望的实体公正。

第二,有利于提高诉讼效率。庭前证据交换使当事人举证责任得到加强,排除了法院的调查取证工作,节省了国家诉讼成本的投入。同时,庭前证据交换使得当事人双方和法院在开庭审理之前,对诉讼的争议焦点和待证事实已了解得十分清晰,故而庭审可以有目的地展开,消除了因当事人不断提供证据而不断开庭的弊病,强化了庭审功能,减少开庭次数,提高庭审效率,节省诉讼时间和精力,降低诉讼成本。

第三,有助于实体解决。庭前证据交换制度使当事人对诉讼结果将获得的效益大小有一个较为明确的估计,可能促使当事人和解或提高调解率。这样既避免过多地耗费国家的诉讼成本,也节省了当事人因继续诉讼而将要花费的资金投入和精力牵制,故而这种实体解决真正达到了诉讼的效益。

第四,有利于减少上诉率。在一审案件处理过程中,若能充分发挥庭前证据交换制度的作用,引导当事人在一审中提出所有的攻击和防御方法,当事人对于案件的胜诉或败诉可能心中有数,上诉的可能就减少。

(二)国外民事证据开示制度简介

1. 英美法系的民事证据开示制度

英国民事诉讼现行审前程序主要由四个阶段构成:传唤状的送达、诉答、证据开示及庭审指导。其中的证据开示阶段指证据资料的开示与查阅程序,即指双方当事人将其现有或过去占有、保管的或在其控制范围内的,与诉讼有关的证据资料向法院或其他诉讼当事人披露的程序。英国1999年修订的《民事程序规则》对证据开示予以更为翔实的规定,大体包括如下内容:其一,证据开示范围。包括当事人赖以证明主张的证据资料,不利于该方当事人或他方当事人抑或有利于他方当事人的证据材料,以及相关的应用指南要求该当事人开示的证据资料。而对于即便与案件有关,但开示将损及公共利益的资料,被要求开示人有权拒绝开示。至于涉及公正、公共利益、医师报告内容、秘密信息(包括个人财务状况)的资料,及出于保护儿童、患者利益的需要不应公开的资料,对方当事人不得主张"强制开示权"。其二,证据开示方式。当事人应自动向对方出示书证材料而无需对方提此要求,若当事人愿意,其亦可以宣誓声明的方式提供证据。一方当事人亦有权要求对方作出对事实的"自认",该"自认"可在该案庭审时被该一方当事人用作反对该对方当事人的证据。但在法庭允许的情况下,该对方当事人可修正或撤销该"自认"。此外,该程序规则还明文规定了非当事人证据开示问题。其三,违反开示要求的制裁。除法院另有裁定外,证人陈述或证据概要应在规定期限内开示,未在此期间内开示的,法院庭审时将不召集该证人作证,该证据亦不能作为证据采信。此外,在"强制开示"情形下,当事人不服从法官开示裁定的,法官可命令勾销当事人的请求或答辩书,同时作出该当事人败诉的判决;或以藐视法庭行为予以制裁。其四,法院对证据开示的控制。法院应就需证据佐证的争点,决定争点所需证据种类、性质及提交该证据的方式加以指导,并可依职权排除本可被采用的证据,还可限制反讯问。

美国民事诉讼中的证据开示主要包括以下内容:其一,召开当事人会议,制订开示计划(《美国联邦民事诉讼规则》第26条第6款)。其二,证据开示的范围。任何一方当事人可以要求对方当事人提出与诉讼标的有关联且不属于保密特权的任何事项,并对保密特权加以列举:委托人告知律师的案件情况、夫妻间的秘密、患者告知医生的情况、牧师在忏悔者忏悔中得知的情况、国家机关履行职责时形成和收集的情报等。其三,证据开示方法。双方当事人有权使用录取证言、向对方当事人提出质问书、要求对方当事人或第三人提供与案件有关的物证、检查受害人身体和精神状况、要求自认等方法收集、交换证据和信息。其四,违反开示要求的制裁。《美国联邦民事诉讼规则》第37条规定了四种方式的处罚:(1)可判处不服从法院命令的人藐视法庭罪,处以拘留、罚金等相应的处罚。(2)不回答对方提出的问题时即认定对方提出的问题已被证实,并禁止再就此问题进行反驳和抗辩。(3)不经庭审即可驳回不服从法院开示命令的当事人的诉讼或缺席判决其败诉。(4)在开示阶段没有充分理由,不向对方出示其占有的证据的,庭审时该证据将被禁止作为证据使用;如果未开示非因故意而是过失,法官可以允许当事人在法庭上出示该证据,但此时对方当事人可申请延期审理,并可要求有过失的一方负担相关的费用。其五,法院对证据开示的控制。法院通过指导、管理当事人进行证据开示、监督当事人利用开示程序的措施、限制当事人利用开示方法的次数及规定强制开示义务、最初出示义务和补充出示义务等途径管理证据开示,提高效率。

2. 大陆法系的民事证据开示制度

在法国,当事人主要通过四种方法进行准备程序:其一,当事人之间交换诉状和答辩状等准备书状;其二,当事人之间传递书状(凡庭审前当事人未传递的书状不得在法庭上作为证据提出);其三,传递证人陈述书,若证人在法庭外的陈述书在开庭审理前向对方当事人传递即可作为证据;其四,在审理前准备阶段,当事人有权向法院申请请求对方当事人或第三人提出与案件有关的书证和其他文书。对违反开示要求的行为则给予一定制裁:一方如持有一项证据,法官得应另一方的申请命令他出示,对违反命令的当事人必要时用罚金给予制裁。法官亦得应当事人的申请命令第三人在法律没有禁止的情形下出示他所持有的文书。不执行此项命令时,法院亦能使用罚金予以制裁。法典赋予准备程序法官监督当事人准时交换诉讼请求和通知证件(若不交换书证,法庭上不得使用)、监督事实调查等权力,强调对证据开示的管理,以强化法官的指导、督促。

1976年《德国民事诉讼法典》规定法官可采用口头准备或交换书证两种方式进行审前准备,审前书证准备活动中,法官通过审查和督促当事人提交书证来发现证据、明确争议点。同时,当事人调查证据须按法院证据裁定进行,裁定中指明哪些问题应调查证据以及证人和鉴定人的姓名,法院以证据裁定排除与争执点无关的证据,以此实现对当事人举证的指导。此外,德国法在审前证据收集问题上将证据随时提出主义改为适时提出主义,强化证据失权效力,即如若当事人庭审时出示审前并未告知对方当事人的证据,则法官可根据情况考虑不采纳此证据,以此保证当事人严格按审前书证交换程序交换证据。

(三)我国的民事证据开示制度

最高人民法院《关于民事诉讼证据的若干规定》对民事证据交换制度作了明确的规定,这是我国民事诉讼证据制度的新的发展,是在总结我国长期民事审判实践经验的基础上产生的。它的规定丰富了我国民事诉讼制度的内容,具有较强的可操作性和针对性,对于提高民事审判的效率和质量,促进我国民事诉讼制度的发展具有重要意义。该规则对民事证据开示制度作了如下规定:

1. 证据交换的前提

该司法解释第37条规定:"经当事人申请,人民法院可以组织当事人在开庭审理前交换证据。人民法院对于证据较多或者复杂疑难的案件,应当组织当事人在答辩期届满后、开庭审理前交换证据。"可见,证据交换的前提包括两点:当事人申请;证据较多或者复杂疑难的案件。

2. 证据交换的时间

该司法解释第38条规定:"交换证据的时间可以由当事人协商一致并经人民法院认可,也可以由人民法院指定。人民法院组织当事人交换证据的,交换证据之日举证期限届满。当事人申请延期举证经人民法院准许的,证据交换日相应顺延。"可见,证据交换的时间可以由当事人协商一致并经人民法院认可,也可以由人民法院指定。开庭审理的时间一般应当在证据交换后的十日以上。这样,如果当事人在证据交换时申请延期举证或者要求提供新的证据、通知新的证人到庭,法院可以避免延期审理,减少讼累,而且,法院也有时间在开庭审理之前主持当事人对新提交的证据再次进行证据交换。

3. 证据交换的方式

证据交换在受理案件后由法庭组织双方当事人先召开一个审前会议,其主要内容是对当事人进行举证指导、由当事人协商确定举证期限、证据交换及开庭审理的时间,然后根据当事人的协议逐步开展诉讼程序。在此过程中法院要加强指导,防止当事人故意拖延诉讼。

4. 证据交换的主持人

该司法解释第 39 条明确规定,证据交换应当在审判人员的主持下进行。"审判人员"的范围包括合议庭成员、书记员或法官助理。证据交换由书记员或法官助理主持更为适宜。若由主审法官或合议庭成员主持证据交换,容易导致先入为主,使司法改革重回"先定后审"、庭审走过场的老路。

5. 证据交换的次数

该司法解释第 40 条规定,证据交换一般不超过两次。但重大、疑难和案情特别复杂的案件,人民法院认为有必要再次进行证据交换的除外。

三、举证时限制度

(一)举证时限制度的概念和意义

举证时限制度,是民事诉讼和行政诉讼中的概念,是指负有举证责任的当事人应当在法律规定和法院指定的期限内提出证明其主张的相应证据,逾期不举证则承担证据失效法律后果的一项诉讼期间制度。具体地讲,举证时限制度包括以下两个方面的内容:一是期限,即法律规定和法院指定的诉讼法上的期间,当事人应当在此期间内尽最大能力提供支持其主张的证据;二是后果,当事人若在此期间内不提供或者不能提供相关的证据,则产生诉讼程序上的法律后果,即该证据不为法院所采纳,失去其证据的证明效力,当事人将因此承担对己不利的法律后果。

设立举证时限制度,具有以下意义:

第一,有利于实现程序公正。程序公正对诉讼当事人而言,表现为平等的诉讼地位、平等的诉讼权利和保证诉讼当事人行使其诉讼权利的平等待遇。举证时限制度的设立,要求当事人在法定和指定期间内提供有关证据,双方均享有同等的机会同时了解对方所提交的证据,并做好充分的辩论准备,有效防止了一方搞"突然袭击",使对方措手不及而使自己处于有利地位的可能性,给双方创造了平等的进行诉讼活动的机会。

第二,有利于证据制度体系的完善。我国尚未颁布《证据法》,举证时限制度不仅使举证责任制度落到实处得到完善,而且为今后证据制度体系的形成打下了基础。缺少了举证时限制度的举证责任制度,是不完善的,因为当事人的举证行为只有具备时间效力,其所举之证才具有质证和认证的诉讼意义。

第三,有利于诉讼效率、诉讼效益的提高。建立举证时限制度后,当事人为避免举证因逾期提供而失效的情况出现,尽其所能在期限内调查、收集证据并及时提供,法院亦得以迅速审结案件,避免了可能的数次开庭造成的人力、物力、时间的投入。该制度对于提高诉讼效率、效益是不言而喻的。同时,因证据集中于一定期间提出,双方当事人在此期间充分了解了对方所拥有的证据,对诉讼将达到的期望结果有一定的估计,容易接受法官提出的调解方案,从某种程度上看也可提高诉讼效率、效益。

(二)有关国家和地区的举证时限制度

1. 美国。美国是实行彻底当事人主义民事诉讼模式的国家。根据《美国联邦民事诉讼规则》第16条第3款第15项规定,法院可以在审前会议的事项中确定允许提出证据的合理的时间限制。在法官作出的最终的审前命令中,主要就双方当事人将在法庭审理时所需证据开列证据目录,未列于审前命令中的证据不允许在开庭时提出。若当事人违反审前命令提出新证据,法官可以拒绝审理或者限制当事人的证明活动。美国民事诉讼法的显著特点就是审前准备与开庭审理程序分开,审前准备以证据开示程序为核心,要求双方当事人调查取证,彼此了解对方所掌握的材料。

2. 德国。德国的民事诉讼法可以说是大陆法系的典型。它在1976年修改法典前实行的是证据随时提出主义,修改后变为证据适时提出主义。德国《民事诉讼法》第296条规定:"在作为判决基础的言词辩论终结后,再不能提出攻击和防御方法。"德国原来的法律规定只要在法庭辩论结束之前当事人都有权提出证据,现在规定为在主辩论期日之前提出证据,并且还设立了准备性的口头辩论阶段,当事人应当在此期间提出证据并通知对方当事人,否则其证据失效,在主辩论期日原则上不准提出新证据。

3. 法国。法国《民事诉讼法典》第134条规定,"法官应规定将证据通知对方的期限,如有需要,并规定通知的方式,必要时可采取强制处分";第135条规定,"法官可以摒弃那些没有适时通知对方的证据"。在预审程序之后,当事人相互提供的证据被固定封存,即使当事人在事后提出了新的证据,法官也不予审理。

4. 日本。日本《民事诉讼法》1995年后确立了三种准备程序。准备程序的期日由准备法官指定,准备程序的主要目的是整理争点和收集证据,促进当事人在准备程序的期间内提出全部的诉讼资料,对于准备程序笔录或准备书状里没有记载的事项,在以后的口头辩论中,当事人原则上不得主张。开庭后才出示的证据,当事人必须具备正当理由,并由法官酌情采纳。

5. 我国台湾地区。我国台湾地区在此问题上采取的是"证据适时提出主义"原则,并且设立了证据时限制度,要求当事人必须在规定的时间内完成举证活动,否则将失去提供证据的权利或负担某种不利的法律后果。我国台湾地区"民事诉讼法"第196条规定:"攻击或防御方法,得于言词辩论终结前提出之。"将举证时限的终点确定在第一审法庭辩论终止前。

(三)我国举证时限制度的历史沿革

我国举证时限制度的确立经历了如下几个阶段:

1. 证据的随时提出阶段

1991年4月9日颁布实施的《中华人民共和国民事诉讼法》,仅在第六章以第63条至第74条共十二条规定证据制度,而对于作为证据制度核心内容的举证责任制度,仅在第64条规定"当事人对自己提出的主张,有责任提供证据"。对有关当事人举证时间的限制方面没有规定,当事人有权随时提出证据,这在实践中造成诸多弊端,无法真正体现举证责任的法律意义,违背了民事诉讼中二审终审原则,影响了法院判决的严肃性,影响了诉讼公正和效益价值目标的实现,破坏了当事人诉讼地位的平等并导致诉讼迟延。

2. 设立举证时限的尝试阶段

为了弥补民事诉讼法在司法实践中的种种不足之处，最高人民法院公布了《关于适用〈中华人民共和国民事诉讼法〉若干问题的意见》。该《意见》第 76 条规定："人民法院对当事人一时不能提交证据的，应根据具体情况，指定其在合理期限内提交。当事人在指定期限内提交确有困难的，应在指定期限届满之前，向人民法院申请延期。"2014 年最高人民法院《关于适用〈中华人民共和国民事诉讼法〉的解释》第 100 条规定："当事人申请延长举证期限的，应当在举证期限届满前向人民法院提出书面申请。申请理由成立的，人民法院应当准许，适当延长举证期限，并通知其他当事人。延长的举证期限适用于其他当事人。申请理由不成立的，人民法院不予准许，并通知申请人。"这一规定在一定程度上可以理解为以法院指定期限的方式规定了举证时限，但由于未涉及延期届满后是否可以再次延期的问题，如果当事人据此不断地申请延期，法院也无法予以禁止。另外，该条款并未规定超过举证期限的证据产生怎样的法律后果，当事人仍可以随时提出证据，而对其随时提出的证据法院并不能不予采纳。因此，该规定实际上并没有确立举证时限制度，仍无法满足司法实践对举证时限的需求。

3. 举证时限制度的确立阶段

2002 年 4 月 1 日起施行的最高人民法院《关于民事诉讼证据的若干规定》是对民事诉讼法证据规则比较系统的补充，确立了民事诉讼法中未确立的许多证据制度，其中包括举证时限制度。其第 33 条规定："人民法院应当在送达案件受理通知书和应诉通知书的同时向当事人送达举证通知书。举证通知书应当载明举证责任的分配原则与要求、可以向人民法院申请调查取证的情形、人民法院根据案件情况指定的举证期限以及逾期提供证据的法律后果。举证期限可以由当事人协商一致，并经人民法院认可。由人民法院指定举证期限的，指定的期限不得少于三十日，自当事人收到案件受理通知书和应诉通知书的次日起计算。"其第 34 条规定："当事人应当在举证期限内向人民法院提交证据材料，当事人在举证期限内不提交的，视为放弃举证权利。对于当事人逾期提交的证据材料，人民法院审理时不组织质证。但对方当事人同意质证的除外。当事人增加、变更诉讼请求或者提起反诉的，应当在举证期限届满前提出。"

在行政诉讼中，也通过最高人民法院《关于行政诉讼证据若干问题的规定》确立了举证时限制度。

（四）我国举证时限制度的基本内容

根据最高人民法院《关于民事诉讼证据的若干规定》的规定，我国民事诉讼举证时限制度包含以下内容：

1. 协商举证期限和指定举证期限

最高人民法院《关于民事诉讼证据的若干规定》第 33 条规定："举证期限可以由当事人协商一致，并经人民法院认可。由人民法院指定举证期限的，指定的期限不得少于三十日，自当事人收到案件受理通知书和应诉通知书的次日起计算。"可见，按照举证时限的确定方式，可将举证时限划分为协商举证期限和指定举证期限。对于当事人协商确定的期限只要经过人民法院认可即可，法律没有对协商确定的期限的长短作出规定；对于法院指定的期限则不得少于 30 日。

在举证期限内，当事人可以申请证人出庭作证、可以申请人民法院调查收集证据，也可以增加、变更诉讼请求或者提起反诉。具体而言：（1）当事人申请证人出庭作证，应当在举证期限届满10日前提出,并经人民法院许可;(2)当事人及其诉讼代理人申请人民法院调查收集证据,不得迟于举证期限届满前7日;(3)当事人依据《民事诉讼法》第74条的规定向人民法院申请保全证据,不得迟于举证期限届满前7日;(4)当事人申请鉴定,应当在举证期限内提出,但当事人申请重新鉴定的除外;(5)当事人增加、变更诉讼请求或者提起反诉的,应当在举证期限届满前提出。[12]

2. 逾期举证的法律后果

当事人在举证时限内未能及时举证的产生两个后果:(1)视为放弃举证权利。最高人民法院《关于民事诉讼证据的若干规定》第34条规定:"当事人应当在举证期限内向人民法院提交证据材料,当事人在举证期限内不提交的,视为放弃举证权利。对于当事人逾期提交的证据材料,人民法院审理时不组织质证。但对方当事人同意质证的除外。"(2)负担有关费用及赔偿损失。最高人民法院《关于民事诉讼证据的若干规定》第46条规定:"由于当事人的原因未能在指定期限内举证,致使案件在二审或者再审期间因提出新的证据被人民法院发回重审或者改判的,原审裁判不属于错误裁判案件。一方当事人请求提出新的证据的另一方当事人负担由此增加的差旅、误工、证人出庭作证、诉讼等合理费用以及由此扩大的直接损失,人民法院应予支持。"

当然,如果当事人在举证期限内提交证据材料确有困难的,应当在举证期限内向人民法院申请延期举证,经人民法院准许,可以适当延长举证期限。当事人在延长的举证期限内提交证据材料仍有困难的,可以再次提出延期申请,是否准许由人民法院决定。

可见,举证时限制度的要害就在于,如果当事人在举证时限范围内,既不积极举证,也不申请法院查证,那就丧失继续举证的权利,也就是说,产生了证据失效的后果。证据一旦被法院宣布为失效,就意味着法院不得以此作为认定案件事实的根据;对当事人而言,就产生了相应的事实得不到法院认定的不利后果。

3. 举证时限期满后新证据的提出

最高人民法院《关于民事诉讼证据的若干规定》对《民事诉讼法》第139条第1款和第200条第1款规定的"新的证据"的情形作出了明确的规定,并规定"新的证据"应当在开庭前或开庭审理时提出,当事人在再审程序中提供"新的证据"的,应当在申请再审时提出。具体而言:(1)一审程序中的新的证据包括:当事人在一审举证期限届满后新发现的证据;当事人确因客观原因无法在举证期限内提供,经人民法院准许,在延长的期限内仍无法提供的证据。当事人在一审程序中提供新的证据的,应当在一审开庭前或者开庭审理时提出。(2)二审程序中的新的证据包括:一审庭审结束后新发现的证据;当事人在一审举证期限届满前申请人民法院调查取证未获准许,二审法院经审查认为应当准许并依当事人申请调取的证据。当事人在二审程序中提供新的证据的,应当在二审开庭前或者开庭审理时提出;二审不需要开庭审理的,应当在人民法院指定的期限内提出。(3)当事人在再审程序中提供新的证据的,应当在申请再审时提出。(4)当事人举证期限届满后提供的证据不是新的证据的,人民法院不予采纳。当事人经人民法院准许延期举证,但因客观原因未能在准许的期限内提供,且不审理该证据可能导致裁判明显不公的,其提供的证据可视为新的证据。一方当事人提出新的证据的,人民法院应当通知对方当事人在合理期限内提出意见或者举证。

---

〔12〕 参见最高人民法院《关于民事诉讼证据的若干规定》第19条、第23条、第25条、第34条、第54条。

第四节　证据的保全

一、证据保全的概念和意义

（一）证据保全的概念和特征

证据保全即证据的固定和保管，是指为了防止特定证据的自然泯灭、人为的毁灭或者以后难以取得，因而在收集时、诉讼前或诉讼中用一定的形式将证据固定下来，加以妥善保管，以便公安司法人员或律师在分析、认定案件事实时使用。由此可见，证据保全是在证据可能灭失或者以后难以取得的情况下，执法机关根据当事人的请求或者依照职权主动采取一定措施加以固定的调查取证措施。2012 年《民事诉讼法》第 81 条规定：“在证据可能灭失或者以后难以取得的情况下，当事人可以在诉讼过程中向人民法院申请保全证据，人民法院也可以主动采取保全措施。”最高人民法院《关于民事诉讼证据的若干规定》第 24 条规定：“人民法院进行证据保全，可以根据具体情况，采取查封、扣押、拍照、录音、录像、复制、鉴定、勘验、制作笔录等方法。”2014 年《行政诉讼法》第 42 条规定：“在证据可能灭失或者以后难以取得的情况下，诉讼参加人可以向人民法院申请保全证据，人民法院也可以主动采取保全措施。”《行政处罚法》第 37 条第 2 款规定：“行政机关在收集证据时，可以采取抽样取证的方法；在证据可能灭失或者以后难以取得的情况下，经行政机关负责人批准，可以先行登记保存，并应当在七日内及时作出处理决定，在此期间，当事人或者有关人员不得销毁或者转移证据。”该条规定的“先行登记保存”实际上就是证据保全。按照 2002 年最高人民法院《关于行政诉讼证据若干问题的规定》的要求，当事人根据《行政诉讼法》的规定向人民法院申请保全证据的，应当在举证期限届满前以书面形式提出，并说明证据的名称和地点、保全的内容和范围、申请保全的理由等事项。当事人申请保全证据的，人民法院可以要求其提供相应的担保。法律、司法解释规定诉前保全证据的，依照其规定办理。人民法院依照《行政诉讼法》之规定保全证据的，可以根据具体情况，采取查封、扣押、拍照、录音、录像、复制、鉴定、勘验、制作询问笔录等保全措施。人民法院保全证据时，可以要求当事人或者其诉讼代理人到场。这些规定是证据保全的法律依据。

证据保全的特征是：

1. 诉讼证据的保全是一项保证证据完整和真实，不被破坏或灭失的保护性措施，是在诉讼过程中或诉讼前采取，因而必须具备一定条件。

2. 保全措施采取的条件一般是：只有在证据可能灭失或者以后难以取得的情况下，行政机关或者司法机关才能采取证据保全措施。如果不存在上述情况，行政机关或者人民法院应当按照法律规定的一般的调查取证措施。具体来说，主要条件是：（1）证据有可能灭失。如证人年高、疾病可能死亡，应及时取证。有的物证易于腐败、变质，必须先行固定或采取特殊措施保存。（2）证据以后难以取得。如证人可能出国、在国外定居或留学等。（3）证据可能会被故意毁损、灭失，犯罪嫌疑人或其同伙可能毁灭证据。

3. 证据保全的主体是行政机关和司法机关。在行政执法程序中，行政机关认为证据可能灭失或者以后难以取得的,可以依职权或者应申请采取先行登记保存措施。行政机关在采取先行登记保存措施的,必须填写先行登记保存通知书或者其他书面手续,并且送达有关的当事人或者证人。在民事诉讼和行政诉讼中,人民法院可以采取证据保全,以固定证明一定案情的证据,确保诉讼的顺利进行,但是,其他任何机关和个人不能采取证据保全措施,否则会妨害公民的人身权或者财产权,而且可能构成妨害诉讼的行为。在刑事诉讼中,公诉案件都是经过公安机关或者检察机关的侦查、检察机关的审查起诉,才由法院进行审判,如果证据可能灭失或者以后难以取得,公安机关或者检察机关就应当行使职权,采取侦查措施予以保全,至于刑事自诉案件,刑事诉讼法没有规定人民法院是否可以采取证据保全措施。我们认为,人民法院受理刑事自诉以后,认为必要的,可以依职权或者应申请采取证据保全。

4. 证据保全可以依职权实施或者应申请采取。在符合法定条件时,行政机关和司法机关可以依职权采取证据保全。当事人认为具有采取证据保全措施必要性的,可以向行政机关或者司法机关提出申请,但该申请对行政机关或者司法机关没有约束力。是否采取证据保全措施,仍然由行政机关或者司法机关依职权单方面决定。许多国家的法律对证据保全均作了专门的程序规定。例如,日本《刑事诉讼法》第 179 条规定:"被告人、犯罪嫌疑人或辩护人如因预先未保全证据致使使用证据发生困难时,只要在第一次审判日期之前,即可向裁判官请求没收、搜查、检查证据以及询问证人或者鉴定处置等。"我国刑事诉讼法、民事诉讼法、行政诉讼法对证据保全有一系列具体的规定。对刑事案件而言,证据保全主要由公安、检察机关主动进行;当然,自诉案件中自诉人负有举证的责任,其证据保全不需要由公安机关、检察机关或人民法院进行。在刑事诉讼中主要是证据的固定和保管问题。对民事、行政案件而言,根据法律规定,符合法定条件并经当事人申请,人民法院应采取证据保全措施,这些法律规定有利于保障收集证据工作的顺利进行。例如,2012 年《刑事诉讼法》第二编第二章对讯问犯罪嫌疑人、勘验、检查、搜查、扣押物证、书证、鉴定等涉及收集证据工作的规定,均针对不同的证据性质作出了不同的保全规定。2012 年《民事诉讼法》第 81 条和 2014 年《行政诉讼法》第 42 条规定,在证据可能灭失或者以后难以取得的情况下,法律规定的人员可以向人民法院申请促使证据,人民法院也可以主动采取保全措施。此外,最高人民法院《关于民事经济审判方式改革问题的若干规定》第 4 项明确规定:"审判人员收到当事人或者其诉讼代理人递交的证据材料应当出具收据。"

(二)证据保全的意义

证据保全是取证制度的重要环节,是收集证据工作不可分割的一部分。发现证据后应妥善保管及时提取、固定,否则一旦被毁坏、灭失就达不到收集证据的目的。证据材料的保全实际上就是要保护证据在诉讼活动中的价值,具体包括三层含义:第一,保护证据的特定价值,即防止证据材料遗失或被替换;第二,保护证据的证明价值,即防止证据材料变质或被损坏;第三,保护证据的法律价值,即防止证据材料因保管手续不健全而失去法律效力。所以证据的固定保全是证据收集过程中的重要方面。如只注重收集证据,而忽略证据的及时固定和妥善保管,其工作是不全面的。可见,证据保全直接关系到证据的收集以及收集到的证据的客观真实性。所以不论是刑事诉讼、民事诉讼还是行政诉讼中的证据,均应由司法机关按一定的法律程序去收集和调查,在诉讼没有提起或未调查时,就应采取保护性措施,即证据保全程序,以便收集和固定证据。证据的固定和保全,是证据收集过程中应普遍关注的问题。

二、证据保全的种类

从时间来看,证据保全可以分为诉讼前的证据保全和诉讼过程中的证据保全。

诉讼前的证据保全包括行政机关采取的证据保全、公证机关采取的证据保全和人民法院应申请采取的证据保全。《公证暂行条例》第4条规定,保全证据是国家公证机关的一项业务。公证机关保全证据在诉讼开始前进行,以当事人的申请为前提。因此,当事人为了以后诉讼的需要,可以向公证处提出申请,请求公证处通过公证的方式预先把某项证据确定下来,以备以后发生诉讼时向法院提供。人民法院对于经公证保全的证据,除有相反证据足以将其推翻外,应当确认其真实性。至于其证明力的大小,则由法院依据具体情况判定。

关于人民法院能否采取诉讼前证据保全措施,法律没有明确规定,学术界认识也不一致。有人认为,当事人在起诉之前提出证据保全申请的,人民法院可以采取证据保全措施,但在采取证据保全措施之后应当通知申请人在一定期限内提起诉讼。也有人认为,诉讼前保全证据,既然可由公证机关进行,人民法院就没有必要承担这一工作。这既有利于明确两者的职权,又可减少法院的工作量,有利于其做好审判工作。我们认为,一方面,采取证据保全是为了确保以后诉讼的顺利进行,在诉讼开始以前,人民法院采取证据保全措施,如果当事人事后不起诉,可能陷入被动的局面,因此人民法院不宜采取诉讼前的证据保全措施;另一方面,当事人认为需要在诉讼以前采取证据保全措施的,可以申请公证机关采取,没有必要向人民法院提出申请。

诉讼中的证据保全包括刑事自诉中的证据保全、民事诉讼中的证据保全和行政诉讼中的证据保全。在诉讼过程中,人民法院认为必要的,可以依职权或者应申请采取证据保全措施。公证机关采取证据保全,以当事人的申请为前提,不得直接采取保全措施。行政机关和人民法院采取证据保全措施,既可以根据当事人的申请,也可以依职权主动进行。当事人申请证据保全,必须向行政机关、公证机关和人民法院递交申请书。

三、证据保全的程序和要求

(一)证据保全程序

1. 申请

证据保全程序一般是从当事人提起申请开始,任何一方当事人均有权提出证据保全的申请。申请一般应采用书面形式。申请书应写明下列内容:(1)申请保全证据的名称、质量、规格和特征及处所。(2)申请保全证据在案件中的作用和证明的内容,即需要保全的证据的内容、种类和范围;需要保全的证据与案件事实的关系;需要采取保全措施的理由等。(3)申请保全的理由、事实和法律方面的根据。

2. 审批

由于证据保全有诉讼前保全和诉讼后保全之分,其审批程序也不一样。诉前保全一般由公证机关审批;提起诉讼后保全由法院审批。我国《民事诉讼法》规定,人民法院接到当事人证据保全的申请后,先进行审查,然后作出裁定。对于情况紧急的也必须在裁定开始执行前作必要的调查,以免发生错误。此外,起诉受理后除当事人申请外,法院也可以主动依职权实施保全措施,依法予以证据保全。

(二)证据保全措施和要求

1. 证据保全措施

证据保全措施是指执法机关进行证据保全的具体方法。证据保全措施必须与证据的种类和特征一致,即特定的证据种类只能采取特定的证据保全措施。对"证人证言"进行保全的,可以采取询问、录音、录像的方法。对物证采取保全措施,可以通过勘验并制作勘验笔录或者拍照、录像的方法,也可以提取原物。对书证,可以进行拍照和复制。证据保全的措施,法律未作明确规定,应根据不同情况采取相应的措施。

根据诉讼法的规定,证据有许多种类,在证据保全上必须依据诉讼法的规定,针对不同的证据,采取不同的方法。总的来说,应注意以下几点:第一,对证人证言、被害人陈述、犯罪嫌疑人或被告人供述一类的证据,应当采用笔录的方法固定,笔录必须如实地记载陈述内容,并且应经陈述人仔细核对无误后由其本人签名或盖章。对没有阅读能力的陈述人应当向他宣读,对记载有遗漏或者差错的还应当予以补充或改正,并对改正、补充处由陈述人签名或盖章。司法人员对收集到的笔录应附卷妥善保管,不得损坏或随意销毁。第二,对物证,可以通过勘验并制作勘验笔录、绘图、拍照或录像的具体措施,当某些物证或书证有可能被毁损时,就应尽快采取强制办法,加以扣押。2012 年《刑事诉讼法》第 139 条规定,在侦查活动中发现的可用以证明犯罪嫌疑人有罪或者无罪的各种财物、文件,应当查封、扣押;与案件无关的财物、文件,不得查封、扣押。如系银行存款,就可以通知银行冻结。2012 年《刑事诉讼法》第 142 条规定,人民检察院、公安机关根据侦查犯罪的需要,可以依照规定查询、冻结犯罪嫌疑人的存款、汇款、债券、股票、基金份额等财产。有关单位和个人应当配合。如果会因自然原因而灭失,就设法予以固定;如系因病或即将远行出国等,就可以提前询问,取得证言。如当诉讼标的物很快可能发生变更时就可以依法接管。总之,根据不同情况采取必要措施,尽可能保护证据,不使其失去证据价值。物证予以保全,也可以提取原物妥善保管。第三,对书证,可以进行拍照和复制。

要做好证据保全工作,就要有健全的证据移交和证据保管手续,形成完整的证据保全程序。这一程序应包括该证据材料从现场收集到接触的时间和方式等内容。为此,调查人员在提取证据材料时便应为其制作证据保全标签。标签上一般应写明下列情况:(1)案件的名称或编号;(2)提取该证据的日期和场所;(3)证据的编号;(4)提取证据人的姓名;(5)证据的主要特征等。当该证据材料移交时,每位接管人应将自己的姓名和接管日期写在标签上。此外,证据材料的有关情况应在诉讼文书或案卷中写明,必要时应附上证据材料的照片。在司法实践中,这一制度还不完善,需要在总结经验的基础上不断加以完善。

2. 证据保全的要求

提取了证据材料并不等于收集证据的工作就结束了。收集证据的目的是用这些证据来证明案件事实。提取证据与最后使用证据之间都有一定的距离,因此应该妥善保管那些已经提取的证据材料。如果因保管不当而使提取来的证据材料受到损坏乃至遗失,那么收集证据的任务等于没有完成,而且很可能再也无法完成。需要保管的证据材料主要是各种物证、书证和音像证据。诚然,对人证来说也有个"保管"问题,那就是要替证人保密并保障证人的安全,特别是在集团犯罪、暴力犯罪等重大刑事案件中。因此,调查人员有义务为证人保密,并且在可能的情况下向证人提供必要的安全保障。不管采取何种措施,对于已经保护起来的证据注意保存管理,列出清单写好标签,妥善保存,按档案管理办法,做出妥当的处置,不得随意损坏或

使用,或调换、变卖等,由专人负责,按规定落实各项具体的措施,其中主要的要求是:

首先,各种物证均应在可能的情况下提取原物。只是在原物灭失或无法搬动等情况下,才提取照片或副本。

其次,对提取到的原物应妥善封存保管,防止其受潮或变质,以免措施不当而影响物证的客观真实性。

再次,提取、固定物证的过程应当制作笔录,笔录中应当载明发现物证、提取物证、固定物证的时间、地点,物证的主要特征及如何被发现等翔实内容。

最后,物证在收集后任何人不得使用、调换、损毁或者自行处理。对于那些关系到国家秘密的物证,有关司法人员更应妥善保管,不得泄密。在诉讼结束后应由司法机关负责对物证进行处理。对于司法人员的不负责的行为,将承担相应的法律责任。

思考题

1. 收集证据的概念是什么?
2. 收集证据的意义是什么?
3. 遏制刑讯逼供的法律规定措施有哪些?
4. 证据保全的种类有哪些?
5. 证据保全的意义是什么?
6. 我国民事、刑事证据开示制度的现状是什么?

第十一章 证明概述

导 读

证明是指诉讼主体按照法定的程序和标准,运用已知的证据和事实来认定案件事实的活动。证明的要素或者环节包括证明对象、证明主体和证明责任、证明标准以及证明方法和证明程序。我国刑事、民事以及行政三大领域,诉讼证明既有共同特征,也有不同之处。共同特征包括主体、方法、性质和作用相同,不同之处在于证明责任的分配不同、法律规定的证据种类不同、证明标准的法律规定不同、证明的对象以及程序规则也不同。

阅读案例
请扫一扫

第一节 证明制度概述

一、证明的概念

在现代汉语中,证明有两种含义,一是"用可靠的材料来表明或者断定人或事物的真实性",二是"证明书"或者"证明信"。前者是该词的动词含义,后者是该词的名词含义。证明是人类所特有的认识活动。证明通过两种途径实现:一种是证明材料本身就可以表明要证的结论,如计划书就是从事某项活动的目的和动机的证明;另一种是必须根据证明材料进行推论之后,才能得出要证的结论。这两种途径都是人类特有的认识活动。证明这一概念在社会生活中使用极其广泛。在科学研究中,任何成果的出现都必须有相应的证明。在日常生活中,人们有时候也会为了确认一些事实的真实性进行证明活动。可以说,证明在某种程度上就是人类认识世界,获取真理的行为和过程。

在证据法或者诉讼领域中,证明有特定的含义,它是指诉讼主体按照法定的程序和标准,运用已知的证据和事实来认定案件事实的活动。这种证明,人们有时候又称为诉讼证明。诉讼证明有如下几个特征:

第一,证明的主体是诉讼主体。

诉讼主体是在诉讼中享有一定诉讼权利,承担相应诉讼义务的人。关于诉讼主体的范围,有几种不同的看法。一种看法认为诉讼主体只包括司法机关;另一种看法认为除司法机关之外,还包括当事人;还有一种看法认为司法机关、当事人、诉讼代理人和辩护人都是诉讼主体;

还有的人认为所有参加诉讼的人包括证人都是诉讼主体。我们倾向于第三种看法。证明的主体包括司法机关、当事人、诉讼代理人和辩护人。

在我国,司法机关包括人民法院和人民检察院。人民法院是审判机关,在诉讼活动中,承担着最终认定案件事实的责任。根据法律规定,人民法院在诉讼活动中负责主持法庭调查,主要包括举证和质证两个环节,在法庭调查之后,应当依据证据对案件事实做出认定,并在此基础上做出判决或者裁定。在必要的时候,人民法院还可以自行收集证据。人民检察院是法律监督机关,在诉讼中主要承担监督职能,也即对其他司法机关的诉讼活动是否合法进行监督,这种监督主要通过提起公诉、抗诉(二审抗诉和再审抗诉)的方式进行。这些活动都需要通过对证据的收集、审查和判断来完成。公安机关是行政机关,但当其参加刑事诉讼活动时,承担的则是司法职能。在刑事诉讼中,公安机关主要负责侦查,侦查就是收集证据,查明犯罪嫌疑人或者犯罪嫌疑人是否实施了犯罪活动的过程。

在刑事诉讼中,当事人包括被害人、自诉人、犯罪嫌疑人、被告人、附带民事诉讼的当事人以及他们的法定代理人,在民事诉讼和行政诉讼中包括原告、被告、第三人、共同诉讼人及其法定代理人。在诉讼过程中,他们都有举证的权利,有权参加质证和辩论。在民事诉讼中,当事人对自己的主张,还要依法承担举证责任。

律师也是证明主体。《律师法》第35条第2款规定:“律师自行调查取证的,凭律师执业证书和律师事务所证明,可以向有关单位或者个人调查与承办法律事务有关的情况。”在刑事、民事和行政诉讼过程中,律师有权向有关单位和个人调查收集证据,这是法律赋予代理律师和辩护律师的诉讼权利。但是,关于律师是否是证明的主体,律师可否进行证据的审查判断,学理上有不同看法,现行法律也没有明确规定。不过,由于法律明确规定了律师的调查取证权,律师作为证明主体的地位应当是肯定的。

第二,证明对象是诉讼客体或者案件事实。

诉讼客体是否等于案件事实,在学理上有争论。但我们认为两者应当是一致的。案件事实是指法律规定司法机关为了正确作出裁判或者决定必须查明的事实,是适用法律不可缺少的事实基础,又称为要件事实或者待证事实。如刑事诉讼中的被指控犯罪行为构成要件的事实,民事诉讼中民事法律关系构成要素的事实、行政诉讼中具体行政行为合法性的事实等。需要注意,司法人员在处理案件过程中查明的所有事实并不都是案件事实。案件事实与全案事实、案情事实不同。全案事实是司法人员通过调查取证所了解到的所有情况,其中可能与本案有关,也可能与本案无关;案情事实是指司法人员通过调查取证了解到的与本案有关的一切事实;案件事实是案情事实中为法律规定必须查明的要件事实,也就是待证事实。

查明案件事实并非诉讼证明的最终目的,其目的是正确适用法律、保护公民的合法权益。对于司法人员来说,正确适用法律是首要的职责;对于当事人来说,保护自己的合法权益不受侵犯,或者实现自己的合法权益,是参与诉讼证明的真正目的。随着审判方式改革的不断深化,当事人的诉讼主体地位也越来越明显,因此,在证明的目的中,“保护当事人合法权益”就会显得越来越突出。在多数情况下,查明案件事实与正确适用法律、保护公民的合法权益是一致的,但是,两者有时候也会发生冲突,比如,案件事实一时无法查清,但诉讼期限又要届满时,就应当在案件事实不能查明的情况下依法结案,不能无限期地将案件拖延下去。

第三,证明必须按照法定的范围、程序和标准进行。

诉讼证明是一种法律活动,因此,这种活动的进行要受到法律的严格约束,即具有法律性。

证明的法律性表现在:(1)证明的主体由法律规定。谁享有证明的权利,承担证明的义务,由法律明确规定。由于证明是诉讼程序的主要方面和环节,所以,诉讼主体通常就是证明的主体。(2)证明的对象由法律规定。司法人员必须查明哪些案件事实,当事人应当证明哪些事实,由法律特别是实体法明确规定。比如,在刑事诉讼中,犯罪行为构成要件的事实是必须查明的,否则不能作出有罪判决。(3)证明的标准由法律规定。司法人员查明案件事实必须到什么程度才算合格,当事人履行证明责任到什么程度为止,都需要一个明确的衡量标准。我国三大诉讼法规定的标准都是"案件事实清楚、证据确实充分"。(4)证明的主要程序由法律规定。如调查收集证据的程序、法庭调查中的举证和质证程序。(5)证明的方法和手段由法律规定。证明的方法和手段包括运用证据进行逻辑推理、司法认知和推定等。什么样的材料可以作为证据使用,使用推定和司法认知的条件和范围等,法律要做一定的限制性规定。(6)证明行为会产生法律上的效果。对司法人员来说,法律效果通常指裁判和决定是否合法;对当事人来说,法律效果通常是指是否胜诉,也即自己的主张是否实现。

二、证明的历史

不同的证明方法,构成了不同类型的证明制度。在人类历史上,证明制度经历了曲折的演进过程。

最早的时候,人类的理性未开,诉讼中的证明首先依靠神的力量、依赖神的启示、神的意志来揭示案件事实。如对神的宣誓等,便是这个时候依赖的证明手段,这就是所谓的神示证据制度。由于人对神的理解和信仰是片面的、形式的、表象的,因而,依靠神明来求证案情,便只能是粗糙的、简单的和充满偶然性的。这个时候还依赖自然的力量来证明案件事实,如水审、火审等。另外还依赖物理的力量作为证明的手段,如决斗审判。当然,无论是以神明的力量、自然的力量还是物理的力量作为证明的手段,其中所包含的理性因素是极少的,凭借他们推导出来的事实结果,是极不可靠的。

欧洲历史进入中世纪之后,出现了法定证据制度。所谓法定证据制度,是指法律根据证据的不同形式,预先规定各种证据的证明力和判断证据的规则,法官必须据此作出判决的一种证据制度。法定证据制度的产生具有重大的历史意义,标志着诉讼证明开始进入理性的、有序的、有可测性的时代。但是,法定证据制度具有形式主义、机械主义的缺陷,是以形式上的真实代替了实质上的真实,所以又被称为形式证据制度。这种制度到了资本主义社会,便为自由心证的证据制度取代。

所谓自由心证制度,是指证据的取舍和证明力的大小,以及案件事实的认定,均由法官根据自己的良心、理性自由判断,从而形成确信的一种制度。法官通过对证据审查在思想中形成的信念,称为"心证",心证需要达到的程度根据案件的性质而有不同的要求。一般来说,在刑事案件中,心证的程度需要达到"高度盖然性"或者排除合理怀疑的要求;在民事案件中,心证的程度需要达到盖然性优势的要求;在行政案件中,其所要求的心证程度介于刑、民案件之间,达到某种中间状态。在自由心证制度下,证明首先必须依靠证据来完成,而证据是一种客观存在,因而它符合一般理性的要求;同时,对证据的审查判断,则又需要依赖认定者的主观判断,这种主观判断出于个别理性。这样,自由心证制度在很大程度上可以做到一般理性和个别理性相结合、主观判断和客观依据相结合。通过发挥主观对客观的能动性,可以通过现象看到事物的本质,寻求案件事实与证据事实之间的内在、客观的联系,从而可以防止法定证据制度下出现的形式性、片面性和机械性，发现案件的实质真实。但需要注意的是，由于自由心证制度在如何防止事实认定者主观擅断或者感情用事上没有充分的外在限制，因而自由心证制度存在天然的缺陷。

我国古代神示证明制度消失得比较早，封建社会长期实行类似西方的法定证据制度，在近代清末改制后，主要实行自由心证制度。新中国成立后创设的证明制度被很多人称为实事求是的证明制度。这种制度一方面保留了以证据作为证明手段的理性根据，另一方面又试图超越自由心证制度，对司法人员的主观判断设定一个外在的限制或标准，而这个标准又不同于法定证据制度的形式性标准。这种标准，就是“案件事实清楚，证据确实充分”。当然，这一标准还比较笼统和抽象，在司法实践中不好掌握，因此，司法人员的主观性仍然有活动的余地。

三、证明的要素

不管证明制度如何发展演变，任何一种证明制度，都由以下要素或者环节构成：证明对象，证明主体和证明责任，证明标准，证明方法和证明程序。

1. 证明对象

证明对象也就是证明的客体，即要证事实或者待证事实，它是法律规定的司法人员为正确处理案件必须查明的案件事实。实体法从抽象的意义上规定了各类诉讼案件的证明对象，双方当事人的起诉和答辩，又在具体意义上设定了某个特定诉讼案件的证明对象。因而，证明对象既具有普遍性又具有特殊性。证明对象在证明过程中具有重要作用，只有明确了证明对象，才能进一步明确相应主体的证明责任、达到的证明标准、应当采取的证明方法和使用的证明程序。

2. 证明主体和证明责任

证明主体是依法承担证明义务、享受证明权利的主体。证明主体和诉讼主体是一致的，包括司法机关、当事人和律师。证明责任与证明主体不可分离，谈到证明责任，必然涉及证明主体，证明主体是承担证明责任的主体。证明责任解决的问题是，从事证明活动、完成证明过程的证据，应当由何方主体提供。证明责任如何分配，由实体法和程序法共同解决。实体法规范当事人的权利义务关系，因而也规范当事人证明责任的分配；程序法规定查明案件事实是司法人员的职责，但也规定了当事人的证明责任。

3. 证明标准

证明标准是指司法人员查明案件事实、当事人证明案件事实需要达到的程度。这种程度一般被称作“案件事实清楚”、“排除合理怀疑”、“占优势的盖然性”等。对司法人员来说，对案件事实的证明没有达到证明标准而认定的，属于违法；对承担证明责任的当事人来说，对案件事实的证明没有达到证明标准的，应当承担败诉的责任。

4. 证明方法

证明方法包括逻辑推理、司法认知、推定等。逻辑推理是最重要的证明方法。司法认知是指司法人员对当事人不能提出衡量争议的事实直接以裁定或者临时决定的方式予以确认，从而提高证明的效率。推定是指法律明确规定，当确认某一事实存在时，就应当假定另一事实存在，而这种被假定存在的事实不用再加以证明。推定和司法认知的特点是省略一般的取证、举证、质证的复杂程序，是一种快捷的证明方法。

在证明方法中，形式逻辑具有重要的意义。运用形式逻辑的思维方法必须做到概念明确，遵守逻辑规则,了解案件事实等。

5. 证明程序

证明程序通常在诉讼法中与一般诉讼程序混合规定在一起。因为诉讼的过程就是证明的过程,诉讼与证明很难截然分开,所以证明程序通常表现为诉讼程序。证明程序是证据法与诉讼法密切联系的集中表现。

四、证明的种类

根据一定的标准,可以对证明进行以下分类:

1. 行为意义上的证明和结果意义上的证明

以证明的表现形态为标准,可以将证明分为行为意义上的证明和结果意义上的证明。行为意义上的证明是证明行为(prove),也就是证明主体根据已知事实查明案件事实的活动。结果意义上的证明(proof),是指运用已知事实查明案件事实的结果,特别是指司法人员对案件事实形成确信的心态。行为意义上的证明可以进一步分为取证、举证、质证和认证等证明行为,这些行为表现为连续的证明过程。结果意义上的证明实际上就是证明标准的具体体现,如"案件事实清楚,证据确实充分"、"排除合理怀疑"、"内心确信"、"优势证明"等。不同性质的诉讼证明,要求达到的证明结果也不同。结果意义上的证明可以进一步分为严格证明与自由证明。

2. 严格证明与自由证明

根据证明对象所属领域不同,可以将证明分为"严格证明"和"自由证明"。前者是针对实体法事实的证明,证明标准较高;后者是针对程序法事实的证明,证明标准较低。严格证明和自由证明派生于证明客体的性质,体现为不同的证明标准,至于在证明责任、证明主体、证明方法等诸环节,二者在原理上没有实质性差异。但是,由于自由证明的标准不高于民事诉讼中的优势标准,它几乎失去了作为证明的本来含义,所以,有学者把自由证明从证明概念中分离出来,称为"释明"或者"稀明",与此同时,严格证明则称为"证明"。

我国2012年《刑事诉讼法》第58条对自由证明作了规定:"对于经过法庭审理,确认或者不能排除存在本法第五十四条规定的以非法方法收集证据情形的,对有关证据应当予以排除。"即辩护方证明非法证据成立的最低标准为存在"合理怀疑",相对于控诉方"排除合理怀疑"的标准。我们认为,自由证明对于认定程序法事实具有重要意义。对自由证明进行系统的规定,可以强化诉讼法的作用,有利于保障诉讼当事人的合法权益,有利于准确认定案件事实。

五、证明的作用

证明是诉讼的核心内容。诉讼的主要目的是查明案件事实,正确适用法律,做出裁决,定分止争,维护公民合法权益和社会秩序。查明案件事实是诉讼的基础环节。诉讼证明制度通过规范证明对象、主体、责任、标准和方法,为各诉讼主体设定了查明案件事实的范围和方法,各诉讼主体必须围绕诉讼证明进行诉讼活动。因此,证明在诉讼活动中具有重要作用,必须予以高度重视。

1. 从诉讼主体上说,诉讼证明制度为不同诉讼主体规定了不同的诉讼权利和义务,各诉讼主体必须根据这些权利、义务进行诉讼活动,实现诉讼目的。承担证明责任的主体必须依法举证,否则就要承担不利的后果。享有提出证据和意见的主体可以依法参与证明活动,维护自己的合法权益。

2. 从诉讼客体上说,诉讼证明制度为诉讼设置了重要的诉讼客体,即案件事实。诉讼客体包括案件事实和法律责任两大内容。诉讼证明对象设置的诉讼客体——案件事实,居于基础地位。各诉讼主体必须围绕这一诉讼客体进行诉讼活动。另外,诉讼证明标准还设置了诉讼主体认识案件事实的程度,只有达到证明标准,控诉方主张的案件事实才能成立。

3. 从诉讼行为上说,诉讼证明制度规定的证明方法、程序等,为各诉讼主体进行诉讼行为规定了重要的依据和标准。比如,各诉讼主体如何收集证据、举证、质证、认证等,都要根据诉讼证明制度的要求依法进行。

第二节　刑事、民事、行政诉讼中的证明

一、三大诉讼证明的共同特征

我国刑事诉讼法、民事诉讼法和行政诉讼法分别对诉讼证明进行了规定。这三种诉讼证明既有不同之处,又有共同之处。对三种诉讼证明进行比较,可以对诉讼证明进行深入了解。

三大诉讼证明的共同之处有:

一是性质和作用相同,都是诉讼法的有机组成部分,都对正确认定案件事实,从而正确适用法律具有重要作用。

二是方法也是相同的,都采用逻辑推理、司法认知和推定等方法。

三是主体也是相同的,即都是司法机关或者司法人员、当事人和律师。

二、三大诉讼证明的不同之处

三大诉讼证明尽管有共同的特征,但是,正如三大诉讼法本身也有着鲜明的差异一样,三大诉讼证明之间也存在差异,具体表现在:

1. 证明责任的分配不同。刑事诉讼中的证明责任,由控诉方承担,被告方原则上不承担证明自己无罪的责任。行政诉讼中的证明责任,由作为被告的行政机关承担,原告不承担证明具体行政行为违法的责任。民事诉讼中的证明责任,则不以诉讼地位决定证明责任承担的主体,而是根据当事人的主张,分别由当事人承担相应的证明责任。

2. 法律规定的证据种类有所不同。书证、物证、视听资料、鉴定意见(结论)、勘验笔录、证人证言等,是三大诉讼法共同规定的证据种类。被害人陈述、犯罪嫌疑人、被告人供述和辩解是刑事诉讼法规定的特有的证据种类;现场笔录是行政诉讼法规定的特有的证据种类。需要指出的是,刑事诉讼法将民事诉讼法和行政诉讼法中的“当事人陈述”,分解为“被害人陈述”和“犯罪嫌疑人、被告人供述和辩解”两项。

3. 证明标准的法律规定不尽相同。对证明标准,我国三大诉讼法采取的术语不同。《刑事诉讼法》规定的是“案件事实清楚,证据确实、充分”,只有“案件事实清楚,证据确实、充分,依据法律认定被告人有罪的”,才能对被告人“作出有罪判决”。《民事诉讼法》规定的是“事实清楚”,与《刑事诉讼法》相比,少了“证据确实、充分”的要求。另外,司法解释又规定了“优势证

明”的最低标准。《行政诉讼法》规定的是“证据确凿”,与刑事诉讼法相比,不仅没有“事实清楚”的要求,而且也没有“证据充分”的要求。

4. 证明对象不同。刑事诉讼的证明对象主要是有关犯罪行为构成要件和量刑情节的事实;民事诉讼的证明对象主要是民事纠纷产生和发展的事实和民事法律关系构成要素的事实;行政诉讼的证明对象主要是与被诉具体行政行为合法性有关的事实。

5. 证明的程序规则不同。由于证明程序是诉讼程序的一个组成部分,与诉讼程序具有一致性,所以,三大诉讼程序的不同决定了相应的证明程序也不同。刑事诉讼特有的证明程序是侦查和审查起诉过程中的证明规则,如讯问犯罪嫌疑人、被告人的程序;民事诉讼特有的证明程序规则体现在处分原则和辩论原则之中;行政诉讼特有的证明程序规则是被告在诉讼过程中不得自行向原告和证人调查收集证据。

思考题

1. 诉讼证明的构成要素有哪些?
2. 证明有哪些种类?
3. 刑事、民事、行政诉讼的不同特征有哪些?

第十二章　证 明 对 象

导　读

证明对象，即证明活动中需要证明的事实。证明对象是诉讼证明活动的中心环节，确立证明对象，能够为诉讼证明找准出发点和归宿，同时，证明对象也是司法机关正确处理案件的前提和基础。证明对象一般既包括实体法事实，也包括程序法事实。我国刑事、民事以及行政三大诉讼中证明对象各有不同，为本章学习的重点。

阅读案例
请扫一扫

第一节　证明对象概述

一、证明对象的概念和意义

（一）证明对象的概念

证明对象，是证明活动中需要证明的事实，又称待证事实或者要证事实。诉讼中的证明对象，是指有关诉讼主体必须用证据加以证明的各种案件事实。这些案件事实，根据诉讼性质的不同而有所不同。刑事诉讼的证明对象主要是有关犯罪行为构成要件和量刑情节的事实；民事诉讼的证明对象主要是民事纠纷产生和发展的事实和民事法律关系构成要素的事实；行政诉讼的证明对象主要是与被诉具体行政行为合法性有关的事实。所有上述事实，都是在提起诉讼之前就已经发生了的，司法人员未能亲眼观察到。为了客观全面地查明和确认已经发生而又存在争议的案件事实，司法人员只能通过调查收集证据、审查判断证据的方法，即通过证明的方法加以实现。因而，查明案件事实就成了诉讼证明的首要任务，而那些与本案相关的诸事实，就成了待证事实、要证事实，成了诉讼中的证明对象。

（二）证明对象的特征

证明对象有以下几个特征：

1. 证明对象与当事人的主张相联系。在诉讼过程中，当事人依其诉讼地位提出自己的诉讼请求或者抗辩请求，也就是权利主张。为了使这些请求得以实现，当事人就必须主张足以支持其请求的实体事实。在学理上，这被称为当事人的主张责任。依照主张责任的分配原则，当事人应当针对各自的诉辩请求分别主张相应的事实，这是实现其诉辩请求的第一步。第二步是当事人利用证据证明所提出的事实主张,即举证、质证,这是程序法提出的要求。在这种情况下,证明便将证据和事实主张联系起来了。在这个联系当中,事实主张处于接受证据予以论证的被动状态,因而成了证明对象。

2. 证明对象与证明责任相联系。证明对象在获得确证之前处于真假不明的未决状态,为了化解这一未决状态,有必要把证据的提供落实在特定的诉讼主体身上,这就是证明责任。可见,证明责任始终是与证明对象联系在一起的。只有对证明对象而言,才有所谓证明责任;谈到证明责任,必定指向证明对象。二者在范围上互相一致。

3. 证明对象是指需要证据证明的待证事实。证明对象需要用证据进行论证,证明对象和证据之间存在着目的和手段的关系。就这一关系而言,证明对象是未知的事实或者不确定的事实,证据是已知的、确定的事实。可见,证明对象的概念自身含有需用证据加以论证和探知的期待性,因而又称为待证事实或者要证事实。证明对象需要用证据加以证明,是证据和证明对象关系的常态。在特定情况下,一些证明对象不需要当事人举证证明,可以由司法机关直接认定,这就是免证事由或者不要证事项。例如,最高人民法院《关于适用〈中华人民共和国民事诉讼法〉的解释》第93条规定,下列事实,当事人无需举证证明:(1)自然规律以及定理、定律;(2)众所周知的事实;(3)根据法律规定推定的事实;(4)根据已知的事实和日常生活经验法则推定出的另一事实;(5)已为人民法院发生法律效力的裁判所确认的事实;(6)已为仲裁机构生效裁决所确认的事实;(7)已为有效公证文书所证明的事实。

4. 证明对象是法律规定的要件事实。这是诉讼证明对象与一般证明对象的重大不同之处。一般证明对象,可以是有关事实的某一环节,也可以是所有环节,可以是笼统抽象的事实,也可以是细致入微的事实,根据证明目的不同而有不同。但诉讼证明对象,必须根据法律规定的要件事实设定。这里所说的法律,包括实体法和程序法。要件事实是司法人员合法处理案件必须查明的事实。比如,在刑事诉讼中,是有关犯罪行为构成要件和量刑情节的实体法要件事实,以及程序法要件事实。除此之外,其他与案件事实虽然有关,但与实体法和程序法要件实事无关的事实,就不是法律规定的要件事实。

(三)证明对象的意义

证明对象在诉讼证明中具有重要的意义:

一方面,证明对象是诉讼证明的出发点和归宿。证明对象是作为证明的最初环节而产生的。正是在观念上首先设定了证明对象,才产生诸如证明责任、证明主体等概念。证明对象和证明标准一起,形成了证明的方向、内容和目标。因此,证明对象既是证明的出发点,又是证明的归宿,它决定着诉讼证明活动如何进行,需要什么证据,谁负举证责任,如何调查、收集证据等。至于证据是否充分,更要受本案证明对象的制约。

另一方面,证明对象是司法机关正确处理案件的前提和基础。从司法实践的意义来说,由于证明对象问题是实现证明任务的首要问题,司法机关在办案过程中如果能够准确地确定本案所要证明的案件事实,就能保证在整个证明过程中始终目标明确,有目的、有重点地全面调查、收集有关的证据,及时查明案件事实的真相;就能做到既不疏漏案件中必须证明的事实,也不致为与案件无关或者细枝末节的事实所干扰。这就有利于正确、合法地处理案件,提高办案的质量和效率。

二、证明对象的内容

证明对象一般包括实体法事实和程序法事实。

(一)实体法事实

实体法事实是实体法规定的行为构成要件事实,是证明对象中最主要的内容,是司法机关进行判决的依据和前提。在刑事诉讼中,实体法事实是被指控犯罪行为构成要件的事实以及与犯罪构成密切相关的各种量刑情节事实,包括排除行为的违法性、可罚性和行为人刑事责任的事实,这些事实是根据刑法的规定确定的。在民事诉讼中,实体法事实是与民事法律关系构成要素有关的事实,包括民事行为及其效果的事实,民事权利义务的成立、变更和消灭的事实以及民事争议发生过程的事实等。民事实体法事实,各种民事法律有具体规定。在行政诉讼中,实体法事实主要是指与被诉讼的行为合法性有关的事实以及行政赔偿构成要件的事实。关于各种诉讼中的实体法事实,本章下节将详细论述。

(二)程序法事实

程序法事实,比如回避的事实、管辖的事实、审判组织组成的事实、期限是否可以延长的事实、采取强制措施的事实、申请财产保全和先予执行的事实,能否成为证明对象,学理上有三种观点:

第一种观点持肯定态度,认为程序法事实属于证明对象,理由是:(1)诉讼法是实体法的实施法,查明程序法事实有利于监督司法机关遵守法定程序,保证实体法正确、公正地实施。(2)当事人可能对程序法事实发生争议,从而使程序法事实可能构成系争事实。(3)诉讼中有争议的程序法事实,有关司法机关也要在查清的基础上作出裁决,对其中有的裁决不服,可以申诉或者申请复议,对有的裁定甚至可以上诉或者申请再审。

第二种观点持否定态度,认为程序法事实不能成为证明对象,理由是:(1)证明对象是为了明确取证、举证、质证和认证等证明活动的方向,以利于案件事实的查明。只有将证明对象限于实体法事实,即为案件的实体处理必不可少的事实,才有利于司法人员分清主次,集中注意力。(2)程序法事实,特别是那些据已作出决定或裁定的事实,虽然也存在着查明的问题,但与证明对象不能混同。许多程序法事实不查自明或者司法人员可以认知。而且,并非每个案件都会遇到程序法事实,如果没有发生某些程序问题,就不需要对有关的事实加以证明。(3)由于程序法事实的证明标准低于盖然性优势的标准,这种证明不是严格的证明,而仅仅是"释明"或者"稀明"。所以,严格意义的证明对象,应当限于实体法事实,不包括程序法事实。

第三种观点持折衷态度,认为证明对象包含着程序法事实,但举证责任分配的问题仅与实体法有关,就这一问题而言,程序法事实不是证明对象,理由是:(1)尽管程序法事实也存在着举证责任的分配问题,但相当简单,根据"谁主张,谁举证"的一般原则即可解决。(2)实体法事实是由当事人作为诉讼请求根据事实提出的,直接关系到当事人之间法律关系的产生、变更或消灭。查明这些事实是否存在,是整个诉讼的中心环节。总之,程序法事实与证明责任的研究无关。

我们同意肯定说,认为程序法事实属于证明对象,理由是:首先,上述折衷说存在着自相矛盾之处,既然把程序法事实作为证明对象,便不能将其与证明责任的分担相隔离,证明责任的分担在逻辑上当然适用于程序法事实。其次,随着我国法治建设不断发展,法律不断将程序法事实纳入规范对象,例如,现行诉讼法均明确规定程序违法是撤销第一审判决并且发回重审的理由,这就明确地将程序法事实纳入第二审人民法院必须查明的对象即证明对象的范围,尤其是2012年修改《刑事诉讼法》,进一步把违反法定程序收集证据问题纳入证明对象范围。再次,将程序法事实纳入证明对象,有助于督促司法人员遵守法定程序。因为将程序法事实纳入证明对象的范畴,实际上是将司法人员的程序行为也纳入证明或者阐明的范围,具有监督的作用。另外,对于程序法事实的证明,虽然称为"释明"或者"稀明",但是,说这种证明的标准低于盖然性优势的标准,并因此将这种证明排除在证明概念之外,是没有根据的。实际上,对于程序法事实的证明标准,即使低于盖然性优势标准,但诉讼程序仍然为各种程序法事实设定了证明的要求。比如,德国刑事诉讼法规定,对于回避事实,当事人应当提供证据,使之具有"可信性"。我国《刑事诉讼法》对于排除非法证据,辩护方提出证明的标准就是"合理怀疑"。因此,程序法事实仍然属于证明对象的范畴。最后,将程序法事实纳入证明对象,有助于提高对程序法的重视,摆正程序法与实体法的关系。程序法本身的作用和意义不限于实体法的实施手段,程序法具有独立的价值和地位。

(三)证据事实与证明对象

证据事实,也就是证据本身所记载和反映的事实能否成为证明对象,也是一个有争议的问题。概括起来,主要有三种观点:

第一种观点,肯定说,认为证据事实是证明对象,理由是:任何证据的真实性都需要其他证据确证,而当某个证据成为其他证据验证的客体时,便成为证明对象。也就是说,在证据事实与案件事实、证据事实与证据事实之间,存在着手段与目的的因果锁链,处于中间环节的证据事实,具有证据事实和证明对象的双重身份,是证明手段和证明对象的统一体。

第二种观点,否定说,认为证据事实只能是证明手段,不能列为证明对象。

第三种观点,折衷说,认为证据事实依其与案件事实的证明关系,它可以表现为直接证据,也可以表现为间接证据。直接证据是直接反映和证明案件主要事实的证据,因而它与案件主要事实重合,所以,尽管它是证明对象,但不必单独列出。相反,间接证据不能单独证明案件的主要事实,而必须与其他的间接证据相联系,方能对案件主要事实起证明作用。因为间接证据需要证明,所以便成为证明对象。

我们赞同否定说,即证据事实不能成为证明对象,这是因为:

第一,证明对象与证明手段之间是目的与手段的关系,不能将目的与手段混同。证明对象是由证据事实来探知、认识和推导的案件事实,是未知事实,而证据事实是阐明或查明案件事实的手段,是已知事实。两者之间的界限十分清楚。如果把证据事实也说成证明对象,则必然会模糊这种界限,使证明理论变得混乱。

第二,证据需要查证属实,但并非需要查明的所有事实都能成为证明对象;查证属实只是证据作为证明手段的资格条件,而不是其作为证明对象的充分条件。证明对象之所以成为证明对象,是因为包含着诸多确定的标准,需要查明只是其中之一。虽然诉讼法规定证据必须经过查证属实才能作为定案的根据,但并不意味着处在查证属实之中或者之前的证据是证明对象,而是说明只有经过查证属实的证据才能作为定案根据,才能作为证明案件事实的手段。否则,不享有作为定案根据或者手段的资格。因此,查证属实没有超出证据事实作为证明手段的范围。另外,证据事实,无论是直接证据或者间接证据,都需要具有成为证明手段的资格,这种资格就是法律对证据提出的采用标准即所谓客观性、关联性和合法性。任何证据最终要成为有效的证明手段,都必须同时具备三个属性。当某个证据因其合法性、关联性或者客观性发生争议、需要其他证据印证时,在这种印证与被印证的关系中,存在着目的与手段的关系。这种关系仍然是证明手段范围内的关系,是在本质相同的范围内形成的关系,它们在性质相异的更高层面又一个总的目的,即案件事实。对于后者来说,前二者皆为手段,是诸手段的统一体,所区别的只是层次和距离而已。

第三,将证据事实排除在证明对象之外,有助于证据法学理论揭示证据和证明对象各自的特殊规则。证据事实实际上是证据概念、采用标准和种类问题,而证明对象实际上是取证、举证、质证和认证等证明活动的目标问题,两者具有不同的规律和规则。将两者区别开来,有助于证据法学的研究,也有助于推动司法实践的科学化。

第二节 刑事、民事、行政诉讼的证明对象

一、刑事诉讼的证明对象

(一)有关刑事诉讼证明对象的法律规定

2012年《刑事诉讼法》第50条规定:"审判人员、检察人员、侦查人员必须依照法定程序,收集能够证实犯罪嫌疑人、被告人有罪或者无罪、犯罪情节轻重的各种证据。"该条规定了刑事诉讼证明对象中的实体要件事实。当然,犯罪嫌疑人、被告人是否有罪,应当根据刑法的规定确定。2012年《刑事诉讼法》第227条规定:"第二审人民法院发现第一审人民法院的审理有下列违反法律规定的诉讼程序的情形之一的,应当裁定撤销原判,发回原审人民法院重新审判:(一)违反本法有关公开审判的规定的;(二)违反回避制度的;(三)剥夺或者限制了当事人的法定诉讼权利,可能影响公正审判的;(四)审判组织的组成不合法的;(五)其他违反法律规定的诉讼程序,可能影响公正审判的。"第54条至第58条规定了非法证据排除规则。以上条文规定了刑事诉讼证明对象中的程序要件事实。2012年《最高人民法院关于适用〈中华人民共和国刑事诉讼法〉的解释》第64条规定,"应当运用证据证明的案件事实包括:(一)被告人、被害人的身份;(二)被指控的犯罪是否存在;(三)被指控的犯罪是否为被告人所实施;(四)被告人有无刑事责任能力,有无罪过,实施犯罪的动机、目的;(五)实施犯罪的时间、地点、手段、后果以及案件起因等;(六)被告人在共同犯罪中的地位、作用;(七)被告人有无从重、从轻、减轻、免除处罚情节;(八)有关附带民事诉讼、涉案财物处理的事实;(九)有关管辖、回避、延期审理等的程序事实;(十)与定罪量刑有关的其他事实"。

(二)刑事诉讼的证明对象

根据上述法律规定,可以将刑事诉讼的证明对象分为以下几个方面的内容:

1. 被指控犯罪行为构成要件的事实

构成要件是指被指控的犯罪行为成立的要件。刑法对每一种犯罪行为都规定了构成要件,使犯罪得以确认,并且在概念上有所区别。被指控的犯罪不同,证明对象所包含的要件事

实也就不同。学理认为,一般的犯罪行为的构成要件有四:一是犯罪客体,是指刑法所保护的、犯罪行为所侵害的具体的社会关系、政治关系、经济关系等;二是犯罪主体,是指实施了危害社会的行为、依法应负刑事责任的人;三是犯罪的客观方面,是指犯罪嫌疑人、被告人所实施的危害社会的行为,以及与犯罪行为有关的各项客观事实,如犯罪的时间、地点、手段、危害社会的结果等;四是犯罪的主观方面,指犯罪嫌疑人、被告人实施犯罪行为时所持的主观心理态度,如故意、过失等。

对于以上四个方面的构成要件,有的学者总结了一个便于掌握的、有可操作性的公式:(1)何人——犯罪的主体要件;(2)何种动机与目的——犯罪的主观方面要件;(3)何时——犯罪的时间;(4)何地——犯罪的地点;(5)何种手段——犯罪方法;(6)何行为——犯罪行为的表现形式,如杀人、盗窃等;(7)何种危害后果——犯罪行为造成的损害,以上属于客观方面的要件。以上七个方面连贯起来,可以把刑事诉讼证明对象概括为:何人基于何动机与目的,在何时、何地,用何种方法实施了何种行为,产生了何种危害后果。当然,在这七个要件中,并不是每个犯罪对于所有因素都不可或缺,或处在相同的重要地位的。只有犯罪行为构成的四个一般要件,才是必不可少的。

对于犯罪的主体要件,要查明犯罪嫌疑人和被告人的人身情况,包括姓名、性别、年龄、籍贯、民族、文化程度、职业、住址、违法犯罪经历等。但是,对于犯罪嫌疑人身份和住址不明但犯罪事实清楚,证据确实、充分的,根据《刑事诉讼法》的规定,也可以按其自报的姓名移送人民检察院审查起诉。

2. 与犯罪行为轻重有关的各种量刑情节事实

量刑是定罪基础上进一步产生的问题。关于量刑的事实与关于定罪的事实有不同的意义。前者是关于犯罪行为的量的规定,后者是关于犯罪行为的质的规定,前者只是在后者的基础上才对后者起补充作用。

根据我国刑法的规定,有关量刑事实称为量刑情节,分为法定量刑情节和酌定量刑情节,具体包括:(1)从重处罚情节,如组织、领导犯罪集团或者在共同犯罪中起主要作用的情节,教唆不满 18 岁的人犯罪,累犯等。(2)从宽处罚情节,包括从轻、减轻处罚或者免除处罚的情节,如犯罪未遂、犯罪中止,在共同犯罪中起次要或者辅助作用的从犯,或者系被胁迫诱骗参加犯罪的胁从犯等,犯罪人在犯罪时不满 18 周岁的,犯罪人是又聋又哑的人或者是盲人的,犯罪以后自首等其他可以从轻、减轻、免除处罚的事实或情节。

3. 排除行为的违法性、可罚性和行为人刑事责任的事实

(1)排除行为违法性的事实。某些行为在外观上类似犯罪行为,但由于客观条件和支配这些行为的目的、动机等主观意志具有正当性,刑法明确否定这类行为的犯罪性质。行为既然因排除了其中的违法性因素而不构成犯罪,当然也就排除了受刑事追究的可能性。根据刑法规定,这类行为有正当防卫,紧急避险等。

(2)排除可罚性的事实。这类事实一经发生,尽管构成犯罪,但并不产生相应的刑事处罚责任。2012 年《刑事诉讼法》第 15 条规定:"有下列情形之一的,不追究刑事责任,已经追究的,应当撤销案件,或者不起诉,或者终止审理,或者宣告无罪:(一)情节显著轻微、危害不大,不认为是犯罪的;(二)犯罪已过追诉时效期限的;(三)经特赦令免除刑罚的;(四)依照刑法告诉才处理的犯罪,没有告诉或者撤回告诉的;(五)犯罪嫌疑人、被告人死亡的;(六)其他法律规定免予追究刑事责任的。"其中,除第(一)项的规定外,其他几项规定的情形都是免除可罚性的

事实。

(3)排除或减轻刑事责任的事实。如果犯罪嫌疑人、被告人没有达到法定的刑事责任年龄,或者行为人在实施犯罪行为时,处于精神不正常的主观状态,则根据刑法规定,行为人即属无刑事责任的人。对于他们的行为所造成的危害结果,刑法规定不追究刑事责任。根据我国《刑法》有关规定,行为人不满 14 周岁,不负刑事责任;已满 14 周岁但不满 16 周岁,只有在犯罪行为属于故意杀人、故意伤害致人重伤或者死亡、强奸、抢劫、贩卖毒品、放火、爆炸、投毒罪的,才负刑事责任。可判处死刑处罚的责任年龄,必须在实施犯罪的时候已年满 18 周岁。

4. 刑事诉讼程序事实

根据刑事诉讼法的规定,刑事诉讼程序事实也是诉讼证明的对象,但并不是所有案件的证明对象。只有在对刑事诉讼程序事实有争议,或者需要司法机关依法处理的时候,它才能够成为事实上的证明对象。刑事诉讼程序事实是指有关刑事诉讼程序是否合法进行的事实,具体包括:(1)有关管辖的事实;(2)有关回避的事实;(3)有关对犯罪嫌疑人、被告人采取强制措施的事实;(4)有关违反法定程序收集证据的事实;(5)有关审判组织组成的事实;(6)有关诉讼程序的进行是否超越法定期限的事实;(7)司法机关侵犯犯罪嫌疑人、被告人诉讼权利的事实;(8)与执行的合法性有关的事实,如犯人"是否怀孕"的事实;(9)其他与程序的合法性或者公正审判有关的事实,如延期审理的事实。

根据 2012 年《刑事诉讼法》第 227 条的规定,下列第一审程序事实,不管当事人是否提出异议,第二审人民法院都应当将其作为证明对象:(1)违反本法关于公开审判的规定的;(2)违反回避制度的;(3)剥夺或者限制了当事人的法令诉讼的权利,可能影响公正审判的;(4)审判组织的组成不合法的;(5)其他违反法律规定的诉讼程序,可能影响公正审判的。

二、民事诉讼的证明对象

在民事诉讼中,不同的实体法规定的证明对象不同,婚姻法、继承法、专利法、商标法、反不正当竞争法、合同法等实体法各自对相应案件的证明对象作了不同的规定。即使同一个实体法,因诉的类型不同,证明对象也存在一定的差异,表现为给付之诉的证明对象、变更之诉的证明对象和确认之诉的证明对象的区别。因此,有的学者主张从诉的类型来研究民事诉讼的证明对象。

关于民事诉讼的证明对象,学理上有几种不同的看法。

第一种看法根据诉讼理由即原告提起诉讼所根据的事实和理由,将证明对象分为两个部分:一是引起当事人之间法律关系发生、变更或消灭的事实。如双方当事人订立合同的事实、分割共有财产的事实、解除收养关系的事实。这些常见的事实是当事人取得某种民事权利的事实要件。二是民事权益受到侵害或者权利义务关系发生争议的事实,如侵权、违约的事实。这些非正常的法律事实是当事人获得司法保护的事实要件。

第二种看法是根据所要证明的事实与案件主要事实之间的联系程度,确定民事诉讼证明对象的构成。这是英美法系学者通常采用的观点。具体包括四种事实:一是要件事实或者主要事实,是指当事人为了使自己的诉讼主张成立所必须证明的事实,这类事实构成案件事实的本质部分,当这些事实成立时,当事人提出的司法救济的请求便应予满足。二是伴随系争事实之发生的情况事实,例如系争事实是在何时、何地、何种环境下发生的,这些事实就其本质而言仍然属于系争事实的组成部分,把它们从中分别出来,有助于更加准确地认识系争事实。三是与系争事实有关的背景事实,这种事实,本质上属于间接事实或者环境事实的范畴。四是用来确定比较标准的事实,比如人们的日常行为习惯、商业惯例等,属于经验法则范畴。对于这一类事实,有的属于专业领域,需要当事人加以证明;有的属于一般生活常识,可由法官通过司法认知的方式予以探求。

第三种看法是大陆法系国家学者采用的做法,即把证明对象与证明责任的分担原则联系起来,研究民事诉讼证明对象的构成。这种方法从两个不同的角度研究民事诉讼证明对象的构成:一是以事实本身的性质为标准,把主张事实分为积极事实和消极事实或者外界事实和内界事实两大类,积极事实或者外界事实比消极事实或者内界事实容易证明,因此前者属于证明对象,而后者则不列为证明对象。二是以实体法律规范的性质为标准,将民事诉讼证明对象分为:(1)权利发生事实,即民事权利发生或者成立的事实,又称为“基本事实”、“请求权事实”或“通常事实”,如合同的订立。(2)权利妨害事实,即导致权利不能成立的事实,如缺乏相应的民事行为能力。(3)权利消灭事实,即使现有的民事权利消灭的事实,如债的履行、免除。(4)权利受制事实,即限制当事人行使其民事权利的事实,如重大误解、诉讼时效。

我们认为,民事诉讼证明对象由以下几个方面的事实构成:

1. 民事法律关系发生、变更和消灭的事实,即与民事法律关系构成要素有关的事实,具体包括民事主体的事实、民事行为及其效果的事实、民事权利义务的成立、变更和消灭的事实等。

2. 民事争议发生过程的事实,即当事人之间因民事权利义务的享有、履行发生纠纷、解决纠纷最后诉诸人民法院的事实。

3. 当事人主张的民事诉讼程序事实。具体包括当事人资格的事实,有关主管和管辖的事实、审判组织的事实、审判程序的事实、强制措施的事实、违法收集证据的事实、诉讼期间的事实等。

4. 有关外国的法律法规的事实。外国的法律法规是否存在和有效,对我国人民法院来说首先是一个事实问题,而不是法律问题。在涉外民事诉讼中,当事人主张适用外国的法律法规的,应当举证证明外国法律法规的存在和效力。

三、行政诉讼的证明对象

(一)有关行政诉讼证明对象的法律规定

2014 年《行政诉讼法》第 6 条规定:“人民法院审理行政案件,对行政行为是否合法进行审查。”第 34 条规定:“被告对作出的行政行为负有举证责任,应当提供作出该行政行为的证据和所依据的规范性文件。”第 89 条规定:“人民法院审理上诉案件,按照下列情形,分别处理:(一)原判决、裁定认定事实清楚……(三)原判决认定基本事实不清、证据不足的,发回原审人民法院重审,或者查清事实后改判……”这些法律规定,是确定行政诉讼证明对象的主要的程序法依据。另外,《国家赔偿法》、《行政复议法》与行政诉讼有密切的联系,它们也是确定行政诉讼证明对象的程序法依据。根据《行政复议法》的有关规定,行政复议机关可以附带审查抽象行政行为,与抽象行政行为合法性有关的事实也就相应地成为行政诉讼的证明对象。根据《国家赔偿法》的有关规定,行政赔偿诉讼是一种特殊的行政案件,其证明对象与一般的行政诉讼不同,应单独研究。

与上述程序法依据不同,确定行政诉讼证明对象的实体法依据比较复杂,这是由行政管理的广泛性和多样性决定的。行政管理划分为公安、卫生、工商、税务、财政等多个行业,每个行业的行政管理行为受不同的实体法律法规调整,因此,每一个行业的行政案件有不同的证明对象。同时,被诉的具体行政行为也存在着行政处罚、行政许可、行政收费、行政合同等多种多样的形态,每一种具体行政行为的证明对象也存在着差异。这里只研究行政诉讼证明对象的一般构成,而不涉及个案证明对象的特殊内容。

(二)行政诉讼证明对象

根据上述法律规定,行政诉讼的证明对象总体上可以分为与被诉行政行为合法性和合理性有关的事实、与行政赔偿构成要件有关的事实和行政诉讼程序事实。

1. 与被诉行政行为合法性和合理性有关的事实

行政行为是指行政机关行使行政职权,依法作出的具有法律效力的行为,包括具体行政行为和抽象行政行为。

a. **与被诉行政行为合法性和合理性有关的事实**。 由于被诉行政行为的合法性和合理性是一般行政诉讼的主要客体,与此有关的事实也就成为一般行政诉讼的证明对象。具体包括如下几个方面的事实:

(1)有关被告行政机关的行政主体资格和权限的事实,即作为被告的行政机关是否有权以自己的名义代表国家进行行政管理活动,如果是,该行政机关是否有权作出被诉的具体行政行为,或是否承担相应的行政职责。

(2)原告是否实施了被处理行为或者是否符合法定条件的事实。在行政执法程序中,行政机关要作出正确的行政行为,必须准确认定相对人。在此之后,行政机关应当进一步查明待处理行为本身的情况。在行政许可和不作为的具体行政行为案件中,行政机关还应当进一步查明相对人是否符合法定的办理许可证或者享受给付和保护的条件。这些事实可能成为行政诉讼的证明对象。

(3)被诉行政行为是否符合法定程序的事实。

(4)被告作出行政行为时目的是否正当的事实。目的是被诉具体行政行为合法性的主观标准,人民法院必须查明这一事实。

(5)被诉行政行为的处理与案件的事实、情节和性质是否相适应。2014 年《行政诉讼法》第 77 条规定,行政处罚明显不当,或者其他行政行为涉及对款额的确定、认定确有错误的,人民法院可以判决变更。这是有关审查行政处罚合理性的规定。

b. **有关抽象行政行为合法性的事实**。 根据行政复议法的规定,行政法规和规章以外的抽象行政行为也是行政诉讼的审查对象,所以,与其合法性有关的事实也就成为一般行政诉讼的证明对象,具体包括如下几个方面的事实:

(1)作为抽象行政行为主体的行政机关依法对不特定的人和事件制定具有普遍约束力的行为规则的行为。比如,《行政处罚法》规定,规章以下的规范性文件不得设定任何行政处罚,而某县工商局文件自行设定罚款的行政处罚,这种抽象行政行为就是违法的。

(2)制定抽象行政行为的程序是否合法。

(3)抽象行政行为的适用范围和效力情况。

2. 行政赔偿构成要件的事实

行政赔偿是指行政机关及其工作人员在行使行政职权过程中,违法侵害公民、法人或者其他组织合法权益造成损害的,由国家承担的赔偿责任。在行政侵权赔偿诉讼中,行政赔偿构成

要件的事实是主要的证明对象,也是行政赔偿诉讼证明对象与一般行政诉讼证明对象的区别所在。具体包括如下几个方面的事实:

(1)侵权行为是否由作为被告的行政机关及其工作人员实施。对工作人员应作广义的理解,不仅包括具有公务员身份的工作人员,而且包括接受行政机关指派或者唆使实施侵权行为的公民。

(2)侵权行为是否是行政机关及其工作人员在行使行政职权的过程中实施。

(3)侵权行为是否违法。这里的法律包括程序法和实体法、行政法和民法等。

(4)侵权行为是否给作为原告的受害人造成人身权或者财产权的损害以及损害的大小。

(5)侵权行为与损害结果之间是否具有直接的因果关系。

此外,原告单独提出赔偿请求的,人民法院还应当查明赔偿义务机关作出处理的情况。这一点也属于行政赔偿诉讼的证明对象。

3. 行政诉讼程序事实

行政诉讼程序事实是指行政诉讼程序是否合法进行的事实,具体包括:(1)有关当事人资格的事实;(2)有关主管和管辖的事实;(3)有关审判组织的事实;(4)有关审判程序的事实;(5)有关采取排除妨害行政诉讼强制措施的事实;(6)有关诉讼期间的事实;(7)违法收集证据的事实;(8)有关行政诉讼执行程序是否合法的事实等。

思考题

1. 证明对象有哪些特征?确定证明对象的意义是什么?
2. 证明对象包括哪些基本内容?刑事、民事、行政诉讼的证明对象有哪些内容?

第十三章　证 明 责 任

导　读

证明责任即诉讼主体提出证据证明主张的案件事实成立或者有利于自己主张的责任，是证明制度的重要组成部分。证明责任就是举证责任，2012 年刑诉法修改以后，我国三大诉讼法都采纳了“举证责任”的说法。在刑事诉讼中，公诉案件中被告人有罪的举证责任由人民检察院承担，自诉案件中被告人有罪的举证责任由自诉人承担。民事诉讼则采用了“谁主张，谁举证”和“举证责任倒置”相结合的方式规定证明责任。行政诉讼中，一般由被告对其作出的行政行为承担举证责任。

阅读案例
请扫一扫

第一节　证明责任概述

一、证明责任的概念

（一）证明责任的概念

证明责任，是指诉讼主体提出证据证明主张的案件事实成立或者有利于自己主张的责任，否则，将承担其主张不能成立的危险。证明责任是证明制度的重要组成部分。在证据制度的发展过程中，由于诉讼性质、结构的不同，决定了证明责任的承担者有所不同，证明责任的概念也随之发生了变化，成为当今证据法理论中的难题。

从证明责任的概念来看，证明责任有如下几个特征：首先，证明责任总是与一定的法律职责和义务相联系。例如，在刑事诉讼中，检察机关对犯罪作出指控，这是行使法律赋予的职权，也是履行法定的职责。根据权利义务相统一的原则，检察机关在行使这一职权的同时，必须承担提出证据证明指控事项的义务。民事诉讼原告人向法院起诉，道理也是如此。其次，证明责任总是与一定的法律风险相联系。也就是说，证明责任既包括行为责任，即提出证据证明主张成立的责任，也包括结果责任，即负有证明责任的主体，如果不履行证明责任，或者在事实真伪不明时，就要承担其提出的主张不能成立的风险。例如，被害人向法院提出自诉，如果缺乏罪证又提不出补充证据，就可能不被法院受理或者被驳回诉讼请求。

(二)证明责任与举证责任

关于证明责任的概念,在理论界争论很大,争论的焦点集中在如何认识证明责任与举证责任这两个概念之间的关系上面。影响较大的,有如下几种观点:

第一种观点,同一说,认为证明责任就是举证责任,也就是指谁负有提出证据证明案件事实的义务。

第二种观点,并列说,认为证明责任和举证责任是两个完全不同的概念。证明责任专指刑事诉讼中公检法机关承担的收集运用证据证明犯罪嫌疑人、被告人是否有罪的法律义务,犯罪嫌疑人、被告人及其他当事人,诉讼参与人不承担证明责任。举证责任是指当事人向司法机关提供证据的责任。

第三种观点,大小说,认为不应将证明责任等同于举证责任,而是证明责任包含了举证责任。证明责任是指司法机关或者某些当事人应当收集或提供证据证明案件事实或者有利于自己的主张的责任,不尽证明责任将承担其认定或主张不得成立的后果。举证责任仅指当事人提供证据证明有利于自己主张的责任。

第四种观点,包容说,认为举证是为了证明,而证明是举证的结果,因此两者之间居于互相包容的特征。

第五种观点,前后说,认为证明责任和举证责任是两个独立的概念,但两者之间存在着一种前后关系。举证责任主要是指提出和收集证据,证明责任主要是指判断和适用证据。从认识论的角度讲,前者属于感性认识,后者属于理性认识。

我们认为,证明责任和举证责任是一个概念,两者可以在同一的意义上使用。这是因为:第一,并列说和大小说将证明责任和举证责任仅从证明或者举证的主体来区别,意义并不大,虽然国家司法机关在承担证明责任方面可能具有比普通公民强大得多的能力和优势,但是,加强公民或者诉讼当事人的证明责任,弱化司法机关尤其是法院的证明责任,是包括我国在内世界各国诉讼制度发展的潮流;第二,并列说、包容说和前后说将提出证据的责任作为举证责任,而不与其承担的诉讼风险联系在一起,则会使举证责任这一概念显得没有任何意义,因为如果举证责任与诉讼风险没有关系,当事人根本就不会理会举证一事。这样一来,收集和提供证据的责任只能落在裁判者身上,这与诉讼原理是相矛盾的。

2012 年修改《刑事诉讼法》之后,我国三大诉讼法均采纳了“举证责任”的说法。从中我们可以得出以下结论:一是举证责任就是证明责任。三大诉讼法均采用“举证责任”,未出现“证明责任”的说法,并不意味着承认了举证责任与证明责任之间的区别,而是为了消除认识分歧。二是证明责任的核心内容就是举证责任。将证明责任明确为控辩双方的责任,如果控辩双方不能承担举证责任,其主张将不能成立,即要承担不利后果,鲜明体现了证明责任的核心意思。三是将裁判方从证明责任中剥离出来。裁判方通过审判,依然要进行与控辩双方一样的证明过程,但这不意味着就要承担证明责任。裁判方进行证明的过程,实质是审查控辩双方的证明能否成立,而不是自我证明或者向更高一级的裁判者证明。因为裁判者既无主张,也不承担主张不能成立的风险。这是符合我国审判方式改革的方向的。

(三)证明责任的行为责任与结果责任

关于证明责任概念的含义的争论,还有行为责任说、结果责任说和双重责任说。行为责任说认为,证明责任就是当事人提供证据进行诉讼的责任,至于当事人是否败诉,与证明责任没有直接关系。这种观点偏重于当事人的举证行为,而不顾及证明责任与诉讼后果之间的关系。

结果责任说认为,证明责任就是法律预先规定,在案件事实真假难以确定的情况下,由一方当事人承担不利的后果。这种观点偏重于当事人的证明后果上,而不顾及诉讼后果与举证行为之间的关系。

双重含义说认为,证明责任应当包括行为与后果两个方面,即行为意义上的证明责任与结果意义上的证明责任。前者指当事人对所主张的事实负有提供证据证明的责任;后者指在事实处于真伪不明状态时,主张该事实的人承担不利的诉讼后果。

由于双重含义说比较全面地说明了证明责任的含义和诉讼意义,也比较符合司法实际情况,因而得到了多数人的赞同。我们也同意这种观点。

二、证明责任制度的产生和发展

(一)古罗马时代的证明责任制度

证明责任制度最早产生于古代罗马法时代。古罗马法上关于证明责任制度的规定主要体现在学者们概括的五句话中:"为主张之人负有证明义务,为否定之人则无之","事物之性质上,否定之人无须证明","原告不举证证明,被告即获胜诉","原告对于其诉,以及以其诉请求之权利,须举证证明之","若提出抗辩,则就其抗辩有举证之必要"。这也就是后人所说的"谁主张,谁举证"的由来。

古罗马的证明责任制度已经比较健全,对后世产生了极大影响。

(二)德国普通法时代的证明责任制度

到德国普通法时代(从继受罗马法至德国民法典颁行),证明责任制度与古罗马时期相比,有了新的发展,即采取宣誓制度作为法官解决疑难案件的配套和补充制度。根据1847年《汉诺威王国民事诉讼法》第170条的规定,当时盛行的裁判宣誓制度被称为"通常必要的宣誓"。其中分为两种情况,一是补充宣誓,二是雪冤宣誓。前者适用于负担证明义务的当事人,后者适用于不负证明义务的当事人。如果负担证明义务的当事人所提供的证据不充分,但在证明程度上已超出一半,该当事人便取得了补充宣誓权,经过补充宣誓后,法官即可认定该待证事实为真。反过来,如果该当事人所提供的证据上没有达到证明程度的一半,对方当事人便取得了雪冤宣誓权,经过宣誓后,法官则认定该待证事实为假。

由于化解疑案的宣誓制度的引进,突破了罗马法时代法官各行其是的做法,为他们断定是非、解决疑案提供了明确可循的统一规则。这样就形成了证明责任制度和宣誓制度的双轨机制,使之在不同的领域结合起来,发挥各自独特的功效。

(三)近代大陆法系的证明责任制度

19世纪,德国学者最早提出了证明责任概念的分层理论,该理论认为,可以将证明责任分为两个层次,一是形式上的或者主观的证明责任,二是实质的或者客观的证明责任。形式上的证明责任,目的在于要求当事人提供证据进行诉讼活动,而不是只主张事实而不提出证据加以证明,或者用证据外的方法,如宣誓、决斗、神明等方法对事实作出证明。由于这层意义上的证明责任强调的是当事人的举证行为,而不涉及诉讼结果的问题,因而称为行为意义上的证明责任,简称为行为责任。

实质上的证明责任,目的在于供法官解决案件事实真伪不明的疑难案件。根据这层意义上的证明责任,在诉讼程序结束的时候,如果案件事实处于真伪不明的状态,法官既不得下判,也不得拒绝下判,而必须根据证明责任的负担确定案件的胜败结果。由于这层意义上的证明责任与诉讼的结果有关,所以又称为结果责任。

结果意义上证明责任的提出,深化了传统的证明责任概念,提高了证明责任制度在诉讼中的地位和作用,结束了靠宣誓制度解决疑难案件的历史。客观证明责任理论进一步发展,很快成为德国理论界的通说,后来传播到日本,也成为日本学界的通说。

近代司法实践中,欧洲大陆与英美法系国家在证明责任上有所不同。在英美法系国家,证明责任是当事人的事情,法官不负任何的证明责任。大陆法系国家的刑事诉讼奉行职权原则,刑事案件多由检察机关代表国家起诉。检察官应当证明自己的控诉,但也必须顾及被告人无罪或者罪轻的情况。法院应当根据职权积极主动地收集、调查证据,不受检察官或被告人提出的证据的限制。被告人不负证明责任。在民事诉讼中,当事人负有证明责任,法院认为证据不足时,可以要求当事人补充证据,并可向当事人、证人、鉴定人发问。

在这个时期,大陆法系国家法官的活动比较积极,有的学者认为法官在事实上开始承担证明责任。但我们不这样认为,法官更为积极地收集和调查证据,并没有从根本上将当事人提出证据以及提出证据与自己主张是否成立之间的关系排除掉;只不过,由于国家至上思想深入司法程序,由法官承担部分的收集证据的责任,可以更好地发现和认定案件事实,这与证明责任没有任何关系。相反,如果将法官承担的收集证据的职责也看作证明责任,那么,证明责任的概念就要从根本上发生变化,因为是否提出证据,与诉讼主张就没有任何关系了,这就失去了证明责任这一概念的本来意义。

(四)英美法系的证明责任概念

英美学者一般认为,证明责任概念的含义有两个:一个称证明负担,另一个称举证负担或者提供证据的负担。证明负担和举证负担是两个不同的概念,是当事人需要承担的两种独立的诉讼责任。

证明负担又称说服负担,是指当事人提供证据加以证明的结果,能够说服事实认定者,包括陪审团和没有陪审团审判时的法官,对该责任的负担者作出有利的认定。否则,如果需要证明的事实处于真伪不明的状态,对该事实具有说服负担的人则承担由此而产生的败诉后果。

举证负担又称提供证据的负担,是指双方当事人在诉讼过程中,应当根据诉讼进行的状态,就其主张的事实或者反驳的事实提供证据加以证明。如果主张的事实提出后主张者不提供证据加以证明,法官则拒绝将该事实提交陪审团审理和评议,对方当事人也没有反驳的义务。在这种情况下,法官则将该事实作为法律问题处理,决定主张者承担败诉后果。如果主张者就事实主张提供证据加以证明,对方当事人就产生了提供证据加以反驳的义务。对方当事人如果不提供证据反驳,法官便认定该事实无争议,也把它作为法律问题作出不提供证据一方当事人败诉的判决。只有在主张事实的一方当事人提供证据后对方当事人也提出证据加以反驳,从而使该事实形成争议,法官才决定把该事实交给陪审团审理。

证明负担和举证负担既有区别,也有联系,表现在如下几个方面:第一,举证负担是当事人履行的第一次负担,说服负担是第二次负担。只有在第一次负担履行之后,才会产生第二次负担。第二,举证负担解决的是法律问题,针对的对象是法官;说服负担解决的是事实问题,面对的是陪审团。第三,举证负担根据诉讼法和证据法的要求产生,目的在于形成特定事实的争议，产生交给陪审团审理的必要；证明负担根据实体法的要求产生，目的在于解决特定事实的争议，产生使陪审团作出事实成立的后果。第四，举证负担所要求的证明标准较低，一般认为低于盖然性优势的程度；说服负担所要求的证明标准较高，一般认为民事案件要达到盖然性优势的程度，刑事案件要达到排除合理怀疑的程度。第五，举证负担在双方当事人之间来回转移，它是推进诉讼进程的负担；说服负担则固定于一方当事人，它是承担败诉风险的负担。

三、我国关于证明责任的理论研究

我国当前关于证明责任的研究，理论界争议较大。另外，由于刑事诉讼、民事诉讼和行政诉讼对于证明责任的规定也有所不同，所以使得这一问题变得更为复杂。当前，我国关于证明责任的研究，除了对概念和承担有争议之外，对证明责任的性质，也有很大争议。

在英美法系，由于实行对抗式诉讼，用来证明案件事实的证据只能由当事人及其律师来提供，法官只扮演消极仲裁者的角色，所以，证明责任是当事人的诉讼义务或者责任，而不可能出现其他的观点。

大陆法系国家则不同。由于大陆法系国家的诉讼程序一般实行职权原则，对于诉讼中提出的案件事实，除当事人有责任提供证据外，法院还有调查收集证据的职责。这样一来，对于当事人承担的证明责任就会出现不同的理解。总体上看，关于证明责任的性质先后出现过这样几种学说：权利说、义务说、责任说、败诉风险负担说、需要说、效果说、必要说、权利义务说、权利责任说等。

在我国，关于证明责任性质的见解，主要有权利说、义务说、责任说和负担说等几种观点。

权利说认为，证明责任是责任承担者的权利。比如，《民事诉讼法》第 50 条第 1 款规定，当事人有权收集、提供证据。但是，这种观点与证明责任概念的含义是不一致的。这种观点现在已很少见到。

负担说认为，证明责任既非权利，也非义务，仅为当事人为得到胜诉结果而在实际上产生的必要负担。也即不履行证明责任仅仅导致败诉，如果不想败诉，就不得不负担证明责任。我们认为，负担说有一定的缺陷。因为负担说视野中的证明责任概念只看到了结果意义上的举证责任，而没有看到行为意义上的举证责任。也就是说，负担说只将证明责任与败诉的风险联系起来，而没有将证明责任与起诉时提出证据的责任或者起诉是否成立的风险联系起来。另外，证明责任是否履行，都属于法律上的合法行为，合法行为只能是行使权利或者承担义务，负担一词，无法为证明责任是否履行的诉讼行为准确定性。

责任说认为，证明责任属于证明主体的法律责任。所谓“责任”，包括提出证据证明自己主张的责任，也包括在不能证明时，承担其主张不能成立的风险。证明责任不是权利，但也不是义务，因为对于负有证明责任的当事人来说，他应就自己的主张提供证据进行证明，如果未能证明，只对自己不利，而非对他人不履行义务。

义务说认为，当事人在诉讼过程中之所以要负证明责任，是因为证明责任是法律要求当事人履行的诉讼义务，当事人不履行该义务，便会产生相应的法律责任，如败诉的后果。

我们赞同义务说。证明活动是一种诉讼行为，必须纳入诉讼法律关系的范畴来考察。从这个角度上说，证明责任首先应当是当事人对法院的诉讼义务，法院是证明责任承担者相对应的权利主体。因为，当事人向法院提出诉讼请求，这是当事人的权利，而法院则是义务主体。但是，诉讼程序还要向前推进，当当事人向法院提出请求，行使了权利之后，法院则开始行使作为裁判者的权利,即要求当事人提供证据证明主张的事实,这就是当事人负有的证明责任的诉讼义务,在这种情况下,当事人是义务主体,法院是权利主体。当义务主体没有履行义务的时候,法院有权向当事人提出补充举证的要求,如果在诉讼结束时案件事实仍然真伪不明,法院则会判决当事人承担败诉的结果,义务就转化为真正的责任。当事人与法院之间的权利义务关系,实际上就是一种诉讼法律关系。

第二节 证明责任的承担

无论是在刑事诉讼、民事诉讼还是在行政诉讼中,都有一个证明责任由谁承担的问题。证明责任是三大诉讼法规定的诉讼制度,就其责任的承担者说,它们具有一些共同的特征,比如,证明责任仅能在当事人中分配和落实,任何与诉讼无关的人,或者参加了诉讼但不具有当事人地位的人,是不承担证明责任的。法院也不承担证明责任,尽管它可能在一定情况下承担着调查、收集、审查判断证据的职责。但是,由于三大诉讼法所要解决的案件性质不同,因而证明责任的承担主体以及立法对此所作的规定也有不同。

一、刑事诉讼中证明责任的承担

(一)有关刑事诉讼证明责任的法律规定

2012年《刑事诉讼法》第49条规定:“公诉案件中被告人有罪的举证责任由人民检察院承担,自诉案件中被告人有罪的举证责任由自诉人承担。”根据本条规定,在刑事诉讼中,证明责任由控诉方承担。这是刑事诉讼中关于证明责任分配和承担的核心原则。这是因为,一方面,刑事诉讼法规定在审判过程中,公诉人和当事人都可以向法庭提供证据,但是,当事人提供证据,显然不是证明责任,而是诉讼权利;同时,刑事诉讼法规定法院对证据有疑问时,可以调查核实,但并非单独提供新的证据,因此,法院也不可能承担证明责任。承担证明责任的,只可能是检察机关和自诉人。另一方面,如果证据不足时,法院要作出证据不足、指控的犯罪不能成立的无罪判决,这种判决结果,与检察机关和自诉人的起诉主张联系起来,非常明确地说明,承担证明责任的就是控诉一方。所以,在公诉案件中,由检察机关承担证明责任;在自诉案件中,由自诉人承担证明责任。

(二)刑事诉讼中证明责任的承担

1. 公诉案件的证明责任

公诉案件中,由检察机关承担证明责任。由检察机关承担证明责任,是与其承担的诉讼职能联系在一起的。在刑事诉讼中,检察机关承担控诉职能。为了使这种职能顺利地得以实现,国家赋予检察机关审查起诉的职责,同时,由公安机关负责侦查,专门收集证据,确认犯罪嫌疑人。检察机关决定提起公诉,必须做到犯罪事实清楚,证据确实充分,否则,法院将会作出无罪判决。

应当注意,公安机关也承担一定的证明责任,这种证明责任,主要涉及有关的程序法事实。

比如，根据《刑事诉讼法》的规定，公安机关需要逮捕犯罪嫌疑人时，应当向检察机关提供证据证明有犯罪事实。这种事实，是检察机关决定是否逮捕的依据。公安机关侦查终结，将案件移送检察机关审查起诉，必须就所认定的犯罪事实提供确实、充分的证据。人民检察院审查以后，认为事实不清、证据不足的，可以退回公安机关补充侦查，也可以自行侦查。

2. 自诉案件的证明责任

自诉案件中，自诉人负有证明责任。根据《刑事诉讼法》的规定，自诉人向法院提出控诉，必须提供证据。人民法院认为缺乏罪证，而自诉人又提不出补充证据时，法院应当说服自诉人撤回自诉，或者裁定驳回。

自诉案件中的被告人如果提出反诉，他在反诉中便成为自诉人，因此对反诉要承担证明责任，必须提供证据来证明反诉的主张和待证事实。

3. 犯罪嫌疑人和被告人的证明责任

犯罪嫌疑人、被告人一般不承担证明责任，也就是没有提出证明自己无罪的义务，不能因为犯罪嫌疑人、被告人不能证明自己无罪便据此得出犯罪嫌疑人、被告人有罪的结论。《刑事诉讼法》明确规定，对于侦查人员的讯问，犯罪嫌疑人应当如实回答。犯罪嫌疑人必须如实回答，与其是否承担证明责任完全没有关系。因为犯罪嫌疑人不如实回答，从法律上和逻辑上都不会因此导致其承担不利于自己的后果。因此，被告人原则上也不承担证明责任。

作为犯罪嫌疑人、被告人不负证明责任的例外，是涉及"非法所得罪"的案件。《刑法》第395条规定："国家工作人员的财产、支出明显超过合法收入，差额巨大的，可以责令该国家工作人员说明来源，不能说明来源的，差额部分以非法所得论，处五年以下有期徒刑或者拘役；差额特别巨大的，处五年以上十年以下有期徒刑。财产的差额部分予以追缴。"根据这一规定，对于此类案件，首先承担证明责任的仍然是控诉方，当控诉方收集到足够的证据证明国家工作人员的财产或者支出明显超过合法收入且差额巨大时，证明责任即转移到犯罪嫌疑人或者被告人身上，他必须说明或者证明差额部分的来源是合法的，若不能说明或证明，差额部分即以非法所得论。这样规定，是为了加大打击贪污贿赂犯罪，在国际上是一种惯例。

另外，犯罪嫌疑人或者被告人在下述两种情况下要负证明责任。一种是自诉案件中的被告人，如果他提出反诉，他在反诉中便成为自诉人，因此对反诉要承担证明责任，必须提供证据来证明反诉的主张和待证事实。另一种情况，就是对于一些程序法事实，犯罪嫌疑人和被告人要承担证明责任。比如，被告人提出有关的司法人员应当回避，他应当就回避的事实依据提出证据进行证明。但是，这种证明责任与控诉方承担的责任相比，在证明标准上有很大不同。后者要求的证明标准很高，而前者应当比较低。具体参见本书第十四章证明标准。

对于有些程序法事实，被害人也可以提出请求，在这种情况下，被害人也负有举证责任。

4. 人民法院不承担证明责任

2012年《刑事诉讼法》第50条规定："审判人员、检察人员、侦查人员必须依照法定程序，收集能够证实犯罪嫌疑人、被告人有罪或者无罪、犯罪情节轻重的各种证据。"有学者据此认为法院也承担证明责任。我们认为这种观点值得商榷。首先，这一条的规定，并不是关于证明责任的规定，而仅涉及收集证据这一环节，将收集证据的规定理解为关于证明责任的规定，并不妥当。其次，就证明责任的概念来说，它除了收集证据之外，主要包括就提出的主张提供证据，如果不能提供证据要承担不利后果等内容。这一条规定，并没有涉及证明责任最重要的内容。再次，《刑事诉讼法》规定的证明责任是很明确的，即由控诉方承担证明责任。最后，至于第50

条规定的收集证据,并不一定就是为了履行证明责任而收集证据,根据《刑事诉讼法》的规定,法院只有在对证据有疑问时,才涉及收集证据的问题,但这显然不是为了履行证明责任。

但是,人民法院不承担证明责任,并不表示人民法院就不会主动收集和调查证据。人民法院负有审查判断证据、认定案件事实、公正处理案件的职责,因此,我国《刑事诉讼法》要求审判人员必须依照法定程序,收集能够证明犯罪嫌疑人、被告人有罪或者无罪、犯罪情节轻重的各种证据;在法庭审理过程中,审判人员可以讯问被告人,询问被害人和证人、鉴定人;对证据有疑问的,可以宣布休庭,对证据进行调查核实;调查核实证据,可以进行勘验、检查、扣押、鉴定和查询、冻结等。

二、民事诉讼中证明责任的承担

(一)关于民事诉讼证明责任的理论

与刑事诉讼中由控告方承担证明责任不同,民事诉讼中证明责任分担的情况比较复杂。从抽象或者整体的意义上说,民事活动中双方当事人的地位是平等的,他们都有相同或者相近的条件了解案件事实的真相,在收集证据、调查证据、提供证据等方面,双方当事人面临着同样的机遇。因而,在有的案件中,可能主要由原告负证明责任,而在有的案件中,可能主要由被告负证明责任,或者有的案件,原告和被告承担相等的证明责任。

在古罗马时代,证明责任有两条分配原则。一条是,原告有举证的义务。另一条是,提出主张的人有证明的义务,否定的人没有证明的义务。前者是基础,后者是补充。后者便是"谁主张、谁举证"这一公式的渊源。

近现代关于证明责任分配的学说,都可以追溯至古罗马时代的上述两条原则。到近代资本主义时期,形成了较有影响的三大学说:待证事实分类说、法律要件说和法规分类说。这三种学说互不相让,各有影响。

待证事实分类说又分为两种分支学说,一是消极事实说,二是外界事实说。消极事实说认为,主张积极事实的人,应当举证;主张否定事实的人,不负举证责任。这是因为,消极事实相对于积极事实来说难以举证。外界事实说认为,所有的待证事实均可以分为外界事实和内界事实,前者诸如侵权行为的实际发生,后者诸如侵权行为者的故意或者过失。因为外界事实比内界事实容易证明,所以,主张外界事实的人应负举证责任,主张内界事实的人不负举证责任。

法律要件分类说也有分支学说,如因果关系说、通常事实发生说、最低限度事实说、全部事实说和特别要件说等,其中以特别要件说为通说。依照特别要件说,民事实体法中的各种法律规范依其作用可以分为四类:一是权利发生规范,依此规范可以引起民事权利的发生,如订立合同;二是权利妨害规范,即对抗权利发生的规范,如无民事行为能力;三是权利消灭规范,这种规范使权利在发生后消失,如债务的履行等;四是权利受制规范,这种规范可以排除权利的作用,如时效已过等。对于这四类规范,凡主张权利的人,应就权利发生规范的要件事实负证明责任;凡否认权利的人,应就权利妨害规范、权利消灭规范或权利受制规范中的要件事实负证明责任。这样,在诉讼过程中,双方当事人都有了相应的证明责任。

法规分类说认为,任何实体法的条文都由两个部分构成,一部分是原则性的规定,一部分是例外规定。凡要求适用原则性规定的人,应就原则性规定所包含的要件事实负证明责任;凡要求适用例外规定的人,应就例外规定所包含的要件事实负证明责任。

对于传统的案件,在大多数情况下,以上理论可以做到证明责任的公平分配。但随着环境污染、交通事故、产品责任等现代社会新型案件的大量产生,这些理论越来越难以确保这些案件中证明责任的公平分配,一些新的理论开始应运而生。这些理论主要有危险领域说、盖然性说、损害归属说和利益较量说等。

危险领域说认为,案件中的待证事实是属于哪一方当事人控制的危险领域,就由哪一方负证明责任。比如环境污染案件。

盖然性说认为,应当以待证事实发生的盖然性的高低决定证明责任的分配,主张盖然性高的待证事实的当事人不负举证责任,证明责任应由否定该事实的对方当事人来承担。

损害归属说认为,应当以实体法确定的责任归属或者损害归属来决定证明责任的分配。根据实体法的立法意图,某具体案件的类型化责任归属于谁,就由谁来承担证明责任。在实际运用中,该抽象原则又落实为若干具体的原则,如盖然性原则、保护原则、担保原则、信赖原则、惩罚原则、社会风险分配原则等。法官在处理具体案件时,应视情形分类适用这些原则。

利益较量说认为,在解决具体案件的证明责任的分配问题时,应当考虑下面三个因素:一是双方当事人与证据距离的远近,二是举证的难易程度,三是诚实信用原则。参考这三个因素,看哪一方当事人对案件享有更大的利益,再决定利益较小的一方当事人负证明责任。

以上是对民事诉讼中证明责任分配理论的简单介绍。从中可以看出,这些理论对证明责任的分配,经历了一个从简单到复杂、从追求形式公平到实质公平、从"一刀切"到具体案件具体处理这样一个发展过程。

在民事诉讼中,还存在所谓证明责任倒置的情况。证明责任倒置是证明责任分配原则的例外,是指在一定情形下,不应当按照证明责任的分配原则决定某个案件中的证明责任的分配,而应当实行与该原则相反的分配,即将原来由原告负担的证明责任予以免除,而就该待证事实的反面事实,由被告负证明责任。

证明责任倒置不是在任何证明责任分配学说下都有的概念。证明责任倒置仅相对于法律要件分类说。在法律要件说产生之初,证明责任倒置还是个鲜见的现象。但随着社会的发展,新型案件越来越多,需要倒置证明责任的情形与日俱增。后来出现的危险领域说等所谓现代的证明责任分配理论,就是在这种背景下产生的。所以,在其他的证明责任分配学说下,是不存在针对原则的"倒置"现象的。

证明责任倒置以立法的明确规定为前提,如果没有立法明确规定,就应视为适用证明责任的一般分配原则。当然,立法规定证明责任倒置,也应当有理论上的依据。这些依据主要包括:第一,举证难易;第二,保护弱者。

(二)关于民事诉讼证明责任的法律规定

1. 民事诉讼法的规定

我国 2012 年《民事诉讼法》第 64 条规定:"当事人对自己提出的主张,有责任提供证据。"但是,该规定并没有具体涉及证明责任的分配问题,而仅揭示了主张和举证的关系。

2. 司法解释的规定

最高人民法院《关于民事诉讼证据的若干规定》专门规定了当事人举证和人民法院收集证据的问题,具体明确地对民事诉讼中的证明责任进行了规定。下文据此具体说明民事诉讼证明责任的分担问题。

(三)民事诉讼中举证责任的承担规则

1. 举证责任的含义

《关于民事诉讼证据的若干规定》第2条规定了举证责任的含义:当事人对自己提出的诉讼请求所依据的事实或者反驳对方诉讼请求所依据的事实有责任提供证据加以证明;没有证据或者证据不足以证明当事人的事实主张的,由负有举证责任的当事人承担不利后果。这样规定举证责任的含义,吸收了上述关于证明责任的双重含义说的观点,即认为举证责任包括行为意义的举证责任和结果意义的举证责任。

2. 关于举证责任分配的一般规则

《民事诉讼法》对举证责任的分配,规定了"谁主张,谁举证"的原则,即第64条第1款规定的"当事人对自己提出的主张,有责任提供证据"。这是我国关于举证责任分配的一般规则。但对于当事人在诉讼中应当就哪些具体的事实负担举证责任规定的不明确,对特殊事项的举证责任分配没有涉及,举证责任分配规则不完备,可操作性不强,无法真正解决实践中的举证责任分配问题。最高人民法院《关于民事诉讼证据的若干规定》在《民事诉讼法》有关规定的基础上,详细规定了举证责任分配规则。其中第2条、第5条、第6条是关于举证责任分配的一般规则的规定。第2条规定:"当事人对自己提出的诉讼请求所依据的事实或者反驳对方诉讼请求所依据的事实有责任提供证据加以证明。没有证据或者证据不足以证明当事人的事实主张的,由负有举证责任的当事人承担不利后果。"第5条规定:"在合同纠纷案件中,主张合同关系成立并生效的一方当事人对合同订立和生效的事实承担举证责任;主张合同关系变更、解除、终止、撤销的一方当事人对引起合同关系变动的事实承担举证责任。对合同是否履行发生争议的,由负有履行义务的当事人承担举证责任。对代理权发生争议的,由主张有代理权一方当事人承担举证责任。"第6条规定:"在劳动争议纠纷案件中,因用人单位作出开除、除名、辞退、解除劳动合同、减少劳动报酬、计算劳动者工作年限等决定而发生劳动争议的,由用人单位负举证责任。"

上述关于举证责任分配的规则,吸收了法律要件分类说的观点。这种理论符合我国作为成文法国家的思维方式,可操作性和可预测性强,审判实践中,一些审判人员已经自觉或不自觉地运用这种理论分配举证责任了。为此,总结审判实践经验,借鉴这种学说的有益成分,在《关于民事诉讼证据的若干规定》第2条对《民事诉讼法》第64条进行解释,在第5条、第6条中对合同案件和劳动争议案件中特殊事项的举证责任分配问题予以明确,完善了举证责任分配的一般规则。

3. 关于举证责任分配的倒置规则

我国《民事诉讼法》中没有明确规定举证责任倒置。最高人民法院《关于民事诉讼证据的若干规定》第4条对我国民事法律的有关规定以及《关于适用〈中华人民共和国民事诉讼法〉若干问题的意见》第74条举证责任倒置的规定进行了进一步细化,同时根据审判实践经验,增加了共同危险行为致人损害、医疗行为致人损害的侵权诉讼的举证责任倒置规定。该条规定:"下列侵权诉讼,按照以下规定承担举证责任:(一)因新产品制造方法发明专利引起的专利侵权诉讼,由制造同样产品的单位或者个人对其产品制造方法不同于专利方法承担举证责任;(二)高度危险作业致人损害的侵权诉讼,由加害人就受害人故意造成损害的事实承担举证责任;(三)因环境污染引起的损害赔偿诉讼,由加害人就法律规定的免责事由及其行为与损害结果之间不存在因果关系承担举证责任;(四)建筑物或者其他设施以及建筑物上的搁置物、悬挂物发生倒塌、脱落、坠落致人损害的侵权诉讼,由所有人或者管理人对其无过错承担举证责任;(五)饲养动物致人损害的侵权诉讼,由动物饲养人或者管理人就受害人有过错或者第三人有过错承担举证责任;(六)因缺陷产品致人损害的侵权诉讼,由产品的生产者就法律规定的免责事由承担举证责任;(七)因共同危险行为致人损害的侵权诉讼,由实施危险行为的人就其行为与损害结果之间不存在因果关系承担举证责任;(八)因医疗行为引起的侵权诉讼,由医疗机构就医疗行为与损害结果之间不存在因果关系及不存在医疗过错承担举证责任。有关法律对侵权诉讼的举证责任有特殊规定的,从其规定。"

关于环境污染致人损害的侵权诉讼举证责任倒置的内容是否包括因果关系,理论界和实务界都存在争论。上述司法解释第 4 条第(三)项确定应当包括因果关系的证明内容。这是因为,虽然依据《民法通则》第 124 条,环境污染致人损害的侵权案件也适用无过错责任原则,但与高度危险作业致人损害的侵权诉讼不同的是,后者侵权行为与损害结果之间的因果关系一般比较直观,易于判断,而前者的因果关系往往需要借助一定的技术手段才能确定。在环境污染案件中,实施污染行为的加害人与受害人相比较,往往处于优势地位,掌握必要的信息和技术手段,更易于取得与污染行为相关的证据。因此,确定由加害人对因果关系承担举证责任,符合《民法通则》加强对受害人保护的立法宗旨。

关于缺陷产品致人损害的侵权诉讼。依据《产品质量法》第 41 条的规定,产品责任适用无过错责任原则。产品生产者主张免责的,应当就法律规定的免责事由承担举证责任。

关于共同危险行为致人损害的侵权诉讼。所谓共同危险行为,是指数人共同实施侵害他人权利的危险行为,但无法判断究竟谁是造成损害后果的加害人的情形。关于共同危险行为致人损害的侵权责任,理论和实践均采过错推定的原则,行为人只有在证明其行为与损害结果之间不存在因果关系的情况下才能免除民事责任的承担。这种情形符合举证责任倒置的一般特征,司法解释予以确认。

关于医疗行为致人损害的侵权诉讼。实践中,由于医疗机构具备专业知识和技术手段,掌握相关的证据材料,具有较强的收集、提供证据的能力,患者则处于相对弱势的地位。依据举证责任分配的一般规则,患者往往因举证不能而无法获得相应的赔偿。为平衡当事人利益,更好地实现实体法保护受害人的立法宗旨,司法解释对于医疗行为引起的侵权诉讼确立了举证责任倒置的分配规则。

4. 关于特殊情况下举证责任分配的规则

举证责任分配有形式分配标准和实质分配标准之分。形式分配标准是依据法律和司法解释的规定分配举证责任,实质分配标准是由法官根据具体案件的情况,自由裁量举证责任的分配。成文法国家一般以形式分配标准为基础,以实质分配标准为补充。考虑到实践中举证责任问题的复杂性,在特殊情况下存在不属于法律和司法解释规定的举证责任倒置、依照法律和举证责任分配的一般规则又无法确定举证责任承担的情形。这种情况下,由审判人员根据公平原则和诚实信用原则,综合当事人举证能力等因素,确定举证责任的承担。最高人民法院《关于民事诉讼证据的若干规定》第 7 条规定,在法律没有具体规定,依本规定及其他司法解释无法确定举证责任承担时,人民法院可以根据公平原则和诚实信用原则,综合当事人举证能力等因素确定举证责任的承担。

(四)自认与举证责任

自认是当事人对于己不利的事实的承认。诉讼中的自认一经作出,不仅对当事人产生拘束力,对法院的裁判行为也产生拘束力。对当事人而言,一方当事人的自认行为免除对方当事人的举证责任,作出自认的当事人非有充分证据不得撤回自认;对法院而言,法院应当受当事人自认的事实约束,依当事人自认的事实作出裁判。自认具有简化诉讼程序、提高诉讼效率的功能,因而为世界各国普遍采用。

1. 自认与举证责任的司法解释

我国《民事诉讼法》对自认没有明确的规定。最高人民法院《关于适用〈中华人民共和国民事诉讼法〉的解释》第93条关于当事人无需举证的情形中,规定了当事人对事实的承认可免除对方当事人的举证责任。这是我国民事诉讼法对自认的原则规定。《关于民事诉讼证据的若干规定》针对实践中存在的主要问题,对自认作出了进一步具体化的解释。其第8条规定:“诉讼过程中,一方当事人对另一方当事人陈述的案件事实明确表示承认的,另一方当事人无需举证。但涉及身份关系的案件除外。对一方当事人陈述的事实,另一方当事人既未表示承认也未否认,经审判人员充分说明并询问后,其仍不明确表示肯定或者否定的,视为对该项事实的承认。当事人委托代理人参加诉讼的,代理人的承认视为当事人的承认。但未经特别授权的代理人对事实的承认直接导致承认对方诉讼请求的除外;当事人在场但对其代理人的承认不作否认表示的,视为当事人的承认。当事人在法庭辩论终结前撤回承认并经对方当事人同意,或者有充分证据证明其承认行为是在受胁迫或者重大误解情况下作出且与事实不符的,不能免除对方当事人的举证责任。”

2. 拟制自认

拟制自认是指对一方当事人主张的于己不利的事实,另一方当事人既不表示承认,也不表示否认的应视为自认的情形。大多数国家,不论大陆法系还是英美法系都承认拟制自认。我国的审判实践中,也经常出现对一方当事人陈述的事实,另一方当事人持消极态度,既不承认也不否认的情形。民事诉讼本身具有很强的对抗性,当事人消极对待诉讼,不利于法院的审理,一定程度上妨碍了诉讼效率。为调动当事人诉讼的积极性,提高审判效率,在审判人员对一方当事人陈述的事实充分说明进行询问后,另一方当事人仍不明确表示意见的,应当视为其对该项事实的承认。应当强调的是,为防止侵害当事人的诉讼权利,对拟制自认应严格掌握。审判人员不仅应当就一方当事人陈述的事实本身进行充分地说明,也应当充分说明当事人既不承认也不否认的法律后果,并应询问另一方当事人对该项事实的态度,当事人仍不明确表态的,才能构成拟制自认。

3. 代理人的承认问题

《关于民事诉讼证据的若干规定》第8条规定,对代理人的承认,根据代理人代理权限不同分别加以规范。经特别授权的代理人的代理权限与当事人本人的诉讼权利范围基本一致,其对事实的承认,应视为当事人本人的承认;未经特别授权的代理人,由于无权代为承认诉讼请求,在代理人对事实的承认直接导致对诉讼请求承认的情形下,其承认行为超出了代理权限,因而不具有自认的效力。但当事人在场的,当事人对代理人的承认行为的内容和法律后果应当有充分的了解,其未作否认表示的,应视为当事人的承认。

(五)人民法院调查收集证据

1. 人民法院调查收集证据的法律规定

2012年《民事诉讼法》第64条第2款规定:"当事人及其诉讼代理人因客观原因不能自行收集的证据,或者人民法院认为审理案件需要的证据,人民法院应当调查收集。"这一条文对人民法院调查收集证据规定了原则,但没有明确"人民法院认为审理案件需要的证据"的范围和"当事人及其诉讼代理人因客观原因不能自行收集的证据"的范围与条件,操作上不易把握。这种规定既为法院调查收集证据设置了较重的义务,也为人民法院调查收集证据预留了过大的裁量权。特别是对"人民法院认为审理案件需要的证据"的范围没有明确的界定,容易导致人民法院调查收集证据权力的滥用,产生司法不公。最高人民法院1998年《关于民事经济审判方式改革的若干规定》对人民法院调查收集"当事人及其诉讼代理人因客观原因不能自行收集的证据"的条件作了原则性规定,即当事人应当提出调取证据的申请和证据线索,但没有明确"人民法院认为审理案件需要的证据"的范围。《关于民事诉讼证据的若干规定》在总结审判实践经验的基础上,通过对《民事诉讼法》第64条"人民法院认为审理案件需要的证据"和"当事人及其诉讼代理人因客观原因不能自行收集的证据"的解释,对人民法院调查收集证据的问题予以明确。

2. 人民法院依职权调查收集证据

"人民法院认为审理案件需要的证据"即是人民法院可依职权调查收集的证据。《关于民事诉讼证据的若干规定》将"人民法院认为审理案件需要的证据"解释为两种情形,即可能有损国家利益、社会公共利益或者他人合法权益的情形和与诉讼实体内容无关的程序事项。为保护国家、社会公共利益,在涉及可能有损上述利益情况下,可由法院依职权调查收集证据,这是成文法国家的通行做法。《关于民事诉讼证据的若干规定》第15条在《民事诉讼法》的基础上,结合审判实践经验和我国国情,将诉讼外第三人的合法权益纳入人民法院依职权调查收集证据的范围。除上述可依职权调查收集证据的情形外,人民法院调查收集证据,应当依当事人的申请进行。

3. 人民法院依当事人申请调查收集证据的范围和条件

人民法院调查收集证据,主要是对当事人存在客观原因不能自行收集的救济手段。一般情况下,当事人应以自身的能力收集证据,只有在确有客观原因的情况下,方可申请人民法院调查收集。这种客观原因主要是指涉及档案材料和秘密材料的情形。当事人申请人民法院调查收集证据属于当事人举证责任的内容。因此,当事人的申请应当以书面的形式在举证期限内提出,申请书中应当载明基本的证据线索、所要调查的证据的大致内容、所要证明的事实及不能自行收集的原因等内容。

(六)关于新的证据

2012年《民事诉讼法》第139条第1款规定,当事人在法庭上可以提出新的证据;第200条第1款第(一)项规定,当事人有新的证据足以推翻原裁判的,人民法院应当再审。但对于新的证据的范围和条件,《民事诉讼法》没有明确。《关于民事诉讼证据的若干规定》对一审程序、二审程序和再审程序中涉及的新的证据的有关问题作出了解释。为防止举证时限在一审程序中流于形式,一审程序中的新证据只能是一审举证期限届满后新发现的证据和举证期限内因客观原因无法提供且在延长的期限内仍无法提供的证据,新证据必须在一审开庭前或者开庭审理时提出。这意味着一审的举证期限与开庭审理的日期存在时间上的先后顺序,即举证期限一般应先于开庭审理之日。除有新证据的情形外,当事人应当于开庭审理之前完成举证。关于二审程序中的新证据,一方面考虑到时间上的衔接,将新发现的证据的时间确定在一审庭审结束后;另一方面考虑到在当事人申请人民法院调查取证的情形下,一审未准许当事人的申请、二审认为应当准许并依当事人申请调取的证据,也是当事人因客观原因在一审举证期限内无法提交的证据,从保护当事人诉讼权利出发,应视为二审程序中的新证据。在主张有新证据的情况下,当事人应对存在新的证据的情形承担举证责任。依据《民事诉讼法》的规定,有些二审案件可以不开庭审理。对于开庭审理的二审案件,新的证据应当在开庭审理前或开庭审理时提出;对于不开庭审理的,人民法院应当指定提出新的证据的期限,由当事人在指定的期限内提出。

当事人在一审和二审程序中提交的证据不是新证据的,人民法院不予采纳。但为了在提高诉讼效率的同时保障实体公正,在当事人于延长的举证期限内因客观原因仍然无法提供证据,且不采纳该证据可能导致裁判明显不公的情况下,当事人提供的证据可以视为新的证据。

依据2012年《民事诉讼法》第200条第1款第(一)项的规定,当事人提出新的证据,足以推翻原裁判的,可以启动再审程序。为维护生效裁判的相对稳定性和严肃性,保护对方当事人的合法权益,防止一方当事人滥用诉讼权利,并考虑与一审、二审程序中新的证据的衔接,《关于民事诉讼证据的若干规定》对2012年《民事诉讼法》第200条第1款第(一)项中的新的证据解释为“原审庭审结束后新发现的证据”。当事人以新证据申请再审的,其新证据只能在申请再审时提出。

无论是一审、二审还是再审程序,为平等保护双方当事人的诉讼权利,对于一方当事人提出新证据的,人民法院应当通知对方当事人在合理期限内针对新证据提出意见或举证。但一方当事人在二审程序和再审程序中提出新的证据可能导致案件被发回重审或改判,加重对方当事人的诉讼负担,为公平地保护双方当事人利益,由于当事人的原因未能在举证期限内举证导致案件被发回重审或改判的情形下,有关费用和损失应当由提出新的证据的一方当事人负担。

三、行政诉讼中证明责任的承担

(一)关于行政诉讼证明责任的理论

行政诉讼中的证明责任在承担的主体上与刑事诉讼和民事诉讼都不同,它既不是由双方当事人分担,也不是由原告负担,而是由被告承担,这被称为证明责任倒置。但与民事诉讼中作为例外的证明责任倒置不同,在行政诉讼范围内,它是原则,而非例外。

行政诉讼中实行证明责任倒置原则,有如下几个方面的原因:

第一,行政诉讼中所针对的诉讼标的是被诉具体行政行为的合法性,而该具体行政行为是由作为被告的行政机关作出来的。对该具体行政行为的合法性来说,被告便处在主张者的地位,根据“谁主张,谁举证”的原理,被告应当对该具体行政行为的合法性负证明责任。尽管原告人从形式上看也处在主张者的地位,它主张具体行政行为的不合法性。“不合法性”相对于“合法性”来说,是消极事实,难以证明,而合法性是积极事实,容易证明。所以,从公平的角度说,立法通常规定由主张积极事实的当事人承担证明责任。在前文提到的“消极事实说”的证明责任分配理论,指的就是这种情况。

第二,行政机关有能力举证。行政机关行使行政管理职权,掌握着必要的技术手段和工具,了解职权范围内的有关规范性文件,并享有一定的自由裁量权,为具体行政行为收集证据并作出这样的行政行为,是职责范围内的事情,并且,与行政相对人相比,也是容易完成的事情。在诉讼发生后,被告只用将原来的具体行政行为的实施过程演示一遍即可,这样做一点也不困难。相反,若由原告来承担证明责任,则难度就很大了,例如,取证时面临行政管理制度的障碍,不了解作出具体行政行为的法律和事实根据等。因此,从举证的难易方面来说,由被告负证明责任,是比较公平的。

第三,由行政机关承担证明责任,能够有效地保证行政机关依法行政。由行政机关负证明责任,意味着只有在法院认为被诉具体行政行为正确无疑的情况下,行政机关才能胜诉;如果该具体行政行为的合法性难以判断,法院就推定该具体行政行为不具有合法性,行政机关就要败诉。这就为行政机关依法行政提出了更高的要求。

尽管在行政诉讼中由被告承担证明责任,但并不等于原告就不向法院提供任何证据。首先,原告应当对有关的程序法事实负有证明责任,比如,在提起诉讼时,应当就其起诉请求符合起诉条件提供证据进行证明。另外,2014 年《行政诉讼法》第 39 条也规定:"人民法院有权要求当事人提供或者补充证据。"这里的当事人,不仅指原告,也包括被告。

(二)关于行政诉讼证明责任的法律规定

1. 行政诉讼法的规定

2014 年《行政诉讼法》第 34 条规定:"被告对作出的行政行为负有举证责任,应当提供作出该具体行政行为的证据和所依据的规范性文件。"该条只规定了行政诉讼中承担举证责任的一般原则,没有对具体情形进行规定。

2. 司法解释的规定

最高人民法院《关于执行〈中华人民共和国行政诉讼法〉若干问题的解释》对举证责任进一步作了规定。该解释第 26 条规定:"在行政诉讼中,被告对其作出的具体行政行为承担举证责任。被告应当在收到起诉状副本之日起 10 日内提交答辩状,并提供作出具体行政行为时的证据、依据;被告不提供或者无正当理由逾期提供的,应当认定该具体行政行为没有证据、依据。"第 27 条规定:"原告对下列事项承担举证责任:(一)证明起诉符合法定条件,但被告认为原告起诉超过起诉期限的除外;(二)在起诉被告不作为的案件中,证明其提出申请的事实;(三)在一并提起的行政赔偿诉讼中,证明因受被诉行为侵害而造成损失的事实;(四)其他应当由原告承担举证责任的事项。"

最高人民法院《关于行政诉讼证据若干问题的规定》第 1 条至第 8 条进一步明确地对行政诉讼的举证责任问题进行了规定。

(三)行政诉讼中举证责任的承担规则

1. 举证责任的含义

最高人民法院《关于行政诉讼证据若干问题的规定》对举证责任概念的规定仍然吸收了证明责任双重含义说的观点,即举证责任包括行为责任与结果责任,但主要从结果责任的意义上使用该概念。在行政诉讼中,举证责任分配就是从结果责任分担的意义上来说的,主要不是立足于行为责任的分担;而且,行为责任可以与结果责任相分离,即当事人一方可能不负担结果责任,但完全可能承担行为责任。例如,《关于行政诉讼证据若干问题的规定》第 6 条规定:"原告可以提供证明被诉具体行政行为违法的证据。原告提供的证据不成立的,不免除被告对被诉具体行政行为合法性的举证责任。”该条规定的本意就是,尽管原告对被诉具体行政行为违法的事实主张不负结果责任意义上的举证责任,在其不能提供足够证据证明被诉具体行政行为违法时并不必然会败诉,只要被告不能证明或者不足以证明其具体行政行为合法,就应当承担败诉后果,在此情形下,原告依然会胜诉。

2. 举证责任分配的一般规则

在行政诉讼中,举证责任分配的一般规则是:被告对其作出的具体行政行为承担举证责任。这与刑事诉讼和民事诉讼的举证责任由原告承担的一般规则相比,是一种倒置,因而被称为举证责任倒置。但是,这种举证责任倒置的情形,对行政诉讼来说,却是一种一般规则。

3. 原告的举证责任

尽管在行政诉讼中由被告承担举证责任,但并不等于原告就不向法院提供任何证据。最高人民法院《关于执行〈中华人民共和国行政诉讼法〉若干问题的解释》第 27 条规定:“原告对下列事项承担举证责任:(一)证明起诉符合法定条件,但被告认为原告起诉超过起诉期限的除外;(二)在起诉被告不作为的案件中,证明其提出申请的事实;(三)在一并提起的行政赔偿诉讼中,证明因受被诉行为侵害而造成损失的事实;(四)其他应当由原告承担举证责任的事项。”具体来说,原告的举证责任包括以下几个方面:

(1)原告对程序法事实的举证责任,主要是对起诉符合法定条件负有举证责任。《关于行政诉讼证据若干问题的规定》第 4 条规定:“公民、法人或者其他组织向人民法院起诉时,应当提供其符合起诉条件的相应的证据材料。在起诉被告不作为的案件中,原告应当提供其在行政程序中曾经提出申请的证据材料。但有下列情形的除外:(一)被告应当依职权主动履行法定职责的;(二)原告因被告受理申请的登记制度不完备等正当事由不能提供相关证据材料并能够作出合理说明的。被告认为原告起诉超过法定期限的,由被告承担举证责任。”

(2)上述规定要求原告向人民法院起诉时,应当提供符合起诉条件的相应的证据材料。这种情况下的提供证据材料不属于本来意义上的举证责任,只是提供证明符合起诉条件的证据材料,对其提供证据的要求并不太高。2014 年《行政诉讼法》第 49 条对起诉条件的规定是:原告是符合本法第 25 条规定的公民、法人或者其他组织;有明确的被告;有具体的诉讼请求和事实根据;属于人民法院受案范围和受诉人民法院管辖。在这些条件中,原告主要就其合法权益受到侵犯以及其他事实根据,提供相关的证明材料。应当注意的是,上述规定对起诉被告不作为案件中的原告的举证责任设定了两项例外。首先,在被告应当依职权主动履行法定职责时,原告无需提供证据证明其在行政程序中曾经提出申请的事实。这是因为,如果被告负有无需原告申请而应主动作为的法定职责,那么原告是否曾经提出申请不是其提起诉讼的前提条件。其次,原告因被告受理申请的登记制度不完备等正当事由不能提供相关证据材料并能够作出合理说明的,豁免原告对其提出申请的事实的举证责任。这是因为,有些行政机关缺乏完备的登记制度,或其工作人员缺乏责任心,对当事人在行政程序中提出的申请随意处置,在这种情形下,如果一概要求原告对其提供申请的事实负举证责任,即会使原告处于极为不利的境地。因此,如果原告提出合理的理由或者其他证据,说明其曾经提出过申请,而被告受理申请的制度确实不完备,且无法确定原告是否确实提出了申请,此时即可免除其对提出申请的事实的举证责任。这种规定实际上是要求原告承担“释明”或者自由证明的义务代替应承担的举证责任,从而减轻其举证负担。

(3)原告对实体法事实的举证责任,主要是对行政赔偿的损害事实负有举证责任。《关于行政诉讼证据若干问题的规定》第5条规定:“在行政赔偿诉讼中,原告应当对被诉具体行政行为造成损害的事实提供证据。”应当注意的是,最高人民法院《关于执行〈中华人民共和国行政诉讼法〉若干问题的解释》第27条第(三)项规定的是原告应当“证明因受被诉行为侵害而造成损失的事实”。按照其字面意思,此时原告应当对损害和因果关系负举证责任。因为证明因果关系的难度较大,《关于行政诉讼证据若干问题的规定》第5条免除了原告在行政赔偿诉讼中对因果关系的证明责任,只要求其对受到损害的事实举证,不再要求其对被诉行政行为与损害之间的因果关系承担举证责任。

(四)举证期限

1. 被告的举证期限

最高人民法院《关于执行〈中华人民共和国行政诉讼法〉若干问题的解释》第26条和《关于行政诉讼证据若干问题的规定》第1条明确规定了被告的举证期限,即被告应当自收到起诉状副本之日起10日内,提供据以作出被诉具体行政行为的全部证据和所依据的规范性文件。被告不提供或者无正当理由逾期提供证据的,视为被诉具体行政行为没有相应的证据。

规定被告人在10日内举证,是因为2014年《行政诉讼法》第67条第1款规定,被告应当在收到起诉状副本之日起15日内向人民法院提交作出行政行为的证据和所依据的规范性文件,并提出答辩状。在此基础上,进一步规定其不提供或者被告不提供或者无正当理由逾期提供证据的,视为被诉行政行为没有相应的证据,实际上明确了被告负举证责任的结果意义。

另外,被告负有的举证责任也存在正当延期的情形,《关于行政诉讼证据若干问题的规定》第1条第2款对此作了明确规定:“被告因不可抗力或者客观上不能控制的其他正当事由,不能在前款规定的期限内提供证据的,应当在收到起诉状副本之日起十日内向人民法院提出延期提供证据的书面申请。人民法院准许延期提供的,被告应当在正当事由消除后十日内提供证据。逾期提供的,视为被诉具体行政行为没有相应的证据。”也就是说,被告申请延期的事由必须是“不可抗力或者客观上不能控制的其他正当事由”,不是其他随意提出的事由。

关于对被告补充证据的限制。根据行政程序“先取证、后裁决”的原则,被告作出具体行政行为是以行政程序中的取证为基础的,即必须在已取得的证据的基础上认定事实和作出裁决。在作出具体行政行为之后以及在行政诉讼程序中不能为证明具体行政行为的合法性而再行收集新的证据。因此,2014年《行政诉讼法》第35条明确规定:“在诉讼过程中,被告不得自行向原告和证人收集证据。”《关于行政诉讼证据若干问题的规定》第3条进一步明确规定:“根据行政诉讼法第三十三条的规定,在诉讼过程中,被告及其诉讼代理人不得自行向原告和证人收集证据。”但是,2014年《行政诉讼法》第39条又规定:“人民法院有权要求当事人提供或者补充证据。”如果人民法院允许被告无限制地补充证据,则规避了上述关于禁止被告在诉讼过程中收集证据的规定。因此,《关于执行〈中华人民共和国行政诉讼法〉若干问题的解释》第28条规定:“有下列情形之一的,被告经人民法院准许可以补充相关的证据:(一)被告在作出具体行政行为时已经收集证据,但因不可抗力等正当事由不能提供的;(二)原告或者第三人在诉讼过程中,提出了其在被告实施行政行为过程中没有提出的反驳理由或者证据的。”由于第一项属于延期提供证据的情形,《关于行政诉讼证据若干问题的规定》第2条对第二项的规定进行了完善,即“原告或者第三人提出其在行政程序中没有提出的反驳理由或者证据的,经人民法院准许,被告可以在第一审程序中补充相应的证据”。这里限定了补充证据的时间为第一审程序中。但是,该规定仍然有进一步研究的必要。例如,为反驳"原告或者第三人提出其在行政程序中没有提出的反驳理由或者证据",而允许被告补充证据,则与"先取证、后裁决"的原则以及行政审判作为复审的属性发生冲突。如果将被告补充证据的范围限制在被告作出具体行政行为时已经收集、因对其不利而未向法庭提供的证据,则属于应当补充的证据。

2. 原告和第三人的举证期限

《关于行政诉讼证据若干问题的规定》第7条规定了原告和第三人的举证期限,即"原告或者第三人应当在开庭审理前或者人民法院指定的交换证据之日提供证据。因正当事由申请延期提供证据的,经人民法院准许,可以在法庭调查中提供。逾期提供证据的,视为放弃举证权利。原告或者第三人在第一审程序中无正当事由未提供而在第二审程序中提供的证据,人民法院不予接纳"。该条是一种选择性的规定,选择的顺序是:如果法院指定了交换证据的日期,该日期就是原告提供证据的最后期限;如果没有指定交换证据的日期,应当在开庭审理前提供证据,也就是第一次开庭审理之前一日为原告提供证据的最后期限。原告有正当事由申请延期提供证据的,经人民法院准许,可以在法庭调查中提供证据。逾期提供证据的,视为放弃举证权利。同时,为了防止原告或者第三人搞"证据突袭",维护第一审程序的价值,原告或者第三人在第一审程序中无正当事由未提供而在第二审程序中提供的证据,人民法院不予采纳。

(五)法院调取证据和对当事人举证的说明责任

为了公正审理案件,2014年《行政诉讼法》第39条规定:"人民法院有权要求当事人提供或者补充证据。人民法院有权向有关行政机关以及其他组织、公民调取证据。"该条规定了人民法院调取证据的责任和对当事人举证的说明责任。

1. 人民法院调取证据

关于人民法院调取证据的范围,最高人民法院《关于执行〈中华人民共和国行政诉讼法〉若干问题的解释》第29条规定:"有下列情形之一的,人民法院有权调取证据:(一)原告或者第三人及其诉讼代理人提供了证据线索,但无法自行收集而申请人民法院调取的;(二)当事人应当提供而无法提供原件或者原物的。"因此,人民法院调取证据,不能随意扩大范围,而应当根据上述规定决定需要调取的证据。

最高人民法院《关于行政诉讼证据若干问题的规定》对人民法院调取证据的两种形式作了具体规定,一种是依职权主动调取,另一种是经当事人申请调取。一般来说,在启动调取的程序上,限制主动调取,一般情况下由当事人申请调取;在申请调取证据上,尽量控制调取的范围,只有确有必要时才准予调取。这是因为,被诉具体行政行为主要是在"先取证、后裁决"的情况下作出的,行政诉讼主要是复审作出具体行政行为的证据和依据,通常无需调取更多的证据;行政诉讼也是以当事人举证为原则,以法院调取证据为例外,不宜扩大调取证据的范围。

最高人民法院《关于行政诉讼证据若干问题的规定》第22条规定了法院主动依职权调取证据的两种情形,即"根据行政诉讼法第三十四条第二款的规定,有下列情形之一的,人民法院有权向有关行政机关以及其他组织、公民调取证据:(一)涉及国家利益、公共利益或者他人合法权益的事实认定的;(二)涉及依职权追加当事人、中止诉讼、终结诉讼、回避等程序性事项的"。就前一种情形来说,由于涉及国家利益、公共利益或者他人合法权益的事实与当事人利益无关,甚至对当事人不利,当事人可能怠于提供证据,甚至故意隐瞒证据,此时需要法院主动调取证据。

最高人民法院《关于行政诉讼证据若干问题的规定》第23条规定了原告和第三人申请法院调取证据的情形,即"原告或者第三人不能自行收集,但能够提供确切线索的,可以申请人民法院调取下列证据材料:(一)由国家有关部门保存而须由人民法院调取的证据材料;(二)涉及国家秘密、商业秘密、个人隐私的证据材料;(三)确因客观原因不能自行收集的其他证据材料。人民法院不得为证明被诉具体行政行为的合法性,调取被告在作出具体行政行为时未收集的证据"。只规定原告和第三人申请调取证据,主要是考虑原告和第三人有时存在收集证据上的障碍,在收集证据时处于弱势地位,而被告一般在诉讼程序中也不应再收集新证据。当然,如果被告确因客观原因无法提交已在行政程序中收集到的证据,且只有法院才能调取到,此时也可以申请法院调取。但这仅限于特殊的例外情形。

最高人民法院《关于行政诉讼证据若干问题的规定》第24条至第26条规定了当事人申请人民法院调取证据的程序。当事人申请人民法院调取证据的,应当在举证期限内提交调取证据申请书。调取证据申请书应当写明下列内容:(1)证据持有人的姓名或者名称、住址等基本情况;(2)拟调取证据的内容;(3)申请调取证据的原因及其要证明的案件事实。人民法院对当事人调取证据的申请,经审查符合调取证据条件的,应当及时决定调取;不符合调取证据条件的,应当向当事人或者其诉讼代理人送达通知书,说明不准许调取的理由。当事人及其诉讼代理人可以在收到通知书之日起3日内向受理申请的人民法院书面申请复议一次。人民法院应当在收到复议申请之日起5日内作出答复。人民法院根据当事人申请,经调取未能取得相应证据的,应当告知申请人并说明原因。人民法院需要调取的证据在异地的,可以书面委托证据所在地人民法院调取。受托人民法院应当在收到委托书后,按照委托要求及时完成调取证据工作,送交委托人民法院。受托人民法院不能完成委托内容的,应当告知委托的人民法院并说明原因。

2. 人民法院对当事人举证责任的说明责任

关于人民法院对当事人举证责任的说明责任,《关于行政诉讼证据若干问题的规定》作了具体规定。其第8条规定:"人民法院向当事人送达受理案件通知书或者应诉通知书时,应当告知其举证范围、举证期限和逾期提供证据的法律后果,并告知因正当事由不能按期提供证据时应当提出延期提供证据的申请。"第9条规定:"根据行政诉讼法第三十四条第一款的规定,人民法院有权要求当事人提供或者补充证据。对当事人无争议,但涉及国家利益、公共利益或者他人合法权益的事实,人民法院可以责令当事人提供或者补充有关证据。"

思考题

1. 什么是证明责任?其包括哪些基本内容?
2. 刑事、民事、行政诉讼中的证明责任是如何分配的?

第十四章　证 明 标 准

导　读

证明标准即承担证明责任的人提供证据对案件事实加以证明所要达到的程度。证明标准是当事人履行证明责任的灯塔，也是事实认定者决定具体事实能否认定的行为准则。证明标准的事实的性质是什么，国内外在学理上有不同的理论观点，主要有客观真实说、主观真实说和法律真实说。2012 年刑事诉讼法规定了证明标准为“案件事实清楚，证据确实、充分”，同时规定了“排除合理怀疑”的证明标准，民事诉讼和行政诉讼的证明标准通过间接的方式对证明标准作了规定，在本章学习过程中要着重加以理解。

阅读案例
请扫一扫

第一节　证明标准概述

一、证明标准的概念和意义

（一）证明标准的概念

证明标准又称证明要求、证明任务，是指承担证明责任的人提供证据对案件事实加以证明所要达到的程度。当当事人提供的证据达到了证明标准，就意味着当事人完成了举证责任，他提出的主张就会成立，也就是不会因为待证事实的证明问题承担不利后果；相反，如果当事人提供的证据未能达到证明标准，就意味着他没有完成证明责任，他的主张将不会成立，也就是会因为待证事实的证明问题承担不利后果。

从证明标准的概念看，证明标准和证明责任之间存在着密切的联系，或者说，它们在本质上是一物两面的概念。证明责任解决的问题是，对于待证事实，谁来提供证据加以证明；证明标准解决的问题是，对于待证事实，应当证明到什么程度。从逻辑上说，证明标准是在证明责任基础上产生的概念，没有真正意义上的证明责任制度，便没有真正意义上的证明标准制度。同时，证明标准又是证明责任的方向和准绳，证明责任因为证明标准而具体化和富有可操作性。

（二）证明标准的意义

证明标准在诉讼过程中具有重要的意义，它是诉讼证明活动的方向和准绳，指导着当事人和事实认定者实施正确的诉讼行为。具体表现在以下几个方面：

第一,证明标准是当事人履行证明责任的灯塔,凭借证明标准的衡量,当事人知道何时应当举证,何时可以暂停举证;对方当事人也可以知道何时应当提供相反的证据进行反驳,何时可以停止举证性的反驳,而等待负有证明责任的当事人继续提供证据。

第二,证明标准是事实认定者决定具体事实能否认定的行为准则。根据当事人提供的证据,如果事实认定者认为这些证据对待证事实的证明达到了证明标准,则认定该事实为真;反之,如果证明责任承担者提供的证据未能满足证明标准,则认定该事实为伪。事实之真伪,就在于与证明标准是否吻合。

二、关于证明标准的理论观点

对于案件事实能够证明到什么程度,或者说达到证明标准的事实的性质是什么或者应当是什么,国内外在学理上有不同的理论观点。概括来说,有三种不同的观点:客观真实说、主观真实说和法律真实说。

“客观真实说”认为,诉讼中对事实的证明,应当达到客观真实的程度。查明案件的客观真实,不但是必要的,而且是完全可能的,这是因为:第一,马克思主义认识论认为,存在是第一性的,意识是第二性的,存在决定意识;人类具有认识客观世界的能力,能够通过调查研究认识案件的客观真实。查明客观真实具有科学的理论根据。第二,客观上已经发生的案件事实,必然在外界留下这样或那样的物品、痕迹,或者为某些人所感知,为查明案件客观真实提供了事实根据。第三,我国司法机关有党的坚强、统一的领导,有广大具有觉悟的群众的支持,有一支忠实于人民利益、忠实于法律、忠实于事实真相,具有比较丰富的经验,掌握一定科学技术的司法干部队伍,这是查明案件客观真实的有利的组织保证。第四,随着社会主义法制的加强,总结司法工作正反经验、反映现实需要的《刑事诉讼法》、《民事诉讼法》和《行政诉讼法》已先后颁布,提供了查明案件客观真实的法律依据。总之,司法人员只要依法正确收集和审查判断证据,完全有可能对案件事实做出符合客观实际的认定。这种观点在国外也有不少人支持。

“主观真实说”认为,在诉讼中证明的案件事实,实际上是一种主观事实。所谓主观事实,是指法官或者事实认定者发现的事实,并不是诉讼之前在特定时间、地点发生的“客观事实”。这是因为:第一,从事实存在的状态看,只有进入司法人员主观领域的事实,才具有法律意义。第二,从认定事实的过程看,事实认定者首先是从对事实预先得出的模糊结论出发,然后才寻找有关的证据支持的,如果有关的证据不支持原来的结论,它会放弃这一结论而寻找其他的结论。事实认定的过程,实际上是印证主观判断的过程。第三,事实认定者在运用证据对案件事实进行推理时,直觉或者预感占有非常重要的位置。第四,每个法官由于学识、经验、信仰等不同,也就是个性不同,他们的思维方式也就会不同,因此,对于同一个案件事实,即使有相同的证据,不同的法官也会得出不同的结论。

“法律真实说”认为,在法律世界中,案件发生后所形成的事实的确是客观存在的,但是这种事实必须由办案人员通过认识去发现。所以,有的只是有关机关的办案人员在法律程序中所确定的事实。这是因为,事实只有首先通过法律程序加以确定后,才能被赋予法律上的效果。也就是说,确定事实的机关,是在“法律上”寻找事实。

我们认为,这三种观点都有一定的道理,它们是从不同的角度看问题的。客观真实说从一定程度上注意到了案件事实的客观性,这是正确的;但是,如果要求最终证明的案件事实与客观上发生的事实完全符合或一致,则有点理想化了,这在现实中是做不到的。另外,这种观点完全忽视了人的认识活动的主观性的一面,也是不正确的。主观真实说强调了人的思维或者认识活动的主观性的一面,有可取之处,但是,它却将人的思维或者认识活动的客观性的一面完全忽视了,这是不正确的;另外,这种观点看到了个人的认识活动的特殊性的一面,却舍弃了个人作为人的整体的一员所具有的普遍性,也是不正确的。法律真实说注意到了通过诉讼证明得出的案件事实是由法律创造的,但是,这种观点也忽视了人的认识活动的主观性的一面。

我们基本上同意法律真实说,但应当吸收其他几种观点予以完善。被证明的案件事实是一种法律上的真实,是指它同时包含着客观性、主观性和法律性三种性质。说这种事实具有客观性,是指这种事实必须通过客观的证据来证明,有着坚实的客观依据,而不是单纯主观想象、虚构的产物;说这种事实具有主观性,是指对于事实的认识,是通过人的主观思维、判断实现的;说这种事实具有法律性,是指这种事实的构成方面由实体法加以规定,对这种事实的认识首先要通过程序法进行,由于事实的认识者必须遵守程序法的规定,诉讼各方都是事实的认识者,每一方都无法单独决定认识结果,所以从一定程度上说,这种事实是由法律程序自主产生的。由于这种事实既非完全是原来发生的客观事实,又非单纯的主观产物,所以我们称之为法律事实。

我们主张法律真实,有如下几个方面的理由:第一,马克思主义哲学原理告诉我们,我们对客观世界的认识,对案件事实的证明,只能达到一种相对真实的程度,因为案件事实是过去发生而且不可能重演的一种特殊事实,所以,被证明的案件事实,就不可能是实际上发生的客观事实。因为人们的认识能力有限,是人不是神。第二,诉讼证明是一种法律活动,它不仅指追求证明的真理性,还要追求证明的正当性。尊重法律和法律程序,正是证明活动具有正当性的表现。第三,主张法律真实说,可以使诉讼证明活动变得具体明确,容易使司法人员操作,也容易为普通公民或当事人所接受。相反,主张客观真实说,往往会因为对于客观真实不好把握,欲求却不可得,在司法实践中引起各种各样的问题。第四,司法实践已经证明了法律真实的正确性。与三大诉讼法有关的司法解释事实上已经确立了法律真实观。

三、外国立法中的证明标准

在国外,刑事诉讼与民事诉讼中的标准是不同的;对每一种诉讼而言,两大法系的证明标准在内容上虽然是一致的,但立法的措辞有所不同。

(一)刑事诉讼的证明标准

关于刑事诉讼的证明标准,英美法上的表述是"排除合理怀疑",大陆法系国家立法的表述是"内心确信"、"高度的盖然性"等。一般认为,两大法系对证明标准的措辞尽管不同,但基本内容是一样的。不过,它们之间也存在着一些微妙的区别。

在英美法系国家,排除合理怀疑的证明标准最早产生于18、19世纪。1824年,一位英国学者率先主张,刑事诉讼中的证明标准应当是"由于道德上的确定性足以排除一切怀疑"。之后,这一标准首先在死刑案件中适用,然后扩大到所有的刑事案件,成为英美法系国家刑事诉讼中通用的证明标准。

对于什么是"排除合理怀疑",有些人认为这一词汇本身就是最好的解释,不需要更多的解释。权威的《布莱克法律词典》解释为,所谓排除合理怀疑,"是指全面的证实、完全的确信或者一种道德上的确定性;这一词汇与清楚、准确、无可置疑这些词相当。在刑事案件中,被告人的罪行必须被证明到排除合理怀疑的程度方能成立,意思是,被证明的事实必须通过它们的证明力使罪行成立”。“‘排除合理怀疑’的证明,并不排除轻微可能的或者想象的怀疑,而是排除每一个合理的假设,除非这种假设已经有了根据;它是‘达到道德上确信’的证明,是符合陪审团的判断和确信的证明,作为理性的人的陪审团成员在根据有关指控犯罪是有被告人的证据进行推理时,是如此确信,以至于不可能作出其他合理的推论。”

在大陆法系国家,法国最早确定了“内心确信”的证明标准。1795 年制定的“罪行法典”规定了这一著名公式:“法律不要求陪审员说明他们是如何获得心证的。法律也不规定要求他们必须遵守的关于证据的规则。法律命令他们以真挚的良心问自己:为了证明被告有罪而提出的证据和被告方面的防御给了他们的理性以何种印象……法律只是向他们提出一个能够概括他们职务上全部尺度的问题:你们是真诚地确信的吗?”所谓内心确信,必须是理性地、真诚地确信。

德国在 1877 年《刑事诉讼法典》正式采用自由心证(内心确信)原则后,通过帝国裁判所的判例逐渐形成了“高度盖然性”的公式,即有罪认定除要求法官的诚实、良心和基于此而产生的有罪的内心确信外,还要求通过证据在量和质上的积累而使待证事实达到的客观的“高度盖然性”。所谓高度盖然性,一方面是指在公开的法庭上通过证据的提出和调查以及当事人双方的辩论而逐渐形成的证据在质和量上的客观状态,以及这种客观状态所反映出来的要证事实的明白性和清晰性;另一方面,高度盖然性也指法官对这种客观状态的认识,即证据的客观状态作用于法官的心理过程而使其达到的确信境地。在德国的判例和学说中,这一标准还被表述为“紧邻确实性的盖然性”等,以强调其必须达到的高度。

日本刑事诉讼法接受了大陆法系国家的内心确信标准。第二次世界大战后,随着英美法对日本法影响的增加,“排除合理怀疑”的证明标准也为日本的理论和司法实践所接受。所以,关于证明标准,在日本的判例和学说中可以看到几种表达方式:“紧邻确实性的盖然性”、“排除合理怀疑”以及“内心确信”。不过,现在许多学者认为从排除合理怀疑的角度来定义这种标准更为接近事实认定的实际过程,因而推崇英美法系的排除合理怀疑的表达方式。

不管是“排除合理怀疑”、“高度盖然性”还是“内心确信”,它们要求达到的证明程度都是相同的,即在信念上确信,并且这种确信出于良知或者是真诚地形成的,是合理的和理性的;另外,这些标准并不是完全主观和任意的,它们也都要求据以形成确信的证据基础。尽管它们在内容上是相同的,但在表达方式上有所不同。高度盖然性更加强调逻辑的一面,因为作为推理认定案件事实的大前提,也就是经验规则,必须也只能具有高度的盖然性,因此得出的关于案件事实的结论,也就具有高度的盖然性。内心确信更强调诉讼证明的主观性。高度盖然性和内心确信从正面来表达证明标准的含义,而排除合理怀疑从反面表达证明标准的含义。因为从正面和主观方面不容易把握这种标准,所以,排除合理怀疑的表达方式相对显得更为可取,同时也因为这种表达方式更为接近事实认定的实际过程,所以越来越得到人们的认可。

(二)民事诉讼的证明标准

对于民事诉讼的证明标准,两大法系差别并不大,表述方式也基本相同,一般都是用“盖然性的优势”这一词汇,另外还使用“盖然性的平衡”、“优势证据”、“优势证明”等表述方法。这种证明标准的基本含义是,如果证明责任的承担者所提供的证据在总体上的分量上高出对方当事人或者更为可信,用百分比来表达的话,就是双方当事人证据的分量或者可信度形成了

51%和49%的对比关系,那么,证明责任承担者便完成了他的证明责任;相反,如果双方当事人提供的证据分量相等或者反证者的证据分量更重,那么,证明责任承担者便要承受败诉的结果。盖然性优势的证明不是说哪一方的证据在数量上占优势即可胜诉,而是看哪一方的证据在总体上对案件事实的证明程度更高,也就是质量更高。

应当注意,美国除了在刑事诉讼中适用排除合理怀疑的标准,在民事诉讼中一般适用盖然性优势的证明标准外,还规定对一些特殊的民事案件适用第三种证明标准,即"清楚的、明确的和令人信服的标准"。这一标准是美国联邦法院1966年在一起案件中确定的。这是一起驱逐出境案,在该案的判决中,最高法院要求美国移民局对它作出的驱逐出境的行为,提供"清楚的、明确的和令人信服的证据"进行证明。对于这一证明标准,美国联邦最高法院是这样解释的:"由于该案涉及公民的基本权利的严重剥夺,并会给相关公民的生活造成立竿见影的障碍,如果仅适用较低的盖然性优势标准,则显得有失法律的严肃性,并显得轻率,故而应当适用新的证明标准。"实际上,这类特殊的民事案件,从实质上说就是行政案件。

第二节　刑事、民事、行政诉讼的证明标准

一、我国证明标准的特点

(一)我国诉讼法对证明标准的规定

1. 刑事诉讼法对证明标准的规定

2012年《刑事诉讼法》第195条规定:"在被告人最后陈述后,审判长宣布休庭,合议庭进行评议,根据已经查明的事实、证据和有关的法律规定,分别作出以下判决:(一)案件事实清楚,证据确实、充分,依据法律认定被告人有罪的,应当作出有罪判决;(二)依据法律认定被告人无罪的,应当作出无罪判决;(三)证据不足,不能认定被告人无罪的,应当作出证据不足、指控的犯罪不能成立的无罪判决。"也就是说,刑事诉讼法规定的证明标准是:案件事实清楚,证据确实、充分。值得注意的是,2012年修改《刑事诉讼法》,同时规定了"排除合理怀疑"的证明标准。该法第53条第2款规定:"证据确实、充分,应当符合以下条件:(一)定罪量刑的事实都有证据证明;(二)据以定案的证据均经法定程序查证属实;(三)综合全案证据,对所认定事实已排除合理怀疑。"

2. 民事诉讼法对证明标准的规定

2012年《民事诉讼法》没有对证明标准作出直接的规定,而是间接体现在该法第170条的规定中。即"第二审人民法院对上诉案件,经过审理,按照下列情形,分别处理:(一)原判决、裁定认定事实清楚,适用法律正确的,以判决、裁定方式驳回上诉,维持原判决、裁定;(二)原判决、裁定认定事实错误或者适用法律错误的,以判决、裁定方式依法改判、撤销或者变更;(三)原判决认定基本事实不清的,裁定撤销原判决,发回原审人民法院重审,或者查清事实后改判;(四)原判决遗漏当事人或者违法缺席判决等严重违反法定程序的,裁定撤销原判决,发回原审人民法院重审"。

该条将证明标准从否定的方面进行表达，即"事实不清，证据不足"。那么，正面的表达就应当是"事实清楚，证据充分"。由于证据本身必须以确实为条件，所以，这与刑事案件中的证明标准实际上是一样的。

3. 行政诉讼法对证明标准的规定

2014年《行政诉讼法》同2012年《民事诉讼法》一样，也是通过间接的方式对证明标准作了规定。该法第89条规定："人民法院审理上诉案件，按照下列情形，分别处理：（一）原判决、裁定认定事实清楚，适用法律、法规正确的，判决或者裁定驳回上诉，维持原判决、裁定；（二）原判决、裁定认定事实错误或者适用法律、法规错误的，依法改判、撤销或者变更；（三）原判决认定基本事实不清、证据不足的，发回原审人民法院重审，或者查清事实后改判；（四）原判决遗漏当事人或者违法缺席判决等严重违反法定程序的，裁定撤销原判决，发回原审人民法院重审。"

可见，行政诉讼的证明标准也是案件事实清楚，证据确实、充分。

（二）我国证明标准的特点

从三大诉讼法对证明标准的规定可以看出，我国三大诉讼法的证明标准是统一的，即都是案件事实清楚，证据确实充分。这是我国证明标准的最大特点，即实行一元化的证明标准，这与国外实行的不同诉讼有不同证明标准的多元化标准有鲜明区别。

我国实行一元化的证明标准，说明对诉讼中案件事实的证明程度的要求不但是一致的，而且都是很高、很严格的。将所有案件的结论都建立在案件事实清楚，证据确实充分的基础上，无疑是好的。但是，尽管设定这种统一化的证明标准的出发点是好的，但设定的是否科学、合理则需要进一步的探讨。实际上，一些从事民事诉讼和行政诉讼法学研究的学者已经开始对这种一元化的标准提出了质疑。

我们认为，否定一元化的证明标准，实行多元化的证明标准，既符合司法实践的实际情况，也符合实事求是、具体问题具体分析的哲学要求。其具体理由如下：

第一，诉讼的目的是处理纠纷，发现案件事实并不是唯一的和最终的目的。但是，由于纠纷的性质不同，对案件事实的证明程度便应有所不同，不同的标准，就是看是否有利于纠纷的顺利解决。刑事诉讼解决的案件涉及公民的基本人身权利和政治权利，甚至涉及生命财产权，关系重大，因此，对于案件事实的证明程度，就应当达到最高的程度，才能够使案件得到正确处理。否则，一旦发生错误，则是不可挽回的。民事案件的性质不如刑事案件严重，有些案件事实即使达不到很高的证明程度，也可以顺利解决；另外，民事案件即使出现错误，也比较容易纠正，因此，对它的证明标准，可以比刑事案件低一些。相比而言，行政诉讼对公共利益和公民利益的影响程度比刑事诉讼低，比民事诉讼高，对案件事实的证明程度介于民事诉讼和刑事诉讼的证明程度之间，就可以顺利解决案件纠纷。

第二，由于纠纷或者诉讼的性质不同，相关的诉讼原则或者诉讼制度、程序也会有所不同，这些不同，也会造成证明标准上的差异。刑事诉讼实行国家追诉原则，凡是符合条件的刑事案件，检察机关必须起诉，而其在诉讼过程中，原则上不允许与被告人和解、调解或者放弃诉讼。在这种情况下，查明案件事实是必要的。在民事诉讼中，是否起诉完全取决于当事人的意志，在审判过程中，双方当事人可以处分自己的权利，如和解、调解或者撤诉等。在这种情况下，有些案件事实不必查明，纠纷也可以解决。在行政诉讼中，虽然起诉与否取决于当事人的意志，但在诉讼过程中，则不允许对当事人进行调解。所以，人民法院若要正确判决，对于案件事实，必须要求一定的确定性。

根据以上理由,我们认为,在刑事诉讼中,可以继续实行案件事实清楚,证据确实充分的证明标准。但是,在民事诉讼和行政诉讼中,则有必要降低证明标准。民事诉讼证明标准可以参考国外通行的"优势证明"标准确定,而行政诉讼证明标准则应介于刑事诉讼和民事诉讼之间或者接近刑事诉讼的证明标准。

(三)民事诉讼证明标准的改革

最高人民法院《关于民事诉讼证据的若干规定》对民事诉讼证明标准进行了明确规定,确立了"优势证明"的标准,即在当事人对同一事实举出相反证据且都无法否定对方证据的情况下,由人民法院对当事人证据的证明力进行衡量。如果一方提供的证据的证明力明显大于另一方,则可以认为证明力较大的证据支持的事实具有较高盖然性,人民法院应当依据这一事实作出裁判。如果双方证据的证明力大小不明显或无法判断,即双方证据支持的事实均不能达到较高盖然性程度,人民法院应当依据举证责任的分配规则作出裁判,由负有举证责任的一方当事人承担举证不能的不利后果。这实际上是对我国民事诉讼证明标准进行了重大改革和完善。

民事诉讼证明标准的改革,标志着我国原来事实上的一元化证明标准体系开始解体。

二、刑事诉讼和行政诉讼的证明标准

我国《刑事诉讼法》和《行政诉讼法》规定的证明标准是案件事实清楚,证据确实充分。对于这一证明标准,应当从以下几个方面进行把握:

(一)案件事实清楚、证据确实充分的适用范围

在刑事诉讼中侦查终结、审查上诉和刑事裁判应当适用统一的证明标准。从诉讼的阶段来看,这一证明标准适用于移送审查起诉到法院审判阶段,不适用于其他诉讼阶段。立案、侦查阶段的证明标准应当与上述标准不同,这是因为,立案、侦查时的证明,在本质上并不是对实体法事实所作的证明,而是对这些程序法事实是否成立所作的证明。实体法事实和程序法事实是两种不同性质的事实,它们的证明标准也应当不同。前者适用严格证明的标准,后者适用自由证明的标准。在行政诉讼中,起诉阶段和判决阶段的证明标准也不同。在起诉阶段,由原告负举证责任,对其证明标准的要求不高,只要达到《行政诉讼法》规定的起诉条件即可。

从判决的类型来看,这一证明标准适用于对刑事案件进行有罪判决和对行政案件进行维持具体行政行为的判决。在刑事诉讼中,只有对案件事实的证明达到案件事实清楚、证据确实充分的程度,才能够对被告人进行有罪判决。如果案件事实真伪不明,则应当作出证据不足,指控的犯罪不能成立的无罪判决。如果被告人无罪的事实清楚,则应当作出无罪判决。在行政诉讼中,如果被告对具体行政行为的证明达到证据充分的程度,且适用法律、法规正确,符合法定程序的,则应当依法维持具体行政行为。如果被告的证明达不到证明标准的,或者适用法律、法规错误、违反法定程序、超越职权、滥用职权的,则应当对具体行政行为作出判决撤销或者部分撤销,并可以判决被告重新作出具体行政行为。

(二)案件事实清楚、证据确实充分的含义

根据2012年《刑事诉讼法》第53条第2款的规定,案件事实清楚、证据确实充分应当作以

下理解：

1. 案件事实都有证据证明。这是指司法机关所认定的对解决争议有意义的事实均有证据作根据，贯彻证据裁判规则，定罪事实、量刑事实均靠证据证明。没有证据证明的事实不得认定，也就是案件事实尚不清楚，证据尚不充分。

2. 据以定案的证据均经法定程序查证属实。即证明案件事实的证据是真实的、合法的。如果据以定案的证据不真实、不合法，没有经过法定程序查证，不得作为定案的根据。证据问题也是程序问题，证据的合法性是证据真实性的保障，非法证据应当排除。

3. 综合全案证据，对所认定事实已排除合理怀疑。如果合理怀疑尚未排除，则不得认定有关的事实，也就是事实尚不清楚。对全案证据的综合运用，必须坚持以庭审查证属实的证据为依据，经过法庭的经验判断、逻辑判断和最后的裁量权，得出本案令人信服的结论。

有观点认为，案件事实清楚，证据确实充分，就是基本事实清楚，基本证据确实、充分。这是正确的。基本事实实际上就是证明对象中的实体法事实或者犯罪构成要件事实；基本证据就是主要证据。基本事实清楚，基本证据确实、充分，原则上符合我国法律规定的证明标准的要求。但应当注意，基本事实清楚，基本证据确实充分，并不等于事实基本清楚，证据基本确实充分，后者大大降低了证明的标准和要求。两者是性质不同的事实认定标准，不可相提并论。

（三）排除合理怀疑的含义

排除合理怀疑，是指排除对案件事实真实性产生的合理怀疑。正确掌握这一新的证明标准，应当注意以下几个方面：

1. 合理怀疑的内容，是指符合常理，也就是符合理性或者逻辑和经验规则的否定性认识。因此，判断怀疑是否合理，应当与证明方法联系起来。证明方法，主要是运用逻辑推理和经验规则，对证据和案件事实进行审查判断。怀疑是否“合理”，要根据逻辑和经验规则进行判断。这里的关键，就是对于作为逻辑推理大前提的经验规则的运用，其中存在比较大的自由发挥和裁量空间。哪些经验规则盖然性比较高，哪些较低，主要依靠有关诉讼主体的知识、常识、经验、情理等进行判断，法律无法一一列举。也就是说，提出合理怀疑，要有逻辑和经验根据，排除合理怀疑，同样要有逻辑和经验根据，都不能任意而为。当然，在实际生活中，经常会发生一些不合常理，甚至匪夷所思的案件，但提出和排除怀疑，只能限定在“合理”的范围内，否则，对案件事实的认定就失去了标准。

2. 合理怀疑的对象，是案件事实。因此，排除合理怀疑应当与证明对象联系起来。合理怀疑是与待证事实成立而言的。作为待证事实的证明对象，主要就是案件事实。不管是司法解释规定的证明对象的各种构成要素，还是学理归纳的证明对象的各项内容，还是实践中总结的“七何”要素，对其中与犯罪构成要件有关的事实存在合理怀疑的，不得认定存在犯罪事实；对其中与从重处罚的情节有关的事实存在合理怀疑的，不得认定从重处罚情节。合理怀疑的对象，既可以是证据本身，也可以是证据之间的关系，还可以是证据与案件事实之间的关系。对证据本身的真实性或者合法性存在合理怀疑的，不得作为认定案件事实的根据；对证明同一事实之间的证据的一致性存在合理怀疑，不得认定该事实；对通过证据证明的案件事实还存在其他合理可能性的，不得认定案件事实。这实际上进一步明确了“疑罪从无”的原则要求。

3. 提出合理怀疑的主体，可以是任何一方诉讼主体。对辩护方而言，提出合理怀疑是其履行辩护职责的重要方面。法律规定将排除合理怀疑作为证明标准,事实上加强了辩护职能。对审判方而言,审查是否存在合理怀疑是其履行审判职责的重要内容,如果存在合理怀疑,就应当要求承担证明责任的一方予以排除。

4. 排除合理怀疑的主体,是承担证明责任的诉讼一方。因此,排除合理怀疑应当与证明责任联系起来。如果合理怀疑不能排除,承担证明责任的一方将承担指控事实不能成立的后果。

5. 排除合理怀疑的方式有两种:一种是进一步收集证据,证明案件事实的真实性,从而消除怀疑;一种是认真审查证据和案件事实,对推理认定过程和结论进行合理解释,从而消除怀疑。

2012 年修订的《刑事诉讼法》,在"案件事实清楚,证据确实、充分"的证明标准之外,进一步增加了排除合理怀疑的标准,具有重大的理论和实践意义。

首先,发展了证明标准理论。以往的证明标准理论,存在重大理论分歧。有人认为"案件事实清楚,证据确实、充分"的标准不科学,不好操作,进而提出了几项具体标准,主要是落在排他性标准上。有人认为应当以排除合理怀疑取代"案件事实清楚,证据确实、充分"的标准。有的认为排除合理怀疑与"案件事实清楚、证据确实充分"是一个标准。我们持最后一种看法。"案件事实清楚,证据确实充分"的标准也好,排除合理怀疑的标准也好,无非是对一种标准的正反两个方面的不同表述,而后者的表述更为精确,更符合诉讼实际情况,具有可操作性。有人认为,"案件事实清楚,证据确实、充分"的标准是 100% 真实的标准,排除合理怀疑的标准是 90% 真实的标准,由于后者标准较低,不能适用于我国。事实上,而对于确信,就应当而且只能是 100% 真实的。所谓 100% 或者 90% 的标准,实际上是不存在的。第一,根据马克思主义哲学基本原理和我们的经验,我们对客观事实的认识达不到 100% 的真实性。第二,现代哲学研究发现,人们对事物的认识是与"相关性标准"联系在一起的。比如,"我在 610 房间杀了他"与"我在走廊东头的一个房间杀了他",就采用了不同的相关性标准。100% 真实的说法忽视了相关性标准的存在。也就是说,换一种相关性标准,原来认为 100% 真实的事实,就不再是 100% 真实了。由于人对案件事实的认识是一种非常复杂的活动,因此不可能对认识结论作出精确的数学计算。立法明确规定排除合理怀疑的标准,说明人们对两种证明标准的一致性达成了比较统一的认识。

其次,增加了证明标准的可操作性。"案件事实清楚,证据确实、充分"的证明标准从正面表述,排除合理怀疑的标准从反面表述,从而使得我国关于证明标准的规定更为全面、准确、严谨,也更容易理解适用。从操作层面上看,排除合理怀疑可以看做是检验案件事实是否清楚,证据是否确实、充分的标准。如果合理怀疑没有排除,就不能认为达到了"案件事实清楚,证据确实、充分"的程度。

最后,严格了证明标准的适用。"案件事实清楚,证据确实、充分"和排除合理怀疑是一个标准,但排除合理怀疑实际上对传统做法提出了更高要求。第一,疑罪从无原则明确确立。排除合理怀疑实际上明确确立了"疑罪从无"原则,对"疑罪"不能再以降格处理方式定罪量刑。第二,证明必须合理。尽管辩护方只能提出"合理"怀疑,看似不能有效应对实际生活中发生的不合常理,甚至匪夷所思的案件,但指控方指控的事实,也必须按照逻辑和经验规则,根据证据认定案件事实。双方都在一个平台上进行证明活动。指控方必须更加深入细致进行证明活动,才能将不合常理,甚至匪夷所思的案件定罪量刑,这对证明标准的适用提出了更严格的标准,也在实际上可能缩小指控和定罪量刑的范围。第三,传统错误做法被彻底杜绝。比如,只要案件事实的每个环节都有证据证明，就形成了所谓证据体系或者锁链，案件事实就成立，而不论是否存在其他可能性。这在排除合理怀疑的标准面前，不攻自破。又比如，证据越多越好，表明证据比较充分。案内证据再多，如果不能排除合理怀疑，就不能认为达到了证明标准。因此，这将促使诉讼各方更为重视证据和证明质量，而非数量。

（四）证明标准的适用

根据法律规定和证据法的基本原理，为正确适用刑事诉讼和行政诉讼的证明标准，应当把握好以下几个方面：

1. 在客观方面，坚持"案件事实清楚，证据确实、充分"的标准。这是我国法律对证明标准的基本规定，也是对证明标准从客观方面和正面所作的规定。2012 年《刑事诉讼法》第 53 条第 2 款进一步规定了证据确实、充分的具体标准，实际上也是案件事实清楚的具体标准。对此应当正确把握。

2. 在主观方面，结合内心确信来把握证明标准。不管是"案件事实清楚，证据、确实充分"，还是排除合理怀疑，都应当在司法人员内心形成确信。这是辩证唯物主义认识论的基本要求。因此，对没有在内心形成确信的，应当继续仔细进行研究，排除合理怀疑，直至形成确信。

3. 在逻辑方面，结合高度盖然性来把握证明标准。相关司法解释明确规定根据证据认定案件事实的过程要符合逻辑和经验规则，其中最关键的是对作为逻辑推理大前提的经验规则的运用。高度盖然性，既是对作为逻辑推理大前提的要求，也是对得出的案件事实结论的要求。判断经验规则和案件事实结论是否具有高度的盖然性，就是看是否能够排除对它的合理怀疑。没有排除合理怀疑的，要慎重运用有关经验规则，慎重认定案件事实。

4. 从正反两方面把握证明标准，即坚持用排除合理怀疑的标准检验案件事实是否清楚，证据是否确实、充分。不能排除合理怀疑的，不能认定为案件事实清楚，证据确实、充分。

此外，把握证明标准还需要职业道德约束。《关于民事诉讼证据的若干规定》第 64 条关于认定案件事实的要求中明确提出要"遵循法官职业道德"。刑事诉讼和行政诉讼的有关法律规定虽然没有提出类似要求，但遵守职业道德是法律从业人员的基本要求，在进行证明活动时，自然要受其约束。

三、民事诉讼的证明标准

（一）我国法律规定的民事诉讼证明标准

1.《民事诉讼法》规定的案件事实清楚、证据确实充分的证明标准

根据 2012 年《民事诉讼法》第 170 条的规定，民事诉讼的证明标准也是案件事实清楚、证据确实充分。这是民事诉讼的最高标准，对其理解和适用，同刑事诉讼和行政诉讼的证明标准是一样的。

2. 司法解释规定的优势证明标准

最高人民法院《关于民事诉讼证据的若干规定》第 73 条规定："双方当事人对同一事实分别举出相反的证据，但都没有足够的依据否定对方证据的，人民法院应当结合案件情况，判断一方提供证据的证明力是否明显大于另一方提供证据的证明力，并对证明力较大的证据予以确认。因证据的证明力无法判断导致争议事实难以认定的，人民法院应当依据举证责任分配

的规则作出裁判。"该规定实际上确立了民事诉讼的优势证明标准。

在民事诉讼中,对案件事实的证明有三种样态:一是达到了案件事实清楚、证据确实充分的标准;二是达不到这一标准,但一方对案件事实的证明程度比另一方高,即达到了优势证明的标准;三是双方对案件事实的证明程度一样,无法确定哪一方的证明程度更高。对于第一种样态,法院显然应当支持达到该证明标准的一方的当事人的主张,判决其胜诉。对于第二种样态,则应当根据优势证明标准确定哪方当事人胜诉。对于第三种样态,则只能根据证明责任分配的原则,确定承担举证责任的一方当事人败诉。因此,可以认为,案件事实清楚、证据确实充分的证明标准,是民事诉讼证明的最高标准;优势证明,是民事诉讼证明的最低标准。

(二)优势证明标准

1. 优势证明标准的含义

所谓优势证明标准,也称为盖然性占优势的证明标准,就是在民事诉讼中,双方当事人对同一案件事实的证明都达不到最高的证明标准的时候,法院应当认定证明程度较高的一方当事人主张的事实成立。

优势证明标准与高度盖然性标准既有联系又有区别。从逻辑上说,优势证明标准包括高度盖然性的标准。因为优势证明标准包括两种情形,一种是具有高度优势的盖然性的标准,一种是相对优势的盖然性标准。高度优势的盖然性标准,也就是高度盖然性的标准,实际上就是刑事案件的证明标准。因为这种高度的盖然性,在逻辑上来说,被证明的案件事实已经不存在其他合理的可能性,或者已经被证明的案件事实的可能性大大高于其他的可能性。优势证明就是说,被证明的案件事实,存在着当事人主张的两种可能性,但是,其中一种可能性的程度比另一种高。

有人将最高人民法院《关于民事诉讼证据的若干规定》第73条规定的证明标准称为高度盖然性的标准,有一定的理论根据。这是因为,该条规定的证明标准,是一方提供证据的证明力"明显大于"另一方提供证据的证明力。这里的"明显大于",基本上就是一种"高度的盖然性"。但是,严格来说,它所规定的证明标准仍然是一种优势证明标准。因为它是针对诉讼双方提供的证据的证明力大小进行比较而言的。而真正的"高度的盖然性",实际上是从逻辑角度来说的,因为根据现有的证据,已经足以认定案件事实,但是,由于这里作为推理的大前提的判断是一种经验规则,在逻辑上具有高度的盖然性,因此,这种结果在逻辑上也就具有高度的盖然性。实际上,高度盖然性是司法实践中最高的证明标准。因此,《关于民事诉讼证据的若干规定》第73条规定的证明标准,可以说是一种介于高度盖然性和最低限度的优势证明标准之间的证明标准。但是,由于实践中存在一方证据的证明力不是明显大于对方但确实又大于对方的情况,而这种标准仍然可以适用于这种情况,因此,将这种证明标准称为优势证明标准,也是恰当的。

2. 优势证明标准与举证责任

优势证明标准与举证责任密切相关。这种关系表现在:负有举证责任的当事人对案件事实的证明,达到使法官认为该事实存在的可能性大于不存在的可能性,则其举证责任即告完成,法官应当判决其胜诉。此时,对于举证责任将产生另外一种结果,即举证责任事实上转移至对方当事人。如果对方当事人提出证据证明该事实不存在的可能性大于存在的可能性,则法官应当判决对方当事人胜诉。此时,举证责任又将转移至原来承担举证责任的一方当事人。如果双方最终对案件事实的证明程度相当,无法判断哪一方的证明具有优势,则应当根据举证责任的分配规则，判决负有举证责任的一方当事人败诉。

（三）坚持“法律真实”下刑民证明标准的区别

我国的民刑证明标准，长期以来，坚持的是一元化的“客观真实”的证明标准，要求不论是民事诉讼还是刑事诉讼都应当做到“案件事实清楚，证据确实、充分”。且不论“客观真实”的证明标准是否合理，单就这种“一刀切”的做法而言，它抹杀了民事诉讼和刑事诉讼的区别，不符合诉讼的客观规律，不具有科学性。在经过一段时间的争议以后，我国民刑证明标准的分立理论，在学界达成了共识。我们以为，确定民刑证明标准的分离，必须坚持一个前提性的问题，那就是在坚持“法律真实”的框架下区分民刑证明标准。这是因为，无论是民事诉讼，还是刑事诉讼，对证据的收集与审查判断，最终的价值标准，都要实现民、刑事实体法所规定的行为构成要件，才算完成了证明的任务。脱离法定的规格和要求，另定一种什么标准，都是不符合实际的。“客观真实”的理论，就是离开了法定的事实，在办案操作过程中，很难掌握，甚至也无法遵循。

在刑事诉讼中，为了达到刑法所规定的犯罪构成的实体要件，必须采用严格证明的方法，仅仅证明被告或嫌疑人可能实施了某种犯罪是不够的，要认定被告人有罪或者无罪，就必须进一步得出唯一的结论，证据的运用要达到排除一切可能的标准，所以，称之为“排他性证明”。民事诉讼则不然，在民事诉讼中，如果全案证据显示某一民事法律关系之存在的可能性，明显大于其不存在的可能性，尽管还没有完全排除其他可能，但在没有其他证据的情况下，法官也可以根据现有证据，认定这一事实。出现这一差别的原因有三：一是由于两种诉讼性质的重大差别。民事诉讼解决的是民事权利义务争议，民事责任主要是财产责任。刑事诉讼解决的是被告人的刑事责任，它不仅是人身自由和财产关系，还会被剥夺生命。二是两种诉讼的追诉原则不同。民事诉讼采用“民事自治”的处分原则；刑事诉讼采用国家追诉为主的公诉原则，两种不同的追诉原则，其举证责任主体中，前者是当事人，后者是执行控诉职能的公诉机关。这种不同的追诉原则和举证责任主体规格的差异，在证明的要求和标准上也必然出现差别。三是民事诉讼法、刑事诉讼法上的一些规定明确指出两种诉讼证明标准的差异。例如，关于当事人的承认和被告人的供述可否成为定案的根据的规定，就说明民事诉讼、刑事诉讼证明的不同。2012年《刑事诉讼法》第53条规定，“对一切案件的判处都要重证据，重调查研究，不轻信口供。只有被告人供述，没有其他证据的，不能认定被告人有罪和处以刑罚”。2012年《民事诉讼法》第75条规定，人民法院应当结合其他证据，审查确定当事人陈述能否作为认定案件事实的根据，但这里所指的其他证据，一般应理解为包括另一方当事人的承认在内。最高人民法院在《关于民事诉讼证据的若干规定》中明确把对方当事人承认的事实列为免证事实，即只要一方当事人陈述，对方当事人承认，即可视为完成了证明任务，达到了证明的标准。再例如，关于推定的适用，在民事诉讼中的合同诉讼和侵权诉讼中对被告人过错的推定，可以广为适用，尤其是民事案件中的可反驳性事实推定不胜枚举。但推定在刑事诉讼中却适用得极少。由此可见，民事诉讼证明标准是低于刑事诉讼的，同时，如前所述，国外两大法系各国在两大诉讼中实行差别证明的经验，也为我们提供了可资借鉴的理论和实践依据。

民事、刑事诉讼证明标准的差异，对证据的质与量的要求，集中表现在“量”的差别上。“法律真实”同样要求证据应当确实、充分。“确实”是对证据质的要求，是指一切作为定案根据的证据，必须查证属实，必须具备证据的客观性、关联性和合法性。对于证据“确实”这一具体标准，我们认为民事、刑事诉讼是一致的，也不应该有任何差别。其差异主要体现在证据“充分”

这一标准上,即体现在证据"量"上。民事诉讼中的"充分"可稍低于刑事诉讼,并不要求像刑事诉讼那样,其证据"充分"之程度必须排除一切可能、一切矛盾,达到得出的结论是唯一的。民事诉讼证明,即使不能排除其他可能的存在,也并不妨碍法官对案件事实的认定。例如,人民法院在立案后发现原告提供的证据不够充分时,就会驳回其诉讼请求。被告在原告主张所依据的事实被证明后,而答辩的依据不够充分时,就会承担败诉的结果等。由此可见,民事诉讼证明并非要排除一切可能,对证据"量"的要求,是低于刑事诉讼的。实践中,湖南省湘潭市雨湖区人民法院在 2006 年 6 月针对"网络第一案"作出的刑事附带民事判决书就出现了被告人(同时也是附带民事诉讼被告人)最终被认为在刑事上无罪,而在附带民事上承担赔偿责任的文字表述,这也在一个侧面上证明了民刑证明标准事实上的区分。

四、程序法事实的证明标准

程序法事实包括哪些事实,在论述证明对象的时候,已有详细说明。对于程序法事实的证明称为自由证明,又称"稀明"或者"释明"。有学者认为,"稀明"或者"释明"的标准,低于盖然性优势的标准。比如,我国台湾地区学者认为,"得生强固之心证(信其确实如此)者,为之证明。仅生薄弱之心证,亦即发生低度之确信(信其大概如此)者,为之释明"。

我们认为,对于程序法事实,证明标准是相当复杂的。总体来说,这种标准根据证明责任主体和证明事项不同而有不同。对于司法机关来说,对于涉及限制公民权利的程序法事实的证明,应当适用盖然性优势的标准,而不能适用"释明"的标准。这是因为,司法机关有责任保证诉讼程序依法进行或者有事实根据,如果司法机关主动发生程序法上的事实,则应当提供一定的证据作为根据。比如,决定逮捕犯罪嫌疑人,就应当证明被逮捕之人有重大犯罪嫌疑。但是,在这个时候,要求"案件事实清楚,证据确实、充分"是不现实的;反之,如果仅是合理地怀疑某人实施了犯罪行为就将其逮捕,也是很危险的。所以,盖然性优势的证明标准是相当恰当的。

如果是当事人,则对于程序法事实的证明标准,就应当是"提出合理怀疑"或者"可信性",也就是"释明"。这同样是因为,司法机关有责任保证诉讼程序依法进行或者有事实根据,如果当事人认为诉讼程序违法,而且提出了"合理怀疑",司法机关就有责任排除这种"合理怀疑";如果排除不了这种合理怀疑,则应当认定当事人的请求成立。排除合理怀疑的程度,达到盖然性占优势的标准即可。比如,当事人提出,其供述犯罪是侦查人员刑讯逼供的结果。但其仅仅提出这一主张,并不能使法官相信,他还要提出合理的怀疑或者使其主张具有可信性。这时候,应当由控诉方提出证据证明,他的伤与其供述犯罪无关,比如是同押犯罪嫌疑人打伤的,或者是其自伤的,这种证明,只需达到优势证明即可。如果达不到这一标准,则应当认定当事人的主张成立。

思考题

1. 什么是证明标准?其意义是什么?
2. 我国刑事、民事、行政诉讼中的证明标准是什么?
3. 区分刑事、民事诉讼证明标准有无必要?
4. 如何正确适用刑事诉讼的证明标准?如何理解排除合理怀疑?
5. 如何理解程序法事实的证明标准?

第十五章　证据的审查判断

导　读

证据的审查判断，即公安、司法人员对于收集的证据进行分析、研究和鉴别，找出它们与案件事实之间的客观联系，分析证据材料的证据能力和证明力，从而对案件事实作出正确认定的活动。审查判断证据的内容，既包括对单个证据的审查判断，也包括对全案证据的审查判断以及运用经过审查认定的证据最后对整个案件事实作出审查判断。审查判断证据的方法，包括个别审查、侦查实验、辨认和对质、技术鉴定、综合分析。

阅读案例
请扫一扫

第一节　证据审查判断的概念和意义

在刑事诉讼的司法实践中，通过侦查所得到的证据，难免有真有假。为了确定所收集的证据是否真实、证明力的大小，并就案件事实做出结论，就需要对刑事证据进行审查判断，因此，刑事证据的审查判断是诉讼过程中的一项重要活动。需要明确的是，审查判断证据是贯穿在整个诉讼活动过程中的，是司法人员正确认识案件事实的主要方法。

一、证据审查判断的概念

证据的审查判断，就是指公安、司法人员对于收集的证据进行分析、研究和鉴别，找出它们与案件事实之间的客观联系，分析证据材料的证据能力和证明力，从而对案件事实作出正确认定的一种活动。特别是在审判阶段，法庭应当对经过庭审质证的证据和无需质证的证据进行逐一审查和对全部证据综合审查，遵循法官职业道德，运用逻辑推理和生活经验，进行全面、客观和公正的分析判断，确定证据材料与案件事实之间的证明关系，排除不具有关联性的证据材料，准确认定案件事实。比如，最高人民法院《关于行政诉讼证据若干问题的规定》第55条规定，法庭应当根据案件的具体情况，从以下方面审查证据的合法性：(1)证据是否符合法定形式；(2)证据的取得是否符合法律、法规、司法解释和规章的要求；(3)是否有影响证据效力的其他违法情形。第56条则规定法庭应当根据案件的具体情况，从以下方面审查证据的真实性：(1)证据形成的原因；(2)发现证据时的客观环境；(3)证据是否为原件、原物，复制件、复制品与原件、原物是否相符；(4)提供证据的人或者证人与当事人是否具有利害关系；(5)影响证据真实性的其他因素。由此可见,审查判断证据就是根据证据的本质属性,结合案件的具体情况,对所收集的证据进行分析、鉴别,是一个“去粗取精,去伪存真,由此及彼,由表及里”的逐步深入的认识过程。

证据的审查判断的概念有以下基本含义:

第一,证据的审查判断与运用是司法人员为履行责任而运用职权进行的一项重要诉讼活动。证据的审查判断与运用是由办案人员通过科学的分析研究、鉴别来完成的。审查判断证据首先是在收集证据的基础上进行的。如果收集证据是认识过程(也即证明过程)的第一阶段,即感性认识阶段的话,审查判断证据则是认识过程的第二阶段,即理性阶段。在证明过程中,充当证据的客观事实只有通过正确的审查判断,才能起到证明的作用。

第二,证据的审查判断的目的在于鉴别证据真伪,查明事实真相,认定案件事实。审查判断证据,就其内涵来说,既包括对各个证据的审查判断,也包括对整个案件中所有证据的综合审查判断。

第三,证据的审查判断也是司法工作人员的一种思维活动,是司法人员通过科学的分析、鉴别和判断而完成的。

二、辩证唯物主义认识论是审查判断证据的理论前提

辩证唯物主义认识论,是马克思主义世界观、方法论的集中体现,揭示了人类认识发展的最普遍的规律。审查判断和运用证据是一个认识过程,因此离不开马克思主义认识论的指导。马克思主义认识论作为科学的世界观和方法论,对认识证据以查明案件的具体指导作用主要应从以下几方面来考虑:

第一,基于辩证唯物主义认识论,案件的客观真实性是可以最终认识的。案件事实及证据,同世界上各种事物一样,是客观存在的东西。也就是说,案件总是发生在一定的时间、空间条件下,总会留下证据,这是不以人们的主观意志为转移的。客观证据作为一种客观事实,是可以为人们所认识的。历史上的法学家和司法官员们,他们大都不是唯物主义认识论者,他们依靠决斗与神判,依靠刑讯取得口供,依靠法定证据计算,依靠自由心证等方法来证明案件事实。因此从总体上看,他们的判断不可能真正揭示案件真相。唯物主义者认为,案件事实是曾经发生过的客观事物,虽然不能再现,但通过司法人员收集证据,正确地运用证据,是可以重现案件真实情况、达到对案件客观真实情况的认识的。当然,司法人员由于受办案的人力、物力、科学技术水平、设备先进程度、法律意识、业务水平、社会经验等各种主客观条件的限制,因此认识案件的真实程度是相对的。然而就某一案件而言,只要收集了足够的确实的证据,并对证据进行了全面的准确的论证,那么,对该案件的认定也是可以完全符合客观实际的。

第二,充分发挥公安司法人员的主观能动性,努力查明案件事实。认识案件事实,必须尊重证据的客观性,收集一切能证明案件事实的证据,同时也要正确发挥公安、司法人员的主观能动性。这里要处理好两方面的关系:其一是要认识证据的客观性,尊重证据的客观性。这是有效地发挥司法人员主观能动性的前提。离开了案件的事实,离开了用证据去证明,公安司法人员的所谓主观能动性只能是主观主义。因此,司法人员必须承认、尊重证据的客观性,并在此前提下,调查案件,积极地分析判断证据,力图再现案件事实真相。其二是要认识到公安司法人员的主观能动性是收集证据、把握证据客观性,正确地认识案件事实的条件。离开了公安司法人员本身的活动,证据不可能自动地去证明案情。因此,法律赋予办案人员许多职权。发挥

主观能动性不等于对公安司法人员不要制约，相反，只有制约了公安、司法人员的违法行为，才能真正发挥办案人员的主观能动性，使公安、司法人员克服办案过程中主观臆断的现象，从而对案情作出正确的判断。二者的有效结合，才能充分调动公安、司法人员的主观能动性，为案件事实的查明创造条件。

第三，审查判断证据，注意运用事物普遍联系的观点。把事物具有普遍联系的观点，运用到证据的收集、审查判断中去。对证据孤立地进行考查是无法认识的，只有把握证据之间的联系，使证据之间互相印证，互相鉴别，才能防止片面性。事物的联系是绝对的，孤立是相对的。对于案件证据也是一样，案件证据也是处在不断的发展变化的联系过程中。要善于控制它，使它朝着有利于暴露自身的方面发展。

第四，在审查、判断和收集证据时，要坚持矛盾的观点。证据作为案件事实，也是有矛盾的，但矛盾有其统一性。就一个案件来说，只有当证据所证明的事情存在一致即排除了矛盾的时候，才能认定。所以，既要承认矛盾，估计到事物的复杂性，又要在碰到证据自相矛盾时，解决矛盾，排除矛盾，以查明案件真相。在办案过程中，要抓主要矛盾和矛盾的主要方面。一个案件，往往有许多矛盾交织在一起，一时很难分析清楚。司法人员就要在许多矛盾中，把握本质的东西，抓主要矛盾。例如，在刑事诉讼中，被告人的刑事责任问题就是主要矛盾，一切证明行为都应以此为中心来展开。

三、证据的审查判断与证据的本质属性

审查判断证据的重心，在于找到和发现证据的本质属性。我国1996年《刑事诉讼法》第42条第1款明确规定："证明案件真实情况的一切事实，都是证据。"2012年《刑事诉讼法》第48条将其修改为："可以用于证明案件事实的材料，都是证据。证据包括：(一)物证；(二)书证；(三)证人证言；(四)被害人陈述；(五)犯罪嫌疑人、被告人供述和辩解；(六)鉴定意见；(七)勘验、检查、辨认、侦查实验等笔录；(八)视听资料、电子数据。证据必须经过查证属实，才能作为定案的根据。"

诉讼法学理论据此对证据的本质属性或特点进行了分析与阐述。证据必须具有客观性、关联性及合法性，它们是证据的本质属性。正因如此，审查判断个别证据的活动，就须以确定证据的客观真实性，判断证据的证明力作为基本任务。审查判断证据的活动，不仅必须紧紧围绕解决案件中的每一个证据是否真实和有无证明力以及证明力大小的问题，还必须解决作为定案根据的整个案件的证据是否充分的问题。同时，还要保证这些证据的取得方式是合法的。这是因为：就整个案件来说，仅仅对个别证据作出审查判断的结论还不够，还必须对整个案件事实作出结论。因此，在此基础上还必须对全案证据进行综合的审查判断，以确定其是否充分、是否达到了有充足理由的程度。司法人员必须首先明确的问题是审查判断证据的重心。这个问题的解决有它的客观依据。根据证据概念的基本理论和有关法律的规定，并按照理论联系实际的原则，审查判断证据的重心实际上就是通过对个别证据和案件的所有证据的审查，揭示其本质的内容。审查判断个别证据最基本的任务有二：一是鉴别其真伪，去伪存真，它解决证据的客观性、真实性问题；二是审查其与案件事实之间是否存在某种联系，存在什么样的联系，判断其是否具有可证性及其证明力大小，它解决证据的关联性及其实际的证明作用问题。这两个任务是密切相关的。

审查判断各个证据的目的，在于确保所采用的证据具有证据的本质属性，以便运用这些证

据查明案情真相,作为定案的根据。但是,仅仅对个别证据进行审查判断是不够的。因为,任何一个证据都不可能自我证明其真实性,假若不把它与本案其他证据结合起来考察,且不说无法让人信以为真,即便属实无误,也只是材料的堆积,而无法就整个案件事实得出结论,所以需要结合全案的证据进行综合的审查判断。对全案证据进行综合的审查判断,是指从证据与证据,证据与案件事实之间的联系上进行分析研究和推理判断。它通常是在对各个个别证据审查判断的基础上进行的,其目的在于确定它们之间的相互关系,确定所收集的证据是否确实、充分,所证明的问题是否协调一致,对案件事实能否得出唯一、正确的结论。

四、证据的审查判断与证明标准

证据的审查判断是运用证据确认案件事实的前提。只有经过审查、判断的证据,才有可能用其证明某一事实。判断证据需要一定的标准,所以审查判断证据的标准就成了证据理论的核心问题之一。标准是指执法人员审查判断每一个证据或者对全案得出事实认定结论的准则,是衡量执法人员审查判断证据是否正确以及水平如何的具体尺度。如果说内容是执法人员审查判断应当注意的问题和方面,那么,标准则是衡量执法人员审查判断这些问题或者事项证据结论或者结果是否正确的标尺。对执法人员来说,具有两个方面的意义:一是审查判断证据行为的法律依据;二是审查判断证据结果的是非标准。判断证据的真实性的标准是证据与案件事实之间的联系,证据与证据之间的联系,以及证据与整个案件过程的完整性之间的联系。前两种联系可以初步判断单个证据的真实性,但单个证据的真实性往往还不是最后可靠的证据,还应放在整个证据体系与案件过程中去考查。从现行的法律规定和学理研究来看,审查判断证据可分为对个别证据审查判断的标准和对全案证据审查判断的标准。

(一)个别证据审查判断的标准

1. 定案证据必须客观真实,具有客观性

2012 年《刑事诉讼法》第 48 条第 3 款、2012 年《民事诉讼法》第 63 条第 3 款和 2014 年《行政诉讼法》第 33 条第 2 款均明确规定,证据必须经过(法庭)查证属实,才能作为定案的根据。在审查判断证据的客观真实性时,执法人员应注意的是,上述法律规定的"属实"是指客观真实。法律法规规定的真实可以分为两种情况:一是客观的真实,即符合案件实际情况的真实,不以当事人和审判人员的意志和认识为转移,因此当事人和审判人员不能反驳它,而只能通过不断的证明活动认识它。二是法律的真实。法律规定一旦某一种情况得到了证明,就假定另一种情况是真实的,如推定。法律的真实允许当事人反驳,一旦当事人提出了可成立的反证,法律的真实就不复存在。从判决的需要来看,作为定案根据的证据必须经得起各种各样的反驳,而要做到这一点定案证据就必须符合客观的真实。可以说,客观真实是证据的最基本属性之一。需要指出的是,定案证据的客观真实性与执法人员的主观能动性并不矛盾。客观真实性是从唯物论的角度认识定案证据所得出的结论,而主观能动性是从认识论的角度认识定案证据所得出的结论。事实材料只有经过当事人的举证和执法人员收集活动,才能够进入执法程序,才能成为定案的证据;对于执法人员已经调查收集的证据,哪些可以作为定案的根据使用以及应当如何使用,实际上仍然需要审判人员发挥主观能动性,予以甄别、筛选和判断。实际上,定案证据的客观真实和执法人员主观认识是相互统一的关系。

2. 定案证据必须与本案相关,具有关联性

所谓相关性是指证据对特定的案件事实的证明作用和价值,据此,对查明案件事实有意义的事实材料即具有相关性;而对案件事实或者其他证据没有任何影响的事实材料,与本案无关,没有相关性。在审查判断定案证据的相关性时,执法人员应当将其与证据的真实性区别开来,逐一审查,在认定某一个证据是否具有相关性之前应当分清该证据的证明对象是什么,所谓相关性就是指证据与特定的证明对象有关。如果该证据的证明对象不是本案实体法或者程序法规定的事实,该证据就没有相关性。

3. 定案证据必须具备合法性

定案证据的合法性表现在两个方面:一是定案证据必须是通过合法的手段调查收集的事实材料,通过刑讯逼供等非法手段调查收集的证据是非法证据;二是定案证据必须符合法律规定的表现形式。不符合法律规定的表现形式的事实材料只能是一般的证据材料,而不是定案证据,即使其具有真实性和相关性。只有做到这一点,才能保证诉讼的程序公正,并有效树立司法的权威。

4. 定案证据必须经当事人质辩,由法庭予以认定

2012 年《刑事诉讼法》第 59 条规定,证人证言必须在法庭上经过公诉人、被害人和被告人、辩护人双方质证并且查实以后,才能作为定案的根据。法庭查明证人有意作伪证或者隐匿罪证的时候,应当依法处理。根据 2014 年《行政诉讼法》第 33 条第 2 款有关法庭查证属实的规定和 2012 年《民事诉讼法》第 68 条有关证据必须在法庭上出示的规定,只有经过当事人口头或者书面质辩的事实材料才能作为定案证据。据此,执法机关在认定定案证据之前,应当告知当事人有关情况,并且为当事人提供表达意见的充分机会。这是诉讼公正、民主的一个具体体现。

(二)全案证据审查判断的标准

全案证据审查判断的标准是衡量执法人员认定案件事实应当达到的程度,其内容与证明标准一致。

1. 案件事实清楚、证据确实充分,即客观真实的标准

这是执法人员对全案事实得出最终认定结论必须达到的标准。案件事实清楚与证据确实充分是一个问题的两个方面。案件事实清楚以证据确实充分为前提,而证据确实充分是对案件事实的整体要求,它不但要求每个证据都能查证属实,并且证据要有一定的数量,能够相互印证。这是对定案证据的数量和质量的统一要求。根据 1996 年《刑事诉讼法》第 162 条规定,人民法院作出有罪判决,应当做到"案件事实清楚,证据确凿、充分",事实方面不允许有错误,这是最高的证明标准要求。2012《刑事诉讼法》第 53 条对"案件事实清楚,证据确实、充分"也作出了具体说明,即要求"证据确实、充分,应当符合以下条件:(一)定罪量刑的事实都有证据证明;(二)据以定案的证据均经法定程序查证属实;(三)综合全案证据,对所认定事实已排除合理怀疑"。2010 年"两高三部"《关于办理死刑案件审查判断证据若干问题的规定》第 5 条作了更为详细的规定:"办理死刑案件,对被告人犯罪事实的认定,必须达到证据确实、充分。证据确实、充分是指:(一)定罪量刑的事实都有证据证明;(二)每一个定案的证据均已经法定程序查证属实;(三)证据与证据之间、证据与案件事实之间不存在矛盾或者矛盾得以合理排除;(四)共同犯罪案件中,被告人的地位、作用均已查清;(五)根据证据认定案件事实的过程符合

逻辑和经验规则,由证据得出的结论为唯一结论。办理死刑案件,对于以下事实的证明必须达到证据确实、充分:(一)被指控的犯罪事实的发生;(二)被告人实施了犯罪行为与被告人实施犯罪行为的时间、地点、手段、后果以及其他情节;(三)影响被告人定罪的身份情况;(四)被告人有刑事责任能力;(五)被告人的罪过;(六)是否共同犯罪及被告人在共同犯罪中的地位、作用;(七)对被告人从重处罚的事实。”当然,案件事实清楚、证据确实充分具有适用范围的限制。此标准仅仅是执法人员对全案证据得出最终认定结论的标准,而不是案件的某一个阶段或者部分案件事实的认定标准。

2. 优势证据标准

优势证据标准是指执法人员认定案件事实成立的可能性大于其不成立的可能性的标准。这种标准适用于采取紧急或者临时性措施的案件证据的审查判断,或者案件部分证据的初步审查判断。例如,1996 年《刑事诉讼法》第 60 条规定,只要“有证据证明有犯罪事实”,并且符合其他两个条件,司法机关就可以作出逮捕决定;2012 年《刑事诉讼法》第 79 条则规定,对有证据证明有犯罪事实,可能判处徒刑以上刑罚的犯罪嫌疑人、被告人,采取取保候审尚不足以防止发生下列社会危险性的,应当予以逮捕:(1)可能实施新的犯罪的;(2)有危害国家安全、公共安全或者社会秩序的现实危险的;(3)可能毁灭、伪造证据,干扰证人作证或者串供的;(4)可能对被害人、举报人、控告人实施打击报复的;(5)企图自杀或者逃跑的。对有证据证明有犯罪事实,可能判处十年有期徒刑以上刑罚的,或者可能判处徒刑以上刑罚,曾经故意犯罪或者身份不明的犯罪嫌疑人、被告人,应当予以逮捕。这种措辞所确定的证明标准仅仅是一种优势的可能性,而不是完全的确定性。在美国的民事诉讼中,已广泛地采用优势证明标准,并已收到很好的效果。基于民事诉讼的特殊性,我国能否适用此原则,是一个值得研究的问题。

3. 合理可能性标准

“合理可能性”是指司法人员认定的案件事实符合情理,具有成立的一般的可能性。合理可能性标准类似于英美法系国家证据法学的“表面证据标准”和日本证据法学所说的“疏明”标准。表面证据是指根据第一眼、第一印象、外观、从其第一次出现时即可作出的判断、假设的证据,除非有证据证明相反的情况存在。所谓疏明,是指当事人对自己所主张的事实虽然没有达到证明的程度,但是足以促使法官推测大体上确实程度的证据就可以的证明标准。法律承认疏明的目的是迅速地处理问题,因而在这种情况下所使用的证据方法也只限于能够立即进行调查的证据方法。合理可能性标准只适用于部分案件事实的临时性认定结论。例如,在采取财产保全或者证据保全的案件中,人民法院在采取措施之前,对案件事实的认定只要做到合理的可能性,就可以了;警察在询问某人时,只要有合理的怀疑就可以进行。可能性的大小因案而异,有的学者主张至少要证明到 20% 或 30%,甚至达到 50% 以上。我们认为,为其设定怀疑的比率,无疑是一种形而上学的做法,合理的可能性只能是一种理念,司法人员应当根据不同案件的情况和现有的证据,做出灵活具体的认定,任何公式化的努力都是徒劳的。

五、证据的审查判断与证据收集的关系

审查判断证据是诉讼过程中的一项重要活动,是证明案件事实的决定性步骤。它要确认所收集的证据是否真实,证明力大小,并就案件事实作出结论。在司法实践中,不论是刑事诉讼、民事诉讼还是行政诉讼,通过调查所获得的证据,难免鱼龙混杂。也就是说,开始收集的证据,由于各种各样的原因,往往不免有的真,有的假;有的真中有假,有的假中有真;有的与案件

事实有联系,有的与案件事实没有联系;有的能相互印证,有的则互相矛盾。如此等等。按照证据本质属性的要求,只有那些能证明案情真相的客观事实,才能作为证据采用。凡是与本案无关的事实以及各种伪证,一律不能作为证据使用。为此,对收集起来的证据,必须判明究竟哪些是真实的,与案件事实有联系,对本案有证明作用,应当采用;哪些是虚假的、伪造的,与案件事实没有联系,应该加以排除。而这只有依靠办案人员反复地、认真地对证据进行审查判断,才能获得正确解决。必须明确,审查判断证据这一活动贯穿在整个诉讼过程的各个阶段。对证据的审查判断与对证据的收集,也不能截然分开,而是互相联系,交错进行的。证据审查判断与证据的收集的相互关系是:证据的收集是审查判断的前提,没有收集到一定的证据,审查判断就无从谈起。对证据的及时审查判断,又可以指导对证据作进一步的全面的收集。公安司法人员对案件事实的正确认识,正是在不断地收集证据,不断地审查判断证据的过程中逐步实现的。

六、审查判断证据的意义

审查判断证据是证明过程中的关键环节,是证据制度的基础和核心部分。它的主要意义有:

首先,通过审查判断证据,可以鉴别证据的真伪,去伪存真,以保证采用的证据具有客观真实性。只有经过对证据的审查判断,才能运用证据对案件事实作出正确的认定,从而使案件的结论建立在可靠的事实基础上。对证据的审查判断与运用是完成认定案件事实这个任务的必经程序。案件事实的再现,不是案件的重复,而是通过收集证据,并经过对证据的审查判断,去伪存真,运用证据证明的结果。没有对证据的审查判断,没有运用证明活动,确认案件事实是不可能的。

其次,可以确定证据的相关性及其证明力的大小,排除无关的证据,发挥与案情有关的证据的证明作用。只有通过对证据的审查判断,才能确保证据的确实充分。证据的真伪、与案件有无联系、证明力的强弱等,证据本身无法证明,必须通过司法人员及诉讼参与人的鉴别、查实与分析研究才能确定。

最后,有利于根据确实、充分的证据定案,为正确适用法律奠定坚实基础,从而顺利地完成刑事诉讼、民事诉讼或者行政诉讼的任务。

第二节 证据审查判断的内容

一、证据是否确实、充分、合法是审查判断证据的实质和核心内容

证据的审查判断大体可以分为证据的分类审查判断和全案综合审查判断两个部分。前者侧重个别和单独证据可靠性、合法性和相关性的审查判断;后者则注重各个证据间的相互关系,力争形成证据纽带和完整的证据链,完成案件认证任务。但需要指出的是,上述两种审查判断证据的方式,不是截然分离的,而是相互交叉,紧密联系的。并且根据证据客观属性的要求,证据是否确实、充分、合法始终是审查判断证据的实质和核心内容,贯穿在两种证据审查判断活动的全过程。

(一)关于证据确实性的审查判断

法律规定只有证据充分确实,才能定案处理。也就是说,每一个证据都有一个确实性的问题。这里所讲的证据的确实性,就是证据的客观实在性和证明性的统一。例如,某谋杀案,犯罪分子使用一把菜刀作案;某合同纠纷,当事人就产品的质量进行争论;而菜刀和产品本身就是物证,它们是客观存在的,具有客观性。但有客观性的东西不一定都是证据。只有特定的菜刀——用它来杀人的那把菜刀,或特定的产品,才是证据。具有确实性的证据,应该完全具备证据的特征,而不是仅具备证据的客观性。法定的刑事诉讼证据有七种,民事诉讼证据也有七种,两者综合起来共有九种。按理论分类,一般可分为有罪证据和无罪证据,原始证据和传来证据,直接证据和间接证据,实物证据和言词证据,本证和反证五类。无论是九种,还是五类,每种或每类证据既有共性又有特性。我们在审查判断时,就要掌握它们的共性和特性,以指导我们对具体证据的审查判断。不同的证据有其自身的特点,但它们都有一些共同的地方,共同影响真实性的因素。在查明有无影响证据真实性的因素时,大致要注意以下几个方面:

1. 在证据的来源方面。证据的来源,包括证据是如何形成的,是由谁提供或收集的,收集的方法是否正确,收集的方式是否合法。它的形成与收集是否受到了主客观因素的影响等方面。根据证据的来源审查判断每一个证据所反映的事实是否真实可信,一般应着重从以下几个方面审查:(1)收集人员是否因其他主观或客观上的因素,影响了证据的确实性。(2)司法人员收取证据的形式是否正确、合法,固定、保管证据的方法是否科学等。(3)有关人员是否出于不良动机,提供虚假的证据。(4)有关人员是否因生理上、心理上、认识上、表达上等原因,提供了不真实的陈述或证言。(5)证据本身的特征是否予以注意,即不同的证据有不同的特点,证据收集人应进行有针对性的审查。在刑事案件、民事案件或者行政案件中,都可能收集到各种各样的证据。所有收集到的各种证据,从其形成或来源来看,虽有共性,也有个性。因而,在审查判断每一个证据时,应当具体问题具体分析,根据各种证据的不同特点,有针对性地进行审查,不能千篇一律。

2. 在证据本身的内容方面。审查判断证据,如果只注意从来源方面进行,还不能完全解决它的客观真实问题;即使来源方面无问题,也不一定就能成为本案的证据。因此,还必须对证据的内容进行审查判断。审查证据的内容,就是审查判断证据所反映的事实与待证的案件事实是否存在客观的内在联系,有什么样的联系,能证明案件中的什么问题,内容本身是否合理,有无矛盾等。它是证据具有证明力的关键。审查证据的内容,必须从案件的具体情况出发,如果离开案情去审查判断证据,就会走入歧途。实践中常发生这样的情况,从来源上审查判断没有发现问题的证据,一旦将它反映的内容同案件事实联系起来分析,就会发现问题。证据与案件事实之间的联系是各种各样的,有原因上的联系,有结果上的联系,有条件上的联系,也有时间上的联系、空间上的联系等。在一些案件中,如果收集到的证据是否与案件有联系,涉及专门知识、专门技能,司法人员就无法作出判断。特别是随着现代科学的发展,犯罪的隐秘性、专业性、智能性程度越来越高,对于这些案件中的证据,就需要依靠有专门知识的人进行科学鉴定,才能据以判明证据的真伪及其与案件的联系。司法实践中,还可能出现收集的证据是疑似的物品或是偶合现象这种情况。所谓疑似,是指一些事物,看起来很像,但实际上不是该事物。

所以,在审查判断证据中应当尽快将疑似物品、偶合现象辨别清楚,以免受它们的影响或干扰。

因此,要审查证据形成的过程,当时的主观客观条件如何,是否可能影响证据的真实性;是否有伪造的可能,证据与案件是否有联系;证据所反映的事实以及证据的证明力、证据力等内容。上面这些只是就一般情况而言,在特定的条件下,还有特殊的情况,如光照条件、天气变化、时间长短等自然和人为的因素,都可能影响证据的确实性。确定一个证据确实性的科学标准是相当重要的,这个科学标准就是规格。当然,对每个证据不能套用一个统一的模式。更由于证据千差万别,同一种证据也各有不同的具体情况,这就更不可能有什么固定不变的模式。那么是不是完全没有一定的规格呢? 当然不是的。我们可以从形形色色的证据中去把握证据的特点,即共同本质,这就是我们所要讲的规格,即证据的客观实在性和证明性。这是符合证据确实性的要求的。第一,必须是原原本本的客观存在的事实。就是说要保持原状,不论是实物证据还是言词证据,都要求是事物的本来面目,不要加工。第二,必须能证明案情。就是说要与案件存在关联性,这种关联性是客观存在的,不是人为制造的。凡是符合这个规格的证据,不管它的存在形式怎样,都是确实的。在司法实践中,对每一个证据进行审查判断都应有一些具体标准去衡量。这些具体标准主要有:经验上的审查判断、实验上的证据审查判断和从逻辑上审查判断证据的确实性等方法。

(二)关于证据充分性的审查判断

证据的确实性只是认定案件事实的一个重要条件,并不是唯一条件。作为单个的证据来说,具有确实性的证据是可以作为定案的根据的。但是,案件是一个整体的,只靠单个证据的确实性来认定案件事实是不够的。认定案件事实的证据还必须具有充分性,即在数量上有一定的要求。这种数量上的要求,既不是指每类证据都要齐备,也不是指证据越多越好。证据的确实性是运用证据查明案情的基础,而证据的充分性是确认案件事实的必要条件。数量的要求是指案件事实都有相应的证据加以证明;证据之间的矛盾都可得到合理排除,得出的结论是唯一的。理解证据的充分性,不能离开证据的确实性,离开了确实的证据,就无充分性可言。充分性是建立在确实性基础上的。要达到证据充分,至少要符合以下两点:

1. 证据齐全,具有相当的数量。所谓齐全,不是指证据的种类齐全,而是指特定案件的所有事实都有相应的证据证明,每个证据所证明的事实又都有旁证;具有一定的数量,完全可以克服孤证定案的嫌疑。必须做到应该证明的对象都有证据证明。案件不同,证明对象的范围也各不相同。准确地、全面地确定证明的范围,是衡量证据充分性的前提。要确定范围,必须把握不同性质案件的构成要素,全面确定案件的证明对象。范围确定得准确而全面,审查哪些是应该证明的问题就比较容易了。比如"两高三部"《关于办理死刑案件审查判断证据若干问题的规定》第37条就指出,对于有下列情形的证据应当慎重使用,有其他证据印证的,可以采信:(1)生理上、精神上有缺陷的被害人、证人和被告人,在对案件事实的认知和表达上存在一定困难,但尚未丧失正确认知、正确表达能力而作的陈述、证言和供述;(2)与被告人有亲属关系或者其他密切关系的证人所作的对该被告人有利的证言,或者与被告人有利害冲突的证人所作的对该被告人不利的证言。

2. 证据间没有矛盾,相互协调一致,得出的结论具有唯一性。一个案件的证据是否充分,还必须对各种证据进行综合分析,看得出的结论是否是唯一的结论。如果结论是唯一的,就是说证据与证据之间,证据与案件事实之间的矛盾都已合理排除,案件主要事实没有任何其他的可能性存在,而只有现有结论。只有在符合以上两个条件的情况下,我们才可以说该案的证据具有了充分性。一个案件的发生,可能存在多种可能。只有把其他各种可能性都排除了,剩下的才是唯一的原因,才可能是正确可靠的结论。在排除多种可能性的过程中,要通过分析、印证的方法,对案件结论的多种多样的可能性加以约束和限制,排除它的种种不确定性,找到某一种的确定性,从而作出科学的判断,弄清案件真实情况。这里存在一个科学的选择问题,即在排除其他结论后去选择符合真实情况的真理性结论。当然,有选择就有舍弃,两者是相辅相成的。也就是说,在收集证据时要力求全面,不预先选择,凡认为与案件认定有关的证据都予以收集。到审查判断时,再对所收集的证据进行加工、鉴别,去伪存真。经过选择,排除一切不真实的情况,得出唯一的正确的结论。这是一个主观认识和客观存在相统一的过程,只有达到两者的有机统一才能揭示和证实案件真相。

(三)关于证据收集的合法性的审查和判断

就证据本身而言,因为是证明案件的事实,就无所谓合法性的问题,只有真伪的问题。合法性是对司法人员来说的,具体地说,合法性是指司法人员在收集证据时是否依照法律的要求和法律规定的形式进行收集和固定,是否具备法律手续与符合法律程序。从这一概念中可以看出合法性的含义:(1)司法人员要依法收集证据;(2)收集时要按照法律规定的特定形式和程序进行。凡是符合上述原则的证据,我们就认为是具有合法性的。为了准确地表述,我们称之为证据收集的合法性。这就把它与某些学者所谈的证据的法律性区分开来了。法律上对公安司法人员收集证据以及证据本身的完备性作了一系列规定。这些规定是对长期司法经验的总结,是为了保证证据的质量,是公安司法人员和诉讼参与人必须遵守的。

1. 审查判断证据收集的合法性的必要性。具体地讲,审查判断证据收集的合法性的必要性有以下几个方面:

(1)证据收集的合法性可以保证查明案件真实情况。虽不能说凡是符合法律要求的证据就一定是真实的,但符合法律要求的确可以防止人为地影响证据的真实性。法律对证据的要求,是对收集运用证据的司法实践经验的科学概括。如法律规定,在收集证据时禁止采用刑讯逼供、诱供、骗供、指名问供等非法手段。因为刑讯、引诱、欺骗等做法,有可能使当事人不说真话,违心地按司法人员的意志虚构事实。因此,在个案上,证据的合法性审查也许会放纵罪犯,但在总体上,合法性审查是有利于实现客观真实的。

(2)合法性审查有利于维护公民的人身、民主和财产权利。收集证据不依法办事,不遵守法定程序的要求,会直接或间接地侵犯公民的人身权利和民主权利,在这种情况下取得的证据多数是不可靠的。根据不可靠的证据定案以后,就进一步影响公民的合法财产、人身自由甚至生命安全,危害是十分严重的。所以,严格按照法律的规定收集证据就可以防止这些严重事件的发生。审查判断证据收集的合法性,可以发现和纠正收集运用证据中的各种不法行为,维护公民的正当权益。

(3)合法性审查可以保证案件处理的程序公正。通过对证据收集合法性的审查和判断,可以及时纠正公安司法人员在侦查、起诉、审判中的违法行为,进一步按照法定程序去收集证据,消除前一阶段违法行为造成的影响,从而保护诉讼参与人或其他公民的合法权利。

2. 证据收集合法性的判断审查。判断证据收集的合法性,可以从以下三个方面进行:

(1)法律形式是否具备,手续是否齐全。法律上对此有严格的规定,即案件中的有关证据是否具备了一定的形式和是否是按照一定的程序收集的。法定形式和法律手续都是保证证据质量的条件,对于固定证据和保证证据的真实性有着重要的意义。

(2)收集证据是否符合法律规定的程序。法律对证据规定的程序与法律手续是一致的,手续可以反映程序的合法。但手续齐全,不一定都合乎程序,因为手续可以后补和事后加工制作。对收集证据的程序是否合法进行审查,可以通过多种途径进行。一般先从法律文书入手。法律文书是法律要求或法律手续的主要表现形式,可以反映整个案件中执法的全貌。通过对法律文书的审查,可以发现收集证据中的违法情况,同时也可以从法律文书的内容中发现收集证据中的问题,从而为进一步审查其合法性提供保障。例如,证人的证言前后矛盾或几次陈述都不一致,就有可能在收集中存在一些不法行为,造成证人前后不一,或不敢坚持原有的证言。其次就是要广泛地深入群众,了解群众和诉讼参与人的反映。通过这些反映,可以揭露和纠正取证中的违法现象。此外,还可通过同当事人,特别是同被告人的交谈,审查收集证据中的问题,揭露违法行为,并依法予以纠正。

(3)审查运用证据是否符合法律要求。刑事诉讼法和民事诉讼法都对运用证据证明案件事实作了具体的规定。例如,证据必须查证属实,才能作为定案的根据;证人证言必须经过质证;用作证据的鉴定结论必须告知被告人,并告知被告人有申请补充鉴定或重新鉴定的权利;物证、书证、视听资料应向被告人出示,让被告人辨认;未到庭的证人的证言、鉴定结论、勘验笔录应当庭宣读,并听取当事人和辩护人的意见;在生理上、精神上有缺陷或者年幼不能辨别是非,不能正确表达的人不能作为证人;当事人在法庭上可以提出新的证据;经法庭许可,可以向证人、鉴定人、勘验人发问;可以要求重新鉴定、调查或勘验;人民法院对经过公证证明的法律行为、法律事实和文书,应当确认其效力,但有相反的证据足以推翻的除外;证人确有困难不能出庭的,经人民法院许可,可提交书面证言;对当事人或被告人的陈述或供认和辩解,应当结合本案的其他证据,审查确定其能否作为认定案件事实的根据;当事人或被告人拒绝陈述或供认的,只要证据确凿,不影响人民法院对案件事实的认定;在证据可能灭失或者以后难以取得的情况下,诉讼参与人可以申请证据保全,人民法院也可以主动采取保全措施等。这些要求对于正确运用证据作了客观全面的规定,是衡量运用证据是否合法的标准。根据2012年《刑事诉讼法》第54条的规定,采用刑讯逼供等非法方法收集的犯罪嫌疑人、被告人供述和采用暴力、威胁等非法方法收集的证人证言、被害人陈述,应当予以排除。收集物证、书证不符合法定程序,可能严重影响司法公正的,应当予以补正或者作出合理解释;不能补正或者作出合理解释的,对该证据应当予以排除。在侦查、审查起诉、审判时发现有应当排除的证据的,应当依法予以排除,不得作为起诉意见、起诉决定和判决的依据。这是我国对证据合法性审查的重要依据。

二、证据的分类审查判断

2012年《刑事诉讼法》第48条规定,证据包括物证,书证,证人证言,被害人陈述,犯罪嫌疑人、被告人供述和辩解,鉴定意见,勘验、检查、辨认、侦查实验等笔录以及视听资料、电子数据。由于各类证据的不同特点,其审查判断方式也有所区别和侧重。

(一)对物证、书证的审查判断

具体为:(1)物证、书证是否为原物、原件,物证的照片、录像或者复制品及书证的副本、复制件与原物、原件是否相符;物证、书证是否经过辨认、鉴定;物证的照片、录像或者复制品和书证的副本、复制件是否由二人以上制作,有无制作人关于制作过程及原件、原物存放于何处的文字说明及签名。(2)物证、书证的收集程序、方式是否符合法律及有关规定;经勘验、检查、搜查提取、扣押的物证、书证,是否附有相关笔录或者清单;笔录或者清单是否有侦查人员、物品持有人、见证人签名,没有物品持有人签名的,是否注明原因;对物品的特征、数量、质量、名称等注明是否清楚。(3)物证、书证在收集、保管及鉴定过程中是否受到破坏或者改变。(4)物证、书证与案件事实有无关联。对现场遗留与犯罪有关的具备检验鉴定条件的血迹、指纹、毛发、体液等生物物证、痕迹、物品,是否通过 DNA 鉴定、指纹鉴定等鉴定方式与被告人或者被害人的相应生物检材、生物特征、物品等作同一认定。(5)与案件事实有关联的物证、书证是否全面收集。

需要指出的是,据以定案的物证应当是原物。只有在原物不便搬运、不易保存或者依法应当由有关部门保管、处理或者依法应当返还时,才可以拍摄或者制作足以反映原物外形或者内容的照片、录像或者复制品。物证的照片、录像或者复制品,经与原物核实无误或者经鉴定证明为真实的,或者以其他方式确能证明其真实的,可以作为定案的根据。原物的照片、录像或者复制品,不能反映原物的外形和特征的,不能作为定案的根据。同样,据以定案的书证应当是原件。只有在取得原件确有困难时,才可以使用副本或者复制件。书证的副本、复制件,经与原件核实无误或者经鉴定证明为真实的,或者以其他方式确能证明其真实的,可以作为定案的根据。书证有更改或者更改迹象不能作出合理解释的,书证的副本、复制件不能反映书证原件及其内容的,不能作为定案的根据。

物证、书证的收集程序、方式存在扣押清单上没有侦查人员、物品持有人、见证人签名或者物品特征、数量、质量、名称等注明不详以及物证照片、录像或者复制品,书证的副本、复制件没有制作人关于制作过程及原物、原件存放于何处的说明或者说明中无签名等瑕疵的,通过有关办案人员的补正或者作出合理解释的,可以采用。

(二)对证人证言的审查判断

具体为:(1)证言的内容是否为证人直接感知。(2)证人作证时的年龄、认知水平、记忆能力和表达能力,生理上和精神上的状态是否影响作证。(3)证人与案件当事人、案件处理结果有无利害关系。(4)证言的取得程序、方式是否符合法律及有关规定:有无使用暴力、威胁、引诱、欺骗以及其他非法手段取证的情形;有无违反询问证人应当个别进行的规定;笔录是否经证人核对确认并签名(盖章)、捺指印;询问未成年证人,是否通知了其法定代理人到场,其法定代理人是否在场等。(5)证人证言之间以及与其他证据之间能否相互印证,有无矛盾。

按照刑事诉讼法以及司法解释的有关规定,以暴力、威胁等非法手段取得的证人证言,不能作为定案的根据;处于明显醉酒、麻醉品中毒或者精神药物麻醉状态,以致不能正确表达的证人所提供的证言,不能作为定案的根据;证人的猜测性、评论性、推断性的证言,不能作为证据使用,但根据一般生活经验判断符合事实的除外。下列证据应当慎重使用,有其他证据印证的,可以采信:(1)生理上、精神上有缺陷,对案件事实的认知和表达存在一定困难,但尚未丧失正确认知、表达能力的被害人、证人和被告人所作的陈述、证言和供述;(2)与被告人有亲属关系或者其他密切关系的证人所作的有利被告人的证言,或者与被告人有利害冲突的证人所作的不利被告人的证言。

证人证言的收集程序和方式。具有下列情形之一的证人证言,不能作为定案的根据:(1)询问证人没有个别进行而取得的证言;(2)没有经证人核对确认并签名(盖章)、捺指印的书面证言;(3)询问聋哑人或者不通晓当地通用语言、文字的少数民族人员、外国人,应当提供翻译而未提供的;(4)未出庭作证证人的书面证言出现矛盾,不能排除矛盾且无证据印证的,不能作为定案的根据。

对被害人陈述的审查与认定适用前述关于证人证言的有关规定。

(三)对被告人供述和辩解的审查判断

具体为:(1)讯问的时间、地点、讯问人的身份等是否符合法律及有关规定,讯问被告人的侦查人员是否不少于二人,讯问被告人是否个别进行等。(2)讯问笔录的制作、修改是否符合法律及有关规定,讯问笔录是否注明讯问的起止时间和讯问地点,首次讯问时是否告知被告人申请回避、聘请律师等诉讼权利,被告人是否核对确认并签名(盖章)、捺指印,是否有不少于二人的讯问人签名等。(3)讯问聋哑人、少数民族人员、外国人时是否提供了通晓聋、哑手势的人员或者翻译人员,讯问未成年同案犯时,是否通知了其法定代理人到场,其法定代理人是否在场。(4)被告人的供述有无以刑讯逼供等非法手段获取的情形,必要时可以调取被告人进出看守所的健康检查记录、笔录。(5)被告人的供述是否前后一致,有无反复以及出现反复的原因;被告人的所有供述和辩解是否均已收集入卷;应当入卷的供述和辩解没有入卷的,是否出具了相关说明。(6)被告人的辩解内容是否符合案情和常理,有无矛盾。(7)被告人的供述和辩解与同案犯的供述和辩解以及其他证据能否相互印证,有无矛盾。

被告人供述讯问笔录没有经被告人核对确认并签名(盖章)、捺指印或者讯问聋哑人、不通晓当地通用语言、文字的人员时,应当提供通晓聋、哑手势的人员或者翻译人员而未提供的,该供述不能作为定案的根据。当然,按照2012年《刑事诉讼法》第54条的规定,采用刑讯逼供等非法手段取得的被告人供述,不能作为定案的根据。

当然,对被告人供述和辩解的审查,应当结合控辩双方提供的所有证据以及被告人本人的全部供述和辩解进行。被告人庭前供述一致,庭审中翻供,但被告人不能合理说明翻供理由或者其辩解与全案证据相矛盾,而庭前供述与其他证据能够相互印证的,可以采信被告人庭前供述。被告人庭前供述和辩解出现反复,但庭审中供认的,且庭审中的供述与其他证据能够印证的,可以采信庭审中的供述;被告人庭前供述和辩解出现反复,庭审中不供认,且无其他证据与庭前供述印证的,不能采信庭前供述。

(四)对鉴定意见的审查判断

具体为:(1)鉴定人是否存在应当回避而未回避的情形。(2)鉴定机构和鉴定人是否具有合法的资质。(3)鉴定程序是否符合法律及有关规定。(4)检材的来源、取得、保管、送检是否符合法律及有关规定,与相关提取笔录、扣押物品清单等记载的内容是否相符,检材是否充足、可靠。(5)鉴定的程序、方法、分析过程是否符合本专业的检验鉴定规程和技术方法要求。(6)鉴定意见的形式要件是否完备,是否注明提起鉴定的事由、鉴定委托人、鉴定机构、鉴定要求、鉴定过程、检验方法、鉴定文书的日期等相关内容,是否由鉴定机构加盖鉴定专用章并由鉴定人签名盖章。(7)鉴定意见是否明确。(8)鉴定意见与案件待证事实有无关联。(9)鉴定意见与其他证据之间是否有矛盾,鉴定意见与检验笔录及相关照片是否有矛盾。(10)鉴定意见是否依法及时告知相关人员,当事人对鉴定意见是否有异议。

如果鉴定意见存在鉴定程序、方法有错误的,鉴定意见与证明对象没有关联的,违反有关鉴定特定标准,鉴定对象与送检材料、样本不一致等问题的,不能作为定案的根据。

对鉴定意见有疑问的,人民法院应当依法通知鉴定人出庭作证或者由其出具相关说明,也可以依法补充鉴定或者重新鉴定。

(五)对勘验、检查、辨认、侦查实验等笔录的审查判断

具体为:(1)勘验、检查、辨认、侦查实验是否依法进行,笔录的制作是否符合法律及有关规定的要求,勘验、检查人员和见证人是否签名或者盖章等。(2)笔录的内容是否全面、详细、准确、规范:是否准确记录了提起的事由,勘验、检查、辨认、侦查实验的时间、地点,在场人员、现场方位、周围环境等情况;是否准确记载了现场、物品、人身、尸体等的位置、特征等详细情况以及勘验、检查、搜查的过程;文字记载与实物或者绘图、录像、照片是否相符;固定证据的形式、方法是否科学、规范;现场、物品、痕迹等是否被破坏或者伪造,是否是原始现场;人身特征、伤害情况、生理状况有无伪装或者变化等。(3)补充进行勘验、检查的,前后勘验、检查的情况是否有矛盾,是否说明了再次勘验、检查的原由。(4)勘验、检查、辨认、侦查实验笔录中记载的情况与被告人供述、被害人陈述、鉴定意见等其他证据能否印证,有无矛盾。

勘验、检查笔录存在明显不符合法律及有关规定的情形,并且不能作出合理解释或者说明的,不能作为证据使用。勘验、检查笔录存在勘验、检查没有见证人的,勘验、检查人员和见证人没有签名、盖章的,勘验、检查人员违反回避规定的等情形,应当结合案件其他证据,审查其真实性和关联性。

侦查机关组织的辨认,如果辨认不是在侦查人员主持下进行的,辨认人的辨认活动没有个别进行的,辨认中给辨认人明显暗示或者明显有指认嫌疑的应当严格审查,不能确定其真实性的,或者供辨认的对象数量不符合规定的;辨认结果不能作为定案的根据。

(六)对视听资料的审查判断

具体为:(1)视听资料的来源是否合法,制作过程中当事人有无受到威胁、引诱等违反法律及有关规定的情形;(2)是否载明制作人或者持有人的身份,制作的时间、地点和条件以及制作方法;(3)是否为原件,有无复制及复制份数;调取的视听资料是复制件的,是否附有无法调取原件的原因、制作过程和原件存放地点的说明,是否有制作人和原视听资料持有人签名或者盖章;(4)内容和制作过程是否真实,有无经过剪辑、增加、删改、编辑等伪造、变造情形;(5)内容与案件事实有无关联性。

对视听资料有疑问的,应当进行鉴定。如果视听资料经审查或者鉴定无法确定真伪的;或者对视听资料的制作和取得的时间、地点、方式等有异议,不能作出合理解释或者提供必要证明的,不能作为定案的根据:

(七)对电子邮件、电子数据交换、网上聊天记录、网络博客、手机短信、电子签名、域名等电子证据的审查判断

电子证据是一种由高新信息技术产生的证据形式。日常生活中,只要使用电子计算机、手机和网络等电子媒体,就将留下相应的电子踪迹。例如,移动电话服务商、银行、信用卡公司和电子收费系统等,可以提供相应的电子信息表明当事人的踪迹和具体活动。家中或者单位使用的计算机也可能包括文档残余痕迹、照片、网络信息和其他细节信息。即便是已经删除的电子信息,也通常会在计算机上继续保留不确定的时间,专业技术人员能够使用技术手段有效地

恢复上述数据。通过电子证据,能够有效地证实传统证据无法证实的案件事实。对电子证据的审查,主要注意以下内容:(1)该电子证据存储磁盘、存储光盘等可移动存储介质是否与打印件一并提交;(2)是否载明该电子证据形成的时间、地点、对象、制作人、制作过程及设备情况等;(3)制作、储存、传递、获得、收集、出示等程序和环节是否合法,取证人、制作人、持有人、见证人等是否签名或者盖章;(4)内容是否真实,有无剪裁、拼凑、篡改、添加等伪造、变造情形;(5)该电子证据与案件事实有无关联性。

对电子证据有疑问的,应当进行鉴定。

(八)对特殊侦查措施收集证据材料的审查判断

我国修改后的2012年《刑事诉讼法》第48条规定,证据必须经过查证属实,才能作为定案的根据。侦查机关依照有关规定采用特殊侦查措施收集的证据材料,并不是当然地具有证据能力和证明力,也须经法庭正式调查查证属实才可作为定案的根据。对一般的证据材料,法律及司法解释要求必须通过法庭质证的方式进行审查。为此,根据我国2012年《刑事诉讼法》第152条的规定,采取技术、秘密侦查措施收集的材料在刑事诉讼中可以作为证据使用。如果使用该证据可能危及有关人员的人身安全,或者可能产生其他严重后果的,应当采取不暴露有关人员身份、技术方法等保护措施,必要的时候,可以由审判人员在庭外对证据进行核实。"两高三部"在《办理死刑案件规定》第35条中也规定:"侦查机关依照有关规定采用特殊侦查措施所收集的物证、书证及其他证据材料,经法庭查证属实,可以作为定案的根据。法庭依法不公开特殊侦查措施的过程及方法。"这就说明,对采用特殊侦查措施收集的证据材料,考虑到特殊侦查措施的过程及方法事关国家机密,一律以庭审质证的方式进行审查可能导致泄密、威胁侦查人员人身安全甚至损害国家利益,故将其审查方式规定为"经法庭查证属实,可以作为定案的根据",必要的时候,可以由审判人员在庭外对证据进行核实,即,通常情况下应当以庭审质证的方式进行审查,特殊情况下可以庭外进行审查,但是要有诉讼双方的参与。这里所指的特殊情况,应是采用庭审质证方式进行审查,可能导致国家机密泄露、国家利益受损、侦查人员的生命安全受到严重威胁等重大、危急的情况,而不能作扩大解释。

三、全案证据的审查判断

首先,全案证据的审查判断,就是对证据证明力的确定,应当结合案件的具体情况,从各证据与待证事实的关联程度、各证据之间的联系等方面进行审查判断。

证据之间具有内在的联系,共同指向同一待证事实,且能合理排除矛盾的,才能作为定案的根据。这是对全案证据审查判断的基本要求,也就是说,要确定每一个证据的客观性及其关联性,除了从它本身的来源及其所反映的内容进行分析外,同时也要注意将它与案内其他证据联系起来进行综合分析,从证据与证据的联系中进行考察,才有利于进一步鉴别其真伪。因为,对于任何一项证据,如果只从它的本身来审查,有时是难以辨别真伪及确认它对案件事实的证明作用的。但是,如果把它同其他证据加以对照、印证,进行综合分析,从相互之间的联系来考察,看它们所反映的情况是否一致,是否协调,就可以比较容易地发现问题、判明真伪,进而确认证明力的有无和大小。同时,法官在对全案证据进行综合认证时,不仅要注意证据之间的内在联系,审查各项证据是否共同指向同一待证事实(对待证事实的证明方向具有一致性),各证据之间的内在联系是否能够形成闭合的证明锁链,还要注意审查各证据之间是否存在矛盾,如若存在矛盾,则要进一步核实或者进一步补充其他证据,看它们之间的矛盾能否得到合理的排除。如果矛盾难以得到合理的排除,则不可以作为定案的根据;只有不存在矛盾或者矛盾得到合理排除的证据,才可以作为定案的根据。具体来说,一是对同一的证据、对案件中的不同种类的证据,要结合起来进行综合审查判断。审查各个证据所证明的事实是否一致、协调,它们之间是否存在矛盾。二是要对证据进行综合审查判断,还应当把案内所有的证据与案件事实联系起来进行。不但证据与证据之间,而且证据与案件事实之间都协调一致,没有矛盾,才能就案件事实作出结论。在综合全案证据进行审查判断的过程中,要充分利用排除法和同一法,既要反对主观主义,防止在缺乏足够根据的情况下,随意取舍证据,随意认定案情;又要注意不能为证据之间,证据与案件事实之间的表面一致、吻合所迷惑,而要深入问题的本质;同时,也不要害怕矛盾,而要善于发现、分析和解决矛盾。因为,矛盾的出现,就为司法人员提供了解决问题的着眼点。随着矛盾的不断被揭露,不断被解决,证据的真伪被鉴别,证据与案件事实的联系被揭示,就能保证对案件事实作出正确的结论。暴露矛盾—分析矛盾—解决矛盾的过程,正是公安司法人员对证据和对案件事实的认识逐渐深化的过程。

其次,利用间接证据定案必须形成完整的证据链。

综合全案证据进行审查判断时,还应明确,如果证据不充分,还可能导致错误的判断。所以,证据是否充分,是进行综合审查判断时必须解决的问题,特别是完全依靠间接证据定案的,必须要形成完整的证明体系,并排除其他的可能性。2012 年《刑事诉讼法》第 53 条规定,"对一切案件的判处都要重证据,重调查研究,不轻信口供。只有被告人供述,没有其他证据的,不能认定被告人有罪和处以刑罚;没有被告人供述,证据确实、充分的,可以认定被告人有罪和处以刑罚。证据确实、充分,应当符合以下条件:(一)定罪量刑的事实都有证据证明;(二)据以定案的证据均经法定程序查证属实;(三)综合全案证据,对所认定事实已排除合理怀疑"。相关司法解释也规定,没有直接证据证明犯罪行为系被告人实施,但同时符合下列条件的可以认定被告人有罪:(1)据以定案的间接证据已经查证属实;(2)据以定案的间接证据之间相互印证,不存在无法排除的矛盾和无法解释的疑问;(3)据以定案的间接证据已经形成完整的证明体系;(4)依据间接证据认定的案件事实,结论是唯一的,足以排除一切合理怀疑;(5)运用间接证据进行的推理符合逻辑和经验判断。下面,结合一个具体案例对上述运用间接证据定案的规则予以阐释:[1]

2005 年 9 月 27 日 16 时许,被告人杨某在北京市丰台区五里店南里 27 号楼 2 单元 002 号,因感情问题与被害人李某某发生争执。杨某持菜刀砍击李的颈部、腕部,致李某某左侧颈总动脉破裂、左侧颈静脉完全断离,急性失血性休克而死亡。杨某自杀未遂被当场抓获。

本案被告人杨某自始至终拒不认罪。其在侦查期间一直保持沉默,拒绝回答讯问,仅有一次供述称被害人李某某在案发前说自己有病,经常吐血,没有钱看病,要跟其一起死,然后就自己拿刀先抹脖子,其随后用菜刀砍自己脖子,又割了左手腕,后来晕倒了,醒来就在医院。在庭审中,杨某辩称李某某系与其一同自杀,其没有故意杀人。其辩护人提出,没有任何直接证据证实杨某故意杀害李某某,本案证据不足,请求法院按疑罪从轻处理。

本案虽被告人拒不供认,且没有目击证人、监控录像等直接证据,在案所有有罪证据均为

[1] 参见《杨飞故意杀人案——对于被告人拒不认罪且无目击证人的案件,如何运用间接证据定案》,载《刑事审判参考》总第 65 集。

间接证据,但审查所有的间接证据,可以形成一个完整的证明体系,能够得出被告人杨某杀害被害人李某某的唯一结论。

首先,本案所有间接证据经查证都是客观真实的。例如,部分证人虽系被害人的朋友,与被告人存在一定的利益冲突,但他们的证言与被告人亲属的证言能够相互印证,不存在作假证问题。再如,参与鉴定的法医、参加会诊的专家均有合法的鉴定资格和多年的法医临床检验鉴定经验,且专家会诊意见结合尸检情况对被害人的死因进行了详细分析,最终得出的结论是一致意见,不存在不同意见或存疑问题,故作为本案最关键证据的尸体鉴定结论、专家会诊意见也是客观、可信的。

其次,本案的间接证据之间能够相互印证,不存在无法排除的矛盾或者疑问,各间接证据结合起来可形成一个完整的证明体系。具体体现在:第一,证人杨晨明的证言证实,其于9月27日16时许接到杨某的电话称"把他的尸体放到香山去,还有人和他一块死,一个女的接过电话说控制不了他",此内容可与证人党东波证实的"其于27日16时许接到李某某发的内容为'报'字的短信后赶到现场,发现李某某被人控制在租住房内"的情节相吻合,与证人阎欣的证言亦相一致。第二,证人王亮的证言证实,杨某知道李某某的租住处,作案工具菜刀是李某某租住房内的,此内容可与证人党东波、张慧的证言相印证。第三,结合证人阎欣、张彬、尹建波、杨晨明的证言,可证实杨某一直在纠缠李某某,曾在案发前强行将李带到香山强迫和他交朋友,杨某多次跟朋友说如果女朋友不和他交往就杀了她,或者一起死。说明杨某具有杀人动机。第四,结合证人党东波、阎欣、石秀、田雷、宋晓峰、杨丽香的证言,可证实李某某虽与杨某有感情纠葛,但并无自杀或和杨某相约自杀的想法。第五,证人党东波、刘连栋、李刚、王亮、杨晨明、张慧的证言和现场勘查笔录、生物物证鉴定书相结合,可证实党东波等到达现场后李某某尚未死亡,现场租住房内只有杨某和李某某二人,且并无第三人进入或逃出的可能性。第六,尸体鉴定结论、专家会诊意见和法医王国吉的证言可证实李某某系他杀,排除了自杀的可能。

最后,依据本案的间接证据,能够得出唯一、排他性结论,且运用间接证据进行的推理符合逻辑和经验判断。本案案发现场固定在一套房子的一间居室中,公安人员和相关证人到达现场时,被害人还活着且正被挟持,居室中只有两人,能够排除第三人进、出居室的可能性,在案证据能够证明被害人系他杀,那么,能够行凶的只有被告人杨某。因此,本案所有间接证据所能证明的案件事实,最终指向是一致的,且可排除其他可能性。即能够认定被告人杨某故意杀害了被害人李某某。〔2〕

由此可见,完全依靠间接证据认定案件事实是一个复杂和困难的推理证明过程。间接证据不是直接对案件主要事实进行证明的,它们与案件主要事实不是完全重合的,而是通过严密的推理来对案件主要事实进行证明。推理是由人来进行的,人的行为难免出现疏漏。因此,在运用间接证据认定死刑案件时必须慎之又慎,要反复审查证据的真实性与推理的严密性,严格遵守上述定案规则,唯有如此,才能最大限度地确保刑事案件特别是死刑案件的质量。在依靠间接证据认定被告人有罪之后,法官虽然也可根据案件具体情况判处被告人死刑,但在适用死刑时,必须持谨慎的态度。

再次,坚持孤证不能定案原则,完善补强证据制度的应用。

---

〔2〕 参见张军主编:《刑事证据规则理解与适用》,法律出版社2010年版,第255~256页。

2012年《刑事诉讼法》第53条规定:“对一切案件的判处都要重证据,重调查研究,不轻信口供。只有被告人供述,没有其他证据的,不能认定被告人有罪和处以刑罚。”“两高三部”《关于办理死刑案件审查判断证据的若干问题规定》第34条规定,根据被告人的供述、指认提取到了隐蔽性很强的物证、书证,且与其他证明犯罪事实发生的证据互相印证,并排除串供、逼供、诱供等可能性的,可以认定有罪。这一规定要求人民法院在行使司法权时,不能以被告人的口供作为对其定罪和处罚的唯一依据,而必须有其他符合法律规定的证据予以强化,从而确认了我国的口供补强规则。确立口供补强规则的主要目的在于防止对案件事实的误认。口供作为法定的证据种类之一,素有“证据之王”之称,真实的口供对于案件事实具有极强的证明作用。而我国历史上就有倚重口供的传统,司法实践中的刑讯逼供等行为极有可能导致口供的虚假性。因此,我国刑事诉讼法确立了口供补强规则。我们在办理死刑案件时,对于只有被告人供述其实施了犯罪行为,其他证据只能证明犯罪事实的发生,而无法建立与被告人关联的,一般不能认定有罪。但如果根据被告人的供述、指认提取到了隐蔽性很强的物证、书证,且与其他证明犯罪事实发生的证据互相印证,并排除串供、逼供、诱供等可能性的,可以认定有罪。这是对刑事诉讼法确立的口供补强规则的具体细化和完善。

补强规则又称补强证据规则,是指为了防止误认事实或发生其他危险性,而在运用某些证明力显然薄弱的证据认定案情时,必须有其他证据补强其证明力,才可以作为定案根据的规则。口供补强规则是对口供的证明力进行限制,不承认其对案件事实有独立和完全的证明力,从而禁止以被告人的口供作为定罪的唯一根据,而要求必须有其他证据予以补强的证据规则。该规则的成立理由主要有两点:一是有利于防止偏重口供的倾向。由于真实的口供具有极强的证明力,如果允许将口供作为定案的唯一根据,势必使侦查、审判人员过分依赖口供,甚至不惜以非法手段获取口供,从而侵犯犯罪嫌疑人、被告人的合法权利。二是可以担保口供的真实性,避免以虚假供述导致误判。例如替罪的场合和包庇他人的场合,以隐藏别的犯罪为目的的场合等〔3〕。在我国,关于补强证据所应达到的证明程度,主要存在两种观点:一种是要求补强证据大体上能够独立证明犯罪事实的存在;另一种是要求补强证据达到与供述一致,并能保证有罪供述真实性的程度。〔4〕从补强规则的要求出发,补强证据的运用是为了保证据以定案的口供的真实性,并且在此之前单独的口供就足以认定被告人有罪,要求补强证据单独达到证明案件事实的程度显无必要。因此,补强证据必须要能对口供的证明力也即口供的真实性和可靠性进行补强,只有口供的真实性得到补强,补强的目的才属完成。在司法实践中,补强证据在各个诉讼领域应用广泛,比如对于生理上、精神上有缺陷的被害人、证人和被告人,对案件事实的认知和表达上存在一定困难,但尚未丧失正确认知、正确表达能力而作的陈述、证言和供述;或者与被告人有亲属关系或者其他密切关系的证人所作的对该被告人有利的证言,或者与被告人有利害冲突的证人所作的对该被告人不利的证言等情形的证据,应当慎重使用,有其他证据印证的,才可以采信。

最后,注重审查判断证据的全面性,避免片面。

2012年《刑事诉讼法》第50条规定,审判人员、检察人员、侦查人员必须依照法定程序,收集能够证实犯罪嫌疑人、被告人有罪或者无罪、犯罪情节轻重的各种证据。“两高三部”《关于

〔3〕 参见龙宗智:《相对合理主义》,中国政法大学出版社1994年版,第459页。
〔4〕 参加龙宗智:《相对合理主义》,中国政法大学出版社1999年版,第459页。

办理死刑案件审查判断证据的若干问题规定》第36条规定，“在对被告人作出有罪认定后，人民法院认定被告人的量刑事实，除审查法定情节外，还应审查以下影响量刑的情节：(一)案件起因；(二)被害人有无过错及过错程度，是否对矛盾激化负有责任及责任大小；(三)被告人的近亲属是否协助抓获被告人；(四)被告人平时表现及有无悔罪态度；(五)被害人附带民事诉讼赔偿情况，被告人是否取得被害人或者被害人近亲属谅解；(六)其他影响量刑的情节。既有从轻、减轻处罚等情节，又有从重处罚等情节的，应当依法综合相关情节予以考虑”。不能排除被告人具有从轻、减轻处罚等量刑情节的，判处死刑应当特别慎重。这是因为定罪与量刑是刑事审判的两大基本活动，实现定罪的准确性与量刑的合理性是整个刑事审判最基本的要求。在人民法院对被告人作出有罪的认定后，量刑问题就显得更加突出和重要了。在量刑过程中，不但要审查法定量刑情节，而且也要审查酌定量刑情节，这是证据审查判断全面性的又一重要体现。

总之，通过对刑事诉讼证据的上述审查判断一般来讲就可以对案件分别作出两种结果的认定：其一，具有以下四种情形之一的，就可以确认犯罪事实已经查清，证据确实、充分：(1)属于单一罪行的案件，与定罪量刑有关的证据充分，事实已经查清，不影响定罪量刑的事实无法查清的；(2)属于数个罪行的案件，部分罪行有证据能证明的，事实已经查清，其他罪行则无法查清的；(3)无法查清作案工具、赃物去向，但其他证据足以对被告人定罪量刑的；(4)证人证言、被告人供述、被害人陈述的内容中主要情节一致，虽有个别情节不一致，但不影响定罪量刑的。其二，具有以下四种情形之一，不能确定被告人犯罪和需要追究刑事责任的，属于证据不足，事实不清：(1)据以定罪的证据存在疑问，无法查证属实的；(2)犯罪构成要件事实缺乏必要的证据予以证明的；(3)据以定罪的证据之间存在矛盾，不能合理排除的；(4)根据证据得出的结论具有其他可能性的。

第三节　证据审查判断的方法

为了正确地审查判断证据，还有一个方法问题。只有方法正确，才能效果良好。根据司法实践经验，审查判断证据通常采用以下五种方法。

一、个别审查

个别审查主要是指甄别法。甄别即审查鉴别的意思。甄别法主要是用于对收集的证据，逐一地进行单个审查和鉴别。运用甄别法审查判断证据，要求依据客观事物发生、发展、变化的一般规律和常识去辨别证据的真伪，辨别其是否具有证明力。甄别是审查判断证据最通用的方法，也往往是最首先使用的方法，可以对证据进行初次净化和筛选。例如，在一民事诉讼中，原告指控被告借钱不还，并拿出有被告人签名的借款合同；但经过笔迹鉴定，证明签名是伪造的，这样，此证据的适用就被排除了。

二、侦查实验

侦查实验是为了审查判断某一现象在一定的时间内或情况下能否发生，而依法将该现象发生的过程加以重演或再现的一种活动和方法。侦查实验,可以核实被害人陈述、被告人供述和辩解的真实可靠性,可以为分析判断案件事实提供依据,也可以帮助判断现场和获取的证据是否变动或伪造等情况。通过侦查实验进行审查判断,一般适用于以下场合:(1)确定在一定条件下能否听到某种声音或看清某种事物;(2)确定在某种条件下能否发生某种现象或完成某种行为;(3)确定在某种条件下使用某种工具是否可能留下或不留下痕迹,留有什么样的痕迹等。进行侦查实验,必须经县级以上公安局局长批准,并应遵守如下规则:

1. 侦查实验应尽量使用原有物品和工具,要尽可能在发生案件的原地进行,以保持原有条件;原有物品或工具如果需要鉴定,则要在鉴定后才能使用,以免损坏原有特征。

2. 侦查实验在自然条件方面(时间、光线、风向、风力、气候等)应当和被审查事件的条件相一致或相似。

3. 为准确地确定某一情况或某一行为,要求反复多次地实验,以保证准确性。

4. 实验的过程应禁止一切足以造成危险、侮辱人格或者有伤风化的行为;在实验中,不容许有侮辱群众和有伤风化、危及群众身心健康和财产安全的事情发生。

5. 实验应邀请一定的见证人参加,应反复多次进行。对实验的结果应予以记录和保密。应当注意,通过实验加以重演或再现,被证实为不可能的事情,一般是假的;但通过实验证明可能的事,未必就是本案的实际情况。因此,还必须结合全部证据和案情,进行深入细致的分析研究,才能得出正确的结论。

三、辨认和对质

(一)辨认

辨认是指对某一事物不能确定的情况下,组织曾与该事物接触过的有关人员加以指认与确定的活动。它也是审查判断证据的一种有效方法。不论办理刑事案件、民事案件或行政案件,在必要的情况下,都可以通过组织辨认来审查判断有关的证据,在刑事侦查中运用得最为经常。依辨认的方式,分为公开辨认和秘密辨认;依辨认的对象,分为对人的辨认,对物的辨认和对尸体的辨认。辨认可以公开进行,也可秘密进行,但大部分是秘密进行的,不过对尸体的辨认应公开进行。在美国,警察常用的辨认方法有以下几种:第一,列队辨认,即在警察局让犯罪嫌疑人和其他人在一起,由受害人或者证人辨认,以确定谁是犯罪嫌疑人。第二,单独辨认,即在犯罪现场让犯罪嫌疑人单独由被害人或证人辨认,通常是在逮捕之后立即进行。第三,照片辨认,即把犯罪嫌疑人的照片交给被害人或证人辨认。第四,取样化验,即从犯罪嫌疑人身体上取样化验,如血液、指纹,因为这种方式也是为了鉴别被告人的身份,所以也归入辨认一类。在1967年美国诉怀特案中,美国最高法院进一步扩大了排除规则的范围。该法院确认,在审判之前的队列辨认中,被告人具有律师在场的权利,如果律师不在场,则该辨认所取得的结果不能在审判中作为证据使用。[5]

为了使辨认能收到应有的效果,组织辨认时应当注意以下几点:

1. 事先应向辨认人详细问清被辨认对象的特征,尤其是具体的特征或特别记号,并应记录在卷。

2. 除尸体和整容照片外,辨认前不能使辨认者见到被辨认的对象,以防止辨认者产生先入

---

〔5〕 详见杨宇冠:《非法证据排除规则研究》,中国人民公安大学出版社2002年版,第59~60页。

为主的偏差。

3. 对人或物进行辨认时,不管是公开进行还是秘密进行,应采取混杂原则,即将需要辨认的人或物,混杂其中的办法。不能把被辨认对象单独提供辨认。

4. 组织二人或二人以上进行辨认时,必须分别、单独进行,以免互相影响。

5. 主持辨认的司法人员,在组织辨认过程中,不得用任何方式向辨认人暗示,或诱使其按自己的意图进行辨认。

6. 对辨认的过程与结果,应详细记于笔录,并由参加辨认的人和主持人签名。对于各个辨认人对辨认对象所发表的辨认意见,司法人员必须结合案情进一步分析研究。对辨认结果的使用要特别慎重。在使用时要进行查证和复核,并应有其他证据互相印证,否则就容易发生错误,造成严重的后果。

(二)对质

对质也叫"质证法",是指执法人员按照法定程序组织和指挥了解该事实的两个或两个以上的人,就特定的案件事实或者证据事实进行互相询问、反驳和辩论的方法。对此,2012 年《民事诉讼法》第 68 条规定:"证据应当在法庭上出示,并由当事人互相质证。对涉及国家秘密、商业秘密和个人隐私的证据应当保密,需要在法庭出示的,不得在公开开庭时出示。"2012 年《刑事诉讼法》第 59 条规定:"证人证言必须在法庭上经过公诉人、被害人和被告人、辩护人双方质证并查实以后,才能作为定案的根据。法庭查明证人有意作伪证或者隐匿罪证的时候,应当依法处理。"上述规定是质证作为审查判断证据方法的法律依据。在刑事诉讼中审查判断证人证言的真实性及其证明作用,在法庭上要通过质证的方法进行。在司法实践中,当两人或两个以上的人(被告人、证人或被告与证人)对他们了解的某一事实在陈述中出现尖锐矛盾时,为了确认其中哪个人的说法是真实的,哪个人的说法不可靠,有时也可以组织他们当面对质。两人或两个以上的人对同一事实的陈述存在尖锐矛盾,是组织对质的先决条件。对质一般是在当事人之间,当事人与证人,证人与证人之间进行。在对质之前,执法人员应当分别询问或者讯问当事人、被告人或者证人。对执法机关而言,质证是审查判断证据的一种方法和必要程序;对当事人来说,质证是法定的诉讼权利。对本案的定案证据,当事人有权要求质证,公安、司法机关有义务为当事人提供充分质证的条件。质证是直接原则、言词原则和辩论原则的具体体现。对质要谨慎,只有在涉及案件的重要问题,除了进行对质外别无他法的情况下,才可以采用对质的方法。由于对质难以掌握,因而在司法实践中很少运用,即使运用也要经负责人批准。对质必须在个别询问的基础上进行。开始时,先让参加对质的人就所了解的事实分别进行陈述,然后让每个对质者就其他对质者所作的不符合事实的陈述提出质问,由对方作出回答。通过对质揭露矛盾,解决矛盾,有利于对他们陈述的真实性和证明力作出判断。

四、技术鉴定

有一些物品或者物质痕迹,只凭公安司法人员的一般知识是无法判明其性质和特征的。例如,化学物品的性质,现场提取的血迹的性质和血型,指纹和脚印与被告人的指纹和脚印是否具有同一性,争执产品的质量,工伤事故的性质等等,都需要运用各种鉴定方法才能判明。因此,鉴定就成了审查判断某些物证、书证的必不可少的手段。随着现代高科技的发展,新的鉴定手段层出不穷,如 DNA 鉴定、中子量性分析技术等,为案件的侦破提供了有力的武器。

五、综合分析

案件事实的认定,往往是综合运用各种审查判断方法的结果。审查证据除了利用证据互相验证和进行科学鉴定等办法外,常用的还有通过逻辑方式来进行审查判断。逻辑方式各种各样,在审查证据中最常用的就是推理、判断和联系比较的方法。由于综合审查的方法主要依靠形式逻辑,我们有必要对其进行简要的介绍。作为一种思维方法,形式逻辑在审查判断证据中具有特殊的地位和作用,它主要体现在:

首先,执法人员在审查判断证据中要正确应用形式逻辑,应当明确概念的内涵和外延。概念是人类反映客观现象特有属性的基本思维形式。内涵是指概念所反映的特定种类事物的共同属性,是衡量某一个事物是否概念所指的对象的标准。外延是概念的适用范围,是概念所指的事物的具体的种类和表现形式。

其次,执法人员在审查判断证据中要遵守形式逻辑的基本规律。形式逻辑的基本规律包括同一律、矛盾律和排中律。同一律是指在同一思维过程中,概念和判断必须具有确定性和前后一致性,不能模棱两可,前后矛盾或偷换概念。矛盾律是指在同一思维过程中,人们的思想不能自相矛盾。排中律是指在同一思维过程中,不能同时否定两个相互矛盾的判断。排中律和矛盾律的主要区别在于,矛盾律认定两个矛盾的判断不能同时真实,其中必有一假;而排中律则反其道而行之,认定两个矛盾判断不能同假,必有一真。

最后,执法人员在审查判断证据中要充分了解有关案件事实。正确应用形式逻辑,必须充分了解有关的案件事实,否则形式逻辑思维就是无米之炊、无源之水。只有把逻辑推理和调查取证结合起来,在充分调查收集证据的基础上进行推理,才能得出既合乎逻辑又合乎实际情况的判断。

应用形式逻辑得出的结论必须受事实的检验。遵守逻辑规律仅仅是作出正确认定结论的必要条件之一,因为客观世界是丰富多彩的,是形式逻辑不断发展的源泉。应用逻辑思维审查判断证据的方法有:

1. 归纳和演绎。归纳是从个别事实推出一般结论的思维方法。归纳法的前提是关于个别事物或现象的判断,而结论都是关于该类事物或现象的普遍性判断。演绎是从一般原理、原则引出个别结论的思维方法。演绎法的主要形式是三段论法。三段论法就是从两个判断(其中的一个一定是全称判断)得出第三个判断的一种推理方法。归纳法和演绎法两者互为条件、相互渗透。执法人员正是在归纳与演绎的交替转化中,思维不断地得到深化和发展,不断获得对案件本质的认识。

2. 分析和综合。分析是指把对象的整体分解为各个部分、要素、阶段,分别加以考察的思维方法。实质上,分析的目的是要对事物的各部分、各要素进行比较和研究,据此判断它们在事物整体中处于何种地位,彼此间的关系,以便从各要素中找出主要要素,从偶然中发现必然,从现象中找出本质。综合是指在思维中把对象的各个方面、要素和阶段有机地结合成整体的思维方法,是按照案件本身各部分之间固有的、内在的、必然的联系,将其综合为一个统一的整体,从而形成对这个案件的总体性认识。

3. 反证和排除。反证是指通过否定反证事实来肯定与之相反的待证事实的证明方法。在司法实践中,为了反驳相反的证据以肯定某种证据的真实性,常常采用反证法。使用反证法进行审查判断应当注意的是:作为判断根据的反证事实必须经过查证属实,反证事实必须与待证事实构成矛盾,非此即彼,否则不能通过反证事实确认待证事实的真实性或者虚假性。另外,反证法的适用范围有限,只能用来认定个别证据和案件事实。排除是指把待证判断、待证事实同其他可能提出的诸判断、事实放在一起,通过证明其他诸判断的错误或事实的错误来确认或推论待证判断的正确性或待证事实成立的方法。这与反证法的原理相同。在刑事诉讼中,排除法一般用于确定侦查方向,缩小侦查范围,或证明被告人无罪。执法人员在使用排除法时必须注意,用以证明其他判断错误的根据必须是真实的,否则,就不能达到确认待证判断真实性的目的;同时,使用排除法必须穷尽所有可能提出的判断,如果不能穷尽所有可能提出的判断,排除法就没有说服力,就不会产生好的证明效果。

思考题

1. 证据审查判断的基本含义是什么?
2. 为了确定证据的本质属性,司法人员应从哪些方面进行审查判断?
3. 个别证据审查判断的标准是什么?
4. 全案证据审查判断的标准是什么?
5. 审查判断证据的意义是什么?
6. 审查判断证据的主要内容有哪些?

第十六章　推定和司法认知

导　读

推定和司法认知不是证明方法，而是认证方法，在当事人举证、质证的基础上，法官在进行认证或审查判断的时候可以采用推动和司法认知，这在一定程度上也就转移或免除了当事人的证明责任。在刑事诉讼活动中，推定受到严格的限制，滥用推定会危害司法的公正性。而在民事诉讼领域，推定的适用范围则较为宽泛。司法认知的事项无需证明，也就免除了证明责任。

阅读案例
请扫一扫

第一节　推　　定

一、推定概述

在英美法系国家，除了通过证据认定案件事实以外，还存在一些无需用证据加以证明的事实。在这种情况下，就免除了运用证据证明该项事实的义务。这种情形叫作“不需要证据的证明”(Proof without Evidence)，国内学者有的称之为“除证据外确立事实的方法”。西方法学家认为这些是方便的技巧，通常可以省下相当可观的司法时间和司法费用。不需要证据而认定事实的情形主要有三种：第一，为了诉讼的目的而进行的正式承认(formal admission)；第二，法院对显著的(notorious)或者无可争议(readily demonstrable)的事实的司法认知(judicial notice)；第三，对主张一方有利的事实的推定(presumption)。对我国而言，2012 年《刑事诉讼法》第 54 条和 58 条规定了不能合理解释和不能排除时证据的采信问题，2001 年最高人民法院《关于民事诉讼证据的若干规定》第 8 条规定了自认，第 9 条规定了其他几种无需证明的事实。最高人民法院《关于行政诉讼证据若干问题的规定》第 65 条、第 68 条作了类似的规定。《人民检察院刑事诉讼规则》第 437 条也规定了包括司法认知和推定在内的无需证据证明的事实。但对第一种情况，我国刑事诉讼法作了相反的规定，即《刑事诉讼法》第 53 条规定的只有被告人供述，没有其他证据的，不能认定被告人有罪和处以刑罚。也就是说，在我国刑事诉讼中，即使被告人作了正式承认，也不允许直接依照被告人的承认认定案件事实。因此，在我国刑事诉讼中，第一种情况是不适用的。下面我们讨论一下推定的问题。

(一)推定的概念

关于推定的概念,理论界没有一种通行的定义。学者们是从不同的角度对推定下定义的。较为典型的定义有下列四种:

一是认为推定通常是指一种法则或一种推论。使用此种法律术语时,推定即指描述某一事实或若干事实与另一事实或若干事实之间的关系。某一事实即为基础事实甲,另一事实则为事实乙,它仅用以表示若甲事实于诉讼中一经确立,除非或直至另有特殊的条件构成,即必须假定乙事实的存在。例如,根据英国法律规定,在婚姻存续期间出生的孩子视为夫妻双方的子女,就是一种典型的推定。

二是认为推定是指从审判知识或已经证明的事实,或者当它是真的事实,来推断出另一问题的事实结论。

三是从认定案件事实的角度出发,认为推定是指法律对某种事实或责任所作的,允许当事人举证否认的一种认定。

四是从与证明责任的关系出发,认为推定是法理学上证明法则之一,用以推测未知事实的真相。法官得利用此一法则,以决定诉讼中举证责任之归属。

从以上的各种定义可以看出,尽管学者因考察角度不同而各有侧重,但就推定的实质内容而言,这些概念之间并无区别。我们认为,所谓推定是指基于事物之间的普遍的共生关系,或者说是常态的因果联系,由基础事实推出待证事实(又称推定事实)的一种证明规则。如为了法律上的目的,若某人失踪已达7年以上,就推定其死亡。由此可见,推定的存在可以节省时间、人力、物力和财力,并保护一定的身份和社会关系。

从推定的这一概念的描述中可以归纳、概括出推定具有以下主要特征:

1. 无论在任何国家,每当法庭需要确定某一案件事实时,无非采取两种方法:一为获取证据;一为通过无需证据的证明方法,包括推定。因此推定本身并非证据,亦非证据方法或证据标的,而是一种证明方法或证据法则。换言之,推定是法律所直接认可或间接允许的证明案件事实的一种特殊规则。

2. 推定既须有前提事实,又须有推断事实,因而推定是沟通二者关系的法律桥梁,倘若缺乏其一,则均不能构成推定。

3. 推定应许可当事人提出反证推翻,因而与证明责任紧密关联。反之,若不允许以反证加以推翻,则非真正的推定。

4. 推定既可依法律规定进行,又可按经验法则进行。前者称为法律上的推定,后者称为事实上的推定。

可见,所谓推定,乃指由法律规定或者由法院按照经验法则,从已知的前提事实、基础事实推断未知的结果事实(又叫推定事实)存在,并允许当事人举证推翻的一种证据法则。

事实上,我国法律中已经有了某些推定或推定性质的规定。一些具有代表性的列举如下:

第一,明确使用"推定"一词的,如最高人民法院《关于贯彻执行〈中华人民共和国继承法〉若干问题的意见》第2条关于同时死亡的推定,即"相互有继承关系的几个人在同一事件中死亡,如不能确定死亡先后时间的,推定没有继承人的先死亡。死亡人各自都有继承人的,如几个死亡人辈分不同,推定长辈先死亡;几个死亡人辈分相同,推定同时死亡,彼此不发生继承,由他们各自的继承人分别继承"。

第二,没有明确使用“推定”一词的,如《民法通则》第23条关于死亡的推定,即“公民有下列情形之一的,利害关系人可以向人民法院申请宣告他死亡:(一)下落不明满四年的;(二)因意外事故下落不明,从事故发生之日起满二年的”。

第三,刑法中类似于推定的规定,如《中华人民共和国刑法》第395条关于巨额财产来源不明推定为非法所得的规定,即“国家工作人员的财产或者支出明显超过合法收入,差额巨大的,可以责令说明来源。本人不能说明其来源是合法的,差额部分以非法所得论,处五年以下有期徒刑或者拘役,财产的差额部分予以追缴”。

(二)推定的产生和依据

推定是由司法实践和法律规定而产生的。作为一个专门的法律制度,它的渊源一直可追溯至古罗马时期。罗马法制史告诉我们,罗马法官在审案断狱的过程中并不单纯借助学理或法条对案件事实进行分析与认定,而往往借助事实自身的内容及相互间的关系,径自斟酌其真伪,并以此推演出定案的结论。久而久之,罗马法注释家从中抽象出一系列基本原理,创立了各种罗马法学说。正因为如此,英国学者斐斯克曾历史性地断言:“罗马人首创判例法。”这一论断得到了英国法律史学家梅因(Maine)赞同:“罗马法上的法律解答,乃以拟制为基础而建立。”案件越多,判例亦越多;判例越多,则事物间的关系亦越为明显,二者呈正比例的趋势发展。由此看来,罗马法官在审案之前,务必先行探求先例以资遵循。在事实认定领域上,法则由是而生。这种原理很快为立法所采用。《十二铜表法》第八表第26条即为适例:“任何人不得在城市里举行夜间集会”;否则,就可推定为聚众叛国。当然,较诸现代意义上的推定观,此时推定的立法与理论尚处于萌芽状态,而且与拟制联为一体,缺乏独立性和系统性。嗣后,意大利法学家首先沿用罗马法上的学说并进而将推定依其效力分为三类:一是“强固的推定”,类似于现代的绝对推定;二是“薄弱的推定”,类似于现代的所谓推定;三是“中庸的推定”,类似于现代的相对推定。这就开辟了推定分类学说的先河。到19世纪初,1804年的《法国民法典》将推定正式从立法上加以确定。该法第1349条明文规定了推定的含义:“为法律或法官从已知的事实推论未知事实所得出的结果。”并从第1350条至第1353条按不同的标准,将推定分为两类:一为法律和事实;二为绝对和相对。从而确立了推定的法学理论。此后,各国民事立法纷纷效仿,都在不同程度上肯定了推定理论。德国1888年公布的《民法典第一草案》第198条就明确规定:“对推定之事实为否认之人,应就其事实为举证。”鉴于诸多因素,德国立法委员会将其从民法典移植到现行《民事诉讼法典》之中,即“法律上推定的事实,勿用举证。”这体现了德国对推定与举证责任之间关系的重视。

英美两国的证据法学者在研究推定时产生了有趣的区别:首先是研究的对象不同。1743年的英国诉爱尔兰一案中首次使用了推定法则。自此英国学者对推定显示出极为浓厚的兴趣,并以推定的分类与效力为中心展开了持久而激烈的论争,主要的研究对象是推定的个案研究,强调不同情况不同对待。而美国学者则致力于推定的一般原理的研究,试图制定出适用于一切推定的法则,但收获并不明显。其次是对推定在证据法学中的地位认识不一。英国学者看重推定的法律效果,重视推定对举证责任和证明标准的影响,而推定本身则没有独立的研究地位。如墨菲的《证据法指南》一书中就将推定列入举证责任一章,而非单独列节,体现了推定对举证责任的附属性。而美国的做法正好相反,推定在证据法学中具有独立的地位,证明责任和证明标准在某种程度上甚至附属于推定。例如,罗特斯坦在《证据:州与联邦规则》一书中就将证明标准放入推定一章中加以研讨。

我国古代法律史上同样出现了推定法则。最先适用推定断狱定案者，乃董仲舒的《春秋决狱》。据其中有关章节记载："甲父乙，与丙争言相斗。丙以佩刀刺乙，甲即以杖击丙，误伤乙，甲当何论？或曰殴父也，当枭首。议曰：臣愚以为父子至亲也，闻其斗，莫不有怵怅之心。扶杖而救之，非所以欲诟父也，春秋之义，许止父病，进药于其父而卒。君子原心，赦而不诛。甲非律所殴父也，不当坐。"这是典型的事实推定。《唐律·断狱·拷囚限满不首篇》记载："诸拷囚限满而不首者，反拷告人。其被杀者被盗家人及亲属告者，不反拷。拷满不首，取保并放。违者，以故失论。"就是说，被告人经过刑讯达法定次数而仍不招认，应当取保释放。否则，即可以刑讯者主观上有过错，并予治罪。这是标准的法律推定。唐宋以后，推定在立法和司法上得到了广泛运用。

关于推定的设定根据，主要存在以下两种：

第一，逻辑证明关系是推定的设定依据之一。在绝大多数情况下，基础事实与推定事实之间存在着一定的逻辑证明关系，这种证明关系在经过法律的形式化规定之后，就成为推定规则。然而，推定规则不能对推定事实的真实做出保证。该规则只是允许诉讼主体根据基础事实，在考量逻辑关系的基础上做出实际的结论。

第二，为未决案件提供一个合法的解决办法是推定设定的实践依据。如果案件事实是明确的，那么推定规则的存在将毫无用处。因为审判者只要根据事实进行裁判就可以了。但是在有些情况下，案件的事实在诉讼的某一阶段不能够迅速查明，而诉讼亟待进行下去，或法院必须依据未查明的事实进行判决，推定规则才有了存在的必要。因为在这种情况下，无论是当事人还是法院都需要一个解决的办法，否则将造成他们时间、情感、精力、体力和金钱的巨大浪费。

（三）推定的分类

关于推定的分类，在证据法学界主要存在以下几种观点：

1. 确定性的推定和可反驳的推定

确定性的推定是实体法的实际规则，是不可反驳的，因而对立的证据是不可采用的。此类推定实际上是很少的。例如，在美国，有的州规定10岁以下的儿童没有实施犯罪的能力，因而其不能被指控实施重罪。我国法学家认为，确定的推定既然不允许当事人提出反驳证据，也不允许执法人员做出其他判断，这实际上是一种必须执行的法律规定，本身不涉及基础事实和推定事实之间的推理，其性质是"规定"，而不是推定，与证据法上的推定不可相提并论。可反驳的推定是一种根据旁证做出的并且可以由其他证据推翻的推断。在美国，它是法律要求陪审团进行的推断。这种推定是很多的。比较普遍的有：表明自己是一对夫妻的男女，推定他们的结婚实际有效；根据非法行为推定非法意图。

2. 事实推定和法律推定

事实推定是指法律没有规定，但在司法实践中习惯上运用的推定。例如，某人若占有最近失窃的物品即被推定为其具有盗窃的故意。事实推定虽然来源于执法人员的逻辑推理过程，但是经过理论和实践的长期总结，变成了某种结论性的规则，即推定规则。与一般司法人员的日常推理是不同的。法律推定是指通过法律明文规定的推定。其与事实推定的不同之处在于是否有法律的规定。

3. 结论性推定、说服性推定、证据性推定和临时性推定

结论性推定是指没有任何证据能够反驳的推定事实。说服性推定是指运用足够的证据来说服凭盖然性的衡量,据以认定推定事实的存在与否。证据性推定是指根据某种证据是否遭驳回,以使案件当事人适用法律证明责任的有关规则。临时性推定是指从某种角度来考虑采取反驳证据以促使法院认为某种推定事实的真实与否。另外,还有对实体事实的推定和对程序事实的推定、有事实基础的推定和无事实基础的推定等划分。

(四)推定与假定和拟制的关系

1. 推定与假定

首先,推定与假定是两个完全不同的概念。假定只是一种思维上的拟制,是人们认识的开始,是一种不需要任何前提条件的假设,人们利用假定作为认识事物的起点,需要在之后进行证实或证否。假定不存在从基础事实到推定事实这样一个结构。推定则是认定事实的特殊方法,一旦被采用后即产生一定的法律效果,因而它的范围和适用条件均须受到严格的限制。推定只有经反证才能被推翻,假定只有经证实才能被肯定。推定只能适用于法院的事实认定,而在侦查阶段则常常使用假定。由此看来,推定与假定是有本质的区别的。

2. 推定与拟制

拟制是指,法律将 A 看成 B,使 A 和 B 发生同一法律效果,而不论 A 和 B 是否相似还是截然不同。拟制的基础可能在于 A 和 B 之间存在盖然性很高的联系,但更为常见的是纯粹基于政策或价值选择的考虑。典型的拟制如民法中的法人拟制说。可以说,拟制是一种立法的方法,罗森贝克指出:“拟制与推定毫不相干,拟制是法律规范,由于拟制将要件 B 等同于要件 A,它将要件 A 所规定的法律后果转移至要件 B,也就是说,拟制是简单化的立法技术的一个方法。”[1]拟制多存在于实体法中,通常使用“视为”的表述方式。我国《民法通则》第 15 条规定,公民的经常居住地与住所地不一致的,经常居住地视为住所。这就是一个法律拟制。需要指出的是,拟制虽经常使用“视为”的表述方式,但使用“视为”这样一种表述方式的并非都是拟制。

由此可见,拟制产生实体法上的效果,与证据和证明无关,也不能用反证推翻。拟制一般不存在从基础事实,经由经验法则,到推定事实这样一个结构。在一定条件成就时,拟制的效果自然就产生。

(五)无罪推定与推定

关于无罪推定与推定的关系,在西方证据法学者看来,无罪推定是一种最重要的推定。赛西尔·特纳教授在《肯尼刑法原理》中指出,无罪推定是一种刑事犯罪的推定,存在于证实任何犯罪的过程中,较之其他的推定,它具有更大的牢固性。乌尔曼教授在《论推定》一文中指出,无罪推定不仅与刑事被告人有关,实际上与任何人都有关,任何人都被推定为无罪。仅就被告人来说,虽然大多数情况下都被判决有罪,真正无罪的只是少数,但诉讼仍然必须以推定被告人无罪为基础进行。这是司法正义的要求。

我们认为,无罪推定虽然名为推定,但其并非推定,而只是一种假定,是对某个涉嫌犯罪的人在诉讼之初所作的一种身份上的假定。是否打破这个假定,取决于控方是否排除合理怀疑地证明了该人有罪。无罪推定这一原则已经超越了证据法的范围,这主要表现在以下几个方

---

〔1〕[德]罗森贝克:《证明责任论》,庄敬华译,中国法制出版社 2000 年版,第 220 页。

面:第一,无罪推定已经成为受国际公约确认和保护的一项基本人权制度,也是联合国在刑事司法领域制定和推行的最低限度标准之一。第二,无罪推定是一项贯穿于刑事审判的诉讼原则,它在立案、侦查、起诉和审判阶段都必须得到遵守。第三,无罪推定已经成为衡量诉讼制度民主和文明的一项标准。它是对奉行有罪推定的野蛮诉讼制度的彻底否定。

(六)推定的效用

推定作为证据法上的重要法则之一,历经两千多年的历史变迁,经久不衰,日臻完善,这并不是偶然的,而有其必然的原因。这就是推定在诉讼中产生了巨大的作用,此作用具体表现在:

第一,通过转换证明对象,避免证明僵局,减轻证明困难。在司法实践中,有些案件事实很难证明,或者证明起来成本过大,适用推定,转换证明对象,通过证明较易证明的基础事实,经由盖然性很高的经验法则,推导出要证事实,可以有效缓解证明僵局,减轻证明困难,满足司法实践的需要。

第二,适用推定有助于法院对某些事实加以认定。从诉讼的结果来看,推定事实往往与事实真相符合,具有高度的盖然性优势。适用推定法则,必须在前提事实和推定事实之间存在必然联系,它既可表现为逻辑上的联系,又可表现为法律上的联系。这种联系决定了它的可靠性。这亦是推定较之拟制的优越性所在。

第三,适用推定有利于迅速审理案件。推定可以减少不必要的证明对象,加快诉讼的进程,尽快得到诉讼结果,从而可以消除民事关系的不稳定状态,因而符合一般社会所期望的结果,有利于生活关系的安定。审判实践证明,有些案件所依赖的证据由于客观缘故,处于永远不能获取的状态。倘若因此而拒绝下判,既不符合国家创设民事诉讼制度的宗旨,又不能消解民事关系的悬而不决状态。因此,立法者基于政策目的上的考虑,设立推定制度,由基础事实来推断推定事实,以达到快速审结案件的目的。

第四,从司法实践上看,推定是满足法律运用需要的适当手段。与其他法律规范一样,法律规范也是一种概括性和抽象性的指导规范,并且具有一定的稳定性和时代性。随着社会的发展进步,各种社会关系日益纷繁复杂,盘根错节,新情况新问题层出不穷。为此,立法者唯有授权司法机关,根据法律的实质精神,按照经验法则和逻辑规律,具体地认定事实适用法律,以弥补法律缺漏。反之,随着案件的与日俱增,推定是不可或缺的证明手段。

但需要指出的是,推定的适用仍然具有一定的局限性,即在诉讼过程中,通过推定而认定的事实和得出的结论,与客观真实仍会有一定的差距。也就是说,推定的盖然性虽很高,但仍存在出现错误的可能。为克服这一局限性,在司法实践中,应注意以下两点:一是要给推定的不利方以更多的反驳机会。二是不滥用推定。总之,适用推定要基于立法的明确规定,并遵守推定的程序。

二、法律上的推定

(一)法律上推定的概念

所谓法律上的推定,就是通过法律明文确立下来的推定,即法律要求事实认定者在特定的基础事实被证实时必须做出的推断。立法上一般以“推定”一词表示,也有许多法例并没有使用“推定”术语,但从其内容和间架结构上分析,仍不失为法律上的推定。在我国民事立法上,后一种情形表现得尤为突出。具体而言,法律上的推定指的是,当某法律规定的要件事实(甲)有待证明时,立法者为避免举证困难或举证不能的现象发生,乃明文规定只须就较易证明的其他事实(乙)获得证明时,如无相反的证明(即甲事实不存在),则认为甲事实因其他法律规范的规定而获证明。从内容上看,法律上的推定可以分为法律上的事实推定和法律上的权利推定。

(二)法律推定的适用

法律推定的适用必须要考虑到以下两个条件:

第一,适用推定必须首先确认基础事实。在一般情况下,推定的事实是由基础事实做出的推断,不需要作为证明对象予以证明。但是,作为推断根据的基础事实,除了法院直接确认的之外,都应由主张该事实的当事人予以证明。如果负举证责任的当事人没有提供证据,或者提供的证据不足以证明基础事实,推定就无法适用。由此可见,法律推定仅免除了推定有利方对推定事实的举证责任,而没有免除其对基础事实的举证责任。法院在无法确定基础事实的情况下,也不能确定推定事实。例如,我国法律规定,未满 14 周岁的人不负刑事责任。那么主张其不应负刑事责任的人就负责举证证明其年龄不满 14 周岁。如不能对此证明,就不能推定其不负刑事责任。需要指出的是,有些推定是没有事实基础的推定,他们是根据价值选择的结果如婚姻存续期间出生子女的身份问题。

第二,适用推定必须以无相反的证据推翻为条件。法律推定的事实是以无相反证据证明为条件而假定存在的。认为推定于己不利的当事人可以进行反驳、争议,但只有其提出了充分证据证明其反驳意见有理的情况下,才能否定推定的事实,这将导致推定的不能适用。比如,我国 2012 年《民事诉讼法》第 69 条就规定,经过法定程序公证证明的法律事实和文书,人民法院应当作为认定事实的根据,但有相反证据足以推翻公证证明的除外。

(三)法律推定的分类

法律推定根据其适用的对象和方式的不同,可以作出多种划分,比较重要的种类有:

1. 不可反驳的推定与可反驳的推定

从法律推定在诉讼上所具有的法律效力来看,可以将法律上的推定分为不可反驳的推定(Irrebuttable Presumption)和可反驳的推定(Rebuttable Presumption)两种。

在英美法上,不可反驳的推定主要有两种:一是知悉法律的推定;二是预料行为当然结果的推定。前者指的是任何人都不得以其不知法律有如此之规定而提出反证请求免责。这个推定派生自罗马法谚语“任何人均不容许不知法律”,即所谓“任何人皆知法律”。后者仅适用于精神正常的成年人,对于未成年人或心神丧失、精神耗弱者,则不能适用这种推定。

这个原则意义上的推定,在具体适用过程中,又派生出四种判例式推定:(1)以书面损害他人名誉者,推定有损害他人的意思。(2)使用凶器或毒物致人于死者,推定有杀人的故意。(3)关于未成年人的推定。未满 7 岁的未成年推定为无犯罪能力;未满 14 岁的男子推定无犯强奸罪的性能力;未满 13 岁的女子推定无承受性交的能力。(4)古文书的推定。30 年间由正当保管人保管且无任何涂改的文书,推定其为合法作成。

在司法实践中,不可反驳的推定是很少的。比如,美国加利福尼亚州的刑法规定:“妻子在与没有性行为能力的丈夫在共同生活期间所生的子女终局性地推定为婚生子女。”如今英美两国学者一致认为,所谓不可反驳的推定,仅决定了应由何方当事人首先举证,与举证责任的转换无关,因而只能是实体法律规范的一种表述方式,与推定没有任何关系。英国 20 世纪初权威学者奥斯丁(Austin)曾精辟地指出:“所谓不可反驳推定,在罗马法中从未见之,而为后人所捏造。它纯属实体法上而非诉讼法上的问题,即为法律上的设定,其效果等于实体法。”英国当代学者罗纳德·沃克(Ronald Walker)也肯定地认为:“不可反驳的推定有时被称为结论性的推定;其实它并不是推定,而是以推定术语表达的实体法规则。因此,与其视之为证据规则,毋宁视之为实体法规则。”大陆法上的通说已不承认所谓绝对推定的独立存在,而将其划归拟制的范畴。由此看来,传统证据法理论关于不可反驳的推定与可反驳的推定的划分,是不符合实际情况的。

可反驳的推定的成立条件是没有别的证据与被推定的事实相矛盾或冲突。它能够为案件事实提供表面上看来确凿无疑的证明,除非其被更有力的证据所推翻。比较而言,可反驳的推定在数量上远多于不可反驳的推定。

在英美法判例上,较为典型和经常适用的可反驳的推定有如下几种:

(1)无罪推定(Presumption of Innocence)。这是英美法上最为著名的法律推定,它不仅适用于刑事诉讼,而且适用于民事诉讼。

(2)不道德行为的推定。男女在外观上犹如夫妻一般生活时,即推定其为合法婚姻。它能够对案件作出表面的确凿的证明。但此类推定的效力有限,即如果甲与乙同居后又与丙结婚,那么甲与乙的同居不能成为他们之间存在婚姻关系的证明,不能因此认定甲构成重婚罪。

(3)行为方式正当性的推定。一切事物推定为正当并经正确的手续所为。它源自罗马法谚“一切事物推定系被正当为之者”。

(4)所有权存续的推定。财产的拥有者被初步推定为财产的所有者。这种人的关系或事物的状态经证明存在后,在与其相反的关系或状态被证明前,推定其依然存续。罗马法上有两个关于占有的法律推定:一是“占有人推定为所有人”;二是“占有人推定其为以所有的意思善意、和平及公然占有者”。据此,日本《民法典》第162条、德国《民法典》第937条均规定了取得时效:“以所有的意思,10年间和平继续占有他人未登记的不动产,而其占有之始为善意并无过失者,得请求登记为所有人。”根据这个规定,10年间继续占有为不动产取得时效要件之一,按照举证分配一般原则,主张时效取得的当事人对此负有举证责任。但是,欲证明10年间一直继续占有并没有片刻中断的事实,则至为困难。在此情况下,如仍拘泥于举证的一般原则,这条规定则无异于一纸空文。立法者为了充分发挥该规范的实际价值,乃利用了减轻当事人举证负担的推定规则。日本《民法典》第186条、德国《民法典》第938条同时规定:“经证明前后两时为占有者,推定前后两时之间继续占有。”据此,当事人只需就10年间的始点与终点皆为其占有的事实举证证明,即可认为10年间继续占有的事实业经证明。反之,对方当事人则须对其主张的相反事实(即其间有中断占有的事实)负担举证责任。若对方当事人所提出的证据能对此加以完全的证明,则可排除法律推定的效果,原告应对此承受败诉判决。否则,原告则因法律推定的运用解除了举证负担,法院应对被告作出不利判决。

(5)对于不正当行为人不利益的推定。这个推定源自罗马法谚“一切事物推定为对不正当行为人的不利益”。它常常适用于举证妨害之中,当事人湮灭或毁损证据时,不得再受无罪或无责的推定,反而应受与此相反的推定,即推定为不正当行为人的不利益。

(6)精神状态的推定。每一个人都被推定为精神正常,除非其反面得到了证实。这意味着每一个精神正常的成年人都会被推定为能够预见自己的有意识行为所产生的后果。

2. 直接推定与推论推定

按照是否需要前提事实为标准,可分为直接推定和推论推定。

所谓直接推定,乃指不需要证明前提事实所产生的推定。最著名的直接推定是无罪推定及神志正常的推定。这在大陆法上称为"暂定的真实"。这种推定同样也是"实体法规则"。它的功能在于确定举证责任首先由谁负担。对这种推定效果加以争执的当事人,应就其反面事实负举证责任。这是根据法律直接规定所产生的结果,并非由他方当事人转换而来。因此,直接推定亦并非真正的推定,与之不同,推论推定则建立在前提事实获得证明的基础之上。适用这种推定可将举证责任从一方转换给另一方,完全符合推定的本质特征,因而大陆法系学者称之为"真正的法律上的推定"。

3. 因果关系的推定、过错推定与责任推定

从推定的效果进行划分,可分为因果关系的推定、过错推定和责任推定三种。其实广义上的事实推定包括了因果关系的推定和过错推定。在过错责任原则之下,过错推定乃建立在因果关系推定(或认定)的基础上,没有因果关系的推定(或认定),过错推定则失去了存在的可能性和必要性。这个范围内的过错推定与责任推定的含义完全一致。在过失责任原则之下,因果关系的推定则等同于责任推定。由此看来,在民事责任的确定中,因果关系的推定是第一位的,而过错推定与责任推定则属于第二位。

4. 基础事实的推定和无基础事实的推定

前者是指有事实基础的推定。法律规定从基础事实中可以或者应当推断出推定事实是证据法上推定的一般规则。例如,推定公民的死亡就是基础事实的推定,只有在公民失踪的事实得到了证明之后,才能得出其死亡的推定。无基础事实的推定是有基础事实推定的对称,它的适用范围非常广泛,不仅适用于特定的诉讼案件,而且适用于其他任何情况。比如,人人平等的推定,它要求无论在任何形式的诉讼中,任何公民、法人、其他组织都被推定为平等的,都应得到平等的对待。无基础事实的推定并非真正意义上的推定。

(四)对法律推定的反驳

创设法律推定主要涉及基础事实和推定事实,立法上允许当事人在前提事实与推定事实之间,抉择其一作为证明主题。同样,为阻碍法律推定的适用或排除其法律效果,对方当事人相应地拥有两种可供选择的反驳主题。考虑到推定仍然存在出现错误的可能性,立法应给予对方当事人以更多的反驳机会。一般来说,对推定主要有两种反驳方式:

其一,为阻碍法院适用有利于对方的法律推定,可针对前提事实提出反证。由于该当事人对前提事实负担主观上的举证责任,在它得到完全证实之前,尚处在为适用推定创造条件的阶段,举证责任尚未转换。因而,对方当事人仅需提出反证即达目的。亦即只需使得前提事实处于存否不明状态,就能有效地排除适用法律推定的可能性。这是一般意义上的反证,属于主观举证责任的范畴。比如,对公民死亡的推定,对方当事人只要证明该公民并未失踪,即可达到排除推定适用的目的。

其二,为针对推定事实提出的反驳。如果前提事实已经被证明是客观存在的,法院则依法适用法律推定,认定推定事实的存在。对方当事人欲排除其法律效果,可以将与推定事实不可并立的其他事实作为证明主题。如果该方当事人成功地证明了与推定事实两立的其他事实,推定的效果自然失去效力。

（五）法律上推定的作用

法律推定在本质上是某法律效果构成要件所必需的事实（推定事实），被与该构成要件无关联的某事由（前提事实或称基础事实）的推论所规定。换言之，前提事实并非当事人所主张适用的法律规范的构成要件，但该事实的存在，由于立法者意志因素的介入，同样能适用与其无关的法律规范，这就是法律推定的实质功能。对于法律推定的实质功能，可以从不同角度进行全方位的考察，从而形成不同的具体功能。此即法律推定的基本作用。它表现在两个方面：

第一，法律推定降低了举证的难度。举证主体发生了变更，并不意味着当事人仅能就前提事实举证证明，而是在推定事实和前提事实之间提供了可供选择的余地，从而增强了举证成功的可靠度。因此，法律推定具有减轻举证负担，降低举证难度的功效。

第二，法律推定使证明对象发生了变更。法律推定是以前提事实的证明代替推定事实的证明，因而主张适用推定规范的当事人，仍需对前提事实负举证之责。由此看来，法律推定直接导致了举证主题的变更。《美国加利福尼亚州证据法》第601条规定："任何一个可反驳的推定都是：（一）影响提供证据责任；（二）影响举证责任的推定。"

（六）我国刑事诉讼法中的推定

刑事诉讼法中的推定主要集中在对证据是否合法取得上面，而且这种推定是有利于被告人的。如2012年《刑事诉讼法》第54条规定："采用刑讯逼供等非法方法收集的犯罪嫌疑人、被告人供述和采用暴力、威胁等非法方法收集的证人证言、被害人陈述，应当予以排除。收集物证、书证不符合法定程序，可能严重影响司法公正的，应当予以补正或者作出合理解释；不能补正或者作出合理解释的，对该证据应当予以排除。"第57条规定："在对证据收集的合法性进行法庭调查的过程中，人民检察院应当对证据收集的合法性加以证明。现有证据材料不能证明证据收集的合法性的，人民检察院可以提请人民法院通知有关侦查人员或者其他人员出庭说明情况；人民法院可以通知有关侦查人员或者其他人员出庭说明情况。有关侦查人员或者其他人员也可以要求出庭说明情况。经人民法院通知，有关人员应当出庭。"第58条规定："对于经过法庭审理，确认或者不能排除存在本法第五十四条规定的以非法方法收集证据情形的，对有关证据应当予以排除。"可见，当不能排除证据的非法获得时，法律是推定该证据属于非法证据，应当排除。

三、事实上的推定

（一）事实推定的概念

所谓事实上的推定，又称裁判上的推定或诉讼上的推定，是与法律上的推定相对而言的，是指法律规定法院有权依据已知事实，根据经验法则进行逻辑上的演绎，从而得出待证事实是否存在及其真伪的结论。简言之，事实推定就是指法律没有规定，但在实践中习惯上运用的推定。有无法律明文规定，乃区别法律推定与事实推定的明显标志。从演变过程来看，事实推定在先，法律推定在后。据此可以认为，法律推定是事实推定的法律化、定型化，事实推定是法律推定的初级阶段，有待于上升为法律推定。事实推定就其本质而言，乃是一个由立法机关赋予司法者在一定情形下行使自由裁量权，调节举证责任的具体运作状态，从而决定是否认定事实的司法原则。立法者在立法时没有预见到此种推定，或者虽已预见到，但不能肯定其法律效果，难以对所有具体案件作出统一规范。在这种情况下，立法者就把问题交给司法者去处理，以达到具体问题具体分析、原则性与灵活性相结合之效果。最典型的事实推定是:一旦某人占有最近失窃的物品即推定具有偷窃的故意。事实推定是在实践过程中由于一种事实与另一种事实的联系反复出现,法学家自然而然地把这种联系纳入了推定的范畴。

事实推定虽然来源于执法人员的逻辑推理,但是经过了理论和实践的长期总结,演变成了某种先定的推定规则,已经程式化,与一般的执法人员的日常推理是有区别的,因此,它在英美法系国家通常被认为是推定。我国有些学者认为,事实推定只是司法人员的一种稳定的推理经验,而不是推定。这是因为事实推定不是法律规定,没有法律约束力。诉讼证明是为了作出具有法律效力的裁判,必须依法进行,如果认为事实推定具有法律推定的效力,实际上就是承认执法人员的经验与法律具有同等的效力,是不符合审判原则的。因此,无论两者之间的联系具有多大的稳定性,在法律作出规定之前,都只能是事实,而不是法律。我们认为,事实推定与法律推定的根据都是事实之间的常态联系,法律只能对重要的事实做出推定,故法律推定较少;而实践是丰富多彩的,故事实推定较多。事实推定作为法律推定的有益补充,不能被完全排除。另外,否认事实推定也不利于发挥司法人员的主观能动性。所以事实推定也是推定。

当然,事实推定与法律推定有以下区别:一是法律效果不同。凡法律推定,司法者必须适用;而事实推定,司法者可以裁量决定是否适用。二是产生的方式不同。法律推定是由法律明文规定的;而事实推定来自于司法人员的逻辑推理。三是适用的范围不同。法律推定主要适用于非刑事诉讼,事实推定则存在于任何诉讼形式之中。四是推定的种类不同。法律推定在形式上分为可反驳推定和不可反驳推定;而事实推定都是可反驳推定。

(二)事实推定与推论的区别

事实上的推定属于逻辑上的推论或推理范畴,是法院认定事实必不可少的通常方法。但是,推论是一个更为广泛的概念,是另一种从已有判断推出新判断的思维形式。二者具有以下的区别:

1. 是否需要提出反证。同一前提事实存在几种可能性结果时,推论可能是其中的任何一个。因此,推论具有可能性而不具有必然性,当事人可以无视推论的存在,不具有任何反证义务。但对于推定则必须提出反证,否则就有被认定为案件事实危险。

2. 可靠程度不同。推论可以环环相扣地进行,从而形成“推论之推论”,环节越多,则可能性越小;推定则仅适用于由间接事实直接推断待证事实之存否,而不允许连续推定,因而具有较大的可靠性。

3. 发挥作用的领域不同。推定在认定事实领域内发挥作用,但在收集、调取证据尤其在刑事侦查中,则常常运用推论。由此看来,推论与事实推定是两个性质相异的概念,推论与举证责任中的任何一层含义无关,事实推定则可引起主观意义上举证责任的转移。尽管从广义上看,事实推定属于推论范畴,但从狭义上看,事实推定与推论分开来认识,意义更大。

(三)事实推定的成立要件

事实推定的成立,必须同时具备下列诸条件:

1. 必须无法直接证明待证事实的存否,因而只能借助间接事实推断待证事实。这是事实推定的必要条件。反之,若能凭借直接证据加以证明,则无适用事实推定的必要。因此,事实推定与间接事实密切关联。

2. 基础事实必须业已得到法律上的确认,这是事实推定的前提条件。所谓基础事实得到确立,不外指下列情形之一:(1)众所周知的事实;(2)法院于职务上所已知的事实;(3)判决所预决的事实;(4)经过公证证明的事实;(5)诉讼上承认的事实;(6)已由证据认定的事实;(7)其他已经得到确认的事实。

3. 前提事实与推定事实之间须有盖然性很高的常态联系。这种联系或互为因果,或互为主从,或互相排斥,或互相包容。除此而外,均不能成为必然联系。这是事实推定的逻辑条件,亦是最为关键的条件。

4. 许可对方当事人提出反证,并以反证的成立与否确认推定的成立与否。这是事实推定的生效条件。如果说法律推定尚有不得推翻之说,那么,任何事实推定,都是可反驳的推定。对方当事人既可就前提事实提出反证,亦可就推定事实提出反证,其反证程度仅需使得反证对象处于真伪不明状态即为足够,而不因反证对象的不同有所区别。

5. 事实推定必须符合经验法则。尽管立法赋予法官以事实推定之权,但并不意味着法官在进行事实推定时,可以随心所欲、主观擅断,而必须依循一定的准则,这个准则就是经验法则。所谓经验法则,系指由一般生活经验归纳得出的关于事物的因果关系或性质状态的知识或法则。英美法称之为“人类的理性与经验”(human reason and experience)或“人类的共同经验”(the common experience of mankind),这个法则并非由法律加以规定的具体规则,而是从人类生活中抽象出来的事实,是客观的普遍知识,是不需要经过任何证据证明的基本常识。因循经验法则,则与一般人的愿望相符;违背经验法则,则不能为一般人所接受。经验法则在类别上可以分为普通的经验法则与特殊的经验法则两种,但无论何种经验法则,其法律性质都是一致的,构成经验法则的具体要素有三个:一是该生活经验必须是由一再发生的同样的生活现象所导出,即符合典型的生活轨迹;二是该生活经验必须与该种经验的最新发展趋势相吻合;三是该经验法则随时可以清楚地用验证的方式加以描述,它既可以关于自然现象,又可以关于社会现象,其范围极其广泛。例如,关于天时方面的经验法则有:一年必有四季,循环往复;其气候则春温夏热、秋爽冬寒。关于地理方面的经验法则有:接近赤道地带,风雨恒多,草木茂盛;北极地区则冰天雪地。关于人事人情方面的经验法则有:年老力衰者不易生育;对于自己不利的行为,通常皆不欲为之;一般人通常皆不反对他人替自己为有利于己的事;订立不合情理的协议,肯定出于错误所致等。只有适用经验法则,事实推定才能进行,否则就必须予以撤销。

(四)事实推定的分类

从事实推定的结果来看,它包括行为推定、状态推定、因果关系推定和过错推定四种。而过错推定具有更为重要的意义。在大陆法上,事实推定有一个专门术语,即“表见证明”或曰“大致的证明”。它来源于英美证据理论上的“不证自明”或“事实本身即足堪证明”原则。在英国,事实自证最早运用于 1802 年 Christic v. Griggs 一案的判例中。其案由梗概为:某一驿站马车的车轴木棒折断致伤乘客。法院对此判决认为:一般运送人,应就乘客的受伤并对引起过失所致的事由,负举证责任。因为运送人有依契约安全运送旅客的特别责任,事实自证的理论业已蕴含其中。一般而言,推定在民事诉讼中扮演着比在刑事诉讼中更为重要的角色。民事诉讼中的事实推定不胜枚举。

第二节 司 法 认 知

一、司法认知概述

(一)司法认知的概念

司法认知(judicial notice)是指法院在审理过程中以裁定的形式直接确认特定事实的真实性,及时排除没有合理根据的争议,确保审理顺利进行,从而提高诉讼效率的一种诉讼证明方式。司法认知只适用于在法院管辖权限内人所共知的事实或当事人就其准确性不能提出合理争辩的事项,且当事人应有充分的反驳机会。[2] 简言之,司法认知,是指法院对某些事实,可以无需证明就认为存在。司法认知可以分为对事实的司法认知和对法律的司法认知。

与推定和证据证明相同,司法认知也是证明特定案件事实的诉讼行为,经法院司法认知的事实,其法律上的真实性得到确认,当事人无需举证证明,法院也无需进一步调查和审查。除非一方当事人提出合理的反证,或者法院发现了新的事实,法院可以直接根据司法认知的事实作出定案结论。司法认知的目的是提高诉讼效率。在英美法系国家,司法认知是法院经常应用的一种证明方式,英美法系国家的证据法学者将诉讼视为是一场在法庭中进行的竞赛,为了保证竞赛的公平性,需要确立一系列的竞赛规则,司法认知是其中的一个方面。在诉讼过程中,有的事实需要法院调查和审查判断,需要当事人举证和质辩;而有的事实是明显的,当事人不能提出合理的争议,法院不需要做进一步的调查。如果允许当事人对明显的事实提出没有根据的反驳,就会拖延诉讼,通过采取司法认知,法院可以及时排除无谓的争议,明确案件的争点,使诉讼目标明确地进行。1940 年英国的马克奎科诉哥德达得案件是这方面的一个典型案例。该案的案情是:原告在被告的公园中被骆驼踏伤。原告为求得赔偿,主张骆驼是野生动物,根据有关实体法规定,骆驼的主人(被告)如果不能证明其对骆驼伤人的本性尽到了足够的注意,应当承担绝对的赔偿责任。在诉讼过程中,双方当事人就"骆驼是驯化动物还是野生动物"这一案件事实产生了分歧。原告主张骆驼是野生动物,而被告主张骆驼是驯化动物,双方当事人争持不下,诉讼因此受阻。根据一系列的调查,一审法院的法官对骆驼是驯化动物的事实采取了司法认知,认定本案骆驼是驯化了的动物。原告提出上诉,上诉法院肯定原审法院的意见,认为第一审法院的做法正确。本案骆驼是野生或者驯化的动物,经过当事人质辩和法院调查之后,是一个明确的案件事实,如果允许当事人继续提出异议,只能阻碍诉讼的顺利进行。本案比较充分地展示了司法认知的作用,并表明是法官而不是陪审团决定某种动物是驯化的还是野生的。

我国对司法认知的研究处于起步的阶段。它仍是一个崭新的理论与实践问题。有关司法认知的理论依据非常薄弱。作为一种特殊的诉讼证明方式,司法认知本身具有一系列的规则,包括范围、程序和法律效果等。关于司法认知的规则,我国还没有明确的法律规定,人民法院

---

〔2〕 See Arther Best, Evidence—Examples And Explanations, Little Brown and Company, 1994, pp. 210 – 219.

也缺乏司法认知的观念。但是在司法实践中,我国也应用司法认知,2014 年最高人民法院《关于适用〈中华人民共和国民事诉讼法〉的解释》第 93 条规定:下列事实,当事人无需举证:(1)自然规律以及定理、定律;(2)众所周知的事实;(3)根据法律规定推定的事实;(4)根据已知的事实和日常生活经验法则推定出的另一事实;(5)已为人民法院发生法律效力的裁判所确认的事实;(6)已为仲裁机构生效裁决所确认的事实;(7)已为有效公证文书所证明的事实。最高人民法院《关于民事诉讼证据的若干规定》第 9 条也有类似的规定,即下列事实当事人无需举证证明:(1)众所周知的事实;(2)自然规律及定理;(3)根据法律规定或者已知事实和日常生活经验法则能推定出的另一事实;(4)已为人民法院发生法律效力的裁判所确认的事实;(5)已为仲裁机构的生效裁决所确认的事实;(6)已为有效公证文书所证明的事实。上述(1)、(3)、(4)、(5)、(6)项,当事人有相反证据足以推翻的除外。另外,2002 年最高人民法院《关于行政诉讼证据若干问题的规定》第 68 条规定,下列事实法庭可以直接认定:(1)众所周知的事实;(2)自然规律及定理;(3)按照法律规定推定的事实;(4)已经依法证明的事实;(5)根据日常生活经验法则推定的事实。上述(1)、(3)、(4)、(5)项,当事人有相反证据足以推翻的除外。这些规定虽然没有使用"司法认知"一词,但其就"众所周知的事实"和"自然规律及定理"以及预决事实、公证事实规定法院可以直接认定,而无需当事人举证是一个比较典型的规定。因此司法实践的发展迫切要求进行司法认知的研究。

(二)司法认知的特征

第一,司法认知的主体限于法院。司法认知专属于人民法院,只能由人民法院采取。之所以如此,是因为司法认知具有直接的法律约束力,直接影响案件的处理结论,当事人可以申请人民法院对特定的案件事实采取司法认知,但没有自行采取司法认知的权利和资格。公安机关、人民检察院虽然可以依职权或者应申请调查收集证据和审查判断证据,可以作出自己的认定结论,但是从完整的诉讼过程来看,其认定结论需要接受人民法院的审查。在所有的诉讼证明主体中,只有人民法院享有最终认定争议事实的权力。

第二,司法认知的客体是特定的事实。这里所说的"事实"包括证据事实和案件事实。案件事实是法律规定的事实要件,即证明对象;证据事实是用来证明特定案件事实的事实。案件事实由法律规定,凡同类案件的案件事实均相同,具有普遍性;而证据事实是公安司法机关在办理案件过程中调查收集和审查判断的事实,因个案而异,具有特殊性。司法认知的客体既可能是案件事实,也可能是证据事实。但是,法院只能对特定的事实采取司法认知。所谓"特定",是指司法认知的范围有限制,法院对明显的事实或者当事人不能提出合理争议的事实采取司法认知,而不得对需要进一步证明的、存在合理争议的事实采取司法认知。无论是对案件事实采取司法认知,还是对证据事实采取司法认知,司法认知的事实必须是明确的或者当事人没有合理争议的。这是司法认知与推定的本质区别所在。推定的事实只反映了一种程度很高的盖然性,未必符合客观情况。在推定中,事实分为基础事实和推定事实。基础事实是作为推定根据的事实,必须真实;而推定事实是作为推定结论的事实,未必真实。例如,凡在婚姻期间生育的子女一律推定为婚生子女。在这个推定中,"在婚姻期间生育的子女"是基础事实,而"婚生子女"是推定事实。根据推定规则,只要查明基础事实,就可以直接认定推定事实,而无论推定事实本身是否符合案件的真实情况。与此不同,司法认知的事实必须是真实的,法院不得对虚假的、不符合案件真实情况的事实采取司法认知。

第三,司法认知具有可反驳性。在判决生效之前,司法认知只具有形式上的证明力,并未最终确定。对司法认知的事件提出异议的大门依然是敞开的。为保证司法认知的确定性和正确性,以保护当事人的知情权和质辩权,法院在采取司法认知的前后都应给当事人提供反驳的机会。由此可见,证明案件的最可靠、最有力的方法仍然是证据调查,而不是司法认知。法院在这样做了之后,还会增加当事人对法院的信任度,从而有利于案件的审判和执行。

(三)司法认知的种类

司法认知可以在刑事诉讼、民事诉讼和行政诉讼中应用。根据不同的标准,可以对司法认知作如下分类:

1. 判决事实的司法认知、立法事实的司法认知和法律的司法认知

这是美国法学家华尔兹关于司法认知的分类。法院采用司法认知的判决事实可以分为两类:一是常识性的事物;二是某种确定的事实。法院可以自己决定对此类事实采用司法认知,而不管律师是否提出请求。但如果一方当事人提出司法认知的请求并且提供了相应的材料,那么法官必须采用司法认知,前提条件是要给对方当事人以听证的机会。立法事实的司法认知是指在法官造法的条件下,法院可以对判例法采用司法认知的形式予以确认。在美国,对法律的司法认知可分为以下几种情况:州和联邦法院对国内法采用司法认知;大多数州法院对其他州的法律采用司法认知;美国法院几乎从来不对其他国家的法律采用司法认知,外国法律必须经过适当的证明。

2. 对证据事实的司法认知和对案件事实的司法认知

这是以司法认知的客体为标准所作的分类。对证据事实的司法认知是指法院对作为证据的事实采取的司法认知,而对案件事实的司法认知是指法院对法定的事实要件所采取的司法认知。经过司法认知的证据事实可以直接作为定案证据;而经过司法认知的案件事实,可以直接作为当事人主张成立的案件事实予以认定。

3. 任意司法认知和强制司法认知

所谓强制司法认知,就是不论当事人是否申请,法庭必须实行司法认知。它适用于以下情况:(1)无可争议的事实,如太阳从东方升起;(2)法律和法规,如宪法和法律;(3)语言和法律用语,如判决、逮捕。所谓任意司法认知,是指在某些情况下,必须经当事人申请,法庭才能进行司法认知。

4. 依职权的司法认知和依申请的司法认知

这是以法院采取司法认知的原因为标准所作的分类。依职权的司法认知是指法院主动采取的司法认知,而依申请的司法认知是指法院根据当事人的申请采取的司法认知。这种分类的意义在于说明,当事人享有申请法院采取司法认知的权利,但是当事人的申请对法院没有约束力,当事人提出申请之后,法院有权依职权决定是否采取司法认知。

5. 口头司法认知和书面司法认知

这是以司法认知的方式为标准所作的分类。法院在审理过程中以口头裁定方式直接认定事实的是口头司法认知;以书面裁定方式直接认定某一个事实的,是书面的司法认知。从司法认知的简便性来看,司法认知以口头为原则,以书面为例外。法院口头裁定采取司法认知的,应当记明笔录。法定的证明力和法定的表现形式是互为表里的,既然司法认知具有法定的证明力,人民法院在采取时应当办理必要的手续。这个手续以裁定为宜。人民法院在作出裁定

直接认定某一个案件事实的真实性时，应当简要说明理由。裁定可以书面形式作出，也可以由审判长在法庭调查过程中直接以口头方式作出，入卷备查。

6. 对事实的司法认知和对法律的司法认知

这是以司法认知内容为标准所作的分类。对事实的司法认知是指对证据事实或者案件事实的司法认知，而对法律的司法认知是指对法律规范的存在和效力采取的司法认知。这是英美法系国家部分证据法学者提出的分类。根据这种分类方法，司法认知不但可以针对事实问题，而且可以针对法律规范。我国有的学者认为司法认知只能针对事实，而不能适用于法律规范。

（四）司法认知的作用

1. 司法认知是迅速结案的一条捷径，它有利于明确案件争议要点，减少当事人的讼累，从而提高诉讼效率。通过司法认知，法院可以及时将已经查明的证据事实或者案件事实确定下来，避免重复调查和审查，避免当事人重复举证，及时消除无谓的争议，从而将时间和资源用于解决案件的争点。对法院来说，司法认知可以免除调查和审查的过程；而对当事人来说，司法认知可以免除不必要的举证负担。对司法认知提高诉讼效率的作用，英国证据法学者泰勒认为，在缩短和简化程序方面，司法认知有巨大的作用，在有能力的法官手里是一个有用的工具。通过采取司法认知，法院可以直接认定某一个事实的真实性。被司法认知的事实，当事人无需举证，法院也无需作进一步的调查和审判。司法认知实际上免除了法院的调查和审查判断的义务，省略了当事人举证和质辩的过程，具有简便性。这一点，司法认知与一般证明方式不同，与推定相同。例如，闰年的2月只有28天或29天，这是一个明显的案件事实，当事人不能提出合理的争议，人民法院可以直接采取司法认知，从而免除自己的调查的义务，并且免除一方当事人的举证责任。

2. 司法认知有利于诉讼证明的规范化。司法认知具有一系列的程序规则，研究和应用司法认知有利于提高审判人员的自觉能动性，有利于促进诉讼证明的规范化。通过司法认知，当事人和上级人民法院可以明确地了解原审人民法院对哪些事实采取了司法认知，直接认定了哪些事实，理由是什么。从这一点来看，司法认知是对当事人诉讼权利的保护，是对人民法院的制约，有利于通过诉讼程序的透明度，促进诉讼程序的规范化。

3. 司法认知影响证明责任的分配。一旦法院采取司法认知直接认定某一个事实的真实性，承担证明责任的一方当事人无需举证。对此，《意见》第75条作了明确规定。一方面，司法认知在免除一方当事人证明责任的同时，实际上为另一方当事人施加了证明责任，另一方当事人对司法认知的事实提出异议的，必须提出证据证明，否则其异议不能成立。例如，对生效的公证文书确认的事实，人民法院可以采取司法认知。原先承担证明责任的一方当事人无需举证，而对此提出异议的一方当事人，应当提出证据证明公证文书确认的事实不真实，否则其异议不能成立，人民法院不予认定。从这一点来看，司法认知具有影响证明责任分配的作用。当然，司法认知仅仅是影响证明责任分配的根据之一。证明责任分配的根据多种多样，包括诉讼主张、举证能力、实体法的规定、推定等。行政诉讼被告之所以承担证明责任，原因之一是被告具有充分的举证能力；而犯罪嫌疑人、刑事被告人之所以不承担证明自己无罪的证明责任，原因之一是因为其享有无罪推定的权利。与此同理，在高空、高压等高度危险作业的侵权赔偿案件中，之所以由被告承担证明责任，原因之一是因为被告具有举证能力，并且《民法通则》也对此作了相应的规定。

二、司法认知的范围

(一)司法认知范围的含义

司法认知的范围是指法院可以采取司法认知的事实的范围,具体表现为可以采取司法认知的案件事实或者证据事实的种类。确立司法认知范围的一个方面的意义在于使法院能够正确应用司法认知,既不盲目扩大司法认知的范围,也不一味地限制司法认知,从而将其束之高阁。作为一种特殊的诉讼证明方式,司法认知既有提高诉讼效率的积极作用,也有限制当事人的诉讼权利、省略一般证明过程的消极作用。另一方面的意义是规范证明程序,保障当事人的司法认知申请权。

(二)英美法系国家有关司法认知范围的理论

由于司法认知有利于发挥法官的主观能动性,提高诉讼效率,在英美法系国家,学者和司法实践都存在着扩大司法认知范围的倾向。在司法实践中,许多案件因司法认知不当而被撤销。在美国1947年的一个案件中,法官对“良好道德”采取了司法认知。公诉人对此不服,提出上诉。法院是否可以对“良好道德”采取司法认知成为上诉法院审理的焦点。上诉法院认为,“良好道德”是一个抽象的标准,其具体内涵难以确定;法官本人的认识不一定反映了公众的认识。另外,法院在对这种抽象行为标准采取司法认知时,通常不使用证据。这使司法认知的可靠性更加令人怀疑。因此,对“良好道德”,法院不能采取司法认知直接确认。上诉法院据此撤销了第一审法院的判决。上述英美法系国家的理论与实践说明,“司法认知的范围是一个比较复杂的问题”。本节在介绍英美法系国家有关争议的基础上,将结合我国的司法实践,进行分析和评价。在美国的证据法中,司法认知的范围包括:

1. 事实问题的司法认知

法院采用司法认知的事实可以有两类:一是显著的事实(notorious)。从事审判的法官,对于一般知识上的问题及特定事实,如果显著性达到没有必要进行争论的程度,应当予以认知。这里所谓的显著,是指众所周知并且认为是真实的事项。法官个人的私人知识,以及在职务上对某一事实的得知则不属于司法认知的范围。二是无可争议的事实(readily demonstrable)。法官对于特殊事实和普通知识上的问题,依照易于被人们接受而且正确、无可争议的资料,可以立即进行正确说明的,可以自动认知;如果经过正当的请求,则必须予以认知。法院的功能就在于决讼止争,如果允许当事人就无可争议的事实进行争辩,显然是可笑的。但在法院基本上依靠当事人提供事实的诉讼制度中,在诉讼的进行中,某种事实如果经过长时间的调查后才显示为无可争议的,则可以依照通常的方式进行调查。因此,说明所用的资料,必须是正确且无可争议,并且立刻可以接受的。对特殊事实的认知,最常见的如关于过去的日期是一周内的星期几,某日某地太阳升降的时间,法院是政府机构之一,有关政府的事实等。[3] 如果当事人一方提出司法认知的请求并且提供了支持采用司法认知的必备材料,那么法院或者法官必须采用司法认知。大多数的司法认知通常只是在有一方或者另一方的律师已经作了调查之后才采用。但是有经验的律师并不过分依据司法认知支持他们承办的案件,除了最明显的情况(太

---

[3] Edmund M. Morgan:《证据法之基本问题》,李学灯译,世界书局1982年版,第33页。

阳从东方升起，在西方落下)，律师在一切情况下对于证明案件所有的问题将尽可能提供可靠的证据。[4]

2. 本国法律和外国法律的司法认知

州法院和联邦法院对于国内法采用司法认知，称为对法律的司法认知。换言之，法院可以对事实采取司法认知，正是英美法系国家证据法学者的共识；但对于法律的认知，则存在不同的做法。在对于某个案件的问题适用的法律进行确定和解释当中，法院将对其确定的联邦法律和州法律采用司法认知。对于外国法律，美国法院几乎从来不对其他国家的法律采用司法认知。外国法律必须由专家宣誓后的证明加以证实或者由官方认证的文本来证明。在立法和司法实践方面，加拿大的做法比较典型，该国有关法律明确规定法院在必要情况下应当对本国法律采取司法认知。加拿大《证据法》第17条规定："英国议会颁布的所有法律，国务院总理颁布的所有的条例，省长颁布的条例，已经成为或者将要成为加拿大一部分的殖民地总督颁布的条例，都应当予以司法认知。"第18条规定："即使没有请求，对加拿大议会颁布的所有法律都应当予以司法认知，无论是公法还是私法。"加拿大《刑法典》第781条规定："(一)任何裁定、判决或者诉讼程序都不能被撤销，任何被告人都不能免予追诉，仅仅因为下述证据没有提供：(1)国务院总理或省长的声明或命令；(2)国务院总理根据加拿大议会法律制定的法规、规章和实施条例，或者省长根据省议会法律颁布的法规和规章；(3)声明、法规、规章或实施条例在加拿大政府公报上已经公布，或者省法令已经在省公报上公布。前款的声明、命令、法规、规章和实施条例以及相应的公布应当予以司法认知。"《安大略法律解释法》第7条规定："任何法律都应当由法官、军事法院法官以及其他法官予以司法认知，即使当事人没有提出申请。任何(官方)声明都应当由法官、军事法院法官以及其他法官予以司法认知，即使当事人没有提出申请。"在司法实践方面，英美法系国家的法院普遍认为，从维护司法主权立场出发，外国法律规定只能被认为是事实问题，即是否存在规定以及规定的内容是什么；而不能认为是法律问题，即是否具有法律约束力。例如，在1933年的一个案件中，英国法院认为苏联法律是事实问题，应当由当事人提供证据证明，法院不能采取司法认知。

(三)我国台湾地区的司法认知范围

我国台湾地区"刑事诉讼法"中规定有无需举证之事实，"从为证明对象事实之性质，或基于一定理由，在法院显然可以认定，而无证明之必要者，仍得毋庸举证，亦即得不待证据证明之"。无需举证的事实包括：

1. 公知事实

公众周知的事实，无需举证。所谓公众周知的事实，是指该事实为具有通常知识经验的一般人所通晓，而且是无可争议的。例如，澎湖是岛屿，麻将的胜负出于偶然等。其事实是否是公知的，应从具体的社会生活是否依其通常知识经验所知悉而定。如果事实并非显著，或者尚有争议的，不能属于公知的事实，仍应当作为证明对象。

2. 裁判上显著的事实

事实于法院已显著者，无需举证。事实于法院已显著，不包括在公众周知的事实在内，专指推事(法官)现时已经知悉的事实。公众周知的事实，重在一般人的认识，而裁判上显著的事

[4] [美]乔恩·R. 华尔兹：《刑事证据大全》，中国人民公安大学出版社1993年版，第325～327页。

实,则重在法院的认知。且所谓显著,并不以推事在一开始就已经知悉为必要,即在诉讼中才知悉的也属于这个范围,并且包括过去已知及辩论终结前已知在内。这种认知的事项,分为应当认知和可以认知。应当认知指法院必须予以认知,法官不能以不知道或记不得而拒绝认知,必须依靠适当而且可靠的资料,获得正确的认知;可以认知,由法院自由裁量来决定是否予以认知。裁判上显著的事实包括:普通历史上的重要事实;各地法院对于该地乡志上的彰著事项;地理上名山大川;省县乡镇的所在地及其距离;铁路、公路等交通状况;管辖区域的界限;财政经济上重大事实及其状况;历书;科学上公知定律;机械、物品的普通用途;一定的自然原理,如饿了吃、渴了喝,晴天干燥、雨天湿润,海水咸、河水淡,鱼会游、鸟会飞,火能烧伤、水向下流;自然现象的规律,如农作物栽种的一般时令、成熟收获季节、蔬菜水果的生长现象;自然科学上的显著事实,如某河流可否航行、某日是否星期日、纪念日或其他休息日,等等。对这些事实,毋庸举证,法院也毋庸在判决理由内说明其所凭的证据,没有给当事人适当的辩论机会也不算违法。私知(private knowledge)或基于私人身份所得知的特别知识,一般不认为属于认知范围。裁判官依其个人体验所得知的事实,不能作为裁判上显著的事实而直接作为判决的基础,如果以其私知为证据,应当以证人身份提供证言。

3. 职务上已知的事实

事实为其职务上已知者,无需举证。事实为其职务上所已知,指推事因执行职务所已知的事实,无论是在本诉讼中得知,或者是在其他诉讼中得知,凡是裁判官在行使司法职务上所得知的一切事实都属于这个范围。此项事实,不管是由于当事人所提供的,或者是裁判官查阅考证的,凡是属于无可争议的材料,都可以引用它而进行认定,毋庸举证。

职务上已知的事实包括:(1)法令。包括:第一,国内法。包括宪法和法律,应予认知。第二,国际法及条约。条约、联合国宪章以及在国内公布过的国际法,应予认知。第三,外国法。通常认为是待证事实的一种,除为本国法院所已知的以外,通常不得要求法院加以认知。(2)政治机构。(3)裁判程序。(4)政府事项。一般认为对于国家的领域,政治区域的划分,管辖区域内的乡镇市区,重要人员的动态、职务及其任期,印信、印文之类,当然应予认知;另外,经本国承认的外国政府、国旗、国章、外交承认或未承认的事实,也应当在认知的范围之内。(5)司法事项。法院对于其他法院的设立及其管辖区域,法官、印文、登录的律师、术语等,当然应予认知;对于本院的记录,尤其是同一案件或相牵连案件的记录,也应予认知。至于其他法院案件的进行及其他事项,则属于可以认知的范围。

(四)确定我国司法认知的设想

我们认为,确定司法认知的范围,必须明确以下几点:第一,人民法院不得对法律采取司法认知。一方面,人民法院不得对外国法律采取司法认知。从维护我国司法主权的立场出发,外国法律对我国人民法院没有直接的约束力,外国的法律是否存在、是否有效,对人民法院来说首先是事实问题,而不是法律问题,人民法院在适用外国法律之前,首先应当进行严格的调查,确认外国法律的真实性,然后根据惯例和国际条约确认其适用性。另一方面,对我国法律,人民法院没有必要采取司法认知。我国的法律法规是由法定的国家机关按照法定程序制定的,一经公布,即视为被法官和公民所知晓,当事人没有提出异议的可能性,人民法院也没有采取司法认知的必要性。第二,司法认知的事实必须是没有合理争议的案件事实。对于有合理争议的事实,必须采用诉讼证明的方式。作为法院直接认定案件事实的证明方式,司法认知应当是严肃的、认真的，既应当符合法定的形式，也应当具有法定的证明力。如果允许人民法院对存在合理争议的事实采取司法认知，不但会损害审判的严肃性、可信度，客观上剥夺当事人的质辩权，而且会给一些审判人员指鹿为马、枉法裁判提供便利条件。司法认知是人民法院直接确认某一个事实的真实性，具有法定的证明力，除非人民法院自行纠正或者上级人民法院裁定撤销，对当事人具有约束力。第三，法官个人的知识和经验是法官个人在长期的学习和办案过程中逐步积累起来的，具有不确定性，不可能采取司法认知。在诉讼证明过程中，法官需要应用个人的知识和经验。对法官个人的知识和经验是否也可以或者有必要采取司法认知，英美法系国家的证据法学者持否定的态度，认为没有采取司法认知的必要性。英国证据法学者泰勒认为，司法认知的应用往往与其他证明方式交织在一起，法官在应用司法认知时不但要使用本案证据，而且要使用个人的经验和理性，后者不可能一一说明，也不可能采取司法认知。这一观点是正确的。

我国三大诉讼法中应当明确规定法院对于特定的事项可以进行司法认知，对某些事项法院应当进行司法认知。这样可以缩小证明对象的范围，减少证明的环节，加快诉讼的进程，提高诉讼效率。而且，司法认知的事实都是真实的、无可争议的事实，进行司法认知并不会导致事实的误认，也不会影响当事人的诉讼权利，实行这种制度不会对诉讼造成不利的影响。2012年《刑事诉讼法》第52条第2款规定："行政机关在行政执法和查办案件过程中收集的物证、书证、视听资料、电子数据等证据材料，在刑事诉讼中可以作为证据使用。"这就具有司法认知的性质。事实上，法院在审理刑事案件时，已经在运用司法认知来认定那些不存在争议的事实，只是法律尚未加以确认而已。我们认为，司法认知的范围应当确定为：

1. 公众周知的事实

公众周知的事实是指该事实为具有通常知识经验的一般人所通晓而且无可争议的。也就是说，众所周知的事实是指在一定的地域范围内为公众所普遍了解的事实。如果事实并非显著，或者尚有争议的，不能属于公知的事实，仍应当作为证明对象。

2. 裁判上显著的事实

这种事实不包括公众周知的事实在内，专指法院现时已经知悉的事实。而法官依其个人体验所得知的事实，不能作为裁判上显著的事实直接作为判决的基础，如果以其私知为证据，应当以证人身份提供证言。

3. 职务上已知的事实

这是指法官因执行职务所已知的事实，无论是在本诉讼中得知，或者是在其他诉讼中得知，凡是法官在行使司法职务上所得知的一切事实都属于这个范围。此项事实，不管是由于当事人所提供的，或者是法官查阅考证的，凡是属于无可争议的材料，都可以引用它而进行认定，毋庸举证。

4. 自然科学定律

自然科学定律是指经科学研究证明的、为自然科学界普遍接受的原理和原则，如勾股定理、万有引力定律、阿基米德定律。勾股定理是有关直角三角形边长计算的定律，是指直角三角形的两个直角边的平方之和等于斜边的平方。阿基米德定律是有关液体浮力的定律，是指液体的浮力与液体本身的质量成正比例，并且等于液体排放单位体积的重量。自然科学定律具有行业性，每一个行业有自己特殊的自然科学定律。对自然科学定律的理解和审查，人民法院可以询问专家。

5. 国家机关公报的事实

国家机关公报的事实都经过内部的审查程序,具有较高的真实性和可信性。如果没有有力的反证,人民法院可以以司法认知的形式直接认定。在理解这个问题时,应当注意的问题是这里所说的国家机关有范围和种类的限制。由于享有立法权的国家机关的公报具有确认的法律效力,对其公报的事实,除非出现有力的反证,人民法院应当从其司法认知。不享有立法权的地方国家机关的公报没有法律约束力,对其公报的事实是否采取司法认知,由人民法院经过调查和审查后决定。

6. 生效裁判、公证文书和行政行为确认的事实

生效的裁判、公证文书和行政行为具有确认效力,对其认定的事实,除非出现新的证据或者理由,人民法院应当采取司法认知,予以直接确认。对这种事实采取司法认知,可以保持本案裁判与他案裁判、生效公证文书和行政行为的协调性,避免出现相互冲突的情形。另一方面,人民法院对这种事实采取司法认知,并不限制当事人的反驳权。当事人认为这种事实不真实的,可以提出反证。如果当事人提出的反证成立,人民法院不得采取司法认知;已经采取司法认知的,应当撤销。

7. 其他明显的、当事人不能提出合理争议的事实

除上述列举的事实之外,人民法院可以对其他明显的、当事人不能提出合理争议的事实采取司法认知。

三、司法认知的规则

司法认知规则是指人民法院在采取司法认知时应当遵守的程序规则。人民法院在采取司法认知时,应当遵守以下程序规则:

1. 人民法院可以依职权或者应申请采取司法认知。人民法院可以依职权主动采取司法认知,也可以根据当事人的申请采取司法认知。当事人提出申请的,其申请对人民法院没有强制力。

2. 人民法院采取司法认知之前应当进行必要的调查。为了正确地采取司法认知,法院应当在适用之前进行调查研究,具体方式包括听取当事人陈述、询问证人和专家、参阅书籍等。调查的意义不仅在于保障司法认知的正确性,而且在于保障当事人的诉讼权利。人民法院进行调查的范围和方式不受当事人请求的限制,可以考虑或者驳回任何一方或者双方当事人提出的意见,可以进行庭外调查,也可以仅以现有的或者当事人提供的材料为根据。

3. 人民法院采取司法认知时应当为当事人提供反驳的机会。司法认知的法律效力最终取决于本案判决的效力,在本案判决生效之前,司法认知并不意味着调查程序的完结,案件事实只能在作出裁判时确定下来。为了保证司法认知的正确性,保护当事人的知情权和质辩权,法院在采取司法认知时应当给当事人提供反驳的机会。当事人提出异议的方式可以是口头的,也可以是书面的,但是必须提出相应的证据证明其主张。

4. 司法认知应当采取裁定的方式。由于司法认知是人民法院采取一种具有法律约束力的诉讼行为,为了确保其严肃性,应当以裁定的方式作出。裁定可以是书面的,也可以是口头的。口头裁定必须记明笔录。无论是书面裁定还是口头裁定,人民法院必须指明司法认知的事实,以及采取司法认知的根据和理由。

思考题

1. 推定的效用是什么？
2. 法律推定与事实推定的关系是什么？
3. 司法认知的范围如何确定？
4. 司法认知的使用应当注意哪些问题？

图书在版编目(CIP)数据

证据法学 / 樊崇义主编. -- 6 版. -- 北京:法律出版社, 2017(2025.2 重印)
ISBN 978-7-5197-0932-7

Ⅰ. ①证… Ⅱ. ①樊… Ⅲ. ①证据—法学—中国—高等学校—教材 Ⅳ. ①D925.013

中国版本图书馆 CIP 数据核字(2017)第 124715 号

证据法学(第六版)
ZHENGJU FAXUE
(DI-LIU BAN)

樊崇义 主编

责任编辑 刘 琳
装帧设计 乔智炜

出版发行 法律出版社
编辑统筹 法律教育出版分社
责任校对 郑怡萍
责任印制 刘晓伟
经　　销 新华书店

开本 787 毫米×1092 毫米 1/16
印张 23.25 **字数** 410 千
版本 2017 年 6 月第 6 版
印次 2025 年 2 月第 13 次印刷
印刷 天津嘉恒印务有限公司

地址:北京市丰台区莲花池西里 7 号(100073)
网址:www.lawpress.com.cn
投稿邮箱:info@lawpress.com.cn
举报盗版邮箱:jbwq@lawpress.com.cn

销售电话:010-83938349
客服电话:010-83938350
咨询电话:010-63939796

书号:ISBN 978-7-5197-0932-7
定价:56.00 元
凡购买本社图书,如有印装错误,我社负责退换。电话:010-83938349